Europäischer Buchmarkt und Gelehrtenrepublik

Pariser Historische Studien

Band 127

Herausgegeben vom
Deutschen Historischen Institut Paris

DHIP IHA

Max Weber Stiftung

Deutsche
Geisteswissenschaftliche
Institute im Ausland

Annika Haß

Europäischer Buchmarkt und Gelehrtenrepublik

Die transnationale Verlagsbuchhandlung Treuttel & Würtz, 1750–1850

HEIDELBERG
UNIVERSITY PUBLISHING

Pariser Historische Studien
Herausgeber: Prof. Dr. Thomas Maissen
Redaktionsleitung: Veronika Vollmer
Deutsches Historisches Institut (Institut historique allemand)
Hôtel Duret-de-Chevry, 8, rue du Parc-Royal, 75003 Paris

Bibliografische Information der Deutschen Nationalbibliothek
Die Deutsche Nationalbibliothek verzeichnet diese Publikation in der Deutschen Nationalbibliografie; detaillierte bibliografische Daten sind im Internet über http://dnb.dnb.de abrufbar.

Publiziert bei Heidelberg University Publishing (heiUP), 2023

Universität Heidelberg/Universitätsbibliothek
Heidelberg University Publishing (heiUP)
Grabengasse 1, 69117 Heidelberg
https://heiup.uni-heidelberg.de

Die Online-Version dieser Publikation ist auf den Verlagswebseiten von Heidelberg University Publishing https://heiup.uni-heidelberg.de dauerhaft frei verfügbar (Open Access).
URN: urn:nbn:de:bsz:16-heiup-book-817-5
DOI: https://doi.org/10.17885/heiup.817

Umschlagbild: Augustin-François Lemaître, Bibliothek des Institut de France, Frontispiz des Dictionnaire de l'Académie française, Bd. 2, Paris, Firmin Didot frères, [6]1835. Bibliothèque de l'Institut de France, Dictionnaires de l'Académie française, 4 O 51 D 1 Usuel D 4206 (II), https://gallica.bnf.fr/ark:/12148/bpt6k12804237/f9.item (23.3.2023).

ISSN (Print) 0479-5997
ISSN (Online) 2190-1325

ISBN 978-3-96822-073-4 (PDF)
ISBN 978-3-96822-074-1 (Hardcover)

Inhalt

Dank

Bei diesem Buch handelt es sich um die leicht angepasste Version meiner Dissertation, die ich im Rahmen einer binationalen Betreuung durch Frédéric Barbier (École pratique des hautes études, Paris) und Hans-Jürgen Lüsebrink (Universität des Saarlandes, Saarbrücken) angefertigt habe. Meine beiden Doktorväter haben diese Studie und mich in zahlreichen Gesprächen, unzähligen Gutachten und mit viel Vertrauen in meine Arbeit und meine Fähigkeiten unterstützt. Darüber hinaus hat mir die Doppelbetreuung nicht nur die interdisziplinäre Verortung der Dissertation in der Neueren Geschichte sowie der Romanistik erlaubt, sondern auch die enge Zusammenarbeit mit zwei ganz unterschiedlichen Wissenschaftlern ermöglicht. So hatte ich zwei Vorbilder, die beide auf ihre Weise meine Arbeit und mich persönlich beeinflusst haben. Für ihre Unterstützung, ihr Vertrauen und alles, was ich von ihnen lernen konnte, möchte ich ihnen sehr herzlich danken. Michel Espagne hat nicht nur das Drittgutachten der Dissertation übernommen, sondern auch den Entstehungsprozess der Arbeit in vielfältiger Weise unterstützt. Dafür danke ich ihm von Herzen.

Diese Arbeit ist im Rahmen meiner Tätigkeit für Herrn Lüsebrink im DFG-ANR-Projekt »Die Transkulturalität nationaler Räume (1750–1900)« und somit im wissenschaftlichen Austausch zwischen Paris, Marburg und Saarbrücken entstanden. Allen Projektmitarbeiterinnen und -mitarbeitern danke ich für ihre Unterstützung und Gespräche, darunter Christophe Charle (Paris), Sabine Juratic (Paris), Kristina Kandler (Marburg), York-Gothart Mix (Marburg) und Blaise Wilfert (Paris).

Darüber hinaus haben mich zahlreiche Wissenschaftlerinnen und Wissenschaftler sowie Mitarbeiterinnen und Mitarbeiter in Archiven und Bibliotheken bei meinen Recherchen und in Gesprächen unterstützt, wofür ich ihnen sehr dankbar bin.

In Saarbrücken: Rainer Hudemann, Christoph Vatter, Gerold Hoffmann, Thomas Kees, Irene Preußer, Jürgen Stemmler sowie meinen ehemaligen Kolleginnen und Kollegen Simon Dagenais und Julia Frisch.

In Paris: Marie-Claire Boscq, Nicole Brondel, Martine Lefèvre, Jean-Michel Leniaud, Thierry Lentz, Jean-Dominique Mellot und seinem Team – besonders Nathalie Aguirre und Antoine Monaque –, Pascale Rabault-Feuerhahn, Anne Saada, Yann Sordet und Laurent Theis sowie meinen Mitdoktorandinnen und -doktoranden Catarina Cotic Belloube dos Santos, Pierre Verschueren und Leslie Villiaume.

In Straßburg: Agathe Bischoff-Morales, Daniel Bornemann, Nicolas Bourginat, Christophe Didier, Isabelle Laboulais, Céline Marcle und Anaïs Nagel.

Im Rahmen meiner Forschungen in Großbritannien: Charles Benson (Dublin), Andreas Gestrich (London), Graham Jefcoate (London), Ian Maxted (Leeds), Michael Schaich (London) und Ian Willison (London).

Darüber hinaus danke ich Axel Beer (Mainz), Marisa Midori Deaecto (São Paulo), Thierry Dubois (Genf), Andreas Fahrmeir (Frankfurt a. M.), Claire Gantet (Freiburg, Schweiz), Christian Hain (Weimar), Thekla Kluttig (Leipzig), Claire Madl (Prag), Martine Noirjean de Ceuninck (Neuchâtel), Ursula Rautenberg (Erlangen), Carola Staniek (Leipzig) und Anders Toftgaard (Kopenhagen).

Dem Direktor des Deutschen Historischen Instituts Paris, Thomas Maissen, danke ich für die Aufnahme der Arbeit in die Reihe der Pariser Historischen Studien.

Für die Bearbeitung dieses Themas waren zahlreiche Archiv- und Bibliotheksreisen nötig. Diese Forschungsaufenthalte waren nur durch die großzügige Förderung mehrerer Institutionen möglich, denen ich dafür sehr dankbar bin. Die Deutsch-Französische Hochschule hat meine *cotutelle de thèse* mit einem Mobilitätsstipendium unterstützt. Die Deutschen Historischen Institute Paris und London haben mir Rechercheaufenthalte in London, Paris und Straßburg ermöglicht. Auch der Deutsche Akademische Austauschdienst hat meine Forschung mit einem Jahresstipendium gefördert. Der Fondation Napoléon bin ich für ein großzügiges Stipendium sowie den immer herzlichen Empfang in Paris sehr dankbar. Die Klassik Stiftung Weimar hat mir einen Forschungsaufenthalt in Weimar ermöglicht. Dem Labex TransferS bin ich für die unkomplizierte und großzügige Gewährung eines Forschungsaufenthaltes in der Schweiz zu Dank verpflichtet. Auch meinen beiden Hochschulen, der Universität des Saarlandes (GradUS) und der École pratique des hautes études sowie meinem *laboratoire de recherche*, dem Institut d'histoire moderne et contemporaine bin ich für vielfache Unterstützung dankbar. Der Universitätsgesellschaft der Universität des Saarlandes danke ich für die Verleihung des Dr.-Eduard-Martin-Preises, und dem Frankoromanistenverband sowie der französischen Botschaft in Deutschland für die Auszeichnung meiner Studie mit dem Prix Germaine-de-Staël 2020.

Sophia Dorka, Lisa Harms und Claudia Heß danke ich nicht nur für viele Gespräche, sondern auch und besonders für das Korrekturlesen des Manuskripts vor der Abgabe. Für sein Vertrauen, seine Unterstützung in unzähligen Lebenslagen und zahlreiche Gespräche danke ich sehr herzlich meinem Partner Karl Bringmann.

Meinem Vater, der den Abschluss dieser Arbeit nicht mehr erleben durfte, ist dieses Buch gewidmet.

Paris, im Januar 2023

Annika Haß

Einleitung

Das ausgehende 18. und beginnende 19. Jahrhundert ist nicht nur durch tiefgreifende politische, gesellschaftliche und soziale Veränderungen gekennzeichnet, sondern auch durch einen sich intensivierenden Austausch. Dieser findet auf zahlreichen Ebenen statt, beispielsweise in Form von Berichterstattung über die Französische Revolution in der »Augsburger Allgemeinen Zeitung«, in Form von französischer Präsenz in den durch Napoléon besetzten Gebieten wie der französischen Administration im Königreich Westphalen[1] oder Migrationsbewegungen wie der Flucht französischer Aristokraten vor dem revolutionären Frankreich[2], und sie spiegeln sich im Verlagswesen. Denn Bücher besitzen sowohl wirtschaftlichen Wert, da sie eine Ware darstellen, als auch symbolische und politische Bedeutung, da sie einen bestimmten Inhalt transportieren[3]. Insofern findet im Verlagswesen häufig Wissens- und Kulturtransfer statt, zum einen in Form von Übersetzungen, fremdsprachigen Editionen oder Berichterstattung in Periodika. Zum anderen agieren Verlage auf internationaler Ebene über einen nationalen oder territorialen Rahmen hinaus.

Insbesondere der Stadt Straßburg kommt sowohl in Hinsicht auf die lange Tradition als Buchdruckerstadt als auch in Hinsicht auf deutsch-französischen Kulturkontakt eine besondere Rolle zu: Von 1443 bis 1444 hielt sich Johannes Gutenberg in Straßburg auf, bevor er zurück in Mainz ab 1449 begann, die Bibel zu drucken[4]. Infolgedessen entwickelte sich Straßburg zu einer der wichtigsten

1 Vgl. Claudie Paye, »Der französischen Sprache mächtig«. Kommunikation im Spannungsfeld von Sprachen und Kulturen im Königreich Westphalen (1807–1813), München 2013.

2 Vgl. Friedemann Pestel, Kosmopoliten wider Willen. Die »monarchiens« als Revolutionsemigranten, Berlin, Boston 2015.

3 Vgl. Gisèle Sapiro (Hg.), Translatio. Le marché de la traduction en France à l'heure de la mondialisation, Paris 2008, S. 7–15.

4 Vgl. Frédéric Barbier, L'Europe de Gutenberg. Le livre et l'invention de la modernité occidentale, Paris 2006, S. 129–136.

Städte für den Buchdruck[5]. Zudem befindet sich die Stadt an der Grenze zwischen Frankreich und dem deutschen Raum und gehörte im Lauf der Geschichte wechselweise zu Frankreich oder zu deutschen Territorien. Die Bevölkerung war zu einem Großteil zweisprachig, französisch und deutsch, die wirtschaftliche Betätigung vielfach im internationalen Handel angesiedelt. Der Verlagsbuchhandlung Treuttel & Würtz, die ihren Ursprung in Straßburg hat, ist in Bezug auf internationalen Austausch im Buchhandel und Verlagswesen im Epochenumbruch eine herausragende Bedeutung beizumessen. Die Buchhandlung entwickelte sich zum ersten Ansprechpartner für internationalen Buchhandel im beginnenden 19. Jahrhundert.

Nach dem Tod seines Partners Jean Geoffroy Bauer 1781 führte Jean-George Treuttel[6] die Verlagsbuchhandlung zunächst allein weiter, in die später sein Neffe Jean Godefroi Würtz einstieg. Die Buchhandlung Treuttel & Würtz belieferte zahlreiche bedeutende europäische Bibliotheken wie beispielsweise die Bibliothek des französischen Königs (sowohl vor und während der Revolution von 1789 als auch während der Restauration)[7], die Bibliotheken des preußischen und englischen Königs[8], die zukünftige Bibliothèque de l'Arsenal von

5 Vgl. Ursula Rautenberg, L'imprimerie et le commerce du livre à Strasbourg de Johann Mentelin au xvie siècle. Quelques-unes de leurs caractéristiques, suivi de Considérations sur l'utilité des »Digital Humanities« pour les recherches sur le livre, in: HCL 9 (2015), S. 11–28.

6 Die Namen von Personen sind in den Quellen uneinheitlich geschrieben. Es wurde die französische Namensvariante der Straßburger Verlagsbuchhändler verwendet, da sie häufiger gebraucht wurde. Die Namen von Personen wurden so belassen, wie sie in den Quellen vorkamen, z. B. »Jean-George Treuttel« anstelle des in Frankreich üblichen »Jean-Georges«, und auch bei »Charles Geofroy Treuttel« wurde kein weiteres »f« hinzugefügt. Quellen wurden ebenso in ihren orthografischen Eigenheiten weitestgehend so belassen, wie sie im Original vorlagen. Die Groß-/Kleinschreibung wurde den heutigen Regeln angepasst; offensichtliche Fehler wurden korrigiert sowie fehlende Akzente gesetzt.

7 Vgl. die erhaltene Korrespondenz zwischen Bauer, Treuttel und Würtz mit den Bibliothekaren der königlichen Bibliothek: BNF, Ancien Régime 72; für die Zeit der Restauration: Dossier Claude Fauriel, IF, Ms 2374/3 sowie Ms 2374/5. Vgl. auch Lise Devreux, Comment appréhender les fonds allemands de la Bibliothèque nationale de France? Sources et méthodologie, in: Hans-Erich Bödeker, Anne Saada (Hg.), Bibliothek als Archiv, Göttingen 2007, S. 171–182, hier S. 177.

8 Vgl. u. a. folgenden Verlagskatalog: Catalogue of Books in the German, Greek, and Latin Languages, Published in Germany, From January to June, 1828, for which Orders are Received by Treuttel and Würtz, Treuttel, Jun. and Richter, Foreign Booksellers to the King, No. 30, Soho Square, London, BNF, 8Q10B.

Antoine-René de Voyer d'Argenson, Marquis de Paulmy[9], die Universitätsbibliothek Göttingen[10] oder den Weimarer Hof[11]. Treuttel und Würtz, deren Unternehmung auf die Belieferung von Bibliotheken ausgerichtet war, was einen sicheren und regelmäßigen Absatz versprach und als Grundlage des Reichtums der Verlagsbuchhandlung angesehen werden kann, belieferten diese vorrangig mit aus dem Ausland erworbenen Publikationen.

Aber nicht nur die Buchhandlung bediente eine illustre Kundschaft, auch im Verlag veröffentlichten bedeutende Autoren der Zeit. 1800 erschien die erste vollständige französische Übersetzung von Johann Wolfgang von Goethes »Hermann und Dorothea«, angefertigt von Paul-Jérémie Bitaubé[12]. Auch die erste Gesamtausgabe Germaine de Staëls (1820/21) sowie eine englische Übersetzung ihrer Memoiren (1821) wurden bei Treuttel & Würtz veröffentlicht. Es lässt sich feststellen, dass nicht nur die Buchhandlung einen Schwerpunkt im internationalen Buchhandel aufweist, sondern sich auch im Verlagsprogramm Kulturtransferphänomene in Form von Übersetzungen oder Reiseliteratur und Reiseführern spiegeln. Zudem handelt es sich bei den Autoren und Übersetzern häufig um Personen des deutsch-französischen intellektuellen Austauschs im Epochenumbruch, etwa Friedrich Creuzer, Aubin-Louis Millin oder August Wilhelm Schlegel.

Neben dem ursprünglichen Verlagssitz in Straßburg kamen im Laufe der Zeit weitere Verlagssitze in Paris (ab 1796) und London (1817–1833) hinzu. Während der Kontinentalsperre Napoléons stellte Treuttel & Würtz neben dem Verlag Bossange den einzigen Verlag dar, dem der Handel mit Großbritannien gestattet war. Anhand solcher einzigartigen Privilegien werden die Kontakte und der daraus resultierende Einfluss von Treuttel und Würtz deutlich.

9 Vgl. die ausführliche Korrespondenz zwischen Bauer, Treuttel und den Bibliothekaren des Marquis de Paulmy, BNF Arsenal, 6167. Vgl. dazu auch Martine Lefèvre, Danielle Muzerelle, La bibliothèque du marquis Paulmy, in: Claude Jolly (Hg.), Histoire des bibliothèques françaises. Les bibliothèques sous l'Ancien Régime, 1530–1789, Paris 1988, S. 302–315, hier S. 308.

10 Vgl. Anne Saada, Französische Bücher in der Universitätsbibliothek Göttingen. Der Bestand unter Christian Gottlob Heyne (1763–1789), in: Michael Knoche u. a. (Hg.), Bibliothek und Wissenschaft. Forschungsbibliothek im Aufbruch. Göttingen und die Bibliotheksentwicklung in Deutschland, Europa und den Vereinigten Staaten im 18. und 19. Jahrhundert, Wiesbaden 2008, S. 67–78, hier S. 69f.

11 Vgl. zur Belieferung des Weimarer Hofs die Korrespondenz zwischen Friedrich Justin Bertuch und Bauer & Treuttel, GSA, 06/5269.

12 Zu Goethes »Hermann und Dorothea« im deutsch-französischen Kontext vgl. u. a. Michel Espagne, Humboldt à Paris, lecteur de Goethe, in: Revue germanique internationale 12 (1999), S. 195–209.

Die Verlagsbuchhandlung besaß zahlreiche Kommissionäre und Kontakte, vor allem in Paris, Frankreich und Europa, aber auch darüber hinaus in Brasilien (Rio de Janeiro) oder den Vereinigten Staaten von Amerika (Philadelphia). Diese Kontakte und die enge Zusammenarbeit mit Kollegen wie dem Weimarer Buchhändler Friedrich Justin Bertuch ermöglichten den Handel über weite Distanzen hinweg. So nahm Bertuch nicht nur die Bestellungen der Weimarer Gesellschaft für Treuttel entgegen, sondern lieferte auch die bestellten Publikationen und sammelte das Geld der Kunden, mit dem Treuttel wiederum zum Teil bei Bertuch Werke für französische Kunden bestellte. Darüber hinaus wandten Treuttel und Würtz deutsche Buchhandelsusancen wie die Publikation von Verlagskatalogen und Geschäftsrundschreiben an, um ihre Kunden und Kollegen über Neuerscheinungen und wichtige Veränderungen im eigenen Verlag oder in den internationalen Bedingungen des Buchhandels zu informieren. Diese Verlagskataloge und von Treuttel und Würtz verlegte bibliografische Zeitschriften (u. a. »Journal général de la littérature de France«, 1798–1841; »Journal général de la littérature étrangère«, 1801–1830) haben internationale bibliografische Standards gesetzt, wurden vielfach kopiert und haben die Entstehung einer modernen Bibliografie nachhaltig geprägt.

In einem Geschäftsrundschreiben vom Februar 1817, in dem Treuttel und Würtz die Eröffnung ihrer Londoner Filiale erklären, formulieren sie u. a. das Programm der Buchhandlung: »Elle s'appliquera à établir d'une rive à l'autre des communications littéraires et bibliopoliques fréquentes, rapides et peu dispendieuses«[13]. Das Wort *bibliopolique* stellt einen Neologismus dar. Von lat. *bibliopola*, der Buchhandel oder der Buchhändler, bedeutet es »den Buchhandel betreffend«. Sie sehen ihre Aufgabe folglich im häufigen, schnellen und wenig teuren literarischen und buchhändlerischen internationalen Austausch. Dieser Austausch befindet sich bei Treuttel & Würtz zum einen auf der Ebene der verlegten Werke selbst, beispielsweise in Form von Übersetzungen oder Informationen über andere Länder, zum anderen auf der Ebene des internationalen Buchhandels und der internationalen Verbreitung von Büchern und Zeitschriften.

Methodische Ansätze und Forschungsstand

Dementsprechend verfolgt diese Arbeit eine interdisziplinäre Ausrichtung: Sie ist einerseits historisch in dem Bereich der Kultur- und Buchgeschichte angesiedelt. Andererseits wird der Inhalt der verlegten Werke näher untersucht, weshalb sie gleichzeitig eine literarische bzw. romanistische Ausrichtung auf-

13 Geschäftsrundschreiben von Treuttel & Würtz, 1.2.1817, BNF, 8° Q10B.

weist. Diese interdisziplinäre Ausrichtung soll nicht nur dem Untersuchungsgegenstand des Buches mit seiner Doppelfunktion als wirtschaftliches Gut und als Transportmedium eines bestimmten Inhalts gerecht werden, sondern auch den verschiedenen Ebenen des Austauschs der transnational agierenden Verlagsbuchhandlung.

Konzepte, Begriffe und Methoden der Kulturtransferforschung und der historischen Übersetzungsforschung sowie neuere transnationale Ansätze dienen der Untersuchung der Verlagsbuchhandlung. Das in den 1980er Jahren vor allem von Michel Espagne und Michael Werner entwickelte Konzept des Kulturtransfers[14] untersucht den Transfer eines kulturellen Artefaktes, Symbols oder Gegenstandes von einem Kulturraum in einen anderen:

> Die Transferforschung hat sich bemüht, neue Möglichkeiten bei der Überwindung des nationalen Rahmens der Kulturgeschichte zu erproben und die Translation eines Kulturgegenstandes von einem Ausgangskontext in einen Aufnahmekontext unter die Lupe zu nehmen. Dabei wird der Akzent auf die Rolle der verschiedenen Vermittlungsinstanzen (Reisende, Übersetzer, Buchhändler, Verleger, Sammler) sowie auf die unumgängliche semantische Umdeutung des Imports gelegt. Untersucht wird insbesondere die Änderung, welche ein Kulturimport am Aufnahmekontext bewirkt hat, und umgekehrt die positive Wirkung dieses Aufnahmekontextes auf den Sinn des Objektes[15].

Seit den 1980er Jahren wurde das Konzept vielfach weiterentwickelt, ausdifferenziert und systematisiert[16]. Allgemein wird zwischen drei Ebenen des Kulturtransfers unterschieden: dem Selektionsprozess, dem Vermittlungsprozess und dem Rezeptionsprozess. Zunächst lässt sich auf Ebene der Selektion sowohl die qualitative als auch quantitative Dimension untersuchen, d. h., es wird die Frage verfolgt, welche Artefakte ausgewählt und transferiert werden und in welchem Umfang.

14 Vgl. Michel ESPAGNE, Michael WERNER, Présentation, in: Revue de synthèse 2 (1988), S. 187–194; DIES. (Hg.), Transferts. Relations interculturelles dans l'espace franco-allemand (XVIIIe–XIXe siècle), Paris 1988.

15 Michel ESPAGNE, Jenseits der Komparatistik. Zur Methode der Erforschung des Kulturtransfers, in: Ulrich MÖLK (Hg.), Europäische Kulturzeitschriften um 1900 als Medien transnationaler und transdisziplinärer Wahrnehmung, Göttingen 2006, S. 13–32, hier S. 15.

16 Hans-Jürgen LÜSEBRINK, Der Kulturtransferansatz, in: Christiane SOLTE-GRESSER u. a. (Hg.), Zwischen Transfer und Vergleich. Theorien und Methoden der Literatur- und Kulturbeziehungen aus deutsch-französischer Perspektive, Stuttgart 2013, S. 37–50.

Auf der zweiten Ebene lässt sich nach individuellen, medialen oder institutionellen Vermittlungspersonen und -institutionen differenzieren[17]. Als Verlagsbuchhandlung ist Treuttel & Würtz sowohl den medialen als auch den personellen Vermittlerfiguren zuzuordnen. Als medialer Vermittler publizierte der Verlag Periodika und andere Druckwerke, bei denen es sich einerseits direkt um eine Form des Kulturtransfers handeln kann, beispielsweise in Form einer Übersetzung; andererseits war die Buchhandlung international tätig. Auch Michel Espagne misst diesen unterschiedlichen Ebenen der Vermittlung ausgehend vom Medium des Buches beide Bedeutungsebenen bei:

> La question de la traduction conduit à la question de l'objet livre, traduit ou non, qui circule entre les aires culturelles et transmet les codes étrangers au contexte d'accueil. [...] Indépendamment des considérations sur la production de traductions, sur leur tirage, leur réception, il importe d'observer le livre étranger dans le cadre français ou le cadre allemand[18].

Die Gründer und Leiter der Verlagsbuchhandlung, Jean-George Treuttel und Jean Godefroi Würtz, standen mit Autoren, Übersetzern oder Kunden unterschiedlicher Herkunft in persönlichem Kontakt. Sie waren somit zugleich personelle Mittlerfiguren.

Auf der dritten Ebene des Kulturtransferprozesses lässt sich nach verschiedenen Rezeptionsformen unterscheiden. Zu ihnen gehören u. a. Übertragungen, Nachahmungen wie die Übernahme des Konzepts des historischen Romans nach dem Modell Walter Scotts oder kulturelle Adaptationen. Letztere stellen eine kulturelle Anpassung an die Zielkultur dar, beispielsweise in Form der Veränderung und Anpassung von Paratexten einer Übersetzung. Weitere Rezeptionen stellen auch Kommentarformen (z. B. Rezensionen) oder »produktive Rezeptionen« dar, unter denen Hans-Jürgen Lüsebrink »Formen kreativer Aneignung (nicht der imitativen Nachahmung) und Transformation von kulturellen Diskursen, Texten, Praktiken und Institutionen aus anderen Sprach- und Kulturräumen«[19] versteht. Als Beispiel dafür nennt er das Phänomen des »negativen Kulturtransfers«[20], bei dem es sich zwar um eine Übernahme eines Textes oder einer Praktik handelt, die der ursprünglichen Idee aber entgegenge-

17 Vgl. Hans-Jürgen Lüsebrink, Interkulturelle Kommunikation. Interaktion, Fremdwahrnehmung, Kulturtransfer, Stuttgart ²2008, S. 131–133.

18 Michel Espagne, Les transferts culturels franco-allemands, Paris 1999, S. 9.

19 Lüsebrink, Interkulturelle Kommunikation, S. 136.

20 Zum Begriff vgl. Steffen Bruendel, Negativer Kulturtransfer. Die »Ideen von 1914« als Aufhebung der »Ideen von 1789«, in: Marc Schalenberg (Hg.), Kulturtransfer im 19. Jahrhundert, Berlin 1998, S. 153–172. Vgl. auch Martin Aust, Daniel Schönpflug, Vom Gegner lernen. Einführende Überlegungen zu einer Interpretationsfigur der

setzt ist. Dies ist beispielsweise bei der Idee der Nationalfeiern in Frankreich durch Ernst Moritz Arndt und deren Übertragung auf deutsche Gedenktage der Fall[21].

Von besonderer Bedeutung beim Konzept des Kulturtransfers ist, dass er nicht auf eine feste geografische Größe als Einheit wie die Nation beschränkt ist, sondern auch der Transfer in Regionen oder Städten untersucht wird. Ebenso findet Kulturtransfer nicht nur zwischen zwei beteiligten Regionen oder Nationen statt, sondern er kann eine tri- oder multilaterale Ausprägung aufweisen[22].

Das Konzept des Kulturtransfers wurde in einem deutsch-französischen Kontext vor allem von Historikern und Literaturwissenschaftlern, die sich mit dem 18. und 19. Jahrhundert beschäftigten, entwickelt. Aus historischer Perspektive entstanden in der Folge zahlreiche weitere Ansätze, die unter der Bezeichnung »transnationale Geschichte« eine neue Perspektive suchen[23]. In Abgrenzung zur internationalen Geschichte, die sich mit Diplomatie, Kriegen und dem Verhältnis zwischen Staaten beschäftigt, sowie zum historischen Vergleich, der Staaten als unabhängige Entitäten begreift, soll die transnationale Geschichte das umfassen, was über die Nationalstaaten hinausgeht und diese verbindet. Auf die Buchgeschichte bezogen verstehen Martyn Lyons und Jean-Yves Mollier in ihrem programmatischen Artikel »L'histoire du livre dans une perspective transnationale«[24] darunter vor allem vier Themenbereiche: erstens die Untersuchung von Übersetzungen und Mittlerfiguren, zweitens die Untersuchung von Kulturtransferphänomenen wie die Rezeption eines spezifischen Autors oder eines literarischen Genres, wobei ihnen vor allem das Verhältnis zwischen politischen und kulturellen Zentren und davon abhängigen Regionen und Peripherien von Bedeutung erscheint. Drittens fassen Mollier und Lyons die Entwicklung internationalen Rechts und transnationaler Organisationen

Geschichte Europas im 19. und 20. Jahrhundert., in: Dies. (Hg.), Vom Gegner lernen. Feindschaften und Kulturtransfers im Europa des 19. und 20. Jahrhunderts, Frankfurt a. M. 2007, S. 9–35.

21 Vgl. Hans-Jürgen Lüsebrink, Ein Nationalist französischer Inspiration. Ernst Moritz Arndt (1769–1860), in: Michel Espagne, Werner Greiling (Hg.), Frankreichfreunde. Mittler des französisch-deutschen Kulturtransfers (1750–1850), Leipzig 1996, S. 221–241.

22 Vgl. Espagne, Les transferts culturels, S. 153–177.

23 Auch diese Forschungsrichtung ist wenig einheitlich. Kiran Klaus Patel versteht unter transnationaler Geschichte bspw. eine Verbindung zwischen Transfer und Vergleich. Vgl. Kiran Klaus Patel, Transnationale Geschichte, in: Johannes Paulmann (Hg.), Europäische Geschichte Online, 2010, http://ieg-ego.eu/de/threads/theorien-und-methoden/transnationale-geschichte (30.9.2019).

24 Martyn Lyons, Jean-Yves Mollier, L'histoire du livre dans une perspective transnationale, in: HCL 8 (2012), S. 9–20.

(z. B. die Entwicklung des internationalen Urheberrechts) und viertens multinational agierende Verlagskonzerne unter die transnationale Buchgeschichte[25]. In dieser Arbeit finden sich alle diese Themenbereiche wieder.

Der Begriff »transnational« im Titel der Arbeit wurde gewählt, da Treuttel und Würtz zwar internationalen Buchhandel betrieben, aber das Prinzip, nach dem die Verlagsbuchhandlung funktionierte, über die Grenzen hinweg, ob in Straßburg, Paris oder London, das gleiche blieb. Zwar hatten Treuttel und Würtz häufig Probleme mit Zöllen und dem Versenden von Büchern und Zeitschriften über Grenzen hinweg und waren somit häufig vor allem mit nationalen Grenzen konfrontiert, aber für die belieferten Kunden, die Autoren und auch die Verlagsbuchhandlung spielte die Nationalität kaum eine Rolle – sei es der Übersetzer Paul-Jérémie Bitaubé, der, in Königsberg in einem hugenottischen Elternhaus geboren, während der Französischen Revolution zurück nach Paris ging, sei es August Wilhelm Schlegel, der zeitweise in Bonn, Paris, Coppet oder Jena wohnte. Treuttel & Würtz bediente mit ihren Publikationen vielmehr transkulturelle soziale Schichten, einerseits den Adel, andererseits das akademisch-schriftstellerische Milieu. Ihre Kunden sprachen zumeist mehrere Sprachen und vertraten häufig eine kosmopolitische Einstellung.

Sabine Juratic machte 2007 darauf aufmerksam, dass eine große Zahl von Verlagen noch nicht historisch untersucht wurden[26]. Einigen Verlagen und Buchhandlungen sind aber bereits Untersuchungen gewidmet worden. Beispielhaft zu nennen wären die Arbeiten von Bernhard Fischer zum Verleger Johann Friedrich Cotta[27], von Greta Kaucher zum Verlagshaus Jombert[28] oder in transnationaler Ausrichtung Untersuchungen zu Berger-Levrault[29] oder der Société typographique de Neuchâtel (STN)[30]. Auch deutschen Buchhändlern in Paris

25 Ibid., S. 10–16.

26 Vgl. Sabine Juratic, Introduction, in: Frédéric Barbier, u. a. (Hg.), Dictionnaire des imprimeurs, libraires et gens du livre à Paris, Genf 2007, S. 1–37, hier S. 5.

27 Vgl. u. a. Bernard Fischer, Johann Friedrich Cotta. Verleger, Entrepreneur, Politiker, Göttingen 2014.

28 Vgl. Greta Kaucher, Les Jombert. Une famille de libraires parisiens dans l'Europe des Lumières (1680–1824), Genf 2015.

29 Vgl. Frédéric Barbier, Trois cents ans de librairie et d'imprimerie Berger-Levrault, 1676–1830, Genf 1979.

30 Vgl. Jeffrey Freedman, Books without Borders in Enlightenment Europe. French Cosmopolitanism and German Literary Markets, Philadelphia 2012.

wurden einige Überblicksstudien gewidmet, u. a. von Isabelle Kratz[31] und Helga Jeanblanc[32].

Zum Übersetzungswesen im deutsch-französischen Kontext im Epochenumbruch ist vor allem die von Hans-Jürgen Lüsebrink und Rolf Reichardt herausgegebene Untersuchung »Kulturtransfer im Epochenumbruch« wegweisend, in der Übersetzungen aus dem Französischen ins Deutsche nicht nur quantitativ erfasst, sondern auch Mittlerfiguren und -texten qualitative Fallstudien gewidmet werden[33]. In den letzten 15 Jahren erfreute sich die Untersuchung von Übersetzungen großer Beliebtheit. 2012 und 2014 erschienen zwei Bände der »Histoire des traductions en langue française« unter der Leitung von Yves Chevrel und Jean-Yves Masson, die das 18. und 19. Jahrhundert betreffen und sich intensiv mit Übersetzern, Sprachen oder verschiedenen Themenfeldern, die übersetzt werden, auseinandersetzen[34]. Aufgrund seines kreativen und anregenden Ansatzes sei hier auch auf Franco Morettis »Atlas des europäischen Romans. Wo die Literatur spielte« verwiesen. Moretti untersucht einerseits Räume in der Literatur und andererseits die Verbreitung der Literatur im geografischen Raum mit Hilfe von Karten und der Verarbeitung großer Datenmengen[35]. In Paris, Marburg und Saarbrücken lief (2013–2016) zudem ein von der Deutschen Forschungsgemeinschaft und der Agence nationale de la recherche gemeinsam gefördertes Projekt unter der Leitung von Christophe Charle (Geschichte), York-Gothart Mix (Germanistik und Komparatistik) und Hans-Jürgen Lüsebrink (Romanistik) zur »Transkulturalität nationaler Räume. Prozesse, Vermittler- und Übersetzerfiguren sowie soziokulturelle Wirkungen des literarischen Kulturtransfers in Europa (1750–1900)«.

Wie Frédéric Barbier allerdings kritisch anmerkt, dürfen Übersetzungen im Epochenumbruch nicht als alleiniges Merkmal des Kulturtransfers betrachtet werden. Auch die Zirkulation von Texten in Originalsprache wie der Import französischsprachiger Bücher im deutschen Raum während des 18. Jahrhun-

31 Vgl. Isabelle Kratz, Libraires et éditeurs allemands installés à Paris 1840–1914, in: Revue de synthèse 1–2/4 (1992), S. 99–108.

32 Vgl. Helga Jeanblanc, Des Allemands dans l'industrie et le commerce du livre à Paris (1811–1870), Paris 1995.

33 Vgl. Hans-Jürgen Lüsebrink u. a. (Hg.), Kulturtransfer im Epochenumbruch. Frankreich-Deutschland, 1770–1815, 2 Bde., Leipzig 1997. Vgl. auch ältere Arbeiten zu Übersetzungen aus dem Französischen ins Deutsche: Hans Fromm, Bibliographie deutscher Übersetzungen aus dem Französischen, 1700–1945, 6 Bde., Baden-Baden 1950–1953.

34 Vgl. Yves Chevrel u. a. (Hg.), Histoire des traductions en langue française. xviie et xviiie siècles (1610–1815), Lagrasse 2014; ders. u. a. (Hg.), Histoire des traductions en langue française. xixe siècle (1815–1914), Lagrasse 2012.

35 Franco Moretti, Atlas des europäischen Romans. Wo die Literatur spielte, Köln 1999 [1997], S. 13.

derts im Kontext der »Europe française«[36] oder fremdsprachige Editionen[37] tragen entscheidend zum Kulturtransfer und der Mehrsprachlichkeit im 18. und 19. Jahrhundert bei. So sind für die Untersuchung der Verlagsbuchhandlung Treuttel & Würtz der internationale Buchhandel und dessen Bedingungen sowie die Bedeutung des Französischen als *lingua franca* im 18. Jahrhundert entscheidend[38].

Obwohl die bedeutende Rolle von Treuttel & Würtz für die deutsch-französische Vernetzung im ausgehenden 18. und beginnenden 19. Jahrhundert bereits mehrfach konstatiert wurde[39], ist der Verlag bisher sehr wenig erforscht und stellt ein Forschungsdesiderat dar. Dies kann zum einen damit begründet werden, dass kein Verlagsarchiv von Treuttel & Würtz erhalten ist und die Quellen ebenso zerstreut sind wie die Verlagstätigkeit, auch wenn ein Großteil an Archivmaterial in Frankreich und Deutschland ausgemacht werden konnte. Zum anderen sind die erhaltenen Quellen sowohl in französischer als auch in deutscher Sprache und folglich in deutscher Kurrentschrift verfasst, was eine Hürde darstellen kann. Obwohl der Verlag bedeutende Autoren verlegte, ist der Buchhandlung eine noch größere Bedeutung beizumessen. Verlagsbuchhandlungen waren aber für die germanistische oder romanistische Forschung häufig vor allem aufgrund der von ihnen verlegten Autoren und ihrem daraus resultierenden Einfluss auf die literarische Produktion von Interesse.

Aufgrund der Bedeutung der Verlagsbuchhandlung Treuttel & Würtz wurden dem Unternehmen einige Überblicksartikel gewidmet, die allerdings im Wesentlichen sich zum Teil widersprechende biografische und institutionelle Informationen liefern oder Einzelaspekte des Unternehmens herausgreifen und

36 Vgl. Frédéric Barbier, De la France, de l'Allemagne. Les relations transnationales de librairie à Strasbourg dans la première moitié du xixe siècle, in: HCL 9 (2014), S. 279–307, hier S. 306.

37 Vgl. u. a. Hans-Jürgen Lüsebrink u. a. (Hg.), Französische Almanachkultur im deutschen Sprachraum (1700–1815). Gattungsstrukturen, komparatistische Aspekte, Diskursformen, Göttingen 2013; Annika Hass, Der Verleger Johann Friedrich Cotta (1764–1832) als Kulturvermittler zwischen Deutschland und Frankreich. Frankreichbezüge, Koeditionen und Übersetzungen, Frankfurt a. M. 2015, S. 66–69.

38 Vgl. u. a Frédéric Barbier, Les marchés étrangers de la librairie française, in: Martin, Chartier (Hg.), Histoire de l'édition française, S. 269–281.

39 Vgl. Mark Lehmstedt, Die Herausbildung des Kommissionsbuchhandels in Deutschland im 18. Jahrhundert, in: Frédéric Barbier u. a. (Hg.), L'Europe et le livre. Réseaux et pratiques du négoce de librairie, xvie–xixe siècles, Paris 1996, S. 451–483, hier S. 481: »Es ist bekannt, daß dann vor allem Treuttel & Würtz in Straßburg eine entscheidende Rolle für die Vermittlung des buchhändlerischen Verkehrs zwischen Deutschland und Frankreich gespielt haben«. Vgl. ders., Pour une anthropologie culturelle des libraires. Note sur la librairie savante à Paris au xixe siècle, in: HCL 5 (2009), S. 101–120, hier S. 106.

die fehlende Monografie monieren. Zu diesen Überblicksdarstellungen zählen Aufsätze folgender Autoren: Giles Barber[40], Frédéric Barbier[41], Cornelis Boschma[42] und Nadine und Patrice Cénac[43]. Außerdem ist Treuttel & Würtz in einigen weiteren Artikeln oder Monografien erwähnt, allerdings ohne tiefgreifende Untersuchung. Helga Jeanblanc erwähnt den Verlag vor allem in Hinblick auf die Anstellung von Friedrich Klincksieck ab 1838 und dessen Kauf der *librairie étrangère*[44]. In einigen wichtigen Nachschlagewerken zur Buchgeschichte finden sich kurze Einträge zu Treuttel & Würtz, so im »Dictionnaire encyclopédique du livre« (DEL)[45] ebenso wie im »Répertoire d'imprimeurs/libraires (vers 1500–vers 1810)«[46]. Im Rahmen eines Beitrags zur Entstehung des Kommissionsbuchhandels in Deutschland geht Mark Lehmstedt kurz auf die Bedeutung dieses Unternehmens für den Kommissionsbuchhandel ein[47]. In einem Aufsatz zum »Almanach des dames« (1800–1840) wird sein Beitrag zur Anfertigung und Zusammenstellung dieses Almanachs beschrieben[48]. Dirk Moldenhauer geht in seiner Studie über den Verleger Friedrich Christoph Perthes (1772–1843) in Ansätzen auf die Zusammenarbeit zwischen Perthes und Treuttel & Würtz als Kommissionsverlag ein[49]. Auch Katharina Middell behan-

40 Vgl. Giles Barber, Treuttel and Würtz. Some Aspects of the Importation of Books from France, c. 1825, in: The Library 2/23 (1968), S. 118–144.

41 Vgl. Frédéric Barbier, Une librairie »internationale«. Treuttel et Würtz à Strasbourg, Paris et Londres, in: Revue d'Alsace 111 (1985), S. 111–125.

42 Cornelis Boschma, Les voyages pittoresques d'Antoine-Ignace Melling et les éditeurs Treuttel & Würtz, in: RFHL 116/117 (2002), S. 51–77.

43 Vgl. Nadine Cénac, Patrice Cénac, Notes pour servir à une biographie de Jean-George Treuttel (1744–1826), in: Bulletin de la Société de l'histoire du protestantisme français 4/159 (2000), S. 731–742.

44 Jeanblanc, Des Allemands dans l'industrie, S. 237.

45 Frédéric Barbier, Art. »Treuttel et Würtz«, in: DEL, Bd. 3 (2011), S. 891 f.

46 Vgl. die Einträge »Treuttel, Jean-Georges (1744–1826)« sowie »Treuttel et Würtz« in: Jean-Dominique Mellot u. a. (Hg.), Répertoire d'imprimeurs/libraires (vers 1500–vers 1810). Nouvelle édition mise à jour et augmentée (5200 notices), Paris 2004, S. 529 f.

47 Vgl. Lehmstedt, Die Herausbildung des Kommissionsbuchhandels, S. 451–483.

48 Vgl. Hans-Jürgen Lüsebrink, Annika Hass, »L'Almanach des dames« als Medium weiblicher Geschmacksbildung und Forum »feministischer« Debatten, in: Lüsebrink u. a. (Hg.), Französische Almanachkultur, S. 279–307.

49 Vgl. Dirk Moldenhauer, Geschichte als Ware. Der Verleger Friedrich Christoph Perthes (1772–1843) als Wegbereiter der modernen Geschichtsschreibung, Köln u. a. 2008.

delt in ihrer Arbeit zum Weimarer Verleger Friedrich Justin Bertuch die Zusammenarbeit zwischen Treuttel und Bertuch[50].

Vorgehensweise und Aufbau der Arbeit

In Anknüpfung an die beschriebenen Forschungsdesiderate verfolgt diese Studie vor allem zwei große Zielsetzungen: zum einen die detaillierte Analyse der bedeutenden internationalen Verlagsbuchhandlung Treuttel & Würtz in transnationaler Perspektive und zum anderen Aufschluss über ihr verlegerisch-schriftstellerisches Netzwerk zu geben. Es wird untersucht, wie die Buchhandlung es zu Beginn des 19. Jahrhunderts vermochte, zur ersten Anlaufstelle für den internationalen Buchhandel in Europa zu werden, wie sie sich gegenüber der Konkurrenz behauptete und wie und warum sie diesen Status wieder verlor. Verleger wie Johann Friedrich Cotta bauten ihren Verlag auf, indem sie einige bedeutende Autoren verlegten. Gleichzeitig besaßen sie zahlreiche Zeitungen und Zeitschriften und dementsprechend nicht nur die Möglichkeit, über bestimmte Ereignisse berichten zu lassen oder auch ihre eigenen Publikationen in Form von Rezensionen zu bewerben, sondern sie verfügten gleichfalls über ein großes Korrespondentennetzwerk. Treuttel & Würtz verlegte ebenfalls bedeutende Autoren wie Germaine de Staël oder Jean Charles Léonard Simonde de Sismondi. J.-G. Treuttel verlegte auch Zeitschriften wie den »Courrier de Strasbourg« während der Französischen Revolution[51]. Allerdings ist für die Verlagsbuchhandlung vor allem die Publikation von bibliografischen Informationen von Bedeutung, über die Kunden und Kollegen über Neuerscheinungen in Europa informiert wurden, die diese anschließend über Treuttel & Würtz erwerben konnten.

Als Untersuchungszeitraum dienen die Jahre 1750–1850. Bereits 1749 gründete Jean Geoffroy Bauer (1724–1781) in Straßburg den Vorgängerverlag und war im internationalen Buchhandel aktiv. Der Schwerpunkt der Arbeit liegt allerdings auf der Blütezeit der Verlagsbuchhandlung in den Jahren 1770–1840. 1772 wurde Jean-George Treuttel (1744–1826) als Buchhändler und *associé* Bauers in das Zunftbuch in Straßburg aufgenommen, 1841 starb der jüngere der beiden Verlagsgründer, Jean Godefroi Würtz (1768–1841). Ebenso wie die Vorläuferverlagsbuchhandlung Bauer mitberücksichtigt werden soll, wird auch auf

50 Vgl. u. a. Katharina Middell, »Die Bertuchs müssen doch in dieser Welt überall Glück haben«. Der Verleger Friedrich Justin Bertuch und sein Landes-Industrie-Comptoir um 1800, Leipzig 2002, S. 67, 227.

51 Vgl. Susanne Lachenicht, Information und Propaganda. Die Presse deutscher Jakobiner im Elsaß (1791–1800), München 2004, S. 506–508.

die Jahre nach dem Tod von Würtz und die Aufteilung des Geschäfts durch die Erben und den Niedergang des Unternehmens im Ausblick eingegangen.

Die deutsch-französischen Usancen der Buchhandlung, deren Mitglieder bilingual (deutsch und französisch, später auch englisch) waren, ermöglichten den Rückhalt in einem weit verzweigten, vor allem deutsch-französischen Netzwerk. Dieser Bezug auf beide Kulturen und Praktiken ist auf die Straßburger Herkunft zurückzuführen. Treuttel und Würtz stellten, so die Ausgangshypothese dieser Untersuchung, einen Kristallisationspunkt und Katalysator des deutsch-französischen Austauschs im Epochenumbruch um 1800 dar, indem sie nicht nur in Form von professionellen und persönlichen Kontakten und direktem Austausch eng mit diesem verbunden waren, sondern auch die Materialität des Austauschs in Form von Büchern, Informationsmaterial und dem internationalen Handel lieferten. Insofern profitierte die Verlagsbuchhandlung von der engen internationalen Verflechtung während der Französischen Revolution und im Kaiserreich, die sie gleichzeitig beförderten.

Im Gegensatz zu einigen anderen Verlagen wie Berger-Levrault oder Cotta ist von Treuttel & Würtz kein Verlagsarchiv erhalten. Zur Untersuchung der Verlagsbuchhandlung und Beantwortung der Fragestellungen musste folglich auf weit verstreutes Material in öffentlichen Archiven, Bibliotheken und Museen zurückgegriffen werden. Um die Recherche zu systematisieren, wurden den Städten der Filialstandorte (Straßburg, Paris, London) Priorität eingeräumt.

In Straßburg und Paris konnte ein Großteil der Quellen ausfindig gemacht werden. Zur ersten Recherche diente zunächst das Rechercheportal Calames mit den verknüpften Datenbanken[52]. In einem zweiten Schritt wurde in zumeist gedruckten Katalogen vor Ort recherchiert. Je nach Aufbau des Katalogs wurde nach den Namen der Verleger in sämtlichen Varianten (Treuttel verwies dabei zumeist auf den Verlag)[53] und/oder Stichworten bzw. in den Beständen zum Thema »Librairie«, »Imprimerie« recherchiert. Auch in Akten der Polizei konnte Material ausfindig gemacht werden. Häufig waren auch weitere Bestände relevant, wie beispielsweise im Stadtarchiv Straßburg der Fonds des jacobins, die Unterlagen der Zünfte oder die Kirchen- und zivilen Geburtenregister. In den Archives nationales (AN) kommt dem *minutier central* eine große Bedeutung zu, da sich dort die Kopien der Notariatsakten der Pariser Notare befinden. Treuttel und Würtz haben ab dem Zeitpunkt, an dem sie eine Nieder-

52 Vgl. http://ccfr.bnf.fr/portailccfr/jsp/portal/index.jsp?success=/jsp/portal/index.jsp&profile=anonymous (1.10.2019).

53 Vgl. Treutel, Treuthel, Trentel, Trenttel, Würtz, Würz, Wurz, Wurtz, Wuertz, Wuerz, Bauer, Baur. Die Suche nach dem Namen Bauer erwies sich als besonders schwierig, da der Name so häufig vorkommt und es sich zumeist nicht um die gesuchte Person handelte.

lassung in Paris hatten, regelmäßig ihren örtlichen Notar zur Beglaubigung sämtlicher Vorgänge und auch der Aufstellung des Nachlasses nach dem Tod besonders der Leiter der Pariser Filiale bestellt. Hier konnte zunächst über den großen Zettelkatalog recherchiert werden. Zudem wurden die Register des Notars der Verlagsbuchhandlung eingesehen. Auch im Departementalarchiv in Straßburg konnten Notariatsverträge wie der Ehevertrag von Jean-George Treuttel und Suzanne Marie Würtz ausfindig gemacht werden. In Großbritannien wurde vor allem auf den Katalog der British Library (BL) sowie die gedruckten Kataloge der Bibliothek in Oxford zurückgegriffen. Über die Archive in London war der Zugang zum Portal ancestry.com möglich, über das weitere genealogische Quellenbestände ausfindig gemacht werden konnten. In Großbritannien sind keine Notariatsakten aus der für die Recherche relevanten Zeit erhalten. Über das Portal der National Archives wurden weitere Recherchen vorgenommen. Auch in Deutschland war das Portal Kalliope erste Anlaufstelle für Recherchen. Zusätzlich wurden weitere Kataloge wie der Katalog des Goethe- und Schiller-Archivs in Weimar, der Katalog des Cotta-Archivs in Marbach sowie die Bibliothek und das Archiv des Börsenvereins herangezogen.

Neben diesen und weiteren Katalogen waren auch Fußnoten und zahlreiche Hinweise von Wissenschaftlern oder Vermutungen, die sich aus bereits gefundenem Material ergeben haben, Anlass zu weiteren Recherchen in spezifischen Archiven oder Bibliotheken. Archive von Bibliotheken sind meistens nicht katalogisiert, sodass eine gezielte Nachfrage an Mitarbeiter in entsprechenden Häusern, bei denen der Verdacht eines Kontaktes bestand, nötig war.

Aufgrund zahlreicher Recherchen in unterschiedlichen europäischen Ländern ergibt sich ein sehr umfangreiches und heterogenes Quellenkorpus. Ein Großteil des gefundenen Materials liegt in Form von geschäftlicher und privater Korrespondenz zwischen der Verlagsbuchhandlung und Übersetzern, Kunden, Ministern oder Kollegen vor. In Polizeiakten (Überwachung, Zensur) und allgemeinen Beständen zum Buchhandel bzw. Import von Büchern nach Frankreich wurden ebenfalls relevante Quellen gefunden. Des Weiteren gehören Notariatsakten, Rechnungen, Bestellungen oder Kontoabschlüsse zum Korpus. Auch in den Archiven anderer Verlage wie beispielsweise Bertuch in Weimar oder der STN konnten zahlreiche Briefe und Abrechnungen ausgemacht werden. In Archiven von Bibliotheken, deren Aufnahmeregister sowie in einer Personalakte im Bestand der Akademie der Wissenschaften in Berlin konnten Quellen in Zusammenhang mit Treuttel & Würtz ausfindig gemacht werden. Genealogische Quellen (Taufregister, Eheschließungen), das Zunftbuch in Straßburg oder Einträge bei Versicherungen in London machen einen kleineren Teil des gesichteten Materials aus.

Gedruckte Quellen zu Treuttel & Würtz lassen sich in zahlreichen Bibliotheken nachweisen. Die französische Nationalbibliothek (Bibliothèque nationale de France, BNF) besitzt nicht nur einen Großteil der von Treuttel & Würtz verlegten Bücher und Periodika, sondern auch einen sehr umfangreichen Bestand an Buchhandels- und Verlagskatalogen. Zudem sind in Rezensionszeitschriften zahlreiche Besprechungen der von Treuttel & Würtz gedruckten Werke erschienen[54].

Um einen besseren Überblick über das Verlagsprogramm sowie den Personenkreis von Treuttel & Würtz zu erhalten, wurde eine Verlagsbibliografie erstellt. Diese wurde zunächst auf Basis großer europäischer Bibliothekskataloge (Katalog der Staatsbibliothek zu Berlin, der Bayerischen Staatsbibliothek [BSB], des Südwestdeutschen Bibliothekverbunds, des französischen Verbundkatalogs Sudoc und des britischen Copac) und dann um weitere Exemplare ergänzt. Die Bibliografie diente als Basis für die statistische Auswertung des Verlagsprogramms.

Da bei den Recherchen festgestellt werden konnte, dass sich die Ausrichtung und Funktionsweise der Verlagsbuchhandlung über die Jahre und Filialen hinweg kaum veränderte, ist die Gliederung thematisch ausgerichtet. In einem ersten Teil werden zunächst der historische Rahmen, der Straßburger Kontext sowie der Rahmen der Verlagsgeschichte vorgestellt und untersucht. In einem zweiten Teil wird sowohl das Netzwerk von Treuttel und Würtz näher beleuchtet als auch auf die spezifischen Praktiken eingegangen. Der letzte Teil ist dem Verlagsprogramm des Unternehmens gewidmet.

54 Zu deutschsprachigen Rezensionszeitschriften vgl. http://zs.thulb.uni-jena.de/servlets/solr/find?qry=Treuttel&sort=published_sort%20desc&start=30&fq=contentClassi1:historical (1.10.2019).

1. Historischer Kontext und Verlagsgeschichte

1.1 Kosmopolitismus und Aristokratie des Buchwesens: Bauer und Treuttel im Kontext Straßburgs im Ancien Régime (1750–1789)

Der französische Historiker Fernand Braudel entwickelte in den 1950er Jahren den Ansatz, Geschichte in unterschiedlichen zeitlichen Bezugsrahmen zu betrachten. Er teilte die Zeitebenen in drei Kategorien von unterschiedlicher Dauer: ausgehend von der *longue durée* über die *moyenne durée* zu einer *histoire événementielle* (oder *courte durée*). In einem Zeitraum von langer oder sehr langer Dauer, unter dem Braudel mehrere Jahrhunderte verstand, vollziehen sich strukturelle Veränderungen. Diese betreffen beispielsweise klimatische oder geografische Gegebenheiten, die über einen langen Zeitraum quasi unverändert bleiben. Diese Grundlagen liefern nach Braudel den Schlüssel zum Verständnis der Bedingungen der historischen Gegebenheiten, die sich auf kürzeren Zeitebenen abspielen. In einem mittleren Zeitabschnitt (*moyenne durée*) von einem bis mehreren Jahrzehnten vollziehen sich beispielsweise wirtschaftliche Konjunkturen. Tage, Stunden, aber auch bis zu einigen Jahren umfasst der Zeitrahmen, den Braudel für Ereignisse (*événements*) festlegte, also z. B. für ein Zugunglück, den Getreidepreis oder eine Überschwemmung[1]. Diese unterschiedlichen Bezugsrahmen für die Betrachtung von historischen Ereignissen und Entwicklungen können zu einem tieferen Verständnis beitragen.

Von Braudels Zeitkonzeption ausgehend wird in diesem Kapitel auf die Besonderheiten Straßburgs in geografischer, kultureller sowie wirtschaftlicher Hinsicht eingegangen, insbesondere das Buchwesen betrachtend. Die transnationale Verlagsbuchhandlung Treuttel & Würtz entstand im Straßburg des Ancien Régime. Die besonderen Bedingungen der Stadt und der Zeit, in denen

1 Vgl. Fernand Braudel, Histoire et Sciences sociales: La longue durée, in: Annales. Économies, sociétés, civilisations 4/13 (1958), S. 725–753, hier S. 728.

das Unternehmen entstand, haben es nachhaltig geprägt. Inwiefern und auf welche Weise das besondere Klima Straßburgs die Unternehmung Treuttel & Würtz formte, ist Thema dieses ersten Kapitels. In welchen strukturellen, geografischen Bedingungen fand das Unternehmen seinen Ursprung? In welche Entwicklungen von mittlerer Dauer schrieb es sich ein? Inwiefern führten Ereignisse zu einem Umdenken oder einer Neujustierung und lösten Veränderungen aus?

In einem ersten Abschnitt wird auf die geografische Lage der Stadt Straßburg sowie den damit zusammenhängenden kulturellen Austausch und das kulturelle Zentrum, welches Straßburg darstellte, eingegangen. Auf wirtschaftlicher und kultureller Ebene vollzogen sich im Bereich des Verlagsbuchhandels in Straßburg Kontinuitäten und neue Entwicklungen. Der letzte Abschnitt thematisiert den internationalen Buchhandel in Straßburg, der ein Phänomen der *longue durée* darstellt.

1.1.1 Geografie, Kosmopolitismus, Universität

Die Stadt Straßburg im Elsass befindet sich in der Mitte Europas, westlich des Rheins. Östlich befindet sich die Stadt Kehl, die im 18. Jahrhundert zum deutschen Reich, genauer zum Herzogtum Baden, gehörte. Straßburg wird von der Ill durchflossen, die in den Rhein mündet (Karte 1).

Vor der Begradigung des Rheins waren die Gebiete um Straßburg häufigen Überschwemmungen ausgesetzt. Zwar konnten die Flüsse zum Fischen genutzt werden, aber vermutlich hat vor allem die gute Verteidigungssituation, gegenüber dem Rhein und die Insellage, dazu geführt, dass die Römer hier eine Stadt errichteten[2]. Auch wenn die Gegend bereits zuvor besiedelt war, kam Straßburg (Argentorate) erst unter den Römern größere Bedeutung zu. Im Jahr 12 v. Chr. war Straßburg eine römische Befestigung, von der aus die Grenze des römischen Reiches und der Rhein überwacht werden sollten[3]. Straßburg war zu diesem Zeitpunkt bereits Grenzstadt und befand sich zudem an einer Kreuzung wichtiger römischer Straßen: zum einen zwischen Norden und Süden, zwischen Mainz und Basel, zum anderen westlich nach Metz und östlich zur Donaugegend[4].

2 Vgl. Henri Vogt, L'emprise de la géographie. Possibilités et contraintes offertes par le milieu naturel, in: Livet, Rapp (Hg.), Histoire de Strasbourg, Bd. 1 (1980), S. 3–30, hier S. 23f.

3 Vgl. Jean-Jacques Hatt, Argentorate – Strasbourg romain, ibid., S. 77–273, hier S. 83.

4 Vgl. Vogt, L'emprise de la géographie, S. 6f. Vgl. auch die Karte in: Ernst Bruckmüller, Peter Claus Hartmann (Hg.), Putzger. Historischer Weltatlas, Berlin [103]2006, S. 46f.

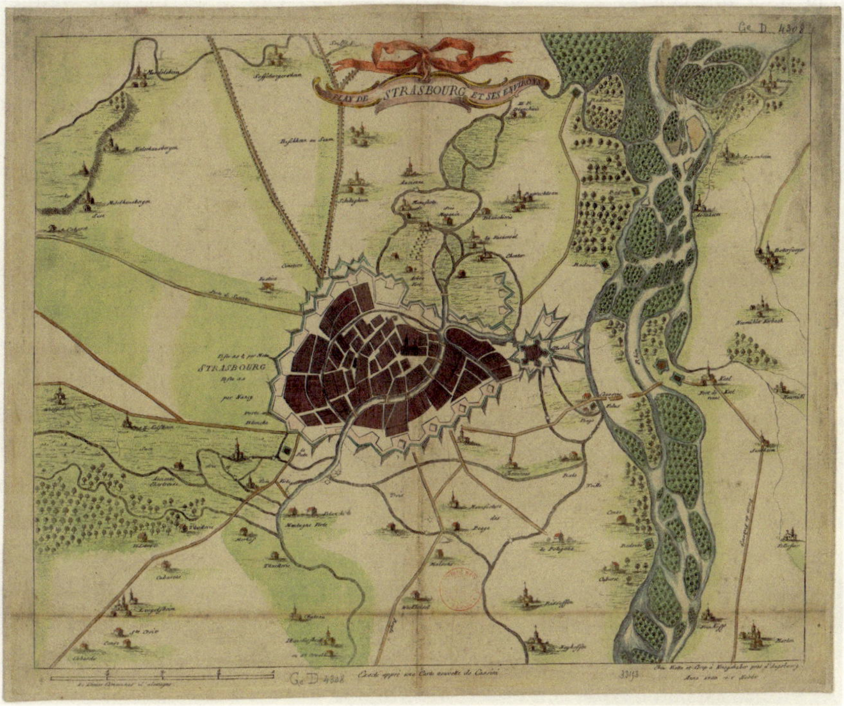

Karte 1. Plan de Strasbourg et ses environs [um 1790]. Exacté appré [sic!] une carte nouvelle de Cassini. Chez Fietta et Comp. à Kriegshaber près d'Augsbourg. Anno 1790 ce 7 Novbr. BNF, GED-4308, http://gallica.bnf.fr/ark:/12148/btv1b8443390j/f1.item (1.10.2019).

Bis in die Antike zurück lassen sich Konstanten in einer *longue durée* für Straßburg ausmachen: Aus dem Status der Grenzstadt, welchen Straßburg lange Zeit innehatte, folgte zum einen die Relevanz der Stadt als infrastruktureller Knotenpunkt in Europa, zum anderen eine herausragende militärische Wichtigkeit. Von Bedeutung für Straßburg im 18. Jahrhundert war vor allem, dass die Stadt noch im 17. Jahrhundert als freie Reichsstadt im Deutschen Reich integriert war, am westlichen Rand des Reiches. Im Zuge der Hegemonialpolitik Louis XIV. fielen das Elsass und Straßburg an Frankreich. 1681 wurde der Vertrag über die Übergabe der Stadt unterschrieben. Der Stadt blieben weitgehende Privilegien erhalten, zu denen die freie Religionsausübung – Straßburg bestand zu einem Großteil aus Protestanten lutherischer Prägung – und eine gewisse Selbstverwaltung gehörte. Neue königliche Ämter aber kamen hinzu: 1685 wurde das Amt des königlichen Prätors (*prêteur royal*) geschaffen, der eine Mittlerfunktion zwischen dem französischen Hof und der Stadt Straßburg einnahm. Straßburg wurde Militärstützpunkt[5]. Trotz dieser formalen Eingliederung bestand zwischen Straßburg (dem Elsass) und Frankreich eine Zollgrenze.

Straßburg behielt einen Sonderstatus. Aufgrund der besonderen sprachlichen und kulturellen Situation ebenso wie der Kontakte und Kenntnisse der rechtlichen Situation im Deutschen Reich nahm Straßburg eine Sonderstellung im Bereich der Diplomatie ein[6]. Die Angliederung der Bevölkerung vollzog sich mit unterschiedlicher Geschwindigkeit je nach sozialer Schicht: Während der Adel sich schnell den neuen Gegebenheiten, d. h. der französischen Sprache und Kultur, anpasste, behielt das lutherische Bürgertum über lange Zeit seine kulturellen Eigenheiten. Das protestantische Gymnasium, das von der Straßburger Elite besucht wurde, unterrichtete die französische Sprache erst ab 1751. Die Mitglieder der katholischen Eliten der Stadt hingegen besuchten das jesuitische Collège royal. Obwohl das protestantische Bürgertum seine Sprache und Kultur zu bewahren suchte, stellte es etwa ein Jahrhundert später zu Beginn der Französischen Revolution eine Minderheit in der Stadt dar[7].

Auch oder gerade im 18. Jahrhundert befand sich Straßburg immer noch an einem infrastrukturellen Knotenpunkt. Über die Ill, den Rhein und einen Nebenarm des Rheins (Rheingießen) ließen sich Mainz und Frankfurt in wenigen Tagen erreichen. Ebenfalls über den Rhein erreichte man von Basel aus Straßburg an einem Tag. Zudem war das Reisen zu Schiff auf dem Wasser am preiswertesten. Auch über Land war Straßburg hervorragend angebunden:

5 Vgl. Jean-Pierre Kintz, xviie siècle. Du Saint-Empire au royaume de France, in: Livet, Rapp (Hg.), Histoire de Strasbourg, Bd. 3 (1981), S. 5–111, hier S. 85–90.

6 Vgl. Guido Braun, Deutsch-französische Geschichte, Bd. 4: Von der politischen zur kulturellen Hegemonie Frankreichs 1648–1789, Darmstadt 2008, S. 45.

7 Vgl. ibid., S. 46.

Richtung Süden über die Schweiz bis Mailand oder im Norden bis Antwerpen und Brüssel. Des Weiteren konnte man von Straßburg nach Frankreich, über Metz nach Lyon oder auch nach Paris reisen[8]. Aufgrund dieser günstigen Reisemöglichkeiten spezialisierte sich der Straßburger Handel über einen langen Zeitraum hinweg auf den internationalen Warenverkehr.

Für das Postwesen besaß Straßburg eine bedeutende Rolle. Dies lässt sich beispielsweise an einer Karte des französischen Postwesens aus dem 18. Jahrhundert illustrieren, welche aus dem 1784 erschienenen »Handbuch für Reisende aus allen Ständen«[9] von Heinrich August Ottokar Reichard entnommen ist (Karte 2). Das Werk war ein Jahr zuvor auf Französisch erschienen, erfuhr zahlreiche Neuauflagen und stellte ein bedeutendes Referenzwerk der Reiseliteratur und eine Art Vorläufer des Reiseführers dar. Sein Autor war Hofbibliothekar in Gotha, frankophil, und trat zudem im französisch-deutschen Kulturaustausch in Erscheinung[10].

Die Karte der Postwege Frankreichs zeigt die Bedeutung Straßburgs für das Postwesen im Osten des Königreiches. Während der Süden Frankreichs wenig angebunden scheint, waren die Postwege um Paris und im Osten des Landes besonders ausgebildet. Straßburg stellte ein Zentrum des Postwesens dar, geradezu strahlenförmig laufen die Postwege auf Straßburg zu.

Neben dieser Karte des Postwesens widmete Reichard Straßburg an drei Stellen besonders viel Aufmerksamkeit: Als Erklärung des Postwesens in Frankreich verwendete er die Strecke Straßburg–Paris als Beispiel[11]. Im alphabetisch geordneten Teil des Reiseführers, in dem er einige bedeutende Städte vorstellte, war Straßburg ebenfalls vertreten[12]. Schließlich empfahl Reichard besonders häufig Routen, welche Straßburg als Ausgangspunkt oder Ziel der Reise definierten. Drei Strecken beschrieb er detailliert: den Weg von Frankfurt nach Straßburg sowie von Straßburg nach Genf und von Straßburg nach Paris[13]. Reichards Reisehandbuch erschien zu einem Zeitpunkt, als dem Reisen eine zunehmende Bedeutung zukam.

8 Vgl. Kintz, xviie siècle, S. 5–7.

9 Heinrich August Ottokar Reichard, Handbuch für Reisende aus allen Ständen. Nebst zwey Postkarten, zur großen Reise durch Europa, von Frankreich nach England; und einer Karte von der Schweiz und den Gletschern von Faucigny, Leipzig Weygand, 1784.

10 Vgl. Annett Volmer, Presse und Frankophonie im 18. Jahrhundert. Studien zur französischsprachigen Presse in Thüringen, Kursachsen und Rußland, Leipzig 2000, S. 72 f.

11 Vgl. ibid., S. 54–56.

12 Vgl. ibid., S. 550.

13 Vgl. ibid., S. 575–579.

Karte 2. Neueste Postkarte von Frankreich [um 1784], in: Reichard, Handbuch für Reisende aus allen Ständen. unpaginiert. Als Vorlage diente hier das digitalisierte Exemplar der ULB Sachsen-Anhalt, AB 39 26/i, 14, http://digitale.bibliothek.uni-halle.de/vd18/content/pageview/8166591 (1.10.2019).

Bereits seit dem Ausgang des Dreißigjährigen Krieges etablierte sich der *grand tour* als Teil der adligen Erziehung[14]. Die traditionelle Route der deutschen Adligen führte durch Westeuropa, über die Niederlande, Großbritannien, Frankreich, die Schweiz, Italien und Wien. Im Zuge der kulturellen Hegemonie Frankreichs im 18. Jahrhundert kam der Reise nach Frankreich, besonders nach Paris und Versailles, zunehmende Bedeutung zu und stellte zugleich ein Statussymbol dar[15]. Neben den Adligen reisten auch viele Angehörige des Bürgertums wie Gelehrte, Geschäftsleute oder Handwerker[16].

Straßburg diente für viele Deutsche, die aus geschäftlichen Gründen oder auf Bildungsreise nach Frankreich unterwegs waren, als Etappenziel, für das die Reise unterbrochen wurde. Die Zweisprachigkeit der Bevölkerung und die Vielzahl deutscher Bewohner ermöglichten einen engen Austausch. Die internationale Vernetzung Straßburgs war nicht nur besonders intensiv, weil sie durch seine Lage und Infrastruktur den eigenen Bewohnern das Reisen und den Transport von Waren erleichterte, sondern auch, weil die Stadt von vielen Menschen besucht wurde. Um Kontakte zu einem Milieu aufzubauen, das sich vor allem durch große Reisetätigkeit auszeichnete (u. a. Teile des Adels oder Gelehrte), war die Stadt ein idealer Ausgangspunkt. Die geographische Lage Straßburgs, die daraus folgende Bedeutung der Stadt als infrastruktureller Knotenpunkt für den Austausch, welche sich auf der Ebene des Postwesens sowie als Anlaufstelle für Reisende ebenso wie für das Militär spiegelte, stellte ein Phänomen der *longue durée* dar und begünstigte den internationalen Handel. In diesem kulturellen und wirtschaftlichen Kontext entstand auch das Unternehmen Treuttel & Würtz, ebenso wie sein Vorläufer von Jean Geoffroy Bauer. In Straßburg bauten sie ihre ersten Kontakte zu den Personen und zu dem Milieu auf, die sie bedienten.

Jean-George Treuttel lernte hier nicht nur Schriftstellerinnen und Schriftsteller kennen, die sich auf der Durchreise befanden – Sophie von La Roche war bei ihm zum Essen eingeladen, wie sie in ihrem 1787 publizierten Reisetagebuch schrieb[17] –, sondern auch Adlige auf ihren Bildungsreisen, für die Straßburg ein Etappenziel darstellte, an dem man anhielt. Der Prinz und spätere

14 Vgl. Thomas Grosser, Reiseziel Frankreich. Deutsche Reiseliteratur vom Barock bis zur Französischen Revolution, Opladen 1989, S. 21–22. Zum *grand tour* vgl. insbes. Daniel Roche, Humeurs vagabondes. De la circulation des hommes et de l'utilité des voyages, Paris 2003.

15 Vgl. Grosser, Reiseziel Frankreich, S. 26–28.

16 Vgl. ibid., S. 90–93.

17 Vgl. Sophie von La Roche, Journal einer Reise durch Frankreich von der Verfasserin von Rosaliens Briefen, Altenburg 1787, S. 10: »Dienstags speißt ich bei meinen ersten Strasburger Freunden, Herrn Treutel, und lernte dort Herrn von Bär, einen sehr verdien-

Herzog Carl August von Sachsen-Weimar-Eisenach hielt auf seinen Reisen nach Frankreich mehrmals in Straßburg an und besuchte den Buchhändler Jean Geoffroy Bauer. Bauer beschrieb den Besuch des Prinzen Carl August in einem Brief an den Buchhändler Friedrich Justin Bertuch 1775:

> Beÿ der ganz auserlesenen und vortrefflichen Reisegesellschaft Ihres durchl[auchten] Prinzen haben wir noch die Person des H[err]n Hofrath Wielands vermisset, den wir immer darunter zu finden hoffen. Zu seinem Namen haben wir dem durchl[auchten] Herzog den 8^{n}. Band des Merkur zum Durchlesen überreichet. Es war ein höchstschatzbarer Zeitpunkt für uns, da wir das Glück gehabt dero durchl[auchte] Herrschaft hier zu besitzen, und öftere Zeugnisse Ihrer Huld und Gnade zu haben[.] Nun sind Sie in Paris. Ihre Rückreise wird uns nochmals die schöne Gelegenheit verschaffen, höchstdieselben wiederzusehen, und Ihnen unsere Unterthänigkeit zu bezeugen. Dieser Reise haben wir auch das Vergnügen zu danken, mit Euer Hochedelgebohrn in Bekanntschaft gekommen zu seÿn[18].

Diese Begegnung mit Bertuch war der Beginn einer intensiven Zusammenarbeit. Prinz Carl August von Sachsen-Weimar-Eisenach wurde in Folge dieser Reise zu einem der wichtigsten Kunden Bauers, und Bertuch war mit den organisatorischen Arbeiten des Handels in Weimar beschäftigt. Da Carl August nicht alleine reiste, boten diese Aufenthalte die Gelegenheit dazu, weitere potentielle Kunden oder in diesem Fall den Geschäftspartner Friedrich Justin Bertuch kennenzulernen und Kontakte zu knüpfen. Bereits bestehende Verbindungen wurden erneuert und es wurde nach Abwesenden gefragt. So schrieb Bauer, er habe Christoph Martin Wieland unter den Reisenden vermisst. Auch Jean-George Treuttel erhielt 1784 Besuch von Carl August von Sachsen-Weimar-Eisenach, der zugleich zahlreiche neue Bestellungen in Auftrag gab, wie dieser euphorisch an Bertuch berichtete:

> Hochzuehrender Herr und Freund,
> Ihre werthe Zuschrift vom 10. October ist mir von Ihro durchl[laucht] wohl nicht selbst überbracht, aber doch persönlich angekündigt worden, denn Sie erwiesen mir die Gnade mich den 30. 8bre [Oktober] in meinem Gewölbe selbst in hoher Person zu besuchen, und den Weg zu mir ganz ohne alle Begleitung zu finden. […] Ich hatte die Ehre Ihro durchl[aucht] verschiedene

ten Mann kennen, welcher 43 Jahre lang als schwedischer Gesandschaftsprediger in Paris stund, und nun seinen letzten Tage in seiner Vaterstadt enden will«. Sie beschreibt auf den folgenden drei Seiten den Abend bei Treuttel, allerdings ohne auf ihn als Person einzugehen.

18 Jean Geoffroy Bauer an Friedrich Justin Bertuch, Straßburg, 27.2.1775, GSA, 06/87, Nr. 1.

> Carten und militärische Bücher vorzulegen, welche Ihren hohen Beÿfall erhielten, und ich nun nach dero Abreise auch schon abgesandt habe[19].

Die Reisen von Sophie von La Roche und Carl August von Sachsen-Weimar-Eisenach stellen zwei sehr konkrete Beispiele dafür dar, wie die geografische Lage Straßburgs die Herausbildung einer internationalen Verlagsbuchhandlung im 18. Jahrhundert beförderte. Die Ausrichtung der Verlagsbuchhandlung orientierte sich an den Wünschen dieser Kunden im Ancien Régime. Diese Welt hatte Jean-George Treuttel gerlernt zu bedienen.

Die geografische Situation war auch verantwortlich dafür, dass Straßburg während der Kriege mit den östlichen Nachbarn Frankreichs immer wieder ein Ort für Truppendurchzüge und Militärstationierung und auch zum Kriegsschauplatz wurde. Trotz der Schäden, welche durch militärische Verwüstungen angerichtet wurden, bot die Stationierung von Militär in der Stadt für einen Kaufmann auch einige günstige Gelegenheiten, besonders für einen Verleger.

So mussten sowohl die Soldaten als auch die Bewohner der Stadt mit Information versorgt werden. Bei Jean-George Treuttel erschienen Reden des Befehlshabers Alexandre de Beauharnais an seine Truppe[20]. Dass Treuttel und Beauharnais zudem persönlich miteinander bekannt waren, beschrieb auch Therese Huber, Tochter des Göttinger Bibliotheksdirektors Christian Gottlob Heyne, die zu diesem Zeitpunkt bei Treuttel wohnte. 1819, also Jahre später, erinnerte sich Therese Huber in einem Brief an den Buchhändler Friedrich Arnold Brockhaus daran: »Wenn von der Treuttelschen Familie die Frau des kleinen, dicken Herrn noch lebt[,] den ich 1792 als *quasi* Jakobinerchen kannte (stez mit großen Manschetten – Sie wißen das heißt: furchtsam) bei dem ich *General Beauharnais* und *Biron*[21] sah, die jetzt nahe an 60 Jahr sein muß, so grüßen Sie sie herzlich von mir. Ich war damals viel bei ihr in Strasburg«[22].

Joséphine de Beauharnais, zu diesem Zeitpunkt noch Ehefrau von Alexandre de Beauharnais, spätere von Napoléon Bonaparte und Kaiserin von Frankreich, besuchte ihren Mann, während dieser den Oberbefehl über die Armee in Straßburg hatte. Dieser Besuch und die Bekanntschaft mit Joséphine de Beau-

19 Jean-George Treuttel an Friedrich Justin Bertuch, Straßburg, 10.11.1784, GSA, 6/5286,2, Nr. 35.

20 Vgl. Alexandre de Beauharnois aux troupes de ligne de l'armée du Rhin, o. O., Imprimerie du courrier de Strasbourg, Grand'Rue, n° 15, o. J., AN, 251AP/6.

21 Wahrscheinlich handelt es sich um Armand-Louis de Gontaut Biron (1747–1793), der zeitweise General der Rheinarmee war.

22 Therese Huber an Friedrich Arnold Brockhaus in Paris, Stuttgart, 15. August 1819 [Nr. 402], in: Therese Huber, Briefe. Bd. 7: Oktober 1818–1820, Bd. 7.1, hg. von Magdalene Heuser, Petra Wulbusch, Jessica Stegemann, Berlin, Boston 2013, S. 314f., hier S. 315 (Hervorh. i. Orig.).

harnais schien von solch großer Bedeutung für Treuttel & Würtz gewesen zu sein, dass Marie Suzanne Treuttel, Ehefrau von Jean-George Treuttel, dem Sohn Friedrich Justin Bertuchs, Carl Bertuch, Jahre später davon erzählte. Carl Bertuch beschrieb diese Bekanntschaft der Treuttels mit den Beauharnais' im Februar 1804 in seinem Tagebuch. Joséphine de Beauharnais war zu diesem Zeitpunkt bereits Ehefrau von Napoléon Bonaparte, der die Position des Ersten Konsuls innehatte und im Dezember 1804 Kaiser wurde.

> Freitag d. 13. Pluv. 3. Febr. [1804]
> [...] Mad[ame] ist eine ruhige ~~feine~~ gebildete Frau von natürlichem Verstand. Sie sprach mehreres gute über M[adame] B[eauharnais], die bei ihr in Strasburg mit ihrem Sohn logi[e]rt hatte, als das Com[m]ando der Rheinarmee hal[l]te. Sie betrug sich immer sanft, einnehmend, gefällig. Ihre einzige Leidenschaft war Blumisterei. _ Als sie zurückgiengen, wurde [Beauharnais] Maire in der Gegend von Paris[23]. Die Revolutions Stürme in Strasburg vthagt [vertagt?]. Treut[t]els flüchtet nach Versailles[,] kaum erfuhr [Beauharnais] dies, ja bat er seine Frau, die in Paris wohnte, Treut[t]els zu besuchen, um ihn[en] ihre Dienste anzubieten, welches sie dann auch sehr liebevoll that. [...] sah sie Mad. Tr. einigemal zu Fuße mit einer schwarzen Kappe üb[er] dem Kopf aus d[em] Comité du salut publ[ic] kommen, wo sie f[ü]r Angeklagte suppliiert hatte[24].

Joséphine de Beauharnais hatte nicht nur bei der Familie Treuttel in Straßburg gewohnt. Auch als Jean-George Treuttel in Versailles war (1794), bat Alexandre de Beauharnais seine Frau, Treuttel zu besuchen und ihm zu helfen. In der Tat scheint die Bekanntschaft der Familie Treuttel mit der späteren Kaiserin entscheidend gewesen zu sein. Treuttel & Würtz genoss während des Empire außerordentliche Privilegien – wie die Erlaubnis, während der Kontinentalsperre mit Großbritannien Handel treiben zu dürfen –, die eine enge Verbindung zum politischen Machtzentrum nahelegen. Als die Familie Treuttel ein Haus auf dem Land in Groslay, nahe Montmorency und unweit von Paris, erwarb, waren sie zudem Nachbarn Joséphines, die zu diesem Zeitpunkt allerdings nicht mehr mit Napoléon Bonaparte verheiratet war. Auch in diesem Fall begünstigte die besondere geografische Lage Straßburgs den Aufbau der folgenreichen Bekanntschaft.

Straßburg wäre aber weder ein Etappenziel für reisende Adlige oder Gelehrte noch als Ort der Stationierung der Offiziere des Militärs ausgewählt worden, wäre es in der zweiten Hälfte des 18. Jahrhunderts nicht auch ein kultu-

23 Alexandre de Beauharnais wurde Bürgermeister in La Ferté-Beauharnais in der Region Centre-Val de Loire.

24 Tagebuch von Carl Bertuch, Reise nach Paris, GSA, 06/3064, S. 221. Der Unterstrich in diesem und in anderen Zitaten wurde aus den Texten übernommen.

relles Zentrum gewesen. In Straßburg befanden sich renommierte Ausbildungsstätten wie die Universität, die zahlreiche Studenten anzog. Zudem förderte die friedliche Koexistenz der deutschen und französischen Sprache in der Stadt sowie der protestantischen und katholischen Religion den Austausch. Zahlreiche Mitglieder des intellektuellen Milieus (Professoren, Archivare, Bibliothekare) hingen der protestantischen Religion lutherischer Prägung (*confession d'Augsbourg*) an. In der protestantischen Kirche Temple-Neuf, in der auch die Kinder der Familien Treuttel und Würtz getauft wurden, wurde Deutsch gesprochen. So sind ihre Einträge im Kirchenregister in deutscher Sprache gehalten. Diese Bedingungen haben den Aufenthalt für deutschsprachige Reisende in Straßburg sehr erleichtert. Dies beschrieb auch Johann Wolfgang von Goethe:

> An unserm Tische ward gleichfalls nichts wie Deutsch gesprochen. Salzmann drückte sich im Französischen mit vieler Leichtigkeit und Eleganz aus, war aber unstreitig dem Streben und der Tat nach ein vollkommener Deutscher; Lersen hätte man als Muster eines deutschen Jünglings aufstellen können; Meyer von Lindau schlenderte lieber auf gut deutsch, als daß er sich auf gut französisch hätte zusammennehmen sollen, und wenn unter den übrigen auch mancher zu gallischer Sprache und Sitte hinneigte, so ließen sie doch, solange sie bei uns waren, den allgemeinen Ton auch über sich schalten und walten[25].

Goethe lebte 1770/71 in Straßburg, um sein Jurastudium an der Universität zu beenden. Während seines Aufenthalts verkehrte er u. a. mit Johann Daniel Salzmann, dem Onkel des Buchhändlers Frédéric-Rodolphe Salzmann (1749–1821). Hier stand er in engem Kontakt zu Christophe-Guillaume Koch und Jérémie-Jacques Oberlin:

> Seine [Schöpflins] Schüler und Studienverwandten, [Christophe-Guillaume] Koch und [Jérémie-Jacques] Oberlin, fanden zu mir schon ein näheres Verhältnis. Meine Liebhaberei zu altertümlichen Resten war leidenschaftlich. Sie ließen mich das Museum wiederholt betrachten, welches die Belege zu seinem großen Werke über Elsaß vielfach enthielt. Eben dieses Werk hatte ich erst nach jener Reise, wo ich noch Altertümer an Ort und Stelle gefunden, näher kennen gelernt, und nunmehr vollkommen gefördert, konnte ich mir, bei größern und kleinern Exkursionen, das Rheintal als römische Besitzung vergegenwärtigen und gar manchen Traum der Vorzeit mir wachend ausmalen.
>
> Kaum hatte ich mir hierin einigermaßen aufgeholfen, als mich Oberlin zu den Denkmalen der Mittelzeit hinwies und mit den daher noch übrigen Ruinen und Resten, Siegeln und Dokumenten bekannt machte, ja eine Neigung zu den sogenannten Minnesingern und Heldendichtern einzuflößen suchte. Diesem wackeren Manne, sowie Herrn Koch, bin ich viel schuldig geworden, und

25 Johann Wolfgang von Goethe, Aus meinem Leben. Dichtung und Wahrheit, hg von Klaus-Detlef Müller, Frankfurt a. M. 1986 [1809/1833], S. 525f.

> wenn es ihrem Willen und Wunsche nach gegangen wäre, so hätte ich ihnen das Glück meines Lebens verdanken müssen[26].

Goethe beschrieb nicht nur den Reichtum an qualifizierten Gelehrten, sondern auch an Museumsstücken und Quellen für die Studien, die Straßburg und das Elsass zu diesem Zeitpunkt aufwies.

Neben Christophe-Guillaume Koch, Jérémie-Jacques Oberlin und Johann Daniel Salzmann lernte Goethe in der Stadt auch Johann Gottfried Herder kennen. Seine Frau Caroline Herder stand in engem Kontakt mit Luise König (1742–1801), die auch mit der Schwester Goethes befreundet war. Luise König stammte aus Bouxwiller (Buchsweiler), dem Ort, aus dem auch die Familie von Christophe-Guillaume Koch kam. Eine Schwester von Koch war mit einem Cousin von Luise König verheiratet. Zudem war Luise König mit der einflussreichen Familie Engelbach verwandt (Großmutter: Christine Salome Engelbach) und Goethes Freund Franz Christian Lerse war ihr Cousin zweiten Grades[27]. In diesem kleinen Straßburger und Bouxwiller Milieu bewegte sich Goethe während seines Aufenthalts in Straßburg, der von großer Bedeutung für die Sturm- und Drang-Periode war. Auch Jean Geoffroy Bauer und Jean-George Treuttel hatten Zugang zu diesem Milieu. Jean Geoffroy Bauers dritte und letzte Ehefrau Frédérique Caroline Christine Schuch war in erster Ehe ebenfalls mit einem Engelbach verheiratet gewesen[28]. Christophe-Guillaume Koch zählt zu den ersten zeitgenössischen Autoren Jean-George Treuttels. 1782 erschien bei Treuttel Kochs »Tables généalogiques des maisons souveraines de l'Europe«.

Wie Goethe, der nach Straßburg kam, um sein Studium zu beenden, kamen auch weitere auswärtige und französische Studenten für ihr Studium nach Straßburg. An der Universität wurden zahlreiche Diplomaten ausgebildet, weshalb Jürgen Voss sie auch als »ENA de l'Ancien Régime«[29] bezeichnete. Die Diplomatenschule institutionalisierte sich um 1752 unter Jean Daniel Schöpflin. Bereits zuvor hatte eine Vielzahl von Adligen und Prinzen die Universität

26 Ibid., S. 520 f.

27 Vgl. Johann Froitzheim, Zu Strassburgs Sturm- und Drangperiode, 1770–1776. Urkundliche Forschungen nebst einem ungedruckten Briefwechsel der Strassburgerin Luise König mit Karoline Herder aus dem Herder- und Röderer-Nachlass, Straßburg 1888, S. 59.

28 Es handelte sich um Chrétien Charles Casimir Engelbach. Die Familie Engelbach war sehr einflussreich. Viele ihrer Mitglieder waren in der hohen Verwaltung oder als Pastoren tätig. Siehe die Genealogie von Jean Geoffroy Bauer und seiner Ehefrau Frédérique Caroline Christine Schuch in Anhang A.

29 Jürgen Voss, L'école diplomatique de Strasbourg. L'ENA de l'Ancien Régime?, in: Bernhard Vogler, Jürgen Voss (Hg.), Strasbourg, Schoepflin et l'Europe au xviiie siècle, Bonn 1996, S. 205–214.

besucht, aber seit dem Siebenjährigen Krieg nahm die Anzahl an auswärtigen Studenten, die ansonsten in Leipzig oder Göttingen studiert hätten, sprunghaft zu[30]. 1772 übernahm Christophe-Guillaume Koch die Diplomatenschule und lehrte dort europäische Staatengeschichte. Mitglieder der Familien d'Argenson, Bigon, du Châtelet, Gérard, Ségur oder auch von Bülow, Seyn-Wittgenstein, von Turn und Taxis und viele andere zählten zu den Studierenden. Zu den berühmten Absolventen gehörten Clemens Wenzel Nepomuk Lothar von Metternich und Maximilian von Montgelas[31]. Metternich war 1788 gemeinsam mit seinem Bruder für zwei Jahre nach Straßburg gekommen. In seiner Autobiografie beschrieb er die Universität Straßburg, die einerseits besonders renommiert war, andererseits den Vorteil der Zweisprachigkeit bot: »Damals erfreute sich die Universität dieser Stadt einer großen Berühmtheit und wurde von vielen Deutschen besucht, welche die Leichtigkeit des Unterrichts in der deutschen und französischen Sprache dahin zog«[32].

Wolfram Siemann beschreibt in seiner Metternich-Biografie, dass Christophe-Guillaume Koch Metternich in entscheidender Hinsicht prägte. Metternich besaß ein persönliches Exemplar von Kochs »Gemählde der Revolutionen in Europa seit dem Umsturze des Römischen Kaiserthums im Occident bis auf unsre Zeiten«, welches Koch auf Grundlage seines eigenen Unterrichts an der Universität verfasst hatte[33]. »Das Werk zeigt eine Art, mit der Geschichte umzugehen, die der spätere Staatskanzler permanent an den Tag legte«[34], urteilte Siemann. Metternich selbst schreibt in seinen Memoiren, dass er in Straßburg die gleichen Lehrer in Mathematik und Fechtkunst hatte wie Napoléon Bonaparte[35]. Auch Georges Pariset ging darauf ein und schloss daraus, dass Napoléon Bonaparte selbst in Straßburg studiert habe[36]. Dies lässt sich aufgrund der Quellenlage aber nicht nachweisen[37].

30 Vgl. ibid., S. 207.

31 Vgl. ibid., S. 213.

32 Aus Metternich's nachgelassenen Papieren. Herausgegeben von dem Sohne des Staatskanzlers Fürsten Richard Metternich-Winneburg, geordnet und zusammengestellt von Alfons v. Klinkowström, autorisierte deutsche Original-Ausgabe. Erster Theil: Von der Geburt Metternich's bis zum Wiener Congress 1773–1815, Wien 1880, S. 8.

33 Vgl. Voss, L'école diplomatique de Strasbourg, S. 209.

34 Wolfram Siemann, Metternich. Stratege und Visionär. Eine Biografie, München 2016, S. 72.

35 Vgl. Aus Metternich's nachgelassenen Papieren, S. 8.

36 Vgl. Georges Pariset, Le lieutenant Napoléon Bonaparte. Étudiant à Strasbourg, Paris, Nogent-le-Rotrou 1917 (Sonderdruck aus Revue historique 125 [1917]), S. 213.

37 Vgl. Voss, L'école diplomatique de Strasbourg, S. 213.

Der Ursprung der Verlagsbuchhandlung Bauer, Treuttel & Würtz in Straßburg formte diese nach bestimmten Charakteristika, die in der Tradition der Gelehrtenrepublik des Ancien Régime standen. Zu diesen Merkmalen gehörten Reisefreudigkeit und Toleranz ebenso wie Kosmopolitismus und Transnationalismus sowie eine konservative Grundhaltung. Die renommierte Universität zog zahlreiche internationale und später einflussreiche Studierende an, die von der toleranten Atmosphäre zwischen der protestantischen und katholischen Religion ebenso profitierten wie von der Koexistenz der deutschen und französischen Sprache. Transnationalismus ist einerseits in dem Sinne zu verstehen, dass viele Reisende oder internationale Studierende in der Grenzstadt gemeinsamen Umgang pflegten, und andererseits auf der Ebene des internationalen Buchhandels. Bauer und Treuttel & Würtz belieferten ihre Kunden vor allem mit Publikationen aus dem Ausland. Ob eine wissenschaftliche oder bibliophile Neuerscheinung in Paris, Berlin, St. Petersburg, London oder Florenz publiziert wurde, war unerheblich für das Milieu, das sie bedienten. Es handelte sich um transnational ausgerichtete Kunden, zum einen die *res publica literaria* des 18. Jahrhunderts, zu denen Professoren, Theologen, Bibliothekare oder Gelehrte gehörten; zum anderen um Adlige, die durch ihre internationale Heiratspolitik sowie die kulturelle französische Hegemonie eine transnationale Elite darstellten. Adlige, Geistliche und, im Laufe der Zeit, Gelehrte zählten zum Kundenstamm, den Bauer und Treuttel & Würtz mit Publikationen aus dem Ausland ausstatteten. Im 18. Jahrhundert traten Adlige noch als Mäzene auf, die ihre repräsentativen Bibliotheken pflegten und dafür ein großes Budget vorsahen. Sowohl Jean Geoffroy Bauer als auch Jean-George Treuttel fühlten sich durch die Besuche des Weimarer Prinzen bzw. Fürsten ergriffen und besonders geehrt. Die Ausrichtung ihrer Arbeit an solch illustren Kunden war verbunden mit einer konservativen, elitären Grundhaltung.

1.1.2 Aristokratie des Buchwesens und neues Selbstverständnis der Verlagsbuchhändler in Straßburg

1681 wurde Straßburg von Frankreich annektiert. Offiziell geschah dies unter Beibehaltung sämtlicher alter Privilegien, die in der ehemaligen freien Reichsstadt galten. Dazu gehörten neben politischen und religiösen Freiheiten eine weitgehende Selbstverwaltung durch einen Verwaltungsbeamten (*magistrat*). Diese besondere Situation Straßburgs führte zu zahlreichen Konflikten zwischen den verschiedenen Ebenen: der Verwaltung und Organisation der Stadt sowie den Gesetzen und der Verwaltung des französischen Königreiches. In Bezug auf das Buchwesen in Straßburg bedeutete dies beispielsweise, dass man für den Druck eines Werkes in Frankreich eine offizielle königliche Genehmigung (*privilège*) benötigte, für den Druck in Straßburg hingegen die Erlaubnis des Verwaltungsbeamten[38].

Einen Überblick über den Buchhandel im Allgemeinen und speziell den Zustand der Buchhändler und Drucker in Straßburg lieferte die offizielle Antwort des königlichen Prätoren, zu diesem Zeitpunkt François-Marie de Gayot[39], auf eine Anfrage des Pariser Vizekanzlers, Antoine de Sartine, vom 16 Januar 1765[40]. Zunächst beschrieb der königliche Prätor die gesetzlichen Regeln des Buchwesens in Straßburg, bevor er konkret auf die Mitglieder des Buchwesens einging. Die geltenden Gesetze stammten von 1740 und beinhalteten u. a., dass man zur Ausübung des Berufes des Druckers unbedingt eine offizielle Erlaubnis benötige. In den gedruckten Büchern musste zwingend ein Druckvermerk vorhanden sein. Zudem sei es verboten, Raubdrucke von mit einer offiziellen königlichen Erlaubnis versehenen Exemplaren anzufertigen, und auch die Zensur werde angewandt[41]. 1765 waren fünf Drucker in Straßburg aktiv. Zu diesen zählten:

> [L]e sieur Heitz, natif de Strasbourg, âgé d'environ 70 ans; il exerce son métier depuis 1719 avec agrément du magistrat, ainsy que tous les autres; 2° le sieur Le Roux, Parisien, âgé de 63 ans, établi en cette ville depuis 1730; 3° les sieurs Christmann et Levrault, associés, dont le premier est de Strasbourg et l'autre de Lorraine, tous deux âgés d'environ 40 ans, établis icy depuis dix ans; 4° le sieur Laurentz, natif d'icy, âgé d'environ 38 ans, établi depuis 1762; 5° le sieur Steinmann, au nom des héritiers du défunt Kürsner, âgé de 50 ans, natif de Schaffhouse en Suisse, établi et bourgeois depuis 1751[42].

Lediglich zwei der Drucker stammten ursprünglich aus Straßburg. Die restlichen drei kamen aus der nahen Umgebung (Schweiz, Lothringen) und ein Drucker aus Paris[43]. Eine hohe Rate an Zugezogenen fand sich auch unter den Gesellen der Drucker: 1777 stammten von insgesamt 40 Gesellen nur zehn Pro-

38 Vgl. François Ritter, La police de l'imprimerie et de la librairie à Strasbourg. Depuis les origines jusqu'à la Révolution française, Paris 1922 (Sonderdruck aus Revue des bibliothèques 32 [1922]), S. 8 f.

39 De Gayot hatte 1763–1768 das Amt des königlichen Prätors in Straßburg inne, vgl. ibid., S. 21.

40 Vgl. Lettre du prêteur royal de Strasbourg à monseigneur le vice-chancelier, 16.1.1765, veröffentlicht in: Jean-Charles Brucker, Urkunden über die Verhältnisse des Buchhandel und der Presse in Straßburg im 18. Jahrhundert, in: Archiv für Geschichte des deutschen Buchhandels 8 (1883), S. 123–163, hier S. 131.

41 Vgl. ibid., S. 131 f.

42 Ibid., S. 135.

43 Vgl. dazu auch Martine Elloy, Le livre à Strasbourg au xviiie siècle, in: Société académique du Bas-Rhin pour le progrès des sciences, des lettres, des arts et de la vie économique 94/95 (1973/1974), S. 1–71, hier S. 5–7.

zent ursprünglich aus Straßburg, drei Viertel hingegen aus dem Deutschen Reich. Straßburg stand auch nach dem Anschluss an Frankreich in engem Kontakt zum deutschen Buchmarkt, was sich auch an den Gesellen der Drucker festmachen lässt[44]. Alle Druckereien bestanden bereits sehr lange, schon vor 1681[45].

1765 waren zudem zehn Buchhändler in Straßburg ansässig: Dulssecker, Le Roux, Petit père, König, Petit fils, Bauer, Phole, Stein et Lyncker associés, Schmidt, Veuve Stockdorf[46]. Den Buchhandel in Straßburg beschrieb François-Marie de Gayot als »vollkommen frei, mit Ausnahme der verbotenen Bücher«[47]. Und er fügt hinzu, dass das Verhalten der Buchhändler bisher ohne Tadel gewesen sei: »La conduite des libraires a été jusqu'à présent irréprochable et leur réputation est très bien établie tant en France qu'en Allemagne, ainsi que dans les autres pays étrangers«[48].

In den folgenden Jahren allerdings nahm die Anzahl der Buchhändler stark ab. 1765 waren noch zehn aktiv, 1775 waren es noch acht (Petit père und Phole waren verschwunden), 1777 waren es lediglich fünf[49]. Die Druckereien hingegen blieben lange Zeit auf einem konstanten Niveau und die Anzahl ihrer Druckerpressen nahm, ebenso wie die Anzahl ihrer Gesellen, zu. 1777 besaßen die Drucker Straßburgs nicht mehr nur 24 Gesellen wie 1765, sondern 40 und zusätzlich drei Lehrlinge, womit sich die Anzahl der Mitarbeiter fast verdoppelt hatte[50]. Die Zahl der Druckerpressen stieg von 13 (1765) über 15 (1772) auf 16 (1775)[51].

Wie lässt sich diese auf den ersten Blick paradoxe Situation erklären? Zuwachs der Gesellen der Drucker, Zunahme der Druckerpressen – genügend Druckaufträge gab es also – bei gleichzeitiger Abnahme der Buchhändler, die diese Druckwerke verkaufen würden? Die Forschung hat dafür zwei Ursachen ausgemacht: zum einen eine Erhöhung der Importzölle, was die Einfuhr von Publikationen in einer Stadt, die auf den internationalen Buchhandel spezialisiert war, erschwerte. Am 11. September 1771 wurden Importzölle in Höhe von 60 Livre auf 100 kg Bücher aus dem Ausland eingeführt. Bereits im November

44 Vgl. ibid., S. 7.

45 Vgl. Brucker, Urkunden, S. 135.

46 Ibid., S. 134.

47 »Le commerce des livres est absolument libre, à l'exception des livres prohibés mentionnées cy-dessus«, vgl. ibid., S. 134.

48 Ibid., S. 135.

49 Vgl. Elloy, Le livre à Strasbourg, S. 9f.

50 Vgl. ibid., S. 7.

51 Vgl. ibid., S. 5.

1771 wurde die Steuer auf 20 Livre gesenkt, im Oktober 1773 auf 7 Livre 10 und im April 1775 wurden die Zölle schließlich abgeschafft[52]. Zum anderen, und das war das womöglich größere Problem, gab es eine starke Konkurrenz – nicht unter den Buchhändlern selbst, sondern zwischen Buchhändlern und anderen Berufen, die ebenfalls Bücher vertrieben, bei denen der Buchhandel aber nicht deren Hauptgeschäftszweig ausmachte. Zu den »nebenberuflichen« Buchhändlern gehörten beispielsweise Buchbinder, Kolporteure oder auch Privatpersonen, die im Auftrag von Adligen Bücher erwarben und verschickten. Auch Händler, die nicht offiziell als Händler in Straßburg ansässig waren, sondern die Bücherpakete aus dem Ausland in französische Städte schickten, ohne diese Tätigkeit offiziell zu deklarieren, befanden sich unter den Konkurrenten und erschwerten die Arbeit der offiziellen, alt eingesessenen Buchhändler in Straßburg[53]. In den 1770er Jahren fanden diese aber eine gemeinsame Lösung für ihre gemeinsamen Probleme.

Die Aristokratie des Buchwesens: mit Gesetz und Obrigkeit gegen die Konkurrenz

Ausgelöst hatte den Wandel im Verhalten und in der Strategie der Buchhändler und Drucker gegenüber der Obrigkeit die Affäre um die Buchhändlerin Witwe Stockdorf im Jahr 1771. Der Handel der Witwe Stockdorf war auf den Import von Publikationen, vor allem deutschsprachigen, spezialisiert. Sie handelte mit in Frankreich verbotenen Periodika und Büchern wie den »Lettres philosophiques« von Voltaire, die sie mit der Postkutsche oder mittels Schmugglern nach Paris beförderte. Dort belieferte sie Personen wie den Abbé Lefort oder den Comte de Guébriant, Marquis de Villeneuve. 1771 wurde dieser Handel der Obrigkeit bekannt und die Witwe wurde verhaftet und in der Bastille in Paris eingesperrt. 1775 wurde sie begnadigt, erhielt aber zunächst die Auflage, weder in Paris noch in Straßburg zu wohnen, bis sie wieder ihrem Beruf nachgehen konnte[54].

In diesem Kontext waren die neuen, hohen Importzölle eingeführt worden und in diesem Zusammenhang ergriffen die Buchhändler Straßburgs die Initiative. Sie schrieben gemeinsam einen Brief an Baron d'Autigny, damals königlicher Prätor der Stadt Straßburg, der einen Wandel im Verhältnis der Straßburger Buchhändler zur königlichen Obrigkeit offenlegt. Die zu diesem Zeitpunkt noch aktiven sechs Buchhändler (Armand König, François Louis Petit, Le Roux

52 Vgl. ibid., S. 10f.

53 Vgl. ibid., S. 13–15.

54 Vgl. Ritter, La police de l'imprimerie, S. 30.

fils, Bauer et Compagnie, Jean Frédéric Stein, Conrad Schmidt) verbündeten sich und wechselten die Strategie. Gemeinsam beklagten sie sich über den Zustand des Buchhandels in Straßburg, der stärker reglementiert werden müsse, damit es nicht zum Missbrauch der Gesetze käme.

Sie beschrieben zunächst die Tatsache, dass jeder, egal, welchen Beruf er ausübe, Bücher nach Straßburg bestellen könne. Es handle sich um einen »traffic illicite«[55], der dem Missbrauch Tür und Tor öffne, einem Missbrauch, den die hauptberuflichen Buchhändler nicht betrieben und der zudem dem Ansehen des gesamten Straßburger Buchhandels schade. Zweitens verschickten ausländische Buchhändler und Buchhändler aus der Provinz außerhalb der Buchhandelsmessen Veröffentlichungen an Privatpersonen, was ein Problem für den regulären Buchhandel darstelle. Drittens schließlich würden über Colmar und Sélestat Bücher ohne Grenzkontrollen und ohne Zahlung der Zölle über Nacht nach Straßburg gelangen. Nach der ausführlichen Beschreibung dieser Probleme von Seiten der Buchhändler standen sie der Obrigkeit mit ihrer Expertise zur Seite und machten Lösungsvorschläge. Zunächst sollten grundsätzlich alle Pakete, die Bücher enthielten, vom Zoll kontrolliert werden. Zweitens sollten alle Bücherpakete, die an Privatpersonen gerichtet seien, im Beisein eines Buchhändlers geöffnet werden. Dies sei notwendig, um zu überprüfen, ob von einem Titel mehrere Exemplare enthalten seien, was darauf hindeute, dass man es nicht mit einem Buch für den Privatgebrauch, sondern mit illegalem Handel zu tun habe. Der letzte Verbesserungsvorschlag schließlich betraf die Buchbinder. Deren Verkauf von Büchern solle auf Bücher von kleinem Format beschränkt werden[56].

Die Straßburger Buchhändler stellten sich gemeinsam auf die Seite des Gesetzes, forderten neue, strengere Gesetze, um ihre eigene Vormachtstellung zu sichern und die Konkurrenz auszuschalten oder zumindest zu reduzieren. 1771 waren noch verbotene Bücher bei den Buchhändlern Bauer et Compagnie und Armand König gefunden worden[57], aber nun achteten sie minutiös darauf, den Gesetzen Folge zu leisten. Diese neue Strategie beinhaltete, sich auf die Seite des Gesetzes zu stellen, auf die Seite der Obrigkeit, und dies zu nutzen, um die eigene Konkurrenz auszuschalten.

Die Reaktion der königlichen Obrigkeit auf die konstruktiven Vorschläge der Buchhändler war denn auch positiv. Sie begrenzten den Vertrieb von Büchern durch Buchbinder streng auf kleine Formate. 1772 wurde konkret definiert, um welche Art von Büchern es sich dabei handeln dürfe, z. B. Gebetbücher, Psalmen etc., allerdings alle im Duodezformat. Auch mit Ausgaben der

55 Brucker, Urkunden, S. 140.

56 Vgl. ibid., S. 140f.

57 Vgl. AS, AA2352.

Bibel oder Almanachen dürften die Buchbinder handeln. Die Straßburger Buchhändler hatten mit ihrem Brief also einen Teilerfolg zu verzeichnen[58].

Die Haltung der Straßburger Buchhändler, sich auf die Seite des Gesetzes zu stellen, um die Konkurrenz zu bekämpfen, war zwar neu, beinhaltete aber ein sehr konservatives Moment. Legitimiert wurde die Vormachtstellung der Buchhändler gegenüber kleinen Kolporteuren und Buchbindern mit Tradition und Abstammung sowie strenger Reglementierung der Branche. Der Ansatz wies in seiner Argumentationsstruktur Parallelen mit der Legitimation des Adels auf, passt also zum Befund des Selbstverständnisses als eine »Aristokratie des Buchwesens«.

Die Buchhändler ebenso wie die Drucker in Straßburg gehörten der Zunft zur Stelz (*corporation de l'Échasse*) an. Dort wurde geregelt, wer eine Ausbildung in welchem Betrieb machte und wer den Beruf des Buchhändlers ausüben durfte[59]. Der Großteil der Unternehmen bestand bereits seit langer Zeit in Straßburg, wie der königliche Prätor François-Marie de Gayot 1765 schrieb, man kannte sich also und man regelte einiges unter sich. Streng war geregelt, welche Auflagen man erfüllen musste, um Buchhändler in Straßburg werden zu können: eine vierjährige Ausbildung und zusätzliche Erfahrung. Der Beruf des Buchhändlers ging häufig vom Vater auf den Sohn über, wie sich am Beispiel des Buchhändlers Armand König nachvollziehen lässt[60]. Die Mitglieder des Buchhandels blieben zudem oft unter sich; sie heirateten vielfach sogar innerhalb ihres Milieus[61] und arbeiteten zumeist bereits seit Generationen zusammen. Dies alles führte zu einer kartellartigen Struktur der Branche in Straßburg[62].

Schließlich kam hinzu, dass die Buchhändler, die vielfach Verlagsbuchhändler waren, vornehmlich Klerus und Adel zum Teil mit Publikationen aus dem Ausland, zum Teil mit ihren eigenen neuen, ambitionierten Publikationen zu bedienen suchten. In den 1770er Jahren begannen die Straßburger Verleger

58 Vgl. Elloy, Le livre à Strasbourg, S. 14.

59 Vgl. das ausführlich erhaltene Archivmaterial der Zunft zur Stelz, in dem sämtliche Aktivitäten nachvollzogen werden können: Libraires et imprimeurs étant affiliés à la tribu ou corporation de l'Échasse, les procès-verbaux du tribunal de la corporation, conservés de 1716–1790, enregistrent des nouveaux membres et l'engagement d'apprentis (ces derniers souvent étrangers), AS, XI 104, 112.

60 Vgl. Genealogie von König in Anhang A.

61 Vgl. die Verbindungen zwischen den Familien Treuttel und König. Jean-George Treuttels Onkel war der Buchhändler Armand König. Vgl. ibid.

62 Vgl. auch Frédéric Barbier, L'imprimerie strasbourgeoise au siècle des Lumières (1681–1789), in: Revue d'histoire moderne et contemporaine 24 (1977), S. 161–188, hier S. 182.

groß angelegte Projekte wie die Edition »Analecta veterum poetarum graecorum« (1772–1776), herausgegeben von dem Philologen Richard François Philippe Brunck, von Bauer verlegt und von Heitz gedruckt[63]. Auch die Publikation ambitionierter Projekte ermöglichte es, sich von kleinen nebenberuflichen Buchhändlern in Straßburg abzusetzen. Indem die Straßburger Verleger sich einen anderen Markt suchten, bot sich die Möglichkeit, der Konkurrenz im Bereich der kleinen Formate zu entfliehen.

Die Straßburger Buchhändler folgten dem Grundsatz, Kunden, die man zu gewinnen sucht, besser nicht zu verärgern, sondern mit ihnen zusammenarbeiten. Schließlich fühlten sie sich als Aristokratie des Buchhandels dem Adel näher als den kleinen Büchervertreibern.

Im Jahr 1786 zeigte sich nochmals, dass das Straßburger Buchwesen gegen die Konkurrenz zusammenhielt. Henri Rolland und Claude Jacob wollten sich in diesem Jahr mit einer Druckerei in Straßburg niederlassen. Jacob hatte bereits in Kehl als Schriftgießer gearbeitet, bevor er 1784 in Straßburg in Verbindung mit Rolland eine eigene Schriftgießerei eröffnete[64]. Im Februar 1786 stellten sie den Antrag, in Straßburg eine Druckerei führen zu dürfen. Es begann ein Kampf mit den in Straßburg ansässigen Druckern, die eine sechste Druckerei verhindern wollten. Sie argumentierten damit, dass es nicht genügend Druckaufträge in Straßburg gebe, ein Schriftgießer kein Drucker sein könne und die beiden Geschäftspartner nicht die nötige Ausbildung und Erfahrung hätten. Um eine Druckerei in Straßburg führen zu dürfen, benötigte ein Drucker mindestens eine vierjährige Ausbildung. Die Antworten von Rolland und Jacob darauf sind erhalten: Das erste Argument, es gebe nicht genügend Aufträge, erklärten sie als nicht gültig. Zweitens schrieben sie, dass es durchaus bekannte Schriftgießer gebe, die gleichzeitig als Drucker tätig seien, und nannten Didot in Paris als Beispiel. Auch den Mangel an Erfahrung im Metier erkannten die beiden *associés* nicht an: Rolland habe in Kehl die Druckerei häufig eigenständig geführt und Jacob habe in Birmingham im Atelier des bekannten Typografen und Druckers John Baskerville gearbeitet. Ihre Erfahrung sei also mindestens gleichwertig mit einer formalen Ausbildung, die die Straßburger Drucker verlangten[65].

Dieser Austausch lässt erahnen, wie stark die Straßburger Drucker ihre Privilegien verteidigten und gegen eine neue mögliche Konkurrenz zusammen-

63 Richard François Philippe Brunck, Analecta veterum poetarum graecorum, 3 Bde., Argentorati, apud Io. Gothofr. Bauer & socium. bibliopolas, 1772–1776.

64 Jacob hatte für Beaumarchais die Drucktypen der Witwe John Baskervilles erworben, womit in Kehl die Ausgabe von Voltaire gedruckt wurde. Vgl. Barbier, L'imprimerie strasbourgeoise, S. 183.

65 Vgl. Elloy, Le livre à Strasbourg, S. 23–25.

hielten. Es lässt sich auch erkennen, wie schwerfällig, in sich geschlossen und konservativ das System war, in dem die formale Ausbildung zum Drucker gefordert und höher gewertet wurde als Erfahrung in einer renommierten Druckerei und Schriftgießerei. Martine Elloy legte dar, wie Rolland und Jacob ihre Lettern dem französischen König vorgelegt hatten, der die Lettern noch schöner als die von Didot gefunden hätte und eine offizielle Erlaubnis erteilte, um diese weiterzuentwickeln. 1787 wurde Rolland et Jacob das erste Mal offiziell als Druckerei in Straßburg im »Almanach d'Alsace« aufgeführt[66]. Dennoch machte die Straßburger Administration es Rolland und Jacob nicht leicht und erteilte teilweise keine Druckerlaubnis für ihre Projekte[67]. Am 17. Dezember 1789 schließlich ging Rolland et Jacob bankrott und löste sich auf[68].

Die Konkurrenz war erst einmal gebannt. Die Straßburger Aristokratie des Buchwesens hatte sich durchgesetzt und ihre Privilegien gesichert. Eine Stellungnahme der Straßburger Drucker gegen Rolland und Jacob liest sich wie den Beginn eines Märchens: Es waren einmal… »cinq familles à Strasbourg attachée[s] à l'état de l'imprimerie depuis plusieurs générations. Cet état était leur fortune et leur propriété d'autant plus précieuse que plusieurs membres s'y étaient distingués par une succession de talents utiles au progrès de leur état«[69]. Diese Äußerung illustriert beispielhaft, worauf es den Straßburger Druckern ankam: Man erbte den Beruf des Druckers vom Vater, was dem Ganzen seine Legitimation gab. Der Wunsch der Aristokratie des Buchwesens, am Bestehenden festzuhalten, trat voll und ganz zu Tage.

Die konservative, traditionelle Grundhaltung der Mitglieder des Straßburger Buchwesens mit deren Kontrolle des Marktes, die auch Frédéric Barbier oder Martine Elloy konstatieren, lässt sich zudem daran nachweisen, dass die Drucker einzelne Aufgabenbereiche unter sich aufteilten. Dies zeigt sich z. B. im »Almanach d'Alsace« von 1788, in dem sowohl alle Buchhändler als auch alle Drucker der Stadt aufgeführt wurden:

> Imprimeurs
> M. Le Roux, père, impr[imeur] du roi, de l'évêché & de la ville, rue de la Hallebarde
> M. Levrault, impr[imeur] de l'intendance & de l'univ[ersité] épiscopale, rue des Juifs

66 Vgl. Almanach d'Alsace pour l'année 1787, Strasbourg, Lorenz & Schouler, 1786, S. 268.

67 Vgl. Elloy, Le livre à Strasbourg, S. 27 f.

68 Vgl. Barbier, L'imprimerie strasbourgeoise, S. 183.

69 Consultation pour les imprimeurs de la ville de Strasbourg contre les sieurs Rolland et Jacob, Paris, Didot, 1789, zitiert ibid., S. 183.

> Mrs Lorenz & Schouler, imp[rimeu][rs] du directoire de la noblesse, aux Petites Arcad[es]
> M. Heitz, impr[imeur] de l'université de la conf[ession] d'Augs[bourg], près du college de S[aint] Guill[aume]
> M. Dannbach, ruelle du Favon
> M[rs]. Rolland & Jacob, sous le nom de Société typographique, Krutenau, n° 15[70].

Le Roux war also Drucker des Königs, des Bischofs und der Stadt, Heitz Drucker der protestantischen Universität etc. Es scheint, als hätten sich die alten Straßburger Druckerfamilien die Aufgabenbereiche untereinander aufgeteilt. Sie standen also nicht, wie man annehmen könnte, in Konkurrenz zueinander, sondern regelten den Gewinn des Einzelnen durch Absprachen und Aufteilung der Aufgaben. Lediglich dem Drucker Dannbach scheint kein offizieller Bereich, der ein regelmäßiges Einkommen garantierte, zugeteilt worden zu sein. Dass Rolland et Jacob nicht in den engen Kreis aufgenommen wurden, obwohl sie doch die Erlaubnis zur Eröffnung einer Druckerei hatte, ergibt sich aus der geschilderten Affäre. Ihr Unternehmen in Straßburg war, wie beschrieben, auch nicht von langer Dauer.

Mit diesem neuen Verhalten gegenüber der Obrigkeit ging auch ein neues ethisches Selbstverständnis und Selbstbewusstsein einiger Mitglieder des Verlagsbuchhandels einher. Man begann sich nicht mehr nur auf den Straßburger Markt zu beschränken. Man dachte groß.

Entstehung eines neuen ethischen Selbstverständnisses der Verlagsbuchhändler in Straßburg

In einem Dokument von 1764, in dem der Straßburger Buchhandel untersucht wurde – vermutlich eine erste Version der Antwort des königlichen Prätors François-Marie de Gayot auf die Anfrage aus Paris – notierte dieser: »La librairie de cette province n'est point assez en vogue, ni assez florissante, pour y faire fortune. Heureux qui par son moyen peut se procurer le nécessaire, et tous ne l'ont pas«[71]. In der offiziellen Version schrieb Gayot letztlich, die Verlagsbuchhändler in Straßburg seien mittelmäßig: »Quant à leurs facultés, quoiqu'elles soient généralement médiocres, ils font cependant face à tout«[72].

70 Almanach d'Alsace pour l'année bissextile 1788, Strasbourg, Lorenz & Schouler, 1787, S. 267.

71 Antwort des Prätors auf die Fragen aus Paris, 1764, vermutlich erster Entwurf, AS, VI 685.

72 Brucker, Urkunden, S. 135.

Bereits einige Jahre später änderten sich sowohl die Publikationen der Straßburger Verleger als auch deren Selbstverständnis fundamental, denn in den 1770er Jahren entwickelte sich in Straßburg ein neues ethisches Selbstverständnis einiger Mitglieder des Buchhandels und des Druckwesens. Sie sahen sich nicht mehr als einfache Händler, sondern als aufgeklärte Buchhändler, als Vermittler zwischen Autor und Publikum. Die Mitglieder dieses neuen Typs von Verlagsbuchhändlern und Druckern verstanden sich selbst als Teil des intellektuellen, gelehrten und literarischen Lebens, mit dem sie nicht nur in engem Kontakt, sondern dem sie zu Diensten standen. Nicht nur der Verlagsbuchhändler Jean-George Treuttel (1744–1826) und der Drucker Jean-Henri Heitz (1731–1801), sondern auch der Verleger und Redakteur Frédéric-Rodolphe Salzmann (1749–1821) verfolgten dieses neue ethische Selbstverständnis in der Ausübung ihres Berufes. Alle drei waren Teil des gehobenen Bürgertums in Straßburg.

Große Unterschiede offenbaren sich schon im Werdegang der drei im Gegensatz zur vorherigen Generation. Abgesehen von Heitz hatten weder Treuttel noch Salzmann den Beruf ihres Vaters ergriffen, was im 18. Jahrhundert die übliche Wahl gewesen wäre. Die Entscheidung für die Tätigkeit im Buchhandel war also eine bewusste Entscheidung für diesen Beruf. Jean-George Treuttels Vater war Seidenhändler, aber verstarb bereits, als sein Sohn fünf Jahre alt war (1749)[73]. Salzmanns Vater war Pastor[74].

Allen dreien ist gemeinsam, dass sie studiert haben, was ein Novum in der beruflichen Laufbahn des Buchhändlers darstellte. So hatte beispielsweise Treuttels Vorgänger, Jean Geoffroy Bauer, nicht studiert[75]. Auch andere hier nicht näher untersuchte Mitglieder des Straßburger Buchhandels und dieser neuen Generation haben studiert, u. a. G. E. König (1776 eingeschrieben), F. L. X. Levrault (1788), J. G. Würtz (1787)[76]. Das Studium, der Besuch des Gymnasiums und der zusätzliche private Unterricht vermittelten Salzmann, Heitz und Treuttel eine umfassende Bildung, die ihnen erlaubte, dem zeitgenössischen wissenschaftlichen Diskurs (zumindest in den Geisteswissenschaften) und den literarischen Strömungen zu folgen. Alle drei waren in der Lage, mündig und eigenständig fundiert über literarische Werke und wissenschaftliche Veröffentlichungen zu urteilen. Dieser fundierte Bildungshintergrund und die

73 Vgl. Genealogie von Jean-George Treuttel in Anhang A. Vgl. auch Jean-Pierre Kintz, Art. »Treuttel, Jean-George«, in: NDBA, Bd. 37 (2001), S. 3905 f., hier S. 3905.

74 Vgl. Jules Keller, Art. »Salzmann, Frédéric-Rodolphe«, in: NDBA, Bd. 32 (1998), S. 3361–3363, hier S. 3361.

75 Vgl. Die alten Matrikeln der Universität Straßburg 1621 bis 1793, hg. von Gustav C. Knod, 3 Bde., Straßburg 1902.

76 Vgl. ibid., S. 120, 466, 184.

daraus folgende Urteilsfähigkeit stellten die Grundlage einerseits für den Erfolg der Verleger, Buchhändler und Drucker dar, andererseits für das ethische Selbstverständnis, mit dem diese agierten.

Salzmann studierte Theologie und Jura an der Universität Straßburg, Letzteres schloss er 1773 mit der Promotion ab. Jean-George Treuttel war 1757 an der Straßburger Universität eingeschrieben[77] und soll laut seinem Nekrolog eine Begabung für Theologie besessen haben, entschied sich dann aber anders und absolvierte eine Ausbildung in der internationalen Buchhandlung seines Onkels Armand König. In seinem Nekrolog wurde dieser Wandel wie folgt beschrieben: »Il y avait fait des progrès remarquables [im Bereich der Theologie], lorsque, changeant de résolution, il entra dans le commerce de la librairie, état dans lequel il pouvait continuer à satisfaire son goût pour les lettres«[78].

Jean-George Treuttel hat sich bewusst entschieden, sein Studium abzubrechen, er hat keinen Abschluss erworben und den Beruf des Buchhändlers ergriffen. In diesem Beruf konnte er sich weiterhin seinem Interesse für die Literatur widmen. Obwohl Jean-Henri Heitz aus einer Familie von Druckern stammte, hat auch er studiert[79]. Er besuchte das Gymnasium, erhielt zusätzlichen Unterricht in Hebräisch und Französisch. Seine Ausbildung zum Drucker in der Firma seines Vaters absolvierte er parallel dazu. Anschließend ging er für kurze Zeit nach Paris, um weitere Berufserfahrung zu sammeln[80].

Auch wenn Heitz nicht ins Ausland, sondern lediglich nach Paris ging, ist er gereist und hat berufliche und persönliche Erfahrungen außerhalb Straßburgs gesammelt. Nachdem Treuttel seine Ausbildung beendet hatte, unternahm er eine Reise in den Süden Frankreichs, in die Schweiz und nach Italien[81]. Auch Salzmann unternahm nach seinem Studium Reisen nach Südfrankreich, Italien und in die Schweiz, bevor er in Göttingen Erzieher von Karl Freiherr vom und zum Stein wurde, dem späteren preußischen Minister. Alle drei beherrschten mehrere Sprachen und hatten längere Reisen hinter sich, bevor sie im Buchhandel und Druckwesen tätig wurden. Bildungsreisen waren vor allem im Adel und Bürgertum üblich. Im Fall dieser drei Vertreter des Buchwesens standen sie zum einen in der Tradition ihrer bürgerlichen Herkunft, zum anderen war auch unter Handwerkern zumindest ein zeitweiliger Aufenthalt im Ausland oder in einer anderen Stadt durchaus möglich und üblich. Bei allen

77 Vgl. ibid., S. 437.

78 Jean-Jacques Goepp, Service funèbre célébré à l'église consistoire de la confession d'Augsbourg à Paris, in: Obsèques de M. Jean-George Treuttel [...], Paris, Imprimerie Crapelet, [um 1826], S. 7–17, hier S. 10.

79 Vgl. Matrikeln der Universität Straßburg, S. 427.

80 Vgl. Elloy, Le livre à Strasbourg, S. 18–19.

81 Vgl. Goepp, Service funèbre, S. 10.

dreien deutet diese Reisetätigkeit darauf hin, dass sie größere Ambitionen hatten und sich als mehr denn lediglich einfache Händler oder Handwerker verstanden.

Heitz, Treuttel und Salzmann standen dem gelehrten und literarischen Leben in Straßburg besonders nah. Sie hatten eine Ausbildung genossen, die ihnen erlaubte, den zeitgenössischen literarischen und gelehrten Strömungen zu folgen und im Fall von Salzmann sogar Teil hiervon zu werden. Bei Jean-Henri Heitz wurde nicht nur Goethes Dissertation gedruckt, sondern er war auch eng mit dem Altphilologen Richard François Philippe Brunck und dem Straßburger Professor Jean Laurent Blessig befreundet und in deren intellektuellen Zirkel integriert[82]. Jean-George Treuttel bewegte sich während seiner Reise ebenso in gelehrten Kreisen: »Dans ce dernier pays [Italien], il eut l'avantage de se mettre en rapport avec des savans du premier ordre, tels que les Win[c]kelmann, les Pacciaudi et d'autres, dont il reçut constamment des témoignages d'affection et d'estime«[83].

In Kooperation zwischen Jean-Henri Heitz und Jean Geoffroy Bauer erschienen hochwertige Ausgaben von Sophokles, die von Brunck herausgegeben wurden. Es handelte sich um Luxusausgaben in reduzierter Auflagenhöhe, für die Brunck vom König sogar eine Pension von 2000 Livre erhielt. Finanziert wurde der Druck dieser Luxusausgaben im Fall des Sophokles durch den Herausgeber Brunck, verlegt durch Heitz und Bauer[84]. In Kooperation von Heitz und Treuttel erschien 1772 bis 1779 die »Géographie universelle« von Büsching, eine Übersetzung aus dem Deutschen, die so erfolgreich war, sodass Treuttel bereits 1784 eine zweite Auflage plante.

Salzmann war in Göttingen bereits als Herausgeber des »Almanach des muses« (1775–1777) in Erscheinung getreten, hatte nach seiner Rückkehr nach Straßburg an der Universität Geschichte unterrichtet und wurde 1775/76 Leiter der Librairie académique/Akademischen Buchhandlung. Auch Salzmann ließ 1785 bei Heitz drucken[85].

Jean-Henri Heitz, Jean-George Treuttel und Frédéric-Rodolphe Salzmann verfolgten ihren Beruf im Bereich des Buchhandels und Druckwesens mit einem neuen Selbstbild und Anspruch. Sie besaßen eine umfassende Bildung, hatten studiert und waren Teil des literarischen und gelehrten Lebens in Straßburg, in dessen Dienste sie ihre Tätigkeit stellten. Abgesehen von Heitz, der aus einer Druckerfamilie stammte, entschieden sich Treuttel und Salzmann bewusst

82 Vgl. Elloy, Le livre à Strasbourg, S. 19.

83 Goepp, Service funèbre, S. 10.

84 Vgl. Elloy, Le livre à Strasbourg, S. 19.

85 Vgl. ibid., S. 21.

dafür, den Beruf des Buchhändlers und Verlegers zu ergreifen. Im Vergleich zu der vorherigen Generation verbanden sie mit ihrer Arbeit einen vollkommen neuen ethischen Anspruch. Die bei ihnen publizierten Werke richteten sich nicht an ein regionales, kleines Publikum in Straßburg, sondern an internationale Adressaten. Mit der Entscheidung, qualitativ besonders hochwertige Ausgaben zu produzieren – auf inhaltlicher wie bibliophiler Ebene –, richteten sie sich an ein reiches, kaufkräftiges Zielpublikum und erregten national und international Aufsehen.

Diesem neuen Selbstverständnis lag eine Neubewertung der Aufgabe des Buchhändlers zugrunde, welche mit der Entstehung einer neuen Öffentlichkeit im 18. Jahrhundert einherging[86]. Verleger und Buchhändler waren dafür zuständig, die Schriften der Aufklärung zu verlegen und zu verbreiten und übernahmen somit eine wichtige Funktion als Mittler zwischen Philosophen und Gelehrten und der Öffentlichkeit. Dieser »aufgeklärte Buchhändler« nahm eine entscheidende Aufgabe wahr, da er eine Auswahl traf, welche spezifischen Inhalte und Werte er verlegte, und somit mitentschied, welche Inhalte und Texte dem Publikum zugänglich gemacht wurden. Das Bewusstsein über die mit dem Beruf des Verlegers und Buchhändlers einhergehende Macht und sein Einfluss auf die Öffentlichkeit sowie dessen aktive Nutzung sind Teil dieses neuen Selbstverständnisses. Das Studium, die umfassende Bildung und auch die Bildungsreisen legten den Grundstein für die Urteilsfähigkeit und das Selbstverständnis von Jean-Henri Heitz, Jean-George Treuttel und Frédéric-Rodolphe Salzmann.

Allerdings ist dieses Element der aktiven Beeinflussung der Öffentlichkeit durch die wirtschaftlichen Bedingungen des Buchhandels beschränkt. Dem Buch kommt nicht nur die Vermittlungsfunktion für Inhalte, Ideen und Symbole zu, sondern es ist auch immer eine Ware mit einem bestimmten ökonomischen Wert. Dementsprechend ist der Buchhändler oder Verleger auch immer zugleich vom wirtschaftlichen Erfolg seiner Unternehmungen abhängig, wenn er seinen Beruf nicht nur aus Leidenschaft ausübt, sondern ihn auch als Erwerbsgrundlage betreibt. In Abhängigkeit vom Erfolg einzelner Publikationen und dem erzielten Gewinn entstand ein Spielraum für den erwarteten Gewinn oder Verlust zukünftiger Projekte. Der Verleger Johann Friedrich Cotta ging beispielsweise bewusst das Risiko der Publikation von Friedrich Schillers Zeitschrift »Die Horen« ein, welche finanziell einen Misserfolg darstellte, aber in der Folge zum einen den Autor Schiller an den Verlag band, zum anderen in

86 Vgl. Jürgen Habermas, Strukturwandel der Öffentlichkeit. Untersuchungen zu einer Kategorie der bürgerlichen Gesellschaft, Frankfurt a. M. 1990 [1962].

literarischer Hinsicht einen Erfolg darstellte[87]. Je nach Erfolg des Verlegers stellten vordergründige wirtschaftliche Überlegungen nicht immer die Grundlage der Entscheidung für eine bestimmte Veröffentlichung dar.

Möglicherweise aufgrund der bewussten Entscheidung für ihren Beruf verfolgten Heitz, Treuttel und Salzmann ihre Tätigkeit mit besonderem Eifer. Diese besonders ausgeprägte Arbeitsmoral ist im Kontext des Frühkapitalismus zu sehen. Auch das neue Selbstverständnis dieser Buchhändler, Verleger und Drucker als Vermittler zwischen den Autoren und Gelehrten einerseits und der Öffentlichkeit andererseits wirkte sinnstiftend und motivierend. Auffällig ist zudem die Tatsache, dass alle drei hier angeführten Vertreter des Buchwesens der protestantischen Konfession anhingen.

Zusätzlich zum Verständnis als Vermittler zwischen Publikum und Autor kam im Falle dieser Straßburger Verlagsbuchhändler und Drucker noch die Identifikation als Vermittler zwischen Kulturen, vor allem der deutschen und französischen, hinzu. So waren sowohl Treuttel als auch Salzmann im internationalen Buchhandel tätig und sahen ihre Berufung in diesem Bereich. In Frankreich war vor allem das Verständnis des Buchhändlers als Händler verbreitet, wohingegen die Figur des Buchhändlers stärker aufgewertet wurde. Die Straßburger Buchhändler verstanden sich als Teil der Schriftsteller und Gelehrten, deren Tätigkeit sie durch die Publikation und Verbreitung ihrer Werke in materieller Form erst ermöglichten. Jahre später, 1816, veröffentlichte Friedrich Christoph Perthes seine Schrift über die Bedeutung des deutschen Buchhandels für die deutsche Nation, die zwar eine andere Zielsetzung verfolgte, aber ebenso auf die große ideelle Bedeutung der Buchhändler baute und großes Selbstbewusstsein ausstrahlte[88].

Dieses neue Selbstverständnis als Buchhändler und Verleger, die ideelle Aufwertung des Berufes im 18. Jahrhundert, war eher im deutschen Raum verbreitet. Es handelt sich um einen Kulturtransfer dieses Teils deutscher Buchhandelsusancen in den französischen Raum. Heitz, Treuttel und Salzmann haben dieses neue Verständnis übernommen und teilweise adaptiert, indem sie sich selbst zusätzlich zum Verständnis als Vermittler zwischen Autoren und Publikum, als Vermittler zwischen verschiedenen Kulturen, verstanden und im internationalen Buchhandel aktiv waren.

87 Vgl. Bernhard Fischer, Zur Verlagsgeschichte 1787–1832, in: ders., Johann Friedrich Cotta, Bd. 1: 1787–1814, S. 15–64, hier S. 18f.

88 Vgl. Friedrich Christoph Perthes, Der deutsche Buchhandel als Bedingung des Daseyns einer deutschen Literatur, o. O., 1816.

Verlagsbuchhändler als Teil des intellektuellen Milieus

Mit diesem neuen Selbstverständnis einiger Mitglieder des Buchwesens ging auch eine besonders enge Verflechtung mit Gelehrten und Schriftstellern einher. Sowohl Verlagsbuchhändler als auch Gelehrte und Schriftsteller waren im Straßburg des ausgehenden Ancien Régime Teil einer Salonkultur, standen in persönlichem Kontakt, pflegten die gleichen Umgangsformen. Wie bereits zuvor anhand des Bekanntenkreises von Johann Wolfgang von Goethe gezeigt werden konnte, wies dieser einige Überschneidungen einerseits mit der Familie Bauer, andererseits mit Autoren des Verlags J.-G. Treuttel auf: Goethe war nicht nur Schüler von Oberlin und Koch, welche wiederum Autoren von Treuttel waren, sondern bewegte sich in einem Freundeskreis, der familiäre Überschneidungen mit der dritten Ehefrau Bauers aufwies[89]. Goethe stand ebenfalls in engem Kontakt zu Johann Daniel Salzmann, dessen Neffe Leiter der Librairie académique/Akademischen Buchhandlung in Straßburg wurde.

Anhand des Verlagsbuchhändlers Armand König lässt sich eine ebenso enge Verflechtung zum literarischen Milieu nachweisen, wie bereits Martine Elloy dargelegt hat[90]. Der Schriftsteller und Sprachreformer Johann Christoph Gottsched (1700–1766) veröffentlichte bereits 1758 zum ersten Mal bei König, der auch in Leipzig einen Verlagssitz besaß[91]. Der wirkliche Erfolg Gottscheds in der Buchhandlung von Armand König in Straßburg aber war seine deutsche Grammatik in französischer Sprache (»Le maître allemand, ou Nouvelle grammaire allemande méthodique et raisonnée«), von der 1763 bereits eine vierte Auflage erschien. Anhand dieses Beispiels wird deutlich, dass auch König durch die bei ihm erscheinenden Publikationen eine Vermittlerrolle einnahm. In »Das Neueste aus der anmuthigen Gelehrsamkeit« wurde Gottscheds Werk und dessen bedeutende Rolle für eine deutsch-französische Verständigung beschrieben[92]: »Dieß Buch ist in währendem Kriege fast aller in Deutschland stehenden Franzosen Handbuch geworden, und selbst in Paris nunmehr das allgemeine Lehrbuch der deutschen Sprache geworden; die nunmehr viel häufiger als vorhin getrieben wird«[93].

Eine weitere wichtige Verbindung von Jean-George Treuttel ins literarische Milieu war die Bekanntschaft mit Sophie von La Roche. Diese gehörte mit

89 Vgl. Genealogie von Bauer in Anhang A.

90 Vgl. Elloy, Le livre à Strasbourg, S. 31 f.

91 Vgl. Johann Christoph Gottsched, Beobachtungen über den Gebrauch und Missbrauch vieler deutscher Wörter und Redensarten, Straßburg, Leipzig, Johann Amandus Königen, 1758.

92 Man bedenke allerdings, dass diese Zeitschrift von Gottsched herausgegeben wurde.

93 Neuigkeiten, in: Das Neueste aus der anmuthigen Gelehrsamkeit 1 (1762), S. 800.

ihrem Roman »Das Fräulein von Sternheim« zu den einflussreichsten Schriftstellerinnen des 18. Jahrhunderts. Sie unterhielt in Ehrenbreitstein (Koblenz) einen Salon, in dem sich Gelehrte versammelten, und war wie die Familie Treuttel Protestantin lutherischer Ausprägung[94]. Sophie von La Roche war nicht nur 1786 bei Jean-George Treuttel zum Abendessen eingeladen, sondern auch die Patin von Treuttels erstem Sohn Charles Geofroy[95], dem späteren Direktor der Londoner Filiale der Verlagsbuchhandlung. Die Verbindung zwischen J.-G. Treuttel und La Roche scheint daher freundschaftlich eng gewesen zu sein.

Als weiteres Beispiel – das in seiner Ausführlichkeit eher den Charakter einer kurzen Fallstudie aufweist – für die enge Verflechtung zwischen dem Buchhandel in Straßburg und dem intellektuellen Milieu dient das Stammbuch von Charles Frédéric Treuttel. Dieser war der Neffe von Jean-George Treuttel und absolvierte ebenfalls eine Ausbildung als Buchhändler.

Das Stammbuch von Charles Frédéric Treuttel

Ein Stammbuch (auch *liber amicorum*) stellt eine Sammlung an handschriftlichen Eintragungen dar, die häufig mit weiteren Beigaben wie Illustrationen, Noten und Stickereien versehen waren. Es diente einerseits der Erinnerung an die eintragende Person (*amici*), andererseits als Demonstration von (teils wichtigen hochrangigen) Kontakten. Entstanden während der Reformation, wurde das Führen eines Stammbuches bald zur Mode, die bis zum Beginn des 19. Jahrhunderts andauerte. Stammbuchhalter waren vor allem Gelehrte und Adlige, aber auch Bürgerliche und Handwerker, die diese aus Anlass einer längeren Reise wie einem *grand tour* oder einer Gesellenwanderung begannen[96]. Auch Charles Frédéric Treuttel befand sich auf Reisen, um weitere berufliche Erfahrungen zu sammeln, nachdem er die Ausbildung zum Buchhändler bei seinem Onkel Armand König abgeschlossen hatte. Das Stammbuch seines Neffen ist auch für die Kontakte und das Netzwerk von Jean-George Treuttel repräsentativ. Das Stammbuch, welches sich im Germanischen Nationalmuseum in Nürn-

94 Vgl. Günter HÄNTZSCHEL, Art. »La Roche, Sophie von«, in: NDB, Bd. 13 (1982), S. 640 f.

95 Vgl. Taufeintrag von Carl Gottfried Treuttel, Straßburg, AdBR, Paroisse protestante (Temple-Neuf et Cathédrale), B, 1784–1788.

96 Vgl. Gilbert HESS, Art. »Stammbuch«, in: EdN, Bd. 12 (2010), S. 820–824.

berg befindet[97], wurde aufgrund eines Artikels von Tschaesche teilweise fälschlicherweise für das Stammbuch von Jean-George Treuttel gehalten[98], was zu einigen Unstimmigkeiten bezüglich dessen Ausbildung geführt hat. Der gesicherte Besitzer dieses *liber amicorum* war jedoch Charles Frédéric Treuttel, Sohn von Jean Jacques Treuttel und Marie Elisabeth Kratz[99].

Das Stammbuch ist in einen brauen Ledereinband gebunden und mit Goldprägung verziert. Es enthält Einträge von 133 verschiedenen Personen, die sich nicht chronologisch nacheinander eintrugen, sondern an willkürlichen Stellen. Am Ende befindet sich ein Namensregister, welches einen Überblick über die Einträger liefert und auf den entsprechenden Eintrag im Buch verweist. Besonders beeindruckend sind die zahlreichen Illustrationen, zum großen Teil handkoloriert. Diese reichen von Porträts (Scherenschnitt, Zeichnung) über Landschaftsdarstellungen und die Darstellung einer Schlacht, die eine ganze Seite einnimmt, bis zu einfachen kleinen Illustrationen. In der Tendenz lässt sich daraus schließen: Je mehr Mühe sich ein Einträger mit einer Illustration machte oder je persönlicher der Eintrag war, desto enger das Verhältnis zwischen Einträger und Stammbuchbesitzer[100]. Das Stammbuch von Charles Frédéric Treuttel stellt ein besonders schönes, wertvolles Exemplar dar (Abb. 1 und 2).

Ausgehend vom Elsass, Straßburg (41 % der Eintragsorte), Colmar und Bouxwiller reiste C. F. Treuttel zunächst über Mainz nach Frankfurt am Main (November 1788), Gotha, Weimar, Jena bis nach Leipzig. Von Dezember 1788 bis Mai 1789 hielt er sich in Leipzig auf. Von hier aus führte ihn seine Reise nach Dresden und Meißen, allerdings reiste er immer wieder nach Leipzig zurück (bis Januar 1790). Er stand hier in den Diensten der Buchhandlung Heinsius. Anschließend reiste er über Coburg, Erlangen, Ansbach, Nürnberg und Karlsruhe nach Straßburg (März 1790) zurück, um schon im Monat darauf seine Reise über die Schweiz (Basel, Lausanne, Genf) nach Frankreich (Marseille, Lorient) fortzuführen. Das Stammbuch dokumentiert seine Reisen von 1788 bis 1791. Der letzte Eintrag stammt von 1850 und erfolgte mit knapp 60 Jahren Abstand zu den vorherigen Einträgen in Straßburg. Um anhand des Freundschaftsbuchs Aussagen über das Netzwerk, in dem Charles Frédéric Treuttel

97 Amicis atque Fautoribus distinctus consecrat Carolus Fridericus Treuttel Argentinensia, Argentinae d. s. Jan: MDCCLXXXVIII, GNM, Hs 113062, http://dlib.gnm.de/item/Hs113062/html (1.10.2019). Vgl. die Handschriften des Germanischen Nationalmuseums Nürnberg, Bd. 5: Die Stammbücher, Teil 2: Die 1751–1790 begonnenen Stammbücher, beschrieben von Lotte Kurras, Wiesbaden 1994, S. 184–186.

98 Vgl. E. Tschaeche, Johann Georg Treuttel's Stammbuch, in: Die Vogesen. Illustrierte Zeitschrift 23 (1910), S. 395–397.

99 Vgl. Genealogie in Anhang A.

100 Vgl. Hess, Art. »Stammbuch«, S. 821.

Abb. 1. Illustration einer Schlacht von Friedrich Hoch im Stammbuch von Charles Frédéric Treuttel, Mainz 8.9.1788, GNM, Hs. 113062, fol. 20r.

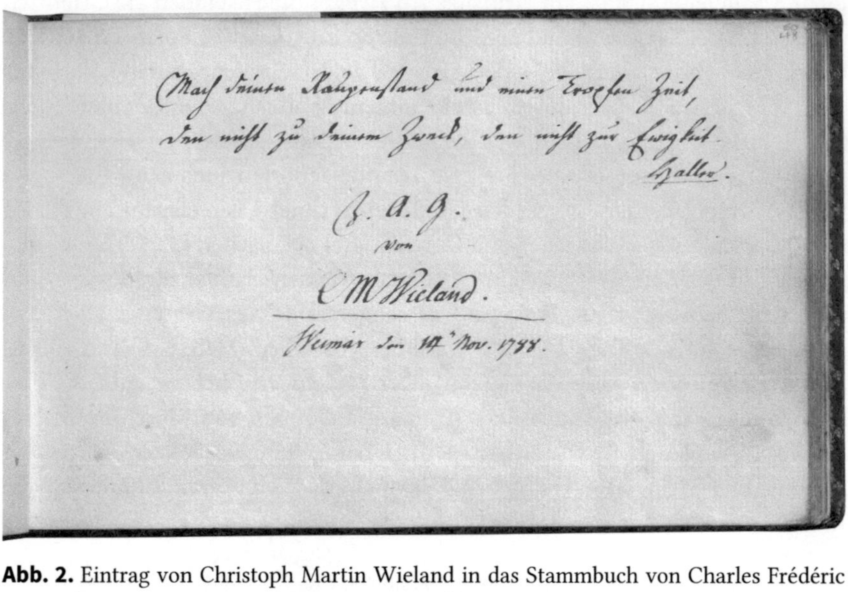

Abb. 2. Eintrag von Christoph Martin Wieland in das Stammbuch von Charles Frédéric Treuttel, Weimar 14.9.1788, GNM, Hs. 113062, fol. 60r.

Tab. 1. Sozioprofessionelle Kategorien der Einträger in das Stammbuch von C. F. Treuttel.

Sozioprofessionelle Kategorie	Anzahl	%
Kaufleute, Buchhändler, Verleger	27	20,30
Gelehrte	24	18,04
Schriftsteller	12	9,02
Theologen	9	6,76
Adel	6	4,51
Künstler	6	4,51
Familienmitglieder	8	6,01
Familie Bauer	5	3,75
unbekannt	36	27,06
Gesamt	133	100,00

sich auf seinen Reisen bewegte, treffen zu können, wurden die Einträger in sozioprofessionelle Kategorien eingeteilt (Tab. 1).

Eine sozioprofessionelle Untersuchung der Einträger ergibt somit ein sehr homogenes Bild: der größte Teil der bekannten Einträger außerhalb der Familie ist dem Milieu der Kaufleute, Buchhändler und dem Verlagswesen zuzuordnen (20,30 %, 27 Personen). Unter den Einträgern befanden sich namhafte Verleger wie Johann Friedrich Cotta, Georg Joachim Göschen, Friedrich Nicolai oder Johann Samuel und Wilhelm Heinsius. An zweiter Stelle standen die Gelehrten mit 18,04 % (24 Personen) und an dritter die Schriftsteller (12 Personen, 9,02 %). Unter den Schriftstellern befanden sich teilweise sehr renommierte Vertreter des literarischen Lebens der Zeit wie Johann Wolfgang von Goethe[101] oder Christoph Martin Wieland, die C. F. Treuttel in Jena beziehungsweise Weimar traf. Zu den *amici* von Charles Frédéric Treuttel gehörten auch neun Theologen (6,76 %), die – falls man sie zu den Gelehrten rechnet – gemeinsam mit diesen den größten Teil der Einträger von C. F. Treuttel ausmachen (33 Personen insgesamt). In der Kategorie »Gelehrte« wurden Wissenschaftler und Professoren unterschiedlichster Disziplinen zusammengefasst. Dieses breite Spektrum reichte von Juristen (Johann Ludwig Klüber), Biologen (Marcus Elieser Bloch) und Ärzten (Johann Jacob Spielmann) über Philologen (Richard François Philippe Brunck) und Kunsthistoriker (Christoph Gottlieb von Murr) bis zu forschungsreisenden Naturwissenschaftlern (Johann Reinhold Forster). Christoph Johann Doederlein, Isaak Haffner und Samuel Friedrich Nathanael Morus wur-

101 Goethe selbst hat den Eintrag notiert: »Samstag, 15. November. […] Eintragung ins Stammbuch des Buchhändlers Karl Friedrich Treuttel aus Straßburg«, Goethes Leben von Tag zu Tag. Eine dokumentarische Chronik von Robert Steigner, Bd. 2: 1776–1788, Zürich, München 1983, S. 69.

den unter anderen in der Gruppe der Theologen zusammengefasst. Jeweils sechs Personen fallen in die Kategorie der Adligen (u. a. Stephano de Bissy, Henrich Graf zu Stolberg-Wernigerode, Friedrich von der Trenck) und Künstler. Der Großteil der Künstler stand dem Milieu der Drucker und dem Verlagswesen nahe, beispielsweise der Kupferstecher Johann Friedrich Bause oder Friedrich Christian Gottlieb Geyser. Auch Kartografen wie Ammel und Wilhelm Haas wurden dieser Gruppe zugeordnet.

Fasst man Gelehrte, Schriftsteller und Theologen zusammen, ergeben sie die größte sozioprofessionelle Gruppe der Einträger mit 45 Personen. Künstler, Kaufmänner, Buchhändler und Verleger ergeben hingegen lediglich 33 Personen und damit die zweitgrößte Kategorie. Charles Frédéric Treuttel bewegte sich also vor allem in einem schriftstellerisch-akademischen Milieu. An zweiter Stelle standen Kollegen und Kontakte aus Buchhandel und Verlagswesen. Schließlich befanden sich unter den Einträgern auch einige Familienmitglieder. Sind diese dem Buchhandel zuzurechnen (Salomon König, Jean-George Treuttel), wurden sie in diese Kategorie eingeordnet. Die restlichen Familienmitglieder, vor allem Frauen, wurden in der Gruppe »Familie« zusammengefasst. Der Witwe von Jean Geoffroy Bauer mit ihren Kindern konnte kein Beruf zugeordnet werden, weshalb sie unter der Bezeichnung »Familie Bauer« subsummiert wurden. 36 Einträger (von 133) konnten keiner sozioprofessionellen Kategorie zugeordnet werden. Zumeist handelte es sich um Personen aus Straßburg, teilweise Studenten, wahrscheinlich um Jugendfreunde des Stammbuchbesitzers.

Unter den 133 Einträgern befanden sich 17 Frauen, darunter zahlreiche Familienmitglieder, aber auch Ehefrauen von Buchhändlern (u. a. wahrscheinlich Frau Crusius). 100 Einträger sind eindeutig als männlich identifiziert und stellen damit die große Mehrheit dar.

Obwohl Stammbücher zum Ende des 18. Jahrhunderts unter allen Konfessionen verbreitet waren, stehen sie in einer protestantischen Tradition. Es fällt besonders auf, dass die Einträger im Stammbuch von Charles Frédéric Treuttel größtenteils ebenfalls Protestanten waren, darunter mehrere evangelische Theologen. Ausnahmen stellen der katholische Theologe Joseph Anton Siegmund Beroldingen sowie Abraham Auerbach dar. Die große protestantische Mehrheit ist einerseits auf die protestantische Tradition des Mediums zurückzuführen, andererseits auf die Tatsache, dass sich Treuttel und Würtz vor allem in einem protestantischen Umfeld bewegten. Der Protestantismus stellt eine Art Leitmotiv dar, das sich bei Treuttel & Würtz immer wieder finden lässt. Es findet sich nicht nur im Verlagsprogramm und dem persönlichen Engagement, sondern lässt sich in diesem Fall anhand des deutschen Netzwerkes der Einträger in das Stammbuch von Charles Frédéric Treuttel nachweisen.

Für diese beschriebene enge Verbindung zwischen dem akademischen Milieu in Straßburg und Treuttel & Würtz ist insbesondere das neue ethische

Selbstverständnis der Verlagsbuchhändler verantwortlich. Ein weiterer, ganz pragmatischer Grund indessen liegt in deren gemeinsamer Ausbildung. Jean-George Treuttel und Jean Godefroi Würtz hatten nicht nur das protestantische Gymnasium in Straßburg besucht[102], sondern waren danach auch an der Universität eingeschrieben. Das Studium an der Universität diente dazu, zum einen spezifische Fähigkeiten zu erlernen, zum anderen in die Gesellschaft eingeführt zu werden. An der Universität lernten Treuttel und Würtz die akademischen Verhaltensweisen kennen, sie knüpften Bekanntschaften zu ihren späteren Autoren und Kunden. Sie lernten die Arbeitsweise und die daraus folgenden Bedürfnisse kennen, die Wissenschaftler hatten, z. B., welche Publikationen Wissenschaftler interessieren könnten oder wie man innerhalb eines Faches an Informationen gelangt. Zudem las Jean-George Treuttel Latein und Griechisch; Fähigkeiten, die er für seine qualitativ hochwertigen Ausgaben antiker Autoren benötigte.

Ein Jahr vor Jean-George Treuttel war Frédéric Albert Koch ebenfalls an der Straßburger Universität eingeschrieben. 1784 erschienen mit Koch als Herausgeber die Memoiren des Valentin Jamerey-Duval bei Treuttel. Falls sich Koch und Treuttel noch nicht vorher kannten, haben sie sich mit großer Wahrscheinlichkeit 1757 an der Straßburger Universität kennengelernt. Auch Frédéric Albert Kochs Bruder Christophe-Guillaume, Professor an der Straßburger Universität, zählte zu Treuttels Autoren.

Die Buchhandelsfamilien Bauer, Treuttel und Würtz waren eng mit dem schriftstellerischen und akademischen Milieu verwoben. Dies schloss nicht nur Kontakte innerhalb Straßburgs, sondern weit darüber hinaus ein, wie hier am Beispiel des Stammbuches von Charles Frédéric Treuttel dargelegt werden konnte. Jean-George Treuttel und Jean Godefroi Würtz hatten am protestantischen Gymnasium und an der Straßburger Universität studiert und spätestens dort die Bekanntschaft zahlreicher Gelehrter gemacht, die später teilweise ihre Autoren wurden. Außerdem lernten sie dort die Umgangsformen dieser sozialen Gruppe kennen. Sie luden Schriftsteller und Schriftstellerinnen wie Sophie von La Roche zum Essen ein und waren wie La Roche Teil einer Salonkultur, die das ausgehende 18. Jahrhundert prägte.

Anhand des Stammbuches ließ sich ein weiteres Merkmal der Verlagsbuchhandlungen Bauer, Treuttel & Würtz nachweisen: die Prägung durch den Protestantismus und der Umgang in einem zumeist protestantischen Netzwerk. So ist das Stammbuch weniger durch nationale Unterschiede (es handelt sich

102 Vgl. Gymnase Jean-Sturm. Matricula scholae Argentoratensis, Bd. 2: 1721–1732, 1738–1827. Établie par le professeur Werner Westphal et munie d'un index pour les tomes I et II. Présentation par le doyen Georges Livet, scolarque. Le gymnase protestant entre 1721 et 1827. Matricules scolaires et histoire sociale, Straßburg 1976, S. 49, 133.

vor allem um deutsche Einträger) denn durch hohe religiöse Konsistenz geprägt. Bauer, Treuttel und Würtz bewegten sich in einem kosmopolitischen, toleranten, transnationalen Netzwerk des ausgehenden 18. Jahrhunderts. Die Verbindung zwischen Buchhandel und Gelehrten sowie Schriftstellern war auf persönlicher Ebene besonders eng und durch Freundschaft geprägt, die sogar so weit ging, dass Sophie von La Roche Patin von Jean-George Treuttels erstem Sohn wurde.

1.1.3 Der internationale Buchhandel in Straßburg

Neben dem oben beschriebenen Kontakt auf persönlicher Ebene bestand zwischen dem internationalen Buchhandel in Straßburg und dem schriftstellerischen und gelehrten Milieu auch eine offizielle, direkte geschäftliche Verbindung. Die Universität Straßburg benötigte den internationalen Buchhandel für die Aufrechterhaltung des Universitätsbetriebs:

> Cette université est l'école de tous les sujets du roy qui se vouent aux affaires politiques et à l'étude du droit des nations. Ce genre d'étude exige des livres qu'on ne connoît guerres [sic!] dans un autre endroit du royaume […]. Si on la défend [den internationalen Buchhandel], on détruira l'université de Strasbourg et on privera les sujets du roy des moyens de s'instruire[103].

Die Universität Straßburg war auf im Ausland erschienene Publikationen angewiesen, um zu existieren. Ein Verbot oder eine Einschränkung des internationalen Buchhandels in Straßburg habe die Zerstörung der Universität zur Folge, wie es in obiger Denkschrift aus dem ausgehenden 18. Jahrhundert heißt. Gelehrte und internationale Verlagsbuchhändler befanden sich in Straßburg in einer doppelten Abhängigkeitsbeziehung, um ihre internationale wissenschaftliche Exzellenz aufzubauen und zu erhalten: Professoren an der Universität in Straßburg, besonders im Bereich der Diplomatenschule, waren einerseits darauf angewiesen, neue Publikationen auf ihrem Gebiet auch aus dem Ausland zu erhalten. Andererseits verfassten sie selbst neue Werke, sei es in wissenschaftlicher, politischer oder schriftstellerischer Hinsicht, und waren daran interessiert, dass ihre eigenen Arbeiten bei einem Verlag erschienen, der eine internationale Verbreitung sicherstellen konnte. Sowohl die Versorgung mit Neuerscheinungen als auch die Verbreitung der eigenen Publikationen auf internationalem Niveau ermöglichten den Straßburger Gelehrten eine Teil-

103 Mémoire sur la commission donnée au sieur Vaudin, pour faire l'inspection de la librairie dans l'arrondissment de la chambre syndicale de Strasbourg, in: Brucker, Urkunden, S. 155 f.

nahme am transnationalen Forschungsdiskurs. Der internationale Buchhandel in Straßburg begründete den Aufstieg und sicherte den hervorragenden Ruf der Straßburger Universität und ihrer Gelehrten.

Der Buchhändler Frédéric-Rodolphe Salzmann (1749–1821), der ursprünglich aus Straßburg stammte und sich nach Reisen im deutschen Raum, wo er als Journalist tätig war und in Göttingen u. a. den Göttinger »Almanach des muses« (1775–1777) herausgab, übernahm 1775/76 die Librairie académique/ Akademische Buchhandlung in Straßburg, die vor allem auf internationalen Handel spezialisiert war[104]. Er beschrieb die Situation des internationalen Buchhandels in Straßburg um 1786 wie folgt:

> Ce commerce [de la librairie] a cependant un avantage à Strasbourg, qui est propre à la situation de cette ville. Ses libraires fournissent une partie de l'Allemagne de livres français, et procurent réciproquement aux Français les livres imprimés en Allemagne et dans le Nord. C'est ce qui donne ici à cet[te] espèce de commerce une étendue considérable, qu'on chercheroit vainement ailleurs. [...] Une partie du commerce des livres consiste dans l'échange. Les foires de Leipzig ont mis les échanges tellement en vogue, qu'ils sont la base de ce commerce en Allemagne, en Suisse, et dans tout le Nord. [...] Le commerce des livres imprimés en Allemagne, en Suisse, en Prusse, et dans tout le Nord est considérable à Strasbourg. Mais il pourroit l'être d'avantage[105].

Salzmann beschrieb die Ausdehnung des internationalen Buchhandels in Straßburg, die nicht nur den deutschen Raum und mit Hilfe der Leipziger Messe den gesamten Norden abdecke, sondern auch die Schweiz im Süden. Straßburg bot nicht nur geografisch, als Grenzstadt, eine gute Ausgangslage, sondern auch sprachlich und kulturell. Die Straßburger Verleger und Buchhändler waren in das deutsche Buchhandelssystem, das sich durch seine kleinteilige territoriale Zersplitterung auszeichnete, integriert. Diese Zugehörigkeit war kulturell und historisch begründet, aber auch die unterschiedliche Funktionsweise des deutschen und französischen Buchhandelssystems begünstigte den Anschluss an das deutsche System. Während sich in Frankreich der Großteil der Buchhändler und Verleger in der Hauptstadt befanden, wo ebenfalls der Großteil der Autoren und Kunden lebten, verteilte sich der deutsche Buchhandel wie seine Autoren und Kunden über die einzelnen Fürstentümer mit ihren Residenz- und Universitätsstädten. So bildete sich hier das System des Messbuchhandels heraus: Ursprünglich kamen die Verleger und Buchhändler zu den Messeterminen in

104 Vgl. Philippe Claus, Un centre de diffusion des »Lumières« à Strasbourg. La Librairie académique (1783–1799), in: Revue d'Alsace 108 (1982), S. 81–102; Claire Gantet, Amitiés, topographies et réseaux savants. Les »Strasburgische gelehrte Nachrichten« (1782–1785) et la république des lettres, in: HCL 12 (2016), S. 417–438.

105 Brief von Frédéric-Rodolphe Salzmann, um 1786, AS, AA2357.

Leipzig und Frankfurt zusammen und handelten miteinander. Hier wurde verkauft und der Umsatz des Jahres gemacht, welcher in einer kleinen Stadt kaum erreicht werden konnte.

Im Zentrum des deutschen Buchhandels und darüber hinaus, wie von Salzmann beschrieben, stand seit Mitte des 18. Jahrhunderts die Messestadt Leipzig[106]. Eine Verschiebung der Bedeutung der Frankfurter Messe hin zur Leipziger Messe ist im Kontext des Anschlusses Ost- und Südosteuropas an den mitteleuropäischen Handel zu begreifen[107]. Zudem vollzog sich im ausgehenden 18. und beginnenden 19. Jahrhundert ein Wandel vom persönlichen Messhandel zum Kommissionsbuchhandel, d. h., nicht alle über Leipzig handelnden Firmen waren auf den Messen vertreten, sondern viele ließen sich durch einen Kommissionär vertreten. Folglich erfüllte die Leipziger Messe dann nur noch drei Aufgaben: erstens den persönlichen Austausch unter den anwesenden Buchhändlern, zweitens die Jahres- bzw. halbjährlichen Kontoabschlüsse zwischen den Buchhändlern sowie drittens die Verbreitung von Neuerscheinungen über den gesamten deutschen Raum[108]. Auch die Institutionalisierung des deutschen Buchhandels fand in den Leipziger Messen ihren Ursprung: 1765 wurde die Erste Buchhandelsgesellschaft in Deutschland gegründet, auf der Jubilatemesse 1825 dann der Börsenverein der deutschen Buchhändler zu Leipzig[109]. Die im Zentrum dieser Untersuchung stehende Verlagsbuchhandlung Treuttel & Würtz besaß Kommissionäre in Leipzig, die die laufenden Geschäfte über das Jahr hinweg übernahmen: zunächst die Buchhandlung Johann Gottfried Müller[110], anschließend Johann Ambrosius Barth[111] und in Frankfurt den Buch-

106 Vgl. Frédéric Barbier, Entre Montesquieu et Adam Smith. Leipzig et la »société des libraires«, in: RFHL 112–113 (2001), S. 149–170. Vgl. auch Reinhard Wittmann, Geschichte des deutschen Buchhandels, München ^{2}1999 [1991], S. 139–142.

107 Vgl. Mark Lehmstedt, »Ein nothwendiges Übel«. Die Leipziger Buchhändlermesse im 18. Jahrhundert, in: Volker Rodekamp (Hg.), Leipzig – Stadt der wa(h)ren Wunder. 500 Jahre Reichsmesseprivileg. Veröffentlichungen des Stadtgeschichtlichen Museums, Leipzig 1997, S. 65–76, hier S. 66.

108 Vgl. ibid., S. 67–71.

109 Vgl. ibid., S. 74.

110 Vgl. u. a. Bauer & Treuttel an Friedrich Justin Bertuch, 13.1.1779, GSA, 06/87, Nr. 4.

111 Vgl. Barbier, Une librairie »internationale«. Vgl. auch Klaus Wicke u. a., Johann Ambrosius Barth Leipzig 1780–1980, Leipzig 1980. Das Verlagsarchiv von Johann Ambrosius Barth befindet sich im Sächsischen Staatsarchiv Leipzig und enthält vor allem Unterlagen aus der Zeit nach dem Zweiten Weltkrieg. Aus dem Untersuchungszeitraum dieser Arbeit sind weder Korrespondenz noch Kontobücher oder andere Unterlagen erhalten, die die Zusammenarbeit dokumentieren. Es liegt lediglich ein Brief von 1853 vor, in dem Barth Treuttel & Würtz um die Weiterleitung eines Briefes an die Société

händler Johann Gottlieb Garbe[112]. Außerdem fuhren Treuttel und Würtz regelmäßig zur Leipziger Messe[113] und waren beispielsweise auch auf der Reformversammlung 1802 in Leipzig und in Verhandlungen zur Regelung des Nachdrucks involviert[114].

Aufgrund der territorialen Zersplitterung des deutschen Buchhandels bildeten die deutschen Buchhändler zahlreiche Praktiken heraus, die sich nicht nur für den Handel über weniger weite Entfernungen zwischen einzelnen deutschen Territorien eigneten, sondern auch auf internationaler Ebene zum Erfolg verhelfen konnten. Diese Praktiken stellten beispielsweise der Kommissionsbuchhandel oder die Publikation von Messkatalogen als eine Art Vorläufer einer Nationalbibliografie, um über Neuerscheinungen zu informieren, dar. Der deutsche Buchhandel stand somit Modell für die Organisation und Praktiken des internationalen Buchhandels. Insbesondere Straßburger Buchhändler und Verleger, die häufig eine Mittlerfunktion zwischen dem deutschen Buchhandel und dem französischen einnahmen, bedienten sich in ihren Praktiken deutscher Buchhandelsusancen, um sie im großen Stil auf internationaler Ebene anzuwenden. Besonders erfolgreich über viele Jahrzehnte hinweg verfolgten Bauer, Treuttel und Würtz diese Form von Transfer.

Seit dem 16. Jahrhundert wurden halbjährlich Messkataloge der Frankfurter und Leipziger Messen veröffentlicht, die einen Überblick über die literarischen Neuerscheinungen geben sollten. Diese Kataloge dienten gleichzeitig als Werbemittel. Sie enthalten trotz ihrer großen Bedeutung für die Forschung zahlreiche Fehler, die von einfachen Rechtschreibfehlern in Namen oder Titeln bis zu angekündigten, aber nie erschienenen Titeln und großen Lücken reichen. So wurden in ihnen beispielsweise keine Publikationen erwähnt, die außerhalb der Messe entstanden. Zudem wurden kaum Gelegenheitsschriften, Hochschulschriften oder anstößige politisch-religiöse Werke aufgeführt. Dennoch geben sie einen Überblick über die Präsenz der Titel und Verleger an dem bedeutendsten buchhändlerischen Handelstreffen im deutschen Raum[115].

industrielle de Mulhouse bittet. Vgl. Johann Ambrosius Barth an Treuttel und Würtz, [Leipzig], 5.8.1853, Kopierbuch J. A. Barth, SSSL, 21101/0863.

112 Vgl. u. a. Bauer & Treuttel an Friedrich Justin Bertuch, Straßburg, 27.5.1778, GSA, 06/87, Nr. 2.

113 Vgl. bspw. 1784: Jean-George Treuttel an Friedrich Justin Bertuch, Gotha, 4.5.1784, GSA, 6/5286,1 Nr. 25.

114 Vgl. Johann Goldfriedrich, Geschichte des Deutschen Buchhandels. Vom Beginn der klassischen Litteraturperiode bis zum Beginn der Fremdherrschaft, Bd. 3, Leipzig 1909, S. 578 f.

115 Vgl. Wolfgang Borm, Einleitung, in: Catalogi Nundinales 1571–1852. Die Frankfurter und Leipziger Meßkataloge der Herzog August Bibliothek Wolfenbüttel, hg. von dems., Wolfenbüttel 1982, S. 7–20, hier S. 11 f.

Eine statistische Auswertung der Messkataloge auf Grundlage der durch den Verlagsbuchhändler Gustav Schwetschke angefertigten Übersicht[116] erlaubt, die Präsenz der Straßburger Verleger auf deutschen Messen nachzuvollziehen und näher zu untersuchen. Schwetschke hat die Publikationen und die Buchhändler, die diese auf deutschen Messen vorstellten, statistisch nach Händlern und Orten aufgearbeitet. Wenn ein Straßburger Buchhändler einen Titel beispielsweise auf der Leipziger Messe präsentierte, kann es sich um eine Veröffentlichung im eigenen Verlag handeln oder auch um die Präsentation eines Werkes, für das er die Kommission übernommen hatte. Über die Präsentation von Titeln auf den Messen lassen sich folglich keine Rückschlüsse auf die Anzahl an Titeln im eigenen Verlagsprogramm ziehen[117]. Dafür müsste man den betreffenden Einzeltitel näher untersuchen.

Die präsentierten Titel der Straßburger Buchhändler belegen hingegen – durch ihre beinahe durchgängige Präsenz auf deutschen Buchhandelsmessen im Zeitraum 1750–1846 – deren Einbindung in das deutsche Buchhandelssystem. Betrachtet man die Straßburger Verleger, so finden sich insbesondere die bereits bekannten Namen wie Stockdorff, Stein, Le Roux und Heitz. Neben einigen lediglich wenige Male auf deutschen Messen präsenten Verlegern, die besonders gehäuft in der Mitte des 19. Jahrhunderts auftraten, sind vier Namen oder große Verlagshäuser mit großem Abstand zu den anderen besonders häufig anzutreffen: Bauer, Treuttel & Würtz, Levrault, Armand König sowie die Akademische Buchhandlung (Tab. 2).

Tab. 2. Die bedeutendsten Straßburger Verlagsbuchhändler auf deutschen Messen, 1750–1846 (nach insgesamt präsentierten Titeln, in der Reihenfolge ihres Auftretens auf den Messen), nach Schwetschke.

Bauer, Treuttel & Würtz	Armand König	Akademische Buchhandlung	Levrault
832	385	260	582

Armand König gehörte zur Familie Treuttel, denn er war mit einer Schwester Treuttels, Catharina Salome, verheiratet. Jean-George Treuttel absolvierte ebenso wie sein Neffe Charles Frédéric Treuttel seine Ausbildung in der Buch-

116 Vgl. Codex nundinarius germaniae literatae bisecularis. Meß-Jahrbücher des Deutschen Buchhandels von dem Erscheinen des ersten Meß-Kataloges im Jahr 1364 bis zu der Begründung des ersten Buchhändler-Vereins im Jahre 1765. Mit einer Einleitung von Gustav Schwetschke, Halle 1850, sowie Codex nundinarius germaniae literatae continuatus. Der Meß-Jahrbücher des Deutschen Buchhandels Fortsetzung die Jahre 1766 bis einschließlich 1846 umfassend. Mit einem Vorwort von Gustav Schwetschke, Halle 1877.

117 Vgl. dazu Kap. 3.1.

handlung von Armand König. König eröffnete 1748 seine Buchhandlung[118] sowie ein *cabinet de lecture* in Straßburg und war dort in die »Deutsche Gesellschaft« eingebunden. Um 1797 eröffnete er wie Treuttel eine weitere Filiale in Paris[119]. 1810 erhielt sein Sohn Salomon König ein *brevet d'imprimeur*[120], zuvor hatte die Witwe Königs die Buchhandlung geführt[121]. Einer der zahlreichen von der Buchhandlung König erhaltenen Verlagskataloge von 1776 umfasst weit über 100 Seiten und enthält zahlreiche Bücher vor allem in Latein, Deutsch und Französisch, aber auch englische, italienische und spanische Werke, die ganz unterschiedliche europäische Städte als Verlagsorte angeben (u. a. Berlin, Brüssel, Paris, London, Neufchâtel, Yverdon, Amsterdam)[122]. Es handelt sich um eine im ausgehenden 18. Jahrhundert wichtige internationale Verlagsbuchhandlung, die allerdings nach und nach an Bedeutung verlor. Ab 1816 präsentierte König keine Neuerscheinungen mehr auf deutschen Messen.

Die Librairie académique/Akademische Buchhandlung wurde im August 1783 in Straßburg von Albrecht Friedrich Bartholomäi und Frédéric-Rodolphe Salzmann gegründet[123]. Sie besaß ein weiteres Lager in Leipzig[124], was den Handel auf den Messen und den deutsch-französischen Austausch, das Ziel der Buchhandlung, erleichterte. Aufgrund der Nähe zur Universität konnte die Buchhandlung auf ein großes europäisches Netzwerk zugreifen[125]. 1791 schied Salzmann aus der Buchhandlung aus, die Jean-Jacques Keck bis 1799 fortführte. Die Akademische Buchhandlung präsentierte zeitweise mehr Titel auf deutschen Messen als Bauer, Treuttel & Würtz, allerdings lediglich in den Jahren 1782 bis 1794.

118 Vgl. Eintrag ins Zunftbuch in Straßburg, AS XI, 104.

119 Vgl. Jean-Dominique Mellot, Élisabeth Queval, Répertoire d'imprimeurs/libraires xvie–xviiie siècle. État en 1995, Paris 1997, S. 362.

120 Vgl. *brevet d'imprimeur* von Salomon König, 20.11.1818, AS, 269MW95.

121 Vgl. AS, AA2360.

122 Vgl. Catalogue d'une belle collection de livres françois anciens et modernes, pour la pluspart choisis en toutes sortes de sciences, qui se trouvent pour à présent à vendre chez Amand König, libraire à Strasbourg, 1776. Les prix sont en argent de France livres & sols. Ce catalogue coûte 12. sols, qui seront cependant rendus à celui qui achète pour un louis d'or à la fois. Avec approbation, MS-FP, A54.339.

123 Vgl. Geschäftsrundschreiben von Albrecht Friedrich Bartholomäi und Friedrich Rudolph Salzmann, Straßburg, Aug. 1783, DBSM, Bö-GR/B/2345a, und Transkription in Anhang C.

124 Vgl. Brief von Frédéric-Rodolphe Salzmann an Friedrich Justin Bertuch, 23.9.1787, GSA, 06/5288, Nr. 18.

125 Vgl. Gantet, Amitiés, topographies et réseaux savants.

Bei der Verlagsbuchhandlung Levrault handelt es sich wie bei Treuttel & Würtz um eine Buchhändlerfamilie. François-Georges Levrault wurde 1765 Geschäftspartner seines Schwiegervaters, des Buchhändlers und Druckers Guillaume Schmuck in Straßburg. Vor der Revolution zählte das Unternehmen zu den wichtigsten im Osten Frankreichs[126].

Ein Vergleich der Straßburger Verleger in chronologischer Perspektive (Grafik 1), die die meisten Titel auf deutschen Buchmessen präsentierten, lässt eine Konjunktur mit vier Phasen erkennen. Lediglich Bauer, Treuttel & Würtz waren im Zeitraum 1750–1846 durchweg vertreten; ihre »Konkurrenten« hingegen wechselten. In der ersten Phase (1750–1785) stellte Armand König den größten Konkurrenten Bauers dar. In der ersten Hochphase (1785–1810) wiesen alle Verlage einen Aufschwung auf, wobei die Aktivität der Verlagsbuchhandlung König nach einem Höhepunkt in den frühen 1790er Jahren kontinuierlich abnahm und 1815 (8 Titel) das letzte Mal in Erscheinung trat. Die Akademische Buchhandlung stellte in dieser Blütezeit die größte Konkurrenz für Treuttel dar. In der zweiten Hälfte der 1780er Jahre präsentierte Salzmann sogar mehr Titel auf deutschen Messen als Treuttel.

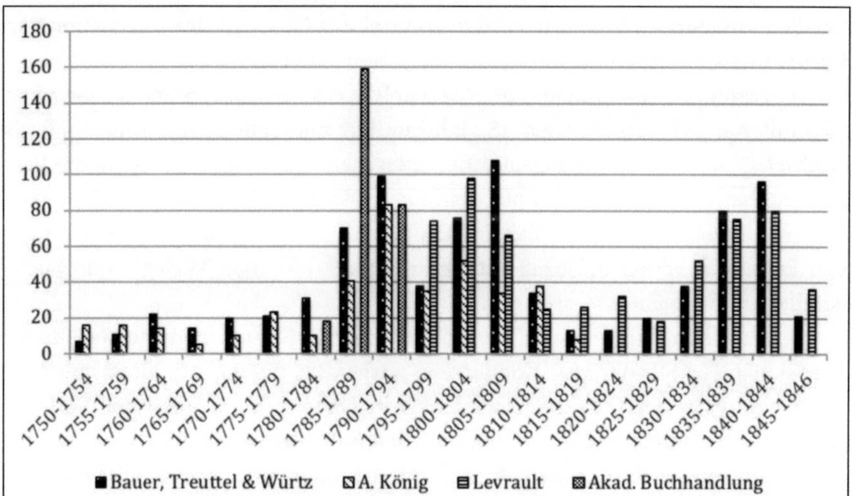

Grafik 1. Die größten Straßburger Verlagsbuchhändler auf deutschen Messen im Zeitverlauf (Anzahl der Titel/Jahre, 1750–1846), in: Annika Hass, Un fournisseur de grandes bibliothèques européennes. Treuttel et Würtz, in: HCL (2015), S. 161–173, hier S. 166.

Zwischen Bauer bzw. Bauer & Treuttel und Armand König bestand vermutlich keine wirkliche Konkurrenz. Vielmehr lässt sich aus den obigen Erkenntnissen

126 Vgl. Barbier, Trois cents ans.

ableiten, dass es sehr wahrscheinlich Absprachen zwischen den Straßburger Buchhändlern gab, wer welchen Markt bediente. Jean-George Treuttel und Armand König kannten sich gut. Sie gehörten zur gleichen Familie, zudem hatte Treuttel seine Ausbildung bei König absolviert. Das Verhältnis zur Akademischen Buchhandlung hingegen war ein anderes.

Dass Treuttel Salzmann und die Akademische Buchhandlung als ernsthafte Konkurrenz verstand, lässt sich beispielsweise anhand seines Briefverkehrs mit dem Weimarer Buchhändler Friedrich Justin Bertuch belegen[127]. In den Jahren 1785–1789 lieferte Salzmann auch tatsächlich zahlreiche Titel an Bertuch und den Weimarer Hof. Eine von Salzmann an Herzog Carl August von Sachsen-Weimar-Eisenach zu Händen Bertuchs gesandte Abrechnung, die Lieferungen von 1786 bis 1788 und 20 Titel sowie Kosten für versandte Briefe und andere Gegenstände (u. a. »table pour reposer des manuels«) aufwies, belief sich auf 7709,4 Livre[128]. Mit der Französischen Revolution und dem Austritt Salzmanns aus der Akademischen Buchhandlung 1791, sei es aufgrund politischen Engagements in der Revolution oder seines Übertritts zur Mystik, verlor die Buchhandlung zunehmend an Bedeutung. 1794 (18 Titel) ist die Akademische Buchhandlung dann zum letzten Mal auf deutschen Messen vertreten, 1799 wird sie letztlich aufgegeben[129] und überlässt Treuttel das Geschäft des internationalen Buchhandels zwischen Straßburg und dem deutschen Raum.

Levrault stellte erstmals 1797 (24 Titel) Werke auf deutschen Messen vor. Levrault hat im ausgehenden 18. Jahrhundert ebenfalls eine Filiale in Paris eröffnet[130]. Zu Beginn der Restauration zwischen 1815 und 1824 stellte die Verlagsbuchhandlung mehr Titel auf deutschen Messen vor als Treuttel & Würtz. In den folgenden Jahren stellte das Unternehmen den größten Konkurrenten von Treuttel & Würtz in Bezug auf die Präsenz Straßburger Verleger und Buchhändler auf deutschen Messen dar.

Auch wenn Bauer sowie Treuttel & Würtz auf deutschen Messen immer wieder eigener Straßburger Konkurrenz ausgesetzt waren, war diese im Zeitraum von 1750 bis 1846 zumeist nicht von Dauer. Die Straßburger Verleger sprachen sich untereinander ab und lediglich mit Salzmann ist von einer wirklichen Konkurrenz auszugehen. In absoluten Zahlen präsentierten Bauer bzw. Treuttel & Würtz mit weitem Abstand die meisten Titel (Tab. 2) Straßburger Verleger auf deutschen Messen. Im Folgenden wird kurz auf die Struktur von Bauer, Treuttel & Würtz eingegangen und dann anhand derer Standorte

127 Vgl. dazu die Fallstudie in Kap. 2.1.2.

128 Rechnung der Librairie académique an den Herzog von Sachsen-Weimar, ohne Datum, dafür mit Quittung von Salzmann und Keck, 28.10.1789, GSA, 06/5288.

129 Vgl. Claus, Un centre de diffusion.

130 Vgl. Barbier, Trois cents ans.

genauer untersucht, wie die Zuständigkeitsbereiche für die deutschen Messen verteilt waren.

Die Verlagsbuchhandlung Bauer bestand seit Mitte des 18. Jahrhunderts in Straßburg. 1772 stieg Jean-George Treuttel in das Geschäft ein; 1796 stellt das offizielle Gründungsdatum von Treuttel & Würtz dar, welches gleichzeitig die Eröffnung einer weiteren Filiale in Paris markiert. Ab 1817 schließlich kam noch ein Londoner Standort hinzu. Eine Untersuchung der auf deutschen Messen von Bauer, Treuttel & Würtz präsentierten Titel anhand der Standorte der Filialen (Grafik 2) ergibt eine klare Zuständigkeit des Straßburger Standortes für den deutschen Raum[131]. Da die Pariser Filiale erst ab 1796 und der Londoner Standort erst 1817 eröffnet wurden, konnten sie erst später auftreten. Auffällig ist die relative Abwesenheit der Londoner Filiale, von der lediglich 1830 ein Buch in den Messkatalogen genannt ist.

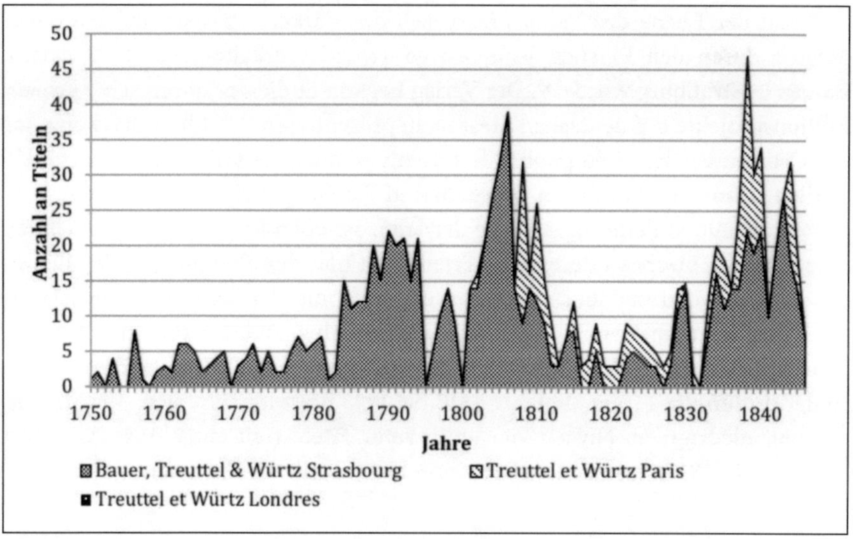

Grafik 2. Anzahl der Titel, die von Treuttel & Würtz auf deutschen Messen präsentiert wurden (1750–1846), nach Schwetschke[132].

131 Die Untersuchung wurde auf Basis der von Schwetschke erstellten Übersicht angefertigt. Schwetschke zählt Straßburg in seinem Werk zu den deutschen Orten.

132 Vgl. Codex nundinarius germaniae literatae bisecularis. 1364–1765; Codex nundinarius germaniae literatae continuatus. 1766–1846. Bei dem Diagramm handelt es sich um gestapelte Flächen, d. h., die Summe aller drei Standorte addiert ergibt die Gesamtzahl an präsentierten Titeln auf deutschen Messen. Für 1810 ergeben also zwölf Straßburger Titel und 14 Pariser Titel 26 Titel insgesamt. Grafik entnommen aus Hass, Un fournisseur de grandes bibliothèques, S. 166.

Die Präsenz der Verlagsbuchhandlung auf deutschen Messen lässt sich in die gleichen vier Phasen einteilen wie die allgemeine Präsenz Straßburger Verleger auf deutschen Messen: In den ersten Jahren von 1750 bis 1783 präsentierte Bauer eine relativ konstante Menge von Werken[133], im Schnitt drei bis vier pro Jahr. Eine zweite Phase lässt sich von 1784 bis 1812 feststellen, als die Zahl der Titel auf 15 (1784) anstieg, also stark zunahm. Die Anzahl an Werken stieg mit einigen Einbrüchen in den Jahren 1795 und 1800, in denen jeweils kein Titel vertreten war, bis zu einem Höhepunkt mit 39 Titeln im Jahr 1806, um in der Folge leicht abzunehmen. Diese erste Hochphase zwischen 1784 und 1812 umfasst die großen gesellschaftspolitischen Umbrüche vom Ende des Ancien Régime und der Französischen Revolution bis zum Beginn des Ersten Kaiserreichs. Sie stellt ebenfalls den Übergang von der ersten zur zweiten Revolution des Buches dar, die durch einen starken Anstieg der Produktion und zahlreiche technische Neuerungen gekennzeichnet ist[134].

Auf der Ebene des Verlags lässt sich die stärkere Präsenz auf deutschen Messen durch den Einstieg Jean-George Treuttels erklären, der 1772 *associé* Bauers in Straßburg wurde[135]. Der Verlag begann in diesen Jahren seine großen Editionsprojekte auf deutschen Messen zu präsentieren, 1784 beispielsweise auf der Ostermesse die »Géographie de Büsching« oder die »Œuvres de Duval«[136]. Zudem nahm die Anzahl an präsentierten Titeln in Folge der Eröffnung der zweiten Filiale in Paris zu. Im Zuge der Französischen Revolution mag auch ein verstärktes deutsches Interesse an Frankreich und den Ereignissen, das sich in der Berichterstattung und einer starken Zunahme der Zahl der Übersetzungen[137] vor allem im Bereich der Politik niederschlug, zu einer stärkeren Präsenz französischer, hier Straßburger Verleger auf deutschen Messen geführt haben. In der dritten Phase, die die Jahre 1813 bis 1828 umfasst, lässt sich eine Stagnation auf niedrigerem Niveau von unter zehn Titeln (mit einer Ausnahme von zwölf Titeln 1815) ausmachen. Die vierte Phase stellt wieder einen Aufschwung

133 Johann Gottfried Bauer wird 1749 in die Zunft zur Stelz als Buchhändler in Straßburg aufgenommen. Vgl. Buch der Zunft zur Stelz, AS, XI 104, fol. 63v–64r.

134 Vgl. Frédéric Barbier (Hg.), Les trois révolutions du livre, in: RFHL 106–109 (2001).

135 Vgl. Buch der Zunft zur Stelz, AS, XI 112. Treuttel wird als *associé* Bauers in die Zunft aufgenommen.

136 Vgl. Œuvres de Duval, Treuttel, in: Allgemeines Verzeichniß derer Bücher, welche in der Frankfurter und Leipziger Ostermesse des 1784 Jahres entweder ganz neu gedruckt, oder sonst verbessert, wieder aufgeleget worden sind, auch inskünftige noch herauskommen sollen, Leipzig, bey M. G. Weidmanns Erben und Reich, S. 905. Vgl. auch Tableau des révolutions de l'Europe par M. de K***. Treuttel, ibid., S. 907.

137 Vgl. Hans-Jürgen Lüsebrink u. a., Kulturtransfer im Epochenumbruch. Entwicklung und Inhalte der französisch-deutschen Übersetzungsbibliothek 1770–1815 im Überblick, in: ders. u. a. (Hg.), Kulturtransfer im Epochenumbruch, S. 29–86.

dar: 1829/30, im Zuge der Julirevolution in Frankreich, nahm die Zahl der präsentierten Titel zu (14 bzw. 15 Titel) um in den beiden folgenden Jahren drastisch abzunehmen (2 bzw. 0 Titel). Zu diesem Zeitpunkt befand sich der französische Buchhandel in einer Krise, in der zahlreiche Buchhandlungen bankrottgingen und der französische Staat zur Rettung der Buchhändler – vor allem in Paris – subventionierend eingriff[138]. Ab 1833 stieg die Produktion wieder an und erreichte 1838 mit 47 Titeln seinen Höhepunkt. Es lässt sich wieder eine relativ konstante Präsenz von Titeln von Treuttel & Würtz auf deutschen Messen feststellen, die die Anzahl der Titel zu Beginn des 19. Jahrhunderts leicht übersteigt.

Insgesamt ergibt sich auf der Grundlage dieser Untersuchung folgendes Bild: Die Präsenz von Bauer, Treuttel & Würtz auf deutschen Messen mit ihren vier Phasen entsprach auch in etwa der allgemeinen Konjunktur Straßburger Verlage auf deutschen Messen. In diesem 100 Jahre umfassenden Zeitabschnitt stellte die Buchhandlung eine Konstante auf deutschen Messen dar und konnte sich gegenüber unterschiedlichen Konkurrenten behaupten. Bemisst man den deutsch-französischen Austausch im Epochenumbruch lediglich an der Präsenz französischer Verlagsbuchhändler auf deutschen Messen, so waren Bauer, Treuttel und Würtz hier die mit Abstand bedeutendsten Akteure. Die Bewertung von Mark Lehmstedt, der Treuttel & Würtz erst nach der Französischen Revolution als bedeutendste Verlagsbuchhandlung für den deutsch-französischen Austausch bezeichnete, kann also auch bereits für die zweite Hälfte des 18. Jahrhunderts – wenn man J. G. Bauer als Wegbereiter hinzuzählt – konstatiert werden. Die Akademische Buchhandlung von Salzmann hingegen stellte lediglich eine ephemere Erscheinung dar, die versuchte, das Konzept von J.-G. Treuttel zu kopieren, damit aber nur zeitweise Erfolg hatte.

1.2 Das europäische Konzert der Aristokratie des Buchwesens (1789–1848)

Der Epochenumbruch des 18. zum 19. Jahrhundert wurde von dem Historiker Reinhart Koselleck als »Sattelzeit«[139] bezeichnet, da sich in diesem Zeitraum grundlegende politische, soziale und gesellschaftliche Veränderungen vollzogen. Jedoch fand vielfach kein radikaler Bruch mit den alten sozialen Strukturen statt, vielmehr bestanden verschiedene Strömungen parallel zueinander.

138 Odile Martin, Henri-Jean Martin, Le monde des éditeurs, in: Martin, Chartier (Hg.), Histoire de l'édition française, S. 159–215, hier S. 173.

139 Reinhart Koselleck, Einleitung, in: Geschichtliche Grundbegriffe, Bd. 1 (1972), S. XIII–XXVIII, hier S. XV.

Merkmale des Ancien Régime wie Kosmopolitismus oder Soziabilitätsformen wie Salons existierten während der und über die Französische Revolution hinaus. Auf internationaler Ebene hingegen änderten sich die politischen Bedingungen fundamental. Auf die Revolutionskriege folgten die napoleonischen Kriege. Die Revolution in Frankreich erweckte großes Interesse im europäischen Ausland, das von anfänglicher Bewunderung zu Ablehnung der Ereignisse der Schreckensherrschaft reichte. Auch viele Deutsche zog es nach Paris, um über die Geschehnisse zu berichten oder an ihnen teilzuhaben.

Mit der Einführung der Menschenrechtserklärung, die auch die Meinungsfreiheit (»la libre communication des pensées et des opinions«) proklamierte, wurde die Zensur des Ancien Régime abgeschafft. Die so herbeigeführte Explosion an Druckschriften im Land wurde durch die Abschaffung der Privilegien und Zünfte (1791) weiter bestärkt. Für alteingesessene Verleger, Drucker und Buchhändler hatte dies eine Verschärfung der Konkurrenz und Umsatzeinbußen zur Folge. Ab dem Jahr 1793 wurde die Zensur sukzessiv wieder eingeführt; 1810/11 schließlich waren die Kontrollen des Buchmarktes wieder hergestellt. Nicht nur die Zensur vor dem Druck eines Werkes, sondern auch die Begrenzung der Arbeitserlaubnis im Bereich des Druckwesens (Notwendigkeit einer offiziellen Erlaubnis, *brevet d'imprimeur* oder *brevet de libraire*) erlaubte erneut die Kontrolle des Marktes und eine strenge Zensur[140].

Auf der Ebene des Buchmarktes vollzogen sich tiefgreifende ökonomische und soziale Veränderungen. Weiter zunehmende Alphabetisierung und technische Neuerungen führten zur zweiten Revolution des Buches, die Frédéric Barbier konstatierte[141]. Es handelte sich dabei um einen Wandel von einem Markt, der auf ein reduziertes Publikum ausgerichtet war, hin zum industriellen Massenbuchhandel. Dieser Umbruch lässt sich an Veränderungen in der Papierherstellung, im Druckwesen oder auch neuen Drucktechniken für Illustrationen (Lithografie oder später Fotografie) festmachen, welche Publikationen preiswerter, in größerer Auflagenhöhe und für ein breiteres Publikum ermöglichten. Auch der internationale Buchhandel war gegen Mitte des 19. Jahrhunderts sehr viel einfacher und preiswerter geworden. Schnellere und preiswertere Vertriebswege durch die Entstehung der Eisenbahnnetzwerke, ein Anstieg der Anzahl der internationalen Verlagsbuchhändler und die daraus resultierende Konkurrenz trieben diese Entwicklung voran.

Die Bedeutung der französischen Sprache, die noch zu Beginn des 19. Jahrhunderts die *lingua franca* des Adels und der Gelehrten darstellte, nahm im

140 Vgl. Frédéric Barbier, Histoire du livre, Paris ²2009, S. 239–244. Zur Praxis der Arbeitserlaubnis im Bereich des Buchwesens im 19. Jahrhundert vgl. Marie-Claire Lefis-Boscq, Imprimeurs et libraires parisiens sous surveillance (1814–1848), Paris 2018.

141 Vgl. Barbier (Hg.), Les trois révolutions du livre.

Laufe des Jahrhunderts ab. Mit französischsprachigen Publikationen erreichte man zwar noch immer ein internationales Publikum; es gab aber Gegenbewegungen. Im Kontext der französischen Revolution war die Idee der Nation entstanden und im Zuge der französischen Besatzung im deutschen Raum regte sich auch dort ein Nationalbewusstsein[142]. Der Verlagsbuchhändler Friedrich Christoph Perthes äußerte sich 1816 in seiner Schrift »Der deutsche Buchhandel als Bedingung des Daseyns einer deutschen Literatur« zum Zusammenhang zwischen Buchhandel und Nation. Für ihn wirkten Literatur und Wissenschaft identitätsstiftend für die deutsche Nation. Daraus leitete er eine besondere Aufgabe für die Verlage und den Buchhandel ab, diese zu verbreiten. Zudem setzte er sich gegen den Nachdruck und für eine buchhändlerische Vereinigung ein[143].

Trotz dieses Traktats von Perthes und einer Zunahme von Nationalismen bestanden auch weiterhin kosmopolitische Gesellschaftsströmungen. Treuttel und Würtz verstanden ihr Unternehmen nach wie vor nicht als Verbreiter von Nationalismen, sondern als Vermittler zwischen Kulturen. Sie knüpften diesbezüglich an die vor der Französischen Revolution herrschenden Ideale an und führten diese fort. Sie bedienten nach der französischen Revolution noch immer Aristokraten beziehungsweise die neue Führungselite. In ihrem Verlag publizierten sie vor allem Mitglieder des Umfelds der Liberalen um Germaine de Staël und Benjamin Constant, etwa dessen »Adolphe« (1816) oder die erste Gesamtausgabe der Werke von Germaine de Staël (1820/21). 1800 publizierte Jean-Baptiste Say bei Treuttel & Würtz[144]; der junge François Guizot, späterer französischer Minister und Historiker, befand sich unter ihren Übersetzern (1811)[145]. Jean Charles Léonard Simonde de Sismondis »Nouveaux principes d'économie ou De la richesse dans ses rapports avec la population« erschien 1819 als Erstausgabe bei Treuttel & Würtz. Mit den Liberalen teilten sie eine Fülle an gemeinsamen Werten wie den Kosmopolitismus, die konservativ-elitäre Ausrichtung, das Zensuswahlrecht oder das Arbeitsideal[146]. Zudem waren alle bisher genannten Personen Protestanten oder stammten aus einem protestantischen Elternhaus.

142 Vgl. Lüsebrink, Ein Nationalist französischer Inspiration, S. 237.

143 Vgl. Perthes, Der deutsche Buchhandel.

144 Vgl. Jean-Baptiste Say, Olbie ou Essai sur les moyens de réformer les moeurs d'une nation, Paris, Deterville, Treuttel et Würtz, an VIII [1800].

145 Vgl. folgenden anonym übersetzten Titel von Philip Joseph von Rehfues, für den Joseph-Marie Quérard in seiner Bibliografie »La France littéraire« Guizot als Übersetzer nennt: Philipp Joseph von Rehfues, L'Espagne en mil huit cent huit [...], Paris, Strasbourg, Treuttel & Würtz, 1811.

146 Vgl. Pierre Rosanvallon, Le moment Guizot, Paris 1985.

Mit der Zunahme der demokratischen und sozialistischen Bewegungen – 1847/48 erschien das von Karl Marx und Friedrich Engels verfasste »Kommunistische Manifest« – sowie nationalistischer Bewegungen (u. a. Hambacher Fest 1832) verlor Treuttel & Würtz zunehmend an Bedeutung. Die Verlagsbuchhandlung, die im Ancien Régime entstanden war, hatte ihr Konzept kaum verändert oder an neue Gegebenheiten angepasst. Treuttel und Würtz blieben ihren Idealen der Aufklärung treu, welche sie mit dem Liberalismus des frühen 19. Jahrhunderts verbanden. So suchten sie noch immer die Elite Europas, zu der sie sich selbst zugehörig fühlten, mit Publikationen zu bedienen. Allerdings hatten sich die Bedingungen geändert und seit der Julirevolution 1830 hatte die Konkurrenz stark zugenommen. Gegen Mitte des 19. Jahrhunderts sank die Bedeutung des Verlags.

Im Zentrum dieses Kapitels stehen die äußeren – den internationalen Buchhandel betreffenden und historischen – Umstände, in denen sich die Verlagsbuchhandlung Treuttel & Würtz seit der Französischen Revolution bewegte. Diese Zeit stellte einerseits die Blüte der Verlagsbuchhandlung dar, andererseits vollzog sich deren Niedergang. In einer Polizeibefragung in Straßburg gab Treuttel & Würtz 1796 als offizielles Gründungsdatum des Unternehmens an[147]. Dies war das Jahr, in dem die Pariser Filiale gegeründet wurde. Mit der Eröffnung dieser Filiale, die von den beiden Gründern des Verlags persönlich geleitet wurde, hatten sie ihren Handlungsspielraum erweitert. Die Verlagsbuchhandlung war ins Zentrum Frankreichs gezogen und hatte damit ihren neuen Anspruch ausgedrückt. Der Straßburger Firmensitz wurde beibehalten. 1817 wurde das Unternehmen mit einer Filiale in London nochmals erweitert. Mit jeder neuen Filialeröffnung erweiterten Treuttel und Würtz sukzessiv ihren Handlungsspielraum und ihre Grenzen. Allerdings war die Londoner Filiale weniger erfolgreich und wurde 1833/34 wieder aufgelöst. In den folgenden drei Abschnitten wird untersucht, mit welchen Bedingungen Treuttel und Würtz in Bezug auf den internationalen Buchhandel (Paris, London) und in Bezug auf die politisch-diplomatische Dimension ihrer Tätigkeit konfrontiert waren. Das europäische Konzert der Artistokratie des Buchwesens nimmt Bezug auf die internationele Ordnung nach dem Wiener Kongress, welche sich im Buchwesen spiegelt.

Bereits zu Beginn des 18. Jahrhunderts wurde der Begriff *concert* nicht nur im musikalischen Bereich, sondern im Sinne einer Einigung zwischen Großmächten und im ausgehenden 18. Jahrhundert dann vermehrt im Bereich der

147 Vgl. Antworten von Treuttel & Würtz auf die Polizeibefragung in Straßburg, 12.4.1810, AS, 269MW94.

Diplomatie verwendet[148]. Im Eintrag *concert* der »Encyclopédie des gens du monde« von 1836 zitierte der Autor Miel das Wörterbuch der Académie française: »Concert, ›harmonie formée par plusieurs voix, ou par plusieurs instrumens, ou par une réunion de voix et d'instrumens‹«[149]. Obwohl das Wort an dieser Stelle noch nicht für die politische Ebene verwendet wurde, wird die Bedeutungsübertragung deutlich. Es bedeutet, gemeinsam zu agieren und zu einer Einigung zu kommen[150]. Bezogen auf den politischen, diplomatischen Bereich bedeutete dies also ein gemeinsames Handeln, eine Kooperation oder auch ein Gleichgewicht. Die Idee des Gleichgewichts der Kräfte war bereits über 100 Jahre vor dem Wiener Kongress von zahlreichen liberalen Philosophen (u. a. Abbé Saint-Pierre, Rousseau, Kant) thematisiert worden und wurde von diesen als Ausgangsbasis für einen Frieden gesehen[151].

Das »europäische Konzert«, ein Begriff, mit dem die internationale Situation nach dem Wiener Kongress häufig bezeichnet wurde, beschrieb ein ausgeglichenes Machtverhältnis zwischen den Großmächten Frankreich, Preußen, Russland, Österreich und England. Matthias Schulz definierte den Begriff wie folgt:

> Nach den Napoleonischen Kriegen nahmen die fünf Großmächte [...] erstmals förmlich eine gemeinsame Verantwortung für den Frieden wahr und übten durch gemeinsame Entscheidungen und Handlungen eine internationale Autorität aus, die sich über andere Staaten erstreckte. Diese Praxis firmierte bald unter dem Namen *Europäisches Konzert*[152].

148 Vgl. Matthias Schulz, Normen und Praxis. Das Europäische Konzert der Großmächte als Sicherheitsrat, 1815–1860, München 2009, S. 37.

149 Miel, Art. »Concert«, in: Encyclopédie des gens du monde. Répertoire universel des sciences, des lettres et des arts [...]; avec des notices sur les principales familles historiques et sur les personnages célèbres, morts et viavans; par une société de savans, de littérateurs et d'artistes, rançais et étrangers, 2/6, Paris, librairie Treuttel et Würtz, rue de Lille, n° 17; Strasbourg, Grand'Rue, n° 15, Londres, 30, Soho Square, 1836, S. 488–495, hier S. 488.

150 Vgl. Schulz, Normen und Praxis, S. 36.

151 Vgl. Thierry Lentz, 1815. Der Wiener Kongress und die Neugründung Europas. Aus dem Französischen von Frank Sievers, München 2014 [2013], S. 47f. Vgl. auch Schulz, Normen und Praxis, S. 39–46. Treuttel & Würtz trug auch zur Verbreitung einiger dieser Autoren bei. Vgl. neben den bereits oben genannten liberalen Denkern (Constant, Say, Sismondi, Staël etc.) auch Publikationen zur Verbreitung von Kants Philosophie, u. a. folgende zweisprachige Ausgabe von Thomas Wirgman, Principles of the Kantesian or Transcendental Philosophy/Principes de la philosophie kantésienne ou transcendentale, London, Treuttel and Würtz, Treuttel Jun. and Richter, Booksellers to His Royal Highness Prince Leopold of Saxe-Coburg, Soho Square, Paris, Strasbourg Treuttel and Würtz, 1824.

152 Schulz, Normen und Praxis, S. 2f. (Hervorh. i. Orig.).

Schulz geht von einer neuen Form der Konfliktregulierung und Verrechtlichung aus, wobei er den »Prozesscharakter« dieser Ordnung betont. Er sieht in dieser Form der Diplomatie bereits einen Vorläufer des Völkerbundes. Der Epochenumbruch vom 18. zum 19. Jahrhundert ist auch durch eine allgemeine Zunahme des Binnen- wie Außenhandels und die beginnende Industrialisierung gekennzeichnet. Das neue Selbstbewusstsein der Buchhändler, Verleger, Drucker und Schriftgießer ist bereits beschrieben worden. Dieser Gedanke eines Gleichgewichts zwischen Großmächten, eines Konzerts der Mächtigen, lässt sich auch auf die Entwicklungen des internationalen Buchwesens übertragen.

Zahlreiche Merkmale hierfür lassen sich auf politisch-diplomatischer wie auf der Ebene des Buchwesens finden. Die großen Mächte dominierten, übernahmen die Verantwortung, einerseits durch ihre politische Bedeutung und Größe, andererseits durch die Tatsache, dass sie gemeinsam in Absprache handelten. »Durch das Konzert sprachen die Großmächte sich in Fragen der europäischen Politik eine kollektive Autorität zu«[153], wie Schulz es auf der Ebene der internationalen Diplomatie ausdrückte. Diese selbst zugesprochene Autorität durch gemeinsames Handeln findet sich auch im internationalen Buchhandel und war Teil des Selbstverständnisses ihrer Mitglieder. Der Begriff »Aristokratie des Buchwesens« ist als Verbindung der einflussreichen, erfolgreichen Mitglieder des Buchwesens zu verstehen. Einen Zusammenschluss und ein gemeinsam konzertiertes Eintreten ihrer Mitglieder auf der Ebene des internationalen Buchwesens wird beispielsweise durch das gemeinsame Vorgehen gegen Raubdrucke deutlich.

Weitere Parallelen zwischen dem politischen europäischen Konzert und dem der Aristokratie des Buchwesens finden sich beispielsweise auf der Ebene der Verrechtlichung. Bereits zu Beginn des 19. Jahrhunderts wurden zahlreiche Verträge zwischen Autoren und Verlegern[154], Druckern und Verlegern[155], Übersetzern und Verlegern[156] geschlossen, in denen u. a. die Rechte an der Verbrei-

153 Ibid., S. 71.

154 Vgl. Vertrag zwischen Johann Friedrich Cotta und Emmanuel de Las Cases vom 8. November 1822, DLA CA, Cotta Vertr. 2. Vgl. dazu auch Annika Hass, Johann Friedrich Cotta als Kulturvermittler zwischen Deutschland und Frankreich. Französische Übersetzungen und Übersetzer, in: Helmuth Mojem, Barbara Potthast (Hg.), Johann Friedrich Cotta. Verleger – Unternehmer – Technikpionier, Heidelberg 2017, S. 153–166, hier S. 161–163.

155 Vgl. Kopie des Vertrages zwischen Treuttel & Würtz und Firmin Didot frères über den Druck der Gesamtausgabe von Germaine de Staël, Paris, 14.3.1836, im »Inventaire après décès« von Jean Godefroi Würtz, 1841, AN, MC/ET/I/953.

156 Vgl. Vertrag über die französische Übersetzung von »Hermann und Dorothea« zwischen P.-J. Bitaubé und Treuttel & Würtz, Paris, 9 floréal an VIII [29.4.1800], FDH FGM, Hs-15685.

tung, Auflage, weiteren Übersetzungen etc. festgelegt wurden – noch bevor es ein Urheberrecht gab – und obwohl diese Vereinbarungen nur durch diese Privatverträge, aber nicht durch international bindende Vereinbarungen geregelt wurden.

Die regelmäßigen Treffen und Kongresse, die Schulz als ein Merkmal des europäischen Konzerts versteht, finden sich auch im Buchhandel, zunächst auf deutschen Buchmessen, auf denen auch zahlreiche nicht dem deutschen Raum zuordenbare Buchhändler und Verleger anwesend waren, und schließlich durch die Gründung des Börsenvereins der deutschen Buchhändler zu Leipzig (1825)[157] und deren französischem Pendant, dem Cercle de la librairie 1847 (mit Vorläuferversuchen wie dem Cercle Colbert 1829).

Auch der Gedanke des Ausgleichs zwischen den Staaten auf wirtschaftlicher Ebene und die Vermeidung von Handelskriegen schlug sich in den Strategien der großen Verlagsbuchhändler zu Beginn des 19. Jahrhunderts nieder. So erklärten Treuttel und Würtz 1816 in einer Schrift gegen französische Zölle auf die Einfuhr ausländischer Bücher: »L'étranger n'achète qu'autant qu'on lui achète«[158]. Es sei nur kurz erwähnt, dass Treuttel 1790 Christophe-Guillaume Koch verlegte, der in seinem Werk »Tableau des révolutions de l'Europe dans le Moyen Âge« von einem Gleichgewicht der europäischen Staaten schrieb: »le système européen«[159], eine Perspektive, die nicht nur sein Student Metternich, sondern auch der Verlagsbuchhändler Treuttel vertrat.

1.2.1 »Monter à Paris«: von der Provinz ins Zentrum Frankreichs

Auch wenn Straßburg einen Mittelpunkt des internationalen, vor allem deutsch-französischen, Handels darstellte, befindet es sich in Bezug auf Frankreich, in dem sich der Buchhandel größtenteils auf Paris konzentrierte, an der Peripherie. Seit langer Zeit, aber durch den Zentralismus unter Louis XIV. verstärkt, stellte Paris das Zentrum des französischen Buchhandels dar. Gründe dafür sind u. a. die bevorzugte Vergabe der Druckerlaubnis an Pariser Verleger, aber auch günstige Bedingungen durch die vielen Autoren, eine hohe Alphabe-

157 Vgl. Wittmann, Geschichte des deutschen Buchhandels.

158 Jean-Geoffroy Würtz, Jean-George Treuttel, Sur les inconvéniens qui résultent des taxes imposées sur les livres étrangers à leur entrée en France. Mémoire présenté aux deux Chambres, en décembre 1816, [Paris] imprimerie de Crapelet, 1816, S. 5, BNU, G.114.985.

159 Christophe-Guillaume Koch, Tableau des révolutions de l'Europe dans le Moyen Âge, enrichi de tablettes chronologiques et généalogiques par M. Koch, Bd. 1, Strasbourg, Paris, J.-G. Treuttel, Onfroy, 1790, S. VIII.

tisierungsrate oder auch die in Paris ansässigen Akademien. So wies Paris sechs Mal mehr Buchhändler auf als der ebenfalls fortschrittliche Norden Frankreichs[160].

Bereits vor der Eröffnung des Standortes in Paris 1796 verfügten Bauer und Treuttel über einen Vertreter in Paris, einen Kommissionär, der sich um Pariser Kunden und Einkäufe kümmerte: Durand neveu. Pierre Étienne Germain Durand hatte 1758 seine Ausbildung in der Buchhandlung seines Onkels in Paris absolviert, in der Folge die Buchhandlung übernommen und bis zu seinem Bankrott 1789 geführt. Er gehörte zu den bedeutenden, wohlhabenden Verlegern der Zeit und war auf Neuerscheinungen unterschiedlicher Disziplinen spezialisiert[161]. Für Bauer & Treuttel war er ab 1772 tätig[162] und beschäftigte sich mit der Weiterleitung von bestellten Büchern z. B. an den Marquis de Paulmy oder nahm Bestellungen auf. Vermutlich war es auch Durand, der sich 1782 für Jean-George Treuttel bezüglich der Absatzmöglichkeiten spanischer Bücher in Paris erkundigte, die Friedrich Justin Bertuch gemeinsam mit Treuttel verlegen wollte[163].

1796 war nicht nur das Eröffnungsdatum der Pariser Filiale, sondern auch das Gründungsdatum des Unternehmens Treuttel & Würtz. Welche Gründe können die beiden Geschäftspartner bewegt haben, ihr Unternehmen in Paris zu gründen und dort zu führen, anstelle weiterhin den buchhändlerischen Austausch von Straßburg aus zu organisieren? Die Gründe lassen sich in vier Kategorien teilen: Erstens die politische Situation in Straßburg während der Revolution, die einen Grund darstellte, aus Straßburg zu fliehen. Zweitens die Vorteile, die die französische Hauptstadt in kultureller und politischer Hinsicht bot, drittens Gründe, die das Unternehmen und die Ausrichtung der Verlagsbuchhandlung in organisatorischer und betriebswirtschaftlicher Hinsicht betrafen, und viertens persönliche Gründe.

In den deutschsprachigen Nekrologen der beiden Partner wurde mehrfach auf die politische Situation in Straßburg während der Revolution, insbesondere während der Terreur und der damit einhergehenden Verfolgung der Notabeln unter der Herrschaft der Volksvertreter Louis Antoine de Saint-Just und Philippe-François-Joseph Lebas eingegangen, welche zur Überwachung der Armee ins Elsass geschickt worden waren. Diese Verfolgung wurde als Grund der

160 Vgl. Juratic, Introduction.

161 An dieser Stelle danke ich sehr herzlich Sabine Juratic für die Hinweise und die Einsicht in ihr unveröffentlichtes Manuskript.

162 Vgl. Bauer & Compagnie [Jean Geoffroy Bauer] an Antoine René de Voyer de Paulmy d'Argenson, Strasbourg, 15.8.1772, BNF Arsenal, 6167.

163 Vgl. Jean-George Treuttel an Friedrich Justin Bertuch, Straßburg, 5.11.1782, GSA, 6/5286,1, Nr. 5.

Eröffnung der Pariser Filiale angedeutet: Während Würtz in Straßburg im Gefängnis saß, war Treuttel aus Straßburg verbannt und nach Versailles und Paris geflüchtet. In Versailles praktizierte Würtz' älterer Bruder Georges Christophe[164] als renommierter Arzt. Zudem besaß Treuttel sowohl in Paris als auch in Versailles Kontakte, welche er zu diesem Zeitpunkt weiter ausbaute. Im Nekrolog von Jean Godefroi Würtz heißt es, dass

> bis 1793 die eingetretene Schreckenszeit auch ihn [J. G. Würtz] verfolgte und er in Straßburg während 10 Monaten das Gefängniß der ausgezeichnetesten Männer seiner Vaterstadt theilen mußte. Während dieser Zeit wurde sein Schwager Treuttel ebenfalls von den Schreckensmännern verfolgt, mußte sich flüchten und hielt sich in Paris und Versailles verborgen. Hier lernte er die vorzüglichsten Buchhändler der Hauptstadt persönlich kennen und trat mit einigen unter ihnen in intime freundschaftliche Verhältnisse. Als daher dem Jugendfeuer und dem unternehmenden Geiste seines Schwagers W[ürtz] die Vaterstadt zu enge wurde und er sich nach einem ausgebreiteten Wirkungskreis in der Hauptstadt sehnte, so wurde es jenem nicht schwer, diesem Wunsche zu entsprechen und gemeinschaftlich mit ihm eine Niederlassung in Paris zu begründen, um in fortdauernder Verbindung mit dem Straßburger Stammhause die Produkte der franz[ösischen] Literatur gegen die Schätze der ausländischen Forschungen zu vertauschen, diese im Vaterland und jene im übrigen Europa zu verbreiten[165].

Die französische Hauptstadt bot vielfältige Vorteile für die Verlagsbuchhandlung. Als politisches und kulturelles Zentrum Frankreichs, im Mittelpunkt des französischen Buchhandels, hatte man den besten Überblick über Neuerscheinungen, Moden und Veränderungen. In Paris befanden sich sowohl politische Eliten, die zu den Kunden von Treuttel & Würtz gehörten oder als solche zu gewinnen waren, als auch die großen Akademien und Universitäten, deren Mitglieder zum Teil Autoren, Übersetzer oder Herausgeber von Treuttel & Würtz wurden. Die Eröffnung einer eigenen Filiale ermöglichte es, dieses Milieu persönlich zu bedienen und ein Teil davon zu werden. Zudem war im Zuge der Französischen Revolution das deutsche Interesse an Frankreich, vor allem der Hauptstadt, gestiegen, sodass viele Deutsche zu diesem Zeitpunkt ebenfalls nach Paris auswanderten und dort nicht nur als Journalisten oder Übersetzer tätig wurden, sondern auch als internationale Verlagsbuchhändler, deren Interesse sich insbesondere auf den Austausch zwischen Frankreich und dem deutschen Raum konzentrierte. Zu diesen zählten beispielsweise Maximilian Samson Friedrich Schoell, der Verleger von Alexander von Humboldt, Hermann

164 Vgl. Nadine Cénac, Patrice Cénac, Art. »Wurtz, George Christophe«, in: NDBA, Bd. 40 (2002), S. 4326f.

165 Art. »Johann Gottfried Würtz«, in: Neuer Nekrolog der Deutschen 1841 (1843), S. 480–484, hier S. 481.

Henrichs oder Carl Friedrich Cramer. Treuttel und Würtz stellten mit ihrem Vorhaben einer internationalen Verlagsbuchhandlung in Paris im Kreis deutscher Verlagsbuchhändler zunächst keine Ausnahme dar.

Außerdem sprach eine große Anzahl von organisatorischen und betriebswirtschaftlichen Gründen für die Unternehmensführung von Paris aus. Im Zuge der kulturellen Hegemonie Frankreichs und der französischen Sprache als *lingua franca* seit dem 18. Jahrhundert befand sich die Filiale in Paris in einer der kulturellen Zentren Europas. Bisher hatten Bauer und Treuttel in Paris einen Kommissionär mit den Geschäften vor Ort beauftragt. Es war aber attraktiver, selbst Kommissionär ausländischer Verlagsbuchhändler in Paris zu werden. Aufgrund des großen Interesses der deutschen und europäischen Öffentlichkeit an den Geschehnissen in Frankreich, besonders in Paris, muss die Nachfrage nach Ansprechpartnern in der Hauptstadt gestiegen sein. Die Idee, eine solche Anlaufstelle in Paris für deutsche Verleger und Buchhändler zu werden, hatten auch deutsche Verlagsbuchhändler. Treuttel und Würtz aber verfügten über den Vorteil, dass sie sich hervorragend mit dem französischen Buchmarkt auskannten. Beide hatten im französischen System ihre Ausbildung durchlaufen und zumindest Treuttel konnte bereits jahrzehntelange Erfahrung und Kontakte im internationalen Buchhandel und Verlagswesen nachweisen. Zudem stellte das Unternehmen Treuttel & Würtz mit einer Filiale in Paris, die den Schwerpunkt des Unternehmens bildete[166], und einer zweiten Filiale in Straßburg, die sich insbesondere um den organisatorischen Aspekt des internationalen Handels in Richtung des deutschen Raumes kümmerte, eine Infrastruktur für den internationalen Handel bereit. Die Zusammenarbeit zwischen beiden Standorten ermöglichte es, den Hauptstadtvorteil, den Paris besaß, mit dem Vorteil des leichten und schnellen Austauschs mit dem deutschen Raum und Süd-/Osteuropa zu verbinden.

Schließlich waren auch persönliche Gründe für die Gründung des Unternehmens in Paris von Bedeutung. Die Anwesenheit von Georges Christophe Würtz (1752–1823), Bruder von Jean Godefroi, in Versailles erklärt vermutlich die Flucht Treuttels ausgerechnet nach Versailles. Und auch das Berufsverständnis der beiden Verlagsbuchhändler hat entscheidend zum Wechsel nach Paris beigetragen. Wenn man sich selbst als Elite, als Aristokratie des Buchwesens verstand, war es nur konsequent, sich auch in Paris, dem Zentrum der

166 Vgl. die etwas spätere Aussage von Treuttel und Würtz zur Organisation ihres Unternehmens: »Au centre entre nos deux établissemens de librairie à Strasbourg & à Londres nous sommes appelés à servir deux pays étrangers de leurs productions littéraires respectives«, Treuttel & Würtz au ministre de la Police générale [Élie Decazes], Paris, 4.12.1817, AN, F/18/175/B.

politischen und kulturellen Elite, zu betätigen, wie es in Würtz' Nekrolog angedeutet wurde[167].

Die Ansiedelung des Unternehmens in Paris bereitete Treuttel und Würtz die Möglichkeit, zu einer der bedeutendsten Verlagsbuchhandlungen Europas zu werden. In Paris befanden sie sich im Zentrum von Frankreich, wenn nicht sogar dem bedeutendsten kulturellen und politischen Zentrum Europas zu Beginn des 19. Jahrhunderts. Hier waren sie nicht nur von politischer und kultureller Elite umgeben, sondern auch von den einflussreichsten Buchhändlern, Verlegern und Typografen Frankreichs wie beispielsweise der Drucker- und Schriftgießerfamilie Didot, mit denen sie fortan zusammenarbeiteten. Der Schritt nach Paris bedeutete für Treuttel und Würtz eine enorme Erweiterung ihrer Möglichkeiten und des Handlungsspielraumes. Es bedeutete den Schritt von der Peripherie ins Zentrum.

Internationale Verlagsbuchhandlungen in Paris (1789–1848)

Internationale Buchhandlungen, Verlagsbuchhandlungen oder Verlage sind nicht nur in *einem* kulturellen, nationalen Raum tätig, sondern sie ex- oder importieren Druckwerke oder verlegen Werke in einer Fremdsprache. Allgemein lassen sie sich erstens auf der Ebene ihrer Tätigkeitsbereiche unterscheiden wie andere im Buchhandel tätige Firmen ebenfalls. Also handelt es sich lediglich um eine Buchhandlung, einen Verlag, Drucker, Verlagsbuchhandlung oder eine Kombination verschiedener Formen[168]. Zweitens lassen sie sich auf der Ebene ihres Bestandes unterscheiden: Umfasst dieser ein sehr breites Spektrum an Werken in unterschiedlichen Disziplinen oder ist er auf eine oder wenige Disziplinen spezialisiert? Nach welchem Zielpublikum richtete sich das Unternehmen aus? Auf einer dritten Ebene lassen sie sich hinsichtlich ihrer internationalen Ausrichtung unterscheiden, die sich ebenfalls auf wenige Märkte oder Kulturen oder auch auf mehrere fokussieren kann.

Das Unternehmen Treuttel & Würtz durchlief über den Zeitraum seiner Existenz unterschiedliche Formen. Es war von Beginn an als Verlag und Buchhandlung tätig, doch während der Französischen Revolution besaß Treuttel auch einige Druckpressen, um die eigenen, täglich erscheinenden Periodika zu drucken. Abgesehen von dieser Ausnahme aber war der Druck häufig ausgelagert. Treuttel und Würtz besaßen zum einen keine Druckerausbildung, zum anderen ermöglichte die Auslagerung, den Druck bei verschiedenen Unternehmen in Auftrag zu geben und so je nach Ausgabe entsprechend unterschiedli-

167 Vgl. Art. »Johann Gottfried Würtz«, S. 481.

168 Vgl. Juratic, Introduction, S. 11–14.

che Schriftarten und auch Unternehmen auszuwählen. Dies hatte den Vorteil, dass sie von aktuellen Moden auf dem Gebiet der Typografie profitieren konnten, statt sich auf einen Stil festlegen zu müssen. So arbeitete Treuttel in Straßburg nicht nur mit der Druckerei Heitz[169] zusammen, sondern auch mit Dannbach[170] oder ebenfalls mit Rolland et Jacob[171], die, der Mode der Schriftarten folgend, die Drucktypen von Baskerville aus Edinburgh verwendeten[172]. Den Moden im Bereich der Schriftarten kam insbesondere im Ausgang des 18. Jahrhunderts Bedeutung zu, wie sich anhand der Rezension eines von Treuttel in Kommission vertriebenen Werkes belegen lässt.

> Nous avons comparé cet Horace avec un bel exemplaire de celui de Baskerville, & trouvé le nôtre supérieur pour l'élégance & la netteté des caractères, la grâce & la variété des formes, la finesse du passage des pleins aux déliés, la juste proportion entre les pleins & la hauteur des lettres. C'est principalement en ces deux dernières qualités que l'élégance des caractères consiste, & c'est parce que ceux de Baskerville ne les ont pas entièrement qu'ils sont un peu mattes et pesants. Ceux de M. Didot l'aîné l'ont bien prouvé & fait sentir. Ils ont une élégance & une légèreté que M. Jacob a parfaitement imitées: nous avons mis ceux de l'horace de Strasbourg à côté de plusieurs éditions de M. Didot: des connaisseurs d'un goût plus sûr & plus exercé pourroient peut-être décider si quelqu'une d'elles a des avantages sur ses rivales[173].

In dieser Rezension ist fast ausschließlich von der Schriftart die Rede, der Inhalt der Horaz-Ausgabe wird nur beiläufig erwähnt. In Paris wurden zahlreiche bei Treuttel & Würtz verlegte Ausgaben bei der angesehenen Schriftgießerfamilie Didot gedruckt, beispielsweise der »Almanach des dames« (1801/02–1840; ab 1811 bei Treuttel & Würtz in Koedition mit Cotta).

169 Vgl. Kap. 1.1 sowie u. a. Friedrich Ludwig Ehrmann, Essai d'un art de fusion à l'aide de l'air du feu, ou air vital [...], Strasbourg, Paris, Jean-George Treuttel, Cuchet, 1787. Druck von Jean Henri Heitz.

170 Vgl. u. a. Georges Christophe Würtz, Prospectus d'un nouveau cours théorique et pratique du magnétisme animal, réduit à des principes simples de physique, de chymie; et de médecine. Dans le quel on démontrera le systême de M. Mesmer, et ses procédés [...]. Par M. Würtz, docteur en médecine de la Faculté de Strasbourg, élève immédiat de M. Mesmer, membre de la société de l'harmonie de France &c. &c., Strasbourg, l'auteur, J. G. Treuttel, 1787.

171 Vgl. Horaz, Quinti Horatii Flacci Carmina curavit Jeremias Jacobus Oberlinus, Argentorati, typ. et sumtu Rollandi et Jacobi nunc prostant apud G. Treuttel, 1788.

172 Vgl. Barbier, L'imprimerie strasbourgeoise, S. 183.

173 M. de Kéralio [Louis-Félix Guinement de Kéralio], Rezension von »Quinti Horatii Flacci carmina curavit Jeremias Jacobus Oberlinus«, in: Journal des sçavans (1789), S. 158 f., hier S. 158.

Auf Bestandsebene versuchten Treuttel und Würtz, alle Disziplinen abzudecken. Allerdings wies das Verlagsprogramm spezifische Schwerpunkte auf[174]. Die Verleger richteten ihr Unternehmen nach den Käufern international erworbener Publikationen aus. Da diese im 18. und 19. Jahrhundert sehr kostspielig waren, wandten sie sich vor allem an ein Elitenpublikum von Adligen, Geistlichen oder Gelehrten. Während der Französischen Revolution aber druckten sie auch Flugschriften, die sie kostenlos verteilten, und auch später engagierten sie sich in der Société biblique protestante und verschenkten oder vertrieben Bibeln für einen vollkommen anderen Adressatenkreis. Dies geschah allerdings weniger im Rahmen des Unternehmens denn als Form von wohltätigem Engagement.

In seiner internationalen Ausrichtung durchlief das Unternehmen einen Wandel. Der deutsch-französische Austausch blieb weiterhin Kerngeschäft; die Verleger bewegten sich in beiden wissenschaftlichen, kulturellen und buchhändlerischen Kreisen. Zu den Buchhandelsmessen in Leipzig oder Frankfurt reisten sie persönlich an oder schickten einen Vertreter. Auch mit der Schweiz standen sie noch während des Ancien Régime in Kontakt[175]. Mit der Eröffnung des Pariser Unternehmens 1796 eröffneten sich vielfältige neue Möglichkeiten. Bereits während der Kontinentalsperre besaß die Firma eine Handelserlaubnis mit Großbritannien, aber mit der Eröffnung der Filiale in London war aus der vormals vor allem deutsch-französischen Verlagsbuchhandlung eine trilaterale geworden. Ihr Netzwerk erstreckte sich weit darüber hinaus und umfasste auch Kontakte in Russland, Brasilien oder den Vereinigten Staaten von Amerika. Je nach Zeitraum bestanden in bestimmten Bereichen durchaus Überschneidungen mit anderen Buchhandlungen und Verlagsbuchhandlungen. Im internationalen Handel waren vor allem die deutschen Buchhändler und Verleger in Paris ähnlich ausgerichtet oder einige internationale Verlagsbuchhandlungen, die sich auf den Handel mit Großbritannien spezialisiert hatten.

Zwischen Revolution und Empire

Im internationalen Buchhandel in Paris gab es im ausgehenden 18. und beginnenden 19. Jahrhundert vor allem zwei Typen von internationalen Verlagsbuchhandlungen, die sich auf den deutsch-französischen Kontext spezialisierten. Zum einen war es eine Fülle an Deutschen, die im Kontext der Französischen Revolution in die französische Hauptstadt gekommen waren, durchaus mit

174 Vgl. Kap. 3.

175 Vgl. die umfangreiche erhaltene Korrespondenz im Archiv der STN, die den intensiven Handel des Unternehmens in die Schweiz belegt.

anderen Motiven, die aber schließlich eine Buchhandlung oder einen Verlag eröffneten. Zu diesen gehörten beispielsweise Carl Friedrich Cramer[176], Anton Fuchs oder Hermann Henrichs[177]. Zum anderen zogen um 1795/97 bereits im internationalen Verlagsbuchhandel erfolgreiche Unternehmen nach Paris, um dort eine weitere Filiale zu eröffnen. Darunter befanden sich neben Treuttel & Würtz auch die Straßburger Armand König und Levrault[178].

Die erste Gruppe an Neulingen im Geschäft des internationalen Buchwesens hielt sich nur wenige Jahre, zumeist bis in erste Dekade des 19. Jahrhunderts. Carl Friedrich Cramer kam wie die anderen hier genannten Beispiele aufgrund der Französischen Revolution nach Paris, wofür er sogar seinen Lehrstuhl in Kiel aufgab. Zunächst berichtete er über die Revolutionsereignisse und schließlich arbeitete er als Verleger, Buchhändler und Übersetzer, bevor er 1805 sein Unternehmen aufgrund des mäßigen Erfolges verkaufen musste. Sowohl Cramer als auch Henrichs (der ebenfalls 1805 bankrottging) standen in engem Kontakt einerseits mit Johann Friedrich Cotta, mit dem sie in den ersten Jahren den »Almanach des dames« gemeinsam verlegten (1801/02–1804) und andererseits mit Treuttel & Würtz in Paris. Letztere übernahmen häufig das Versenden der Briefe, Bücher und Pakete für diese deutschen Verlagsbuchhändler und stellten somit eine Infrastruktur für den Austausch mit dem deutschen Raum bereit. Cottas Korrespondenten in Paris ließen ihre Briefe regelmäßig über Treuttel & Würtz verschicken. Einige Deutsche, die nach Paris gingen, beispielsweise der Übersetzer und Schriftsteller Theodor von Haupt, wohnten bei Treuttel und Würtz, bis sie eine eigene Unterkunft gefunden hatten[179]. Treuttel & Würtz nahm also eine Mittlerfunktion für Deutsche ein, die nach Paris kamen.

Im Vergleich zu dieser ersten Gruppe an internationalen Verlagsbuchhändlern besaß die zweite Gruppe bessere Voraussetzungen für ihr Unternehmen. Da sie wie Treuttel & Würtz bereits zuvor im internationalen, deutsch-französischen Verlagsbuchhandel aktiv gewesen waren, verfügten sie über das nötige Fachwissen. Die Straßburger Verlagsbuchhandlung Armand König etwa besaß spätestens seit 1797 eine Filiale in Paris (73, rue Saint-André-des-Arts)[180], die bis mindestens 1816 bestehen blieb. 1818 erhielt Salomon König für Straßburg

176 Zu Cramer vgl. Rüdiger Schütt (Hg.), »Ein Mann von Feuer und Talenten«. Leben und Werk von Carl Friedrich Cramer, Göttingen 2005.

177 Zu dieser ersten Welle deutscher internationaler Verlagsbuchhändler in Paris vgl. Jeanblanc, Des Allemands dans l'industrie, S. 42–46.

178 Vgl. Barbier, Trois cents ans.

179 Vgl. Hass, Der Verleger Johann Friedrich Cotta, S. 57.

180 Vgl. Ankündigungen neuer Bücher. Bey Amand König Buchhändler in Paris, Rue Saint-André-des-Arts, n° 73, und dessen Buchhandlung zu Strasburg ist zu haben, in: Intelligenzblatt der ALZ 19 (1797), S. 166.

ein *brevet d'imprimeur*, also eine offizielle Erlaubnis, den Beruf des Druckers ausüben zu dürfen, die zu diesem Zeitpunkt notwendig war[181]. Diese zweite Gruppe an Verlagsbuchhändlern, zu denen auch Treuttel & Würtz gehörte, war sehr viel erfolgreicher als die erste, was zum einen auf ihre Berufserfahrung und fachlichen Kenntnisse, zum anderen auf ihre Elsässer Herkunft und die damit einhergehende Kenntnis der sowohl deutschen als auch französischen Kultur zurückzuführen ist.

Der internationale Buchhandel war durch die Revolutions- und später napoleonischen Kriege zahlreichen Problemen ausgesetzt. So war der Handel zwischen Treuttel & Würtz und Bertuch (Weimar) im Zeitraum von 1792 bis 1797 wegen der Kriegshandlungen unterbrochen. Treuttel und Würtz gingen in einem Brief von 1797 ausdrücklich auf die schwierige Lage des internationalen Handels ein: »Les tems difficiles où se trouve le commerce sur les frontières«[182]. Danach ist bis 1815 kein Brief zwischen Treuttel & Würtz und Bertuch nachweisbar, was ebenfalls an Unterbrechungen im internationalen Handel gelegen haben könnte oder zumindest an erschwerten Bedingungen[183]. Die 1806 von Napoléon Bonaparte eingeführte Kontinentalsperre unterbrach zusätzlich den offiziellen Handel zwischen Großbritannien und dem Rest Europas. So sollte Großbritannien auch mit wirtschaftlichen Mitteln bekämpft werden. Erst 1814 wurde diese Blockade offiziell wieder abgeschafft. Bis zu diesem Zeitpunkt allerdings litt die Wirtschaft unter dem Handelsverbot, auch der Buchhandel und die angrenzenden Branchen waren betroffen.

1812 bereits besaß Treuttel & Würtz trotz der Kontinentalsperre eine Handelserlaubnis mit Großbritannien (*licence d'exportation*)[184], die Firma erweiterte also ihren eigentlichen Kompetenzbereich. Lediglich Bossange erhielt ebenfalls eine solche Handelserlaubnis. Dieser gehörte zum dritten Typ der internationalen Verlagsbuchhändler in Paris zu diesem Zeitpunkt. Ursprünglich aus Bordeaux stammend, kam Martin Bossange (1765–1865) bereits kurz vor Beginn der Französischen Revolution nach Paris und arbeitete dort in der Verlagsbuchhandlung Lejay, die Autoren der französischen Aufklärung wie Montaigne oder Voltaire verlegte. Hier lernte er den französischen Schauspieler François Talma kennen sowie den Schriftsteller Marie-Joseph Chénier, den er mit Erfolg ver-

181 Vgl. *brevet d'imprimeur* von Salomon Koenig, Paris, 20.11.1818, AS, 269MW95.

182 Buchhandlung Treuttel & Würtz an Friedrich Justin Bertuch, Strasbourg, 2 germinal an 5 [22.3.1797], GSA, 6/5286,3.

183 Vgl. folgende Briefe: Jean-George Treuttel an Friedrich Justin Bertuch, Straßburg, 17.1.1790, GSA, 6/5286,2, Nr. 60; Buchhandlung Treuttel & Würtz an Friedrich Justin Bertuch, Straßburg, 2.2.1815, ibid., Nr. 61.

184 Vgl. Jean Godefroi Würtz an François-René-Jean de Pommereul, Paris, 30.4.1811, AN, F/18/38.

legte. Bereits seit 1792 arbeitete er gemeinsam mit Masson und Besson an deren gemeinsamen Unternehmen[185]. Bossange besaß mit der Zeit immer mehr Filialen im Ausland: 1801 eröffnete das Unternehmen eine Filiale auf Haiti, später in Madrid, Mexiko, Rio de Janeiro, Leipzig, London, Neapel und Montreal. Von Martin Bossange ist bekannt, dass er seine Handelserlaubnis mit Großbritannien insbesondere dazu nutzte, Bücher aus Frankreich mitzunehmen und schließlich mit Kolonialwaren nach Frankreich zurückzukehren[186]. Der Buchhändler Edmond Waquet beschrieb diese Praktik Jahrzehnte später wie folgt:

> Seul ou associé avec des tiers, il chargea des quantités énormes de livres français sur des navires en destination pour l'autre côté de la Manche. Arrivés au milieu du canal, les ballots étaient jetés par-dessus bord; les bâtiments arrivaient sur lest en Angleterre et revenaient chez nous chargés à mi-mât de denrées coloniales. Les bénéfices de retour compensaient bien et au delà la perte de la première cargaison. Ces opérations, dont le résultat fut de détruire *fructueusement* les vieilles éditions qui encombraient les magasins de librairie, en eut un autre d'une plus grande portée, consistant à donner naissance à ces nombreuses et magnifiques réimpressions qui surgirent de toutes parts lorsque vint la Restauration[187].

Martin Bossange nutzte seine Handelserlaubnis also weniger, um mit Büchern zu handeln, denn um Gewinne mit Kolonialwaren zu machen. Vom Umgang von Treuttel und Würtz mit ihrer Handelserlaubnis ist dergleichen nicht bekannt. In einem Londoner Katalog von Pannier, einem französischen Buchhändler in London, mit aus Frankreich importierten Publikationen von 1812[188] befinden sich Publikationen von Treuttel & Würtz neben Veröffentlichungen von Didot, Lenormant, Renouard und vielen anderen französischen Verlagen. Druckwerke aus dem Hause Bossange werden nicht genannt. Dies deutet darauf hin, dass Treuttel & Würtz in London wohl tatsächlich mit Büchern aus Frankreich gehandelt hat. Im hier genannten Beispiel erfolgte der Vertrieb in London durch den Buchhändler Pannier. Welche Waren Treuttel & Würtz aus Großbritannien importierte, ist allerdings unklar.

185 Vgl. Frédéric Barbier, Martin Bossange, Paris und Deutschland, in: Mark Lehmstedt (Hg.), Beiträge zur Geschichte des Buchwesens im frühem 19. Jahrhundert, Wiesbaden 1993, S. 95–113, hier S. 96 f.

186 Vgl. Barbier, Martin Bossange.

187 Edmond Werdet, De la librairie française. Son passé – son présent – son avenir. Avec des notices biographiques sur les libraires-éditeurs les plus distingués depuis 1789, Paris, E. Dentu, 1860, S. 170 (Hervorh. i. Orig.).

188 Vgl. Catalogue of New Publications Just Imported from France by N. L. Pannier, French Bookseller to H. R. H. the Duke of Kent, 15 Leicester-Place, Leicester-Square, London, printed by R. Juigné, 14 Margret-Street, Cavendish-Square, BL, 11901.bb.31.

Frédéric Barbier schrieb, dass die Kontinentalsperre zur Ausrichtung von Martin Bossange auf den internationalen Handel geführt und dieser stark von den Ausnahmen der Restriktionen profitiert habe[189]. Treuttel & Würtz hat ebenfalls enorm von Ausnahmen während des Ersten Kaiserreichs profitiert; der internationale Verlagsbuchhandel aber stellte bereits zuvor den Schwerpunkt der Firmentätigkeit dar. Von offizieller Seite, durch die Restriktionen, war die Konkurrenz zu weiteren internationalen Buchhändlern ausgeschaltet worden und hatte den Unternehmen, die über Ausnahmeregeln verfügten, zu großen Vorteilen verholfen.

Restauration und Julimonarchie

Während Treuttel & Würtz in der Zeit des Ersten Kaiserreichs von den strengen Regeln des Buchhandels in Frankreich profitierte, führten wirtschaftliche Entwicklungen und Liberalisierung in den folgenden Jahren zu mehr Konkurrenz. Das Unternehmen Bossange père existierte weiter, seine Söhne stiegen in das Geschäft ein und bauten die internationale Ausrichtung aus. Bossange wandte sich nun ebenso dem deutsch-französischen Markt zu, eröffnete aber darüber hinaus global ausgerichtete Standorte in Mexiko, Montreal oder Rio de Janeiro. Treuttel & Würtz hingegen hatte zwar ebenfalls Kontakte in Rio de Janeiro oder Philadelphia, etablierte jedoch an diesen Orten keine Filialen. Das Kerngeschäft von Treuttel & Würtz fand in Europa statt und war zudem eine Familienangelegenheit[190].

Bossange père trat 1836 seine Leipziger französische Buchhandlung an Avenarius und Friederlein[191] ab und sein erfolgreiches »Pfennigmagazin«, das sich nach dem Vorbild des englischen »Penny Magazine« vor allem durch seinen niedrigen Preis auszeichnete, verkaufte er an Brockhaus[192]. Martin Bossange, der von Frédéric Barbier als »Mann der späten internationalen Aufklärung«[193] bezeichnet wurde, war Jean-George Treuttel und Jean Godefroi Würtz in dieser Hinsicht zwar ähnlich. Im Gegensatz zu Bossange, dessen Unternehmen eine eher breitere Öffentlichkeit bediente, war Treuttel & Würtz jedoch auf ein Elitenpublikum ausgerichtet, welches es mit Luxusausgaben versorgte.

189 Vgl. Barbier, Martin Bossange, S. 100.

190 Vgl. dazu Kap. 1.3.

191 Vgl. Barbier, Martin Bossange, S. 106.

192 Vgl. ibid., S. 108f.

193 Ibid., S. 109.

Auch die Familie Baillière (Jean-Baptiste Baillière, Germer Baillière etc.) war im globalen Verlagsbuchhandel tätig. Die Familie erwarb ausgehend von Paris nach und nach Filialen in London (1832), New York oder Madrid (1848). Das Verlagsprogramm wies einen Schwerpunkt im Bereich Medizin auf und stützte sich auf Publikationen von medizinischen Nachschlagewerken (z. B. »Dictionnaire de médecine et de chirurgie vétérinaire« von Hurtrel d'Arbobal), Übersetzungen und Illustrationen medizinischer Werke[194].

Auf vor allem ein oder zwei Märkte beschränkte internationale Verlagsbuchhandlungen waren beispielsweise Galignani (für den französisch-britischen Handel) oder eine neue Welle an deutschen Verlagsbuchhändlern, die sich in Paris niederließen. Zu diesen zählten Heideloff oder Klincksieck. Brockhaus hingegen agierte über den deutsch-französischen Rahmen hinaus[195].

Charles Heideloff (1800–1879), der ursprünglich aus Weimar stammte und zunächst bei Bossange gearbeitet hatte, war in Paris im internationalen Verlagsbuchhandel in verschiedenen Unternehmen tätig. Er eröffnete 1826 gemeinsam mit Alexander Schubart und Ulfrand Ponthieu die Verlagsbuchhandlung Ponthieu & Compagnie, die 1829 bankrottging. 1831 war er im Unternehmen Heideloff & Campe tätig. 1834 nahm er die französische Staatsbürgerschaft an, was ihm erlaubte, unter seinem Namen ein Unternehmen anzumelden. Heideloff hatte enge Verbindungen zu den Liberalen der Julimonarchie, u. a. zu Adolphe Thiers[196]. Schubart war ein ehemaliger Mitarbeiter von Johann Friedrich Cotta und für Cottas Unternehmungen in Paris zuständig[197]. Schubart organisierte für Cotta dessen Aktienanteile an dem liberalen Publikationsorgan »Le Constitutionnel«[198]. Heideloff war nicht nur der Verleger von Heinrich Heine in Frankreich; in den 1830er Jahren wurde sein Geschäft zu einem »Zentrum des Austausches deutscher Intellektueller in Paris«[199], aber 1839 meldete auch diese Unternehmung Heideloffs Insolvenz an. Im Zeitraum von 1840 bis 1845

194 Vgl. DERS., Jean-Baptiste Baillière et l'édition médicale, in: Danielle GOUREVITCH, Jean-François VINCENT (Hg.), J.-B. Baillière et fils, éditeurs de médecine, Paris 2006, S. 13–33, hier S. 27–33. Vgl. dazu auch Jean-Yves MOLLIER, Jean-Baptiste Baillière, un éditeur homme d'affaires, ibid., S. 49–62.

195 Zu dieser zweiten Welle an deutschen internationalen Verlagsbuchhändlern in Paris vgl. u. a. KRATZ, Libraires et éditeurs allemands.

196 Vgl. JEANBLANC, Des Allemands dans l'industrie, S. 232 f.

197 Vgl. HASS, Der Verleger Johann Friedrich Cotta, S. 53 f.

198 Vgl. Robert MARQUANT, Thiers et le baron Cotta. Étude sur la collaboration de Thiers à la Gazette d'Augsbourg, Paris 1959, S. 20 f.

199 JEANBLANC, Des Allemands dans l'industrie, S. 232: »Les locaux de la librairie, réputés pour l'élégance et la richesse de leurs équipements, deviennent rapidement un centre de rencontres des intellectuels allemands à Paris«.

versuchte er sich ein letztes Mal im internationalen Verlagsbuchhandel[200], diesmal unter seinem eigenen Namen: Librairie allemande, anglaise & française, de Charles Heideloff, rue Montmartre, n° 148, à Paris.

In einem Geschäftsrundschreiben vom 14. Juli 1840 knüpfte er an seine vorherige Tätigkeit an:

> Vous pourrez vous procurer chez moi, comme par le passé, toutes les productions littéraires et scientifiques de l'Allemagne, de la Hollande et de tous les États du Nord. Je vous fournirai également toutes les suites des ouvrages qui ne vous auraient pas été complétés, ainsi que les défets qui pourraient se trouver dans vos livres. Je fais l'abonnement à tous les journaux et publications périodiques de sciences, arts, etc. Une correspondance suivie et régulière avec l'étranger me met à même de faire parvenir exactement la suite de ces publications[201].

Heideloff war zunächst für Martin Bossange tätig gewesen, bevor er sein eigenes Geschäft eröffnete. Ebenfalls in Verbindung mit Martin Bossange stand das Engagement von Brockhaus in Paris. Die von Friedrich Arnold Brockhaus gegründete Verlagsbuchhandlung in Leipzig bestand seit dem Beginn des 19. Jahrhunderts. Zu den erfolgreichsten Publikationen des Unternehmens zählten vier Zeitschriften in drei Sprachen (deutsch, französisch, holländisch) sowie das »Conversations-Lexikon«, das ab 1809 in zahlreichen Auflagen mit einer Auflagenhöhe von bis zu 32 000 Exemplaren gedruckt wurde. Die Söhne Friedrich und Heinrich Brockhaus übernahmen das Geschäft ihres Vaters und gründeten 1834 gemeinsam mit Martin Bossange das deutsche »Pfennigmagazin«, die erste deutsche Illustrierte. 1837 gründeten sie unter dem Namen Brockhaus & Avenarius eine Pariser Filiale. Diese befand sich in dem alten Gebäude des Unternehmens von Bossange (60, rue de Richelieu). Zusammen mit dem Geschäft in Leipzig besaß Brockhaus so optimale Ausgangsbedingungen für den internationalen Buchhandel zwischen Frankreich und dem Zentrum des deutschen Buchhandels. Brockhaus wurde denn auch schnell Kommissionär zahlreicher renommierter Unternehmen im Buchwesen, u. a. für Firmin Didot oder Panckoucke. Den französischen Liberalen nahestehend, verlegte Brockhaus wissenschaftliche Publikationen von Jules Mohl, Joseph-Balthazar Silvestre und anderen[202]. Helga Jeanblanc beschrieb Brockhaus und Avenarius als »erstes deutsches Unternehmen, dessen internationaler Austausch weit über

200 Vgl. ibid., S. 233.

201 Geschäftsrundschreiben von Charles Heideloff, Paris, 14.7.1840, IF, fonds Claude Fauriel, Ms 2374/3, Nr. 127.

202 Vgl. Jeanblanc, Des Allemands dans l'industrie, S. 126–134. Albert Franck und Alexander Friedrich Vieweg übernahmen die Verlagsbuchhandlung 1845 und führten sie 1851 unter dem Namen A. Franck weiter. Vgl. ibid., S. 134.

einen bilateralen Austausch zwischen dem deutsch-französischen Markt hinausreichte«[203].

Zu dieser neuen Generation von internationalen Verlagsbuchhändlern deutschen Ursprungs gehörte auch Friedrich Klincksieck. Dieser war bereits 14 Jahre im Buchhandel beschäftigt (bei Riegel und Wießner, Nürnberg; Carl Jügel, Frankfurt a. M.; Wilhelm Gottlieb Korn, Breslau; Treuttel & Würtz, Paris), davon verbrachte er die vier letzten Jahre im Haus Treuttel & Würtz, bevor er im März 1842 deren ausländisches Sortimentsgeschäft übernahm. Dieses führte er ab Mai 1842 unter seinem eigenen Namen fort. Sowohl von Treuttel & Würtz als auch von Klincksieck sind – in französischer und in deutscher Sprache – Geschäftsrundschreiben erhalten, die diese komplizierte Übernahme erklären. Treuttel & Würtz beschrieb, dass Friedrich Klincksieck lediglich das ausländische Sortimentsgeschäft übernommen habe. In dieser Hinsicht bezeichneten sie ihn mehrfach als »Nachfolger«, auch wenn ihr eigenes Unternehmen weiterbestand:

> Diese Abtretung hat auf unser Verlags- und Commissions-Geschäft durchaus keinen Einfluß. Beide Branchen unseres Hauses haben ungestörten Fortgang, und indem wir für unsere Verlagsunternehmungen Ihre fortgesetzte Thätigkeit freundlich ansprechen, benutzen wir diese Gelegenheit, Ihnen unsere Dienstanerbietung für Lieferung französischen Sortiments zu erneuern. Für die Fortsetzung des ausländischen Sortiments-Geschäftes empfehlen wir unseren Nachfolger auf's angelegentlichste[204].

Dieser Verkauf ist im Kontext des Todes von Jean Godefroi Würtz (1841) zu verstehen. Vermutlich fühlten sich die Erben durch das große Unternehmen überfordert oder sie benötigten liquide Mittel, beispielsweise zur Auszahlung von Erben, sodass sie einen Teil des Geschäftes verkauften.

Friedrich Klincksieck erklärte in seinem Geschäftsrundschreiben auch sogleich, was den neuen Schwerpunkt seines Unternehmens bilden sollte:

> Für Gelehrten-Literatur und alles, was im Bereiche der Wissenschaften und Künste von Werth und einiger Bedeutung, habe ich einen großen Wirkungskreis: von Volksschriften, politischen Broschüren, Übersetzungen aus neueren

203 Ibid., S. 125: »La maison Brockhaus & Avenarius est le premier établissement allemand à s'inscrire explicitement dans une perspective de vastes échanges internationaux qui dépassent largement aussi bien le cadre des relations bilatérales entre pays d'origine et d'accueil pratiquées par Baer & Ettinghausen que les circuits de Ch. Heideloff, dont les affaires commencent à péricliter«.

204 Geschäftsrundschreiben von Treuttel und Würtz, Paris, 31.3.1842, IMEC, fonds Klincksieck, KLN2.25.02.

> Sprachen, Schriften von localem Interesse, Schul- und anderen Elementar-Büchern dagegen, hier keinen Absatz zu erwarten[205].

Klincksieck spezialisierte sich als internationaler Verlagsbuchhändler auf den wissenschaftlichen Bereich, eine Branche, die zuvor ebenfalls von Treuttel & Würtz mitbedient worden war. 1867 wurde Klincksieck offiziell Buchhändler des Institut impérial de France[206]. In den 1840er Jahren standen Treuttel & Würtz und Klincksieck teilweise in Konkurrenz zueinander. So belieferten sie beide die Bibliothek der École normale supérieure (ENS) in Paris, beide vornehmlich mit Publikationen aus dem deutschen Raum[207]. Mit dem Verkauf ihrer Kontakte und ihres ausländischen Sortimentsgeschäftes an Klincksieck kam der Verlagsbuchhandlung Treuttel & Würtz nicht mehr die gleiche Bedeutung zu wie zuvor. Während sich Klincksieck stark auf den wissenschaftlichen Bereich spezialisierte, verfolgte Treuttel & Würtz weiter ein breites Programm. Das Unternehmen konnte aber nicht mit dem gleichen Prestige fortgeführt werden, das es zu Beginn des 19. Jahrhunderts genossen hatte.

Ebenso im Bereich des internationalen Buchhandels aktiv war das Geschäft des Italieners Giovanni Antonio Galignani. Dieser eröffnete 1801 seine Librairie française et étrangère und publizierte vor allem Werke in englischer Sprache, darunter ab 1814 (bis 1895) den sehr erfolgreichen »Galignani's Messenger or the Spirit of the English Journals«[208]. Bis zum Ende der Kontinentalsperre vom Handel mit Großbritannien ausgeschlossen, erfuhr das Unternehmen in der Restauration einen Aufschwung, da es insbesondere von der Ankunft zahlreicher Briten in der französischen Hauptstadt profitierte[209].

205 Geschäftsrundschreiben von Friedrich Klincksieck, Paris, 31.3.1842, ibid.

206 Jeanblanc, Des Allemands dans l'industrie, S. 238.

207 Vgl. Inventaire, par ordre d'acquisition, du nouveau fonds de la bibliothèque de l'École normale, à partir de l'année 1829 [jusqu'en 1846], BE, o. S. Vgl. dazu auch Pierre Petitmengin, La bibliothèque de l'École normale supérieure face à l'érudition allemande au xixe siècle, in: Revue de synthèse 1–2/4 (1992), S. 55–68, hier S. 64. Die Aussage von Petitmengin, dass die Bibliothek in erster Linie von Klincksieck beliefert worden sei (mindestens für die Publikationen aus dem deutschen Raum), lässt sich nicht bestätigen. Bis etwa 1840 erhielt die Bibliothek ihre Lieferungen vor allem von Heideloff, Treuttel & Würtz, Crochard, Bourgeois-Maze, Hachette, Levrault, Videcoq, Bachelier und Techner.

208 Vgl. Galignani's Messenger; or the Spirit of the English Journals, Nr. 1, July 2, 1814. Paris, printed by M. Nouszou […], http://gallica.bnf.fr/ark:/12148/cb32779538j/date&rk=42918;4 (1.10.2019).

209 Vgl. Diana Cooper-Richet, La librairie étrangère à Paris au xixe siècle. Un milieu perméable aux innovations et aux transferts, in: Actes de la recherche en sciences sociales 126–127 (1999), S. 60–69. Vgl. auch Giles Barber, Galignani and the Publication of English Books in France from 1800 to 1852, in: The Library 5/16 (1961), S. 267–286.

Während der Restauration und Julimonarchie nahm die Anzahl der international tätigen Verlagsbuchhändler in Paris stark zu. Diese bestanden zum einen aus französischen Unternehmen, die wie Bossange oder Baillière mit zahlreichen Filialen in anderen Ländern und in den Kolonien einen schon globalen Buchhandel betrieben. Das Haus Treuttel & Würtz hingegen konzentrierte sich auf den europäischen Markt. Auf europäischer Ebene waren viele internationale Verlagsbuchhändler in Paris auf den Handel insbesondere zwischen zwei Ländern spezialisiert, wie Galignani oder einige deutsche Verlagsbuchhändler. Diese waren, bevor sie ein eigenes Unternehmen eröffneten, zumeist mehrere Jahre bei Bossange oder Treuttel & Würtz angestellt gewesen[210]. So hatten sie die nötigen Kenntnisse der französischen Kultur und die Buchhandelsusancen sowohl des internationalen als auch französischen Verlagsbuchhandels erworben. Darauf aufbauend waren die Unternehmungen dieser zweiten Welle an deutschen, internationalen Verlagsbuchhändlern viel erfolgreicher als die erste im Zuge der Französischen Revolution.

Der internationale Buchhandel war im Vergleich zur Zeit der Revolution und des Ersten Kaiserreichs einfacher geworden. Im Zuge dieser »zweiten Revolution des Buches«, die durch den Übergang zum industriellen Massenbuchhandel gekennzeichnet war und die sich während des Epochenumbruchs vom 18. zum 19. Jahrhundert vollzog, entstanden nicht nur viele technische Neuerungen im Bereich des Druckwesens, sondern auch die ersten Eisenbahnstrecken, die den internationalen Handel erleichterten. Während die Kontinentalsperre zu Beginn des 19. Jahrhunderts noch den Handel mit Großbritannien für den Großteil der Buchhändler blockierte, profitierten zwei große Pariser Häuser jedoch von Privilegien und Ausnahmen von diesem Verbot. Dies ermöglichte ihnen große Gewinne. Der Wegfall der Kontinentalsperre hingegen führte zu mehr Wettbewerb. Internationale Verlagsbuchhändler, die zuvor von den Ausnahmen des stark reglementierten Buchmarktes profitiert hatten, wie Martin Bossange und Treuttel & Würtz, standen einer neuen Konkurrenz gegenüber. Im Zuge dessen expandierte Bossange im globalen Maßstab. Auch Treuttel & Würtz eröffnete eine weitere Filiale in London, aber nicht über Europa hinaus.

Die neue Konkurrenz führte auf der Ebene der internationalen Verlagsbuchhändler zu einer Ausdifferenzierung nach Branchen: So spezialisierte sich Friedrich Klincksieck auf wissenschaftliche Werke, Baillière war der Ansprechpartner für international erworbene medizinische Arbeiten. Bossange war im globalen Buchhandel tätig. Treuttel & Würtz, dem die Privilegien des stark reglementierten französischen Buchmarktes zugutekamen, verkaufte einen Teil des

210 Vgl. dazu auch Jeanblanc, Des Allemands dans l'industrie, S. 207.

Unternehmens, das ausländische Sortimentsgeschäft, und verpasste es, sich an die neuen Gegebenheiten des Marktes und der Konkurrenz anzupassen.

1.2.2 London – Tor zu den Kolonien?

Um 1800 stellte London nicht nur das Zentrum des englischen Buchdrucks und Buchhandels, sondern neben Paris auch eines der großen Zentren des Buchhandels in Europa dar: Über 90 Prozent aller britischen Drucke kamen aus London, die Anzahl an Buchhandlungen in der Hauptstadt stieg bis etwa 1814 auf über 600. Diese Vormachtstellung auf der Ebene des Buchwesens besaß London bereits seit dem ausgehenden 15. Jahrhundert, und andere englische Städte konnten nur im Bereich von Nischenprodukten mit der Hauptstadt konkurrieren[211]. Hatte London bis Mitte des 18. Jahrhunderts Bücher vor allem importiert, entwickelte sich die Stadt bis Ende des Jahrhunderts zu einem Exportzentrum in Richtung Provinz und Kolonien[212].

Seit dem Mittelalter spielte die Zunft der Stationers' Company eine große Rolle im englischen Buchwesen[213]. Da es keine Zensur vor dem Druck gab, kontrollierte die Zunft den Buchmarkt: sie regelte die Anzahl der Lehrlinge und auch neue Drucke konnten bei der Stationers' Company angemeldet werden, um die Rechte daran zu sichern. Drucker oder Buchhändler hafteten aber letztlich selbst für ihre verlegten Titel, und die Bedeutung der Stationers' Company nahm im Laufe des 18. Jahrhunderts stark ab[214]. Die Mitglieder des Buchwesens verbanden sich in der Folge, um Risiken und Kosten zu teilen. Graham Jefcoate und andere Forscher beschreiben diese Struktur des englischen oder Londoner Buchhandels als »Oligarchie«[215], mit teilweise wechselnden Mitgliedern, die sie dominierten. In Nischenbereichen des Londoner Buchhandels befanden sich bereits im 18. Jahrhundert ausländische Buchhändler aus dem deutschen Raum, Frankreich oder den Niederlanden.

211 Vgl. James Raven, The Business of Books. Booksellers and the English Book Trade 1450–1850, New Haven, London 2007, S. 149–152.

212 Vgl. ders., Art. »Londres«, in: DEL, Bd. 2 (2005), S. 803–807, hier S. 804–805. Vgl. auch ders., Le commerce de librairie »en gros« à Londres au xviiie siècle, in: Frédéric Barbier (Hg.), L'Europe et le livre. Réseaux et pratiques du négoce de librairie, xvie–xixe siècles, Paris 1996, S. 157–172.

213 *Stationer* bedeutet Schreiber, Drucker, Buchhändler. Vgl. dazu Graham Jefcoate, Deutsche Drucker und Buchhändler in London, 1680–1811. Strukturen und Bedeutung des deutschen Anteils am englischen Buchhandel, Berlin u. a. 2015, S. 99.

214 Vgl. ibid., S. 98–100.

215 Ibid., S. 100.

Der internationale Buchhandel in London wurde von der Forschung bisher stark vernachlässigt, wie nicht nur James Raven oder Graham Jefcoate konstatierten. Dies liegt auch an dem schlecht erhaltenen Quellenmaterial u. a. in den National Archives. Zudem sind auch in anderen englischen Archiven kaum Quellen zu ausländischen Buchhändlern in London erhalten (mit der Ausnahme von Feuerversicherungen, Tauf- und Eheregistern etc.). Eine interessante Ausnahme stellen die Register von großen englischen Bibliotheken und deren Belieferung dar[216]. Dennoch wurden einige Studien zu diesem Thema vorgelegt, wie die Arbeit von Jefcoate über die deutschen Buchhändler in London im 18. Jahrhundert oder mehrere Aufsätze von Giles Barber. Letzterer untersuchte den Ex- und Import von Büchern nach London im 18. Jahrhundert und kam zu dem Schluss, dass insbesondere Publikationen aus den Niederlanden, Frankreich, Italien und dem deutschen Raum (in genannter Reihenfolge) importiert wurden; exportiert wurde hingegen in zahlenmäßiger Reihenfolge in die Niederlande, nach Flandern und in den deutschen Raum[217].

Ab den 1790er Jahren lässt sich ein Aufschwung des französischen Buchhandels durch Migranten in London, der durch die Flucht vor der Französischen Revolution zu erklären ist, nachweisen. Einige französische Migranten waren bereits nach der Aufhebung des Edikts von Nantes (1685) nach London geflüchtet, wo sie ihre protestantische Religion ausüben konnten. Um 1700 allerdings durften die französischen Hugenotten innerhalb der Stadt kein Geschäft betreiben und weder drucken noch selbst verlegen, weshalb sie sich auf den Handel beschränken mussten[218]. Im 18. Jahrhundert waren auch zahlreiche Buchhändler deutschen Ursprungs in London tätig, wie Jefcoate nachweisen konnte. Diesem nicht zu vernachlässigenden Teil deutscher Buchhändler in London stand nur ein einziger englischer Buchhändler im deutschen Raum gegenüber – die Buchhandlung von William Remnant in Hamburg (ab 1787)[219]. Dennoch war im 18. Jahrhundert das Interesse an englischen Literaturerzeugnissen im deutschen Raum gewachsen; wohingegen dies für ein Interesse an deutschen literarischen Produkten in London nicht zu gelten hat.

Anglisten wie Bernhard Fabian haben das 18. Jahrhundert gar als »englische[s] Jahrhundert der deutschen Geistesgeschichte«[220] bezeichnet. Dem ist

216 Vgl. dazu Kap. 2.2.

217 Vgl. Giles Barber, Book Imports and Exports in the Eighteenth Century, in: Robin Myers, Michael Harris (Hg.), Sale and Distribution of Books, Oxford 1982, S. 77–105.

218 Vgl. Jefcoate, Deutsche Drucker und Buchhändler, S. 110 f.

219 Vgl. ibid., S. 313 f.

220 Bernhard Fabian, Selecta Anglicana. Buchgeschichtliche Studien zur Aufnahme der englischen Literatur in Deutschland im achtzehnten Jahrhundert, Wiesbaden 1994, S. 141.

entgegenzuhalten, dass der englischen Sprache sehr viel geringere Bedeutung zukam als der französischen. Insgesamt ist von einem sich intensivierenden Kulturaustausch im Epochenumbruch auszugehen. So entstanden viele wissenschaftliche Disziplinen zu Beginn des 19. Jahrhunderts in einem trilateralen Kulturtransfer zwischen Paris, dem deutschen Raum und dem Vereinigten Königreich[221]. Englische Romane fanden häufig über den Umweg einer Übersetzung ins Französische den Weg ins Deutsche, sogenannte Übersetzungen aus zweiter Hand[222]. Insbesondere Frankreich und die Niederlande spielten eine große Rolle im Bereich des Imports englischen Schrifttums in den deutschen Raum.

Die Beziehungen zwischen London und dem Zentrum des Buchhandels des deutschen Raumes, der Messestadt Leipzig, hingegen begannen erst ab etwa 1818, wie Thomas Keiderling in seinem wegweisenden Artikel »Der deutsch-englische Kommissionsbuchhandel über Leipzig von 1800 bis 1875«[223] dargelegt hat. Keiderling unterteilt die deutsch-englischen Beziehungen im Buchhandel im 19. Jahrhundert in zwei Phasen: eine erste, frühe Phase zwischen 1818 und 1840 sowie eine zweite, intensivere Phase von 1841 bis 1875, die durch Industrialisierung und bessere Verkehrswege wie die Eisenbahn geprägt ist. Die erste Phase hingegen zeichnet sich vor allem durch langjährige Kommissionbeziehungen und Transportwege häufig über die Niederlande und vor allem über Frankreich aus[224]. So empfiehlt beispielsweise auch der Korrespondent des Herzogs Carl August von Sachsen-Weimar-Eisenach in London, Johann Christian Hüttner, noch 1818, Pakete nicht über Frankfurt und Hamburg versenden zu lassen, sondern über Paris und Straßburg:

> Ich habe nun Er. Wohlgebh. ergebenst zu bitten mir gedrucktes Blatt auf gleich sichre Art gepackt baldigst wieder zu übermachen und zwar rathe ich, nun maßgeblich, es nach Straßburg an Buchhändler Treuttel & Würtz zu senden, als welche sowohl in Paris als in London ein Haus haben, und mit mir in freundschaftlicher Verbindung stehen. Die Sache geht dann von Straßburg mit der *Diligence* [Postkutsche] schnell nach Paris und kommt hier sicher und bequem an. Diesen Weg kann ich Eur Wohlgebh. für andere etwa vorkom-

221 Vgl. Pascale Rabault, Réseaux internationaux de l'orientalisme naissant. Le Magasin encyclopédique comme relais du savoir sur l'Orient, in: Geneviève Espagne, Bénédicte Savoy (Hg.), Aubin-Louis Millin et l'Allemagne. Le Magasin encyclopédique – Les lettres à Karl August Böttiger, Hildesheim u. a. 2005, S. 161–189.

222 Vgl. dazu insbes. Jennifer Willenberg, Distribution und Übersetzung englischen Schrifttums im Deutschland des 18. Jahrhunderts, München 2008.

223 Thomas Keiderling, Der deutsch-englische Kommissionsbuchhandel über Leipzig von 1800 bis 1875, in: Leipziger Jahrbuch für Buchgeschichte 6 (1996), S. 211–282.

224 Vgl. ibid., S. 212–219.

> mende Gelegenheiten empfehlen: denn über Frankfurt und Hamburg dauert es sehr lange[225].

Johann Christian Hüttner (1766–1847) war Schriftsteller und Journalist und seit 1809 als Dolmetscher im Ministerium der äußeren Angelegenheiten in London beschäftigt. Er gab nicht nur die »Englischen Miscellen« bei Cotta heraus (1800–1806), sondern war als Auslandskorrespondent verschiedener Zeitungen und Zeitschriften wie der »Allgemeinen Zeitung« und dem »Morgenblatt für gebildete Stände« tätig[226].

Das Haus Treuttel & Würtz verkündete im Februar 1817 die Eröffnung seiner Londoner Filiale, welche gemeinsam mit dem Pariser und Straßburger Standort optimale Voraussetzungen für den internationalen Buchhandel in Westeuropa lieferte, in einem Geschäftsrundschreiben:

> Paris et Strasbourg, le 1er février 1817.
> M
> *Nous* avons l'honneur de vous annoncer que, pour faciliter nos relations avec l'Angleterre, nous venons de former à *Londres*, sous notre propre raison de commerce, un dépôt de nos marchandises et une maison de commission qui, secondée par nos deux maisons de Paris et de Strasbourg, fera tous ses efforts pour servir les intérêts des sciences et des arts[227].

Das allgemeine Ziel, den Wissenschaften und Künsten zu dienen, wie Treuttel und Würtz es formulierten, blieb dasselbe. Allerdings führten sie im Folgenden aus, dass die Londoner Filiale mehr als Buchhandlung denn als Verlag agieren würde: »Cet établissement, plus spécialement consacré à la librairie et aux librairies, est fixé, 30 *Sohosquare*«. Damit kam der Londoner Filiale eine ähnliche Rolle zu wie der Straßburger. In ihrem Geschäftsrundschreiben beschrieben sie denn auch vor allem ihre Tätigkeit als Buchhandlung und als Kommissionär für andere Verlage:

> Notre maison de Londres offrira au commerce anglais:
> Un dépôt de nos livres de fonds et en nombre, notamment les éditions bipontines, latines et grecques.
> Un dépôt, que nous enrichirons successivement, des meilleurs ouvrages du continent, français, italiens, allemands, latins et grecs, anciens et nou-

225 Johann Christian Hüttner an Carl August von Sachsen-Weimar-Eisenach, London, 28.7.1818, THStW, Auswärtige Angelegenheiten D, 500b, Bl. 115 (Hervorh. i. Orig.).

226 Vgl. Friedrich Ratzel, Art. »Hüttner, Johann Christian«, in: ADB, Bd. 13 (1881), S. 480. Vgl. auch Jefcoate, Deutsche Drucker und Buchhändler, S. 60.

227 Geschäftsrundschreiben von Treuttel & Würtz, 1.2.1817, BNF, 8° Q10B (Hervorh. i. Orig.).

> veaux. – De même un dépôt des cartes géographiques et topographiques les plus estimées.
> Un dépôt des trois journaux littéraires mentionnés à la fin de la notice ci-après[228], lesquels, en faisant connaître les ouvrages nouveaux des autres pays, offriront à la libraire anglaise le moyen de faire connaître sur le continent ceux qu'elle publie elle-même chaque jour.
> Elle remplira aussi toute commission du continent pour livres, estampes, cartes géographiques et autres objets d'art publiés en Angleterre, et dont l'importation est permise dans les autres pays;
> Elle s'appliquera à établir d'une rive à l'autre des communications littéraires et bibliopoliques[229] fréquentes, rapides et peu dispendieuses;
> Elle se chargera, après convention préalable avec les éditeurs, de la vente en commission de tous ouvrages nouveaux du continent, jugés susceptibles de débit en Angleterre;
> Elle soignera le recouvrement de tous effets et créances liquides, ainsi que toute autre affaire de commission, qui lui offrira les sûretés convenables[230].

Mit der Eröffnung der Filiale in London verfolgten Treuttel und Würtz also eine geografische Erweiterung des Unternehmens insbesondere auf der Ebene des internationalen Kommissionsbuchhandels, unter Beibehaltung des eigentlichen Programms der Verlagsbuchhandlung. Weshalb entschieden sie sich aber für London? Und warum zu diesem Zeitpunkt? Es lassen sich Gründe finden, die vorrangig die Stadt selbst betrafen, Gründe, die sich vor allem auf betriebswirtschaftliche Überlegungen zurückführen lassen, und spezifische persönliche Gründe.

228 Es handelt sich um folgende literarische Zeitschriften: »›Journal général de la littérature de France, ou Indicateur bibliographique et raisonné des livres nouveaux en tous genres, estampes, cartes géographiques, etc., qui paraissent en France, classés par ordre de matières‹, grand in-8, année 1817 (la 20e depuis l'origine de ce journal); un cahier par mois. ›Journal général de la littérature étrangère, ou Indicateur bibliographique et raisonné des livres nouveaux en tous genres, estampes, cartes géographiques, etc., qui paraissent dans les divers pays étrangers à la France, tous classés par ordre de matières‹, grand in-8., année 1817 (la 17e depuis l'origine de ce journal); un cahier par mois. ›Journal des savans‹. – La publication de ce journal, dont l'origine remonte à près de 150 ans, et qui avait été interrompue en 1792, vient d'être reprise, par ordre du roi, le 1er septembre 1816; il en paraît tous les mois un cahier de 8 feuilles d'impression, format in-4. MM. les rédacteurs sont: MM. Dacier, Silvestre de Sacy, Gosselin, Cuvier, Daunou, Tessier, Quatremère de Quincy, Biot, Visconti, Vanderbourg, Gay-Lussac, Raoul-Rochette, de Chézy, Cousin, Letronne«, vgl. ibid. Alle drei Zeitschriften sind von Treuttel und Würtz verlegt worden.

229 Bei *bibliopolique* handelt es sich um einen Neologismus, abgeleitet von *bibliopola* »Buchhändler« oder »Buchhandlung«, der etwa »den Buchhandel betreffend« bedeutet.

230 Geschäftsrundschreiben von Treuttel & Würtz, 1.2.1817, BNF, 8° Q10B.

Die Bedeutung und das Interesse der europäischen Öffentlichkeit an der britischen Hauptstadt wurden bereits eingangs beschrieben. In London befand sich zudem ein Teil der englischen Oberschicht, die als potentielle neue Kunden zu gewinnen war. Darüber hinaus diente London als Türöffner zur englischsprachigen Welt samt ihrer Kolonien. Viele wissenschaftliche Strömungen zu Beginn des 19. Jahrhunderts entstanden in einem trilateralen Kulturtransfer zwischen Paris, dem deutschen Raum und britischen Gelehrten, etwa der Orientalismus[231]. Diese Phänomene dürften Treuttel und Würtz nicht entgangen sein, sodass eine Erweiterung des Unternehmens in Richtung Großbritannien erlaubte, die Kunden, welche die Verlagsbuchhandlung vorrangig bediente, besser versorgen zu können und gleichzeitig daran zu verdienen. Die Erweiterung fand zudem zu einem Zeitpunkt statt, als auch andere französische Unternehmen Zweigstellen in London eröffneten bzw. sich auf den Handel zwischen Großbritannien und Frankreich spezialisierten (u. a. Bossange, Galignani).

In unternehmerischer Hinsicht stellte die Filiale in London lediglich eine Erweiterung des Unternehmens und der diesem zugrunde liegenden Struktur in einen weiteren Kulturraum dar. Die Londoner Filiale funktionierte nach den gleichen im deutsch-französischen Kontext entwickelten und erprobten Unternehmensgrundsätzen des internationalen Buchhandels. Die Leiter der neuen Filiale hatten bereits langjährige Erfahrungen im internationalen Buchhandel und im Pariser Haus, sodass das Londoner Unternehmen in betriebswirtschaftlicher Sicht auf den ersten Blick ein geringes Risiko darstellte. Zudem profitierte die Londoner Filiale von der bereits in Frankreich bestehenden Infrastruktur des Unternehmens: mit zwei Filialen war der internationale Handel auf dem Kontinent sichergestellt. Dieser sollte nun auch auf den englischsprachigen Raum ausgeweitet werden. Neben Treuttel & Würtz widmete sich auch eine Reihe anderer Verlagsbuchhandlungen wie Bossange oder Galignani dem französisch-englischen Austausch. Allerdings war der Ansatz von Treuttel & Würtz insofern anders, als dass das Unternehmen nicht nur auf den Austausch zwischen zwei Kulturräumen spezialisiert war (wie z. B. Galignani), sondern zwischen mehreren (vergleichbar mit Bossange).

Als persönliche Gründe, die in dem Unternehmen als solches begründet lagen, mag von Bedeutung gewesen sein, dass Treuttel und Würtz der Handel mit Großbritannien nicht neu war. Sie besaßen bereits während der Kontinentalsperre eine Handelserlaubnis mit Großbritannien, sodass sie in diesem Bereich bereits Erfahrung vorzuweisen hatten. Ebenso im Unternehmen begründet war die Tatsache, dass es sich bei dem Londoner Standort um ein

231 Vgl. Rabault, Réseaux internationaux.

Projekt von Adolphe Richter, einem langjährigen Mitarbeiter, Charles Geofroy Treuttel, dem Sohn von Jean-George, und Jean Godefroi Würtz handelte[232]. Die Londoner Filiale stellte also eine Neugründung und zudem eine Kooperation zwischen Onkel und Neffen dar, vergleichbar mit der Pariser Filiale. Charles Geofroy Treuttel und Adolphe Richter übernahmen die Leitung der Filiale, während Würtz im Pariser Haus beschäftigt blieb.

Um einen Eindruck von der Lage der Londoner Filiale zu erhalten, können die 1838–1840 von dem Buchhändler John Tallis publizierten »London Street Views« dienen[233]. Die Filiale von Treuttel & Würtz bestand zwar lediglich bis 1833, doch die Bilder vermitteln trotzdem einen Eindruck der unmittelbaren Umgebung. Unter den 88 von John Tallis ausgewählten Straßen und Plätzen befand sich auch der Soho Square, an dem sich die Filiale von Treuttel & Würtz in der Hausnummer 30 befand. Nr. 30 gehörte nicht zu den kleinen Gebäuden, sondern machte einen repräsentativen Eindruck.

Der Soho Square hieß im 18. Jahrhundert noch Kings Square und war der Wohnsitz zahlreicher Adliger. Charles Lethbridge Kingsford beschrieb den Ort in seiner Arbeit für die Geschichte von Piccadilly, Leicester Square und Soho wie folgt: »The Square, which was built in 1681, was long a fashionable place of residence«[234]. Lediglich eine Straße von Treuttel & Würtz entfernt befand sich die Greek Street, in der bis 1822 die Kirche der französischen Protestanten stand[235]. In der nahen Umgebung wohnten denn auch vor allem eingewanderte Franzosen[236]. Dementsprechend bewegten sich Treuttel und Würtz weiter in ihrem Milieu unter französischen Immigranten und potentiell an einem Ort, an dem ihre Kunden, insbesondere Mitglieder der Oberschicht, verkehrten.

Da Tallis' Ansichten zu Werbezwecken angefertigt wurden, fanden auch die Geschäfte am Soho Square von 1840 Erwähnung: einige direkt auf der Illustration, andere im Text zur Abbildung. Neben anderen Buchhändlern und Verlegern (Walker and Son, Publisher, Nr. 17; Shade, Publisher of Music, Nr. 21a; Dulau and Co., Bookseller, Nr. 27) befanden sich an dem Platz insbesondere Geschäfte für Luxuswaren (besonders im Bereich der Musik: Kirkman

232 Vgl. Eintrag in London Gazette, 7. Jan. 1834, Nr. 19117, S. 46, https://www.thegazette.co.uk/London/issue/19117/page/46 (2.10.2019).

233 Vgl. John Tallis's London Street Views, 1838–1840. Together with the Revised and Enlarged Views of 1847, hg. von Peter Jackson, London 1969.

234 Charles Lethbridge Kingsford, The Early History of Piccadilly, Leicester Square, Soho & their Neighbourhood Based on a Plan Drawn in 1585 and Published by the London Topographical Society in 1925, Cambridge 1925, S. 69.

235 Vgl. ibid., S. 67.

236 Vgl. ibid., S. 68.

and Son, Pianoforte Makers, Nr. 3; Grosjean and Co., Harp Maker Nr. 11; Ely, Manufacturer of Gold and Silver, Nr. 8) oder Geschäfte, die sich an ein erlesenes Publikum wandten (Gundry and Sons, Shoemakers to the Queen, Nr. 1)[237]. Treuttel & Würtz befand sich also in guter Gesellschaft. 1826 kaufte das Londoner Haus die Hofbuchhandlung Bohte in London[238] und nannte sich im Folgenden offiziell: »Foreign bookseller to the King«[239]. Da Treuttel & Würtz zahlreiche europäische Fürstenhäuser bediente, ist dies als Teil der transnationalen Verlagspolitik zu verstehen[240].

Die Londoner Filiale gehörte nach Thomas Keiderling zu den wenigen wichtigen Londoner Firmen der frühen Phase der deutsch-britischen Kommissionsbeziehungen zwischen 1818 und 1840, die langjährige Kontakte nach Leipzig unterhielten: Zunächst (1820–1834) vertrat Cnobloch die Angelegenheiten von Treuttel und Würtz (London) in Leipzig, anschließend Hermann & Langbein[241].

Neben deutschen internationalen Buchhandlungen stellten vor allem französische internationale Buchhändler eine Konkurrenz für Treuttel & Würtz in London dar. Bossange wurde bereits ausführlich erwähnt. Weitere französische Konkurrenten waren zu diesem Zeitpunkt außerdem Théophile Barrois fils, J.-B. Baillière, Baudry sowie Galignani[242].

Louis-Claude Baudry hatte 1815 eine Buchhandlung eröffnet, die auf den Handel mit fremdsprachigen Werken spezialisiert war, die Librairie pour les langues étrangères. In dem Briefkopf wurde das Unternehmen als besonders preiswert beschrieben: »Cet établissement, déjà avantageusement connu pour la modération de ses prix et l'exactitude avec laquelle les demandes sont emplies, peut offrir aux amateurs de la littérature étrangère une source inépuisable à leurs goûts«[243]. Dieser günstige Preis kam durch die Spezialisierung des Unternehmens auf Raubdrucke zustande. Galignani war der wichtigste Konkur-

237 Vgl. John Tallis's London Street Views, 1838–1840, S. 242.

238 Vgl. Keiderling, Der deutsch-englische Kommissionsbuchhandel, S. 240. Zu Bohte vgl. auch Graham Jefcoate, An Ocean of Literature. John Henry Bohte and the Anglo-German Book Trade in the Early Nineteenth Century, Hildesheim u. a., 2020.

239 Vgl. Catalogue of Books in the German, Greek, and Latin Languages.

240 Vgl. Kap. 2.2.

241 Vgl. Keiderling, Der deutsch-englische Kommissionsbuchhandel, S. 267.

242 Vgl. dazu Akten der nach Frankreich importierten Bücher, u. a AN, F/18/194. Eine statistische Auswertung erscheint hier nicht sinnvoll, da möglicherweise die Daten zu lückenhaft sind. Deshalb wurden an dieser Stelle nur die häufig vorkommenden Unternehmen genannt.

243 Brief von Baudry an den Zoll. Vérification du 3 avril 1823, ibid.

rent für Baudry[244]. An dieser Stelle wird deutlich, mit welcher Konkurrenz es Treuttel & Würtz zu tun hatte: während Baudry Raubdrucke zu niedrigen Preisen lieferte, waren Unternehmen wie Treuttel & Würtz darauf bedacht, dass sie die Rechte an ihren Publikationen bei den Autoren oder Übersetzern erworben, was zu höheren Kosten führte. Durch eine rechtliche Reglementierung versuchten sie wie bereits in Straßburg im Ancien Régime gegen die Konkurrenz vorzugehen.

Die stärkere Liberalisierung und weiter vorangeschrittene Entwicklung des Buchmarktes in London führte bereits um 1826 zu der Wahrnehmung einer krisenhaften Situation mit zahlreichen Insolvenzen. Im Zeitraum 1824 bis 1827 wurden 277 Verleger von Publikationen genannt, zu den größten zählten Longman (473 Titel), Whittaker (201 Titel) und Rivington (144 Titel)[245]. John Sutherland nennt in einer Studie auch zahlreiche ausländische Buchhändler, unter denen »Treuttel & Würtz, Treuttel jun., and Richter« an erster Stelle mit 32 Titeln hervorstechen. Er erwähnt zudem Ackermann (17 Titel) und Bossange (2 Titel)[246]. Obwohl sie von der Anzahl der Publikationen her kaum mit einheimischen Großverlagen wie Longman vergleichbar waren, treten sie unter den ausländischen Verlegern deutlich hervor. Wie lässt sich das erklären?

Zunächst ist der rein quantitative Vergleich, wie ihn Sutherland verfolgt, problematisch, da er weder etwas über die Qualität der Publikationen aussagt, noch die Preise berücksichtigt. Da Sutherland alles zählte, was gedruckt wurde, wird an dieser Stelle eine Werbeanzeige mit einer Enzyklopädie gleichgestellt. Im Fall von Treuttel & Würtz wurden zudem vermutlich alle Publikationen gezählt, auf denen der Ort London stand, obwohl der Großteil in Frankreich gedruckt wurde[247]. Dennoch sind die Zahlen interessant, da sie einen Versuch darstellen, einen Überblick über die Buchproduktion in London zu diesem Zeitpunkt zu liefern.

In einem Briefwechsel zwischen Adolphe Richter und Jean Godefroi Würtz schilderte Richter seinen Eindruck vom Londoner Buchmarkt und die Probleme, mit denen die Filiale vor Ort konfrontiert war. Im Oktober 1827 ersuchte Richter den Kredit, den das Londoner Haus aus Paris erhalten hatte, zu verlängern. Er bat um einen Aufschub um 15 Monate für die Bezahlung eines in Kommission bereitgestellten Buchbestandes und erklärte über mehrere Seiten, dass die Kunden und Geschäftspartner in London sehr viel später zahlen würden als

244 Vgl. dazu den Eintrag »Louis-Claude Baudry (1793?–1853)« im Katalog der BNF, http://data.bnf.fr/16643160/louis-claude_baudry/ (1.10.2019).

245 Vgl. John Sutherland, The British Book Trade and the Crash of 1826, in: The Library 9/6 (1987), S. 148–161, hier S. 153.

246 Vgl. ibid., S. 156.

247 Vgl. Kap. 3.

in Paris und anderswo. Dem Londoner Unternehmen dürfte es zu diesem Zeitpunkt nicht gut gegangen sein, da Richter sogar vor einem Niedergang der Firma warnte, sollte Würtz auf der Auszahlung bestehen:

> C'est ainsi, si notre pressentiment guide juste, que commencera la maladie de la maison – et involontairement ma plume se refuse d'en tracer plus loin les conséquences – car il seroit au dessus de mes forces d'assister à son déclin. Je n'aurais jamais été digne de votre confiance, si le sort d'un enfant chéri placé entre mes mains me pouvoit devenir si indifférent, de vous cacher la moindre de mes pensées ou de mes craintes lorsqu'il s'agit de son bienêtre, et je deviendrais méprisable à mes propres yeux, si je pouvais un instant préférer mes intérêts aux siens, qui pour moi n'ont jamais cessé d'être les vôtres[248].

Der Londoner Filiale von Treuttel & Würtz kam zugute, Teil eines größeren Unternehmens zu sein, welches in finanziell schwierigen Phasen aushelfen konnte. Diese Tatsache stellte einen klaren Vorteil gegenüber den deutschen Buchhändlern in London im 18. Jahrhundert dar, welche lediglich auf ihr Londoner Haus hoffen konnten und vielfach nur für kurze Zeit existierten[249]. Sehr wahrscheinlich hat auch dieser Umstand dazu geführt, dass die Londoner Filiale von Treuttel & Würtz auf dem kurzlebigen Londoner Buchmarkt relativ lange bestand. Dennoch wurde sie 1833/34 einvernehmlich aufgelöst. Adolphe Richter führte das Unternehmen eigenständig fort, meldete allerdings kurz drauf Insolvenz an.

Die Verlagsbuchhandlung Treuttel & Würtz in London war nicht nur im internationalen Verlagsbuchhandel beschäftigt. Im zitierten Brief warf Richter Würtz zudem vor, ihn zu Investitionen an der Londoner Börse zu nötigen[250]. Ob und in welchem Ausmaß dies geschah, ist unklar; allerdings nutzte Treuttel & Würtz sämtliche Wege, um in London nicht nur im eigenen Geschäft, sondern auch über andere Verkaufskanäle Publikationen abzusetzen, beispielweise bei Auktionen. Im Juni 1817 ließ Treuttel & Würtz Publikationen anonym durch Sotheby's versteigern[251]. Die Versteigerung war über zehn Tage angelegt und

248 Adolphe Richter an Jean Godefroi Würtz, London, 13.10.1827, BLO, Ms French c.31.

249 Vgl. Jefcoate, Deutsche Drucker und Buchhändler, S. 422.

250 Vgl. Richter an Würtz, London, 13.10.1827, BLO, Ms French c.31.

251 Vgl. das Exemplar des Katalogs von Sotheby's in der BL sowie die erzielten Preise: A Catalogue of the Entire Library of an Amateur of Distinction [Treuttel & Würtz Booksellers] Comprising a Grand Assemblage of Works, Both Rare and Curious; Collected from the Distinguished Libraries of the Duc de la Vallière, Gaignant, Brienne, Noailles, Pinelli, Crevenna, Brunck, Caillard, Firm. Didot, Lamberti, D'Ourches, Bast, Chardin, Larcher, &c. &c. […], BL, 272.k.16.

versteigert wurden vor allem Werke aus Frankreich und dem deutschen Raum. Möglicherwiese diente diese groß angelegte Auktion kurz nach der Eröffnung der Londoner Filiale dazu, schnell an eine große Menge Geld zu gelangen und so beispielsweise die Kosten für den Erwerb des Gebäudes der Buchhandlung und andere Ausgaben in London zu decken.

Ein deutscher Nekrolog zu Jean Godefroi Würtz lässt vermuten, dass Treuttel & Würtz zumindest um 1810 nicht nur mit Büchern, sondern auch mit anderen »englische[n] Produkten« handelte:

> Endlich gelang es ihm [J. G. Würtz] 1810, vom Kaiser selbst die Erlaubniß zu erhalten, mit Bewilligung der britischen Regierung ausnahmsweise eine Reise nach London zu machen, um daselbst einen Austausch der französ[ischen] Literatur und mehrerer bezeichneter Handelsartikel gegen gewisse bestimmte englische Produkte zu bewirken[252].

Diese bereits während der Kontinentalsperre unternommene Reise von Würtz ist bisher nur in diesem Nekrolog nachgewiesen. Sie stellt den einzigen Hinweis darauf dar, dass Treuttel & Würtz in London – zumindest um 1810 – auch mit anderen Produkten als Büchern handelte. Möglicherweise handelte es sich um Kolonialwaren. Diese Reise führte, wie der anonyme Autor des Nekrologs fortfuhr, zur Eröffnung der Londoner Filiale 1817.

> Diese Reise erwarb seinem Handlungshause ein großes Ansehen in dem ganzen europäischen Buchhandel und hatte späterhin, 1817, die Begründung einer eigenen Buchhandlung in London für Rechnung beider Gesellschafter zur Folge, welche bald einen bedeutenden Aufschwung erhielt[253].

Man könnte vermuten, dass Treuttel & Würtz von London aus Bücher in die britischen Kolonien exportierte und das Unternehmen so nochmals erweitert wurde. Dafür gibt es allerdings bisher keine Belege außer der oben genannten Andeutung.

Mit den drei Standorten in Straßburg, Paris und London befand sich Treuttel & Würtz während der Restauration in seiner Blüte (ca. 1817–1833). Die Firma erreichte die maximale Ausdehnung. Die drei Standorte verschafften Treuttel & Würtz ideale Ausgangsbedingungen für den internationalen Buchhandel, in dem auch andere Firmen tätig waren.

252 Art. »Johann Gottfried Würtz«, S. 482.

253 Ibid.

1.2.3 Lobbyismus und Diplomatie der Aristokratie des Buchwesens

In der Forschung ist der politische Einfluss durch Verleger und Buchhändler bereits häufig thematisiert worden. Ihr Einfluss über die Publikation von Zeitschriften, Zeitungen, Büchern und Pamphlete beispielsweise während der Französischen Revolution oder der Julirevolution 1830 gilt als gesichert und wird nicht in Frage gestellt. Weit weniger beachtet und weniger untersucht sind Formen direkter Einflussnahme von Mitgliedern des Buchwesens in Form von Lobbyismus, direkten persönlichen Kontakten zu Regierungsmitgliedern oder durch das Bekleiden öffentlicher Ämter. Während Publikationen – trotz der auch damit verbundenen Schwierigkeiten – in der Regel in Bibliotheken vorhanden sind und dort auf ihren Inhalt ausgewertet werden können, sind Quellen für Formen von Lobbyismus, wie Erwähnungen in persönlicher Korrespondenz, sehr viel schwieriger zu finden, viel verstreuter und zweifelsfrei nur lückenhaft überliefert. Persönliche Treffen oder gar bei solchen besprochene Inhalte sind häufig kaum zu rekonstruieren. Dennoch ist beispielsweise die Anwesenheit der Buchhändler Johann Friedrich Cotta und Carl Bertuch auf dem Wiener Kongress der Forschung längst bekannt. Die gemeinsamen Briefe von Buchhändlern an die Obrigkeit in Straßburg wurden bereits erwähnt[254]. Dieses Unterfangen, ebenso wie darauf folgende, verliefen positiv und eine solche direkte Einflussnahme war einfacher und erfolgversprechender als die der Versuch der indirekten Einflussnahme durch Artikel in Zeitungen oder Pamphlete. Die direkte Kooperation mit der Obrigkeit entsprach außerdem dem neu entstandenen Selbstverständnis einiger Mitglieder des Buchwesens in Straßburg als eine Art Aristokratie.

Das deutsche Buchhandelssystem, das durch die territoriale Zersplitterung und den Messbuchhandel gekennzeichnet war, hatte eine Vielzahl an Praktiken und Organisationsstrukturen hervorgebracht, die als Modell für das Agieren auf der internationalen Ebene dienten. Deutsche Buchhändler organisierten sich bereits frühzeitig, 1825 gründeten sie die erste Buchhandelsvereinigung, auf den Messen besprachen sie beispielsweise das Problem des Nachdrucks und wie dagegen vorgegangen werden könnte (u. a. 1802)[255]. Straßburger Buchhändler und Verleger, die in dieses deutsche System eingebunden und mit deutschen Praktiken vertraut waren, übertrugen viele dieser Ansätze auf den internationalen Buchhandel und den Buchhandel in Frankreich. Auch die Idee der Verbindung der Mitglieder des Buchwesens zum Zwecke der Einflussnahme auf Gesetze und Obrigkeit stellte eine Form von Kulturtransfer dar. Auf den französischen Staat angewandt, der zentralistisch organisiert war und wo somit ledig-

254 Vgl. Kap. 1.1.2.

255 Vgl. Goldfriedrich, Geschichte des Deutschen Buchhandels, S. 577–585.

lich die Minister eines einzigen Staates überzeugt werden mussten, scheint die Möglichkeit der Einflussnahme einfacher und größer gewesen zu sein, sofern man über die nötigen Kontakte verfügte.

Mit der Eröffnung einer Filiale in Paris (1796), im Herzen Frankreichs, sowie einer weiteren in London (1817), erweiterten die transnationalen Verlagsbuchhändler Jean-George Treuttel und Jean Godefroi Würtz zunehmend ihren Einflussbereich und ihre Machtposition. Sie waren nicht mehr nur Teil der Aristokratie des Buchwesens in der Provinz, in Straßburg, sondern auch in Paris, und damit im politischen und kulturellen Zentrum Frankreichs, und schließlich ebenfalls in London. Waren Treuttel und Würtz bereits im 18. Jahrhundert Teil des europäischen Konzerts der Aristokratie des Buchwesens, so spielten sie durch die Vergrößerung des Unternehmens und die Umzüge auf europäischer Ebene auf oberster Stufe mit. Hatten Treuttel und Würtz zunächst Lobbyismus in Straßburg, in der Provinz betrieben, so verlagerte sich dieser nun gen Paris und damit auf eine nationale Ebene, die ihnen auch eine sehr viel größere Einflussnahme auf internationaler Ebene erlaubte.

Wie eingangs in diesem Kapitel beschrieben, agierten zahlreiche große Buchhändler und Verleger zu dieser Zeit wie Diplomaten. Diese liberale Strömung des europäischen Konzerts kann auch auf das internationale Buchwesen angewandt werden. Die Verflechtung des diplomatischen mit dem Milieu der internationalen Buchhändler lässt sich besonders anhand von zwei Aspekten illustrieren: Zum einen war es möglich, zwischen dem internationalen Buchhandel und der Diplomatie zu wechseln. Es gibt Beispiele, in denen Diplomaten zu internationalen Buchhändlern wurden und andersherum. Zum anderen gab es zahlreiche Gemeinsamkeiten in den Voraussetzungen und der Ausübung beider Berufe: Diplomaten und internationale Buchhändler mussten mehrere Sprachen sprechen oder waren häufig auf Reisen. Zudem waren viele Diplomaten Kunden internationaler Buchhandlungen, da sie beispielsweise Veröffentlichungen aus ihrem Heimatland bestellten, während sie auf Reisen oder im Dienst waren.

Der Einfluss und Lobbyismus der Verlagsbuchhändler, gestützt auf großen finanziellen Reichtum und persönliche Kontakte, war nur aufgrund der Besonderheiten des Mediums des Buches möglich. Bücher sind und waren immer sowohl wirtschaftliche Ware als auch Träger eines ideellen, politischen, kulturellen und künstlerischen Inhalts, der je nach Bedarf unterschiedlich aufgewertet und ausgelegt werden kann und wurde. Betrachtet man die Argumentationsstrategien der Verleger und Buchhändler in der ersten Hälfte des 19. Jahrhunderts, so fällt auf, dass sie sich stets auf diese doppelte Bedeutung des Buches beriefen. Sie ermöglichte es den großen Buchhändlern, politische Unterstützung und wirtschaftliche Vorteile zu erreichen, die sie ohne diese Besonderheit des Mediums nicht hätten erreichen können. Diese ideelle Bewertung von Büchern stand in Zusammenhang mit dem neuen Selbstbewusstsein, das die Straßburger Buchhändler in der zweiten Hälfte des 18. Jahrhunderts entwickelt hatten.

Im Folgenden werden Beispiele politischer Einflussnahme und Lobbyismus durch Verleger und Buchhändler für die erste Hälfte des 19. Jahrhunderts in chronologischer Reihenfolge erklärt, kontextualisiert sowie die Gründe und Argumentationsstrategien untersucht und so weit möglich die Auswirkungen und Folgen geklärt. Dabei werden sie mit den oben aufgestellten Thesen verknüpft, um diese zu illustrieren und zu erläutern.

Bereits in den 1770er Jahren hatten sich Mitglieder des Straßburger Buchwesens für ihre Belange gegenüber der Obrigkeit eingesetzt. Während der Französischen Revolution wandte sich der Verlagsbuchhändler Jean-George Treuttel nun nicht mehr nur an die regionale Obrigkeit, sondern auch an die nationale. Diese erstmalige öffentliche Wortergreifung des Verlagsbuchhändlers stellt seine erste offizielle, eigenmächtige, selbstbewusste Wortergreifung auf nationaler Ebene dar und markiert somit einen Wendepunkt von einem regionalen zu einem nationalen Anspruch und Selbstbewusstsein.

1794 verfasste Jean-George Treuttel die Streitschrift »Tyrannie exercée à Strasbourg par Saint-Just et Lebas. Réclamation de J. G. Treuttel, libraire et imprimeur à Strasbourg; une de leurs victimes«, in der er die Behandlung seiner selbst und anderer Mitglieder der bürgerlichen und adeligen Oberschicht in Straßburg kritisierte[256]. Saint-Just und Lebas, welche als Abgeordnete der Nationalversammlung die Rheinarme überwachten, belasteten die bürgerliche und adelige Oberschicht Straßburgs mit einer hohen Abgabe. Treuttel legte detailliert dar, er besitze zu diesem Zeitpunkt kaum mehr Vermögen. Durch die Revolution und den Krieg seien Adlige und Geistliche, die vor der Revolution zu seinen Hauptkunden gehörten, nun im Ausland oder nicht an Publikationen aus dem Ausland interessiert. In einer 31 Seiten langen Publikation wandte sich Treuttel an die Öffentlichkeit, stützte sich dabei auf zahlreiche Abschriften von Belegen und Quellen für die ungerechte Behandlung und appellierte an das moralische Gewissen seiner Leser: »Nota. La cause développée dans ce petit mémoire particulier, quoique individuelle, présente néanmoins des *réflexions générales importantes*, et découvre des traces de perfidie et de trahison, qui méritent l'attention des représentans du peuple«[257].

Auch wenn in dieser Streitschrift die Funktionsweise der Verlagsbuchhandlung und die Revolution in Straßburg beschrieben wurden und sie aus diesen Gründen interessant ist, ist nicht bekannt, ob sie überhaupt Folgen hatte,

256 Vgl. Jean-George Treuttel, Tyrannie exercée à Strasbourg, par Saint-Just et Lebas, Versailles M. D. Cosson, an II.

257 Ibid., Rückseite des Titelblatts (Hervorh. i. Orig.).

und wenn ja, welche. Sie belegt allerdings, dass Treuttel sich ungerecht behandelt fühlte und nicht bereit war, dies hinzunehmen. In dieser Notsituation griff er zum äußersten Mittel und wandte sich an die Öffentlichkeit, ausdrücklich an die Vertreter des Volkes, um sie über die Vorgänge in Straßburg zu informieren und zum Einschreiten zu bewegen. Treuttel sprach auch persönlich in der Convention nationale vor, um das Problem der Behandlung der Straßburger Notabeln durch Saint-Just und Lebas zu erläutern[258]. Dieses Vorsprechen vor der Convention nationale sowie die Publikation, um seine Beschwerde und Forderungen zu unterstützen, stellten den ersten öffentlichen Auftritt des Buchhändlers Jean-George Treuttel auf dem politischen Parkett in Paris dar.

Dieses Selbstbewusstsein Jean-George Treuttels war nicht verwunderlich, standen die internationalen Verleger und Buchhändler zu Beginn des 19. Jahrhunderts doch dem Milieu der Diplomatie sehr nah. Europäische Diplomaten, die häufig dem Adel angehörten, waren vielfach Kunden internationaler Buchhandlungen. So plante Jean-George Treuttel 1797 ein Lager mit Büchern und Karten in Rastatt. Dies sollte den Diplomaten als Grundlage der Friedensverhandlungen während des Raststatter Kongresses (1797–1799) dienen. Treuttel wandte sich mit diesem Plan an seinen Freund Friedrich Dominicus Ring in Karlsruhe:

> Pour le moment présent, Monsieur, je vous fais part de mon projet d'établir à Rastadt [sic!] pour le temps du congrès un dépôt de librairie & de cartes géographiques, utile aux intérêts des puissances qui y envoient des députés pour cimenter une paix solide & tranquillité générale parmi les peuples qui s'avoisinent[259].

Während des Rastatter Kongresses wurde über das Ende des Ersten Koalitionskrieges und die Verteilung der Gebiete um den Rhein verhandelt; der Kongress scheiterte jedoch. Jean-George Treuttel sah in den Diplomaten kaufkräftige Kunden, sodass er ein Lager mit Publikationen und Karten dort etablieren wollte. Dieser Plan legt einerseits die wirtschaftlichen Interessen der Verlagsbuchhandlung offen, andererseits scheint auch Treuttel an einem dauerhaften Frieden (»une paix solide«) gelegen gewesen zu sein, denn er wollte die materiellen Grundlagen für die Verhandlungen in Form von geografischen Karten und Büchern bereitstellen.

Dieser Brief an Ring stellte zudem ein Beispiel für Lobbyismus und persönliche Kontakte dar. Treuttel bat den Schriftsteller, Prinzenerzieher und Hof-

258 Vgl. [Jean-George] Treuttel libraire & imprimeur à Strasbourg à la Convention nationale, 20 termidor an 2 [Abschrift], AN, F/7/4443, Nr. 426.

259 Jean-George Treuttel an Friedrich Dominicus Ring, Paris, 13 frimaire an VI [3.12.1797], UB Freiburg, Nachlass Ring, NL 10/IV B 593.

rath Ring[260] um Hilfe und einen kurzen Weg zum Markgrafen Karl Friedrich von Baden (dessen Sohn Ring unterrichtete), um eine Erlaubnis für sein Lager zu erhalten:

> Oserois-je vous demander la faveur d'intercéder pour nous auprès de votre *régence*, afin de nous en faire obtenir la permission supérieure & comme nous ne savons pas s'il y a quelque formalité à observer à ce sujet, nous la remplirions après, pourvu que la permission que nous demandons avec urgence, soit accordée provisoirement & le plus tôt possible[261].

An dieser Stellte soll aber nochmals auf Diplomaten als Kunden verwiesen werden. Auch Mitglieder der preußischen Gesandtschaft waren Kunden bei Treuttel & Würtz in Paris. Dies belegt eine Bitte um Begleichung der Rechnung für d'Agincourts »Histoire de l'art«[262] von August 1811. Preußische Diplomaten hatten erste Teile des Werks in Paris erworben, aber die folgenden Teile der Publikation mussten noch bezahlt werden[263]. Diplomaten waren Kunden von international handelnden Buchhandlungen, sie bewegten sich im gleichen Milieu. Internationale Verlagsbuchhändler kannten die Besonderheiten der verschiedenen Länder und deren Organisation, sodass beispielsweise Treuttel & Würtz wusste, an wen man sich mit einer solchen Anfrage wenden musste. Auch die Sprache stellte keine Barriere dar.

Kontakte zwischen Buchhändlern, die international mit Büchern handelten, und Diplomaten beschränkten sich aber nicht nur auf eine Buchhändler-

260 Vgl. Erich Schmidt, Art. »Ring, Friedrich Dominicus«, in: ADB, Bd. 28 (1889), S. 629f. Vgl. auch François Moureau, Friedrich Dominicus Ring, éditeur de Diderot, in: Recherches sur Diderot et sur l'Encyclopédie 16 (1994), S. 113–123.

261 Treuttel an Ring [3.12.1797], UB Freiburg, Nachlass Ring, NL 10/IV B 593 (Hervorh. i. Orig.).

262 Es handelt sich um eine bei Treuttel und Würtz erschienene Publikation: Jean-Baptiste-Louis-Georges Séroux d'Agincourt, Histoire de l'art par les monumens, depuis sa décadence au IVe siècle jusqu'à son renouvellement au XVIe, par J. B. L. G. Séroux d'Agincourt, ouvrage enrichi de 325 planches, 6 Bde., Paris, Treuttel et Würtz, libraires, rue de Bourbon, n° 17, Strasbourg, Londres, même maison de commerce, 1823. Vgl. dazu auch Gabriele Bickendorf, Die ersten Überblickswerke zur »Kunstgeschichte«. Jean-Baptiste-Louis-Georges Séroux d'Agincourt (1730–1814), Luigi Lanzi (1732–1810), Johann Domenico Fiorillo (1748–1821) und Leopoldo Cicognara (1767–1834), in: Ulrich Pfisterer (Hg.), Klassiker der Kunstgeschichte, Bd. 1: Von Winckelmann bis Warburg, München 2007, S. 29–45. Daniela Mondini, Mittelalter im Bild. Séroux d'Agincourt und die Kunsthistoriografie um 1800, Zürich 2005.

263 Vgl. folgende Akte: Acta das Gesuch des Treuttel & Würtz zu Paris wegen Entrichtigung der Kosten der von ihnen anhero zusendenden 3 Exemplare des Werks »Histoire de l'art« von d'Agincourt, durch die königl. Gesandtschaft daselbst bat, GStA PK, III. HA Ministerium der auswärtigen Angelegenheiten, III Nr. 18448.

Kunden-Beziehung. Auch auf der Ebene des Personals gab es Überschneidungen. Zu einem Zeitpunkt, zu dem die diplomatische Ausbildung noch nicht streng formal geregelt war, war der Wechsel zwischen dem Beruf des internationalen Verlagsbuchhändlers zum Diplomaten möglich. Dies zeigt, dass beide Berufe ähnliche Qualifikationen erforderten. Als Beispiele für Karrieren, die zwischen diplomatischem Dienst und internationalem Buchhandel oszillierten, werden an dieser Stelle Hermann Henrichs und Maximilian Samson Friedrich Schoell angeführt. Hermann Henrichs, 1763 in Bremen geboren und zunächst im Militär tätig, hielt sich ab etwa 1796 in Paris auf. In der französischen Hauptstadt arbeitete er als Übersetzer für Talleyrand und Napoléon im Bereich der auswärtigen Angelegenheiten. 1798 erwarb er die Pariser Buchhandlung Eleuthère Irénée Du Pont de Nemours und wurde dort internationaler Buchhändler[264]. Die Biografie von Henrichs illustriert, wie einfach der Wechsel von der Arbeit für das französische Außenministerium, die Diplomatie, zum internationalen Buchhandel im ausgehenden 18. Jahrhundert war. Henrichs ging allerdings bereits zu Beginn des 19. Jahrhunderts als Buchhändler bankrott, ebenso wie Maximilian Samson Friedrich Schoell.

Letzterer hingegen vollzog den Wechsel zwischen Diplomatie und internationalem Buchhandel in die entgegengesetzte Richtung. Er ließ sich ebenso wie Henrichs im Zuge der Französischen Revolution als internationaler Verlagsbuchhändler, spezialisiert auf den deutsch-französischen Austausch, in Paris nieder. Dort wurde er Verleger von Alexander von Humboldt, dessen Südamerikareise er in Kooperation mit Johann Friedrich Cotta herausgab. Er trat 1818, nachdem er seine Tätigkeit als internationaler Verlagsbuchhändler aufgegeben hatte, in den diplomatischen Dienst Preußens ein. Seine diplomatische Karriere verlief überaus erfolgreich und hochdekoriert[265]. Abb. 3 zeigt ein Porträt Schoells von 1825, also zu einem Zeitpunkt, zu dem er bereits als preußischer Diplomat tätig war. Die Lithografie wurde nach einer Zeichnung des renommierten französischen Neoklassizisten Jean-Baptiste Guérin[266] angefertigt und stellt Schoell mit preußischen Orden dekoriert dar.

Im 18. Jahrhundert setzte sich das diplomatische Corps vor allem aus Adeligen zusammen. Internationale Buchhändler, die zuvor Teil der Aristokratie

264 Vgl. Franz Obermeier, Übersetzen und vermitteln. Carl Friedrich Cramer und der deutsch-französische Kulturaustausch, in: Schütt (Hg.), »Ein Mann von Feuer und Talenten«, S. 177–208, hier S. 189.

265 Vgl. Nachlass Friedrich Schöll (1766–1833), GStA PK, VI. HA Nachlass Schöll, Friedrich.

266 Vgl. Art. »Guérin, Paulin«, in: Allgemeines Künstlerlexikon hg. v. Andreas Beyer u. a., https://www.degruyter.com/databasecontent?dbid=akl&dbsource=%2Fdb%2Fakl (9.9.2019; kostenpflichtig).

Abb. 3. Porträt von Maximilian Samson Friedrich Schoell (1766–1833), Lithografie von Martin Sylvestre Baptiste, nach einer Zeichnung von Jean-Baptiste Guérin, Godefroy Engelmann (Druck), 1825, 227 × 153 mm, GH, P3 Schoell MSF 1.

des Buchwesens gewesen waren, wurden ohne Probleme in dieses Milieu aufgenommen und für ihre Fähigkeiten eingestellt. Auch vollzog sich die Ausbildung von Diplomaten im 18. Jahrhundert häufig an der Universität Straßburg, wie im ersten Kapitel bereits ausgeführt wurde, mit Metternich als bekanntestem Beispiel erinnert sei. Ebenso wie Metternich war auch Schoell am Wiener Kongress beteiligt, allerdings auf preußischer Seite.

Während sich Teile des Personals im Bereich der Diplomatie und des internationalen Buchwesens vermischten und überschnitten, wirkten sich persönliche Kontakte und Lobbyismus der Buchhändler direkt auf diplomatische Verhältnisse und die internationalen Beziehungen während des Ersten Kaiserreichs aus. Mit der Eröffnung der Filiale in Paris im Jahr 1796 wurde Treuttel und Würtz das kulturellen Lebens der Hauptstadt eröffnet und sie knüpften weitere Kontakte, so z. B. zum Staatsrat, Generaldirektor des Druckwesens und des Buchhandels (*directeur général de l'imprimerie et de la librairie*) François-René-Jean de Pommereul (1745–1823). Das Amt des *directeur général de l'imprimerie et de la librairie* war ein von Napoléon Bonaparte wieder neu eingeführtes Amt unter leicht verändertem Namen. Bereits seit Louis XIV. gab es das Amt der *direction de la librairie du royaume de France*, welches mit den Kontrollen und Reglungen des französischen Buchmarktes beauftragt war. Es hatte u. a. Untersuchungen zur Zahl der Verleger, Drucker etc. durchgeführt, sollte aber auch Texte, Ausgaben und die Distribution regeln. Im Kontext der Erklärung der Menschenrechte wurde das Amt abgeschafft, um 1810 unter Napoléon wieder eingeführt zu werden, wo es dem Innenministerium unterstand[267]. Pommereul war selbst als Schriftsteller tätig und stand somit den Literaten und Verlegern nahe[268]. Im März 1812 verfasste er einen Bericht an den französischen Innenminister Jean-Pierre Bachasson Montalivet (1766–1823), um über die aktuelle Situation des französischen Buchhandels zu berichten. Er beschrieb die tiefe Krise, in der sich die Buchhändler und alle vom Buchhandel abhängigen Branchen (Druckwesen, Kupferstecher, Papierindustrie etc.) zu diesem Zeitpunkt aufgrund von mangelndem Absatz befanden. Als Lösung für dieses Problem schlug Pommereul die Öffnung des Handels mit Großbritannien vor, um dort Veröffentlichungen aus Frankreich zu verkaufen und so dem französischen Buchwesen und allen damit verbundenen Branchen zu Arbeit und Absatz zu verhelfen.

Dies diene nicht nur der Wirtschaft, argumentierte Pommereul, sondern auch dem Ruhm und der kulturellen Hegemonie Frankreichs, die sich auf die Verbreitung französischer Publikationen im Ausland stütze:

267 Vgl. Jean-Dominique Mellot, Art. »Librairie, direction de la«, in: DEL, Bd. 2 (2005), S. 753–756.

268 Vgl. Pierre Gourdin, Art. »Pommereul, François-René-Jean de«, in: Jean Tulard (Hg.), Dictionnaire Napoléon, Paris 1987, S. 1358.

> Il n'échappera point à Votre Excellence que si la langue française est devenue en quelque sorte la langue de l'Europe, si dans les pays étrangers nos goûts sont adoptés, nos principes suivis, nos institutions appréciées, nos titres de gloire reconnus, c'est à nos livres que nous en sommes redevables. La France peut donc à juste titre considérer la librairie comme un des plus sûrs et des plus puissans moyens d'exercer son influence: la prospérité de ce commerce ne saurait donc lui être indifférente[269].

Über die Verbreitung französischer Bücher im Ausland und deren Inhalt übe Frankreich Macht über das Ausland aus. Pommereul argumentierte ebenso wie Perthes wenige Jahre später in seiner Schrift »Der deutsche Buchhandel als Bedingung des Daseyns einer deutschen Literatur« (1816)[270] mit der politischen Dimension und Büchern als Trägern von politischen und kulturellen Inhalten. Der Buchhandel umfasste für Pommereul also zwei Aspekte: einerseits die Dimension des Handels, Bücher als wirtschaftliches Objekt, als Ware. Andererseits maß er Büchern einen sehr viel größeren Wert denn lediglich den ökonomischen zu: Sie transportieren für ihn einen gewissen Inhalt und damit die Möglichkeit, Ideen zu vermitteln und Einfluss auszuüben. Pommereul betrachtete Bücher sogar als »eine der sichersten und mächtigsten Möglichkeiten, Einfluss [auf andere Länder] auszuüben«.

Diese ethische Aufwertung von Büchern entsprach dem Selbstverständnis der Verlagsbuchhändler in Straßburg, die sich als Mittler zwischen Autor und Publikum beziehungsweise zwischen Kulturen verstanden und die ein inhärentes Interesse an der Publikation bestimmter Schriften hatten. So ist denn auch wenig verwunderlich, dass Pommereul beschrieb, die Buchhändler Jean Godefroi Würtz und Martin Bossange seien mit diesem Anliegen zu ihm gekommen:

> Les sieurs Wurtz et Bossange, qui ont derrière eux une foule de libraires de Paris, ont sollicité des licences pour exportation de livres, dont la librairie en général profitera. Je ne puis, Monseigneur, être le directeur général de la librairie sans mettre un grand intérêt à sa prospérité. Je la crois tout à fait dépendante de l'exportation et viens en conséquence appuyer près de Votre Excellence leurs demandes qui me paraissent non seulement justes, mais d'un intérêt majeur pour le commerce de l'empire.
> Je prie donc Votre Excellence de daigner intercéder près de Sa Majesté pour qu'elle veuille bien décider que la librairie française fait partie des objets dont l'exportation est permise par la voie des licences avec bénéfice d'importation[271].

269 François-René-Jean de Pommereul au ministre de l'Intérieur [Jean-Pierre Bachasson Montalivet], Rapport cedant à faire décider que la librairie française fait partie des objets dont l'exportation est permise par la voie des licences, Paris, 24.3.1812, AN, F/18/38.

270 Vgl. Perthes, Der deutsche Buchhandel.

271 Pommereul au ministre de l'Intérieur, Paris, 24.3.1812, AN, F/18/38 (Hervorh. i. Orig.).

Die Argumentationsweise Pommereuls wirkt wie von Jean Godefroi Würtz vorformuliert oder zumindest vorgedacht, da das Verständnis von Büchern für Pommereul dem von Würtz entsprach. Der Brief an den französischen Innenminister stellt ein Beispiel für den politischen Einfluss und Lobbyismus der Pariser Buchhändler dar. Schrieb Pommereul noch, dass viele Buchhändler hinter Würtz und Bossange standen, um seine Bitte zu bekräftigen, so muss die Umsetzung dieser Handelserlaubnis ganz im Sinne von Würtz und Bossange verlaufen sein. Lediglich die beiden genannten Buchhändler erhielten die Erlaubnis, mit Großbritannien Handel zu treiben, was diesen – zumindest ist dies für den Fall Bossanges belegt – großen Profit einbrachte. Eine strenge Regulierung des Marktes bei Ausnahmeregelungen für die großen Buchhändler erlaubte den Verlagsbuchhändlern, die Ausnahmen erhalten hatten, abgeschirmt von der Konkurrenz große Gewinne zu machen. Bossange jedenfalls war wenig an der Verbreitung französischer Publikationen in Großbritannien interessiert und konzentrierte sich letztlich auf die Einfuhr von Kolonialwaren auf dem Rückweg[272]. Für Bossange handelte es sich also lediglich um eine Möglichkeit, viel Geld zu verdienen; die Argumentation scheint für seinen Fall lediglich vorgeschoben. Dieses Lobbyismus-Beispiel zeigt auch, wie wichtig hochrangige Kontakte waren und wie man mit Interessenvertretung in Frankreich/Paris Einfluss auch auf das internationale Geschehen und den internationalen Handel ausüben konnte.

Ein weiteres Merkmal des Engagements der großen Buchhändler und Verleger, auf das bereits im vorherigen Kapitel hingewiesen wurde und das sich hier wiederfindet, ist der Zusammenschluss der Buchhändler, um gemeinsam für ein Ziel einzustehen. So schrieb Pommereul von Würtz und Bossange, dass sie mit ihren Forderungen »eine Fülle an Pariser Buchhändlern hinter sich« hätten. Diese Verbindung von Buchhändlern, um ein gemeinsames Ziel zu erreichen, stellte eine Übernahme aus der Organisation des deutschen Buchhandels dar. Durch die territoriale Zersplitterung und den Messbuchhandel erforderte dieser einen großen organisatorischen Aufwand und Kooperation der Buchhändler und Verleger, um für ihre Ziele einzutreten. Treuttel & Würtz war in den regulären deutschen Messbuchhandel eingebunden und nahm regelmäßig an diesen Ereignissen teil. So beispielsweise auch 1802, als auf der Leipziger Messe zahlreiche Maßnahmen zur Bekämpfung des Nachdrucks besprochen wurden[273]. Treuttel und Würtz hatten also diese Buchhandelsusancen aus dem deutschen System in das französische übernommen und sich mit anderen Buchhändlern zusammengeschlossen.

272 Vgl. dazu Kap. 1.2.2, bes. Abschnitt »Zwischen Revolution und Empire«.

273 Vgl. Goldfriedrich, Geschichte des Deutschen Buchhandels, S. 579.

In diesem Kontext ist auf das Engagement deutscher Buchhändler auf dem Wiener Kongress, also auf internationalem Parkett zu verweisen. 1814/15 vertraten Johann Friedrich Cotta und Carl Bertuch als Abgeordnete den deutschen Buchhandel auf dem Wiener Kongress. Diese Abordnung des deutschen Buchhandels zeigt einerseits dessen Selbstbewusstsein und Anspruch, andererseits nahmen sie somit eine diplomatische Mission wahr. Wieder wird die Nähe zwischen Buchhandel und Diplomatie deutlich. Dort brachten Cotta und Bertuch ihre Forderungen bezüglich der Regulierung des Nachdrucks und des Abbaus von Handelsschranken (Zöllen) sowie zur Pressefreiheit vor. Auch wenn diesen Forderungen kein Erfolg vergönnt war, strotzte diese Aktion nur so vom Selbstbewusstsein der Buchhändler und Verleger[274], welches sich auf deren Selbstverständnis und die doppelte Funktion des Buches gründete.

Auf dem Wiener Kongress wurde über die europäische Ordnung nach Napoléon Bonaparte verhandelt[275]. In Frankreich begann die Restauration und ein Nachfolger des Hauses der Bourbonen bestieg abermals den Thron: Louis XVIII. Obwohl das Regime wechselte, wurden der Einfluss der Buchhändler und deren Beziehungen nicht schlechter. 1814 wurde der Buchhändler Jean Godefroi Würtz in die französische Ehrenlegion aufgenommen. Die von Napoléon Bonaparte geschaffene Ehrenlegion war zunächst ein Orden für militärische Auszeichnungen, wandelte sich aber zu einem zivilen Orden, der Personen, die Frankreich einen besonderen Dienst erwiesen hatten, verliehen wurde. Es handelte sich um den höchsten staatlichen Orden, dessen elitäre Mitglieder gewählt wurden, weshalb er insbesondere etwas über die Anerkennung einer Person in der französischen Gesellschaft und ihre Zugehörigkeit zu den höheren Zirkeln aussagt. Innerhalb des Ordens gab es verschiedene Ränge (*chevalier*, *officier* etc.), was dem Grad der Auszeichnung entsprach. Nach dem Ende des Ersten Kaiserreichs übernahm Louis XVIII. diesen Orden und verlieh ihn weiterhin.

Der Buchhändler Jean Godefroi Würtz wurde 1814 in die Ehrenlegion aufgenommen, da er als Kapitän der Pariser Nationalgarde (*10e légion de la garde nationale de Paris*) Paris vor dem Einmarsch der alliierten Truppen verteidigt hatte[276]. Neben Würtz kam diese hohe Auszeichnung durch den französischen Staat auch anderen Buchhändlern und Druckern zu. Einige Beispiele in chronologischer Reihenfolge: Ambroise Firmin Didot (1811)[277], François Laurent

274 Vgl. Fischer, Johann Friedrich Cotta, S. 386–398.

275 Vgl. Lentz, 1815.

276 Vgl. Dossier Wurtz, Jean Geoffroi, AN, base Léonore, LH/2763/45.

277 Vgl. Dossier Didot, Ambroise Firmin, ibid., LH/773/50.

Xavier Levrault (1815)[278], Firmin Didot (1819)[279], Charles Louis Fleury Panckoucke (1825; »homme de lettres, imprimeur libraire à Paris«[280]), Georges-Adrien Crapelet (1828)[281], François Xavier Levrault (1844)[282], Martin Bossange (1865) (»Qualité ou grade: ancien libraire-éditeur à Paris«[283]), Giovanni Antonio Galignani (1866) (»Qualité ou grade: directeur gérant du Galignani's Messenger«[284]).

Die Aufnahme einiger Mitglieder des Buchwesens belegt deren Aufstieg in der französischen Gesellschaft, ihren Reichtum und ihre Zugehörigkeit zur Oberschicht. Bei Firmin Didot und Crapelet wurde als Grund für die Aufnahme lediglich deren Beruf genannt: Didot *typographe*, Crapelet *imprimeur*. Dies zeigt die hohe Bedeutung, die die Mitglieder der Ehrenlegion dem Druckwesen für die französische Kultur zugestanden. Diese Anerkennung steht in der Tradition der Argumentation von Pommereul, welcher in seinem Brief an den französischen Innenminister die Bedeutung des Druckwesens für die französische Nation und deren Einfluss in Europa hervorhob. Später, in den 1860er Jahren, wurden Buchhändler dann mehrfach aufgrund ihres Verdienstes als Buchhändler und Verleger oder als Herausgeber bestimmter Zeitschriften aufgenommen (vgl. Bossange, Galignani).

Das Ansehen und der Einfluss der Aristokratie des Buchwesens nahmen mit dem Regimewechsel vom Ersten Kaiserreich zur Restauration also nicht ab. Das Kaiserreich mit seinen strengen Reglungen und seiner Bevorzugung einiger großer Buchhändler, Verleger und Typografen hatte den gesellschaftlichen und finanziellen Aufstieg einiger Mitglieder des Buchwesens ermöglicht, der auch über den Regimewechsel hinaus bestand. Im Dezember 1816 ergriffen Jean-George Treuttel und Jean Godefroi Würtz nochmals öffentlich das Wort. Sie veröffentlichten eine Denkschrift, die die Einführung von Zöllen auf die Einfuhr von Büchern kritisierte[285], Diese Denkschrift stellt abermals ein Beispiel für die ideelle Dimension des Verständnisses von Büchern durch Treuttel & Würtz sowie durch deren Freunde und Kollegen dar.

278 Vgl. Dossier Levrault, François Laurent Xavier, ibid., LH/1628/63.

279 Vgl. Dossier Didot, Firmin, ibid., LH/773/51.

280 Dossier Panckoucke, Charles Louis Fleury, ibid., LH/2042/10.

281 Vgl. Dossier Crapelet, Georges Adrien, ibid., LH/624/61.

282 Vgl. Dossier Levrault, François Xavier, ibid., LH/1628/64.

283 Dossier Bossange, [Martin], ibid., LH/301/13.

284 Dossier Galignani, Jean-Antoine, ibid., LH/1058/69.

285 Vgl. Würtz, Treuttel, Sur les inconvéniens qui résultent des taxes imposées sur les livres étrangers à leur entrée en France, 1816.

> La France est peut-être celui des pays dans lequel les sciences, les arts et les lettres ont le plus été cultivés pendant le cours du XVIIIe siècle. Elle étoit pour l'Europe civilisée le point central auquel se rattachoient, en quelque sorte, les fils des connoissances humaines épars dans les divers pays étrangers. Elle exerçoit alors une grande influence: les savans françois furent honorés; leurs productions recherchées d'un point du monde à l'autre; leur littérature fut long-temps le type du goût général en Europe; leur langue devint presque universelle; et, jusque dans leurs productions frivoles, les François trouvèrent partout des imitateurs[286].

In einem historischen Abriss begannen Treuttel und Würtz ihre Denkschrift mit einer Beschreibung der französischen kulturellen Hegemonie im 18. Jahrhundert. Diese sei mit der Französischen Revolution erstmals beendet gewesen, da Verbote und Zensur den internationalen Handel störten.

> Bientôt le progrès des Lumières devint un objet d'appréhension pour eux, dès lors commencèrent ces lois de terreur, ces prohibitions, ces censures, ces créations fiscales, ces entraves multipliées qui paralysèrent la circulation intérieure; des vedettes furent placées aux extrémités du royaume, pour empêcher que nul ouvrage n'y pénétrât du dehors, si ce n'est avec la permission spéciale et *préalable* de l'autorité[287].

Als Folge dieser strengen Importreglungen sahen Treuttel und Würtz einen Niedergang des literarischen Einflusses Frankreichs: »La France fut ainsi conduite par degrés à un état d'oppression difficile à décrire: plus de communications au dehors; les travaux des savans étrangers furent perdus pour nous; les sciences en gémirent, et notre influence littéraire se perdit successivement«[288]. Der König habe einige dieser strengen Gesetze abgeschafft, aber man benötige noch immer eine vorherige Genehmigung bei der Einfuhr ausländischer wissenschaftlicher Literatur[289] und auf den Import sei generell – nicht nur auf Raubdrucke – eine Steuer zu zahlen[290]. Die Folgen dieser Steuern beschrieben sie als fatal. Die Steuern hielten den Fortschritt der Aufklärung an (»arrête[nt] le progrès des lumières«[291]), entmutigten den fleißigen Gelehrten (»décourage[nt] le savant laborieux«[292]) und trockneten die nationale Industrie aus

286 Ibid., S. [1].

287 Ibid., S. 2. (Hervorh. i. Orig.)

288 Ibid.

289 Vgl. ibid., S. 2f.

290 Vgl. ibid., S. 3.

291 Ibid., S. 4.

292 Ibid.

(»dessèche[nt] l'industrie nationale«[293]). Treuttel und Würtz setzten auf einen liberalen Austausch zwischen den Ländern: »L'étranger n'achète qu'autant qu'on lui achète«[294], lautete ihre diplomatische, auf Ausgleich und Austausch bedachte Forderung in Bezug auf den internationalen Buchhandel. Dieser liberale Standpunkt verband sich mit einem wirtschaftlichen Vorteil für ein international, oder vielmehr transnational, agierendes Unternehmen.

Im Anschluss an diese Erklärungen und Lehren aus der Vergangenheit machten Treuttel und Würtz drei Vorschläge zur Verbesserung der Situation: erstens freier Import von wissenschaftlichen, literarischen und künstlerischen Publikationen aus dem Ausland; zweitens Beibehaltung von Steuern auf ausländische Raubdrucke ursprünglich in Frankreich erschienene Publikationen (»150 fr. par quintal métrique«). Schließlich forderten sie eine Optimierung der Einfuhr und der staatlichen Kontrollen, indem die ankommenden Bücher aus dem Ausland sofort entweder durch einen Kontrollpunkt an der Grenze (»dans les bureaux d'inspection établis sur les principaux points des frontières«) oder durch die *direction générale de la librairie* in Paris kontrolliert würden, ohne eine weitere doppelte Kontrolle durch den Zoll.

Um ihren Forderungen Nachdruck zu verleihen, hatten sich Treuttel und Würtz mit anderen Druckern und renommierten Wissenschaftlern und Schriftstellern zusammengeschlossen. So wurde diese Denkschrift u. a. von den Buchhändlern und Druckern Firmin Didot, Charles Louis Fleury Panckoucke, T. P. Leblanc und Lenormant unterschrieben. Unter den Gelehrten befinden sich der Orientalist Antoine-Léonard Chezy, der Naturwissenschaftler und Paläontologe Georges Cuvier, der Hellenist Jean-Baptiste Gail, der Kunsthistoriker und Archäologe Aubin-Louis Millin, der Schriftsteller Charles Vanderbourg (Mitglied der Académie des inscriptions et belles-lettres), der Sinologe Jean-Pierre Abel Rémusat, der Archäologe Désiré Raoul-Rochette oder der Orientalist Silvestre de Sacy. Viele dieser angesehenen Persönlichkeiten waren durch ihre Arbeit auf den Austausch mit dem Ausland angewiesen; insbesondere mit dem deutschen Raum standen viele in engem Kontakt (u. a. Millin, Vanderbourg). Zudem waren viele von ihnen Autoren bei Treuttel & Würtz und gleichzeitig deren Kunden.

Die Unterschriften spiegeln die Personenkreise, in denen sich die Buchhändler, Verleger und Drucker bewegten, sowie ihre Verbindung zu den führenden Wissenschaftlern Frankreichs, mit denen sie Interessen teilten. Das Problem der Raubdrucke ließ sich auch in den folgenden Jahren nicht zufriedenstellend lösen. Es stellte insbesondere für die Verleger der Originalausgaben ein Problem dar, da diese durch einen preiswerten Raubdruck um den Absatz ihrer

293 Ibid.

294 Ibid., S. 5.

eigenen Ausgabe fürchten mussten. War der Markt einmal gedeckt, ließen sich kaum weitere Veröffentlichungen verkaufen, d. h., besaßen die Personen und Familien, die ein Exemplar dieses Werkes besitzen wollten und es sich leisten konnten, dieses Exemplar, würden sie kein zweites erwerben. Letztlich löste sich das Problem der Raubdrucke erst im ausgehenden 19. Jahrhundert mit der Schaffung eines Urheberrechts, insbesondere eines international gültigen Urheberrechts (vgl. Berner Übereinkunft zum Schutz von Werken der Literatur und Kunst, 1886)[295].

In den ausgehenden 1820er Jahren startete die Aristokratie des Buchwesens in Paris einen Versuch, den Raubdruck in Belgien einzudämmen. In Belgien, das ebenfalls französischsprachig war, sowie in der Schweiz blühte der Nachdruck, was den Verlegern der Originalwerke in Frankreich bereits seit dem 18. Jahrhundert Probleme bereitete. Die Bekämpfung dieses Problems mit hohen Zöllen bei der Einfuhr von Nachdrucken nach Frankreich war eine Option; allerdings stellten Raubdrucke, die in französischer Sprache verlegt waren, auch für den internationalen Absatz ein Problem dar. Sie ließen sich ebenso auf den Messen in Leipzig oder im deutschen Reich verkaufen, wo die französischen Verleger keine Zölle einfordern konnten.

Um diesem Problem des Raubdrucks in Belgien entgegenzuwirken, verbanden sich die großen Pariser Verleger und eröffneten eine französische Buchhandlung in Brüssel, um dort ihre eigenen Originalausgeben zu verkaufen und so auf den belgischen Markt einzuwirken. In dem im November 1827 von Aimé André, Bachelier, Hector Bossange, Firmin Didot, A. und W. Galignani, Janet & Cotelle, F. G. Levrault, Charles Sautelet & Cie. sowie Treuttel & Würtz unterzeichneten Vertrag wurden das Ziel der Unternehmung sowie deren Bedingungen festgelegt.

> L'expérience a démontré à chacun des signataires les avantages qui résulteraient d'un établissement de librairie à Bruxelles, composé des livres de fonds des principaux libraires de Paris. Au nouveau moyen d'écoulement des ouvrages de leur propres fonds, se joindrait le bénéfice provenant de la vente des ouvrages déposés par divers. La librairie française en général représentée par l'établissement, y trouveroit un dépôt sûr et le moyen de détruire ou de contrarier la contrefaçon en présentant des conditions dont elle ne pourroit soutenir la concurrence[296].

295 Vgl. Isabella Löhr, Die Globalisierung geistiger Eigentumsrechte. Neue Strukturen internationaler Zusammenarbeit, 1886–1952, Göttingen 2010.

296 Vertrag zwischen Aimé André, Bachelier, Bossange, Didot père et fils, Galignani, Janet, Levrault, Renourad, Sautelet & Cie. und Treuttel & Würtz vom 12.11.1827, Exemplar in Buch mit Verträgen von Levrault, Paris 1827, Privatbesitz.

Das Ziel war in erster Linie, den Raubdruck einzudämmen oder zu zerstören. Darüber hinaus versprachen sich die Geschäftspartner weiteren Absatz durch eine gemeinsame Zweigstelle in Brüssel. Auch hier wird der Anspruch der Buchhändler, die sich als Aristokratie des Buchwesens verstanden, deutlich: Sie eröffneten das Brüsseler Geschäft mit der Prätention, den gesamten französischen Buchhandel zu vertreten (»la librairie française en général représentée par l'établissment«). Negativ betrachtet könnte man von einem Oligopol sprechen; die beteiligten Buchhändler, Verleger und Drucker würden liberal (im Sinne des frühen 19. Jahrhunderts) ihren Anspruch auf Leistung, Fähigkeiten oder auch auf Reichtum und Erbe stützen. Deshalb ist aus der Perspektive der großen Buchhändler von einer Aristokratie des Buchwesens – nicht mehr nur in Straßburg, sondern auch in Paris und damit auf nationaler Ebene, auszugehen. Das Straßburger System galt auch in Paris.

Bereits kurz nach der Gründung dieser gemeinsamen Zweigstelle des französischen Buchhandels in Brüssel – bei dem übrigens alle Unterzeichnenden zu gleichen Teilen an Verlusten, aber je nach verkauften Büchern nur die einzelnen Händler an den Gewinnen beteiligt waren – gab es eine Initiative für einen erneuten Zusammenschluss. 1829 versuchten einige große Pariser Buchhändler einen Verein zu gründen: Der Cercle Colbert sollte eine Verbindung aus Schriftstellern und ausgewählten Mitgliedern des Buchwesens sein und aktuelle wirtschaftliche Fragen des Buchhandels und der Literatur erörtern. Gründungsmitglieder waren: Jean Godefroi Würtz, A. Firmin Didot, Charles Gosselin, Bossange père, Bossange fils, Aillaud, Jules Renouard, Aimé André sowie Rey. Mit der Brüsseler Verbindung überschnitten sich demnach die Unternehmen Treuttel & Würtz, Bossange, Jules Renouard sowie Didot. Die Macht und die Gefahr, die aus der Verbindung einiger großer Buchhändler und Verleger hervorgehen konnte, waren den Zeitgenossen auch schon 1829 bewusst, sodass die Verbindung nicht erlaubt wurde. Der Polizeipräfekt (*préfet de police de Paris*) Claude Mangin warnte in seiner Beurteilung des Zirkels für den französischen Innenminister ausdrücklich vor einer Monopolbildung im Buchwesen, nachdem er offensichtlich politische Beweggründe sowie das Kartenspiel ausgeschlossen hatte:

> Il me parait donc difficile de déterminer l'objet que se proposent les pétitionnaires, en effet le prétexte de se réunir simplement pour *parler de leurs affaires commerciales* semble au premier abord bien insuffisant pour motiver la création d'un établissement conçu d'une manière si vaste. Mais si cette association des principaux libraires et imprimeurs de la capitale avait pour but d'établir en leur faveur une espèce de monopole au détriment de leurs confrères qu'ils tiendraient dans leur dépendance si l'établissement projeté avait pour résultats de mettre sous la main des sociétaires le commerce de la librairie, de leur acquérir sur cette partie de l'industrie d'une grande ville une influence qui pourrait ensuite être exploitée non pas seulement au préjudice des autres libraires mais au profit d'une opinion ou d'une coterie, si c'était

> enfin une coalition, d'abord purement commerciale, mais capable de devenir bientôt politique, Votre Excellence verrait sans doute plus d'un inconvénient à prononcer une décision favorable sur une demande vague qui peut admettre toutes ces suppositions[297].

Die Monopolbildung der Buchhändler könne zum einen wirtschaftlich problematisch sein, zum anderen politische Dimensionen annehmen, die aus dieser Bündelung der Macht erwachsen könnten, warnte Mangin. Zwar wurde die Gründung des Cercle Colbert nicht genehmigt; die Verbindung zwischen einflussreichen Mitgliedern des Buchwesens hatte jedoch bereits stattgefunden. So kam den Mitgliedern des Buchwesens in der französischen Julirevolution 1830 eine große Rolle zu. Zudem waren in Folge der Revolution Mitglieder des französischen konservativen Liberalismus an die Macht gekommen, mit denen die Buchhändler zahlreiche Interessen teilten.

Bereits vor der Julirevolution hatten sich Pierre Didot und Jean Godefroi Würtz auf offiziellem Weg für eine liberalere Pressegesetzgebung eingesetzt:

> Monsieur
> Je viens de recevoir une lettre de monsieur le grand référendaire qui m'annonce qu'il recevra demain à midi les signataires de la pétition adressée à la Chambre des paires à l'occasion de la loi sur la presse; en conséquence je vous prie de vouloir bien vous trouver chez moi (rue de Tournon, n° 12) demain à 11 heures 1/2, afin que nous puissions nous rendre à son invitation[298].

Die enge Verbindung durch gemeinsame Interessen bestand bereits seit längerer Zeit. Die Tatsache, dass Didot und Würtz zunächst den offiziellen Weg zur Veränderung der Bedingungen suchten, entsprach ihrer konservativen Grundhaltung. Mit der Julirevolution besaßen die großen Buchhändler, Verleger und Drucker wieder enge Verbündete in der Regierung. Aufgrund ihrer Unterstützung der Revolution mit dem Druck revolutionärer Schriften und deren Verbreitung wurde den Pariser Buchhändlern 1830 eine Subvention von drei Millionen Franc zugestanden. Im Kontext der aus dem politischen Engagement resultierenden Buchhandelskrise wandte sich Jean Godefroi Würtz an den französischen Innenminister François Guizot und bat um die Schaffung öffentlicher Bibliotheken, um so die Buchhändler in Form einer indirekten Subvention zu unterstützen. Die Antwort aus dem Ministerium (Oktober 1830) war mit Blick auf die bereits geleistete öffentliche Subvention zunächst abwartend:

297 Claude Mangin à Son Excellence, le ministre secrétaire d'État au département de l'Intérieur [François Régis de La Bourdonnaye], Paris, 14.10.1829, AN, F/7/6699 (Hervorh. i. Orig.).

298 Pierre Didot an Jean Godefroi Würtz (Treuttel & Würtz), Paris, 26.3.1827, StaBi, Slg. Darmstaedter K 1795: Didot l'ainé, Pierre; 1–2.

> Les besoins de cette branche d'industrie ont déjà fixé l'attention de l'autorité. De fortes sommes ont été avancées à des librairies qui présentaient les sûretés convenables pour la garantie des intérêts du Trésor, et ce motif, joint à la nécessité où est le gouvernement de sauver d'autres industries souffrantes, empêche que l'on s'occupe pour le moment de votre projet. Je verrai, plus tard, s'il y a moyen de les réaliser[299].

Würtz und Guizot kannten sich bereits seit längerer Zeit. Von Guizot war 1811 eine Übersetzung aus dem Deutschen bei Treuttel & Würtz erschienen. Im Archiv von Treuttel & Würtz von 1870 befanden sich nicht nur das Manuskript der Übersetzung, sondern auch ein Briefwechsel aus den Jahren 1822–1824 (sieben Briefe). Zumindest in den 1830er Jahren war Guizot regelmäßig Kunde der Buchhandlung[300]. Würtz, der einen Verbündeten in Guizot sah oder zumindest viele gleiche Interessen und liberale politische Ansichten mit ihm teilte, ließ nicht locker und wandte sich am 20. Oktober 1830 nochmals an Guizot. Bezugnehmend auf den Brief von Guizot vom 13. Oktober und die nicht vollkommen ablehnende Haltung des Ministers führte Würtz seinen Vorschlag nochmals aus:

> En prenant sur la somme de 30 millions notés pour venir au secours des manufactures, la somme de 3 à 4 millions seulement pour former des bibliothèques publiques dans les différentes villes de l'intérieur, par un choix judicieusement fait dans les catalogues des divers libraires-fabricants, vous parviendrez à tirer la librairie de la crise épouvantable qui la menace & servirez en même tems les progrès de l'instruction qui faute d'aliment se trouve singulièrement retardé[e] dans la plupart des villes de l'intérieur[301].

Mit nur drei bis vier Millionen Franc sollte Guizot öffentliche Bibliotheken in Frankreich schaffen, um einerseits den Buchhandel aus der Krise zu retten und gleichzeitig dem ländlichen Frankreich mehr Bildung zu bringen. Die Auswahl der zu erwerbenden Publikationen solle auf Basis der Kataloge der Buchhändler und Verleger geschehen, was sogleich ein liberales Element mitbediente und den Gedanken einer gerechten Auswahl der Subvention zuließ: »Une mesure aussi éminemment propre à concilier les intérêts de l'État avec les besoins d'une branche d'industrie, qui mérite à tous égards une protection particulière

299 Kopie des Briefes aus dem Innenministerium [François Guizot] an Jean Godefroi Würtz, Paris, 13.10.1830, AN, F/18/567.

300 Vgl. Archives privées de François Guizot, AN, 43AP321 (dossier 3). Guizot erwarb u. a. Sismondis »Études de sciences sociales« und »Histoire des Français«. Ich danke Marisa Deacto (São Paulo) sehr herzlich für diesen Hinweis.

301 Jean Godefroi Würtz à monsieur le ministre de l'Intérieur à Paris [François Guizot], Paris, 20.10.1830, AN, F/18/567.

du gouvernement, me paroit digne de l'attention du ministre éclairé en qui la librairie met toute sa confiance«[302].

Würtz appellierte an die Werte der Aufklärung, indem er Guizot als einen »aufgeklärten Minister« (»ministre éclairé«) bezeichnete, dem die Buchhandlungen ihr »volles Vertrauen« aussprachen (»toute sa confiance«). Damit bezog sich Würtz auf das mit Guizot geteilte Interesse an Bildung und Alphabetisierung. Während Treuttel und Würtz in Montmorency eine Schule stifteten, führte Guizot 1833 das erste Gesetz ein, das eine Vorform einer Schulpflicht darstellte. Die *loi Guizot* sah die Schaffung von Grundschulen vor, welche durch die Kommunen finanziert werden sollten. Gestützt war dieses Interesse am Lesen, an der Bildung, durch den gemeinsamen protestantischen und aufklärerischen Hintergrund von Guizot und Würtz. Wie auch in den vorangegangenen Briefen beschrieb Würtz Bücher zum einen als wirtschaftliches Gut, das zu fördern sei, zum anderen maß er ihnen eine politische, in diesem Fall aufklärerische, Funktion bei. Öffentliche Bibliotheken in der Provinz würden die Informationslage und die Möglichkeit, sich dort zu bilden, erhöhen. Öffentliche Bibliotheken stellten eines der wichtigen Ziele der Aufklärung und des Fortschritts dar. Für Treuttel & Würtz, die sich auf die Belieferung von Bibliotheken spezialisiert hatten[303], war die Schaffung öffentlicher Bibliotheken zudem ein für die eigenen Geschäfte sehr gewinnversprechendes Ziel.

Obwohl der Briefwechsel zunächst nicht sehr erfolgversprechend verlief, konnten Odile und Henri-Jean Martin nachweisen, dass in diesem Kontext öffentliche Bibliotheken geschaffen wurden[304], Würtz mit seiner Forderung also Erfolg hatte. Abermals schien die Argumentation über die politische, in der Tradition der Aufklärung stehende Dimension von Büchern überzeugend gewesen zu sein. Diese Ansichten von Würtz stützen zudem die Annahme, dass dieser sein Unternehmen immer noch im Sinne der Aufklärung führte.

Dem Buchhändler und Verleger Jean Godefroi Würtz wurden am Ende seines Lebens neben der bereits erwähnten Ehrenlegion noch weitere Ehrungen zuteil. In den Jahren 1834 und 1835 war er stellvertretender Richter (*juge suppléant*) des Handelsgerichts (*tribunal de commerce*) in Paris. Dieses Gericht war 1807 unter Napoléon I. wieder eingeführt worden. Die Richter wurden unter den großen, erfolgreichen Händlern gewählt. Der Pariser Gerichtsstand war der wichtigste in Frankreich[305]. Dies belegt abermals das Ansehen des Verlagsbuchhändlers Würtz, selbst in der größeren Gruppe der Händler, da er von diesen

302 Ibid.

303 Vgl. Kap. 2.2 sowie HASS, Un fournisseur de grandes bibliothèques.

304 Vgl. MARTIN, MARTIN, Le monde des éditeurs.

305 Vgl. Ich danke Thierry Lentz sehr herzlich für die hilfreichen und ausführlichen Hinweise zum französischen Rechtssystem zu Beginn des 19. Jahrhunderts.

gewählt werden musste. Zudem war das Amt mit einer gewissen Macht und einem nicht zu unterschätzenden Einfluss auf die Urteile und die anstehenden Gerichtsprozesse verbunden. Wie bereits in den 1770er Jahren in Straßburg arbeitete Würtz mit der Obrigkeit zusammen, nahm an der Gesetzgebung und in diesem Fall der Rechtsprechung teil, um diese vermutlich in seinem Sinne auszulegen und zu interpretieren.

Nochmals ist auf die Verflechtung zwischen dem international agierenden Buchhandel und der Diplomatie hinzuweisen. Johann Friedrich Cotta nahm mehrmals an diplomatischen Missionen nach Paris teil. Verwiesen sei nur auf seine Reisen 1799 und 1801, Letztere im Auftrag der Hohenzollern und als Begleitung des Hofrats Franz Anton von Frank, um über eine Entschädigung für an Frankreich verlorene Gebiete zu verhandeln[306]. Konkrete diplomatische Aktivitäten der Verlagsbuchhandlung Treuttel & Würtz konnten erst in den 1870er Jahren nachgewiesen werden[307].

Schließlich lässt sich zusammenfassen, dass die Aristokratie des Buchwesens in Paris und Europa in der ersten Hälfte des 19. Jahrhunderts insbesondere vier Formen von Lobbyismus und politischer Einflussnahme anwandte: Zunächst der Versuch der politischen Beeinflussung durch öffentliche Wortergreifungen in Form der Publikation persönlicher oder buchhändlerischer Anliegen, so in den Jahren 1794 und 1816. Die an die allgemeine Öffentlichkeit und doch letztlich einen ganz bestimmten Teil der Öffentlichkeit, die Entscheidungsträger, gerichtete Veröffentlichung kann als drastischstes Mittel gesehen werden. Mit Hilfe der Öffentlichkeit sollten die Entscheidungsträger in eine bestimmte Richtung gedrängt werden. Zum einen verdeutlicht diese Form der Wortergreifung die Macht der Buchhändler über die Öffentlichkeit und die öffentliche Meinung, zum anderen auch ihre Machtlosigkeit in Bezug auf andere Mittel der Einflussnahme. An zweiter Stelle sind die ebenfalls offiziellen Vorsprachen vor dem Parlament oder Regierungseinrichtungen zu nennen sowie das Bekleiden öffentlicher Ämter. In diese Kategorie sind nicht nur die Auftritte von Jean-George Treuttel vor der Convention nationale 1794, sondern auch die Treffen von Jean Godefroi Würtz und Pierre Didot mit den Pairs de France 1827 und deren Unterschrift für eine Petition zur Pressegesetzgebung zu verstehen. Schließlich fällt in diese zweite Kategorie auch die Tätigkeit Würtz' als Richter am Handelsgericht in Paris. Es handelt sich um demokratische, offizielle Möglichkeiten, die die Buchhändler und Verleger nutzten, um ihren Einfluss auszuüben. Die dritte Form der Interessenvertretung stellte die informelle Einflussnahme über persönliche Kontakte dar. Sie war vermutlich die erfolgversprechendste Möglichkeit, die mit geringstmöglichem Aufwand verbunden war.

306 Vgl. Fischer, Johann Friedrich Cotta, S. 184–186.

307 Vgl. Archives de la légation de France à Dresde, Ad, 206PO/1/22.

Beispiele hierfür sind der Brief von Pommereul, der sich als *directeur général de l'imprimerie et de la librairie* für eine Handelserlaubnis der Buchhändler mit Großbritannien während der Kontinentalsperre einsetzte. Auch der Brief von Jean Godefroi Würtz an Innenminister François Guizot ist in diesem Kontext zu verstehen. Eine vierte und letzte Form der Einflussnahme schließlich stellte der Zusammenschluss großer Buchhändler, Verleger und Drucker dar. Beispielhaft sei dafür nicht nur die Gründung des Börsenvereins der deutschen Buchhändler zu Leipzig (1825) aufgeführt, sondern auch andere, temporäre Zusammenschlüsse wie Würtz und Didot, die sich gemeinsam für ihre Ziele und die Pressegesetzgebung einsetzten. Auch das Engagement der Pariser Buchhändler durch die Eröffnung einer Pariser Buchhandlung in Brüssel, um das Problem des Nachdrucks zu bekämpfen, stellte eine dieser eigenmächtigen Handlungen der Aristokratie des Buchwesens dar.

Aus der Analyse lassen sich neben den bereits aufgestellten Thesen Schlussfolgerungen zum einen für das Unternehmen Treuttel & Würtz ziehen, zum anderen für die Funktionsweise des internationalen Buchhandels in der ersten Hälfte des 19. Jahrhunderts. Treuttel und Würtz blieben auch zu Beginn des Jahrhunderts ein Verlag in der Tradition der Aufklärung. Sie verstanden Bücher nicht nur als Ware, sondern auch als Transportmittel für Ideen. Dieses ethische Verständnis von Publikationen half ihnen, zahlreiche Fürsprecher unterschiedlicher französischer Regierungsformen zu finden. Ein Großteil des Erfolgs von Treuttel & Würtz gründete sich auf deren hochrangige Kontakte und ihren politischen Lobbyismus.

In diesem Kapitel wurde gezeigt, dass sich das Konzept des europäischen Konzerts, das eigentlich aus dem Bereich der Diplomatie und der internationalen Beziehungen stammt, auch auf das internationale Buchwesen anwenden lässt. Beide Branchen waren eng miteinander verflochten. In ihnen zirkulierten die gleichen liberalen Ideen. Zahlreiche gemeinsame Entwicklungen wie Institutionalisierung und Verrechtlichung fanden sowohl auf der Ebene der internationalen Beziehungen als auch der des Buchwesens statt.

1.3 Vom Aufstieg und Niedergang: historische Anthropologie und Verlagsgeschichte von Treuttel & Würtz

Nach der Einführung in die historischen, sozialen, kulturellen und ökonomischen Bedingungen des Epochenumbruchs vom 18. zum 19. Jahrhundert, den allgemeinen Rahmenbedingungen, in denen die Verlagsbuchhandlung Treuttel & Würtz entstand und deren Teil sie war, steht das Unternehmen nun selbst im Zentrum der Analyse. Welche Spezifika zeichneten die Verlagsbuchhandlung aus? Welche rechtliche, organisatorische Struktur besaß sie? Neben diesen institutionellen Aspekten wird auch die Motivation der Gründer der Verlagsbuchhandlung Treuttel & Würtz untersucht.

1.3.1 Von Bauer zu Treuttel & Würtz (1750–1789)

Jean Geoffroy Bauer als Wegbereiter

Jean Geoffroy Bauer (1724–1781), Sohn eines Straßburger Silberarbeiters, wurde 1749 als evangelischer Buchhändler in die Zunft zur Stelz aufgenommen[308]. Im gleichen Jahr erschien auch der erste von Bauer publizierte Buchhandelskatalog, in dem er sein Unternehmen vorstellte[309]. Während der Titel in lateinischer Sprache verfasst ist, so ist das auf der Rückseite des Titelblattes folgende »avertissement« in deutscher und in französischer Sprache gehalten. Bauer bat die »Geehrteste[n] Leser und Bücher-Liebhaber«[310], zu entschuldigen, dass sie noch nicht alle gewünschten Bücher in diesem Katalog vorfänden, da sich die Buchhandlung erst im Aufbau befinde. Diese ostentative Bescheidenheit wirkt jedoch vorgeschoben, umfasste der Katalog doch ganze 83 Seiten. Bauer führte weiter aus, dass er »nach und nach seinen Vorrath mit guten Büchern vermehren wird und das Verlangte in kurzer Zeit und zwar um billigen Preiß zu verschaffen verspricht[,] daß jedermann zufrieden sein wird«[311]. Wie andere Buchhändler der Stadt, u. a. Armand König seit 1748, betrieb auch Bauer eine Leihbibliothek, die er in diesem Vorwort ankündigte und in der »Deutsche und Französische Historien-Bücher in billigem Preiß zum Lesen auszuleyhen«[312] seien. Außerdem konnte man bei ihm unterschiedliche Sorten von Papier (Basler, Lyoner, Holländisch, Postpapier etc.), Tinte und andere Schreibmaterialien erwerben.

Der Katalog untergliedert sich in vier Hauptteile: Der erste und größte Teil (59 Seiten) ist der eigentliche Katalog, auf den ein erster Anhang mit Ergänzungen folgt, darauf ein Katalog mit französischen Büchern und eigenem Titelblatt

308 Vgl. Buch der Zunft zur Stelz, AS, XI 104, fol. 63v–64r. Jean Geoffroy Bauer stammte ursprünglich aus Straßburg. 1730 wurde er im Alter von 7 Jahren in das protestantische Gymnasium aufgenommen. Vgl. Gymnase Jean-Sturm, S. 31.

309 Vgl. Catalogus librorum latinorum, germanicorum &c. recentiorum æque ac veterum, ad diversum genus scientiarum spectantium ex Nundinis vernalibus Francofurtensibus & Lipsiensibus, aliundèque hoc anno M DCC XLIX. advectorum, quos bibliopolium Joh. Gothofredi Baueri, Argentorati, In Platea, vulgo Schlauch-Gass dicta. propè Collegium Wilhelmitanum situm, Æquo pretio venales exhibet. 1749, BNF, Q8568, unpaginiert.

310 Ibid.

311 Ibid.

312 Ibid.

und schließlich ein zweiter Anhang. Der eigentliche Katalog ist alphabetisch nach Autorennamen geordnet, wenn auch einige thematische Gruppierungen (Gesangbücher, Historien, Lebensbeschreibungen, Lexika, Liebesgeschichten, Reisebeschreibungen) diese alphabetische Ordnung durchbrechen. Die Publikationen stammen vor allem aus dem deutschen Raum (Hamburg, Halle, Leipzig etc.), wie im Titel angegeben, womöglich wurden sie auf den Frankfurter und Leipziger Buchmessen erworben. Aufgeführt sind vorrangig zeitgenössische Publikationen insbesondere der letzten zehn Jahre in deutscher und lateinischer Sprache (für die wissenschaftlichen Werke). Der darauf folgende erste Anhang (5 Seiten) ergänzt den ersten Katalog.

Der »Catalogue des livres françois« (17 Seiten) listet Publikationen in französischer Sprache vor allem aus Frankreich (Paris, Lyon), dem deutschen Raum (Berlin, Leipzig, Potsdam, Wien), der Schweiz (Basel, Lausanne) sowie aus Brüssel und Amsterdam. Er weist eine sehr kurze Kategorie der *livres italiens et anglois* von drei Titeln auf. Im zweiten Anhang weist Bauer auf die Werke hin, für die man bei ihm subskribieren kann (2 Seiten). Preise sind im gesamten Katalog nicht angegeben.

Den insgesamt 64 Seiten des deutschsprachig-lateinischen Katalogteils standen die 17 Seiten des französischsprachigem Katalogteils gegenüber, was den eindeutigen Schwerpunkt auf Publikationen in deutscher Sprache unschwer erkennen lässt. Als Jean Geoffroy Bauer seine Buchhandlung 1749 in Straßburg eröffnete, präsentierte er sich als Buchhändler, der seine Kunden mit zeitgenössischen deutschsprachigen, lateinischen und französischsprachigen Publikationen internationaler, europäischer Herkunft bediente.

Von dem Erscheinen dieses ersten Katalogs an publizierte Jean Geoffroy Bauer wahrscheinlich jährlich weitere Kataloge. In der französischen Nationalbibliothek sind zahlreiche dieser Kataloge erhalten, wenn auch einige wenige Jahre fehlen (u. a. 1759, 1762, 1767). Die umfangreichen Kataloge legten ähnliche Schwerpunkte wie der beschriebene Katalog von 1749. 1776 erschien ein 52 Seiten langer Katalog, der die bei Bauer vorrätigen Landkarten auflistet[313].

Als Bauer sein Geschäft 1749 eröffnete, kündigte er dieses zwar auch als Leihbibliothek und als Schreibwarenladen an, aber es fungierte vor allem als Buchhandlung. Zur Information der Kunden und zu Werbezwecken ließ er Buchhandelskataloge drucken. Über viele Jahre hinweg stellten diese die einzigen eigenen Publikationen Bauers dar. Schließlich gibt die Lage der Buchhandlung und deren Beschreibung auf dem Titelblatt der Buchhandelskataloge Aufschluss über das Milieu, das sie bediente: »Catalogue des livres françois qui se

313 Vgl. Catalogue de cartes géographiques des meilleurs auteurs qui se trouvent à vendre chez Bauer & Compagnie, libraires à Strasbourg rue dite Fladergasse. 1776. Avec permission, BNF, Q8573.

trouvent à vendre chez Jean Godefroi Bauer, libraire dans la ruë dite Schlauch-Gasse au coin, vis-à-vis le collège de l'université à Strasbourg. 1749«[314]. Das Unternehmen befand sich gegenüber der Straßburger Universität, sodass sich vermuten lässt, dass die Universitätsangehörigen als Hauptzielgruppe anvisiert waren. Dieses Ziel erscheint umso plausibler, betrachtet man die familiären Beziehungen Bauers: Er heiratete im gleichen Jahr, in dem er seine Buchhandlung eröffnete, in erster Ehe die Tochter des Universitätsdruckers Heitz, Catharina Dorothée Heitz[315]. Die Verbindung zur Universität bestand also nicht nur in geografischer Hinsicht, sondern auch in Form einer ehelichen Verbindung zur Familie des Universitätsdruckers.

Im Verlag von J. G. Bauer erschienen, mit Ausnahme der Buchhandelskataloge, nur wenige Publikationen. Unter den Autoren waren Professoren der Universität, u. a. Jean Daniel Schöpflin[316], Jacob Reinbold Spielmann[317] und Christophe-Guillaume Koch[318]. Bauer ließ die Werke bei seinem Schwiegervater Heitz drucken. Außerdem verlegte Bauer bereits einige Übersetzungen[319]. Die Nähe zur Universität und den Gelehrten in Straßburg sowie die Funktion als Kulturvermittler einerseits in Form von Übersetzungen, die im Verlag erschienen, andererseits in Form der Aktivität im internationalen Buchhandel zwischen Frankreich, dem deutschen Raum und der Schweiz[320] waren also bereits in der Verlagsbuchhandlung Jean Geoffroy Bauer angelegt.

314 Catalogus librorum. 1749 BNF, Q8568, unpaginiert.

315 Vgl. Eintrag der Hochzeit zwischen Johann Gottfried Bauer und Catharina Salome Heitzin in das Eheregister, Straßburg, 1.7.1749, AdBR, Paroisse protestante (Temple-Neuf et Cathédrale), Registre de mariages 1722–1764.

316 Vgl. Jean Daniel Schoepflin, Vindiciae typographicae. Documenta typographicarum originum ex argentinensibus tabulis., Strasbourg J. G. Bauer, 1760.

317 Vgl. Jac. Reinboldi Spielmann Phil. et Med. D. Chemiæ Botanic. reliquæque Mater. Med. P. P. O. Capit. Thomani Canon. Acad. Cæsar. N. C. Regiæ Berolin. Elect. Mogunt. Sodalis, colleg. regii med. nancejan. Honor. Membri Institutiones chemiæ prælectionibus academicis adcommodatæ., Strasbourg 1763.

318 Vgl. Christophe-Guillaume Koch, Tableau des révolutions de l'Europe, depuis le bouleversement de l'Empire d'Occident jusqu'à nos jours, À Lausanne, et se trouve à Strasbourg, chez Bauer et Compagnie, 1771. Avec approbation.

319 Vgl. u. a. Magnus Gottfried Lichtwehr, Fables nouvelles, divisées en quatre livres. Traduction libre de l'allemand de M. Lichtwehr, Strasbourg, Paris J.-G. Bauer, Langlois, 1763; Jacob Christian Schaeffer, Description d'une machine inventée en Angleterre et perfectionnée en Allemagne pour blanchir le linge. Traduit de l'allemand de Mr. Schaeffer, Strasbourg, J. G. Bauer, 1767.

320 Vgl. Kooperation mit der STN.

1772 wurde Jean-George Treuttel offiziell Bauers Geschäftspartner[321]. Mit dem Eintritt Treuttels ins Unternehmen erfuhr dieses einen enormen Aufschwung. Von nun an wurde die Verlagsbuchhandlung unter dem Namen Bauer und Cie. oder Bauer und Compagnie (1772–1778) geführt, bis sie schließlich in Bauer & Treuttel (1777–1783) umbenannt wurde[322]. Treuttel als neuer Geschäftspartner führte nicht nur zu einem starken Anstieg des internationalen Buchhandels, sondern auch zu einer Vielzahl an neuen, ambitionierten Publikationen. Zu diesen ambitionierten Publikationsprojekten zählten Veröffentlichungen unter der Ägide des Altphilologen Richard François Philippe Brunck[323]. Die Publikation der überaus erfolgreichen »Géographie universelle« von Anton Friedrich Büsching hatte Bauer bereits begonnen, bevor Treuttel in das Unternehmen einstieg.

Auch auf der Ebene des internationalen Buchhandels intensivierte sich der Austausch. Ein Beispiel dafür stellte der sprunghafte Anstieg der Korrespondenz mit dem Weimarer Verlagsbuchhändler Friedrich Justin Bertuch dar. Mit der Anzahl der Briefe und Rechnungen stieg auch der Absatz von Bauer und Compagnie in Weimar[324].

1782 wurde die Buchhandlung durch einen unbekannten Reisenden beschrieben: »À onze heures, la pluie ayant cessé, nous sommes sortis pour aller chez différens libraires, chercher quelques livres dont nous avions besoin. M. Bouer [Bauer], rue fladregrace [Fadegass], est le mieux fourni. Son magazin est considérable, sur-tout en livres allemands et plus rares«[325].

Der Unbekannte lobte die Buchhandlung Bauer als die am besten ausgestattete vor allem an deutschen Büchern.

321 Vgl. Buch der Zunft zur Stelz, AS, XI 112.

322 Vgl. zur Verwendung der unterschiedlichen Bezeichnungen der Verlagsbuchhandlung die Korrespondenz zwischen Bauer, Johann Gottfried, Bauer & Cie., Bauer & Treuttel und Treuttel, Jean-George mit der STN. Das Projekt »The French Book Trade in Enlightenment Europe« (FBTEE) von Simon Burrows (Sydney) und Vincent Hiribarren (Leeds) bietet die Möglichkeit der vergleichenden Auswertung der Verkäufe zwischen der STN und den verschiedenen Bezeichnungen der Straßburger Verlagsbuchhandlung. Leider beginnt das Archivmaterial erst 1769, sodass keine langfristigen Untersuchungen zu Bauer möglich sind. Vgl. dazu FBTEE, http://fbtee.uws.edu.au/main/about-the-project/ (1.10.2019).

323 Vgl. Brunck, Analecta veterum poetarum graecorum; ders., Aristophanis Comoediae, Strasbourg, Bauer & Treuttel, 1781.

324 Vgl. erhaltene Briefe, GSA, 6/5286 und 06/87.

325 L'Alsace en 1782 vue par un inconnu, Colmar 1934, S. 33. Hier handelt es sich um eine Briefsammlung eines Reisenden aus Dijon, die 1934 das erste Mal in Auszügen publiziert wurde.

Jean Geoffroy Bauer verstarb am 20. Juli 1781 und hinterließ keinen Sohn, also niemanden, der das Unternehmen in seinem Namen hätte weiterführen können[326]. Seine erste Ehe mit Catharina Dorothée Heitz war kinderlos geblieben. Aus seiner zweiten Ehe mit Jacqueline Graeff war eine Tochter hervorgegangen. Mit seiner dritten Ehefrau Frédérique Caroline Christine Schuch hatte Bauer zwei weitere Töchter: Marguerite Salomé und Sophie Christine. Marguerite Salomé heiratete Louis Chrétien Reuss[327]. 1783 erwarb Treuttel die Buchhandlung Bauer und wurde offiziell dessen Nachfolger. 1796 beglich er seine restlichen Übernahmeschulden, die sich aus dem Erwerb eines Teils des Lagerbestandes zusammensetzten und die 13 000 Livre betrugen. Bauers Witwe erhielt dafür zwei Drittel eines Hauses in Straßburg, das sich in Besitz von Treuttel befand[328].

Treuttel unterschrieb bereits im August 1782 seine Briefe an Bertuch mit »Johann Georg Treuttel successeur à feu M. G. Bauer«[329]. Noch 1784 unterschrieb er eine Quittung mit »Johann Georg Treuttel, Nachfolger und Eigenthümer der Bauerischen Buchhandlung«[330], was auf den Ruf hindeutet, den Bauer sich in Straßburg und darüber hinaus – sogar bis Weimar – erarbeitet hatte und von dem Treuttel als Nachfolger profitieren wollte. Jean Geoffroy Bauer hatte zwar die internationale Verlagsbuchhandlung aufgebaut und den Weg bereitet. Jean-George Treuttel aber machte das Unternehmen zu einem der wichtigsten Europas.

Die Sprache des Verwandtschaftsverhältnisses: Genealogie und Familienpolitik

Die Genealogie der Familie Treuttel und Würtz ist in vielerlei Hinsicht kompliziert. Folglich herrschte in der Forschung nicht immer Einigkeit über die Verwandtschaftsverhältnisse. Einige Familienmitglieder heirateten mehrmals, wechselten den Nachnamen; zudem wurden die gleichen Vornamen über Gene-

326 Vgl. Eintrag des Todes von Johann Gottfried Bauer in das Beerdigungsregister, Straßburg, 20.7.1781, Paroisse protestante (Temple-Neuf et Cathédrale), Registre des enterrements 1778–1785.

327 Vgl. Genealogie von Bauer in Anhang A.

328 Vgl. dazu den Vertrag zwischen Jean-George Treuttel und Caroline née Schuch, veuve de feu le citoyen Jean Geoffroy Bauer, Strasbourg, 22 praireal an quatre de la République, AdBR, 7E57.4/13.

329 Jean-George Treuttel an Friedrich Justin Bertuch, Straßburg, 11.8.1782, GSA, 6/5286,1, Nr. 4.

330 Ibid.

rationen hinweg mehrmals vergeben (z. B. Suzanne Marie über drei Generationen hinweg), was zu Konfusionen führte. So stellte eine Rekonstruktion der Genealogie eine wichtige Aufgabe der vorliegenden Arbeit dar. Diese wurde auf Basis kirchlicher und kommunaler Register sowie der Nachlässe von J.-G. Treuttel und J. G. Würtz rekonstruiert[331]. Die Genealogie verdeutlicht die Wichtigkeit der Familienpolitik als einen zentralen Funktionsmechanismus des Familienunternehmens Treuttel & Würtz. Innerhalb der Familie gab es eine Heiratspolitik und eigene Dynamik, welche die Abhängigkeiten regelte und die mit dem Aufschwung und Erfolg des Unternehmens ebenso korrelierte wie mit dessen Niedergang.

Am 17. Oktober 1785 verfasste Jean-George Treuttel eine ungewöhnliche Bitte an den französischen König:

> Monseigneur
> Jean George Treuttel négociant & libraire à Strasbourg de la confession d'Augsbourg désire épouser sa nièce consanguine la d.^{lle} Susanne Marie Würtz de la même ville & de la même religion, & supplie très humblement & très respectueusement Sa Majesté de daigner lui en accorder la grâce de la dispense telle, qu'elle a eu la clémence de faire pour le S^{r}. Herr nég[ocian]t à Colmar le 23 mars 1784. Il se soumet à la même condition de fournir à la Caisse de bienfaisance publique la somme de douze cents livres[332].

Jean-George Treuttel bat darum, seine Nichte Suzanne Marie Würtz heiraten zu dürfen. Es handelte sich um die Tochter seiner Schwester Suzanne Marie Treuttel, die in erster Ehe mit Georges Christophe Würtz verheiratet gewesen war und zu diesem Zeitpunkt bereits in zweiter Ehe mit Philippe Jacques Kammerer zusammenlebte (siehe die reduzierte Genealogie, Grafik 3). Der Bitte Treuttels wurde entsprochen, unter der Auflage, dass Treuttel 1200 Livre zahle, wie er selbst in seinem Brief vorgeschlagen hatte. Dieses Geld sollte dazu genutzt wer-

331 Die Genealogie wurde auf Basis der kirchlichen (Temple-Neuf, bis 1789) und kommunalen Register in Straßburg, Paris, Groslay und Nonville erstellt. Zudem konnten die »Obsèques« von J.-G. Treuttel, Unterlagen der Notare der Familie und kirchliche Register in England hinzugezogen werden. Vgl. dazu die ausführliche Genealogie der Familie in Anhang A.

332 Brief von Jean-George Treuttel, Straßburg, 17.10.1785, Dossier die *dérogation de mariage* von J.-G. Treuttel betreffend, AS, AA 2425. Vgl. dazu auch Le triple épithalame. Chanté pour les noces de monsieur le conseiller J.-G. Treuttel, citoyen protestant de Strasbourg avec mademoiselle S. M. Würtz par les deux orphelines dotées de leurs bienfaits, une catholique et une protestante, chacune de six cents livres, à Strasbourg le 29 novembre. 1785, BNF, YE-34132. Gedicht zum Dank an J.-G. Treuttel und S. M. Würtz durch die beiden Waisen, bestehend aus einem Titelblatt, zwei Seiten, ohne Druckvermerk.

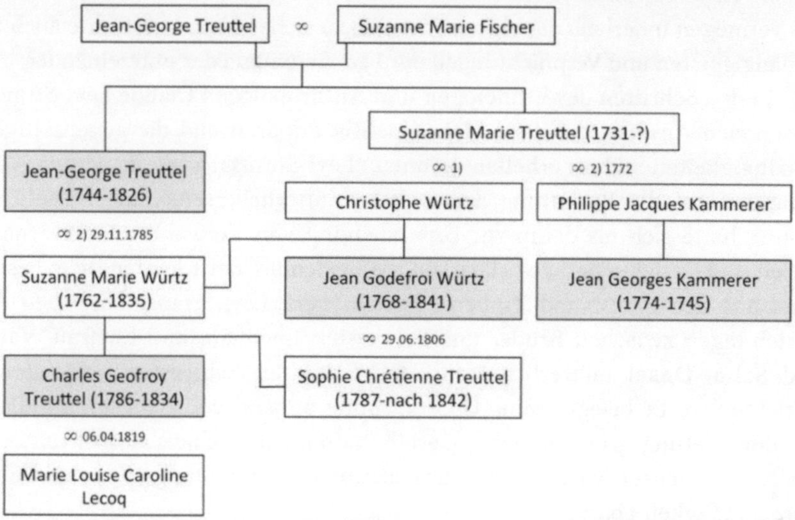

Grafik 3. Vereinfachte Genealogie der Familie Treuttel und Würtz. Die Leiter der Filialen in Paris (Jean-George Treuttel, Jean Godefroi Würtz), Straßburg (Jean Georges Kammerer) und London (Charles Geofroy Treuttel) sind grau unterlegt.

den, sowohl ein katholisches als auch ein evangelisches Waisenmädchen in Straßburg mit einer Mitgift auszustatten, was dann auch geschah.

Schon wenige Wochen später fand die Hochzeit statt (29.11.1785)[333]. Suzanne Marie Würtz, jetzt Treuttel, war die Schwester von Jean Godefroi Würtz, dem späteren *associé* von Jean-George Treuttel und Mitbegründer der Verlagsbuchhandlung. In der nächsten Generation kam es ein zweites Mal zu einer solchen Hochzeit, für die die Familien Treuttel und Würtz eine offizielle Erlaubnis bedurften: Treuttel wurde nun auch Schwiegervater seines Geschäftspartners, denn Jean Godefroi Würtz heiratete dessen Tochter Sophie Chrétienne am 29. Juni 1806 in Paris[334]. Diese Ehe blieb allerdings kinderlos, zumindest wurden zum Zeitpunkt des Todes von Jean Godefroi Würtz keine eigenen Kinder als Erben aufgeführt[335]. Diese Heiratspolitik innerhalb der eigenen

333 Vgl. Ehevertrag zwischen Johann Georg Treuttel und Susanna Maria Würtzin, Notar Greiss, Straßburg, 30.11.1785, AdBR, 6-E-41/894.

334 Vgl. Eintrag der Ehe zwischen Jean Geoffroy Würtz und Sophie Chrétienne Treuttel ins Register der Eheschließungen der Stadt Paris, Paris, 30.6.1806, État civil reconstitué (xvie siècle–1859), AP, V3E/M 1023, http://canadp-archivesenligne.paris.fr/archives_etat_civil/avant_1860_fichiers_ etat_civil_reconstitue/fecr_resultat.php (1.10.2019).

335 Vgl. »Inventaire après décès« von Jean Godefroi Würtz, 1841, AN, MC/ET/I/953.

Familie ist ungewöhnlich und bedarf der Erklärung. Sie diente nicht nur dazu, das Vermögen innerhalb der eigenen Familie zu sichern, sondern führte auch zu Abhängigkeiten und Verpflichtungen der Familienmitglieder untereinander.

In den Schriften des Ethnologen und Anthropologen Claude Lévi-Strauss finden sich Ansätze, die diese Heiratspolitik erklären und die gegenseitigen Abhängigkeiten näher erhellen können. Lévi-Strauss wies in seinen Forschungen auf die Bedeutung des Onkels mütterlicherseits hin[336]. Die Forschung hatte sich bis dahin zur Untersuchung von Verwandtschaftsverhältnissen und Beziehungen vor allem auf die Beziehung der Kleinfamilien, bestehend aus den Eltern und Kindern, konzentriert. Lévi-Strauss beschrieb die Beziehungen zwischen Bruder und Schwester, Ehemann und Ehefrau, Vater und Sohn, Onkel mütterlicherseits und Sohn der Schwester sowie deren Beziehungen. Er belegte seine Untersuchung anhand von Beispielen indigener Bevölkerungsgruppen, deren Gesellschaften patriarchalisch oder matriarchalisch aufgebaut waren, und leitete daraus fünf Beziehungstypen und eine Gesetzmäßigkeit ab.

> Cette structure repose elle-même sur quatre termes (frère, sœur, père, fils) unis entre eux par deux couples d'oppositions corrélatives, et tels que, dans chacune des deux générations en cause, il existe toujours une relation positive et une relation négative. [C]ette structure est la structure de parenté la plus simple qu'on puisse concevoir et qui puisse exister[337].

In der Familie Treuttel/Würtz gibt es über zwei Generationen hinweg gleich drei solcher Beziehungen zwischen Onkel mütterlicherseits und Sohn der Schwester: in der ersten Generation handelt es sich um die Paare Jean-George Treuttel und Jean Godefroi Würtz sowie Jean-George Treuttel und Jean Georges Kammerer. In der zweiten Generation findet sich diese Konstellation in der Paarung Jean Godefroi Würtz und Charles Geofroy Treuttel.

Die erste dieser beiden Onkel-Neffe-Beziehungen lässt sich leicht einem Typ zuordnen. Jean-George Treuttel unterstützte seinen Neffen bei seiner Karriere, förderte ihn, machte ihn zu seinem Geschäftspartner und gab ihm später sogar seine Tochter zur Frau. Auf dieser Beziehung gründete die Verlagsbuchhandlung Treuttel & Würtz. Die Beziehung zwischen Treuttel und seiner Schwester scheint eng und familiär gewesen zu sein. Hingegen war der Vater von Jean Godefroi Würtz früh gestorben. Seine Mutter Suzanne Marie heiratete bereits vier Jahre nach der Geburt ihres Sohnes ihren zweiten Ehe-

336 Vgl. Kap. »Langage et parenté« in: Claude Lévi-Strauss, Anthropologie structurale, Paris 2014 [1958], S. 42–82. Ich danke Michel Espagne herzlich für diesen Lektürehinweis.

337 Ibid., S. 62.

mann, sodass Würtz mit einem Stiefvater aufwuchs. Es liegt nahe, dass diese Beziehung nicht so eng war wie seine Beziehung zu seinem Onkel, der ihn unterstützte und seine Karriere förderte. Nach Lévi-Strauss dürfte die Beziehung zwischen der Mutter von Jean Godefoi Würtz und ihren Ehemännern nicht besonders eng gewesen sein.

In dieser Generation gibt es noch eine weitere Onkel-Neffe-Beziehung, nämlich zwischen dem Sohn, den Jean-George Treuttels Schwester Suzanne Marie mit ihrem zweiten Ehemann Philippe Jacques Kammerer hatte. Auch dieser Sohn, der übrigens die gleichen Vornamen trug wie sein Onkel und Großvater, Jean Georges, war im Familienunternehmen aktiv. Er war Leiter der Straßburger Filiale[338], als Jean-George Treuttel und Jean Godefroi Würtz in Paris an der Spitze des Unternehmens standen.

In der zweiten Generation bestand die Onkel-Neffen-Beziehung zwischen Jean Godefroi Würtz und Charles Geofroy Treuttel. Charles Geofroy wurde mit dem Namen Carl Gottfried Treutel ins Taufregister eingetragen[339]. Da die Familie in Straßburg deutsch sprach und die protestantischen Kirchenregister ebenfalls in deutscher Sprache gehalten sind, ist der deutsche Name nicht verwunderlich. Der zweite Name Gottfried ist kein seltener Name, aber er ist auch die deutsche Übersetzung des zweiten Namens seines Onkels mütterlicherseits, Jean Godefroi Würtz oder Johann Gottfried Würtz. Der Name findet sich außerdem auch als zweiter Vorname des Buchhändlers Jean Geoffroy Bauer (Johann Gottfried Bauer) wieder. Auch Charles Geofroy Treuttel war im Familienunternehmen aktiv. Ab 1817 leitete er gemeinsam mit dem langjährigen Mitarbeiter Adolphe Richter die Filiale in London[340]. Die Voraussetzungen für Charles Geofroy Treuttel waren günstig: Das Unternehmen befand sich im Aufschwung, sein Vater und sein Onkel hatten seinen Weg vorgezeichnet und mit 31 Jahren wurde er mit der Leitung der neu eröffneten Filiale in London betraut. Dennoch stellte die Londoner Zweigstelle (vor allem im Vergleich zum Pariser Stammhaus) einen Misser-

338 Vgl. Brief von Adrien de Lezay-Marnésia (Präfekt des Departements Bas-Rhin) an Jacques-Frédéric Brackenhoffer (Bürgermeister von Straßburg), Straßburg, 6.7.1813, AS, 269MW94. In diesem Brief beschreibt Lezay-Marnésia, dass Jean Georges Kammerer und Jean Daniel Paul Weise ihr *brevet de libraire* (offizielle Erlaubnis für die Tätigkeit als Buchhändler in Frankreich) für Treuttel & Würtz (Straßburg) verliehen wurde. Kammerer hat den Erhalt des *brevet* auf dem Brief quittiert. Vgl. außerdem den Nekrolog: Reden gehalten beim Begräbniß des Hrn. J. G. Kammerer, ehemaligen Buchhändlers, gestorben den 2. Juli 1845, im Alter von 71 Jahren. Straßburg, gedruckt bei G. Silbermann, Thomasplatz, 3. 1845, MS-FP, EPI T6 N4.

339 Vgl. Taufeintrag von Carl Gottfried Treuttel, AdBR, Paroisse protestante (Temple-Neuf et Cathédrale), B 1784–1788.

340 Vgl. Geschäftsrundschreiben von Treuttel & Würtz, 1.2.1817, BNF, 8° Q10B.

folg dar. Charles Geofroy Treuttel verstarb bereits 1834[341], was zu einem Problem in der Nachfolge des Familienunternehmens führte. Charles Geofroy Treuttel hatte keine Tochter seines Onkels mütterlicherseits geheiratet, da dieser kinderlos geblieben war. Möglicherweise war die Beziehung zwischen Charles Geofroy Treuttel und Jean Godefroi Würtz nicht von gleicher Innigkeit geprägt wie die zwischen Jean Godefroi Würtz und Jean-George Treuttel? Es bleibt unerheblich. Charles Geofroy Treuttel starb bereits wenige Jahre nach seinem Vater und noch vor seinem Onkel mütterlicherseits, weshalb er die Verlagsbuchhandlung nicht weiterführen konnte. Die Onkel-Neffen-Beziehung hatte nicht in eine neue Generation übertragen werden können.

Claude Lévi-Strauss beschrieb dieses Prinzip des Verwandtschaftsverhältnisses zwischen Onkel und Neffen wie folgt:

> Observons d'abord que le système de parenté ne possède pas la même importance dans toutes les cultures. Il fournit à certaines le principe actif qui règle toutes les relations sociales, ou la plupart d'entre elles. Dans d'autres groupes, comme notre société, cette fonction est absente ou très diminuée; dans d'autres encore, comme les sociétés des Indiens des Plaines, elle n'est que partiellement remplie. Le système de parenté est un langage; ce n'est pas un langage universel, et d'autres moyens d'expression et d'action peuvent lui être préférés[342].

Im Familienunternehmen Treuttel & Würtz stellte die Beziehung zwischen Onkel mütterlicherseits und Neffe ein »aktives Prinzip« dar, das die sozialen Beziehungen, die gegenseitige Abhängigkeit, Verpflichtung und Verantwortung gegenüber dem Familienunternehmen regelte. Es handelte sich um eine »Sprache«, die durch den fehlenden Nachwuchs bei Jean Godefroi Würtz und Jean Georges Kammerer nicht weitergesprochen werden konnte. Die innere, familiäre Struktur stellte eine Bedingung für die Verantwortlichkeit gegenüber dem Familienunternehmen dar. Nicht nur der direkte Nachwuchs blieb aus, auch waren die Schwiegersöhne, die nun das Unternehmen führten, nicht in der Lage, es nach der gleichen inneren familiären Struktur zu führen wie ihre Vorgänger, worin ein Grund für den Niedergang und die sich entwickelnde Bedeutungslosigkeit der Verlagsbuchhandlung zu suchen ist.

Während Jean Godefroi Würtz und Jean Georges Kammerer kinderlos blieben, hatte Jean-George Treuttel drei Nachkommen, die ein gewisses Alter erreichten und Ehen eingingen. Sein Sohn Charles Geofroy (1786–1834), desig-

341 Vgl. Eintrag zum Tod J.-G. Treuttels, État civil, registres paroissiaux, état civil et tables décennales, Nonville (Seine-et-Marne, 77), après 1830 et avant 1840, AdSM, 6E358/5 1812–1835.

342 Lévi-Strauss, Anthropologie structurale, S. 64.

nierter Nachfolger, war zunächst Leiter der Londoner Filiale, verstarb allerdings bereits vor seinem Onkel J. G. Würtz. Die Tochter Sophie Chrétienne wurde mit Jean Godefroi Würtz verheiratet und blieb ohne Nachkommen. Die zweite Tochter Eugénie Pérégrine wurde zweimal verheiratet, allerdings stammten ihre Ehemänner nicht aus dem Milieu des Buchhandels, sondern dem des Adels und der Schriftsteller oder Höflinge. Diese Wahl reflektiert weniger die Suche nach einem Nachfolger der Verlagsbuchhandlung als vielmehr das Milieu, dem sich die Familie zugehörig fühlte und welches sie mit Publikationen bediente. Alcibiade François Théophile Fieffe de Lievreville, den Eugénie Pérégrine 1815 heiratete[343], stammte aus einer adligen Familie[344] und war Kammerherr des Königs Friedrich I. von Württemberg. Er lebte gemeinsam mit seiner Mutter in Straßburg. 1815 besaß er außerdem ein ziviles Ritterkreuz des Königreichs Württemberg. Aufgrund des frühen Todes ihres Ehemannes (1817) wurde Eugénie Pérégrine Treuttel 1824 ein zweites Mal verheiratet. Auch diesmal scheinen die Eltern die Verbindung nicht nach der Eignung des Schwiegersohnes für das Geschäft, sondern auf Grundlage der sozialen Herkunft ausgesucht zu haben. Jacques Henri Édouard Jung (1798–1866) war ein Sohn des Schriftstellers und Höflings Franz Wilhelm Jung (1757–1833), der zunächst Jakobiner gewesen war, 1814 Generalsekretär des Departments von Donnersberg und seit 1816 als Geheimrat am Hof des Landgrafen von Hessen-Homburg beschäftigt. F. W. Jung stand in engem Kontakt zu Fichte, Hölderlin, Jean Paul und Isaak von Sinclair. Auch Lavater und Friedrich Schiller hatte er getroffen[345].

Zum Zeitpunkt der Eheschließung (1824) zwischen Eugénie Pérégrine Treuttel und Jacques Henri Édouard Jung lebte Charles Geofroy Treuttel noch und leitete die Londoner Filiale. Jung war also vermutlich nicht als Nachfolger für die Buchhandlung ausgewählt worden. 1829 allerdings – J.-G. Treuttel war 1826 verstorben – äußerte sich Charles Geofroy in einem Brief an seinen Onkel Kammerer besorgt über die Nachfolge in der Leitung des Pariser Unternehmens: »L'oncle [J. G. Würtz] est bien portant, Dieu merci, mais en cas de maladie qui pourroit le remplacer? _Jung_ non n'étant pas élevé dans cette patrie malgré toute sa bonne volonté il en est incapable, et du reste des commis il n'en faut pas parler«[346]. Trotzdem hat Jung aufgrund des Mangels an anderen männ-

343 Vgl. Ehevertrag zwischen Alcibiade François Théophile Fieffe de Lievreville und Eugénie Pérégrine Treuttel, Paris, 13.5.1815, AN, MC/ET/I/746.

344 Seine Eltern waren Léon Théophile Fieffe de Lievreville und Marie Dorothée Louise de Wimpffen.

345 Vgl. Martin Glaubrecht, Art. »Jung, Franz Wilhelm«, in: NDB, Bd. 10 (1974), S. 672–674.

346 Charles Geofroy Treuttel an Jean Georges Kammerer, La Nosaye, 30.12.1829, MS-FP, Ms 722, Nr. 156.

lichen Nachkommen das Pariser Unternehmen nach dem Tod von Jean Godefroi Würtz übernommen.

Die Familienstruktur von Treuttel und Würtz war stark konservativ und patriarchalisch geprägt, auch wenn der Ausbildung der Frauen und Ehefrauen ebenso Bedeutung beigemessen wurde. Suzanne Marie Treuttel (geb. Würtz) hatte die Schule des Pastors Oberlin besucht[347], sprach deutsch, französisch, vermutlich englisch. Sie las von ihrem Ehemann verlegte Werke wie die »Œuvres posthumes« von Friedrich II. von Preußen[348]. Dennoch war ihr die Rolle der Ehefrau und Mutter zugedacht. Mit Jean-George Treuttel hatte sie zwölf Kinder[349]. Sie vertrat die damals neue, bürgerliche Auffassung, dass eine Mutter ihre Kinder selbst stillen müsse[350]. Im Unternehmen war eine Tante von Charles Geofroy Treuttel aktiv und arbeitete an der »Encyclopédie des gens du monde« und an Ausgaben von Sismondi[351]. Dennoch wurde sie an keiner Stelle offiziell erwähnt. Zu keinem Zeitpunkt leitete eine Frau das Familienunternehmen. Die Töchter wurden verheiratet und es wurde auf die Fähigkeiten der Schwiegersöhne gesetzt, die sich – da angeheiratet – nicht mehr in der fruchtbaren Beziehung des Neffen zum Onkel mütterlicherseits befanden. Die Sprache, die alles innerhalb der Familie und des Unternehmens regelte, verstummte und damit auch deren Erfolg und Ausstrahlung.

»La Comédie humaine«: Selbstverständnis und Religion

Das Musée historique de la ville de Strasbourg besitzt zwei Porträtmedaillons von Jean Geoffroy Bauer und seiner letzten Ehefrau[352]. Die beiden Pastelle sind 55,5 × 45 cm groß und zeigen den Buchhändler und seine Ehefrau im Halbprofil vor dunklem Hintergrund. Beide tragen für das ausgehende 18. Jahrhundert

347 Vgl. Barber, Treuttel and Würtz, S. 119.

348 Vgl. Angabe im Eintrag von Suzanne Marie Treuttel in das Stammbuch von Charles Frédéric Treuttel, o. O., o. J., GNM, Hs. 113062, S. 74r., http://dlib.gnm.de/item/Hs113062/html/1 (1.10.2019).

349 Vgl. Goepp, Service funèbre, S. 10 f. Vgl. ausführliche Genealogie der Familie Treuttel in Anhang A.

350 Vgl. Briefe von Suzanne Marie Treuttel an Johann Gottfried Ebel, 1826–1828, ZB, Ms Z II 517.

351 Vgl. Charles Godefroi Treuttel an Jean Georges Kammerer, Paris, 12.1.1842, MS-FP, Ms 722, Nr. 132.

352 Vgl. die Porträts von Jean Geoffroy Bauer und Frédérique Caroline Christine Schuch in Anhang D. Ich bedanke mich bei Sylviane Hatterer (Musée historique de la ville de Strasbourg) für ihre großzügige Auskunft und die Bereitstellung des Fotos.

typische Kleidung und Perücken. Obwohl es sich um qualitativ sehr hochwertige Pastelle handelt, scheinen die Porträts für den privaten Gebrauch gedacht gewesen zu sein. Nichts deutet auf den Beruf Bauers hin. Vermutlich waren die Bilder in Familienbesitz, bis Paul Reuss sie 1918 dem Musée des Arts décoratifs in Straßburg übergab[353].

Von Jean-George Treuttel hingegen existiert nicht nur ein Porträtmedaillon in Form einer Lithografie[354], sondern sogar ein repräsentatives Gemälde (Abb. 4)[355]. Dieses entstand um 1820, also kurz vor dessen Tod 1826. Auch ein vergleichbares Porträt seiner Ehefrau Suzanne Marie Treuttel (Abb. 7) ist erhalten. Beide Porträts wurden von Johan Görbitz (1782–1853) angefertigt. Nicht nur das Material (Öl auf Leinwand), sondern auch die Größe der beiden Gemälde (J.-G. Treuttel: 92 × 73,5 cm; S. M. Treuttel: 92 × 73 cm) deuten auf deren repräsentativen Charakter hin, der sich auch in der Darstellung der Porträtierten mit symbolischen Gegenständen widerfindet. Beide Gemälde befanden sich in Familienbesitz und wurden 1937 von Garhon-Jung dem Musée des Beaux-Arts geschenkt.

Johan Görbitz (1782–1853) war ein ursprünglich aus Skandinavien stammender Maler, Grafiker und Daguerrotypist. Nach seiner Ausbildung in Kopenhagen reiste er nach Dresden (1807) und Wien (1808). Im Zeitraum von 1809–1836 hielt er sich vor allem in Paris auf, besuchte aber auch die Schweiz (1822) und Italien (1833–1834), um danach nach Christiania (Oslo) zu ziehen. Sein Stil war zunächst durch die klassische französische Tradition gekennzeichnet. In Dresden orientierte er sich an Caspar David Friedrich; in Paris war er im Atelier von Antoine-Jean Gros angestellt. Neben religiösen Themen und Landschaften war er auf die Porträtmalerei spezialisiert[356]. Kristine Fresvig charakterisiert die

353 Vgl. die Anmerkungen von Paul Reuss auf der Rückseite der beiden Porträts zu den Nachkommen von Jean Geoffroy Bauer und Frédérique Caroline Christine Schuch, bei denen es sich um seine Urgroßeltern handelte.

354 Vgl. das Porträt in Anhang D. Es handelt sich um eine Lithografie, die nach einem anderen Vorbild als dem hier beschriebenen des Musée des Beaux-Arts in Straßburg angefertigt wurde. J.-G. Treuttel trägt andere Kleidung, zudem sieht er auf der Lithografie sehr viel jünger aus. Im Untertitel der Lithografie ist vermerkt, dass diese nach einem Gemälde von Bein und durch den Stecher Carbonnier in London angefertigt wurde. Vermutlich ist dies falsch. Bein war ein renommierter französischer Stecher, wohingegen Carbonnier Maler war. Vgl. dazu auch die beiden Porträts von J. G. Würtz und J. G. Kammerer in Anhang D. Diese drei Lithografien befinden sich sowohl im Musée historique de la ville de Strasbourg als auch im Deutschen Buch- und Schriftmuseum (Leipzig).

355 Ich danke sehr herzlich Céline Marcle (Musée des Beaux-Arts Straßburg) sowohl für ihre Hilfe bei der Recherche als auch für den Besuch des Museums und dessen Magazin, in dem sich die Porträts von J.-G. Treuttel und seiner Ehefrau befinden.

356 Vgl. Kristine Fresvig, Art. »Görbitz, Johan«, in: Allgemeines Künstlerlexikon.

Abb. 4. Johan Görbitz, Portrait du libraire Treuttel, um 1820, Öl auf Leinwand, 92 × 73,5 cm, Straßburg, Musée des Beaux-Arts, Inv.-Nr. 1519. Foto: M. Bertola.

von Görbitz angefertigten Porträts als »einfach« und »genau«[357], was auch auf die naturalistische Darstellung der Porträts des Ehepaares Treuttel zutrifft.

Im Gegensatz zu den Bildnissen von Jean Geoffroy Bauer und seiner Ehefrau, die ausschließlich die Porträtierten abbilden, sind Jean-George Treuttel und seine Ehefrau Suzanne Marie Treuttel mit zahlreichen Gegenständen und in einem so geschaffenen sozialen Kontext abgebildet. Neben den eigentlichen Bildnissen der Personen stellen diese ein soziales Porträt dar.

Dieses soziale Porträt wird ermöglicht durch die Wahl eines Kniestückes, d. h. Treuttel und seine Frau sind beide bis zum Beginn der Knie abgebildet, sitzend, was Raum für die Darstellung von Gesten und Gegenständen ließ. Im Vergleich dazu ließen sich der Buchhändler Bauer und seine Frau in Form eines Schulterstücks porträtieren. Die Bildnisse von Treuttel und seiner Frau erfüllen neben der Funktion der naturalistischen Wiedergabe der Person auch die Funktion eines sozialen Porträts. Über die mit den Eheleuten abgebildeten Attribute lassen sich Rückschlüsse auf das Selbstbild und das Selbstverständnis der Dargestellten schließen.

Betrachtet man das Bild, so sieht man zunächst einen älteren Herrn – Treuttel war im Jahr 1820 76 Jahre alt. Das Gemälde ist unten links mit »J.G.« signiert, die nicht nur die Initialen des Malers, sondern auch die des Vornamens seines Modells darstellen. Treuttel sitzt auf einem Stuhl, dessen Lehne mit einem Löwenkopf verziert ist. Sein Kopf ist im Dreiviertelprofil nach rechts gedreht, er sieht den Betrachter des Bildes an. Den rechten Arm hält er eng am Körper und mit der Hand hält er ein Buch fest, welches er auf seinen Beinen abgelegt hat. Das Buch, in grünes Leder gebunden und mit Goldprägung verziert, weist ein Oktav-Format auf. Es ist geschlossen, aber Treuttel markiert mit seinem Daumen seine Lesestelle. Einerseits stellt das teure Buch den sozialen Status des Besitzers dar, andererseits seine Bildung und Belesenheit. Der Titel des Buches ist nicht lesbar. Es wirkt, als wäre Treuttel eben noch in die Lektüre vertieft gewesen, die er unterbrochen hat, um den Betrachter des Bildes anzusehen.

Der linke Arm ist auf einem funktionalen, schlichten Schreibtisch abgelegt. Hinter der Hand befindet sich ein Tintenfass mit zwei Federn. Auf dem Behälter für die Schreibutensilien steht die Initiale »T«. Die Gegenstände spiegeln Treuttels Selbstbewusstsein und den Wert, den das Geschriebene für ihn besaß. Er ist in einem Innenraum, einer Studierstube dargestellt, so wie es für den Typus des Gelehrtenbildes seit der Frühen Neuzeit üblich war. So malte Jean-Honoré Fragonard Denis Diderot 1769 kurz nach Veröffentlichung der »Encyclopédie« in seiner Studierstube[358].

357 Ibid.

358 Öl auf Leinwand, Musée du Louvre, vgl. Andreas Beyer, Das Porträt in der Malerei, München 2002, S. 247, 272.

Auf dem Schreibtisch im Bildhintergrund befindet sich ein Repositorium, in dem sich zahlreiche Schriftstücke, möglicherweise auch ungebundene Bücher, befinden. Auf dem Regal liegen drei weitere Bücher, als wären sie nicht aufgeräumt, sondern nach der Benutzung gerade dort abgelegt worden. Diese Gegenstände gehören zur ikonografischen Darstellung des Buchhändlers oder Verlegers[359], aber auch des Schriftstellers.

Die Farben des Gemäldes sind dunkel, gedeckt, vor allem in braun, grau, schwarz gehalten. Ausnahmen stellen die Haut an Gesicht und Hals, die weißen Haare und der Kragen dar, auf die die Aufmerksamkeit des Betrachters gelenkt werden. Treuttels Haare sind auffällig: weiß, etwas länger, bis zu den Ohren, sehr voluminös, aber fein. Die rechte dunkelbraune Augenbraue steht nach oben ab, was dem ansonsten sehr beherrscht wirkenden Treuttel etwas Individuelles verleiht.

Jean-George Treuttel trägt eine schwarze schlichte Jacke, darunter ein weißes Hemd. Dessen Kragen ist mit dem einzigen Schmuckstück des Gemäldes zusammengehalten, einer Nadel. Er trägt eine graue Hose. Seine Kleidung wirkt hochwertig, aber schlicht und relativ einfach gemessen an seiner Position. Das Bild strahlt große Ruhe, Besonnenheit und Kontrolliertheit aus. Es stellt mit ostentativer Bescheidenheit das Selbstbewusstsein des Verlagsbuchhändlers dar.

Zu Beginn des 19. Jahrhunderts entstanden immer mehr Porträts, die das mit der Französischen Revolution entwickelte bürgerliche Selbstbewusstsein ausdrückten[360]. Auch Verleger, Buchhändler und Redakteure ließen neuartige Porträts von sich anfertigen, die oftmals ihre Macht und ein neues Selbstverständnis ausdruckten. In diesem Kontext ist das Bildnis Treuttels zu interpretieren.

Bereits im 16. und 17. Jahrhundert lassen sich Porträts von Verlegern nachweisen. Tintenfass, Feder, Handschuhe, Papierrollen oder Bücher gehörten bereits zu diesem Zeitpunkt zur Ikonografie des Verlegers. Im frühen 18. Jahrhundert war auch die Darstellung des Verlegers als Kaufmann mit seinem Rechnungsbuch üblich[361]. Sandra Oster machte in ihrem Artikel zum Verlegerporträt sowohl den Typus des Künstlers als auch den des »selbstbewusste[n] Unternehmer[s] als ein wichtiges Mitglied der bürgerlichen Gesellschaft«[362] aus.

Im direkten Vergleich auf der thematischen Ebene des zeitgenössischen Verlegerporträts aus der ersten Hälfte des 19. Jahrhunderts sind das Porträt Johann

359 Vgl. Sandra Oster, Repräsentation und Erinnerung – Funktionen des Verlegerporträts im Kaiserreich, in: AGB 68 (2013), S. 155–171.

360 Vgl. Beyer, Das Porträt in der Malerei, S. 291.

361 Vgl. Oster, Repräsentation und Erinnerung, S. 159.

362 Ibid., S. 160.

Friedrich Cottas von Karl Jacob Theodor Leybold und das Porträt des Redakteurs des »Journal des débats«, Louis-François Bertin, von Ingres, zu nennen.

1833 stellte Jean-Auguste-Dominique Ingres sein Porträt von Louis-François Bertin (1832; Abb. 5) im Pariser Salon aus. Dies stellte den Verleger und Redakteur Bertin und den »Aufstieg des Bürgertums zu wirtschaftlicher und politischer Potenz«[363], wie Andreas Beyer treffend formulierte, dar. Obwohl das Bildnis Bertins eine vollkommen andere Botschaft vermittelt als das Treuttels, ist doch festzuhalten, dass beide auf einem ähnlichen Stuhl sitzend dargestellt sind. Die Gestik Bertins ist allerdings grundverschieden. Während das Porträt Treuttels in einer Gelehrtentradition steht, präsentiert sich Bertin mächtig und sich selbst genügend. Im Vergleich zu Bertin, der übergewichtig und Raum einnehmend mit weit ausladenden Armen und Beinen dargestellt ist, wirkt Treuttel sehr schlank, sogar mager. Treuttel trägt weder eine teure seidene Weste noch eine Uhr wie Bertin. Der einzige Schmuck Treuttels ist die notwendige Nadel am Kragen sowie das Buch, das er in den Händen hält. Im Vergleich zu Bertin, der Raum einnehmend, mächtig und selbstbewusst wirkt, wirkt Treuttel zurückhaltend, bescheiden, demütig, gelehrt. Bei Bertin finden sich keine Attribute, die seinen Beruf ausdrücken, er wird vielmehr als selbstbewusster Bürger dargestellt. Beyer sieht das Porträt denn auch als »bürgerliches Pendant«[364] zum Porträt Louis XIV. von Rigaud, in dem dieser emblematisch seinen Herrschaftsanspruch ausdrückte. Ein solcher ist dem Bildnis Treuttels fern.

Eine deutliche Machtposition vermittelt auch das Porträt des Verlegers Johann Friedrich Cotta von Karl Jacob Theodor Leybold (Abb. 6). Stehend, mit Degen und Mantel, Schriftrolle auf dem Tisch, womöglich ein offizielles Dokument, stellte sich Cotta als selbstbewusster Verleger, Unternehmer und Politiker dar[365]. Cotta hatte als Vertreter des deutschen Buchhandels am Wiener Kongress teilgenommen. Mit dem Bildnis Bertins hat das Porträt Cottas den Herrschaftsanspruch und das Selbstbewusstsein des Bürgertums gemein. Der Beruf Cottas, der des Verlagsbuchhändlers, ist auf dem Bildnis ebenso wenig zu erahnen wie bei Bertin.

Alle drei Porträts entstanden in den 1820er und 1830er Jahren. Allein die Tatsache, dass die Auftraggeber ein solch hochwertiges Porträt von sich anfertigen ließen, lässt auf das neue Selbstbewusstsein des Bürgertums und speziell des Buchwesens schließen. Insofern können sie als ein Typ des erfolgreichen, großbürgerlichen, aufgestiegenen Verlagsbuchhändlers betrachtet werden.

363 Beyer, Das Porträt in der Malerei, S. 296.

364 Vgl. ibid.

365 Ders., Cotta posiert in bonapartischer Geste, in: Helmuth Mojem, Barbara Potthast (Hg.), Johann Friedrich Cotta. Verleger, Unternehmer, Technikpionier, Heidelberg 2017, S. 51–59.

Abb. 5. Jean-Auguste-Dominique Ingres, Louis-François Bertin, 1833, Öl auf Leinwand, 116 × 95 cm, Paris, Musée du Louvre. Foto: Musée du Louvre, Dist. RMN-Grand Palais/ Angèle Dequier.

Abb. 6. Karl Jacob Theodor Leybold, Johann Friedrich Cotta, um 1824, 220 × 168,5 cm, Öl auf Leinwand, DLA CA, B 68.55.

Wenige Jahre später begann Honoré de Balzac mit seiner »Comédie humaine« die französische Gesellschaft der Restauration anhand verschiedener Typen von Menschen darzustellen. Betrachtet man die Porträts, so entsteht der Eindruck eines neuen Typus des Verlagsbuchhändlers, dessen Selbstbewusstsein sich anhand ihrer Porträts festmachen lässt.

Cotta und Treuttel arbeiteten zum Zeitpunkt der Entstehung der Porträts bereits jahrzehntelang eng zusammen. Beide waren, als sie die Bildnisse anfertigen ließen, erfolgreiche Verlagsbuchhändler – am Ende ihrer Karriere. Treuttel ließ das Porträt wenige Jahre vor seinem Tod anfertigen, kurz bevor er aus der Verlagsbuchhandlung ausschied. Auch Cotta sollte nur wenige Jahre älter werden. Die beiden Verlagsbuchhändler wählten fast schon konträre Darstellungen ihres jeweiligen Porträts. Ihr Selbstverständnis unterschied sich deutlich. Während das Bildnis Cottas einen Herrschaftsanspruch vermittelt, ließ sich Treuttel bewusst bescheiden als Gelehrter oder Schriftsteller darstellen. Beide Bilder bedienen sich bekannter Attribute ikonografischer Darstellung, aber mit stark unterschiedlicher Zielsetzung. Treuttel ließ sich mit Gegenständen, die seinen Beruf symbolisieren, darstellen, wohingegen Cotta sich eher als Politiker, Unternehmer, vielleicht Staatsmann in bonapartistischer Tradition abbilden ließ[366].

Beide Verlagsbuchhändler ließen auch ihre Ehefrauen porträtieren. Auch diese Porträts unterscheiden sich stark. Das Bildnis Suzanne Marie Treuttels stellte wie das ihres Ehemannes Bescheidenheit und Zurückhaltung dar. Treuttel ließ sich in zeitgenössischem Gewand und Frisur ebenfalls sitzend porträtieren. Ihre rechte Hand liegt auf einem dicken, aufgeschlagenen Buch, vermutlich der Bibel. Darauf ist eine Brille abgelegt. Es handelte sich also um eine sehr gläubige Frau, jedenfalls wollte oder sollte sie so wahrgenommen werden (Abb. 7).

In der linken Hand hält sie eine Strickarbeit, was ihr einen bescheidenen und bürgerlichen Eindruck verleiht. Auf dem Tisch neben dem aufgeschlagenen Buch liegen eine Schere (die sie vermutlich beim Stricken benötigt) sowie eine Farbpalette. Suzanne Marie Treuttel hat in ihrer freien Zeit demnach vermutlich auch gemalt. Hinter dem aufgeschlagenen Buch sind zwei weitere Bücher zu erkennen. Auf einem der Buchrücken lässt sich der Name Gellert entziffern. Christian Fürchtegott Gellert war ein Dichter der ersten Hälfte des 18. Jahrhunderts, der besonders für seine Fabeln und Erzählungen bekannt war. Gellert, der auch evangelische Theologie studiert hatte, wurde im 18. Jahrhundert viel gelesen und verehrt. Seine Werke stehen für das Kleinbürgerliche, für Tugend und Moral[367]. Im Hintergrund ist ein roter Vorhang zu sehen.

366 Vgl. ibid.

367 Vgl. Kurt Wölfel, Art. »Gellert, Christian Fürchtegott«, in: NDB, Bd. 6 (1964), S. 174f.

Abb. 7. Johan Görbitz, Portrait de la femme du libraire Treuttel, um 1820, Öl auf Leinwand, 92 × 73 cm, Straßburg, Musée des Beaux-Arts, Inv.-Nr. 1520, Foto: M. Bertola.

Das Porträt Suzanne Marie Treuttels wurde zeitgleich mit dem ihres Ehemannes vom gleichen Maler angefertigt. Unten links hat der Maler das Werk mit seinem französisierten Namen Jean Goerbitz signiert. Suzanne Marie Treuttel wurde kleinbürgerlich, bescheiden, gebildet und sehr gläubig dargestellt. Ebenso wie das Bildnis ihres Ehemannes strahlt ihr Porträt demonstrativ Bescheidenheit aus. Es ist darauf hinzuweisen, dass die Verlagsbuchhandlung Treuttel & Würtz sich zu Beginn der 1820er Jahre in ihrer Blüte befand. Mit den drei Filialen in Straßburg, Paris und London hatte die Verlagsbuchhandlung ihre maximale geografische und unternehmerische Größe erreicht. Sie belieferte die bedeutendsten Bibliotheken Europas und 1820/21 erschien im Verlag die erste Gesamtausgabe der Werke von Germaine de Staël, die mehrere Neuauflagen erfuhren und einen Teil des Erfolgs des Verlags symbolisieren. Der Erfolg der Verlagsbuchhandlung und deren Ausdehnung standen der Cotta'schen Verlagsbuchhandlung in nichts nach, sodass Treuttel sich durchaus ebenfalls in einem Herrscherporträt hätte darstellen lassen können. Dass er sich diese offensichtliche Zurschaustellung dennoch nicht zu eigen machte, lässt tief in sein Selbstverständnis blicken.

Dennoch scheint Treuttels Bildnis einem inhärenten Widerspruch zu unterliegen. Zwar bringt es Bescheidenheit zum Ausdruck, jedoch spricht allein die Tatsache, dass er sich und seine Frau so aufwendig malen ließ, für ein stark ausgeprägtes Selbstbewusstsein. Hinzu kommt die Art und Weise, wie er sich darstellen ließ: mit Attributen, die sowohl auf seine Arbeit als Verlagsbuchhändler (Tintenfass, Feder, Bücher, Papiere) als auch auf die Arbeitsmaterialien eines Gelehrten, Schriftstellers oder Intellektuellen hinweisen. Auch die Darstellung in seinem Schreibkabinett greift auf eine lange Tradition in der Malerei zurück, mit der Gelehrte dargestellt wurden. Man könnte ihm in seiner ostentativen Zurschaustellung von Bescheidenheit also durchaus etwas Anmaßung unterstellen.

Wie sich auch anhand des Bildnisses von Suzanne Marie Treuttel ablesen lässt, war die Familie Treuttel und Würtz sehr religiöse Lutheraner. Dies mag ein Grund für die schlichte Kleidung, den wenigen Schmuck und die Bescheidenheit sein. Ebenso kann es erklären, weshalb Treuttel sich bei seiner Arbeit, in seinem Beruf, darstellen ließ. Die protestantische Religion zieht sich durch das Leben der Familie und deren Verlagsbuchhandlung, Autoren, Veröffentlichungen und Kunden wie ein Leitmotiv. An dieser Stelle soll sie aus der Perspektive der Familie Aufschluss über das Selbstverständnis und die Motivation liefern. Zunächst werden neben den Porträts weitere Beispiele für die Religiosität der Familie geliefert, um dann in einem zweiten Schritt die Auswirkungen dieser Haltung auf die Verlagsbuchhandlung zu untersuchen.

Als die »Encyclopédie des gens du monde« (1833–1844) im Verlag Treuttel & Würtz erschien, enthielt sie auch einen Artikel über Jean Godefroi Würtz.

In diesem wurde die Bedeutung der Religion als Motivation für Würtz beschrieben:

> Car tels ont été, pendant toute leur longue carrière, les deux honorables négociants dont la librairie, sous la raison Treuttel et Würtz, était destinée à devenir une des plus importantes de l'Europe: ils ne séparaient pas de leurs intérêts ceux de la civilisation et de la religion. L'une et l'autre ont constamment trouvé faveur et appui chez eux. Protestants zélés et convaincus, ils ont contribué de toutes leurs forces, de concert avec les respectables pasteurs Goepp et Boissard, à l'érection, à Paris, d'un temple de la confession d'Augsbourg, et toutes les nombreuses fondations qui en dépendent, écoles, établissements de charité, sociétés de prévoyance et de bienfaisance, etc., leur sont en partie redevables de leur existence[368].

Als Motivationsgrundlage für die Errichtung und den Betrieb der Verlagsbuchhandlung wurden somit Kultur (im Sinne von Zivilisation) und Religion genannt. Der Autor beschrieb sie als »eifrige und überzeugte Protestanten«. Dies begründete er mit dem Engagement der beiden Gründer sowohl für wohltätige als auch kirchliche Einrichtungen. Sie waren nicht nur Mitgründer einer evangelischen Kirche in Paris, sondern auch von mehreren Schulen und wohltätigen Organisationen. Es ist zu bedenken, dass die öffentliche Darstellung, die Treuttel und Würtz hier von sich gaben, bewusst konstruiert wurde. Dieser Eintrag erschien in einer bei ihnen verlegten Enzyklopädie. Dennoch, auch wenn es sich um eine bewusste Inszenierung handelte, ist das aufgezählte Engagement nachweisbar. An dieser Stelle geht der Autor der kurzen biografischen Notiz auch auf die Verbindung zwischen protestantischer Religion und Schrift bzw. Buch oder Bibel ein:

> Ils concoururent, avec les mêmes hommes, à la formation de la Société biblique protestante, grâce à l'activité de laquelle il n'est peut-être pas aujourd'hui un seul ménage de cette religion où les Écritures saintes n'aient pénétré. Leurs noms figurent au premier rang des fondateurs de la Société de la morale chrétienne, dont la sphère importante, si toutes leurs vues avaient été réalisées, aurait pris encore une plus grande extension[369].

Treuttel und Würtz hätten dazu beigetragen, dass es keinen protestantischen Haushalt ohne ein Exemplar der Bibel mehr gebe. Diese Äußerung scheint etwas übertrieben. Dennoch findet sich zahlreiches Archivmaterial, das die Einfuhr von Bibeln in deutscher Sprache für das Elsass, die kostenlos oder zu

368 Notice sur J.-G. Würtz, libraire-éditeur, chevalier de la Légion d'honneur, né à Strasbourg le 8 décembre 1768, mort à Paris le 28 avril 1841 (Extrait de l'»Encyclopédie des gens du monde«). Imprimerie d'E. Duverger, S. 3, MS-FP, ALS A62623.

369 Ibid, S. 3 f.

geringem Preis abgegeben werden sollten, belegen[370]. Zudem erschienen im Verlag Treuttel & Würtz auch zahlreiche religiöse Schriften und Bibelausgaben[371]. Hier wird ein doppeltes Interesse deutlich: Einerseits waren Treuttel und Würtz daran interessiert, ihre Religion bzw. die Bibel zu verbreiten, wofür sie den Verlag nutzten. Einen Teil der Exemplare verbreiteten sie auf eigene Kosten. Andererseits ermöglichte der Verkauf von Bibeln auch, Geld zu verdienen. So gingen für Treuttel und Würtz das Angenehme und das Nützliche häufig miteinander einher.

Es lassen sich zahlreiche weitere Nachweise dafür finden, dass die Religion für Treuttel und Würtz eine große Bedeutung besaß. Treuttel hatte zunächst ein Theologiestudium begonnen, bevor er sich für den Beruf des Verlagsbuchhändlers entschied[372]. Auch die private Situation mag für die Bedeutung der Religion im Leben Treuttels von entscheidender Bedeutung gewesen sein: Als er fünf Jahre alt war, verstarb sein Vater, von seinen zwölf Kindern waren bei seinem Tod 1827 noch drei am Leben. In Verlustsituationen hat sein Glaube ihm vermutlich Halt gegeben.

In seinem Nekrolog über Treuttel beschrieb der Pastor George David Frederick Boissard den Garten des Hauses der Familie Treuttel in Groslay, nördlich von Paris:

> Sur un petit tertre, en face de la maison d'habitation de Groslai, M. Treuttel a fait ériger une élégante coupole formant un petit temple, et au front de laquelle sont tracés les mots: *Deus videt, providet, providit, providebit.* Ils sont disposés de telle sorte que les mots *Deus videt, providet,* sont tournés du côté de la maison d'habitation et du jardin; *providit* du côté de Paris, centre des établissemens de M. Treuttel, et *providebit* du côté de l'inhumation de sa famille[373].

Dort im Garten befinde sich ein kleiner Hügel, auf dem Treuttel einen kleinen Tempel mit Kuppel habe errichten lassen. Dort ließ Treuttel folgenden lateinischen Satz anbringen: »Gott sieht, er sieht vor« in Richtung des Hauses und des Gartens der Familie gewandt, »er hat vorgesehen« in Richtung Paris, wo sich die Verlagsbuchhandlung befand, und »er wird vorsehen« in Richtung der

370 Vgl. dazu auch Michel Richard, Les membres laïques du Consistoire luthérien de Paris de 1808 à 1848, in: Bulletin de la Société de l'histoire du protestantisme français 127 (1981), S. 617–647.

371 Vgl. Kap. 3.

372 Vgl. Goepp, Service funèbre, S. 10.

373 Georges-David-Frédéric Boissard, Discours prononcé à Groslai, in: Obsèques de M. Jean-George Treuttel [...], Paris, Imprimerie Crapelet [um 1826], S. 17–22, hier S. 19 (Hervorh. i. Orig.).

familiären Grabstätte. Der Pastor Boissard, der auf dieses Detail in seiner Grabrede einging, deutete diesen Satz als Zeichen des tiefen Glaubens Treuttels: »Gravez-les dans vos cœurs, ces paroles de la piété, de la confiance, de la gratitude et de l'espérance chrétienne«[374].

Dies sind nur einige Beispiele, an denen sich die Gläubigkeit Treuttels und der gesamten Familie festmachen lässt. Die Familie Treuttel und Würtz stammte ursprünglich aus Straßburg, wo ein Großteil der Bevölkerung der evangelischen Konfession lutherischer Prägung anhing. Auch Jean Geoffroy Bauer oder der Drucker Heitz waren Protestanten sowie ein Großteil der Professoren. In Straßburg konnte die Religion frei ausgelebt werden. Mit dem Umzug nach Paris hingegen befand sich Treuttel & Würtz in einer evangelischen Minderheit im katholischen Frankreich. Dort waren Jean Godefroi Würtz und Jean-George Treuttel an der Errichtung einer evangelischen Kirche mitbeteiligt, dem Consistoire luthérien[375].

Welche Bedeutung hatte die Religion der Verlagsbuchhändler für ihr Unternehmen? Der Soziologe Max Weber vertrat in seinem 1904/05 publizierten Werk »Die protestantische Ethik und der Geist der Kapitalismus« die These, dass mit der Entstehung des Protestantismus und dessen Heilslehre die Entstehung einer kapitalistischen, rationalen und auf Gewinn ausgerichteten Arbeitsweise einherging. Es handele sich um einen Prozess, der mehrere Jahrhunderte in Anspruch nahm. Weber stützte sich in seiner Analyse vor allem auf den Protestantismus calvinistischer Ausrichtung. Die calvinistische Prädestinationslehre besagt, dass man anhand des Erfolges, den ein Mensch in der Welt habe, vorhersehen könne, ob dieser für das Paradies auserwählt sei, was bereits bei seiner Geburt feststehe. Folglich, so Weber, gebe es unter Calvinisten eine besonders ausgeprägte Arbeitsmoral. Einen weiteren Argumentationsstrang entwickelte er hinsichtlich der Berufskonzeption

> Nun ist unverkennbar, daß schon in dem deutschen *Worte* »Beruf« ebenso wie in vielleicht noch deutlicherer Weise in dem englischen *calling*, eine religiöse Vorstellung: – die einer von Gott gestellten *Aufgabe* – wenigstens *mit*klingt und, je nachdrücklicher wir auf das Wort im konkreten Fall den Ton legen, desto fühlbarer wird[376].

Diese Verbindung zwischen dem Beruf und einer von Gott verliehenen Berufung führte Weber vor allem auf die Interpretation protestantischer Länder

374 Ibid.

375 Vgl. dazu Richard, Les membres laïques.

376 Benjamin Franklin, zitiert bei Max Weber, Die protestantische Ethik und der Geist des Kapitalismus, hg. von Dirk Kaesler, München 2013 [1904/05], S. 96 (Hervorh. i. Orig.).

zurück und sah einen Grund dafür in der Bibelübersetzung Luthers, die diese Verbindung herstellte. Hingegen war Luther in seinen Ansichten noch einer traditionellen Auffassung von Wirtschaft verpflichtet, in der er nicht auf Überproduktion und Zins setzte.

Nach Webers Auffassung vollzog sich die Entstehung des modernen, rationalen Kapitalismus als ein Prozess, den er zu einem großen Teil im 18. Jahrhundert ansiedelte. Er unterschied zwischen einer Welt davor, die er »traditionell« nannte, in der es lediglich darum ging, den Bedarf zu decken. Diese Zeit sei geprägt gewesen durch kurze Arbeitszeiten, da keine Überproduktion gewünscht war. Jedoch vollzog sich ein Wandel in der Arbeitshaltung: Nicht mehr die Bedarfsdeckung war das Ziel, sondern eine Überproduktion und Gewinnerwirtschaftung. Dieser Wechsel erfolgte nicht von einem Tag auf den nächsten, sondern vollzog sich in einem langsamen Prozess. Weber zitierte als Beispiel für diesen »Geist des Kapitalismus« die Aussagen von Benjamin Franklin, von dem hier ein Beispiel genannt sei:

> Bedenke, daß *Zeit Geld* ist; wer täglich zehn Schillinge durch seine Arbeit erwerben könnte und den halben Tag spazieren geht, oder auf seinem Zimmer faulenzt, der darf, auch wenn er nur sechs Pence für sein Vergnügen ausgibt, nicht dies allein berechnen, er hat neben dem noch fünf Schillinge ausgegeben oder vielmehr weggeworfen[377].

Solche Auffassungen verstand Weber als Reinform des Geistes des Kapitalismus, der auf rationaler Gewinnerwirtschaftung basierte. Max Weber verband nun diese Entstehung des Geistes des Kapitalismus mit dem Protestantismus. Die religiöse Heilslehre der Protestanten habe zu einer spezifischen protestantischen Arbeitsethik geführt, die eine rationale, intensive und kapitalistische Herangehensweise zur Folge hatte.

Webers Herangehensweise, Argument und These sind aufgrund ihrer Einfachheit, die der Komplexität der historischen Realität nicht entsprechen, stark kritisiert worden[378]. Dennoch lassen sich starke Übereinstimmungen mit der Funktionsweise und dem Selbstverständnis von Treuttel und Würtz finden. Webers These kann also einige interessante Deutungsmuster für das Verständnis der Verlagsbuchhandlung liefern.

Zunächst ist zu bedenken, dass Treuttel und Würtz keine Calvinisten, sondern Anhänger Luthers waren. Die Prädestinationslehre der Calvinisten scheint also problematisch. Der Spruch, den Treuttel in seinem Garten anbringen ließ: »Deus videt, providet, providit, providebit«, bezeugte eher ein generelles Gottvertrauen.

377 Ibid., S. 75 (Hervorh. i. Orig.).

378 Vgl. Roman Köster, Art. »Protestantische Ethik«, in: EdN, Bd. 10 (2009), S. 489–493.

Hingegen erscheint Webers Verweis auf den Beruf und dessen Ausübung als von Gott verliehener Berufung zum Verständnis von Treuttel & Würtz hilfreich. In Straßburg sprachen die Familien Treuttel und Würtz zunächst deutsch. In der Kirche wurde der Gottesdient in deutscher Sprache gehalten, was nahelegt, dass ihnen die Übersetzung der Bibel durch Martin Luther bekannt war. Zudem hingen sie der lutherischen Ausprägung des Protestantismus an. Die sprachliche Nähe zwischen den Worten Beruf und Berufung im Deutschen, die es im Französischen nicht gibt (*métier, vocation*), wird Treuttel und Würtz also bewusst gewesen sein.

Jean-George Treuttel wählte den Beruf des Verlagsbuchhändlers ganz bewusst. Er hatte zunächst Theologie studiert, sich dann aber gegen die Ausübung einer religiösen Profession entschieden. Anstelle des Berufes eines Geistlichen entschied er sich für ein Leben in der Welt, was wieder zu Webers These und den grundlegenden Zügen des Protestantismus passt. Ein Eintrag eines Bruders von Jean-George Treuttel in das Stammbuch seines Neffen drückt diese Hinwendung zum weltlichen Leben exemplarisch aus: »Der Mensch gilt in dieser Welt nicht mehr, als wozu er sich selbst macht«[379]. Die Aussage wirkt auf den ersten Blick beinahe existentialistisch, war aber religös begründet.

Für Treuttel und Würtz bot der Beruf des Verlagsbuchhändlers gleich zwei Vorteile. Der erste Vorteil war die beschriebene doppelte Funktion des Buches und die daraus folgenden Möglichkeiten des Verlagsbuchhändlers. Das Buch, das immer zugleich Information oder eine Idee transportiert und eine Ware, ein Konsumgut, darstellt, führt zu einer doppelten Abhängigkeit für den Verlagsbuchhändler. Dieser ist einerseits auf den Verkauf seiner Bücher und einen Gewinn angewiesen, andererseits kann er die Bücher, die er verlegt und vertreibt, auswählen. Er kann also entscheidenden Einfluss, im Rahmen seiner Möglichkeiten, auf den Inhalt der verlegten und vertriebenen Druckerzeugnisse nehmen. Diese doppelte Bedingung des Berufes bot Treuttel und Würtz die Möglichkeit, als Vermittler von Wissen (im aufklärerischen Sinne) zwischen Kulturen und ihres Glaubens zu fungieren, etwa in Form der Verbreitung theologischer Schriften oder der Bibel.

Der zweite Vorteil, den der Beruf des Verlagsbuchhändlers mit sich brachte, bestand in der engen Verbindung zwischen der Bibel als gedruckter Lehre und der Ablehnung des Protestantismus gegenüber religiösen Institutionen. Da man im Protestantismus keinen Vermittler zwischen dem Gläubigen und der Bibel benötigte, musste man den Menschen das Lesen beibringen und ihnen Exemplare der Bibel geben, damit sie sich dieser selbst bedienen konn-

379 Eintrag von Johann Jacob Treuttel in das Stammbuch von Charles Frédéric Treuttel, 1788, GNM, Hs. 113062, S. 75r., http://dlib.gnm.de/item/Hs113062/153/html (2.10.2019).

ten. Dafür bot der Beruf des Verlagsbuchhändlers ideale Voraussetzungen. Es wurde bereits beschrieben, dass die Familien Treuttel und Würtz Schulen stifteten und Bibeln verbreiteten.

Schließlich sprachen Treuttel und Würtz selbst von einer Berufung in Bezug auf ihre Tätigkeit. In einem Brief an den *ministre de la Police générale* Élie Decazes (1780–1860), der im Kontext eines Importproblems mit Büchern aus Großbritannien vom 4. Dezember 1817 verfasst wurde, bezeichneten sie die Arbeit der Verlagsbuchhandlung als die Ausübung einer Form von Berufung (*vocation*): »Au centre entre nos deux établissemens de librairie à Strasbourg & à Londres nous sommes appelés à servir deux pays étrangers de leurs productions littéraires respectives. Les deux feuilles de catalogue ci-jointes prouvent nos efforts à remplir cette vocation honorablement«[380].

Als Pariser Filiale zwischen den Standorten in Straßburg und in London sei es ihre Aufgabe, ihre Berufung, dem Austausch zwischen den beiden Ländern, dem deutschen Raum und dem englischen, ehrenvoll zu dienen. Dass Treuttel und Würtz eine Berufsauffassung im Sinne Webers, d. h. als gottgegebene Berufung, vertraten, liegt also nahe. Sie verstanden ihre Berufung in dreifacher Ausrichtung: als Vermittler zwischen Kulturen, als Vermittler zwischen Wissen bzw. Gelehrten und der Öffentlichkeit im aufklärerischen Sinne und als Vermittler ihres Glaubens.

Wie verhält es sich nun mit dem »Geist des Kapitalismus«? Dass Treuttel und Würtz ihrem Beruf mit Eifer nachgingen, ist angesichts des beachtlichen Aufstiegs und des Erfolgs der Verlagsbuchhandlung offensichtlich. Es finden sich frühkapitalistische Züge in der Organisation ihrer Unternehmung, beispielsweise in Form einer Rationalisierung der Arbeit. Treuttel und Würtz fertigten Geschäftsrundschreiben an, um mehrere Kollegen und Geschäftspartner gleichzeitig über wichtige Veränderungen zu informieren. Dennoch waren Treuttel und Würtz der »alten Welt«, dem Ancien Régime, verpflichtet, hielten persönlichen Kontakt zu ihren Kunden oder Kollegen und verpassten letztlich den Anschluss an die Industrialisierung und die damit einhergehende Konkurrenz.

Auch verlegten Treuttel und Würtz Benjamin Franklin[381], anhand dessen Äußerungen Weber den »Geist des Kapitalismus« illustrierte. Besonders deutlich wird die besondere Verpflichtung zur Arbeit in Verbindung mit ihrer Religion in einem Eintrag von Jean Godefroi Würtz in das Stammbuch seines damaligen Auszubildenden Johann Hermann Klostermann vom 13. Mai 1804:

380 Treuttel & Würtz au ministre de la Police générale [Élie Decazes], Paris, 4.12.1817, AN, F/18/175/B.

381 Vgl. Briefausgabe und Memoiren von Franklin bei Treuttel & Würtz.

»Die Saat des Frühlings bestimmt die Frucht der Erndte! [sic!] – / Beÿ dem so kurzen Leben ist große Thätigkeit des Menschen besondre Pflicht«[382].

Sich berufend auf die Vergänglichkeit des Lebens, empfahl Würtz seinem jungen Auszubildenden, mit Blick auf das Jenseits besonders viel zu arbeiten. Die Verbindung zwischen Arbeit und Religion, die Jean Godefroi Würtz hier hervorhob, ist offensichtlich.

1.3.2 Blüte und Niedergang von Treuttel & Würtz (1789–1848)

Jean-George Treuttel während der Französischen Revolution

Jean-George Treuttel engagierte sich während der Französischen Revolution. Bereits im Juni 1790 verfasste er eine Denkschrift, in der er ankündigte, dass er eine Druckerei in seinem Haus errichten würde. Diese Druckerei solle ihm den Druck der Zeitungen »Courrier politique et littéraire des deux nations« des Redakteurs Laveaux und des »Politisch-litterarischen Kuriers« erlauben. So könne er täglich die Artikel seiner Korrespondenten aus dem Ausland drucken[383].

Die Verlagsbuchhandlung J.-G. Treuttel besaß von diesem Zeitpunkt an auch eine Druckerei, und Treuttel lancierte täglich erscheinende Periodika, um Informationen zu verbreiten. Im März 1791 war er Mitglied der Société des amis de la Consitution (31.3.1791) und hing somit politisch den linken Jakobinern an. Treuttels politische Ansichten waren der Aufklärungsliteratur, welche er zum Teil selbst verlegte, und deren Werten verbunden. Er verteilte gemeinsam mit der Verlagsbuchhandlung König und den Buchhändlern Gay teilweise kostenlos mehrere politische Pamphlete in deutscher und französischer Sprache im Elsass, um über die politischen Ereignisse in Paris zu informieren[384].

Am 18.1.1793 stieg J.-G. Treuttel in Straßburg zum Notabeln auf. 1794 wurde er, neben zahlreichen anderen Straßburger Kaufleuten, von Saint-Just und Lebas als »reich« erklärt und zu einer Abgabe von 100 000 Livre verurteilt[385]. Dies empfand Treuttel als zutiefst ungerecht, da die Abgaben nicht dem wirklichen Vermögen der Besteuerten entsprachen: »Si *Treuttel*, qui est père de

382 Eintrag von Jean Godefroi Würtz in das Stammbuch von Johann Hermann Klostermann, Paris, 13.5.1804, S. 226, DBSM, 2013/ARCH/85.

383 Vgl. Mémoire pour Jean George Treuttel, citoyen françois à Strasbourg, concernant une imprimerie à établir dans sa maison pour l'execution de ses deux gazettes, Strasbourg, le 30 juin 1790, BNF, Q-1551.

384 Vgl. Fonds des jacobins, AS, 205MW7, 205MW8, 205MW9.

385 Vgl. Treuttel, Tyrannie exercée à Strasbourg, S. 13–19.

famille, possédait avant l'arrivée de Saint-Just et Lebas, une petite fortune, il ne la devait pas au sort aveugle de la naissance, mais à son industrie et à vingt-quatre années de travail assidu et d'économie«[386]. Treuttel habe sein Vermögen nicht geerbt, sondern hart erarbeitet, was er als gerecht ansah und zu keiner Abgabe führen sollte. Treuttel und Würtz versuchten, die finanziellen Mittel aufzutreiben, aber schließlich wurde Jean Godefroi Würtz für sechs Monate gefangen gesetzt. Treuttel versuchte nun mit einer Denkschrift auf die Missstände in Straßburg aufmerksam zu machen, die er in Versailles drucken ließ, wohin er inzwischen geflüchtet war. Die Schrift enthielt zahlreiche Anmerkungen und Beigaben, u. a. Kopien der Verordnungen von Saint-Just und Lebas. Treuttel legte auch selbst dar, wie er sich mit seinem Vermögen für Frankreich eingesetzt hatte, etwa indem er die Kenntnisse seines Berufes nutzte, um Informationen zu verbreiten. Auch die Funktionsweise seiner Verlagsbuchhandlung und deren Werdegang beschrieb er kurz:

> Un fonds de librairie, autrefois solide, est pulvérisé aujourd'hui par le flambeau de la philosophie. Les ecclésiastiques et les nobles, qui auparavant étaient les principaux consommateurs dans ce genre de marchandises, ne sont plus et ont encore, en émigrant, emporté ce qu'ils devaient pour fournitures précédentes[387].

In der Tat schien sich die Französische Revolution und deren Folgen zunächst negativ auf den Absatz der teuren, qualitativ hochwertigen Publikationen des Verlagshauses auszuwirken. Jean-George Treuttel erwähnte in seiner Denkschrift allerdings nicht, dass er während dieser Periode nicht nur mit Publikationen, sondern auch beispielsweise mit Kolonialwaren, vor allem Tabak, handelte[388]. Treuttel passte sich schnell an die neue Situation an und nutzte seine Kenntnisse als Händler, um in einer anderen Branche Geld zu verdienen.

1794 befand sich Treuttel bereits in Versailles, vermutlich bei seinem Schwager, dem Arzt Georges Christophe Würtz. Dort traf er auch Josephine de Beauharnais wieder. 1796 schließlich eröffneten Treuttel und Würtz ihre Filiale in Paris. Dies stellte das Datum, das sie offiziell als Gründungsdatum ihres Unternehmens gegenüber der Straßburger Polizei angaben, dar.

386 Ibid., S. 6 (Hervorh. i. Orig.).

387 Ibid., S. 9.

388 Vgl. Treuttels Tabakverkauf in Straßburg, nachweisbar in den Akten seines Notars, AdBR, 7E57.4/13.

Verlagsgeschichte[389]

Treuttel & Würtz gab bei einer Polizeibefragung in Straßburg das genannte Jahr 1796 als Gründungsdatum des Unternehmens an[390]. Es handelt sich um den Zeitpunkt, zu dem sie die Pariser Filiale eröffneten, der Jean-George Treuttel und Jean Godefroi Würtz gemeinsam vorstanden. Das Straßburger Haus wurde beibehalten und von Jean Georges Kammerer und Jean Daniel Paul Weise geleitet. In Würtz' *brevet*, in dem auf das *brevet* Kammerers eingegangen wurde, wurde das Unternehmen als Kommanditgesellschaft bezeichnet[391]. Die Straßburger Leiter wurden als Kommanditäreisten genannt. Sehr wahrscheinlich wählten Treuttel und Würtz diese Unternehmensform auch für ihre Londoner Filiale.

Die Londoner Filiale, die am 1. Februar 1817 eröffnet wurde, wurde von Charles Geofroy Treuttel und Adolphe Richter geführt[392]. Sie lässt sich von 1817 bis 1833 unter verschiedenen Varianten der Bezeichnung (Treuttel & Würtz 1817–1822; Treuttel, Würtz, Treuttel Jr. & Richter 1823–1831; Treuttel, Würtz & Richter, 1832–1833), welche synonym nebeneinander verwendet wurden, nachweisen[393]. 1826 wurde die Londoner Filiale offiziell Hofbuchhandlung, indem sie die Buchhandlung Bohte, die bisher diese Aufgabe innehatte, nach dem Tod des Inhabers von seiner Witwe übernahmen[394]. Die Londoner Dependance von Treuttel & Würtz wurde im Dezember 1833 beziehungsweise Januar 1834 in gegenseitigem Einverständnis aufgelöst[395]. Ab 1834 führte Richter die

389 Zum Überblick über die Verlagsgeschichte siehe die Zeitleiste von Treuttel & Würtz in Anhang B.

390 Vgl. von Treuttel & Würtz ausgefüllter Fragebogen zum »état des libraires établis à Strasbourg«, Straßburg, 13.4.1810, AS, 269MW94.

391 Vgl. »Les S^rs^. Jean Georges Kammerer, libraires à Strasbourg, excerce avec le S^r^. Jean Daniel Paul Weise, breveté librairie, et par commandite de la maison et sous la raison commerciale Treuttel & Würtz, à Paris, Londres et Strasbourg«, Extrait du rapport de M. le Préfet du département du Bas-Rhin, en date du 1er septembre 1827, AN, F/18/1834 (Hervorh. i. Orig.).

392 Vgl. Geschäftsrundschreiben von Treuttel & Würtz, 1.2.1817, BNF, 8° Q10B.

393 Vgl. Philip A. H. Brown, London. Publishers and Printers, c. 1800–1870, London 1982, S. 203.

394 Vgl. Geschäftsrundschreiben der Buchhandlung J. H. Bohte, London, 29.6.1826, DBSM, Bö-Gr/B/1181.

395 Vgl. Eintrag zur Auflösung von Treuttel, Wurtz and Richter in London Gazette, 7. Jan. 1834, Nr. 19117, S. 46, https://www.thegazette.co.uk/London/issue/19117/page/46 (2.10.2019). »Notice is hereby given, that the Partnership lately subsisting between us, Charles Godefroy Treuttel, John Godefroy Wurtz, and Adolphus Richter, of No. 30, Soho

Buchhandlung in London in eigener Regie – bis zu seinem Bankrott im Jahr 1837 (Richter [Adolf] & Co. 1835–1837)[396].

Am 17. Juli 1823 zog sich Jean-George Treuttel aus dem Unternehmen zurück, das in gegenseitigem Einverständnis aufgelöst und neugegründet wurde. Das Vermögen des Unternehmens wurde unter den beiden Besitzern aufgeteilt: Jean-George Treuttel übernahm das Haus 17, rue de Bourbon/rue de Lille (Paris), für das Würtz ab dem 23. Juli Miete zahlen sollte; dafür erhielt Würtz den Bestand der Verlagsbuchhandlung und führte das Geschäft ab da alleine. Das Haus war Treuttel & Würtz als Kredit zur Starthilfe des Unternehmens von Louise Antoinette Pauline Candide Josephe Félicité Brancas Lauraguais (Ehefrau von Louis Engelbert Marie Joseph Augustin d'Aremberg) zur Verfügung gestellt worden. Bereits 1808 war es endgültig abbezahlt worden[397], was den herausragenden Erfolg des Unternehmens bereits zu Beginn seiner Existenz eindrucksvoll belegt.

Am 17. November 1826 verstarb Jean-George Treuttel; 1829 befand sich das Unternehmen Treuttel & Würtz mit seinen drei Filialen in alleinigem Besitz von Jean Godefroi Würtz[398]. Am 12. Juli 1828 übertrug Jean Godefroi Würtz dem Ehemann seiner Nichte, Jacques Henri Édouard Jung, umfassende Vollmacht über das Unternehmen[399]. Jean Godefroi Würtz als alleiniger Eigentümer entschied über den Aufbau und die Organisation der drei Filialen:

Square, in the County of Middlesex, Booksellers and Publishers, heretofore carrying on trade under the firm of Treuttel, Wurtz, and Richter, of Soho Square aforesaid, Booksellers and Publishers, is, from and after the 31 day of December 1833, dissolved by mutual consent; and that all debts owing to the said Partnership are by the like consent to be received by Edward Tung, of No. 30 Soho Square aforesaid, Accountant; and all persons to whom the said Partnership stands indebted are requested immediately to send in their respective accounts to the said Edward Tung, in order that the same may be examined and discharged: As witness our hands the days and years respectively hereinunder written. Chs. Godefoy Treuttel. 30th day of December 1833. John Godefroy Wurtz. 30th day of December 1833. Adolphus Richter 4th day of January 1834«.

396 Vgl. Brown, London, S. 160. Richter (Adolf) & Co. [Successors to Treuttel, Würtz & Richter, q.v.] 1836–1837; Richter (F.) & Haas 1838, 1839. Vgl. zum Bankrott Richters die Einträge in »London Gazette«.

397 Vgl. Vertrag zwischen Jean-George Treuttel und Jean Godefroi Würtz, Paris, 17.7.1823, AN, MC/ET/I/828, und Abschrift in Anhang C.

398 Vgl. Anerkennung von Jean Godefroi Würtz als Alleinbesitzer des Unternehmens Treuttel & Würtz durch Jacques Henri Édouard Jung und Louis Charles Soyer, Paris, 11.1.1829, AN, MC/ET/I/836, und Abschrift in Anhang C.

399 Vgl. Jean Godefroi Würtz überträgt Édouard Jung Prokura für das Unternehmen Treuttel & Würtz, Paris, 12.7.1828, AN, MC/ET/I/833.

> [L]a maison de Paris est & doit rester le point central des maisons de Londres & de Strasbourg. C'est elle qui alimente suivant les meilleurs moyens les deux autres maisons. Cet aliment se puise dans l'exploitation d'un fonds considérable cru par de longs travaux & ~~dont les capitaux sont dû à la famille~~ dont la valeur forme une grande partie de patrimoine de la famille. Ce fonds demande à être entretenu sous peine de dépérir & pour cela nous devons ménager tous nos moyens. Lors de l'établissement de la maison de Londres son objet [était d'ouvrir] de plus grands débouchés à nos livres de fonds en Angleterre & d'augmenter ainsi les moyens d'action de la maison à Paris, d'y réaliser les ouvrages d'assortiment que nous y avions envoyés, d'y former enfin une maison de commission propre à pourvoir l'Angle[terre] comme le continent des ouvrages qui s'y impriment[400].

Würtz hatte die Filialen mit Paris im Zentrum angelegt. Die Filialen in London und Straßburg sollten lediglich als Kommissionsbuchhandlungen dienen und die Infrastruktur für den internationalen Buchhandel bereitstellen. Zumindest hinsichtlich der Londoner Filiale führte diese Aufgabenverteilung 1827 zu einem Kompetenzstreit. Adolphe Richter wollte nicht nur als Kommissionsverlag für Paris agieren, sondern in eigener Regie Bücher verlegen. Er bat um eine Verlängerung des Kredits, welcher dem Londoner Unternehmen in Form des Buchhandelsbestandes bereitgestellt wurde, wohingegen Würtz das Kapital schnell aus dem Londoner Unternehmen ziehen wollte. Richter erklärte, dass der Buchhandel in London anders funktioniere als in Paris, man erst später zahlte, was zu finanziellen Engpässen führe. Die Lage des Londoner Unternehmens sei zu diesem Zeitpunkt sehr ernst, wie Richter ausführte: »C'est ainsi, si notre pressentiment qui est juste, que commencera la maladie de la maison – et involontairement ma plume se refuse d'en tracer plus loin les conséquences – car il seroit au dessus de mes forces d'assister à son déclin«[401].

Eine Finanzierung der Londoner Filiale durch das Pariser Stammhaus hat also womöglich die Existenz der Londoner Zweigstelle über einen längeren Zeitraum ermöglicht. Die beim Sun Insurance Office abgeschlossenen Feuerversicherungen für die Londoner Buchhandlung lassen einen starken Wertverlust im Zeitraum zwischen 1825 und 1827 vermuten. Stieg die versicherte Summe im Zeitraum von 1816 jährlich bis 1825 an – sowohl im geschäftlichen Bereich die Summe, mit der die Publikationen versichert wurden, als auch im privaten

400 Jean Godefroi Würtz an Adolphe Richter, Becthomas, 25.10.1827, BLO, Ms French c.31 (Durchstreichung i. Orig.) Jean Godefroi Würtz hatte in Becthomas 1810 ein Schloss erworben. Vgl. dazu Mémoires et notes de M. Auguste Le Prévost pour servir à l'histoire du département de l'Eure. Recueillis et publiés sous les auspices du conseil général et de la Société libre d'agriculture, sciences, arts et belles-lettres de l'Eure par MM. Léopold Delisle et Louis Passy, Bd. 1, Évreux Imprimerie d'Auguste Hérissey, 1862, S. 245.

401 Richter an Würtz, London, 13.10.1827, BLO, Ms French c.31.

(nach und nach kamen ein versichertes Pianoforte, Porzellan und eine Plastik hinzu) –, so sank die versicherte Summe 1826 das erste Mal von 14 400 Pfund auf 10 500 Pfund und schließlich 1827 bis auf 3000 Pfund[402].

Die Auflösung der Londoner Zweigstelle wurde vermutlich aufgrund der schwierigen Bedingungen des Londoner Buchhandels, des Umgangs mit den Kunden[403] und des Streits um die Kompetenzbereiche zwischen Würtz und Richter herbeigeführt. Die Londoner Episode kann als wenig erfolgreich betrachtet werden; vermutlich ermöglichte vor allem die Subvention aus Paris deren Existenz, was letztlich 1833/34 zu ihrer Auflösung führte und kurz darauf zur Insolvenz Adolphe Richters, der das Unternehmen hatte fortführen wollen.

Kurz bevor Jean Godefroi Würtz die Londoner Filiale Adolphe Richter überließ, übergab er das Straßburger Unternehmen seinem Bruder Jean Georges Kammerer (1832)[404], der ihm bis 1841 vorstand[405]. Von diesem Zeitpunkt an führten Carl August Böckel und Wilhelm Weise das Straßburger Unternehmen, bis Wilhelm Weise im Jahr 1850 ausschied[406]. Carl August Böckel war der Ehemann der Adoptivtochter Kammerers. Das Straßburger Unternehmen behielt bis zu seiner Insolvenz den Namen Treuttel & Würtz bei[407].

Eine Trennung der Filialen Paris, Straßburg und London hatte also bereits zu Beginn der 1830er Jahre stattgefunden. Das Pariser Unternehmen Treuttel & Würtz wurde von Jean Godefroi Würtz bis zu dessen Tod 1841 fortgeführt. Zu diesem Zeitpunkt übernahm Jacques Henri Édouard Jung die Leitung. 1842 wurde das ausländische Sortimentsgeschäft an den ehemaligen Mitarbeiter Friedrich Klincksieck verkauft[408]. 1857 übergab Jacques Henri Édouard Jung die Leitung des Pariser Hauses an seinen Sohn Georges Guillaume Édouard Jung, der es unter dem Namen Ed. Jung-Treuttel fortführte[409].

402 Vgl. dazu LMA, 1816 (Ms 11936/467/922055), 1822 (Ms 11936/490/995689), 1825 (Ms 11936/506/1039738), 1826 (Ms 11936/510/1053413), 1827 (Ms 11936/516/1069311), 1829 (Ms 11936/527/1099411).

403 Vgl. dazu auch Kap. 2.2.

404 Vgl. Art. »Johann Gottfried Würtz«, S. 484.

405 Vgl. Geschäftsrundschreiben von Treuttel & Würtz (Straßburg), Straßburg, 1.1.1841, Fonds Treuttel et Wurtz, libraires, MNHN, Ms 2522 (13), Nr. 9806, und Transkription in Anhang C.

406 Vgl. Geschäftsrundschreiben von Treuttel & Würtz (Straßburg), Straßburg, 1.1.1850, MNHN, Ms 2522 (13), Nr. 9823, und Transkription in Anhang C.

407 Vgl. Barber, Treuttel and Würtz, S. 122.

408 Vgl. Geschäftsrundschreiben von Treuttel und Würtz, Paris, 31.3.1842, IMEC, fonds Klincksieck, KLN2.25.02.

409 Vgl. [Bekanntmachung von Jung-Treuttel], in: Journal général de l'imprimerie et de la librairie, 2. Serie, 3/1, Feuilleton commercial 14 (1857), S. 172.

Um 1860 eröffnete Georges Guillaume Édouard Jung eine zweite Filiale in Leipzig, deren Direktion er Friedrich Loewe übertrug. Das Kommissionsgeschäft des Verlags A. Franck ging 1865 in Jung-Treuttel auf[410]. Nachdem die Geschäftsbeziehungen zwischen dem Pariser und Leipziger Unternehmen während des Deutsch-Französischen Krieges kurzzeitig unterbrochen waren[411], verkaufte Jung das Leipziger Kommissionsgeschäft an seinen ehemaligen Direktor Friedrich Loewe, der dessen Nachfolger in Leipzig wurde. In Paris trat Ernest Contet die Nachfolge des Unternehmens an (7, rue du Pré-aux-Clercs)[412].

Ablehnende Urteile und Gerüchte über Treuttel & Würtz

Wie der von Weber zitierte und von Treuttel & Würtz verlegte Benjamin Franklin bereits beschrieb, komme es nicht auf das wirkliche moralische Verhalten eines Kaufmannes an. Lediglich die Meinung der anderen und deren Bild sei entscheidend für die Wahrnehmung und letztlich den Erfolg des Unternehmens. Max Weber schlussfolgerte Folgendes aus den Memoiren Franklins:

> Allerdings sind nun alle moralischen Vorhaltungen Franklins utilitarisch gewendet: die Ehrlichkeit ist *nützlich*, weil sie Kredit bringt, die Pünktlichkeit, der Fleiß, die Mäßigung ebenso, und *deshalb sind* sie Tugenden: – woraus u. a. folgen würde, daß, wo z. B. der *Schein* der Ehrlichkeit den gleichen Dienst tut, dieser genügen und ein unnötiges Surplus an dieser Tugend als unproduktive Verschwendung in den Augen Franklins verwerflich erscheinen müsste[413].

Folglich hat der gute oder schlechte Ruf eines Unternehmens erheblichen Einfluss auf dessen Erfolg. Die Memoiren Franklins, auf die sich Weber bezog, waren 1818 bei Treuttel & Würtz erschienen, gemeinsam mit ausgewählter Korrespondenz Franklins sowie seinen »Œuvres posthumes«. Jean-George Treuttel und Jean Godefroi Würtz waren mit den Gedanken Franklins folglich sehr vertraut. Es liegt demnach nahe, dass auch Treuttel und Würtz versuchten, die Wahrnehmung ihres Unternehmens in der Öffentlichkeit zu steuern.

410 Vgl. Geschäftsrundschreiben von E. Jung-Treuttel zur Übernahme des in- und ausländischen Kommissionsgeschäfts von F. Vieweg (Frank'sche Buchhandlung), Paris/Leipzig, Nov. 1865, DBSM, Bö-GR/F/513a.

411 Vgl. Geschäftsrundschreiben von E. Jung-Treuttel, Paris/Leipzig, Leipzig, Mai 1871, DBSM, Bö-GR/I/388.

412 Vgl. dazu Geschäftsrundschreiben von E. Jung-Treuttel, Paris, 1.1.1871, DBSM, Bö-GR/I/389; Geschäftsrundschreiben von Friedrich Loewe, Commissionsgeschäft für ausländische Literatur, Leipzig, 1.1.1875, ibid.

413 Weber, Die protestantische Ethik, S. 77 (Hervorh. i. Orig.).

Die Meinung Einzelner und die Wahrnehmung des Unternehmens Treuttel & Würtz in der Öffentlichkeit oszillierte sehr stark. Zu Beginn des 19. Jahrhunderts sind tendenziell positive Bemerkungen über sie publiziert worden. In den 1830er Jahren wurden, im Kontext eines juristischen Streitfalls mit dem ehemaligen Autor und Mitverfasser des Code Napoléon, Locré, jedoch vermehrt negative Stimmen laut.

Im Kreise ihrer Freunde wurden Würtz und Treuttel als positiv und moralisch wahrgenommen. So beschrieb auch der englische Bibliograf Thomas Frognall Dibdin in seiner »Voyage bibliographique, archéologique et pittoresque en France«[414] seinen Aufenthalt bei Jean-George Treuttel und seiner Frau als äußerst angenehm und lobte deren wohltätiges Engagement in den höchsten Tönen:

> La maison *Treuttel* et *Würtz* est une des plus riches et des plus considérables en Europe. Ils font surtout le commerce en gros avec l'étranger, et sont éditeurs et propriétaires de presque tous les grands ouvrages classiques qui se publient à Strasbourg. C'est dans cette ville, en effet, que leur maison a pris sa première racine; mais c'est à Paris et à Londres que se sont développées avec une grande vigueur les branches de leur prospérité. Ils possèdent, *rue de Bourbon*, n° 17, une belle maison, qui peut passer pour un hôtel. Là, chaque jour, le courrier leur apporte des dépêches des premières cités de l'Europe. Les affaires y sont expédiées avec soin, politesse et célérité, et les manières de ces messieurs sont à la fois franches et affectueuses. Je devais leur faire grand plaisir de passer un dimanche avec eux à leur campagne de Groley [sic!], située près du village et de la vallée de Montmorency; j'acceptai volontiers. Le dimanche suivant, la grande voiture de famille, attelée d'une paire de chevaux noirs, luisans, ronds et gras, vient me prendre au logis à dix heures, et en une heure trois quarts je fus transporté à Groley [sic!]. Les cerises étaient mûres et les arbres chargés de fruits; or, vous l'avez sans doute entendu dire, l'excellence des cerises de Montmorency a passé en proverbe. Je passai une journée charmante avec mes hôtes. La maison est vaste et dans une situation délicieuse; et la vue de Paris, que l'on découvre, est des plus pittoresques; mais je fuis encore plus charmé de la compagnie et de la conversation de madame Treuttel. C'est, dans toute l'étendue du terme, une excellente femme. Elle a fondé dans le village, à ses propres frais, un hospice pour douze pauvres hommes, et a élevé une école publique pour l'instruction élémentaire d'enfans des deux sexes. Elle est protestante-luthérienne, de même que son mari et son gendre, M. Würtz. D'abord elle éprouva quelques oppositions à l'établissement de l'école. Il y eut plusieurs conférences tenues avec le curé du village, et quelques membres importans du clergé de Paris. Enfin, toutes difficultés furent aplanies par la promesse que fit madame Treuttel de ne faire servir à l'enseignement que la traduction française de la Bible, par de Sacy. Alors on construisit l'école, et les enfans y affluèrent. J'ai visité l'hospice et

414 Die hier zitierte Übersetzung erschien 1825, die englischsprachige Ausgabe war bereits 1821 erschienen.

> l'école, et je n'ai pu retenir mon tribut d'admiration pour l'esprit de religion et la générosité qui animent la fondatrice de semblables établissemens. Il y a plus de bon sens et de vertu publique et privée dans cette manière d'employer le superflu des richesses que dans l'érection de cent palais comme Versailles. (a) Un objet d'une autre nature, et plus touchant, s'offrit à mes regards dans le jardin. En me promenant avec Madame, nous arrivâmes, après une infinité de détours, dans un lieu retiré et planté de bois. Là, ouvrant une petite porte, je me trouvai dans un carré de peu d'étendue, entre de petites éminences qui ressemblaient à des tombeaux. Un banc était placé à l'extrémité. C'était un lieu de repos pour l'être vivant; c'était la demeure de celui qui n'est plus. Des fleurs, à ce moment presque toutes flétries, couvraient ces petits tertres sous lesquels un mort semblait dormir en paix. »Qu'est-ce que ceci? – Monsieur, répliqua madame Treuttel, c'est la terre consacrée. Mon gendre y repose, et à côté de lui son enfant unique et bien aimé. Vous verrez à dîner ma fille, son épouse. Toutes deux nous venons visiter ces lieux à certaines époques; nous y venons renouveler nos chagrins, et les entretenir par le souvenir de ceux qui reposent sous cette terre. Ce sont là des pertes que rien au monde ne peut réparer. Nous souhaitons tous d'être enterrés dans ce même petit enclos. Je me suis assuré sa possession pour cinquante années, à l'expiration desquelles le travail de la dissolution sera suffisamment achevé pour tous«. Ainsi parla mon aimable et sage guide. Nous fîmes ensuite une petite promenade à Montmorency, pour visiter les jardins et la maison où Rousseau écrivit son »Émile«. Le reste de la journée fut employé d'une manière aussi variée que convenable, parfaitement en rapport avec mes propres sentimens, et surtout avec un état de malaise et de langueur où je me trouvais alors. C'était l'effet des chaleurs que j'endurais à Paris depuis un mois, sans que le plus léger souffle se fît à peine sentir[415].

Dibdin beschrieb zunächst das Unternehmen Treuttel & Würtz. Er bezeichnete es als eines der reichsten und bedeutendsten Europas. Der thematische Schwerpunkt liege im Bereich des internationalen Handels und bei Werken des klassischen Altertums. Die Pariser Filiale befinde sich in einem repräsentativen Gebäude in Paris (17, rue de Lille). Dibdin führte aus, wie er freundlicherweise eingeladen wurde, einen Sonntag in dem Haus der Familie auf dem Land zu verbringen. Er zeigt sich begeistert von Frau Treuttel und dem wohltätigen Engagement der Familie, besonders der Gründung einer Schule. Dibdin schien von der Grabstätte der Familie beeindruckt, die Suzanne Marie Treuttel ihm zeigte. Auch erwähnte er, dass sich das Haus auf dem Land in Montmorency befand, wo Rousseau seine Erziehungsschrift »Émile« (1762) verfasste. Das Haus auf dem Land der Familie Treuttel war folglich an einem *lieu de mémoire* der Aufklärung lokalisiert. Auch der Besuch der Grabstätte und die Erwähnung

415 Thomas Frognall DIBDIN, Voyage bibliographique, archéologique et pittoresque en France, par le rév. Th. Frognall Dibdin. Traduit de l'anglais, avec des notes, par G. A. Crapelet, imprimeur, Bd. 4, Paris, Crapelet, 1825, S. 71–75. (Hervorh. i. Orig.).

der verstorbenen Familienmitglieder zeigt, dass Suzanne Marie Treuttel sich intensiv mit der Vergangenheit der Familie befasste. Bei diesen Themen beschrieb Dibdin denn auch, dass er sich in einem »état de malaise et de langueur«[416] befunden habe, was er allerdings als angenehm empfand. Einerseits handelt es sich bei der Beschreibung des Unternehmens wahrscheinlich um ein Bild, das Treuttel und Würtz nach außen vermitteln wollten. Da es sich um einen Freund der Familie handelte, wirken einige der Beschreibungen des Unternehmens (u. a. seine Größe und Bedeutung, Verlagsschwerpunkte) fast wie eine gezielte Werbemaßnahme. Andererseits wird eine Schwere und Melancholie zumindest der Ehefrau Treuttels deutlich, die sich zum Ancien Régime und zu verstorbenen Familienmitgliedern zurücksehnte.

Neben solchen positiven Beurteilungen bestanden auch kritische Meinungen und Zurückhaltung gegenüber Treuttel und Würtz. Diese ablehnende Haltung wurde jedoch nicht öffentlich geäußert, jedenfalls nicht in den Jahren bis zur Julirevolution 1830. Der Sohn Friedrich Justin Bertuchs, Carl Bertuch, unternahm 1804 eine Reise nach Paris. Während dieser Reise führte er ein Tagebuch, in dem er minutiös seine Aktivitäten festhielt. Er beschrieb vor allem die Museen und Kunstwerke, die er in Paris sah. Er besuchte das Theater und traf andere Verlagsbuchhändler (u. a. Galignani, Schoell, Levrault), Redakteure und Wissenschaftler (u. a. Cuvier oder Arthur Schopenhauer). Er besuchte den *thé littéraire* von Aubin-Louis Millin und traf auch Treuttel und Würtz. Zunächst besuchte er sie in ihrem Unternehmen, wo er Jean Godefroi Würtz kennenlernte und sich ein persönliches Urteil über ihn erlaubte:

> Dann 10 Uhr Besuch bei Treut[t]el. Treffe *Würtz*. Mehreres üb[er] den Buchhandel u[nd] Stereotypie[417] gesprochen. W[ürtz] scheint mehr mechanischer Arbeiter als heller Kopf zu seÿn. Ubrig[ens] gehört Tr[euttel] zu den schwersten hier. Der feine [?] Patron krazt und scharrt ehrlich zusammen[418].

Carl Bertuch beschrieb Würtz weniger als Genie denn als »mechanischen Arbeiter«, was nicht von besonderer Hochachtung zeugte. Treuttel zählte er zu den einflussreichsten Verlagsbuchhändlern in Paris. Die Aussage er »krazt und

416 Ibid., S. 75

417 Es handelt sich um ein besonderes Druckverfahren, mit dem man schnell und vergleichsweise kostengünstig identische Neuauflagen einer Publikation herstellen konnte. Treuttel & Würtz investierten in die Stereotypie. Vgl. dazu Kap. 3.1.

418 Tagebuch von Carl Bertuch, Reise nach Paris, S. 210, GSA, 06/3064. (Hervorh. i. Orig.), Eintrag vom 27.1.1804. Aufgrund der Tatsache, dass Bertuch sein Tagebuch sehr unleserlich geschrieben hat, stellt bereits die Transkription eine Interpretation dar. Ich danke an dieser Stelle sehr herzlich den Wissenschaftlerinnen und Wissesnschaftlern des Goethe- und Schillerarchivs für die Hilfe bei der Entzifferung des zitierten Absatzes, besonders Christian Heyn.

scharrt ehrlich zusammen« beinhaltet einerseits eine positive Beurteilung Treuttels als moralisch: Ehrlichkeit als Tugend. Andererseits wirkte Treuttel tendenziell geizig und wenig sympathisch. Es kann davon ausgegangen werden, dass es sich um die ehrliche Meinung von Carl Bertuch handelt. Das Tagebuch ist bis heute nicht publiziert, nur schwer lesbar, da vermutlich nur für seinen eigenen Gebrauch und für seine Erinnerung bestimmt. In keiner Weise scheint Bertuch eine bestimmte Wirkung mit seinen kurzen stichpunktartigen Notizen erzielen zu wollen.

Carl Bertuch war auf einen Familienball der Treuttels eingeladen gewesen[419] und besuchte daraufhin nochmals Suzanne Marie Treuttel. Auch diesen Besuch notierte er in seinem Tagebuch:

> Freitag d. 13. Pluv. 3. Febr. [1804]
> Den Morgen bis 10 Uhr zu Hause, Dann zu Schoell. Ueber mehrere Geschäfte mit ihm gesprochen. – Hierauf Gegenbesuch bei Mad. Treut[t]el wegen dem Ball vom vorigen Sonnabend… Dieses ist hier nöthig, nie zu unterlaßende Artigkeit a[u]f jede Einladung ein Besuch wieder abzustatten[420].

Der Beschreibung Bertuchs zufolge gestaltete sich der Umgang mit der Familie Treuttel sehr kompliziert, war durch strenge Etikette geregelt und sehr förmlich. Bertuch traf sich denn auch öfter mit anderen Kollegen wie Schoell oder Millin. Möglicherweise war der Altersunterschied zwischen dem Ehepaar Treuttel und dem jungen Carl Bertuch von Bedeutung. Dennoch findet sich die Kontrolliertheit und Förmlichkeit der Familie auch in den Porträts von Görbitz wieder.

Der Journalist und Diplomat Konrad Engelbert Oelsner, der sich in Paris aufhielt und dort für Johann Friedrich Cotta arbeitete[421], äußerte sich in einem Brief an denselben 1814 abfällig über Treuttel & Würtz. Er wollte seine Bezahlung nicht über diese Firma erhalten, die mit der Abwicklung von Cottas Geschäften in Paris betraut war und für ihre Kommittenten regelmäßig dergleichen Aufgaben übernahm: »Geben Sie mir die verlangte Anweisung so möchte ich jedoch nicht gern mit Treuttel u[nd] Würtz zu thun haben, die jederman lieber meidet als sucht«[422].

Bertuchs negative Äußerungen gegenüber Treuttel & Würtz bezogen sich nicht auf deren Arbeitsweise oder moralische Haltung. Im Gegenteil, Carl Ber-

419 Vgl. Brief von Carl Bertuch an seine Mutter Frederike Elisabeth Bertuch, Paris, 6.2.1804, GSA, 06/3065.

420 Tagebuch von Carl Bertuch, Reise nach Paris, S. 221, GSA, 06/3064.

421 Vgl. Uwe Meier, Art. »Oelsner, Konrad Engelbert«, in: NDB, Bd. 19 (1999), S. 442f.

422 Konrad Engelbert Oelsner an Johann Friedrich Cotta, Paris 5.4.1814, DLA CA, Cotta Br. Oelsner, Nr. 8.

tuch beschrieb J.-G. Treuttel als tugendhaft und ehrlich. Die Kritik richtete sich vielmehr auf die Formen des Umgangs, die Etikette, die sehr förmlich und steif ablief und deshalb nicht als angenehm und sympathisch wahrgenommen wurde. Möglicherweise mied auch Oelsner das Unternehmen Treuttel & Würtz aus diesem Grund. Zu diesem Zeitpunkt wurde die Kritik nicht öffentlich geäußert. Möglicherweise ist dies dadurch zu erklären, dass Treuttel & Würtz als sehr einflussreich wahrgenommen wurde.

Im Jahr 1832 änderte sich im Zuge der Locré-Affäre jedoch alles. Das Unternehmen Treuttel & Würtz wurde erstmals öffentlich angegriffen, und der Fall endete als Gerichtsprozess, der durch zwei Instanzen ging. Was war geschehen?

Jean-Guillaume Locré, renommierter Jurist und Mitarbeiter am Code civil, geriet mit Treuttel & Würtz in Streit, da er sich als Autor eines Werkes ungerecht behandelt fühlte. Es handelte sich um die juristische Schrift »La législation civile, commerciale et criminelle de la France, ou Commentaire et complément des codes français« (Paris, Treuttel et Würtz, 1827–1832, 31 Bde., in-8°), die den Code civil inklusive Kommentar und Erklärungen zu ebendiesem beinhaltete. Die Publikation der Bände zog sich über Jahre hin. 1832 veröffentlichte Locré eine Schrift, in der er Jean Godefroi Würtz auf über 140 Seiten direkt angriff und den gegen ihn geführten Gerichtsprozess beschrieb[423].

Das bei Treuttel & Würtz publizierte Werk »La législation civile« von Locré verkaufte sich schlecht, dafür machte er den Verlag verantwortlich. Locré kritisierte zum einen, dass Treuttel & Würtz seine Publikation nicht genügend beworben habe. Zum anderen monierte er sein Honorar, das zu gering sei, da er pro verkauftem Buch bezahlt wurde. Auf diese Anklageschrift ließ Locré noch ein zweite, diesmal 370 Seiten lang, folgen. In dieser beschrieb er minutiös sein Verhältnis mit Jean Godefroi Würtz, den Ablauf der Treffen mit ihm, seine Erwartungen und sein Gefühl, betrogen worden zu sein. Seine Aussagen belegte er mit zahlreichen angeblichen Beweisstücken[424]. Locré sah seinen Streit mit Würtz als ein Problem, das von allgemeinem Interesse war: »La question qu'elle engage regarde tous ceux qui cultivent les sciences ou les lettres; c'est leur cause que je défends en défendant la mienne«[425].

423 Vgl. Jean-Guillaume Locré, Éclaircissemens. Sur ma contestation avec M. Würtz au sujet de mon livre de »La législation civile, commerciale et criminelle de la France«, dont il est l'éditeur, Paris, Imprimerie Duverger, 1832, BNF, 4-FM-19693.

424 Vgl. Ders., Histoire de mes relations et de mon procès avec le libraire Wurtz, suivant lui propriétaire, et suivant la vérité, simple éditeur de mon livre »De la législation civile, commerciale et criminelle de la France […]«, Paris, Prosper Dondey-Dupré, Imprimeur-libraire, rue Richelieu, n° 47 bis. 1834, BNU, M. 100.726.

425 Ibid., S. [1].

Locré sah sich als Vorkämpfer für ein Urheberrecht und wollte sich für eine bessere Bezahlung der Autoren einsetzen. Im Folgenden führte er in das Problem der *propriété littéraire* (Urheberrecht) und der Entlohnung von Autoren ein und legt seine Argumente dar.

Der Gerichtsprozess betraf Locrés Bezahlung. Dieser hatte Treuttel & Würtz auf die Auszahlung des Honorars auf die Anzahl der subskribierten Exemplare verklagt. Diese stimmte aber nicht mit den tatsächlich verkauften Exemplaren überein[426]. In dem zwischen Locré und Würtz geschlossenen Vertrag war hingegen festgelegt worden, dass Locré nach verkauften Exemplaren bezahlt würde. Mit seiner Unterschrift hatte Locré den Bedingungen zugestimmt. So entschied denn auch in erster Instanz das Handelsgericht im Sinne von Treuttel & Würtz (Urteil vom 26.12.1832).

Vor dem Gerichtstermin in zweiter Instanz (*cour royale*) veröffentlichte auch Jean Godefroi Würtz eine Stellungnahme zu den Anschuldigungen von Locré. Im Gegensatz zur Leidenschaft, mit der Locré seine Position verteidigte, trat Würtz bewusst kurz, einfach und rational auf: »Pour donner à l'erreur la couleur de la vérité, il faut des volumes; pour établir l'évidence, il ne faut que quelques mots«[427]. So begann Würtz seine Replik und führte den Vorfall aus seiner Perspektive aus. Wie Locré beschrieb Würtz, dass bereits 1824 die Publikation des Werkes bei Treuttel & Würtz mündlich beschlossen worden war. Würtz argumentierte auf der Grundlage des zwischen den beiden Parteien geschlossenen Vertrags:

> 3° MM. Treuttel et Würtz s'engageaient à payer à M. Locré 1 fr. 23 par chaque volume qui serait sorti de leurs magasins et qu'ils ne pourraient représenter.
> [...]
> 4° L'ouvrage devait être imprimé aux frais de MM. Treuttel et Würtz qui se chargeaient également de tous les frais de prospectus et d'annonces, dont cependant M. Locré assumait sur lui la rédaction[428].

Eine Auflagenhöhe von 1500 Exemplaren wurde vereinbart, aber Locré habe dem Verlag mündlich sein Urheberrecht für weitere Auflagen abgetreten und würde pro verkauftem Exemplar 1 Franc erhalten. Locré habe die Manuskriptabgabe so weit hinausgezögert, dass sich die Publikation, die weniger als zwei Jahre in Anspruch nehmen sollte, letztlich über sieben Jahre hinzog. Zudem lieferte er anstelle der vereinbarten 20 Bände 31.

426 Vgl. Jean Godefroi Würtz, Philippe Dupin, Hamelin, Précis sur délibéré pour M. Würtz, intimé, contre M. le baron Locré, appelant. Cour royale. 1re chambre, audience samedi 31 mai 1834, Paris, Imprimerie Duverger, 1834, BNF, 4-FM-33121.

427 Ibid., S. 1.

428 Ibid., S. 2.

Treuttel & Würtz kümmerte sich um die Werbung, die über Anzeigen in Zeitungen und Geschäftsrundschreiben, die an alle Höfe Europas und alle Gerichte in Frankreich verschickt worden seien, in Frankreich und dem Ausland stattgefunden habe. Zudem beschäftigte Treuttel & Würtz einen »commis voyageur«[429], einen Kommissionär, der sich um die Organisation von Subskriptionen in der französischen Provinz kümmerte. Die Zusammenarbeit mit Locré habe zu diesem Zeitpunkt gut funktioniert.

Würtz nannte nun vier Gründe, warum der erwartete Erfolg der Publikation seiner Meinung nach ausblieb: An erster Stelle führte er an, dass sich Werke im Allgemeinen zu Beginn ihres Erscheinens besser verkaufen würden. Das Interesse des Publikums nehme dann mit jedem neuen Band ab. Zweitens habe Locré weitere Titel publiziert, die mit diesem Werk in Konkurrenz standen beziehungsweise zu einer geringeren Nachfrage von »La législation civile« führten. Schließlich sei die Anzahl der Personen, die sich eine solche Veröffentlichung leisten könnten, gering; die Tatsache, dass sich die Publikation über sieben Jahre erstreckte anstelle der angekündigten zwei, habe ebenfalls zum Misserfolg beigetragen. Treuttel & Würtz habe Locré wie vereinbart bezahlt und seinen Teil zum Gelingen des Unternehmens beigetragen:

> De leur côté, MM. Treuttel et Würtz avaient fidèlement rempli tous les engagemens qu'ils avaient pris. Ils avaient fourni seuls à tous les frais nécessaires pour la publication; et aujourd'hui, sur un capital de 132 000 fr. qu'ils ont avancé, il leur reste encore à recouvrer au-delà de 50 000 fr. Tout devait donc leur faire espérer que si quelqu'un avait à se plaindre ce ne serait pas M. le baron Locré. Mais il n'en a pas été ainsi[430].

Würtz argumentierte, dass auch der Verlag deutliche Verluste gemacht habe. Er stritt vehement ab, sich nicht ausreichend um die Verbreitung des Werkes gekümmert zu haben, da der Absatz auch im Interesse des Verlags liege. Mit dem Vorschlag, »La législation civile« preiswerter zu verkaufen, war Würtz nicht einverstanden, da er so keine Aussicht auf die Deckung seiner Ausgaben habe und der Verlust auch in Zukunft nicht mehr auszugleichen sei[431].

Auch diesen zweiten Prozess gewann Jean Godefroi Würtz. Aus der Locré-Affäre lassen sich vor allem drei Erkenntnisse ziehen: erstens die hier thematisierte Sorge um den Ruf der Verlagsbuchhandlung. Die Tatsache, das Locré zwei Schriften gegen Würtz veröffentlichte und Letzterer sogar öffentlich darauf antwortete, zeigt, dass Würtz ernsthaft Sorge um den Ruf des Unternehmens hatte. Zweitens: Treuttel und Würtz fertigten mit ihren Autoren, Überset-

429 Ibid., S. 3.

430 Ibid., S. 4.

431 Ibid., S. 7 f.

zern oder Druckern Verträge an, um sich im Zweifelsfall rechtlich abzusichern. Auch wenn das Urheberrecht zu diesem Zeitpunkt noch nicht als solches existierte, so existierten Verträge zwischen den beiden Geschäftspartnern, auf die man sich berufen konnte. Im Fall dieses Gerichtsprozesses hat diese Tatsache dazu geführt, dass Würtz die beiden Prozesse gewann. Der Vertrag stellte das wichtigste Beweisstück für die Verteidigung dar. Treuttel und Würtz handelten wie bereits in den 1770er Jahren und es zahlte sich aus: rechtlich abgesichert konnten sie ihre Interessen vertreten. Schließlich war der Vertrag zwischen Autor und Verlag mehr im Interesse des Verlages. Das Urheberrecht, das 1830 noch nicht existierte, diente mehr dem Verlag, der sich gegen Raubdrucke und Konkurrenz abzusichern versuchte, denn dem Autor. Würtz legte das Honorar im Vertrag fest, koppelte es aber an die Anzahl der verkauften Exemplare. So konnte er sein Risiko mindern.

Jean Godefroi Würtz hatte beide Gerichtsprozesse gewonnen, aber in den 1830er Jahren hatte sich die Öffentlichkeit gewandelt. Im Zuge der Julirevolution und der Julimonarchie war sie pluralistischer und demokratischer geworden, weniger elitär. Nun traten auch Stimmen gegen die Verlagsbuchhandlung zu Tage, die öffentlich geäußert wurden. Der öffentliche Angriff von Jean-Guillaume Locré kann zum einen als Beginn des Untergangs des Unternehmens Treuttel & Würtz gewertet werden. Die öffentliche Kritik an der Behandlung seiner Autoren führte zu Gerüchten und einem schlechten Ruf des Unternehmens. Locré hatte immerhin zwei sehr ausführliche Streitschriften gegen die Verlagsbuchhandlung veröffentlicht. Es wurde weniger attraktiv, bei Treuttel & Würtz zu publizieren, da man eine schlechte Behandlung fürchten musste. Dabei ist, wie eingangs zu diesem Kapitel erwähnt, irrelevant, ob Treuttel und Würtz ihre Autoren wirklich ausnutzten und wenig zahlten, lediglich der Ruf war entscheidend. Zum anderen deutete der Moment, in dem derart massive öffentliche Kritik an Treuttel & Würtz möglich war, bereits auf eine Abnahme der Macht und des Einflusses der Verlagsbuchhandlung.

In diesem Kontext des öffentlichen Streits zwischen Autoren und Verlegern in den ausgehenden 1830er und beginnenden 1840er Jahren verfasste Honoré de Balzac den Band »Illusions perdues« (erschienen 1837–1843) seiner »Comédie humaine«. In diesem Band beschrieb Balzac das Buchwesen der Restauration sowie das Verhältnis zwischen Autoren und Verlegern. Der junge Lucien Chardon trifft einen Verleger, den er bitten möchte, seinen Roman zu verlegen. Auch wenn es sich um eine schematische Darstellung eines Buchhändlers und Verlegers der Restauration handelt, weist sie zahlreiche Ähnlichkeiten mit Treuttel & Würtz auf.

> Il avisa rue du Coq une boutique modeste devant laquelle il avait déjà passé, sur laquelle étaient peintes en lettres jaunes, sur un fond vert, ces mots:

> *Doguereau, libraire.* Il se souvient d'avoir vu ces mots répétés au bas du frontispice de plusieurs des romans qu'il avait lus au cabinet littéraire de Blosse. [...] Il trouva dans la boutique un singulier vieillard, l'une des figures originales de la librairie sous l'Empire. Doguereau portait un habit noir à grandes basques carrées, et la mode taillait alors les fracs en queue de morue. Il avait un gilet d'étoffe commune à carreaux de diverses couleurs d'où pendaient, à l'endroit du gousset, une chaîne d'acier et une clef de cuivre qui jouaient sur une vaste culotte noire. La montre devait avoir la grosseur d'un oignon. Ce costume était complété par des bas drapés, couleur gris de fer, et par des souliers ornés de boucles en argent. Le vieillard avait la tête nue décorée de cheveux grisonnants, et assez poétiquement épars. Le père Doguereau, comme l'avait surnommé Porchon, tenait par l'habit, par la culotte et par les souliers au professeur de belles-lettres, et au marchand par le gilet, la montre et les bas[432].

Die Beschreibung des fiktiven Buchhändlers Doguereau weist zahlreiche Ähnlichkeiten mit Treuttel & Würtz auf: Nicht nur waren sie während des Empire zu großem Reichtum und Bedeutung gekommen, auch befanden sich ihre Publikationen in zahlreichen Lesekabinetten. Schließlich passt auch die auf den ersten Blick bescheidene Präsentation des Unternehmens sowie des Verlegers selbst mit seinen ungewöhnlichen Haaren, welches direkt an das Porträt Jean-George Treuttels erinnert.

Letztlich verhielt sich der Verleger in Balzacs Roman Lucien Chardon gegenüber aber keineswegs bescheiden. Nachdem er das Manuskript des Autors übers Wochenende gelesen hatte, schlug er ihm vor, das Werk zu verlegen, allerdings für ein sehr geringes Autorenhonorar. Er suchte Lucien Chardon in seinem einfachen Zimmer in Paris auf und rechtfertigte das geringe Honorar wie folgt:

> Qu'il conserve, pensa-t-il, ces mœurs simples, cette frugalité, ces modestes besoins. J'éprouve du plaisir à vous voir, dit-il à Lucien. Voilà, monsieur, comment vivait Jean-Jacques, avec qui vous aurez plus d'un rapport. Dans ces logements-ci brille le feu du génie et se composent les bons ouvrages. Voilà comment devraient vivre les gens de lettres, au lieu de faire ripaille dans les cafés, dans les restaurants, d'y perdre leur temps, leur talent et notre argent[433].

Nicht nur das geringe Honorar, welches sich möglicherweise auf die Locré-Affäre bezog oder allgemein auf den Buchmarkt in Paris während der Restauration, auch die Tatsache, dass sich der Verleger am Wochenende in seinem Land-

432 Honoré de Balzac, La Comédie humaine, V. Études de mœurs: scènes de la vie de province scènes de la vie parisienne. Illusions perdues, hg. von Pierre-Georges Castex u. a., Paris 1997, S. 303 f. (Hervorh. i. Orig.).

433 Ibid., S. 306.

haus aufhielt, und die Referenz auf Jean-Jacques Rousseau, erinnern an den Besuch Dibdins bei den Treuttels auf dem Land. Balzac hat dessen Beschreibung vermutlich gekannt. Er wollte in seiner »Comédie humaine« repräsentative Personentypen seiner Zeit beschreiben. Der von Balzac beschriebene Verleger stellt einen »Typus« der von ihm definierten zeittypischen Ausprägung des Verlegers dar. Obwohl es damit zahlreiche ähnliche Verleger gäbe, die Balzac vermutlich als Vorlage für seinen »typischen Verleger« dienten, weist Doguereau einige Ähnlichkeit zu Treuttel und Würtz auf.

Balzac wusste von der Existenz von Treuttel & Würtz und hatte ein genaues Bild von dem Unternehmen. Namentlich erwähnte er es in »La muse du département« (1843):

> Evidemment ni Maradan, ni les Treuttel et Wurtz, ni Doguereau n'ont imprimé ce roman là, dit Lousteau; car ils avaient à leurs gages des correcteurs, qui revoyaient leurs épreuves, un luxe que nos éditeurs actuels devraient bien se donner, les auteurs d'aujourd'hui s'en trouveraient à merveille... Ce sera quelque pacotilleur du quai[434].

In den 1840er Jahren und mit dem Tod des letzten Gründers der Verlagsbuchhandlung 1841 vollzog sich endgültig der Niedergang des Unternehmens, welcher bereits in den 1830er Jahren im Kontext negativer Gerüchte und Justizfälle begonnen hatte. Ein schlechter Ruf der Verlagsbuchhandlung und Gerüchte um niedrigere Honorare führten zu weniger renommierten Autoren[435] und so zu einer starken Bedeutungsabnahme und letztlich zur Geschäftsaufgabe.

434 Honoré de Balzac, La Comédie humaine, IV. Études de mœurs: scènes de la vie de province, II. La muse du département, hg. von Marcel Bouteron, Paris 1952, S. 127 f.

435 Vgl. zu den abnehmenden Publikationen im Verlag Treuttel & Würtz in Folge der Locré-Affäre Kap. 3.1.

2. Praktiken des transnationalen Buchhandels

2.1 Das Netzwerk der »Handelsfreunde«: Verleger- und Buchhändlerkontakte

2.1.1 Von Philadelphia bis Moskau, von Stockholm bis Rom

Für den internationalen Buchhandel im 18./19. Jahrhundert war ein großes verlässliches Netzwerk unerlässlich. Enge Kontakte vor Ort stellten eine Grundbedingung für den erfolgreichen internationalen Handel dar, da diese einen Teil der lokal anfallenden organisatorischen Aufgaben wie beispielsweise das Ausliefern von Publikationen übernahmen. Eine Organisationsform der Zusammenarbeit zwischen Buchhändlern über weitere Distanzen hinweg bot der Kommissionsbuchhandel (von lat. *committere* »anvertrauen, überlassen, übergeben«), der sich im deutschen Raum seit etwa Mitte des 18. Jahrhunderts entwickelte. Der Kommissionär ist ein Zwischenbuchhändler zwischen Verlag und Sortiment. Im 18. Jahrhundert übernahm er für den Auftraggeber (Kommittenten) Aufgaben wie die Präsenz und Erledigung finanzieller Angelegenheiten während der Buchhandelsmesse, kümmerte sich um das Versenden von Publikationen sowie die Auffüllung des Lagerbestandes des Kommittenten[1]. Der Kommissionsbuchhandel entstand zu diesem Zeitpunkt aufgrund von strukturellen Veränderungen des deutschen Buchhandels. Vom 15. bis zu Beginn des 19. Jahrhunderts war der überregionale deutsche Buchhandel durch die Buchhandelsmessen und den persönlichen Kontakt auf den Messen bestimmt. Mit

1 Der Kommissionsbuchhandel ist von dem französischen *livre en commission* zu unterscheiden, denn dabei handelt es sich nicht um eine weitere Stufe im Handel, sondern ein Buchhändler nimmt einem Verleger eine bestimmte Zahl an Publikationen ab. Wenn der Buchhändler diese nicht absetzen kann, gibt es unterschiedliche Regelungen für ein Rückgaberecht. Vgl. dazu LEHMSTEDT, Die Herausbildung des Kommissionsbuchhandels, S. 452f.

dem Aufstieg Leipzigs zur wichtigsten Buchhandels- und Messestadt, der zunehmenden Konzentration der Messgeschäfte auf einen Termin (Jubilatemesse), der starken Zunahme der Anzahl an Buchhändlern und Verlegern und dem Wechsel vom Tausch- zum Nettobuchhandel vollzog sich ein Wandel vom persönlichen Handel zwischen Verlegern und Buchhändlern zu einem unpersönlicheren, indirekten Handel. Die Buchproduktion war damit nicht mehr nur auf einen oder wenige Termine ausgerichtet, sondern erstreckte sich über das gesamte Jahr. »Zwischen den Verleger und den Sortimenter schob sich eine dritte Person, der Zwischenbuchhändler in Gestalt des Kommissionärs, der zwischen Produktion und Absatz (als Endverkauf) vermittelte«[2]. Aufgaben wurden in unterschiedlich hohem Maß an den Kommissionär abgegeben. Dieser konnte lediglich während der Messe agieren und dem Kommittenten so die Reise nach Leipzig ersparen oder aber die Geschäfte während des ganzen Jahres, auch über einen längeren Zeitraum, übernehmen. Zumeist übernahmen andere Buchhändler oder Verleger gleichzeitig die Aufgabe des Kommissionärs, der aufgrund der Messe besonders häufig in Leipzig vertreten war.

Treuttel und Würtz nutzten diese gängige Praxis in beide Richtungen, d. h., einerseits beauftragen sie Kommissionäre an strategisch wichtigen Orten mit der Erledigung organisatorischer Aufgaben, andererseits waren sie selbst als Kommissionär für zahlreiche ausländische Buchhandlungen und Verlage in Paris beziehungsweise Frankreich tätig. Bereits Jean Geoffroy Bauer besaß einen Kommissionär in Leipzig und bat den Berliner Buchhändler Friedrich Nicolai im April 1767, die finanziellen Angelegenheiten mit seinem Kommissionär Müller abzurechnen, da er selbst nicht zur Messe nach Leipzig anreise[3]. Bauer, Treuttel und Würtz verfügten von Beginn ihrer Tätigkeit an über Kommissionäre in Leipzig, die die laufenden Geschäfte während des Jahres regelten. Zu den Messen hingegen reisten sie häufig persönlich an. Auch Treuttel & Würtz, Treuttel Jun., and Richter (London) besaßen zwei Kommissionäre in Leipzig, die die Angelegenheiten der Verlagsbuchhandlung vertraten: zunächst Cnobloch (1820–1834), anschließend Hermann & Langbein[4].

Der Kommissionsbuchhandel stellte vor allem im deutschsprachigen Raum aufgrund der geografischen, kulturellen und politischen Zersplitterung eine Möglichkeit dar, den überregionalen Handel zu organisieren. Im zentralistisch organisierten Frankreich, in dem sich sowohl Kultur und Politik als auch Buch-

2 Vgl. ibid., S. 459.

3 Vgl. Johann Gottfried Bauer an Friedrich Nicolai, Straßburg, 23.4.1767, StaBi, Nachlass Friedrich Nicolai I, Nr. 3: »Da ich diese Meße nicht selbst nach Leipzig komme, sondern H. Müller wie bisher meiner Commißion besorgen wird, so ersuche EE ihn den Betrag der im Julio 1766 überschickten medicinischen Disputation zu behändigen«.

4 Vgl. Keiderling, Der deutsch-englische Kommissionsbuchhandel, S. 267.

handel vor allem auf Paris konzentrierten, war der Kommissionsbuchhandel wenig verbreitet[5]. Auf internationaler Ebene, auch zwischen dem deutschen Raum und Frankreich oder anderen Ländern, war er dagegen eine nützliche Organisationsform. Im internationalen Buchhandel zwischen Frankreich und dem deutschen Raum kam vor allem der Grenzregion und Straßburg eine vorrangige Bedeutung zu. Mark Lehmstedt nennt in seinem einschlägigen Artikel zum Kommissionsbuchhandel vor allem die Akademische Buchhandlung und schließlich Treuttel & Würtz als herausragende Kommissionäre und Vermittler zwischen deutschem und französischem Buchhandel[6].

So war Treuttel & Würtz zu Beginn des 19. Jahrhunderts beispielsweise Kommissionär von Johann Friedrich Cotta in Paris und wickelte seine finanziellen Angelegenheiten vor Ort ab[7]. Grundlage einer so engen Zusammenarbeit und Vollmacht waren Verlässlichkeit und Vertrauen in die Bonität des Anderen. Die Tätigkeit als Kommissionär vieler deutscher, aber auch anderer auswärtiger Verlage in Paris ermöglichte es Treuttel & Würtz, mit vergleichsweise wenig Ausgaben (Personal, Zeit) zusätzliche Einnahmen zu erzielen. Sie wurden nicht nur für jeden versandten Brief oder die Übernahme organisatorischer Aufgaben für ihre Kommittenten entlohnt, sondern verdienten auch prozentual an jeder in Frankreich verkauften Publikation eines deutschen Verlegers, für den sie den Kommissionsvertrieb übernommen hatten. Diese Tätigkeit war auch mit weniger Aufwand und Risiko verbunden, als ein eigenes Werk auf den Markt zu bringen. Gleichzeitig wurde Treuttel & Würtz aufgrund der Übernahme des Kommissionverkehrs vieler auswärtiger Verlage und Buchhändler zum vorrangignen Ansprechpartner für deutsche und auswärtige Publikationen für andere Verlage, Buchhandlungen und Privatpersonen in Paris.

Treuttel & Würtz besaß ein Spezialwissen über Probleme, mit denen deutsche oder französische Verleger auf dem jeweils anderen Markt konfrontiert waren (Handelsusancen, Zollprobleme etc.), über die schnelle Versendung von Büchern und über immer mehr hochrangige Kontakte in Politik, Verwaltung und Kultur, wovon auch ihre Kommittenten zu profitieren hofften. Die Verbindung mit mehreren Kommittenten brachte für Treuttel und Würtz den Vorteil der teilweisen Rationalisierung. So verschickten sie zum einen persönliche Briefe an einen bestimmten Kunden, zum anderen allgemeine, vorgedruckte Geschäftsrundschreiben an ihre »Handelsfreunde«[8], bei denen sie handschrift-

5 Vgl. Frédéric Barbier, Art. »Commission«, in: DEL, Bd. 1 (2002), S. 592 f., hier S. 592.

6 Vgl. Lehmstedt, Die Herausbildung des Kommissionsbuchhandels, S. 481.

7 Vgl. Hass, Der Verleger Johann Friedrich Cotta, S. 57 f.

8 Vgl. Geschäftsrundschreiben an den Buchhändler und Verleger Friedrich Justin Bertuch bezüglich einer starken Erhöhung der Importzölle von Büchern in »ebenden« Sprachen nach Frankreich 1811, GSA, 6/5315.

lich lediglich den Namen des Adressaten einfügten. In diesen informierten sie ihre Geschäftspartner nicht nur über Veränderungen in der eigenen Verlagsbuchhandlung wie die Eröffnung ihrer Filiale in London, sondern auch über veränderte politische Rahmenbedingungen im internationalen Buchhandel oder bei der Zensur in Frankreich. Für Treuttel & Würtz war diese Tätigkeit mit dem einmaligen Aufwand, sich zu informieren, verbunden, ein Standardschreiben aufzusetzen und es schließlich an alle Geschäftspartner zu verschicken.

Auch wenn Treuttel & Würtz Aufgaben bündeln und so Synergieeffekte nutzen konnte, war das Verhältnis zu ihren Kunden und Geschäftspartnern weniger durch Anonymität als durch enge Beziehungen gekennzeichnet. Mit vielen unterhielten sie langjährige Verbindungen, die so auch Krisenzeiten überstanden. Zudem enthielten ihre Briefe neben geschäftlichen auch private Informationen. Ferner trafen sie ihre Geschäftspartner persönlich vor Ort, wenn sich dies einrichten ließ.

Eine weitere Folge der Konzentration mehrerer auswärtiger Kommittenten in der Hand von Treuttel und Würtz bestand in der Tatsache, dass diese erste Ansprechpartner für im Ausland zu erwerbende Bücher wurden. Dadurch wiederum wurde es für auswärtige Verleger zunehmend wichtiger, Treuttel & Würtz als Kommissionär in Paris zu beschäftigen, um dort die besten Ausgangsbedingungen für den Verkauf ihrer Publikationen zu erlangen. Dieser Effekt verselbstständigte sich. Wenn man sich folglich in Paris über Neuerscheinungen im deutschen Raum erkundigen wollte, war es sehr wahrscheinlich, dass man dies bei Treuttel & Würtz bzw. in deren Zeitschriften und bibliografischem Material tat, und somit stieg die Bedeutung für auswärtige Verleger, in deren Katalogen, Zeitschriften und Buchhandlung vertreten zu sein.

Folglich wurde der Name Treuttel & Würtz mit der Zeit zu einer Marke, die für internationalen Buchhandel und alle damit in Verbindung stehenden Dienstleistungen stand. So wandten sich die beiden Leiter der Straßburger Filiale, Jean Georges Kammerer und Jean Daniel Paul Weise, nach dem Tod Jean-George Treuttels 1827 an den Bürgermeister von Straßburg François Xavier Antoine de Kentzinger, um darum zu bitten, auch nach dem Tod Treuttels den Namen Treuttel & Würtz für die Buchhandlung beibehalten zu dürfen:

> Veuillez donc, M. le maire, transmettre à monsieur le préfet ces observations que nous allons soumettre d'ailleurs directement à S. E. le ministre de l'Intérieur et permettez qu'en attendant sa décision définitive nous puissions continuer notre ancienne raison de commerce, connue, respectée et accréditée dans toutes les places de l'Europe et même aux Indes, où nous avons des relations[9].

9 Vgl. Kopie des Briefes von Jean Georges Kammerer und Daniel Weise an den Bürgermeister von Straßburg vom 27. Oktober 1827, AS, 269MW105.

Sie argumentierten einerseits mit ihren Kontakten zum Innenminister[10], der endgültig über diese Frage entscheiden solle, was gleichzeitig ein Autoritätsargument darstellt, andererseits mit der Marke Treuttel & Würtz, die in ganz Europa und darüber hinaus bekannt sei. Kammerer und Weise wollten den Namen der Verlagsbuchhandlung aufgrund des Markenimages und des Ansehens weiterführen. Die Bezeichnung »aux Indes« bezog sich auf *les deux Indes* und umfasste sowohl den amerikanischen als auch den asiatischen Kontinent, wo sie ebenfalls Kontakte hätten. Als internationale Buchhandlung und Kommissionär war Treuttel & Würtz auf ein sehr großes, verlässliches internationales Netzwerk an Geschäftspartnern angewiesen, zu denen nicht nur Verlage und Buchhandlungen, sondern auch Privatpersonen und Kunden gehörten.

Eine kluge Nutzung des Kommissionsbuchhandels als Organisationsform des internationalen Buchhandels führte zu einer Verstärkung des Einflusses und Aufstiegs von Treuttel & Würtz als erste Anlaufstelle für international zu erwerbende Publikationen. Im Folgenden soll auf das buchhändlerische Netzwerk von Treuttel & Würtz näher eingegangen werden. Dies geschieht zunächst in quantitativer Form: die Größe des Netzwerkes, die Anzahl der Geschäftspartner sowie deren geografische Verteilung sollen einen ersten Überblick bieten. In einen zweiten Schritt steht die Qualität der Beziehungen im Fokus. Ausgehend von allgemeinen Betrachtungen über die Geschäftsbeziehungen, deren Einordnung und Grundlagen der Zusammenarbeit, wird in einem letzten Abschnitt in einer Fallstudie die intensive Beziehung zwischen dem Weimarer Verleger Friedrich Justin Bertuch und Jean Geoffroy Bauer sowie Jean-George Treuttel beispielhaft untersucht. Sie dient dazu, Spezifika der Verlagsbuchhandlung Treuttel & Würtz (bzw. Bauer, Bauer & Treuttel, dann J.-G. Treuttel) in den deutsch-französischen Geschäftsbeziehungen des internationalen Buchhandels aufzuzeigen. Diese Besonderheiten in den Beziehungen stellen einen Schlüsselaspekt des Erfolgs von Treuttel & Würtz dar, der dem Unternehmen über Jahrzehnte zu besonderem Erfolg im internationalen Buchhandel verhalf.

Eine Momentaufnahme des weit verzweigten internationalen Netzwerkes von Treuttel & Würtz bietet eine Auflistung der im Verlagsbuch genannten Fir-

10 Zu diesem Zeitpunkt war Jacques-Joseph-Guillaume-Pierre de Corbière französischer Innenminister. Ein Kontakt zu Treuttel und Würtz ist sehr wahrscheinlich, da Corbière bibliophil war. Der Kommentar des »Dictionnaire des parlementaires français« zu Corbières Bibliophilie ist diesbezüglich eindeutig: »Il morut à un âge avancé, au milieu des anciennes éditions de classiques qu'il collectionnait avec passion«, Adolphe Robert, Gaston Cougny, Dictionnaire des parlementaires français comprenant tous les membres des Assemblées françaises et tous les ministres français depuis le 1er mai 1789 jusqu'au 1er mai 1889. Avec leurs noms, état civil, états de services, actes politques, votes parlementaires, etc., Bd. 2, Paris, Bourloton, 1890, S. 177f.

men und Personen zum Zeitpunkt des Todes von Jean Godefroi Würtz 1841. Nach seinem Tod erstellte der Notar Auguste Desprez ein Dossier mit sämtlichem Vermögen, um das Erbe zu verteilen[11]. Dieser Einblick ist von großer Bedeutung, da aufgrund des fehlenden Verlagsarchives keine weitere Buchführung oder Verlagsbücher überliefert sind, die einen Überblick über die Aktivität und Kontakte der Verlagsbuchhandlung geben könnten.

Zur Erklärung der Liste wird einleitend beschrieben, es handle sich ausschließlich um Buchhändler. Dies scheint allerdings fragwürdig. So wird u. a. »le souverain de Tress [?]« aufgeführt, bei dem es sich womöglich um einen Kunden von Treuttel & Würtz handelt. Die Namen Cousin und Laffitte zählen ebenso zu den genannten Personen. Es handelt sich wahrscheinlich um den Bankier und Politiker Jacques Laffitte (1767–1844), der 1839 an der Organisation zur Errichtung eines Gutenberg-Denkmals in Straßburg beteiligt war. Bei dem Eintrag »M. Cousin« (Paris) handelt es sich möglicherweise um Victor Cousin. Bereits 1831 stand Cousin mit Treuttel & Würtz, allerdings der Londoner Filiale, in Kontakt[12]. Cousin prägte den französischen akademischen Betrieb nicht nur in Bezug auf die Personalauswahl, sondern auch in Bezug auf Lehrpläne und Forschungsinteressen in erheblichem Maß[13]. Er hatte einen großen Bekanntenkreis, zu dem auch viele Deutsche und Mittlerfiguren zwischen Frankreich und dem deutschen Raum gehörten. Darunter befanden sich zahlreiche Personen, die auch mit Treuttel & Würtz in Kontakt standen, u. a. Friedrich Creuzer, August Wilhelm Schlegel oder Jules Mohl. Zudem gehörte der Kreis um Benjamin Constant und Germaine de Staël zu den Kontakten von Treuttel & Würtz sowie Heinrich Heine[14]. Ebenfalls kein Buchhändler war der in der Liste genannte große Papierfabrikant Dupuy de la Grandrive aus der Auvergne. Dieser hatte im 18. Jahrhundert besonders enge Kontakte zum Buchhandel in Paris. Es handelte sich um das einflussreiche große Unternehmen, auf dessen Papier u. a. die »Encyclopédie« von Denis Diderot und Jean le Rond d'Alembert

11 Vgl. »Inventaire après décès« von Jean Godefroi Würtz, 1841, AN, MC/ET/I/953.

12 Treuttel und Würtz sollten Cousin über Neuerscheinungen in Großbritannien informieren, allerdings war Cousin mit der Arbeit der Buchhandlung nicht zufrieden, wie er 1831 an William Hamilton schrieb: »MM. Treutel et Wurtz, à Londres, ont l'ordre de me faire tenir tout ce qui peut intéresser l'histoire de la philosophie; mais il[s] ne sont au fait de rien, et votre Angleterre ne m'a pas ruiné, je vous assure«, Victor Cousin an William Hamilton, 1831, in: Victor Cousin. Sa vie et sa correspondance, Bd. 3, hg. von J. Barthélemy-Saint-Hilaire, Paris 1895, S. 224.

13 Vgl. Michel Espagne, Von der Philologie zur Naturphilosophie: Victor Cousins deutscher Bekanntenkreis, in: Gerhard Höhn, Bernd Füllner (Hg.), Deutsch-französischer Ideentransfer im Vormärz, Bielefeld 2002, S. 287–310, hier S. 287.

14 Vgl. ibid.

gedruckt wurde[15]. Jean François Belhoste hat die Bedeutung unterstrichen, die Papierfabrikanten in der Subvention von Pariser Verlagen und Buchhandlungen zukam[16]. Treuttel & Würtz war bereits 1838 Kunde bei Dupuy de la Grandrive[17] und steht daher in einer Tradition mit den Verlagen Veuve Estienne und Jacques Anisson-Duperron, Direktor der Imprimerie royale, die bereits im 18. Jahrhundert regelmäßig Kunden von Dupuy de la Grandrive waren[18]. Obwohl also einige Ausnahmen dieser Ankündigung, es handle sich um Buchhändler, ausgemacht werden konnten, gehört die große Mehrheit der genannten Personen dennoch zur Buchhandelsbranche.

Eine quantitative Betrachtung der Kontakte in geografischer Perspektive ergab folgendes Bild: Etwa die Hälfte der aufgeführten Personen (77) waren in Paris ansässig, knapp drei Viertel (111) in Frankreich und nur ein gutes ein Viertel (41) befanden sich im Ausland. Dieses letzte Viertel lässt sich – in seiner geografischen Ausbreitung – in drei weitere Gruppen unterteilen (Karte 3[19]): Der Großteil der ausländischen Kontaktpersonen befand sich in Großbritannien (London), Belgien, den Niederlanden, dem deutschen Raum, der Schweiz und Italien. Einzelne Geschäftspartner waren etwas weiter entfernt in Europa in Schweden, Russland oder Bukarest. Nur eine Person (Judah Dobson) befand sich außerhalb von Europa, in Philadelphia in den Vereinigten Staaten.

Die genannten Buchhandlungen und Verleger belieferten häufig das gleiche soziale Milieu wie Treuttel & Würtz. Unter ihnen befanden sich erstens zahlreiche Hofbuchhandlungen wie Gerold in Wien oder Leroux in Mannheim, die im Auftrag der jeweiligen Herrscher arbeiteten und deren Auftraggeber womöglich auch Veröffentlichungen von Treuttel & Würtz erwarben. Zweitens befanden sich namhafte große Verleger darunter, beispielsweise Cotta, vor allem als Verleger der deutschen Klassik bekannt. Drittens gehörten internationale Verlagsbuchhandlungen dazu wie das auf medizinische Publikationen spezialisierte Unternehmen Baillière mit seinem großen familiären Netzwerk, das von Großbritannien über Madrid bis New York und Australien reichte[20], Long-

15 Vgl. Louis Apcher, Une vie de notables auvergnats au cours de trois siècles d'histoire (1570 à nos jours). Les Dupuy de la Grandrive, leurs papeteries de la Grandrive et Barot, leur parent, l'intendant du Canada Claude-Thomas Dupuy, Clermont-Ferrand 1937.

16 Vgl. Jean-François Belhoste, Du papier pour les livres. Tentatives de bilan pour le xviiie siècle, in: HCL 11 (2011), S. 11–31.

17 Vgl. Apcher, Une vie de notables, S. 131.

18 Vgl. Belhoste, Du papier pour les livres, S. 19.

19 Vgl. dazu Tab. 9 in Anhang D; »Inventaire après décès« von Jean Godefroi Würtz, 1841, AN, MC/ET/I/953.

20 Vgl. Barbier, Jean-Baptiste Baillière, S. 32 f.

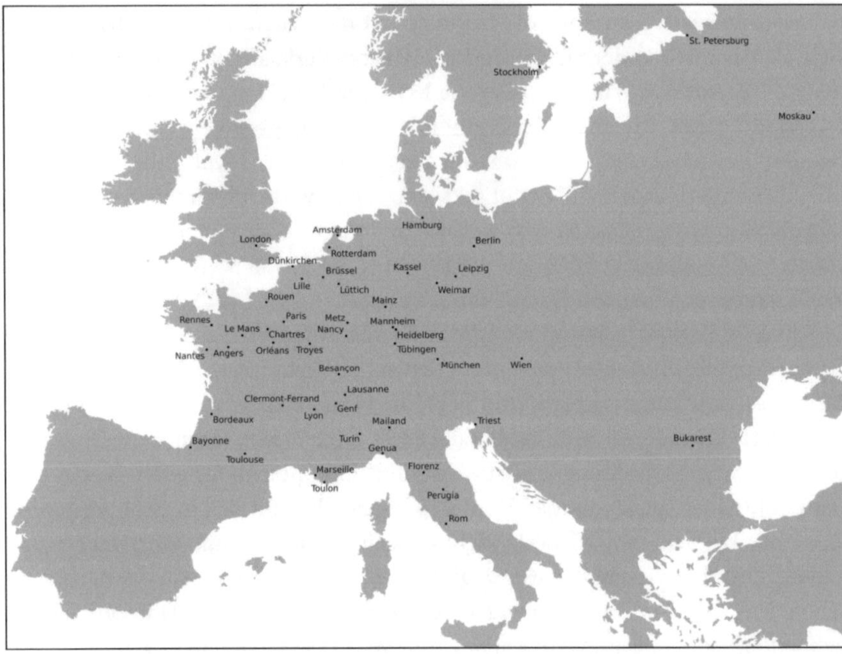

Karte 3. Orte, an denen sich die Geschäftspartner von Treuttel & Würtz befanden. Nach dem Verlagsbuch 1841.

man & Cie. (Paris, London)[21] oder Galignani (Paris, London)[22]. Diese international aufgestellten Unternehmen stellten einerseits Konkurrenten dar, haben aber womöglich andererseits das Sortiment der Verlagsbuchhandlung ergänzt.

Grundsätzlich ist festzuhalten, dass Treuttel & Würtz vor allem auf die Verlässlichkeit ihrer Geschäftspartner angewiesen war. Dies war das oberste Kriterium, da sichergestellt werden musste, dass die Geschäftspartner Auslagen bezahlen, gewünschte Aufgaben erledigen und vor allem keine Insolvenz anmelden würden. Trat die Insolvenz des Geschäftspartners ein, waren die ausstehenden Auslagen verloren. Dennoch lassen sich bestimmte Einflussfaktoren aus der Verteilung der Kontakte ablesen. Aus der statistischen Auswertung der Orte, in denen die Buchhändler vertreten waren, sticht vor allem die starke Konzentration auf die Metropole Paris hervor, auf die die Hälfte der Kontakte entfällt. Paris war die politische und kulturelle Hauptstadt Frankreichs und hier

21 Vgl. zu Longman & Cie. vor allem die Arbeit von Asa Briggs, A History of Longmans and Their Books, 1724–1990. Longevity in Publishing, London 2008.

22 Zu Galignani vgl. Barber, Galignani; Diana Cooper-Richet, L'imprimé en langues étrangères à Paris au xixe siècle. Lecteurs, éditeurs, supports, in: RFHL 116–117 (2003), S. 203–335; dies., Galignani, Paris 1999.

befanden sich, zumindest zeitweise, viele potentielle Kunden, Autoren und Übersetzer. Von Paris aus organisierten die beiden Gründer der Verlagsbuchhandlung die Geschäfte des Unternehmens, sodass sich hier besonders viele Kontakte mit Kollegen ergaben. Sowohl J.-B. Baillière als auch Germer Baillière hatten ihren Sitz in Paris, ebenso Longman & Cie., deren Firmenzentrale in London war. In Paris stand Treuttel & Würtz außerdem mit Charles Gosselin, dem französischen Verleger von Walter Scott, James Fenimore Cooper, Victor Hugo oder auch Honoré de Balzac[23], in Verbindung. Mit Didot bestand die Zusammenarbeit bereits seit Beginn des 19. Jahrhunderts. Dort wurden die Gesamtausgabe Germaine de Staëls, der »Almanach des dames« oder auch die »Histoire littéraire de la France« gedruckt[24].

Dem Buchhandel mit Belgien kam eine besondere Bedeutung zu, da in Belgien besonders viele französische Raubdrucke angefertigt wurden. Ebenso französischsprachig, aber nicht den französischen Gesetzen und der französischen Zensur unterworfen, herrschten in Belgien ideale Bedingungen für diese Kopien. Für große französische Verlage, die ihre eigenen Produktie verkaufen wollten, stellte diese Praktik ein großes Problem dar. Um dieser Konkurrenz entgegenzutreten, schloss sich Treuttel & Würtz am 12. November 1827 mit den Pariser Buchhändlern Aimé André, Bachelier[25], Bossange, Didot père et fils, Galignani[26], Janet, Levrault, Renouard, Sautelet & Cie. zusammen und eröffneten eine gemeinsame französische Buchhandlung (Librairie parisienne françoise et étrangère) in Brüssel.

> L'expérience a démontré à chacun des signataires les avantages qui résulteroient d'un établissement de librairie à Bruxelles, composé des livres de fonds des principaux libraires de Paris. [...] La librairie française en général représentée par l'établissement, y trouveroit un dépôt sûr et le moyen de détruire ou de contrarier la contrefaçon en prix en tant des considérations dont elle ne pourroit soutenir la concurrence[27].

23 Vgl. Barbier, Les marchés étrangers, S. 170.

24 Ich möchte an dieser Stelle Sabine Juratic und Marie-Claire Bosq für ihre hilfreichen Hinweise zu den Pariser Kontakten von Treuttel und Würtz danken. Vgl. dazu auch Viera Rebolledo-Dhuin, Du livre à la finance. Crédit et discrédit de la librairie parisienne au 19e siècle. Paris 2019.

25 Vgl. Norbert Verdier, Théodore Bailleul (1797–1875) ou le prote devenu directeur de l'imprimerie mathématique de (Mallet)-Bachelier (1812–1864), in: HCL 9 (2013), S. 259–277.

26 Vgl. Cooper-Richet, Galignani.

27 Vertrag zwischen Aimé André, Bachelier, Bossange, Didot père et fils, Galignani, Janet, Levrault, Renourad, Sautelet & Cie. und Treuttel & Würtz vom 12.11.1827. Exemplar in Buch mit Verträgen von Levrault, Paris, 1827, S. 141, Privatbesitz.

Ein eigenes Geschäft der großen Pariser Verlage in Brüssel sollte ihre Interessen vor Ort wahren und dem Problem des Raubdrucks entgegenwirken. Bis auf Sautelet & Cie. und Levrault befanden sich alle hier als bedeutendste Pariser Buchhändler bezeichneten Unternehmen noch 1841 im Verlagsbuch aufgeführt. Diese private Initiative gegen den Raubdruck in Brüssel bestand zu diesem Zeitpunkt aber nicht mehr. Treuttel & Würtz besaß 1841 in Belgien drei Geschäftspartner (Brüssel: Berthot und Société nationale pour la propagation des bons livres à Bruxelles; Lüttich: Desoer). Die Société nationale pour la propagation des bons livres hatte in den 1830er Jahren eine öffentliche Bibliothek in Brüssel mit katholisch-moralischem Erziehungsauftrag gegründet[28] und war vermutlich Kunde von Treuttel & Würtz.

Unter den Kontakten von Treuttel & Würtz befanden sich mehrere Buchhandlungen, die gleichzeitig eine Leihbibliothek betrieben; sie stellten einen weiteren Einflussfaktor dar. In Kassel (Appel) und Florenz (Vieusseux) beispielsweise stand Treuttel & Würtz mit solchen Buchhändlern in Kontakt. Wilhelm Appel in Kassel betrieb seit 1840 eine französische Leihbibliothek, die zeitweise die gesamte Nachfrage an Literatur aus Frankreich abdeckte[29]. Zudem war Kassel unter napoleonischer Herrschaft Hauptstadt des Königreichs Westphalen, dessen Sprachpolitik und französische Herrschaft Spuren hinterlassen hatte[30]. Das Gabinetto scientifico e letterario von Gian Pietro Vieusseux in Florenz stellte eine exquisite Leihbibliothek und Treffpunkt des liberalen, internationalen Austauschs dar. In einer Annonce warb Vieusseux direkt auch mit ausländischen Zeitschriften (französischer, deutscher und englischer Herkunft), die die Mitglieder dort konsultieren konnten. 1852 waren 55 Prozent der zugänglichen Titel in französischer Sprache, nur 34 Prozent in italienischer Sprache. Aufgrund hoher Mitgliedsgebühren war die Leihbibliothek nur für zahlungskräftige Mitglieder zugänglich, und so befanden sich unter den Mitgliedern zahlreiche Diplomaten und Botschafter. Daneben unterhielt Vieusseux, der aus einer französisch-hugenottischen Familie stammte, einen Salon (*club du samedi*) sowie ein Periodikum, in dem interessante Artikel, die in ausländischen, europäischen Zeitschriften erschienen waren, in italienischer Übersetzung gedruckt

28 Vgl. Bruno Liesen, Bibliothèques populaires et bibliothèques publiques en Belgique (1860–1914). L'action de la Ligue de l'enseignement et le réseau de la ville de Bruxelles, Liège 1990, S. 64 f.

29 Vgl. Thomas Sirges, Die Bedeutung der Leihbibliothek für die Lesekultur in Hessen-Kassel 1753–1866, Tübingen 1994, S. 189 f.

30 Zum Königreich Westphalen und der Sprachpolitik vgl. Paye, »Der französischen Sprache mächtig«.

wurden[31]. Die internationale und intellektuell geprägte Leihbibliothek stellte sehr wahrscheinlich einen wichtigen Kunden französischsprachiger Literatur und Abnehmer von Publikationen von Treuttel & Würtz dar.

Am Beispiel von Vieusseux werden zugleich mehrere Einflussfaktoren für den engen Kontakt mit Treuttel & Würtz deutlich: Orte mit einer hohen Nachfrage an ausländischer Literatur, in diesem Fall nicht nur französischer, sondern auch deutscher oder englischsprachiger Publikationen, die Leihbibliothek, die diese Werke zur Verfügung stellte, oder auch Gian Pietro Vieusseux selbst, der aus einer ursprünglich hugenottischen Familie stammte. Eine besonders große Gemeinschaft an Hugenotten, die ebenfalls an französischen Publikationen hätte interessiert sein können, befand sich in Berlin. In dieser Stadt stand Treuttel & Würtz 1841 mit B. Behr's Buchhandlung in Verbindung, deren Existenz von 1835 bis 1856 nachgewiesen ist[32]. Allerdings waren in Berlin nicht nur französische Immigranten an Publikationen aus Frankreich interessiert, sondern auch der preußische Hof. Seit dem 18. Jahrhundert herrschte an vielen europäischen Höfen ein besonderes Interesse an französischer Kultur. Friedrich II. zog die französische der deutschen Sprache vor und korrespondierte ebenso wie Katharina II. von Russland mit Voltaire. Im Kontext einer solchen kulturellen französischen Hegemonie erschienen nicht nur zahlreiche Druckwerke wie Almanache in französischer Sprache im deutschen Sprachraum[33], sondern es wurden auch französische Originalwerke und aus Frankreich importierte Periodika gelesen. Bauer, Treuttel & Würtz bediente viele Residenzstädte wie Weimar oder Berlin und ihre adligen Kunden mit Druckerzeugnissen aus Frankreich. In Berlin belieferten sie die Königlich-Preußische Bibliothek. In Weimar stand das Unternehmen seit langer Zeit mit dem Landes-Industrie-Comptoir von zunächst Friedrich Justin Bertuch und dann Ludwig Friedrich Froriep[34] in Verbindung und belieferte den Weimarer Hof mit Büchern aus Frankreich. Die französische Buchhandlung Artaria et Fontaine, die auch Kon-

31 Vgl. Frédéric Barbier, Collection et sociabilité à l'aube des nationalités. Les débuts du cabinet Vieusseux à Florence (années 1820–1830), in: Hélène Berlan u. a. (Hg.), Érudits, collectionneurs et amateurs. France méridionale et Italie, xvie–xixe siècles, Aix, Marseille 2017, S. 199–220.

32 Vgl. Art. »Buchhandlung Behr« in: Sammlung der buchhändlerischen Geschäftsrundschreiben, DBSM, https://d-nb.info/gnd/1072946416 (18.11.2021).

33 Vgl. Lüsebrink u. a. (Hg.), Französische Almanachkultur.

34 Vgl. Wiebke von Häfen, Ludwig Friedrich von Froriep (1779–1847). Ein Weimarer Verleger zwischen Ämtern, Geschäften und Politik, Köln u. a. 2007.

takte nach Wien unterhielt[35], war 1841 der Ansprechpartner von Treuttel & Würtz in Mannheim.

Große Gruppen an Immigranten, nicht nur von Hugenotten, zählten zur Kundschaft von Treuttel & Würtz, da sie an Publikationen aus dem Ausland interessiert gewesen sein dürften. So war beispielsweise Bordeaux eine Stadt mit einer großen deutschen Präsenz. Bordeaux stand im 18. und 19. Jahrhundert in engem Kontakt mit deutschen Hansestädten, weshalb sich viele deutsche Kaufmänner in Bordeaux niederließen. Aber nicht nur Kaufmänner, sondern auch Handwerker, Künstler oder Kindermädchen gehörten dort zur deutschen Bevölkerung. Sie suchten sich einerseits zu integrieren und es kamen viele protestantische Ehen zwischen Deutschen und Franzosen zustande, andererseits versuchten sie ihren deutschen Ursprung zu wahren. Treuttel & Würtz stand hier mit der Buchhandlung Chaumas-Gayez sowie Gassuid (?) in Kontakt. Aufgrund der großen deutschsprachigen Gemeinschaft ist von einer starken Nachfrage nach Büchern und Periodika aus dem deutschen Raum auszugehen. Die Verlagsbuchhandlung Chaumas-Gayez veröffentlichte beispielsweise zum einen zahlreiche Bücher zum Weinanbau und -handel[36], zum anderen Reise- oder Fremdenführer über Bordeaux[37]. Zudem war die deutsche Gemeinschaft stark protestantisch geprägt, ebenso wie die Familien Treuttel und Würtz. Aufgrund dieser großen deutschen Gemeinschaft in Bordeaux war diese auch ein Anlaufzentrum für andere Deutsche, die Bordeaux besuchten, z. B. Sophie von La Roche und Wilhelm von Humboldt[38].

Bordeaux war aber nicht nur eine Stadt mit einem hohen Anteil an deutscher oder deutschsprachiger Bevölkerung, sondern auch eine wichtige Stadt

35 Vgl. Jürgen Voss, Ein Zentrum des französischen Buchhandels im Deutschland des 18. Jahrhunderts. Die Librairie Fontaine in Mannheim, in: DERS. (Hg.), Deutsch-französische Beziehungen im Spannungsfeld von Absolutismus, Aufklärung und Revolution, Bonn, Berlin 1992, S. 139–152. Fontaine war Teilhaber des seit 1838 gegründeten Unternehmens Artaria et Fontaine.

36 Vgl. u. a. FRANCK, William, Traité sur les vins du Médoc et les autres vins rouges et blancs du département de la Gironde, deuxième édition, revue, augmentée et accompagnée d'une carte et de tableaux, Bordeaux, Chaumas, libraire-éditeur, fossés du Chapeau-Rouge, 34, 1845; Armand D'ARMAILHACQ, La culture des vignes, la vinification et les vins dans le Médoc. Avec un état des vignobles d'après leur réputation, Bordeaux P. Chaumas, 1855.

37 Vgl. Léonce de LAMOTHE, Nouveau guide de l'étranger à Bordeaux et dans le département de la Gironde, Bordeaux P. Chaumas, 1856. Vgl. auch Charles MARIONNEAU, Description des œuvres d'art qui décorent les édifices publics de la ville de Bordeaux, Paris, Bordeaux A. Aubry, Chaumas-Gayet, 1861.

38 Vgl. Michel ESPAGNE, Bordeaux-Baltique. La présence culturelle allemande à Bordeaux aux XVIIIe et XIXe siècles, Paris 1991.

für den internationalen Handel. Das galt für viele der im Verlagsbuch von Treuttel & Würtz aufgeführten Städte, beispielsweise Bayonne. Von dort aus wurde Handel mit der Iberischen Halbinsel betrieben, was direkte Kontakte in Spanien überflüssig machte. Partner von Treuttel & Würtz in Bayonne war die Verlagsbuchhandlung Jaymebon, die noch eine weitere Filiale in Madrid besaß[39]. Auch Dünkirchen oder Rotterdam, von wo aus vor allem mit Großbritannien Handel betrieben wurde, zählten zu diesen strategischen Orten. Die Buch- und Kunsthandlung, die Gustav Adolph Baedeker 1836 in Rotterdam eröffnet hatte[40], stand 1841 in Verbindung mit Treuttel & Würtz. 1844 eröffnete Adolph Baedeker noch eine weitere Buchhandlung in Köln[41]. Er war ein Sohn des Essener Buchhändlers und Verlegers und Bruder von Karl Baedeker, dem Begründer des Reiseführers[42].

Zu den wichtigen Handelsstädten, in denen Treuttel & Würtz Geschäftspartner hatte, gehörte ebenfalls Nantes (Burleau, Planson, Labire). Da Treuttel & Würtz nicht nur mit Büchern, sondern auch mit anderen Luxuswaren handelte, war Nantes von besonderer Bedeutung. 1794/95 befand sich Jean-George Treuttel in Lorient, dem ehemaligen Sitz der Compagnie perpetuelle des Indes, und handelte dort mit Kaffee, Kakao, Seide, Tabak, Pfeffer und Indigo[43]. In der Schweizer Grenzstadt Genf, von wo aus vielfach der internationale Handel organisiert wurde[44], war die Buchhandlung Cherbuliez der Geschäftspartner von Treuttel & Würtz.

Unter den im Verlagsbuch aufgeführten Orten befanden sich ferner mehrere Universitätsstädte wie Heidelberg (K. Winter) oder Tübingen (Librairie zu Guttemberg). Auch zahlreiche Städte, die nicht weit von Paris entfernt sind, wurden im Verlagsbuch aufgelistet: Chartres, Le Mans, Orléans. In Toulon befand sich ein wichtiger Militärhafen. Möglicherweise waren Mitglieder des Militärs Kunden von Treuttel & Würtz, da hier auch zahlreiche militärische

39 Vgl. Auguste Chaho, Histoire primitive des Euskariens-Basques. Langue, poésie, moeurs et caractère de ce peuple, introduction à son histoire ancienne et moderne, 3 Bde., Madrid, Bayonne, Jamebon, 1847.

40 Vgl. Geschäftsrundschreiben zur Errichtung der Buch- und Kunsthandlung von Gustav Adolph Baedeker, Rotterdam, 1836, DBSM, Bö-GR/B/98.

41 Vgl. Geschäftsrundschreiben von Adolph Baedeker zur Eröffnung einer Buchhandlung in Köln, DBSM, Bö-GR/B/83.

42 Vgl. zu diesem vor allem Susanne Müller, Die Welt des Baedeker. Eine Medienkulturgeschichte des Reiseführers 1830–1945, Frankfurt a. M. 2012.

43 Vgl. Jean-George Treuttel an Jean Georges Kammerer, Lorient, 15 brumaire an III, in: Jean Georges Kammerer, Correspondance avec les familles Treuttel et Würtz, MS-FP, Ms 722 , Nr. 2–4.

44 Vgl. Freedman, Books without Borders.

Schriften erschienen. Zudem waren viele Städte, in denen sich Geschäftspartner befanden, Hauptstädte in der französischen Provinz: Besançon, Clermont-Ferrand, Rennes, Rouen, Toulouse.

Der einzige nichteuropäische Geschäftspartner in der Liste war der Buchhändler Judah Dobson aus Philadelphia. Judah war Sohn des bekannten Buchhändlers Thomas Dobson, der 1789–1798 eine amerikanische Adaptation der »Encyclopedia Britannica« (18 Bände) publiziert hatte, in der er alle Artikel mit Bezug zu den Vereinigten Staaten von Amerika aus der Perspektive eines unabhängigen Staats umschreiben ließ und das Werk als »patriotisches Buch sowohl in Bezug auf den Inhalt als auch in Bezug auf die Herstellung« (»a patriotic book both in its contents and in its manufacture«) bewerben ließ[45]. Wies die Verlagsbuchhandlung von Thomas Dobson noch ein sehr weites Spektrum auf – er vertrieb nicht nur Romane, Schulbücher, politische oder religiöse Literatur –, so konzentrierte sich sein Sohn und Nachfolger Judah Dobson auf naturwissenschaftliche Arbeiten. Von besonderer Bedeutung ist die bei ihm verlegte Ausgabe der »New Fresh Water Shells of the United States«[46], die zahlreiche aufwendig kolorierte Lithografien enthält[47].

Wenn auch nicht in dieser Liste der Geschäftspartner erwähnt, stand Treuttel & Würtz auch mit Brasilien in Kontakt. 1818 wandten sie sich wegen eines Problems an Abel-François Villemain (1791–1870), einen Schriftsteller, späteres Mitglied der Académie française, Politiker und seit 1815 *directeur général de l'imprimerie et de la librairie*[48]:

> Nous sommes informés de Rio-Janeiro, que M^r^. Charles Durand & Cie., négociant au dit lieu, nous retournent par défaut de vente au Brésil, trois caisses de librairie marquées et numérotées GB/F n° 85, 86 & 87 & contenant des ouvrages imprimés en France que nous leur avions adressés par spéculation[49].

45 Vgl. James N. Green, The Rise of Book Publishing, in: Robert A. Gross, Mary Kelley (Hg.), A History of the Book in America, Bd. 2: An Extensive Republic. Print, Culture, and Society in the New Nation, 1790–1840, Chapel Hill 2010, S. 75–127, hier S. 80 f.

46 Vgl. Timothy Abbot Conrad, New Fresh Water Shells of the United States, with Colored Illustrations, and a Monograph of the Genus Anculotus of Say; also a Synopsis of the American Naiades. By T. A. Conrad, Member of the Acad. of Natural Sciences of Philadelphia. Philadelphia, Judah Dobson, 108 Chesnut Street, E. G. Dorsey, Printer, 1834.

47 Vgl. David S. Shields, The Learned World, in: Robert A. Gross, Mary Kelley (Hg.), A History of the Book in America, Bd. 2: An Extensive Republic. Print, Culture, and Society in the New Nation, 1790–1840, Chapel Hill 2010, S. 247–265, hier S. 258–260.

48 Vgl. G. Vauthier, Villemain. Essai sur sa vie, son rôle et ses ouvrages, Paris 1913.

49 Vgl. Treuttel & Würtz (Paris) an Villemain, directeur général de la librairie & de l'imprimerie à Paris, 29.10.1818, AN, F/18/175/B.

Treuttel & Würtz hatte »par spéculation«, also ohne Bestellung, Bücher nach Brasilien geschickt, die dort nicht abgesetzt werden konnten, und bat nun um einen problemlosen Reimport dieser französischen Druckwerke. Charles Durand stammte aus der Normandie, hatte sich 1816 in Rio de Janeiro niedergelassen und handelte dort mit Büchern und Luxusgegenständen. Er wurde von der Polizei überwacht, da er lediglich mit französischen Büchern handelte, darunter zahlreiche offiziell verbotene Werke beispielsweise von La Fontaine, die »Histoire naturelle« von Buffon oder die »Lettres de Grimm«[50]. Kammerer und Weise bezogen sich in ihrem o.g. Brief an den Straßburger Bürgermeister von 1827 wahrscheinlich auf diese Kontakte in die USA und nach Brasilien, als sie von ihren Verbindungen bis in beide Indien schrieben.

Anhand der im Verlagsbuch aufgeführten Personen wird deutlich, dass es sich bei dem Netzwerk von Treuttel & Würtz vor allem um ein deutsch-französisches handelte. Die größte Ansammlung an Kontakten außerhalb Frankreichs (11) lässt sich im deutschen Raum nachweisen. Zudem handelt es sich auch bei Kontakten außerhalb der eigentlichen deutsch- oder französischsprachigen Gebiete zumeist um deutsche oder französische Migranten, mit denen Treuttel & Würtz handelte. Zu diesen deutsch-französischen Buchhandels- und Verlagskontakten außerhalb des eigentlichen deutschen oder französischen Sprachraums gehörten u. a. Antoine Beuf (Genua), Merle (Rom), Artaria et Fontaine (Mannheim), Baedeker (Rotterdam), Waldbaum (Bukarest), Favarger (Triest). Auch die Stockholmer Buchhandlung Bonnier, unter der Leitung des aus Kopenhagen stammenden Adolf Bonnier, wird im Verlagsbuch aufgeführt. Bonnier stammte trotz des so klingenden Namens nicht ursprünglich aus Frankreich; sein Vater, ein deutscher Einwanderer in Kopenhagen, hatte bei der Niederlassung in Dänemark den ursprünglichen Namen Hirschel in Bonnier geändert. Adolf Bonnier wurde in den 1830er Jahren zu einem der bedeutendsten Verleger und Buchhändler in Stockholm. Er besaß neben dem Hauptsitz in Stockholm (1833–1867) zeitweise weitere Filialen in Göteborg (1827–1833) und Uppsala (1850–1867). Wie bereits der Vater Gerhard Bonnier in Kopenhagen war auch der Sohn auf den Handel mit im Ausland erworbenen Büchern spezialisiert. 1835 war die Verlagsbuchhandlung zudem auf der Leipziger Ostermesse präsent und stand mit deutschen Buchhändlern in Verbindung[51].

50 Vgl. Lúcia Maria Bastos P. das Neves, Livreiros franceses no Rio de Janeiro 1799–1824, http://www.portcom.intercom.org.br/pdfs/bb3aea30006796253008218e5bdda0c1.pdf (30.9.2019). An dieser Stelle möchte ich Marisa Midori Deaecto (São Paulo) sehr herzlich für ihre freundliche Hilfe und Auskunft danken.

51 Vgl. Bo Bennich-Björkman, Sweden and the German Booktrade in the End of the 18th and Beginning of the 19th Century, in: Mark Lehmstedt (Hg.), Beiträge zur Geschichte des Buchwesens im frühen 19. Jahrhundert, Wiesbaden 1993, S. 53–94, hier

In Russland hatte Treuttel & Würtz Kontakte zu den beiden Zentren des russischen Buchhandels: Moskau (Gautier et fils, Könighelli) und St. Petersburg (Bellizard et Cie., Hauer & Cie.). An dieser Stelle wird besonders deutlich, dass Treuttel & Würtz sowohl zum Netzwerk der französischen Auswanderer als auch dem der Deutschen Zugang hatte. Wie Vladislav Rjéoutski beschreibt, waren die Handelsstrategien der deutschen und französischen Einwanderer in Russland sehr unterschiedlich. Die deutschen Einwanderer standen vor allem in Kontakt zur Akademie und dem intellektuellen Milieu in Russland, wohingegen die französischen Einwanderer die russischen Filialen häufig lediglich als Teil ihres gewöhnlichen Handels verstanden. Zudem stellt Rjéoutski auch die große Bedeutung der Straßburger unter den französischen Immigranten fest[52], zu denen auch Kontakte von Treuttel & Würtz gehörten: Klostermann[53] sowie die Buchhändlerfamilie Gautier[54]. Am Beispiel der Kontakte in Russland kristallisiert sich ein großer Vorteil der Verlagsbuchhandlung heraus: Die Herkunft von Treuttel und Würtz aus Straßburg, der Bilingualismus der Mitarbeiter und Gründer sowie die Vertrautheit mit der deutschen und französischen Kultur ermöglichten nicht nur eine besonders gute Einbindung auf beiden Märkten, sondern auch Kontakte zu beiden Netzwerken, die sich auch in den Kontakten außerhalb dieser Gebiete spiegelte.

Die Straßburger Herkunft stellte nicht nur insofern einen Vorteil dar, als Treuttel und Würtz deshalb mit der deutschen ebenso wie mit der französischen Kultur vertraut waren, sondern die traditionelle Spezialisierung der Straßburger auf den internationalen Handel führte auch zu einem großen internationalen Netzwerk Straßburger Ursprungs, zu dem beispielsweise ein Teil der Kontakte in Russland gehörte. Auf qualitativer Ebene lassen sich vor allem vier Kategorien der buchhändlerischen Kontakte nachweisen, die hier in gradueller Abstufung der Nähe zur Familie genannt werden: An erster Stelle und mit den wichtigsten Aufgaben der Verlagsbuchhandlung betraut, waren Familienmitglieder. So wurden die Filialen des Unternehmens von Brü-

S. 73f. Vgl. auch Geschäftsrundschreiben von A. Bonnier zur Eröffnung der Filiale in Uppsala, Stockholm 1849, DBSM, Bö-GR/B/1258.

52 Vgl. Vladislav Rjéoutski, De Strasbourg à la Russie. Histoire d'une émigration (xviii–début du xixe siècle), in: La Revue russe 35 (2011), S. 59–77.

53 Neben den im »Inventaire après décès« aufgeführten Personen hatten Treuttel und Würtz um 1800 Kontakt zur Buchhandlung Klostermann in St. Petersburg. Wie oben dargestellt, durchlief Klostermanns Sohn seine Ausbildung bei Treuttel und Würtz.

54 Vgl. Vladislav Rjéoutski, Les libraires français en Russie au siècle des Lumières, in: HCL 8 (2012), S. 161–183, hier S. 168–182. Zu Gautier vgl. auch Anne Mézin, Vladislav Rjéoutski, Les Français en Russie au siècle des Lumières. Dictionnaire des Français, Suisses, Wallons et autres francophones en Russie de Pierre le Grand à Paul Ier, Bd. 2, Paris 2011, S. 361–363.

dern (Jean Georges Kammerer, Straßburg) und Söhnen (Charles Geofroy Treuttel, London) der Gründer geleitet. Etwas entferntere Verwandte wie der Neffe Jean-George Treuttels, Charles Frédéric, bewarb sich nach einiger Zeit in Leipzig und Straßburg bei Nicolai in Berlin als Mitarbeiter in dessen Buchhandel[55]. Auch ein anderer Neffe, Sohn von Armand König, der ebenso erfolgreich in der internationalen Branche des Straßburger Buchhandels war, erwarb Kenntnisse im deutschen Raum und berichtete Jean-George Treuttel 1784 aus Leipzig. An zweiter Stelle sind langjährige, verdiente Mitarbeiter zu nennen. Zu diesen zählte beispielsweise Adolphe Richter, der schließlich zum Kodirektor der Londoner wurde. Drittens gehörte ein Teil ehemaliger Lehrlinge im internationalen Buchhandel zu den Geschäftspartnern von Treuttel & Würtz. Im 18./19. Jahrhundert war es im Buchhandel üblich, einen Teil seiner Ausbildung zum Buchhändler im Ausland zu absolvieren oder ein paar Jahre im Ausland angestellt zu sein, wenn man sich später auf den Bereich des internationalen Buchhandels spezialisieren wollte. Dieser Auslandsaufenthalt diente nicht nur dazu, die Sprache oder die Spezialisierung auf eine Branche zu erlernen, sondern auch, um in den Kreis der Kollegen aufgenommen zu werden und sich durch die Ausbildung bei einem renommierten Buchhändler besonders auszuzeichnen. Zudem erwarb man sich durch die Ausbildung und Arbeit bei einem späteren Kollegen Geld für den Aufbau eines eigenen Geschäftes. Exemplarisch sollen hier Carl Cnobloch, der spätere Kommissionspartner von Treuttel & Würtz (London) in Leipzig und der Lehrling Johann Hermann Klostermann vorgestellt werden.

Carl Cnobloch hatte, nachdem er seine Ausbildung in Leipzig bei Böhme absolviert hatte, zunächst bei Hemmerde & Schwetschke (Halle) gearbeitet, bevor er bei Treuttel & Würtz in Paris in den Dienst trat und sich schließlich in Leipzig niederließ[56]. Dort eröffnete er um 1810 eine Kommissionsbuchhandlung mit Treuttel & Würtz als erstem Kommittenten. Bereits fünf Jahre später vertrat er nicht nur Kommittenten aus Paris und Halle, sondern auch aus Russland, Polen, Süddeutschland und der Schweiz. 1823 führte Carl Cnobloch die zweitgrößte Kommissionsbuchhandlung in Leipzig (nach Fleischer), 1829 die größte[57]. Die zur Führung einer so großen Kommissionsbuchhandlung nötigen Praktiken und Erfahrung in diesem Bereich hatte er zuvor bei Treuttel & Würtz

55 Vgl. Carl Friedrich Treuttel an Friedrich Nicolai, Leipzig, 11.11.1789, StaBi, Nachlass Friedrich Nicolai I., Nr. 75.

56 Vgl. Beiträge zur Geschichte der Firma Carl Cnobloch in Leipzig 1810–1910. Als Handschrift für Freunde, Leipzig 1910, S. 9.

57 Neben Treuttel & Würtz vertrat Cnobloch u. a. Schoell (Paris), Hemmerde & Schwetschke (Halle), Decker (Berlin), vgl. ibid., S. 18f.

in Paris erworben. 1834 übergab Cnobloch sein Unternehmen aufgrund von Krankheit an Hermann & Langbein[58].

Neben Carl Cnobloch, der einige Jahre bei Treuttel & Würtz in Paris angestellt war, absolvierte der Sohn des St. Petersburger Buchhändlers Klostermann dort seine Ausbildung. Jean Godefroi Würtz, Suzanne Marie Treuttel, Adolphe Richter sowie Jean Georges Kammerer und Charles Geofroy Treuttel schrieben zu dessen Abschied in sein Stammbuch und betonten ihre Freundschaft. Letzter nahm Bezug auf die gemeinsame Zeit und wünschte Klostermann viel Erfolg bei seinen zukünftigen Unternehmungen:

> Je me rappellerai toujours avec le plus grand plaisir des moments agréables que j'ai passés avec vous pendant les trois années que vous êtes resté auprès de nous. Je vous souhaite un heureux voyage et beaucoup de prosperité dans toutes vos entreprises futures. N'écartez pas de votre mémoire le souvenir de votre affectionné Ch. Treuttel. Leipsic le 13 mai 1804[59].

Auch Adolphe Richter beschwor die gemeinsame Freundschaft: »Ich setze mich hier unter die Zahl Ihrer Freunde, damit Sie auch mir zuweilen einen Augenblick des Andenkens schenken moegen. In meinem Stammbuch stehen Sie schon, denn mein Stammbuch und mein Herz sind nur *Eins*«[60].

Alle Einträger betonten ihre Freundschaft zu Klostermann, was als verlässliche Grundlage einer langen Handelsbeziehung angesehen werden kann. Klostermann und Cnobloch hatten sich 1803 in Paris kennengelernt, und so wurde unter den Herkunftsorten der Kommittenten von Cnobloch in Leipzig auch St. Petersburg genannt, wobei es sich wahrscheinlich um Klostermann handelte[61].

Die vierte und letzte qualitative Dimension der Verlagskontakte von Treuttel & Würtz stellen langjährige buchhändlerische Geschäftspartner dar. Die Zusammenarbeit bestand zumeist erfolgreich über Jahrzehnte hinweg, sodass auch der persönliche Kontakt, der sich teilweise bis zu einer Freundschaft entwickelte, eine Rolle spielte. Zu diesen Partnern gehörten nicht nur Pariser Buchhändler und Drucker wie beispielsweise Didot, sondern auch der Weimarer Verleger Friedrich Justin Bertuch. Dessen Beziehung zu Bauer, Treuttel & Würtz dient im nächsten Kapitel beispielhaft als Fallstudie, um Aufschluss

58 Eduard Langbein war Cnoblochs Schwiegersohn. 1836 übergab ihm seine Witwe neben dem Sortiment auch den Verlag, vgl. ibid., S. 21–24.

59 Eintrag Charles Treuttels im Stammbuch von Johann Hermann Klostermann, Leipzig, 13.5.1804, S. 128, DBSM, 2013/Arch/85.

60 Eintrag Adolph Richters im Stammbuch von Johann Hermann Klostermann, Leipzig, Paris, 22 germinal an XII, ibid., S. 148 (Hervorh. i. Orig.).

61 Vgl. Beiträge zur Geschichte der Firma Carl Cnobloch, S. 19.

über die qualitative Dimension der buchhändlerischen Verlagsbeziehungen zu geben. Resümierend lässt sich feststellen, dass Familienangehörige, ehemalige Lehrlinge und Mitarbeiter, Freunde und Bekannte Straßburger Ursprungs einen Großteil der soliden Verlagskontakte von Treuttel & Würtz darstellten, deren Netzwerk ebenso deutsch-französisch geprägt wie ihr internationaler Handel auf den deutsch-französischen Austausch ausgerichtet war.

2.1.2 Fallstudie: Buchhandel zwischen Straßburg und Weimar (1775–1790)

Im deutschen Raum arbeitete Bauer, Treuttel & Würtz mit zahlreichen Verlagen und Buchhandlungen zusammen. Die Beziehungen waren besonders intensiv, wie sich auch anhand der Anzahl der 1841 im Verlagsbuch aufgeführten Kontakte nachweisen ließ. 1841 unterhielten sie mit 13 im deutschen Sprachraum angesiedelten Buchhändlern laufende Geschäfte: Appel (Kassel), Artaria et Fontaine (Mannheim), Behr (Berlin), Cotta und Institut Cotta (München), Gerold (Wien), Libarire zu Guttemberg (Tübingen), Landes-Industrie-Comptoir (Weimar), Leroux (Mainz), Michelsen (Leipzig), Perthes, Besser et Mauke (Hamburg), Rohrmann et Schweigard (Wien) und Winter (Heidelberg). Neben den in der Liste aufgeführten Buchhändlern konnte auch der Handel mit Gebauer & Schwetschke (Halle), Nicolai (Berlin), Hoffmann (Weimar)[62] sowie Decker (Berlin)[63] im 18. Jahrhundert und Montag & Weiß (Regensburg)[64] im 19. Jahrhundert nachgewiesen werden.

Viele dieser Buchhandlungen und Verlage besaßen auch ein französisches Sortiment, etwa die Verlagsbuchhandlung Leopold Michelsen (1829–1856) in Leipzig[65]. Wahrscheinlich haben sie über Treuttel & Würtz Bücher aus Frankreich importiert, und vermutlich lief der Handel auch in die andere Richtung. Mit Gebauer & Schwetschke hatte Jean Geoffroy Bauer seit 1768 Briefkontakt; er schickte Bestellungen nach Halle[66] und bestellte dort seinerseits. Dieser Kontakt wurde auch durch Jean-George Treuttel weitergeführt. Der letzte nachge-

62 Vgl. Jean-George Treuttel an Friedrich Justin Bertuch, Straßburg, 30.4.1783, GSA, 6/5286,1, Nr. 7.

63 Vgl. Jean-George Treuttel an Friedrich Justin Bertuch, Straßburg, 10.11.1784, GSA, 6/5286,2, Nr. 35.

64 Vgl. Jahreskontenabschlüsse, Treuttel & Würtz an Montag & Weiß, Straßburg, um 1809, DBSM, 17/149.

65 Vgl. das Geschäftsrundschreiben zum Verkauf des Kommissionsgeschäfts an Ludwig Adolph Kittler, Leipzig, 1846, DBSM, Bö-GR/M/800.

66 Vgl. Johann Gottfried Bauer an Johan Justinus Gebauer, o. O., 21.9.1768, Stadtarchiv Halle, Verlagsarchiv Gebauer-Schwetschke, A 6.2.6. Nr. 9648 (Karton 38).

wiesene Brief von Treuttel & Würtz im Verlagsarchiv von Gebauer und Schwetschke stammt aus dem Jahr 1811[67].

In Weimar stand Treuttel & Würtz 1841 mit dem 1790 von Bertuch gegründeten Landes-Industrie-Comptoir in Kontakt. Friedrich Justin Bertuch wurde 1747 als Sohn eines Arztes in Weimar geboren. Nach einem nicht abgeschlossenen Theologie- und Jurastudium trat Bertuch 1769 eine Stelle als Hofmeister bei Freiherr Bachoff von Echt an. Seit 1773 wieder in Weimar, wurde er 1775 Geheimsekretär und Verwalter der Privatschatulle von Carl August von Sachsen-Weimar-Eisenach, zu dessen Aufgabe u. a. die Verwaltung der Bibliothek gehörte. Zu diesem Zeitpunkt hatte Bertuch, der sich eher als Schriftsteller verstand, bereits eigene Publikationen vorgelegt und stand in engem Kontakt mit Christoph Martin Wieland, den er bei der Herausgabe des »Teutschen Merkurs« unterstützte und der ihn am Weimarer Hof eingeführt hatte. 1775 erschien der erste Band von Bertuchs »Don-Quijote«-Übersetzung aus dem Spanischen. Es handelt sich nicht nur um die erste vollständige Übersetzung, sondern auch um eine Übertragung, für die Bertuch Bewunderung und zudem ein hohes Honorar erhielt. 1791 gründete er das Landes-Industrie-Comptoir, in dessen Rahmen er nicht nur mit künstlichen Blumen, Luxuswaren wie Schokolade, Mode oder Wein handelte, sondern auch als Verleger tätig war. Zu den bedeutenden Publikationen zählen u. a. das »Journal des Luxus und der Moden« (1786–1826), die Zeitschrift »London und Paris« (1798–1815), »Nemesis. Zeitschrift für Politik und Geschichte« (1814–1818) und das »Oppositions-Blatt oder Weimarische Zeitung« (1817–1820). 1785 war Bertuch Mitbegründer der einflussreichen »Allgemeinen Literatur-Zeitung« (ALZ, 1785–1849), dem bedeutendsten Rezensionsorgan des frühen 19. Jahrhunderts. Als Vertreter der deutschen Buchhändler sollte er gemeinsam mit Johann Friedrich Cotta zum Wiener Kongress reisen, konnte die Reise aber aus gesundheitlichen Gründen nicht antreten, sodass sein Sohn Carl ihn vertrat. Er war bis zu seinem Tod 1822 Mitglied der Freimaurerloge Anna Amalia in Weimar[68].

Auch wenn bereits zuvor Bücher von der Buchhandlung Bauer über Bertuch an die Fürstin Anna Amalia verschickt wurden, haben sich Jean Geoffroy Bauer und Friedrich Justin Bertuch erstmals während einer Frankreichreise des Prinzen Carl August von Sachsen-Weimar-Eisenach 1775 persönlich kennengelernt. Auf dieser Reise hat Carl August mit seiner Reisegesellschaft, der Bertuch angehörte, in Straßburg Halt gemacht und Bauers Buchhandlung besucht. In

67 Vgl. Onlineedition des Verlagsarchivs von Gebauer & Schwetschke, hg. von Daniel Fulda u. a., http://www.gebauer-schwetschke.halle.de/gs/home/ (11.11.2021).

68 Vgl. Gerhard R. Kaiser, Friedrich Justin Bertuch – Versuch eines Porträts, in: ders., Seifert (Hg.), Friedrich Justin Bertuch, S. 15–39, hier S. 18–22.

einem auf diesen Besuch folgenden Brief, dem Bauer zahlreiche Bestellungen für Anna Amalia und Carl August beilegte, ging er auf dieses Treffen ein:

> Dieser Reise haben wir auch das Vergnügen zu danken, mit Euer Hochedelgebohrn in Bekanntschaft gekommen zu seÿn; der Anfang unsers Briefwechsels ist gemacht; geben Sie uns Gelegenheit ihn freundschaftlich fortzusetzen; es ist uns darin zu thun ehrwürdigen Person in allem Betracht *nützlich* zu seÿn[69].

Auf dieses Treffen folgte ein umfangreicher Briefwechsel (über 70 Briefe), der sich im Verlagsarchiv von Bertuch im Goethe- und Schiller-Archiv in Weimar befindet, sowie mehrere weitere Treffen. Darüber hinaus besuchte auch Bertuchs Sohn Carl Treuttel & Würtz auf seiner Reise nach Paris (1804). Auch nach dem Tod Bertuchs bestand der Kontakt mit dem Nachfolger Bertuchs, Ludwig Friedrich Froriep, weiter, selbst wenn er vermutlich weniger intensiv war, da weniger Korrespondenz aus diesem späteren Zeitraum überliefert ist. Die Mehrzahl der erhaltenen Briefe umfasst den Zeitraum von 1775 bis zum Beginn der Französischen Revolution (etwa 1790). Dieser überaus umfangreichen Korrespondenz ist bisher wenig Aufmerksamkeit zuteil geworden, obwohl Friedrich Justin Bertuch als Verleger, Autor und Politiker zahlreiche Publikationen gewidmet wurden.

Die Korrespondenz zwischen Friedrich Justin Bertuch und Jean Geoffroy Bauer sowie Jean-George Treuttel umfasst eine Fülle an Themenfeldern. In diesem Kapitel werden die spezifischen Praktiken der Verlagsbuchhandlung Bauer & Treuttel im internationalen Buchhandel, die auch für Treuttel & Würtz noch Gültigkeit hatten, in ihrer qualitativen Dimension herausgearbeitet. Die Besonderheiten der Beziehung, Gründe für deren lange Dauer und den Erfolg von Bauer & Treuttel aus der Perspektive der Verlagskontakte stehen im Zentrum der Untersuchung. Die besonders ausführliche Korrespondenz mit Bertuch dient dafür als Grundlage.

In einem ersten Teil werden die Zusammenarbeit und die Organisation des internationalen Buchhandels zwischen Straßburg und Weimar untersucht. Wie funktionierte die Organisation? Wer war daran beteiligt? Wie lief das Versenden der Bücher, das der Neuigkeiten und letztlich die Bezahlung ab? Anhand einer konkreten Publikation, des »Römischen Carnevals«, kann nachvollzogen werden, wie viel Prozent Treuttel an Büchern verdiente, deren Kommission für Frankreich er übernommen hatte. An dieser Stelle wird besonders deutlich, wie lukrativ die Tätigkeit als Kommissionär war, da mit wenig Aufwand und wenig Risiko ein hoher Gewinn erzielt werden konnte. Wie oben beschrieben, ist die Bündelung der Tätigkeit des Kommissionärs zahlreicher auswärtiger Verleger und Buchhändler eine Grundlage für den Aufstieg und den enormen finanziellen

69 Jean Geoffroy Bauer (Bauer & Compagnie) an Friedrich Justin Bertuch, Straßburg, 27.2.1775, GSA, 06/87, Nr. 1 (Hervorh. i. Orig.).

Erfolg von Treuttel & Würtz gewesen. Jean-George Treuttels Motive in Bezug auf seine Tätigkeit als Unternehmer waren zu einem Großteil durch ökonomische Erwägungen begründet. So handelte er, obwohl vor allem Buchhändler und Verleger, nicht ausschließlich mit Büchern, sondern mit sämtlichen von der Weimarer Gesellschaft bestellten französischen Luxusgegenständen. Auch bei einem möglichen gemeinsamen Projekt mit Bertuch zur Publikation spanischer Literatur entschied er rational und lehnte es aus ökonomischen Gründen ab.

In einem zweiten Teil stehen die aus einer Krisensituation entwickelten Lösungen im Fokus. In der engen Konkurrenz zur Straßburger Akademischen Buchhandlung bildete Jean-George Treuttel weitere Praktiken aus. Zu diesen gehörten in erster Hinsicht die Beteuerung der Freundschaft mit Bertuch auf persönlicher Ebene. Zweitens verfolgte Treuttel die Strategie, Publikationen auch ohne Bestellung zu versenden, um schneller als die Konkurrenz zu sein; und drittens platzierte er seine eigenen Verlagsveröffentlichungen bewusst in angesehenen Rezensionszeitschriften.

Organisation und Zusammenarbeit zwischen Jean Geoffroy Bauer, Jean-George Treuttel und Friedrich Justin Bertuch (1775–1785)

Ausgehend von einem Brief von Treuttel & Würtz an Bertuch, datiert auf März 1797, lässt sich exemplarisch die Organisation des internationalen Buchhandels zwischen Straßburg und Weimar nachvollziehen. Dieser erste Brief nach sieben Jahren Unterbrechung[70] ist auch der erste, der in französischer Sprache und zudem vermutlich von einem Mitarbeiter verfasst wurde. Sämtliche Briefe zuvor waren von Bauer oder Treuttel persönlich an Bertuch adressiert und in deutscher Sprache formuliert worden.

> Strasbourg le 2 germinal an 5/22 mars 1797.
> Monsieur
> Les tems difficiles où se trouve le commerce sur les frontières & les dépenses considérables que demande l'établissement de notre seconde maison à Paris jointes aux pertes que nous avons faites, nous obligent à recouvrer soigneusement nos différentes créances au dehors[71].

Aufgrund der schwierigen politischen Bedingungen sei der internationale Handel zur Zeit schwierig. Zudem hatte Treuttel & Würtz 1796 eine weitere Filiale

70 D. h., in diesen sieben Jahren findet sich kein Brief von Treuttel an Bertuch im Goethe- und Schiller-Archiv in Weimar.

71 Treuttel & Würtz an Friedrich Justin Bertuch, Straßburg, an V/22.3.1797, GSA, 6/5286,3.

in Paris eröffnet, was Kosten verursache. Daher wünsche man einen Geschäftsabschluss mit Bertuch über die letzten Jahre und vor allem über die Lieferungen an den Herzog von Weimar, wie im Folgenden ausgeführt wird:

> Notre C^{n}. Treuttel avant son départ pour Paris au mois de juillet dernier a eu l'avantage de vous écrire; il vous a prié, après avoir si longtems différé le payement des différentes fournitures faites à la sérénissime cour de Weimar, de vouloir bien enfin vous en occuper sérieusement. [...] Nous nous promettons, Monsieur, de votre délicatesse que vous voudrez bien enfin vous occuper à régler ce compte & nous épargner la démarche de réclamer ce payement directement auprès de votre sérénissime cour, démarche qu'il nous en couteroit de faire mais à laquelle vous nous forceriez en conservant un plus long silence sur nos justes réclamations[72].

Anhand des Geschäftsabschlusses wird deutlich, dass Treuttel und Bertuch seit 1791 die gegenseitigen Rechnungen nicht mehr beglichen hatten. Wie Treuttel & Würtz in dem zitierten Brief ausführte, waren die internationalen Handelsbedingungen schwierig, so auch der Transport von Geld. Zudem hatte diese Bindung von Kapital im Ausland während der Französischen Revolution den Vorteil, dass es in Frankreich nicht beschlagnahmt und eingezogen werden konnte.

Der internationale Buchhandel funktionierte, wie aus den Briefen deutlich wird, in der Weise, dass Treuttel zunächst Publikationen nach Weimar versandte. Auch gab er selbst Bestellungen bei Bertuch in Auftrag. Man bestellte also zunächst auf Kredit und bezahlte später. Um die komplizierte Bezahlung zu reduzieren, wurde in der Folge zu einem festen Termin abgerechnet, bei dem beidseitige Bestellungen gegeneinander aufgelistet wurden, entsprechend moderner Buchführung, und letztlich nur der Differenzbetrag durch den Schuldner beglichen wurde. Die Abrechnung fand zumeist jeweils halbjährlich zu den Messeterminen statt.

Der Abschluss von 1797, nach Soll und Haben aufgestellt, ergab 1143 Livre 19 Sol. zugunsten von Treuttel & Würtz. Zudem befand sich noch ein weiteres Blatt darunter, in dem detailliert die Schulden von Schuldnern in Weimar aufgelistet wurden. Bertuch nahm die Bestellungen des Herzogs, der Herzogin, Herrn von Knebel, Baron von Kalb, des Prinzen Constantin, Wielands[73] sowie weiterer Hofmitglieder entgegen und leitete sie weiter. Treuttel wiederum bestellte bei Bertuch die ALZ, das »Journal des Luxus und der

72 Ibid.

73 Wieland und Bauer & Treuttel kommunizierten auch direkt. Zumeist allerdings sammelte Bertuch bei Wieland das Geld von Bestellungen ein. Vgl. Christoph Martin Wieland an Friedrich Justin Bertuch, Weimar, 4.3.1791, in: Wielands Briefwechsel, Bd. 11 (Jan. 1791–Juni 1793), hg. von Siegfried SCHEIBE, Uta MOTSCHMANN, Berlin 2001, Teil 1 (Text), S. 45 (Nr. 32). Wieland selbst bat auch Georg Joachim Göschen darum, seine

Moden« und ebenso Bücher, allerdings in beträchtlich geringerem Umfang als umgekehrt.

An dieser Stelle wird die Bedeutung Bertuchs als Mittler zwischen Bauer und Treuttel und dem Weimarer Hof, die er seit 1775 eingenommen hatte, deutlich. Bauer und Treuttel schickten Bertuch zunächst sämtliche Bestellungen, die dieser dann an die Auftraggeber weitergab. Bertuch erwähnte diese Tätigkeit in einer Notiz an Goethe: »H. Treuttel in Straßburg, dem ich gewöhnlich von Meße zu Meße seine hiesigen Gelder einkaßire, und dann nach Leipzig übermache, hat mir noch beÿliegende kleine Nota für Eur: Hochwohlgb. mitgeschickt«[74]. Wie Bertuch beschrieb, ließ Treuttel das Geld zumeist nach Leipzig verschicken und bezahlte damit wiederum Bestellungen französischer Kunden in Leipzig. Auch 1797 schlug Treuttel & Würtz diese Bezahlungsweise vor:

> La foire de Leipzig approche s'il vous est plus commode de faire votre payement à Leipzig, vous pouvez le déposer entre les mains de M. Barth libraire notre correspondant dans ladite ville. Si non, veuillez-nous le faire parvenir soit par l'entremise de M. Varrentrapp & Wenner à Francfort, soit par celle de M. Meyenrock & Falkeisen à Basle[75].

Kurz vor der Leipziger Messe wünschte Treuttel & Würtz den Kontoabschluss. 1797 waren sie nicht selbst nach Leipzig angereist, sondern die Buchhandlung Barth hatte die Kommission übernommen. Alternativ könne Bertuch das Geld über die Frankfurter Buchhandlung Varrentrapp & Wenner oder über ein Basler Unternehmen transferieren.

In Leipzig wurden Bauer und Treuttel zunächst durch die Buchhandlung Johann Gottfried Müller[76], dann durch die Buchhandlung Johann Ambrosius Barth[77] vertreten. 1783 übernahm die Buchhandlung von Johann Philipp Haug

Rechnung bei Treuttel auf der nächsten Messe zu begleichen. Vgl. Christoph Martin Wieland an Georg Joachim Göschen, Weimar, 7.5.1787, ibid., Bd. 9 (Juli 1785–März 1788), Berlin 1996, Teil 1 (Text), S. 276f. (Nr. 346).

74 Friedrich Justin Bertuch an Johann Wolfgang von Goethe, Weimar, 28.4.1783, GSA, 34/V,1,1, Bl. 38.

75 Treuttel & Würtz an Friedrich Justin Bertuch, Straßburg, an V/22.3.1797, GSA, 6/5286,3.

76 Vgl. Bauer & Treuttel an Friedrich Justin Bertuch, Straßburg, 13.1.1779, GSA, 6/87, Nr. 4.

77 Die Buchhandlung Barth gehörte zu den großen Kommissionshandlungen in Leipzig. Das Verlagsarchiv befindet sich im Sächsischen Staatsarchiv Leipzig, besteht allerdings vorrangig aus Beständen nach dem Zweiten Weltkrieg. Aus dem ausgehenden 18. Jahrhundert sind leider keine relevanten Bestände erhalten, die die Beziehung zwischen Treuttel & Würtz und Barth erhellen könnten. 1853 standen Barth und Treuttel & Würtz noch in Kontakt, vgl. Kopierbuch J. A. Barth 1852–1857, S. 306, SSSL, 21101/0863.

(Leipzig) die Kommission[78]. Wenn Treuttel keine finanziellen Mittel in Leipzig benötigte, ließ er das Geld aber auch über Frankfurt am Main, wo die Buchhandlung Johann Gottlieb Garbe[79] als Kommissionär für ihn tätig war, nach Straßburg verschicken, oder er beließ es bei Bertuch in Weimar. Da Treuttel auch selbst auf die Leipziger Messe fuhr, besuchte er Bertuch 1784 und holte das Geld persönlich ab[80]. Dieses verlangte Treuttel zu einem festen Wechselkurs:

> Sollten Sie uns diese Zahlung nach Leipzig an Hr. Müller thun, wollten wir bitten daß es in alten Louisdor à Rh 5. geschähe, weil wir sonst immer auf den wankelmüthigen Wechselkurs verlieren müssen, dem wir durch schriftl. Wechsel zu entgehen wissen. Nach Frkt [Frankfurt] Hr. Garbe gälte es gleich[81].

Anhand des Handels mit Bertuch wird deutlich, wie sehr Treuttel auf seine Kontakte zu Kollegen, die für ihn als Kommissionäre tätig waren, angewiesen war, um internationalen Buchhandel zu betreiben. Dieser Handel funktionierte allerdings wechselseitig, sodass auch Bertuch bei Treuttel anfragte, ob er eine Publikation in Kommission für Frankreich übernehme. Treuttel und Bertuch verhandelten in diesem Fall schriftlich über die Konditionen ihres gemeinsamen Handels: In einem Brief nannte Treuttel seine Bedingungen für den Vertrieb einer bestimmten Publikation in Frankreich (*livre en commission*): das »Römische Carneval« von Johann Wolfgang von Goethe, anonym bei Johann Friedrich Unger in Berlin gedruckt, bei Carl Wilhelm Ettinger in Weimar und Gotha in Kommission zu haben und von Bertuch verlegt[82]. Treuttel schrieb: »Ihren Dépôt vom Röm Carneval nehme ich an, bedaure, daß Sie desselben Druck nicht lieber in unseren Gegenden haben besorgen lassen. [...] Auch dem

78 Vgl. Jean-George Treuttel an Friedrich Justin Bertuch, Straßburg, 21.9.1783, GSA, 6/5286,1, Nr. 15.

79 Vgl. Bauer & Treuttel an Friedrich Justin Bertuch, Straßburg, 27.5.1778, GSA, 6/87, Nr. 2.

80 Vgl. Jean-George Treuttel an Friedrich Justin Bertuch, Gotha, 4.5.1784, GSA, 6/5286,1, Nr. 25: »P.P. Ich vergaß gestern zu berichten, daß mir die Übermachung der dortigen Gelder nach Leipzig nicht mehr so nothwendig ist, daß ich Ew. Hochedelgebl. die Mühe deswegen ersparen will, und mir von dero Güte nur ausbitte dieselben für die Zeit nach der Meße beÿ dortiger Durchreise in Bereitschaft zu halten«.

81 Bauer & Treuttel an Friedrich Justin Bertuch, Straßburg, 28.2.1782, ibid., Nr. 2.

82 Zum »Römischen Carneval« vgl. Michael Schütterle, Bemerkungen zur Editionsgeschichte einer bibliophilen Kostbarkeit, in: ders. (Hg.), »Untadeliche Schönheit«. Kommentarband zum Rudolstädter Faksimile von Johann Wolfgang von Goethe: »Das Römische Carneval«, Rudolstadt 1993, S. 9–30.

franz Style Ihres Werkes ist über Rhein nur halb zu trauen«[83]. Der Berliner Drucker und Verleger Johann Friedrich Unger besaß Lettern des angesehenen französischen Druckers Didot, in dessen Stil die Publikation gedruckt wurde[84]. Darauf bezog sich Treuttel, wenn er vom »franz Style Ihres Werkes« schrieb. Im Folgenden ging er auf seine Bedingungen ein:

> Wegen der Provision wären mir 25 p% für meine Benefice stattsam für mich, aber wenn ich die Wiederverkäufer [?] in Frankreich darein interessieren muß, so müssen Sie die ihrigen mit drauf schlagen; trägt alsdann das Werk den höhern Preis?
> Gratis Exemplare zum Ausposaunen müssen gute Drucke leisten, und wenn dies Werk in Anzahl und Preis geht, nimmt außerdem die *chambre syndicale* ihrn Tribut von neun Exemplaren[85].

Treuttel schlug eine Provision von 25 Prozent vor und äußerte sich aufgrund des nun noch höheren Preises des Werkes skeptisch in Bezug auf den Absatz in Frankreich. Zudem verlangte er kostenlose Exemplare zu Werbezwecken sowie bei Erfolg weitere neun Exemplare für die *chambre syndicale.*

Das »Römische Carneval«, eine Luxusausgabe mit zahlreichen hochwertigen kolorierten Illustrationen von Goethe, entstand kurze Zeit nach dessen Italienreise. Ursprünglich war neben einer deutschen Ausgabe auch eine französische geplant, die aber nicht erschien. Am 16. Februar 1789 hatte Bertuch bei Unger noch beide Editionen in Auftrag gegeben (jeweils mit einer Auflage um 300 Stück). Im Juni 1789 aber entschied er sich gegen die französische Ausgabe. Neben dem Beginn der Französischen Revolution könnten auch die in diesem Brief geäußerten Bedenken Treuttels zu einer solchen Entscheidung beigetragen haben. Ein Vertrieb in Frankreich durch Jean-George Treuttel schien Bertuch vorteilhaft, da Treuttel in Frankreich ein adliges, bibliophiles Milieu belieferte, dass an solchen Ausgaben interessiert sein könnte. In einem früheren Brief bat Treuttel Bertuch um eine hochwertige Ausgabe des »Journals des Luxus und der Moden«, um es »unserer Königinn auf den Putztisch«[86] legen zu lassen. Bertuch wusste also sehr genau, zu welchen Kreisen Treuttel Zugang hatte. Aufgrund der hochwertigen Ausgabe und Illustrationen hätte auch Marie-Antoinette an dem »Römischen Carneval« interessiert sein können.

Die Aufgaben und der Verdienst Treuttels als internationaler Kommissionär werden anhand dieses Beispiels deutlich. Treuttel gab nicht nur seinen Rat

83 Jean-George Treuttel an Friedrich Justin Bertuch, Straßburg, 1.3.1789, GSA, 6/5444.

84 Vgl. Schütterle, Bemerkungen zur Editionsgeschichte, S. 25 f.

85 Treuttel an Bertuch, 1.3.1789, GSA, 6/5444.

86 Jean-George Treuttel an Friedrich Justin Bertuch, Straßburg 25.12.1785, GSA, 6/5286,1, Nr. 43.

zum Druck (in Bezug auf das Marketing) oder zur rechtlichen Vorgehensweise in Frankreich, sondern äußerte sich auch zu seinem eigenen Gewinn, den er für die Übernahme der Kommission erzielen wollte. Mit 25 Prozent pro verkauftem Exemplar und dem Rückgaberecht für unverkaufte Bücher, also fast ohne Risiko, war der Verdienst für Treuttel beträchtlich. Schließlich hatte er weder den Autor zu entlohnen noch den Druck zu bezahlen und musste bei Misserfolg nicht fürchten, Verluste zu machen.

Im Vergleich zu Bertuch handelte Treuttel sehr überlegt, rational und nach ökonomischen Gesichtspunkten. Obwohl Bauer und Treuttel vor allem Buchhändler und Verleger waren, handelten sie nicht nur mit Publikationen, sondern auch mit anderen von der Weimarer Gesellschaft verlangten französischen Luxusgegenständen, was ebenfalls einen Gewinn versprach. Mehrmals verlangte Bertuch nach Blumenmustern für seine Kunstblumenproduktion[87]. Auch der Weimarer Hof wurde mit französischen Luxusprodukten versorgt: 1799 bestellte Carl August Spiegel, die Treuttel ihm besorgte. »Diese sechs Spiegel sind überaus schön ausgefallen und sie werden gewiß allen Beÿfall finden«[88], kommentierte Treuttel in dem den Spiegeln beiliegenden Brief. Treuttel besorgte für Carl August zudem »zweÿ goldene [...] Obristen-Epauletten«[89], Lose bei der französischen königlichen Lotterie[90] oder für den Baron von Seckendorff »2 paires de manchettes de filet«[91].

Die Rechnungen des Weimarer Herzogs waren teilweise sehr hoch. Einige Gesamtabrechnungen sind erhalten. Von April bis August 1783 stellte Jean-George Treuttel Carl August 222,4 Livre für Bücher, aber auch Briefporto und Verpackung in Rechnung. Für das Jahr von April 1784 bis April 1785 ergab eine Auflistung aller ausstehenden Beträge des Weimarer Hofes (d. h. außer der herzoglichen Familie auch Goethe, Witzleben, Seckendorf, Albrecht etc.) eine Summe von 3877,13 Livre, die Bertuch für Treuttel in Weimar »einkassieren« sollte[92].

Ein weiterer Beleg für die sehr überlegte, abwägende, rationale Vorgehensweise von Jean-George Treuttel in Bezug auf seine Investitionen stellt ein Pro-

87 Vgl. Jean-George Treuttel an Friedrich Justin Bertuch, Straßburg, 3.7.1784, ibid., Nr. 28.

88 Jean-George Treuttel (Bauer & Treuttel) an Friedrich Justin Bertuch, Straßburg, 20.3.1799, GSA, 6/87, Nr. 5.

89 Bauer & Treuttel an Friedrich Justin Bertuch, Straßburg, 7.4.1779, ibid., Nr. 6.

90 Vgl. Jean-George Treuttel an Friedrich Justin Bertuch, Straßburg, 10.3.1784, GSA, 6/5286,1, Nr. 21.

91 Jean-George Treuttel an Friedrich Justin Bertuch, Straßburg, 30.4.1783, ibid., Nr. 7.

92 Vgl. enthaltene Abrechnungen: Jean-George Treuttel an Friedrich Justin Bertuch, GSA, 06/5286.

jekt zur spanischen Literatur dar, das zwischen Treuttel und Bertuch 1782 aufkam. Friedrich Justin Bertuch interessierte sich sehr für spanische Autoren und Literatur. Er war nicht nur Übersetzer von spanischer Literatur wie Cervantes' »Don Quijote«[93], sondern bemühte sich auch darum, diese im deutschen Raum bekannter zu machen, indem er das »Magazin der spanischen und portugiesischen Literatur« (1780–1782) verlegte und die ALZ als Rezensionsforum für spanische Literatur nutzte[94]. Bertuch hatte als Hauslehrer von Ludwig Heinrich Bachoff von Echt Spanisch gelernt. Dieser war zuvor als Diplomat am spanischen Hof in Madrid gewesen. Später gab Bertuch Wieland und Herder Spanischunterricht.

1782 beklagte er die schwierige Beschaffung und den schlechten materiellen Zustand der Publikationen aus Spanien im »Teutschen Merkur«:

> Halbzerrissen, ganze Bogen Defekte, von unleserlicher Hand hineingeschrieben, auf gelbes Löschpapier zum Theil gedruckt, in widrigem unbrauchbaren Formate, so bekommt der Liebhaber die schönsten Früchte der spanischen Musen nach langem Harren, vieler Mühe und schwerer Kosten[95].

Im gleichen Jahr schrieb Friedrich Justin Bertuch an Bauer & Treuttel von seinem Projekt, spanische Literatur im deutschen Raum zu vertreiben, und schlug Treuttel vor, sich in gleicher Angelegenheit auf dem französischen Markt zu betätigen, worauf dieser antwortete:

> Zu dero neuen Unternehmung in Ansehung der spanischen Poeten wünschen viel Glück! Ich danke für das Zutrauen, das Sie zu mir in Absicht auf die franz. Nation haben um unter derselben Ihr Vorhaben zu unterstützen. Einzeln wäre es mir nicht möglich den geringsten Absatz zu erwarten, indem in hiesiger Stadt [Straßburg] kaum ein Liebhaber dieser Sprache anzutreffen. Ich

93 J. G. Bauer organisierte 1775 die Subskription für Bertuchs »Don-Quijote«-Übertragung: »Hr. Hofrath Schlosser hat uns Ihren Brief und Avertissements wegen der neuen Ausgabe von don Quichotte von Carlsruhe aus zugesendet. Nach der wenigen Begierde, die man in hiesigen Gegenden überhaupt zu Subscriptionen hat, können wir, da nur noch die Rede von der Unternehmung des Druckers ist, nie etwas Bestimmtes sagen, doch dürfen wir auf […] von unserm bekannten Freund allenfalls zählen. Möchte doch diese kleine Anzahl im Stande seÿn den Entschluß zum Drucke ein mehres [?] Gewicht zu geben!«, Bauer an Bertuch, 27.2.1775, GSA, 06/87, Nr. 1.

94 Vgl. Dietrich Briesemeister, Bertuchs Bedeutung für die Aufnahme der spanischen und portugiesischen Literatur in Deutschland, in: Kaiser, Seifert (Hg.), Friedrich Justin Bertuch, S. 145–156, hier S. 149. Vgl. dazu auch Jochen Heymann, Friedrich Justin Bertuch und die »Allgemeine Literatur-Zeitung« als Drehscheibe hispanistischer Vermittlung in Deutschland, ibid., S. 157–168.

95 Der Teutsche Merkur, 3/39 (1782), S. 88f. Vgl. dazu auch Briesemeister, Bertuchs Bedeutung, S. 149.

> nehme mir aber vor einen thüchtigen und thätigen Freund in Paris darin zu interessieren, und dann Ihrem Wunsche so gut möglich zu entsprechen zu trachten. Bis dahin kann also weiter nichts darüber antworten und vertröste dieselben auf diesen Zeitpunct. Ungeachtet der überhäuften Geschäfte hoffe ich doch auch dieses gehörig übernehmen zu können[96].

Auch wenn der letzte Satz grundsätzlich positiv klingt, antwortete Treuttel zurückhaltend und wollte sich erst in Paris nach der eventuellen Nachfrage erkundigen, bevor er sich auf diese Unternehmung einließ. Der Freund, bei dem er sich erkundigte, war möglicherweise der Buchhändler Durand neveu, mit dem Bauer & Treuttel zu diesem Zeitpunkt in Verbindung standen. Dieser antwortete und etwa zwei Monate später berichtete Treuttel nach Weimar:

> 1° Il ne faut pas compter sur un grand nombre de souscriptions à Paris, le publique est si las de souscrire, qu'à moins que ce ne soit quelque chose qui lui soit très agréable, ou annoncé avec beaucoup d'emphase, il attend la réussite des ouvrages[97].

Vermutlich hatte sich Treuttel bezüglich des gemeinsamen Verlegens eines Werkes erkundigt. Es handelt sich möglicherweise um ein teures Werk, dessen Produktion und Absatz über Subskription im Voraus sichergestellt werden sollte. Im Folgenden äußerte Treuttels Freund seine Bedenken:

> 2° La langue espagnole n'est pas assez suivie par les littérateurs, pour faire espérer un grand succès de poètes espagnols, les personnes qui étudient principalement cette langue sont des commerçans, qui le font pour l'avantage de leur commerce, et non pour l'agrément de lire des auteurs espagnols.
> 3° Il ne faut pas compter sur l'entrée de ces livres en Espagne. Les livres espagnols, imprimes hors de l'Espagne sont absolument défendus & ne peuvent par conséquent y entrer[98].

Treuttels Kontaktperson in Paris lieferte eine konkrete Marktanalyse für spanischsprachige Literatur im Frankreich von 1782. Lediglich die Kaufleute, die mit Spanien handelten, würden die Sprache lernen. Diese würden allerdings nicht zum Vergnügen spanische Autoren lesen. Gleichzeitig könne man in spanischer Sprache gedruckte Veröffentlichungen nicht in Spanien direkt absetzen, da die Einfuhr verboten sei. Wenn man spanischsprachige Publikationen dennoch verlegen wolle, sei intensive Werbung nötig:

96 Bauer & Treuttel an Friedrich Justin Bertuch, Straßburg, 17.7.1782, GSA, 6/5286,1, Nr. 3.

97 Jean-George Treuttel an Friedrich Justin Bertuch, Straßburg, 5.9.1782, ibid., Nr. 5.

98 Ibid.

> 4° Pour pouvoir annoncer une souscription à Paris, il faudroit obtenir une permission & faire les frais d'un prospectus, qu'il faudroit tirer à gros nombre, & dont la dépense ne doit pas être à ma charge. En outre l'envoi de ce prospectus par les journaux seroit d'une forte dépense.
> Je pense qu'il faudra se contenter de faire annoncer chaque ouvrage séparément, lorsqu'ils seront imprimés, en en donnant un exemplaire à chaque journaliste, & faire savoir au public que le premier volume sera suivi & de plusieurs autres, dont on pourroit donner une liste à la suite de l'annonce.
> De quelque façon que vous vouliez faire annoncer ces ouvrages »je m'en chargerai, toutefois, en me tenant compte des frais, qu'il faudroit faire pour ces annonces…«
> Dies ist es buchstäblich was mir mein Freund hierüber schreibt[99].

Treuttel versprach daraufhin, nochmals das Seinige zum Erfolg des Unternehmens beizutragen zu wollen. In den frühen 1780er Jahren brachte er allerdings weder spanischsprachige Publikationen noch Werke mit Bezug zu Spanien heraus. Wahrscheinlich hat Treuttel gemeinsame spanischsprachige Veröffentlichungen nach der Analyse seines Pariser Freundes abgelehnt. Nach rationaler Abwägung ließ sich Treuttel nicht auf das risikoreiche Unternehmen ein. Diese risikoscheue, zurückhaltende Vorgehensweise stellte einen Grund für den Erfolg von Treuttel & Würtz dar.

Krise als Chance: spezifische Praktiken der Verlagsbuchhandlung J.-G. Treuttel (1785–1790)

Im Dezember 1785 erwähnte Jean-George Treuttel in seinen Briefen erstmals den Straßburger Buchhändler Frédéric-Rodolphe Salzmann[100], der zu diesem Zeitpunkt sein stärkster Konkurrent war. Salzmann (1749–1821), Cousin des Aktuars Johann Daniel Salzmann, mit dem Goethe in Kontakt stand, war Buchhändler, Schriftsteller und Politiker. Nach seinem Theologie- und Jurastudium in Straßburg nahm er eine Stelle als Hauslehrer für Karl Freiherr vom und zum Stein an, dem späteren preußischen Minister, dem er bis nach Göttingen zum Studium folgte. Dort lernte er u. a. Herder kennen und gab den französisch-

99 Ibid.

100 Die Schreibweise des Nachnamens von Frédéric-Rodolphe bzw. Friedrich Rudolph Salzmann ist uneindeutig: teilweise mit »t« (vgl. Jules Keller, Le théosophe alsacien Frédéric-Rodolphe Saltzmann et les milieux spirituels de son temps. Contribution à l'étude de l'illuminisme et du mysticisme à la fin du xviiie et au début du xixe siècle, Bern u. a. 1985; Claus, Un centre de diffusion), teilweise ohne. Hier wurde gemäß dem NDBA die letztere Variante gewählt.

sprachigen »Almanach des muses« (1775–1777) heraus[101]. Nach seiner Rückkehr nach Straßburg wurde er Mitglied der Deutschen Gesellschaft, die dem literarischen Austausch zwischen Frankreich und Deutschland dienen sollte. Salzmann gab nicht nur die Zeitschrift »Gelehrte und Kunstnachrichten«, sondern auch die »Affiches de Strasbourg« oder auch den »Straßburger Weltboten« heraus[102].

1783 gründete Salzmann gemeinsam mit Albrecht Friedrich Bartholomäi die Librairie académique/Akademische Buchhandlung in Straßburg[103], zu der ein *cabinet de lecture* gehörte. Diese war nicht nur auf internationalen Buchhandel spezialisiert, sondern vertrieb Publikationen, die sie zu einem »pôle de diffusion des productions de l'*Aufklärung* à Strasbourg«[104] machte, wie Philippe Claus anhand der Analyse eines Katalogs feststellte. Zudem besaß sie zeitweise ein Lager in Leipzig, das Salzmann allerdings 1787 aufgab[105].

In Salzmanns Briefkopf charakterisierte er die Akademische Buchhandlung wie folgt:

> *La Librairie académique, rue des Serruriers, n° 21, à Strasbourg,* tient magasin de librairie françoise & allemande. Elle est fournie des nouveautés qui paroissent à Paris & chez l'étranger, & peut procurer les livres anglois, italiens & espagnols. On y trouve un assortiment de livres classiques grecs & latins des meilleures éditions, des cartes géographiques, atlas, livres de voyages, &c. Elle complète les bibliothèques & en achette.
> Elle publie deux catalogues raisonnés, destinés à faire connaître aux François & aux Allemands les nouveaux livres en tout genre. Il en paroît deux numéros par semaine[106].

Wie Treuttel war er auf den Handel zwischen Frankreich und dem deutschen Raum spezialisiert und handelte noch mit zusätzlichen Publikationen aus dem

101 Zum Lebenslauf Salzmanns, der in der Sekundärliteratur sehr uneinheitlich beschrieben ist, vgl. Keller, Art. »Salzmann, Frédéric-Rodolphe«; Robert Boxberger, Art. »Salzmann, Friedrich Rudolf«, in: ADB, Bd. 30 (1890), S. 299.

102 Vgl. Jean Sgard, Art. »Frédéric Saltzmann (1749–1821)«, in: Dictionnaire des journaux (1600–1789), http://dictionnaire-journalistes.gazettes18e.fr/journaliste/737-frederic-saltzmann (30.9.2019).

103 Vgl. Geschäftsrundschreiben von Albrecht Friedrich Bartholomäi und Friedrich Rudolph Salzmann, Straßburg, August 1783, DBSM, Bö-GR/B/2345a, und Abschrift in Anhang C.

104 Claus, Un centre de diffusion, S. 93.

105 Vgl. Frédéric-Rodolphe Salzmann an Friedrich Justin Bertuch, Straßburg, 23.9.1787, GSA, 6/5288, Nr. 18.

106 Briefkopf von Rechnungen und Werbung von Frédéric-Rodolphe Salzmann an Friedrich Justin Bertuch, ibid., ohne Nr. (Hervorh. i. Orig.).

Ausland. Da Salzmann so großen Erfolg hatte, stellte er in den 1780er Jahren eine starke Konkurrenz für Treuttel dar und versuchte zudem Treuttel und seine Methoden zu kopieren. So schrieb er bereits im Mai 1785 in seinem ersten Brief an Bertuch:

> Darf ich Ihnen das Verzeichnis meiner neuesten Verlagsbücher nach dem Muster des Treuttelschen gemacht, das auch auf dem Umschlag des Merkurs stehet, zusenden? Da werden nun verschiedene Bücher einerleÿ seÿn. Denn so wie Hr. Treuttel die meisten im Verlage hat, habe ich sie auch. Das sollen Sie nun nächstens mit eigenen Augen sehen[107].

Salzmann bezog sich ausdrücklich auf Treuttel. Er hatte die Vorgehensweise und Methoden, die Treuttel erfolgreich machten, untersucht: einerseits die Publikation von Verlags- und Buchhandelskatalogen, um die Kunden zu informieren, andererseits Schnelligkeit bei der Lieferung der Neuerscheinungen. Beide Spezifika nannte er hier und wollte sie ebensogut wie Treuttel erledigen. So bezog Bertuch in diesen Jahren auch zahlreiche Publikationen über Salzmann und nicht über Treuttel[108].

Der Vertrieb des »Teutschen Merkurs« für Frankreich wurde zu einem Kristallisationspunkt des Konfliktes. Im Juli 1785 schrieb Salzmann an Bertuch:

> Aber um eines muß ich inständigst bitten: die Akademische Buchhandlung anstatt Hr. Treuttel auf den blaun [?] Umschlag zu drucken. Hr. Prof. Schütz hatte es mir versprochen. Vermutlich ist es vergessen worden. Doch wird er nicht auch vergessen haben, daß er mir den ausschließlichen Verkauf für Strasburg, Elsaß und Frankreich zugesichert hat[109].

Der blaue Umschlag war der Schutzumschlag des Merkurs, der für kostenlose Anzeigen von Buchhändlern und Künstlern genutzt wurde. Bertuch scheint nicht auf den alleinigen Vertrieb der Zeitschrift durch Salzmann eingegangen zu sein, da Treuttel noch im Dezember 1787 Kunden des »Teutschen Merkurs« in Frankreich bediente[110].

An den Reaktionen Treuttels auf diese Konkurrenzsituation mit Salzmann lassen sich bestimmte Praktiken erkennen, die er anwandte, um die Buchhand-

107 Frédéric-Rodolphe Salzmann an Friedrich Justin Bertuch, Straßburg (?), 10.5.1785, ibid., Nr. 1.

108 Vgl. die zahlreichen Abrechnungen von Frédéric Rudolphe Salzmann, ibid. Für den Zeitraum von Mai 1786 bis März 1791 liegt bspw. eine Rechnung über L 626,14 vor.

109 Frédéric-Rodolphe Salzmann an Friedrich Justin Bertuch, Straßburg, 24.7.1785, ibid., Nr. 2.

110 Vgl. Jean-George Treuttel an Friedrich Justin Bertuch, Straßburg, 26.12.1787, GSA, 6/5286,1, Nr. 52.

lung aus der Krise zu führen. Zunächst wandte sich Treuttel auf persönlicher Ebene an Bertuch. Jean-George Treuttel äußerte sich 1786 in seinen Briefen zunehmend besorgt über die Loyalität seiner Weimarer Kunden:

> Entzieht mir denn dieser [Salzmann] alle dortigen Bestellungen, da ich schon solange Zeit mich dero werthen Zuschriften, und der übrigen herrschaftlichen Befehlen, deren weder mein Vorfahr noch ich mich jemals unwürdig gemacht haben, beraubt sehe. Verzeihen Sie diese beÿläufige Äußerung meiner geheimen Klage. Ich habe die Ehre mit vorzügl. Hochachtung zu beharren Euer Hochwohlgebohrn ergebenster Diener Treuttel[111]

Da Treuttel einen Monat später noch keine Antwort erhielt, äußerte er sich nochmals besorgt: »und da mir Ihr langes Stillschweigen auf meinen vorign Briefe etwas Mühe macht, würde mir eine baldige Antwort von Ihnen äußerst willkommen seÿn. In deren Erwartung habe ich die Ehre mit der vollkommensten Hochachtung zu verharren«[112].

Schließlich erhielt er eine beruhigende Antwort Bertuchs.

> Die neue Zusicherung Ihrer werthen Freundschaft hat mich nicht wenig getröstet, da ich nach den mehreren Beÿspielen aus Ihren Gegenden, wo mein [...] Nachbar mir schon verschiedene eigene Freunde durch seine Zudringlichkeit abgespannt hat, auch den Verlust Ihrer und Ihres Hofes Bestellungen besorgen konnte[113].

Auf diese sich verschärfende Konkurrenzsituation reagierte Treuttel, in dem er Bertuch an die lange bestehende enge Handelsbeziehung erinnerte, die nie Anlass zur Klage gegeben habe. Die Verlässlichkeit, die lange Dauer der Zusammenarbeit und letztlich auch die persönliche Ebene, die aufgeführte Freundschaft, dienen Treuttel als Argument, die Geschäftsbeziehung nicht aufzugeben.

Neben dieser persönlichen Ebene wandte Treuttel vor allem zwei weitere Methoden an, um Salzmann gegenüber im Vorteil zu sein: Zum einen versandte Treuttel zu diesem Zeitpunkt intensiv Publikationen nach Weimar, die bisher nicht bestellt worden waren. Zum anderen ließ Treuttel die bei ihm erschienenen Publikationen in Rezensionszeitschriften besprechen. Beide Methoden nutzte Treuttel bereits zuvor, allerdings intensivierte er sie so stark in dieser Zeit, dass sie als Strategie in der Konkurrenzsituation angesehen werden können.

111 Jean-George Treuttel an Friedrich Justin Bertuch, Straßburg, 9.11.1786, GSA, 6/5286,2, Nr. 47.

112 Jean-George Treuttel an Friedrich Justin Bertuch, Straßburg, 9.12.1786, ibid., Nr. 58.

113 Jean-George Treuttel an Friedrich Justin Bertuch, Straßburg, 21.12.1786, ibid., Nr. 49.

Seit Beginn der 1780er Jahre empfahlen Bauer und Treuttel Bertuch und dem Weimarer Hof Publikationen. Teilweise listete Treuttel sie im Brief direkt auf und schrieb dazu, wem er diese oder jene Publikation empfehlen würde. Dem Prinzen Constantin empfahl Treuttel ergänzende Bände zur Ausgabe der »Œuvres posthumes« von Jean-Jacques Rousseau, die er bereits an ihn geliefert hatte: »Pour completter cette collection, il paroît maintenant six volumes de *supplements nouveaux*, dont j'ai envoyé l'édition in 4° à Weimar, j'*attends* les gracieux ordres de Son Altesse sérénissime pour les faire relier ici«[114].

Unter den Empfehlungen für Carl August befand sich auch eine verbotene Publikation, bei der das Verbot deren besonderen Reiz ausmachen würde[115]. Treuttel empfahl auch im eigenen Verlag erschienene Publikationen. Dazu gehörten beispielsweise die von dem Straßburger Philologen Richard François Philippe Brunck[116] angefertigte Übersetzung von Dramen von Aristophanes ins Lateinische: »Aristophanes Brunckii wird nun bald fertig werden, soll nicht auch von dieses gelehrten Mannes Ausgabe in die herzogl[iche] Bibliothek kommen? Ich lege eine Anzeige deroselben beÿ«[117]. In diesem Fall empfahl Treuttel nicht nur ein Werk, sondern sandte zugleich den Prospekt zur Information und als Werbung mit. Da Informationen über Neuerscheinungen schwer zu beschaffen waren, kam den Prospekten und Katalogen eine besondere Bedeutung zu. Bereits 1779 schickte Bauer & Treuttel Kataloge, die über Neuigkeiten informieren sollten, nach Weimar[118]. Bezüglich der Publikation von Aristophanes hatte der Werbeprospekt anscheinend wenig Effekt. 1783 sandte Treuttel ein Exemplar ohne Bestellung nach Weimar:

> 1 Aristophanes Brunckii . 4 voll.8...36._
> diesen wird wohl Hr. von Knebel, oder Hr Hofrath Wieland behalten. Sollten Sie ihn aber beÿde verlangen, so sende ich noch ein Expl. nach. Für die herzogl. Bibliothek biete ich die schönere Ausgabe in 4°. à L 57._ oder die noch

114 Jean-George Treuttel in einer Rechnung an den Prinzen Constantin, Straßburg, 28.5.1783, GSA, 6/5286,1, Nr. 10 (Hervorh. i. Orig.).

115 Vgl. Essai sur la révolution de l'ordre civil en France 8° 3 vol. par un membre du parlement de Paris _ ouvrage qui ne se vend que sous permission tacite, ibid., Nr. 2. Vermutlich ist damit folgendes Werk gemeint: Jean de Dieu d'Olivier, Essai sur la dernière révolution de l'ordre civil en France, 3 Bde., London, 1780, in-8°.

116 Zu Brunck, der zu diesem Zeitpunkt viel gelesen wurde, vgl. Karl Ritter von Halm, Art. »Brunck, Richard Franz Philipp«, in: ADB, Bd. 3 (1876), S. 440 f.

117 GSA, 6/5286,1, Nr. 3. Es handelt sich wahrscheinlich um folgende Publikation: Aristophanis comoediae, In latinum sermonsem conversae, 3 Bde., Argentorati, apud socios bibliopolas, Bauer & Treuttel, 1781.

118 Vgl. »Wenn die MeßeArbeiten vorüber sind, werden wir die Ehre haben auch wieder ein kurzes Verzeichniß von verschiedenen Neuigkeiten einzusenden«. Bauer & Treuttel an Bertuch, 20.3.1799, GSA, 6/87, Nr. 5.

> prächtigere auf holländisch Papier in-4°. à 8. neue Louisdor an, denn dieses Buch ist wegen seiner britischen Genauigkeit und dem unglaublichen Fleiß, welcher darauf verwendet worden, werth an solche Orte zu kommen. Außerdem sind auch nicht mehr als 10 Expl. auf holländisch Papier gedruckt, und schon mehrere davon bestellt[119].

Treuttel war hier noch vorsichtig, obwohl er sich wohl sicher war, die Publikation in Weimar absetzen zu können. Die Ausgabe lag in dreifacher Ausfertigung vor, sodass sie je nach Anspruch der Kunden in einfacher, preiswerter Ausgabe, die Treuttel hier verschickte, oder in Luxusausgaben verfügbar war. Mehrmals noch versandte Treuttel Publikationen ohne Bestellung, was er teilweise rechtfertigte: »Die Œuvres de Duval aber geben eine so angenehme Unterhaltung, daß es kaum nöthig seÿn wird, mich deswegen zu entschuldigen«[120]. Die »Œuvres« von Valentin Jamerey-Duval, die 1784 erschienen, sind typisch für die von Treuttel verlegten Publikationen. Zum einen handelte es sich um ein »œuvre transculturelle par excellence«[121]. Dies macht Hans-Jürgen Lüsebrink nicht nur an dessen Inhalt, sondern auch an der Biografie des Autors, des Herausgebers und des Verlegers fest. Zum anderen verlegte Treuttel in diesem Fall eine von Frédéric Albert Koch herausgegebene Ausgabe. Letzter kam ebenso aus dem Elsass und war Bruder des Bibliothekars Christophe-Guillaume Koch, der ebenfalls als Autor bei Treuttel veröffentlichte. Es handelt sich um ein typisches Werk für den Aufstieg des Verlags Treuttel & Würtz, das einerseits durch das intellektuelle Milieu in Straßburg und andererseits durch dessen Interkulturalität geprägt ist. Der Herausgeber Koch hatte die Memoiren von Duval sehr stark bearbeitet und die politisch kritischen Stellen, die vor allem den (französischen) Absolutismus betrafen, weggelassen[122]. Aufgrund dieser Kürzungen konnte Treuttel das Werk auch bei seinen adligen Kunden problemlos absetzen und es Bertuch als »angenehme Unterhaltung«[123] anpreisen. So erwarb Carl August auch die beiden Bände. Im September 1784 befanden sie sich auf einer Abrechnung an den Herzog: 2 Bände für 8 Louisdor[124].

119 Jean-George Treuttel an Friedrich Justin Bertuch, Straßburg, 9.4.1783, GSA, 6/5286,1, Nr. 6.

120 Jean-George Treuttel an Friedrich Justin Bertuch, Straßburg, 20.9.1784, GSA, 6/5286,2, Nr. 33.

121 Hans-Jürgen Lüsebrink, Œuvres de Valentin Jamerey-Duval. Une édition strasbourgeoise à la croisée des cultures, in: HCL 11 (2015), S. 147–160, hier S. 147.

122 Vgl. ibid., S. 151.

123 Treuttel an Bertuch, Straßburg, 20.9.1784, GSA, 6/5286,2, Nr. 33.

124 Vgl. Jean-George Treuttel an Friedrich Justin Bertuch, Straßburg, 27.9.1784, GSA, 6/5286,1, Nr. 32.

Das Versenden von Publikationen ohne Bestellung war ein teures Wagnis. Sollte das Werk keinen Abnehmer finden, müsste Treuttel die Kosten des Hin- und Rücktransports zahlen. Sollte Bertuch es verkaufen können, stellte Treuttel dem Abnehmer die Kosten des Transports in Rechnung. Es lohnte sich also nur, Publikationen zu verschicken, bei denen Treuttel sich relativ sicher war, dass Bertuch sie verkaufen würde. Dass seine Einschätzung nicht immer richtig war, zeigt die Tatsache, dass Bertuch 1784 die »Histoire de Russie«[125] an Treuttel zurückschicken musste, was dieser sehr bedauerte[126]. Treuttel versandte sehr häufig im eigenen Verlag erschienene Veröffentlichungen, mit denen er im Falle eines Verkaufs einen noch größeren Gewinn machen würde. Im Kontext der Konkurrenz mit Salzmann kam noch die Tatsache hinzu, dass Treuttel der Erste sein wollte, der eine Publikation lieferte. Hatte Salzmann bereits ein Werk nach Weimar verkauft und die Nachfrage gedeckt, würde Treuttel dort kaum weitere Exemplare absetzen können. Diese Sorge wurde auch in einem Fall deutlich, in dem Treuttel nicht näher genannte Bücher nach Weimar sandte:

> Die ersten zweÿ Bücher meiner Sendung an Ihro Durchlaucht sind eigentlich nicht begehrt, da sie aber das Beÿwerk angehen, und diese Bücher sowohl beÿ Ihro durchl. als auch überhaupt in dero Gegenden, und beÿ der Literatur Zeitung angenehm pflegen, so habe ich kein Bedenken getragen sie zu senden, umso mehr da beÿde Autores den Verkauf derselben mir anvertraut haben, und ich nicht fürchten darf, daß Ihnen Hr. Salzmann dieselben zugesandt haben mag[127].

Als dritte Strategie, um neben Salzmann weiter bestehen zu können, ließ Treuttel die bei ihm erschienenen Publikationen intensiv in Rezensionszeitschriften bewerben. Über die einschlägigen deutschen Digitalisierungsprojekte von Zeitschriften des 18. Jahrhunderts lassen sich zahlreiche Rezensionen von bei Treuttel & Würtz erschienenen Publikationen nachweisen. Sucht man nach »Treuttel«, erscheinen 299 Treffer auf der Projektseite UrMEL (Universal Multimedia Electronic Library) der Thüringischen Universitäts- und Landesbibliothek Jena, an der weitere Projektpartner wie das Goethe- und Schiller-Archiv beteiligt sind. In der Onlinedatenbank des Projektes der Akademie der Wissenschaften zu Göttingen, »Gelehrte Journale und Zeitungen als Netzwerke des Wissens im Zeitalter der Aufklärung«, ließen sich 34 Treffer nachweisen. Zwi-

125 Wahrscheinlich Pierre Levesque, Histoire de Russie. Tirée des chroniques originales, de pièces authentiques, & des meilleurs historiens de la nation, 6 Bde., Yverdon 1783.

126 Vgl. Jean-George Treuttel an Friedrich Justin Bertuch, Straßburg, 10.3.1784, GSA, 6/5286,1, Nr. 21.

127 Jean-George Treuttel an Friedrich Justin Bertuch, Straßburg, 9.11.1786, GSA, 6/5286,2, Nr. 47.

schen beiden Datenbanken gibt es Überschneidungen. In letzterer Datenbank sind weniger Rezensionen verzeichnet, da der Erschließungszeitraum die Jahre 1688–1815 umfasst und damit lediglich einen Teil des Untersuchungszeitraums.

Die erste Rezension eines Werkes, auf dem Treuttel als Verlag vermerkt war, stammt von 1778. Nachdem Bertuch 1785 die ALZ gegründet hatte, bat Treuttel ihn mehrmals im Kontext der Konkurrenz zu Salzmann, seine Publikationen in den Zeitschriften, an denen er beteiligt war, zu rezensieren oder anzuzeigen, etwa im November 1786: »Beÿliegendes Avertissment einen Anhang zu Ehrmanns Schmelzkunst betreffend, ersuche ich Sie in die Jenaische Litteratur-Zeitung setzen zu lassen«[128]. Eine lobende Besprechung des Titels »Versuch einer Schmelzkunst mit Beyhülfe der Feuerluft« von Friedrich Ludwig Ehrmann erschien denn auch 1786 in der ALZ[129]. Im Jahr darauf erschien eine von Ehrmann angefertigte Übersetzung aus dem Französischen ins Deutsche, ebenfalls bei Treuttel und ebenso in der ALZ rezensiert[130]. Die bei Treuttel und später bei Treuttel & Würtz erschienenen Publikationen wurden zudem in französischen Zeitschriften rezensiert. Die »Œuvres« von Duval beispielsweise wurden sowohl in französischen (»Journal de Paris«) als auch deutschen Rezensionszeitschriften (ALZ) besprochen[131].

Mit der Übersetzung eines medizinischen Fachbuches verlief es hingegen weniger gut. Im Dezember 1786 wandte sich Treuttel das erste Mal an Bertuch:

> Manuel pour les gardes-malades sende ich p. Postwagen: ich drucke das Buchel [?] deutsch, und habe Hoffnung, guten Absatz davon auch in Sachsen zu haben. Dürfte ich auf Ihren Beÿstand in Empfehlung zählen: Sie würden mich immerhin verbinden, die Anzeige davon in dero Literatur Zeitung oder auch auf dem Umschlag des Mercurs zu thun[132].

128 Ibid. Die Zeitschrift mit dem Titel »Jenaische allgemeine Literatur-Zeitung« erschien 1804–1849. Treuttel meint hier eigentlich die ALZ, die zu diesem Zeitpunkt noch in Jena verlegt wurde.

129 Vgl. Rezension von Friedrich Ludwig Ehrmann, »Versuch einer Schmelzkunst mit Beyhülfe der Feuerluft«, in: ALZ 214, (1786), S. 472 f., http://zs.thulb.uni-jena.de/receive/jportal_jparticle_00024065?hl=Treuttel (2.10.2019).

130 Vgl. Rezension von »Des Herrn Lavoisier Abhandlung über die Wirkung des durch die Lebensluft verstärkten Feuers; aus dem Französischen übersetzt, und mit Zusätzen vermehrt von F. L. Ehrmann, als ein Anhang zu seinem Versuche einer Schmelzkunst mit Beyhülfe der Feuerluft«, in: ALZ 305/4 (1787), S. 756–758, http://zs.thulb.uni-jena.de/receive/jportal_jparticle_00027289?hl=Treuttel (2.10.2019).

131 Vgl. Lüsebrink, Œuvres de Valentin Jamerey-Duval, S. 153–157.

132 Jean-George Treuttel an Friedrich Justin Bertuch, Straßburg, 21.12.1786, GSA, 6/5286,2, Nr. 49.

Ende Januar bestand Treuttel nochmals auf eine Empfehlung und bot Bertuch sogar an, die Kosten der Rezension zu bezahlen.

> Die Idee des Intelligenzblattes hat mir Freude [bereitet.] Diese Erfindung wird Ihnen gewiß eine gegründete Stütze Ihrer Unternehmung werden: ich gratuliere dazu. Wenn Sie die letztgesandte Anzeige wegen meines Buches für Krankenwörter dort einrücken, so bitte mir die Unkosten auf Rechnung zu setzen[133].

Die Rezension erschien gemeinsam mit der Rezension eines weiteren medizinischen Werkes, das bei König in Straßburg verlegt war[134]. Sie fiel allerdings nicht positiv aus. Bezüglich der Empfehlung der diätetischen Behandlung Kranker in diesem Werk kritisierte der Rezensent:

> In diesem Fall ist aber eine deutliche und einer niedrigern Fassungskraft angemessene Darstellung der Kennzeichen schwer, oft unmöglich, und solche Bücher werden in eben dem Verhältnis schädlich, als sie unverständliche, oder auch wohl falsche Anleitungen enthalten. Diesen Fehler haben wir mehrmals in dieser Schrift bemerkt[135].

Sicher war Treuttel über diese negative Kritik nicht erfreut. Welchen Effekt sie hatte, ist allerdings unklar. Die direkte Bewerbung von Publikationen war zu diesem Zeitpunkt gängige Praxis. Auch die Straßburger Verlagsbuchhandlung Levrault ließ Besprechungen der bei ihr erschienenen Werke anfertigen[136]. Aubin-Louis Millin, der Herausgeber des »Magasin encyclopédique«, und Karl August Böttiger, Herausgeber des »Teutschen Merkurs«, versorgten sich gegenseitig mit Rezensionen und platzierten auch die eigenen Veröffentlichungen[137].

133 Jean-George Treuttel an Friedrich Justin Bertuch, Straßburg, 31.1.1787, ibid., Nr. 51.

134 Vgl. die Sammelrezension zweier Schriften über Krankenpflege in: ALZ 211/3, S. 582–584, http://zs.thulb.uni-jena.de/rsc/viewer/jportal_derivate_00030849/ALZ_1787_Bd.3+4_291.tif (4.10.2019).

135 Ibid., S. 583f.

136 Vgl. Barbier, Trois cents ans. Vgl. auch die Treffer in den Onlinedatenbanken. Der Suchbegriff »Levrault« ergab in der Datenbank Gelehrte Journale und Zeitungen der Aufklärung (https://gelehrte-journale.de/startseite/#tx_find) 28 Treffer (11.11.2021), in der Datenbank UrMEL 408 Treffer (https://zs.thulb.uni-jena.de/content/below/index.xml, 11.11.2021).

137 Vgl. Michael Freiberg, Annika Hass, Kulturtransfer und journalistische Korrespondenznetzwerke. Ein quantitativer Vergleich des »Neuen Teutschen Merkur« mit dem »Magasin encyclopédique«, in: Charle u. a. (Hg.), Transkulturalität nationaler Räume in Europa (18. bis 19. Jahrhundert). Übersetzungen, Kulturtransfer und Vermittlungsinstanzen/La transculturalité des espaces nationaux en Europe (xviiie–xixe siècles). Traductions, transferts culturels et instances de médiations, Göttingen 2017, S. 87–112.

Dennoch nahmen die Bitten der Besprechungen der Publikationen von Treuttel in der ALZ oder dem »Teutschen Merkur« in der Mitte der 1780er Jahre deutlich zu, sodass sie als ein Versuch der direkten Einflussnahme und gesteuerten Rezeptionspolitik von bei Treuttel erschienenen Veröffentlichungen angesehen werden können.

Bertuch und Treuttel standen nach der erwähnten negativen Besprechung weiterhin in Kontakt, auch wenn sich dieser weiterhin schwierig gestaltete. Im August 1788 lehnte Treuttel ein gemeinsames Projekt mit Bertuch ab[138]. Im Januar 1789 war er abermals besorgt über Buchlieferungen von Salzmann: »Herr Schütze soll meinem Neffen[139] beÿ seiner Durchreise durch Jena von französischen Bücherlieferungen gesprochen haben, aber ich begreife es nicht recht. Erfreuen sie mich bald mit angenehmen Nachrichten«[140]. Der nächste erhaltene Brief wurde etwa ein Jahr später (Februar 1789) verfasst. Treuttel verschickte Kataloge und Bücher, ohne dass diese bestellt worden waren. Trotz dieser Schwierigkeiten wurde der Handel zwischen Treuttel und Bertuch erst zwischen 1790 und 1797 für längere Zeit unterbrochen, was Treuttel & Würtz später mit der schwierigen Situation für den internationalen Handel während des ersten Koalitionskrieges erklärte. Zudem war Treuttel während der ersten Jahre der Französischen Revolution politisch aktiv und hatte deshalb möglicherweise weniger Zeit für seine Geschäfte mit Bertuch.

Während der Französischen Revolution löste sich auch das Problem der Konkurrenz mit Salzmann. Dieser wurde zunächst politisch aktiv und stieg aus der Akademischen Buchhandlung aus[141]. Zu Beginn des 19. Jahrhunderts wandte er sich der Mystik zu und publizierte zahlreiche theologische Schriften[142]. Die Nachfolger in der Akademischen Buchhandlung waren weitaus weniger erfolgreich, sodass sich das Problem von selbst löste.

Auf persönlicher Ebene bestand der Kontakt zwischen Treuttel und Bertuch weiter und wirkte sogar auf die nächste Generation, wie die bereits geschilderte Frankreichreise von Bertuchs Sohn Carl im Jahr 1804 zeigte[143].

Der Handel zwischen Bauer bzw. Treuttel und Friedrich Justin Bertuch erfuhr seine Blütezeit in den Jahren 1775 bis 1790. In diesem Zeitraum war

138 Vgl. Jean-George Treuttel an Friedrich Justin Bertuch, o. O., 10.8.1788, GSA, 6/5286,2, Nr. 54.

139 Es handelt sich um Charles Frédéric Treuttel. Christian Gottfried Schütz war einer der Gründer der ALZ und deren Herausgeber.

140 Vgl. Jean-George Treuttel an Friedrich Justin Bertuch, o. O., 4.1.1789, GSA, 6/5286,1, Nr. 58.

141 Vgl. Keller, Art. »Salzmann, Frédéric-Rodolphe«.

142 Vgl. ders., Le théosophe alsacien Frédéric-Rodolphe Saltzmann.

143 Vgl. Kap. 1.3.2.

Bauer & Treuttel lediglich in Straßburg ansässig. 1782 begann Jean Godefroi Würtz seine Ausbildung in dem Unternehmen. Obwohl es sich um die frühen Jahre von Treuttel & Würtz handelt, lassen sich einige allgemeine Tendenzen zu Praktiken der Verlagsbuchhandlung sowie deren Kontakte zu anderen Verlegern und Buchhändlern erkennen.

So war nicht nur der Handel auf den internationalen, vor allem deutsch-französischen Austausch ausgelegt, sondern auch das Netzwerk der Geschäftspartner war vor allem ein deutsch-französisches. Zudem waren Geschäftspartner teilweise zunächst Auszubildende oder Mitarbeiter bei Treuttel & Würtz, sodass nicht nur der Betrieb ein Familienunternehmen darstellte, sondern auch das Netzwerk durch eine familienähnliche Struktur geprägt war. Diese familienähnliche Beziehung lässt sich auch daran nachvollziehen, dass – obwohl die Beziehung nicht eng und durch Konventionen geprägt war – der Sohn Friedrich Justin Bertuchs Carl 1804 in Paris bei Treuttel und Würtz eingeladen wurde und mit diesen in Kontakt stand. Auch wenn die Verbindung zwischen Bertuch und Bauer & Treuttel ihre Blüte in der Zeit vor der Französischen Revolution erfuhr, stand Treuttel & Würtz noch lange darüber hinaus mit Bertuchs Landes Industrie-Comptoir in Kontakt, auch nach dem Tod Bertuchs und auch noch 1841. Die Verbindung bestand über einen sehr langen Zeitraum und wurde an die Nachfolger »vererbt«. An diese langjährige gute Verbindung, Verlässlichkeit und Freundschaft appellierte Jean-George Treuttel denn auch in einem Moment der Krise, als Salzmann ihm seine Kunden in Weimar abspenstig zu machen drohte.

In diesem Kontext intensivierte Treuttel die Praktik des Zusendens von Publikationen ohne vorherige Bestellung ebenso wie die Platzierung von Kritiken der in seinem Verlag publizierten Veröffentlichungen in Rezensionszeitschriften. Der Konkurrent Salzmann sah den Vorteil der Treuttelschen Buchhandlung vor allem in der schnellen Beschaffung der Publikationen, der raschen Organisation und Spezialisierung auf internationalen Buchhandel sowie dessen Verlags- und Buchhandelskataloge, die er zu kopieren suchte. Dennoch ging Treuttel aus dieser Konkurrenzsituation letztlich als Sieger hervor, da er länger durchhielt, während sich Salzmann anderen Tätigkeiten zuwandte. Treuttel und Salzmann waren sowohl in Straßburg als auch in Weimar bestens in das intellektuelle Milieu der Kunden und Autoren international gehandelter Publikationen integriert und verfügten somit über ähnlich gute Voraussetzungen.

2.2 Politische und kulturelle Elite Europas: transkulturelle Netzwerke und Kunden

Bauer, Treuttel und Würtz und ihre Autoren, Übersetzer und Kunden waren durch gemeinsame Werte miteinander verbunden. Zu diesen gehörten neben einer großen Wertschätzung von Büchern auch liberal-konservative Ideen, ein Glaube an den Fortschritt und Bildung. Diese gemeinsamen Werte führten zu einem engen persönlichen Kontakt und gegenseitiger Treue über viele Jahre und oft Jahrzehnte hinweg.

Einen Überblick über die Kontakte von Treuttel & Würtz, insbesondere im 19. Jahrhundert, liefert ein Blick auf den Verkauf der Korrespondenz des Unternehmens. Diese wurde 1870 in Paris auf einer Auktion versteigert und zwei Exemplare des Auktionskatalogs befinden sich in der französischen Nationalbibliothek[144]. Obwohl keine Angaben zu erzielten Preisen oder Käufern enthalten sind, liefern die Kataloge dennoch einen Überblick über das Netzwerk von Treuttel & Würtz. Der das Unternehmen betreffende Teil umfasst etwas mehr als fünf Seiten, wobei die Briefe nach Autoren oder Themen geordnet und zumeist lediglich hintereinander aufgelistet sind. Es werden knapp 150 Autoren genannt. Es handelt sich um Korrespondenz mit einem Schwerpunkt auf dem 19. Jahrhundert und französischen Korrespondenzpartnern. Zumeist ist angegeben, um wie viele Briefe es sich handelt und in welchem Format, nur in Ausnahmefällen auch der Inhalt der Briefe. Es ist nicht davon auszugehen, dass es sich hier um die vollständige Korrespondenz der Verlagsbuchhandlung handelte. Vermutlich wurden die Briefe wegen eines finanziellen Engpasses der Erben verkauft und nach den um 1870 zu erzielenden Preisen ausgewählt. Diese Briefsammlung gibt also einen Überblick, ist aber nicht vollständig und kann nicht statistisch ausgewertet werden.

Die Autoren der Briefe lassen sich insgesamt sechs großen sozioprofessionellen Kategorien zuordnen. Ein großer Teil war Mitglied der Academie française (Victor Cousin, Charles Lacretelle jeune, Abel-François Villemain)[145] und ein noch größerer der Académie des inscriptions et belles-lettres. Zu Letzteren

144 Da die Kataloge keine Unterschiede aufwiesen, wurde folgendes Exemplar zur Untersuchung herangezogen: Catalogue d'une jolie collection de lettres autographes comprenant une belle série de maréchaux de l'Empire et la correspondance de MM. Treuttel et Wurtz. La vente aura lieu le lundi 2 mai 1870, à 7 heures du soir rue des Bons-Enfants, 28, salle n° 2. Par le ministère de Me Baudry, commissaire-priseur, rue Neuve-des-Petits-Champs, 50, assisté de M. Étienne Charavay, archiviste-paléographe, expert en autographes, rue des Grands-Augustins, 26. Paris, Librairie J. Charavay aîné, rue des Grands-Augustins, 26. Londres, Ch. Labussière, correspondant spécial de la maison J. Charavay aîné, 196, Piccadilly, W. 1870, BNF, CV 2092.

145 Vgl. ibid., S. 19.

gehören Joseph-Daniel Guigniaut, Karl Benedikt Hase, Edme-François Jomard, Louis-Mathieu Langlès, Jules Mohl, Charles de Pougens, Jean-Pierre Abel Rémusat und Raoul-Rochette[146]. Diese Kategorien wurden auch bereits im Katalog vorgegeben. Es handelte sich um renommierte Schriftsteller mit hohem symbolischen Kapital. Zudem waren viele der hier erwähnten Personen Mitglieder transkultureller Gelehrtennetzwerke wie Hase, Cousin und andere. Teilweise gehören sie zu den Autoren und Übersetzern, welche bei Treuttel & Würtz publiziert hatten, einige wie Cousin konnten als Kunden nachgewiesen werden.

Die größte Korrespondenzgruppe stellen die Schriftsteller und Wissenschaftler dar (*littérateurs et savants*). Es werden unter anderem Benjamin Constant, Joseph-Marie de Gérando, Delphine de Girardin, Édouard Goepp, Carl Ritter oder Johann Gaspar Spurzheim genannt[147]. Dem Bereich der Naturwissenschaftler (*savants*) werden außerdem Étienne Geoffroy Saint-Hilaire, Adrien-Marie Legendre und Christian Hendrik Persoon zugeordnet[148]. Wieder handelt es sich um Mitglieder transkultureller Schriftsteller- und Wissenschaftlergruppen, welche sowohl als Autoren (Constant, Persoon) als auch als Kunden von Treuttel & Würtz mit diesen in Verbindung standen.

Künstler (*artistes*) stellen die dritte sozioprofessionnelle Kategorie des hier beschriebenen Korrespondenznetzwerkes dar. Unter ihnen befinden sich besonders viele Kupferstecher und Maler wie François Forster, Charles-Paul Landon oder Antoine-François (?) Tardieu. Darüber hinaus wurde dieser Gruppe auch ein Architekt (Louis Visconti) sowie ein Musiker (Henri-Jean Rigel) zugeordnet. Es handelte sich um Personen, welche mit Treuttel & Würtz für ihre Publikationen zusammengearbeitet hatten. Landon hatte mehrere Publikationen bei Treuttel & Würtz veröffentlicht, u. a. »Description de Paris et de ses édifices« (1818)[149] sowie »Choix de tableaux et statues des plus célèbres musées et cabinets étrangers« (1819–1821)[150]. Bisher konnten sie nicht als Kunden nachgewiesen werden.

Die vierte Kategorie stellen Herrscher und Politiker dar. Sie ist nicht durch die Verkäufer der Korrespondenz vorgegeben. Die Briefe und auch Manuskripte

146 Vgl. ibid., S. 21.

147 Vgl. ibid., S. 22.

148 Vgl. ibid., S. 23.

149 Description de Paris et de ses édifices […], à Paris, chez Treuttel et Würtz, libraires, rue de Bourbon, n° 17. À Strasbourg et à Londres, même maison de commerce, 1818, 2 Bde., BNF NUMM-9672138, http://gallica.bnf.fr/ark:/12148/bpt6k9672138m/f14.image (2.10.2019).

150 Choix de tableaux et statues des plus célèbres musées et cabinets étrangers […], BNF, NUMM-6282831, http://gallica.bnf.fr/ark:/12148/bpt6k6282831t (9.8.2021).

wurden einzeln verkauft. Unter ihnen befindet sich ein Brief von Napoléon III. von 1832. Die Verkäufer vermuteten, dass es sich um eine Ablehnung eines Publikationsangebotes für seine noch 1832 erschienenen »Rêveries politiques« handle. Napoléon III. hatte von anderen Pariser Buchhändlern vorteilhaftere Angebote erhalten. Ebenfalls dieser Kategorie zugeordnet wurden mehrere Briefe von François Guizot sowie das Manuskript einer Reise nach Madrid von 1808. Vermutlich wurde das Manuskript oder Notizen zur Übersetzung ins Französische von »Spanien, nach eigner Ansicht im Jahr 1808« von Philipp Joseph Rehfues, welche Guizot angefertigt hatte und die 1811 bei Treuttel & Würtz erschien, versteigert[151]. Sowohl Guizot als auch Napoléon III. standen mit Treuttel & Würtz als Autoren beziehungsweise Übersetzer in Verbindung. Guizot konnte zudem auch als Kunde der Verlagsbuchhandlung nachgewiesen werden[152].

Eine fünfte Gruppe hier erwähnter Korrespondenten stellen Bibliografen und Bibliophile dar. Nicht nur Gabriel Peignot, sondern auch Joseph-Marie Quérard sowie Augustin-Charles Renouard werden unter dieser Rubrik genannt. Zumindest Peignot konnte als Kunde von Treuttel & Würtz nachgewiesen werden.

Als eine letzte Kategorie können Mitglieder des Buchwesens gezählt werden. Unter den Briefen befindet sich beispielsweise Korrespondenz von Georges-Adrien Crapelet und Alois Senefelder. Mit Ersterem haben Treuttel und Würtz intensiv zusammengearbeitet. Bei Crapelet wurden mehrere ihrer Publikationen gedruckt, etwa die Gesamtausgabe der »Œuvres« von Germaine de Staël von 1820/21. Senefelder, Erfinder der Lithografie, war nicht nur Autor von Treuttel und Würtz; er hatte mit ihnen auch ein lithografisches Institut in Paris gegründet[153].

Außerhalb dieser sozioprofessionnellen Kategorien wurden Teile der Korrespondenz direkt einzeln angepriesen. Zu diesen gehörten besonders renommierte Autoren wie Napoléon III. und François Guizot. Zudem befanden sich 26 Briefe des Naturforschers Alexander von Humboldt sowie 37 Briefe von Auguste de Staël, Germaine de Staëls Sohn, von 1819 und vermutlich die Publikation ihrer Gesamtausgabe betreffend, unter der Korrespondenz. Auch 20 Briefe sowie zwei Manuskripte von Jean Charles Léonard Simonde de Sismondi wurden zur Versteigerung angeboten.

Dieser Blick auf die Korrespondenz von Treuttel & Würtz, welche als Briefwechsel mit »Literaten und Naturwissenschaftlern« angepriesen wurde, macht deutlich, dass die Beziehungen zwischen dem Unternehmen und ihren

151 Vgl. Rehfues, L'Espagne en mil huit cent huit.

152 Vgl. zur Verbindung zwischen Treuttel & Würtz und Guizot Kap. 1.2.

153 Vgl. dazu den Exkurs in Kap. 3.1.

Kontakten häufig vielschichtig waren. Zumeist waren Gelehrte und Schriftsteller gleichzeitig Kunden. Dies mag sich aus der gemeinsamen Zusammenarbeit ergeben haben: Stand man wegen einer Veröffentlichung in Kontakt, nutzte man diesen möglicherweise bei der nächsten Bestellung einer Publikation. Kunden waren also selten ausschließlich Kunden.

Zum tieferen Verständnis des Unternehmens Treuttel & Würtz ist es nötig, seine Kunden zu kennen und zu untersuchen. Kunden sind für ein Unternehmen von großer Bedeutung. Ohne die Erwirtschaftung eines Gewinns war es für Bauer, Treuttel und Würtz nicht möglich, ihr Unternehmen zu führen. Auch wenn man teilweise querfinanzierte, also einige Geschäfte keinen Gewinn einbrachten und sie aus anderen, lukrativeren Projekten bezahlt wurden, musste Treuttel & Würtz wirtschaftlich arbeiten und denken, um über einen längeren Zeitraum erfolgreich zu sein.

Der wirtschaftliche Erfolg hatte entscheidenden Anteil am Aufstieg des Unternehmens. Eine Untersuchung der Kunden von Treuttel & Würtz ermöglicht es also, etwas über das Unternehmen selbst und dessen Aufstieg und Niedergang zu erfahren. Zwischen Kunden und Unternehmen bestand ein Abhängigkeitsverhältnis. Treuttel & Würtz wiederum richtete sich nach den Bedürfnissen ihrer Kunden und versuchten, diese so gut es ging zu bedienen. Eine Analyse der Kundenstruktur erlaubt es, etwas über das Unternehmen selbst zu erfahren, über seine Besonderheiten und Funktionsweisen. Da es sich um ein international agierendes Unternehmen handelte, ermöglicht dies, die transnationale Dimension dieses Handels besser zu verstehen.

Eine Untersuchung der Kunden von Bauer, Treuttel & Würtz ist wegen des fehlenden Verlagsarchivs schwierig. Es musste also auf Archivmaterial von Bibliotheken, Briefwechsel mit Kunden, Bestellungen und Quittungen zurückgegriffen werden. Daraus folgt, dass die Suche nach Kunden nicht vollständig sein kann. Dennoch lassen sich aus der Fülle an erhaltenem Material zahlreiche Erkenntnisse gewinnen.

Im Zentrum dieses Kapitels stehen folgende Fragen: Wer waren die häufigen, regelmäßigen Kunden der Verlagsbuchhandlung? Was war das Besondere an der Verbindung zu den Kunden und wieso dauerte die Beziehung häufig so viele Jahre? Inwiefern waren Aufstieg und Niedergang mit den Kunden verknüpft? Inwiefern war die nationale Herkunft der Kunden von Bedeutung? Gab es Unterschiede im Kaufverhalten?

Bauer, Treuttel & Würtz belieferte politische und kulturelle Eliten Europas: einerseits adelige Herrscher, welche aufgrund ihrer internationalen Heiratspolitik und der gemeinsamen *lingua franca* des Französischen vielfach einer transnationalen sozialen Schicht angehörten[154]. Andererseits bediente Treuttel &

154 Vgl. dazu auch Hass, Un fournisseur de grandes bibliothèques.

Würtz über die gesamte Existenz hinweg Gelehrte, Schriftsteller und Wissenschaftler, die sich in transkulturellen Netzwerken bewegten und auch selbst häufig Reisen unternahmen. In einem ersten Teil wird auf die Spezialisierung von Treuttel & Würtz auf die Belieferung großer Bibliotheken eingegangen. Gründe ideeller und wirtschaftlicher Natur werden diskutiert sowie ein Überblick über nachgewiesene Belieferungen von Bibliotheken in Europa gegeben. In diesem Zusammenhang werden zwei Bibliothekskunden und deren Bestellungen in Paris und Weimar verglichen, um Unterschiede und Gemeinsamkeiten herauszuarbeiten. Zum Schluss stehen die belieferten Bibliotheken selbst im Zentrum des Interesses: Wie veränderte sich deren Funktion und welche Auswirkungen hatte dies für Treuttel & Würtz?

2.2.1 Lieferanten der Aufklärung: Bibliotheken als Kunden

Die Buchhändler Treuttel und Würtz waren auf die Belieferung von Bibliotheken spezialisiert. 1815 schrieben sie an Friedrich Justin Bertuch und baten diesen, ihr Unternehmen als Lieferanten französischer Publikationen einer deutschen Universitätsbibliothek zu empfehlen:

> Sie würden unsre Dankbarkeit noch mehr vermehren, wenn Sie die Güte haben, ihn [einen Professor an einer deutschen Universität] dahin zu bestimmen, uns mit der Anschaffung der sämtlichen französischen Litteratur für die dortige Universität zu beauftragen, welche wir uns schmeicheln bei unserer Verbindung mit unserm eignen Hause in Paris dem Mittelpunkt des ganzen franz[ösischen] Buchhandels, mit möglicher Pünktlichkeit, Schnelligkeit und Billigkeit zu allgemeiner Zufriedenheit zu vollziehen, was uns denn auch das vieljährige Zutraun der vorzüglichsten Bibliotheken in Deutschland erhalten hat[155].

Die Beschreibung der Bedeutung des eigenen Unternehmens war keineswegs übertrieben, belieferte Treuttel & Würtz doch nicht nur deutsche, sondern auch französische, Schweizer oder englische Bibliotheken über mehrere Jahrzehnte hinweg; zumeist mit aus dem Ausland erworbenen Publikationen.

Für Treuttel & Würtz bot diese Spezialisierung auf die Belieferung von Bibliotheken insbesondere drei Vorteile: Zum einen verbanden sich mit der Belieferung von Bibliotheken aufklärerische Ideale im Sinne einer Akkumulation und eines Zugangs zu Wissen; zum anderen stellte die regelmäßige Belieferung von Bibliotheken eine bedeutende finanzielle Sicherheit dar. Schließlich

155 Treuttel & Würtz (Straßburg) an Friedrich Justin Bertuch, Straßburg, 2.2.1815, GSA, 6/5286,2, Nr. 61.

ergaben sich aus der Belieferung von Fürsten und dem persönlichen Kontakt Vorteile. Der Kontakt ermöglichte den Umgang im gleichen Milieu und bildete die Grundlage für eine besondere Behandlung von Jean-George Treuttel und Jean Godefroi Würtz sowie den Erhalt von Privilegien.

Jean Godefroi Würtz hatte in einem Brief an François Guizot empfohlen, öffentliche Bibliotheken zu schaffen, um den französischen Buchhändlern aus der Krise um 1830 zu helfen[156]. Neben diesem offensichtlichen finanziellen Grund argumentierte Würtz mit dem Ideal der Aufklärung, welches er mit öffentlichen Bibliotheken verband:

> En prenant sur la somme de 30 millions notés pour venir au secours des manufactures, la somme de 3 à 4 millions seulement pour former des bibliothèques publiques dans les différentes villes de l'intérieur, par un choix judicieusement fait dans les catalogues des divers libraires-fabricants, vous parviendrez à tirer la librairie de la crise épouvantable qui la menace & servirez en même tems les progrès de l'instruction qui faute d'aliment se trouve singulièrement retardé[e] dans la plupart des villes de l'intérieur[157].

Würtz verband mit der Schaffung öffentlicher Bibliotheken auf dem Land zugleich das Ideal der Bildung der Bevölkerung. Öffentliche Bibliotheken als Inbegriff der Aufklärung, der Akkumulation von Wissen und der Wissensaufbereitung stellten eine Motivation für seine Tätigkeit dar.

In finanzieller Hinsicht war die Belieferung von Bibliotheken äußerst lukrativ. In Bibliotheken, ob fürstlichen oder öffentlichen, wurde ein jährliches Budget für die Anschaffung neuer Publikationen vorgesehen. Dies ermöglichte einerseits eine gewisse Planungssicherheit für die Lieferanten, andererseits den Absatz teurer, langwieriger Publikationsprojekte. Erschien eine Publikation über viele Jahre hinweg mit jeweils einigen Bänden oder einem Band pro Jahr, lohnte sich die Anschaffung lediglich für Personen, für die der Preis eines Werkes eine untergeordnete Rolle spielte, oder für öffentliche Bibliotheken, bei denen der Preis über die Nutzer verteilt wurde. Diese Situation beschrieb der Straßburger Buchhändler und Verleger Armand König 1775 in einem Brief an die Direktoren der STN. Die STN, welche auf das Anfertigen von Raubdrucken spezialisiert war[158], hatte zuvor einen Prospekt des Projektes der »Description des arts et métiers«, eines Raubdrucks der Académie royale in Paris, an König

156 Vgl. Kap. 1.2.

157 Jean Godefroi Würtz à monsieur le ministre de l'Intérieur à Paris [François Guizot], Paris, 20.10.1830, AN, F/18/567.

158 Vgl. Michel Schlup, La Société typographique de Neuchâtel (1769–1789). Points de repère, in: ders. (Hg.), L'édition neuchâteloise au siècle des Lumières. La Société typographique de Neuchâtel (1769–1789), Neuchâtel 2002, S. 61–105.

verschickt. Es handelte sich um ein Enzyklopädieprojekt, dessen Publikation viele Jahre einnahm und welches letztlich nicht abgeschlossen wurde[159]. König sollte Abnehmer für dieses Projekt finden. Er antwortete:

> Je ne trouve rien de mieux réfléchi, et rien de plus utile au public, que votre édition des Arts et métiers, dont le prospectus seul et si bien dit me plaît infiniment. Je ne demanderois pas mieux que de vous procurer un bon nombre de souscripteurs[160], mais jusqu'à présent je ne vois aucun moyen pour placer un seul ex[em]pl[aire] dans mes environs, un tel ouvrage, qui se continue à l'infini, est toujours de difficile acceptation, et surpasse la vie d'un homme, il ne convient qu'à des bibliothèques publiques, ou à des gens riches, qui toutes les années puissent se passer aisément de quelques louis d'or, mais il ne me paroit pas convenir aux libraires à le mettre dans leurs assortiments sans voir au moins quelque lueur d'espérance pour le placer bientôt. Tout modique que le prix en est, il ne laisse pas de faire une somme considérable après dix années de possession, la longueur du temps absorbe tout le profit[161].

König schätze das Projekt der »Description des arts et métiers« auf inhaltlicher Ebene, es sei »nützlich« für das Publikum im Sinne einer Verbreitung von Wissen. Allerdings sah er kaum Abnehmer, da der Erscheinungsrhythmus auf viele Jahre angelegt war und der Preis zu hoch sein würde. Enzyklopädien, ein besonders beliebtes Genre der Aufklärung des 18. Jahrhunderts, waren teure und langwierige Projekte, welche sich an zahlungskräftige Kunden wandten. Treuttel & Würtz verlegte zahlreiche solcher Großprojekte, u. a. die »Encyclopédie des gens du monde« (allerdings erst im 19. Jahrhundert). Viele Publikationen waren in unterschiedlicher Ausfertigung zu erwerben, d. h., der Käufer konnte zwischen verschiedenen Qualitätsstufen des Papiers oder des Formats wählen. Repräsentative Exemplare in bester Qualität waren für Kunden gedacht, welche weniger Wert auf den Preis und mehr Wert auf ein schönes Exemplar zu Repräsentationszwecken legten. Da der Profit der Buchhändler an dem Verkauf eines Werkes prozentual berechnet wurde, ermöglichten teurere Ausgaben es, gleichzeitig mehr Gewinn zu erwirtschaften. Die preiswerteren

159 Vgl. Alain Cernuschi, »Notre grande entreprise des arts«. Aspects encyclopédiques de l'édition neuchâteloise de la »Description des arts et métiers«, in: Robert Darnton, Michel Schlup (Hg.), Le rayonnement d'une maison d'édition dans l'Europe des Lumières. La Société typographique de Neuchâtel, 1769–1789, Neuchâtel, Hauterive 2005, S. 185–218; Schlup, La Société typographique de Neuchâtel (1769–1789), S. 93–97.

160 Bei dem Prinzip des Verkaufs per Subskription verpflichteten sich die Kunden gegenüber einem Buchhändler oder Verleger, eine Publikation, welche zumeist noch erstellt oder gedruckt werden musste, zu einem bestimmten Preis abzunehmen. Vgl. dazu Daniel Péchoin, Art. »Souscription«, in: DEL, Bd. 3 (2011), S. 745.

161 Armand König an STN, Strasbourg, 14.10.1775, BPU, fonds de la STN, Ms 1171, fol. 176.

Ausgaben hingegen stellten sicher, dass auch weniger zahlungsbereite Kunden ein Exemplar erwerben und verschiedene Käuferschichten mit unterschiedlichen Präferenzen und Ansprüchen bedient werden konnten. In finanzieller Hinsicht stellte die Belieferung von Bibliotheken zudem einen Vorteil dar, da sie zumeist über einen langen Zeitraum Publikationen erwarben. So ergab es sich, dass Bauer, Treuttel & Würtz Bibliotheken häufig über viele Jahrzehnte lang belieferte. Hatte man einmal erfolgreich zusammengearbeitet, erhöhte sich die Wahrscheinlichkeit, dass die Buchhandlung bei der nächsten Bestellung wieder mit der Lieferung beauftragt wurde.

Ein enger Kontakt zum Kunden ermöglichte nicht nur eine lange Kundenbindung und die Beauftragung von Bauer, Treuttel & Würtz mit der Lieferung von Publikationen, sondern auch den Erwerb von Privilegien. Bauer, Treuttel und Würtz standen der politischen Elite, welche sie belieferten, nahe, was ihnen Vorteile verschaffte. Teilweise sind persönliche Kontakte zu den Herrschern nachgewiesen (u. a. Herzog Carl August von Sachsen-Weimar-Eisenach). Treuttel konnte auch von seinem guten Informationsnetzwerk profitieren und Informationen über weit verstreute Familienmitglieder seiner Kunden einholen. Schließlich führte diese Nähe zu einem gegenseitigen Verständnis der Situation und hochrangige Kontakte zum Erhalt von gewinnbringenden Privilegien, wie eine Handelserlaubnis mit Großbritannien während der Kontinentalsperre[162].

In einer Schrift von Jean-George Treuttel von 1794, in der er die Besteuerung seines Unternehmens während der Revolution in Straßburg kritisierte, nannte er Geistliche und Adlige als Kunden seines Unternehmens[163].

Klosterbibliotheken sowie die Bibliotheken von Adligen stellten vor 1789 den Großteil der Kunden dar. Das Unternehmen profitierte von der Verbreitung der französischen Sprache und der französischen Literatur der Aufklärung des 18. Jahrhunderts in Europa. So belieferte es die Herrscherhäuser Europas mit diesen Werken. Eine Ausgabe über das Leben von Friedrich II. von Preußen in französischer Sprache wurde beispielsweise Anna Amalia Herzogin von Sachsen-Weimar-Eisenach angeboten, einer Nichte des preußischen Herrschers[164]. Nicht nur die Belieferung von Bibliotheken, auch die französische Sprache, die verlegerischen Großprojekte und der Repräsentationscharakter von Bibliotheken und Büchern in der Tradition der Aufklärung wurde durch die Verlagsbuchhandlung bedient. Bauer, Treuttel und Würtz profitierten von dem Auf-

162 Vgl. zum Lobbyismus Kap. 1.2.

163 Vgl. dazu Kap. 1.3.2.

164 Vgl. Jean-George Treuttel an Friedrich Justin Bertuch, Straßburg, 26.12.1787, GSA, 6/5286,2, Nr. 52.

schwung der französischen Literatur und Philosophie in Europa und wurden so Lieferanten der Aufklärung.

Einen – wegen der Quellenlage unvollständigen – Überblick über die Bibliothekskunden bietet die Karte 4[165]. Die europäische Ausdehnung sowie die Bedeutung der Bibliotheken sind beeindruckend: Unter ihnen befinden sich große, renommierte Bibliotheken wie die spätere Bibliothèque de l'Arsenal des Marquis de Paulmy, die Universitätsbibliothek Göttingen oder die Bodleian Library in Oxford.

Das Spektrum an Bibliotheken reichte von Hofbibliotheken (Berlin[166], London[167], Paris[168], Kopenhagen[169]), Bibliotheken reicher Fürsten und Klosterbibliotheken (Kloster Polling)[170] über öffentliche Bibliotheken (Genf)[171] und Leihbibliotheken (Kassel)[172] bis zu Bibliotheken von Gelehrten und Schriftstellern.

165 Ein erster Überblick zu den Kunden wurde bereits in folgenden Artikel gegeben: Hass, Un fournisseur de grandes bibliothèques.

166 Vgl. Eugen Paunel, Die Staatsbibliothek zu Berlin. Ihre Geschichte und Organisation während der ersten zwei Jahrhunderte seit ihrer Eröffnung, 1661–1871, Berlin 1965, S. 182 f.

167 Vgl. dazu die Abrechnungen von Treuttel & Würtz, Treuttel jun. und Richter, adressiert an His Majesty [George IV.], The King's Library, London, 1820–1823, RAW, RA GEO/MAIN/28665, RA GEO/MAIN/28728-9, RA GEO/MAIN/28756, RA GEO/MAIN/28774, RA GEO/MAIN/28791. Vgl. auch Barber, Treuttel and Würtz.

168 Bauer und Treuttel belieferten die königliche Bibliothek in Paris insbesondere mit Publikationen aus dem deutschen Raum. Vgl. Jean Geoffroy Bauer, Jean-George Treuttel an die Bibliothèque royale Paris, Strasbourg, BNF, Ancien Régime 72. Vgl. dazu auch Devreux, Comment appréhender les fonds allemands de la Bibliothèque nationale de France?, S. 177.

169 Die Bibliothek wurde von Treuttel & Würtz über die Buchhandlung Gylendal als Kommissionär beliefert. Vgl. dazu u. a. Archiv der Verlagsbuchhandlung Gyldendal, Journal 1822–1832, KB, Gyld. Arkiv B.1 Journal 1822–1832. Vgl. auch die Bucherwerbungen der königlichen Bibliothek Kopenhagen, Incrementprotokol 1, KB, Det Kongelige Biblioteks arkiv F3.

170 Vgl. Alois Schmid, Die Rolle der bayrischen Klosterbibliotheken im wissenschaftlichen Leben des 17. und 18. Jahrhunderts, in: Paul Raabe (Hg.), Öffentliche und private Bibliotheken im 17. und 18. Jahrhundert. Raritätenkammern, Forschungsinstrumente oder Bildungsstätten?, Bremen, Wolfenbüttel 1977, S. 143–186, hier S. 150.

171 Vgl. Thierry Dubois, »Comme des tuteurs à l'égard de leur pupille«. Les fonds d'imprimés anciens, in: Danielle Buyssens Roth-Lochner u. a. (Hg.), Patrimoines de la bibliothèque de Genève. Un état des lieux au début du xxie siècle, Genf 2006, S. 29–73, hier S. 32. Vgl. dazu auch BG, Registres des assemblées des directeurs de la bibliothèque, Arch BPU Ac 2 (1734–1802), Arch BPU Ac 3 (1702–1818), Arch BPU Ac 4 (1825–1849). Ich danke sehr herzlich Thierry Dubois (BG) für diese Information.

172 Vgl. »Inventaire après décès« von Jean Godefroi Würtz, 1841, AN, MC/ET/I/953.

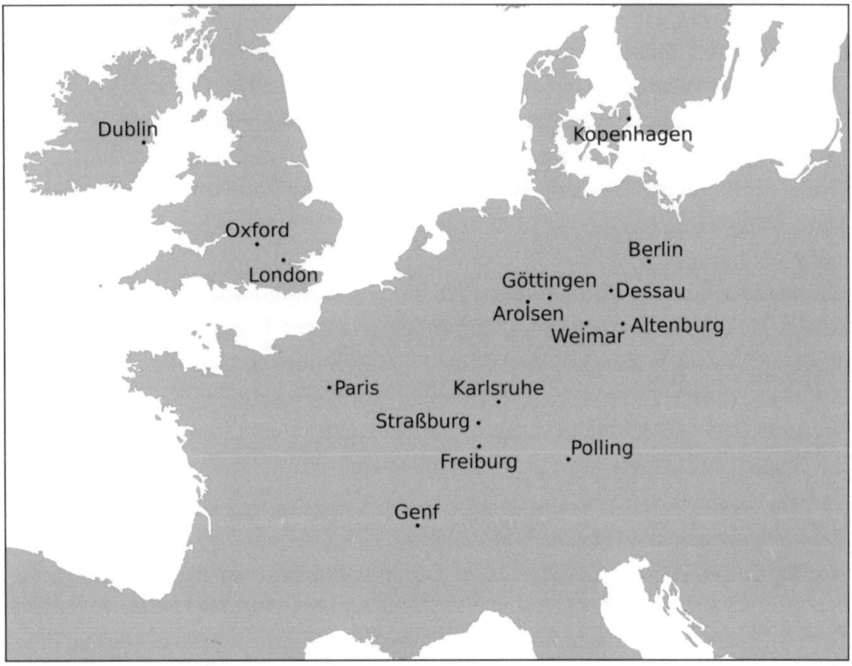

Karte 4. Von Bauer, Treuttel und Würtz belieferte Bibliotheken.

Viele der Kunden gaben jährlich hohe Summen für den Kauf von neuen Exemplaren aus.

Als Allegorie für Kunden von Bauer & Treuttel und sogar für das Unternehmen selbst kann der Rokokosaal der Herzogin-Anna-Amalia-Bibliothek in Weimar dienen (Abb. 8). Unter Herzogin Anna Amalia von Sachsen-Weimar-Eisenach vollzog sich ihr Ausbau zwischen 1760 und 1766. Die Architekten Johann Georg Schmid und August Friedrich Straßburger orientierten sich in Bezug auf den Rokokosaal mit seinem elliptisch durchbrochenen Obergeschoss am zeitgenössischen protestantischen Kirchenbau. Schmid hatte zuvor am Bau der Dresdner Frauenkirche mitgewirkt[173]. Dieser sakrale Anklang des Bibliotheksbaus ging mit einem Strukturwandel der Elite einher. Nicht mehr nur die Geburt, sondern insbesondere Bildung wurde zum entscheidenden Kriterium ihrer Auswahl und zum Ideal[174]. Dieser Wandel spiegelte sich im Bibliotheksbau, der öffentlichen Zugänglichkeit der Bibliothek für Bewohner Weimars,

173 Vgl. Ulrike Steierwald, Zentrum des Weimarer Musenhofes. Die Herzogliche Bibliothek 1758–1832, in: Michael Knoche (Hg.), Herzogin-Anna-Amalia-Bibliothek. Kulturgeschichte einer Sammlung, Weimar 2013 [1999], S. 62–107, hier S. 62–64.

174 Vgl. ibid., S. 69 f.

Abb. 8. Rokokosaal der Herzogin-Anna-Amalia-Bibliothek Weimar, Klassik-Stiftung Weimar, Fotothek (Olaf Mokansky).

aber auch der Inszenierung des Bibliothekssaals als »Pantheon«[175] der damaligen Weimarer Kultur und Politik in Form von Büsten und Gemälden. Es handelt sich um Werte, welche Bauer und Treuttel mit ihren Kunden teilten. Über die konkrete zeitgenössische Anordnung der Bücher ist wenig bekannt; heute befindet sich der Großteil der Altbestände – auch die von Bauer & Treuttel gelieferten Bände – in diesem Raum. Auf Gemälden und in Form von Büsten abgebildete Personen stellen zum Großteil Kunden von Bauer und Treuttel dar. Der Saal kann also sogar als Allegorie für das Unternehmen selbst verstanden werden.

Mit Ausnahme Friedrich Schillers, welcher im Rokokosaal vertreten, aber unter den Kunden nicht nachweisbar war, konnte die Mehrheit der übrigen Personen als Kunden identifiziert werden. Unter ihnen befinden sich nicht nur Herzogin Anna Amalia von Sachsen-Weimar-Eisenach und ihr Sohn Herzog Carl August, sondern auch die Schriftsteller und Gelehrten Johann Wolfgang von Goethe, Johann Gottfried Herder und Christoph Martin Wieland[176].

175 Ibid., S. 101.

176 Vgl. den Brief von Christoph Martin Wieland an Jean-George Treuttel, Weimar, 13.1.1785, in: Wielands Briefwechsel, Bd. 8 (Juli 1782–Juni 1785), Berlin 1992, Teil 1 (Text), S. 370. Bereits 1782 hatte Wieland über Bertuch Bücher von Treuttel erhalten.

Bauer und Treuttel standen mit der Weimarer Gesellschaft in enger Verbindung. Mit Christoph Martin Wieland korrespondierten sie direkt. Im März 1786 kümmerte sich Johann Gottfried Herder für Bertuch und Treuttel um die Organisation der Subskription für ein in Straßburg erschienenes Wörterbuch von Jérémie-Jacques Oberlin[177]. Bauer und Treuttel traten als Vermittler zwischen der Weimarer und Straßburger bzw. Pariser Gesellschaft auf: Beispielsweise richteten sie Grüße von Jérémie-Jacques Oberlin aus oder versandten Quittungen für Johann Georg Wille, einen deutschen Kupferstecher in Paris[178]. Auch für Luise König erkundigten sie sich nach einer ausstehenden Rechnung bei Caroline Herder[179].

Betrachtet man die Einkäufe in Weimar, so sticht Herzog Carl August in finanzieller Hinsicht stark hervor (Tab. 3). In einer Auflistung der ausstehenden Gelder von Seiten des Weimarer Hofes bei dem Buchhändler Jean-George Treuttel für den Zeitraum von etwa einem Jahr (April 1784–April 1785) wird deutlich, dass Herzog Carl August etwas mehr als drei Viertel des gesamten für den Weimarer Hof ausgelegten Betrags zu begleichen hatte. Die Weimarer Kunden bezogen Publikationen auf »Kredit«, indem sie bestellten und bei halbjährlicher oder jährlicher Abrechnung bezahlten. Die herzogliche Familie insgesamt war für weit über 90 Prozent der Ausgaben in diesem Jahr verantwortlich.

Auch wenn Gelehrte und Schriftsteller wie Goethe oder Herder von Zeit zu Zeit Publikationen bei Bauer und Treuttel erwarben, nahmen diese im Vergleich zu den Einkäufen des Herzogs in finanzieller Hinsicht lediglich einen Bruchteil ein. Dies spiegelte das höfische System des 18. Jahrhunderts. Der aufgeklärte Herrscher versorgte seine Untertanen mit Büchern, welche in der Bibliothek zugänglich und sogar ausleihbar waren. Carl August verfügte über ein jährliches Budget, welches für den Ausbau seiner Bibliothek eingesetzt wurde.

Treuttel hatte an Wieland nicht nur die Kehler Voltaire-Ausgabe verkauft, sondern auch die »Bibliothèque universelle des romans«. Mehrere Briefe zum einen an Treuttel direkt, zum anderen Abrechungen, die über Bertuch oder die Buchhandlung Hoffmann in Weimar liefen, weisen den Kontakt nach. Wieland bezeichnete Treuttel als »meinen Buchhändler in Straßburg«. Vgl. Christoph Martin Wieland an Johann Gottfried Gurlitt, Weimar, 18.12.1785, in: Wielands Briefwechsel, Bd. 9 Teil 1 (Text), S. 106. Vgl. zu den Einkäufen ibid., Teil 2 (Anmerkungen), S. 525 f.

177 Vgl. Johann Gottfried Herder an Johann Ludwig Eckardt, Weimar, 1.3.1786, in: Johann Gottfried Herder, Briefe, Bd. 5: September 1783–August 1788, hg. von Wilhelm Dobbeck, Günter Arnold, Weimar 1979, S. 172 (Nr. 149).

178 Vgl. Bauer & Treuttel an Friedrich Justin Bertuch, Straßburg, 30.1.1782, GSA, 6/5286,1, Nr. 1. Über Jean-George Treuttel wurden auch Briefe von Friedrich Melchior Grimm an Carl August von Sachsen-Weimar-Eisenach weitergeleitet. Vgl. dazu Jean-George Treuttel an Friedrich Justin Bertuch, Straßburg, Mai 1783, ibid., Nr. 9.

179 Vermutlich handelt es sich um Luise König, die mit Karoline Herder befreundet war. Vgl. dazu ibid.

Tab. 3. Ausstehende Gelder für Einkäufe des Weimarer Hofes bei J.-G. Treuttel für den Zeitraum Apr. 1784–Apr. 1785 (mit Ausnahme von Prinz Constantin, Dez. 1781–Dez. 1783)[a].

Person	Betrag in Louisdor	Anteil an der Gesamtrechnung in %
Herzog Carl August von Weimar-Sachsen-Eisenach	2506,05	76,27
Herzogin Luise von Sachsen-Weimar-Eisenach	232,00	7,06
Herzoginwitwe Anna Amalia von Sachsen-Weimar-Eisenach	358,90	10,92
Prinz Constantin von Sachsen-Weimar-Eisenach	5,60	0,17
Hr. [Carl August Friedrich] von Witzleben[b]	31,10	0,95
Hr. [Carl Siegmund Freiherr] von Seckendorf[f][c]	67,15	2,04
Hr. [Johann Wolfgang] von Goethe	34,00	1,03
Hr. Hofrath Albrecht[d]	51,16	1,56
Summe	3285,96	100,00

[a] Vgl. [Recapitulation von Geldern durch J.-G. Treuttel], GSA, 06/5286.
[b] Zum Schriftsteller Witzleben vgl. Max Mendheim, Art. »Witzleben, August von«, in: ADB, Bd. 43 (1898), S. 665f.
[c] Seckendorff war zunächst im Militär, dann als Schriftsteller und Übersetzer tätig. Vgl. dazu Franz Brümmer, Art. »Seckendorff, Karl Sigmund Freiherr von«, in: ADB, Bd. 33 (1891), S. 518.
[d] D. i. Johann Carl Albrecht, ehemaliger Erzieher von Carl August.

Zudem erwarb er wie auch andere Familienmitglieder auch privat Publikationen, welche nach deren Tod in die Bibliothek übergingen, und beglich, falls das jährliche Budget für die Buchbestellungen nicht ausreichte, die Auslagen aus seinem Privatvermögen. Da Pflichtexemplare nur unregelmäßig in Weimar abgegeben wurden, gingen insbesondere Schenkungen und Privatbibliotheken in der Bibliothek auf. Zudem wurde ein Großteil der Bücher erworben: auf der Leipziger Messe über den Weimarer Buchhändler Hoffmann, über den Korrespondenten Johann Christian Hüttner in London, Gaetano Cattaneo in Mailand[180] oder Bauer und Treuttel in Straßburg. Um 1800 versuchte sich auch der Pariser Buchhändler Charles de Pougens mit einer Zweitfiliale in Weimar, die allerdings nur eine ephemere Erscheinung darstellte[181] und keineswegs mit der Belieferung durch Bauer und Treuttel vergleichbar war. Diese erstreckte sich

180 Vgl. Steierwald, Zentrum des Weimarer Musenhofes, S. 87–90.

181 Vgl. ibid., S. 88f. Vgl. dazu auch Paul von Bojanowski, Herzog Carl August und der Pariser Buchhändler Pougens. Ein Beitrag zur Geschichte der internationalen Beziehungen Weimars, Weimar 1903.

über einen Zeitraum von 1775[182] bis zum Beginn der Französischen Revolution 1789 in sehr intensiver Form, nahm in Folge der Revolution und der Kriege allerdings stark ab. Herzog Carl August war – über Jahrzehnte hinweg – der mit Abstand beste Kunde von Bauer und Treuttel in Weimar.

Vergleich zwischen den Erwerbungen in Paris und Weimar in der zweiten Hälfte des 18. Jahrhunderts

Nach diesem Überblick über die Kunden stellt sich die Frage, welche Bestellungen sie in Auftrag gaben. Welcher Herkunft waren die abgenommenen Publikationen? In welcher Sprache wurden sie verlegt? Welches Themenspektrum bedienten sie? Schließlich: Gab es Unterschiede zwischen Bestellungen von Kunden aus unterschiedlichen Kulturkreisen? Welche Gemeinsamkeiten gab es?

Diese Fragen lassen sich durch einen Vergleich zwischen den Bestellungen zweier Kunden in der zweiten Hälfte des 18. Jahrhunderts klären: Antoine-René de Voyer d'Argenson, Marquis de Paulmy (1722–1787), in Paris und Herzog Carl August von Weimar-Sachsen-Eisenach (1757–1828). Adeliger Herkunft und bibliophil, bauten beide in einem vergleichbaren Zeitraum ihre Bibliotheken aus und wurden von Bauer und später Bauer & Treuttel bedient. Beide waren hervorragende Kunden und wurden über viele Jahre mit einer großen Anzahl an Titeln beliefert.

Antoine-René de Voyer d'Argenson, marquis de Paulmy, stammte aus einer hochrangigen französischen Adelsfamilie. Sein Vater war Minister für auswärtige Angelegenheiten, sein Onkel Kriegsminister, und auch er selbst wurde zeitweise Kriegsminister. Aber Paulmy war vor allem als Botschafter in Polen, Venedig und Schweden tätig. Diese diplomatische Karriere ermöglichte ihm zahlreiche Reisen, auf denen er nicht nur illustre Personen wie Voltaire oder Friedrich II. von Preußen traf, sondern die er auch für die Erwerbungen kostbarer Publikationen nutzte. 1745 machte Paulmy einen *grand tour* nach Italien, kurz darauf eine Reise nach Sachsen. Auf dem Weg hielt er u. a. in Straßburg und traf Jean Daniel Schöpflin, den er sehr bewunderte und der ihm seine bekannte Bibliothek zeigte[183]. Möglicherweise traf Paulmy zu diesem Zeitpunkt auch erstmals auf Jean Geoffroy Bauer. Der Verlagsbuchhändler und Prinz Carl August lernten sich jedenfalls auf dessen *grand tour* nach Frankreich kennen.

182 Vgl. Jean Geoffroy Bauer an Friedrich Justin Bertuch, Straßburg, 27.2.1775, GSA, 6/87, Nr. 1.

183 Vgl. Danielle Muzerelle, Le maquis de Paulmy, ses ambassades, ses idées, ses voyages, in: Marie Viallon (Hg.), Voyages de bibliothèques, Saint-Étienne 1999, S. 183–211, hier S. 183–186.

Carl August von Weimar-Sachsen-Eisenach (1757–1828) war der Sohn von Anna Amalia, Tochter Carls I. von Braunschweig-Wolfenbüttel, und damit bereits in eine bibliophile adlige Familie hineingeboren[184]. 1775 übernahm er die Regierung von seiner Mutter. Neben einer Karriere im preußischen Militär, in deren Rahmen er an Feldzügen gegen Frankreich (1792/93 und 1814) teilnahm, war er 1815 auf dem Wiener Kongress anwesend, wo er den Aufstieg zum Großherzog erfuhr. Zu seinen Erziehern gehörte Christoph Martin Wieland, und er hatte Johann Wolfgang von Goethe sowie Johann Gottfried Herder an seinen »Musenhof« nach Weimar geholt[185]. Auch Paulmy lernte große Schriftsteller des 18. Jahrhunderts kennen. Er war sogar selbst als Schriftsteller aktiv, verfasste Theaterstücke und wurde 1748 in die Académie française aufgenommen. Nach seinem Rückzug aus der aktiven politischen diplomatischen Tätigkeit und widmete sich Paulmy intensiv seiner Bibliothek und gab sogar einige erfolgreiche Titel selbst heraus[186]. Im Gegensatz dazu beschäftigte sich Carl August bereits in frühen Jahren sehr intensiv mit dem Ausbau seiner Bibliothek, sodass die Bucherwerbungen beider Kunden bei Bauer und Treuttel in den gleichen Zeitraum fallen.

Wie bereits beschrieben, haben sich Bauer und später Treuttel auch persönlich mit Carl August getroffen, während dessen Durchreisen in Straßburg oder eigener Aufenthalte in Weimar. In Straßburg nahm Carl August dann auch direkt Bestellungen vor, welche er nach Weimar schicken ließ (bspw. 1784 Karten und Publikationen)[187]. In Weimar war Friedrich Justin Bertuch für den Empfang der Straßburger Sendungen, die Weiterleitung an den Herzog und das Einsammeln der Bezahlung zuständig. Die Bestellungen, Rechnungen und

184 Nicht nur seine Mutter Anna Amalia besaß eine bedeutende Bibliothek; sein Großvater mütterlicherseits Carl I. Herzog zu Braunschweig-Lüneburg-Wolfenbüttel (1713–1780) hatte Gotthold Ephraim Lessing mit der Leitung seiner Bibliothek in Wolfenbüttel beauftragt. Rudolf MEIER, Art. »Karl I.«, in: NDB, Bd. 11 (1977), S. 223f. Zur Bibliothek von Anna Amalia, die zu den bedeutendsten Bibliotheken weiblicher Herrscherinnen des 18. Jahrhunderts gehörte und um 1776 etwa 5000 Bände aufwies, vgl. Bärbel RASCHKE, Die Bibliothek der Herzogin Anna Amalia, in: Michael KNOCHE (Hg.), Zentrum des Weimarer Musenhofes. Die Herzogliche Bibliothek 1758–1832, Weimar 2013 [1999], S. 83–86.

185 Vgl. Hans TÜMMLER, Art. »Karl August«, in: NDB, Bd. 11 (1977), S. 262–264.

186 Gemeinsam mit Louis-Élisabeth de la Vergne de Tressan gab Paulmy die »Bibliothèque universelle des romans« (1775–1789) heraus, bei der es sich um eine regelmäßig erscheinende Sammlung von literarischen Auszügen handelt, für die Paulmy auf seine reiche Bibliothek zurückgreifen konnte. Vgl. dazu Kathleen HARDESTY DOIG, Fabio MARINAI, Art. »Bibliothèque universelle des romans (1775–1789)«, in: Dictionnaire des journaux, http://dictionnaire-journaux.gazettes18e.fr/journal/0172-bibliotheque-universelle-des-romans (30.9.2019).

187 Vgl. Treuttel an Bertuch, Straßburg, 10.11.1784, GSA, 6/5286,2, Nr. 35.

sämtliche Fragen liefen also über Bertuch und befinden sich im Briefwechsel zwischen Bauer, Treuttel und Bertuch[188].

Hingegen ist nicht eindeutig geklärt, ob sich Bauer, Treuttel und Paulmy ebenfalls persönlich kannten. Paulmy verfasste zwar einige Briefe an Bauer und Treuttel selbst[189]; den Großteil der Bestellungen mit Bauer und Treuttel hingegen organisierte sein Sekretär Pierre-Antoine Soyer für ihn. Soyer war ein Neffe des königlichen Bibliothekars in Paris und für Paulmy als Sekretär zuständig[190]. Der Briefwechsel mit Bauer und Treuttel umfasst den Zeitraum vom 2. April 1772 bis 20. Februar 1786[191]. Die Korrespondenz mit Bertuch und die Bestellungen des Prinzen und späteren Herzogs begannen am 27. Februar 1775 und waren bis etwa 1789/90 sehr umfangreich. In Folge der Französischen Revolution und der Kriege war die Verbindung immer wieder unterbrochen, reichte aber, wenn auch nur noch in geringem Umfang, bis zum 18. Juli 1822[192].

Henry Martin, der die Geschichte der Bibliothèque de l'Arsenal erforschte, nannte Bauer und Treuttel als die Buchhändler, welche dem Marquis de Paulmy die meisten Publikationen lieferten: »De tous les libraires, aussi bien de France que de l'étranger, il n'en est aucun qui ait procuré au marquis de Paulmy autant de volumes que la maison *Bauer*, de Strasbourg. [...] Le correspondant parisien de cette librairie strasbourgeoise était Durand neveu, demeurant rue Galande«[193]. Der Kommissionär Durand neveu in Paris war mit der Weiterleitung der Publikationen beauftragt und übernahm eine ähnliche Rolle wie Bertuch in Weimar. Die Aufgabe von Pierre Étienne Germain Durand war aber eher organisatorischer Natur, wohingegen die Bestellungen in Weimar direkt über Bertuch abgewickelt wurden. In Paris kümmerte sich Paulmy teilweise selbst oder sein Sekretär Soyer um seine Bestellungen.

188 Vgl. Fonds Weimar, GSA, 6/5286,1, 6/5286,2. Im Thüringischen Hauptstaatsarchiv (Weimar) sind keine weiteren offiziellen Belieferungen der Bibliothek durch Bauer und Treuttel nachweisbar. Der Weimarer Hof bestellte über Bertuch bei Bauer und Treuttel direkt, nicht über die Administration der Bibliothek. Vgl. Rechnungen über Einnahmen und Ausgaben der Herzogin-Anna-Amalia-Bibliothek, 1773–1811, THStW, A 11 653–A 11 692.

189 Vgl. Antoine-René de Voyer de Paulmy d'Argenson an Jean-George Treuttel, Paris, 18.8.1785, BNF Arsenal, 6167.

190 Vgl. Henry Martin, Histoire de la bibliothèque de l'Arsenal, Paris 1900, S. 81f.

191 Vgl. ibid., S. 90. Vgl. dazu die Belieferungen der Bibliothek: Recueil de pièces concernant la formation de la bibliothèque du marquis de Paulmy. 1772–1786, BNF Arsenal, 5279, 6167, 6408. Vgl. zur Bestellung durch Paulmy auch den Nachlass Montmorency Luxembourg, AN, T 297–T 298. Ich danke Martine Lefèbvre für diese Hinweise.

192 Vgl. Treuttel & Würtz, Treuttel, und Richter, an Ludwig Friedrich von Froriep, London, 18.7.1822, GSA, 6/5286,2, Nr. 64.

193 Martin, Histoire de la bibliothèque de l'Arsenal, S. 90 (Hervorh. i. Orig.).

Als Vergleich der Einkäufe wurden zwei Rechnungen von Herzog Carl August betreffend den Zeitraum 28. April bis 30. August 1783 sowie 29. April bis 25. Oktober 1784 ausgewählt[194]. Es handelt sich um Auflistungen von gelieferten Büchern und Abrechnungen für diese Zeiträume, welche in der statistischen Auswertung addiert wurden. Dieser Zeitraum wurde gewählt, da es sich um Abrechnungen für einen längeren Zeitraum handelt und nicht lediglich um eine Lieferung, welche bei dem Herzog durchaus lediglich einige wenige Titel umfassen konnte. Für ihn war es von Bedeutung, dass seine Bestellungen schnell ankamen. Zudem befinden sich nicht nur Bestellungen von Publikationen auf den Abrechnungen, sondern etwa ein Drittel der aufgelisteten und zu bezahlenden Leistungen und Produkte umfassten keine Bücher. Bei berechneten Dienstleistungen handelte es sich in der Regel um Porto für Briefe und Pakete und die Verpackung von Büchern; auch die Kosten für die Bindung einer Publikation wurde berechnet. Treuttel berechnete zudem die Kosten von Karten, einer Grafik oder von erworbenen Handschriften, welche zum erweiterten Verkaufsspektrum des Buchhändlers gehören. Eine Ausnahme unter den Einkäufen stellt die Rechnung für eine Lampe dar, welche Treuttel dem Herzog im genannten Zeitraum ebenfalls geliefert hatte. Immer wieder verkauften Bauer und Treuttel ihm auch Luxusgegenstände aus Frankreich wie Handschuhe oder Spiegel. Insofern können diese Rechnungen als exemplarisch für die Einkäufe des Herzogs betrachtet werden.

Im Gegensatz dazu finden sich bei Paulmy keine Luxusgegenstände oder Abrechnungen für Porto. Lediglich Bücher, Periodika, Grafiken oder Abrechnungen für Buchhandelskataloge wurden abgerechnet. Als statistischer Vergleichspunkt wurde eine eigenhändige Bestellung des Marquis de Paulmy vom 18. August 1785 ausgewählt. Treuttel lieferte die Publikationen innerhalb der nächsten Monate[195]. Paulmy hatte seine Bestellung auf Grundlage des Katalogs der Leipziger Messe angefertigt. Es handelt sich um eine typische Bestellung bei Treuttel, die zudem in einem ähnlichen Zeitraum stattfand wie die des Herzogs von Weimar. Unter den erhaltenen Briefen und Abrechnungen des Marquis de Paulmy befinden sich wenige Abrechnungen, welche sich über einen längeren Zeitraum wie ein halbes Jahr oder Jahr erstrecken. In der Regel handelt es sich um Bestellungen oder Rechnungen über eine Lieferung, die im

194 Vgl. Mémoire de ce que j'ai eu l'honneur de fournir à Son Altesse sérénissime, monseigneur le duc de Saxe-Weimar [28.4.1783–30.8.1783], J.-G. Treuttel, Straßburg, ohne Datum, GSA, 6/5286; Mémoire des livres que j'ai eu l'honneur de fournir à Son Altesse sérénissime, monseigneur le duc de Saxe-Weimar [29.4.1784–25.10.1784], J.-G. Treuttel, Straßburg, ohne Datum, ibid.

195 Vgl. Facture d'un paquet expédié à Son Excellence, monseigneur le marquis de Paulmy [de J.-G. Treuttel], o. O., 1.11.1785, BNF Arsenal, 6167.

Gegensatz zu den einzelnen Lieferungen an den Herzog sehr viel umfassender ausfielen. Da die Überlieferung sowohl in Weimar als auch in Paris lückenhaft ist, ist in beiden Fällen von tendenziell mehr Bestellungen als erhaltenem Material auszugehen. Dennoch scheint Paulmy mehr bestellt zu haben als Carl August.

Letzterer ließ seine Publikationen teilweise bereits von Treuttel binden, welcher die Bindung in Straßburg in Auftrag gab. Obwohl in der Weimarer Bibliothek auf eine einheitliche Bindung geachtet wurde, wurde sie nicht immer eingehalten[196] und Herzog Carl August nahm keine oder nicht immer Rücksicht auf diese Regeln. Paulmy hingegen scheint systematischer vorgegangen zu sein, er überließ die Bindung einem Pariser Unternehmen. Während Carl August scheinbar nach Geschmack bestellte, vermitteln die Bestellungen von Paulmy den Eindruck, dass sich dahinter ein Konzept befand. Dieser Eindruck des Konzepts, zumindest der Ausgewogenheit sowohl in Bezug auf die thematische Verteilung der Werke als auch im Hinblick auf die Sprache und Format der Publikationen, wird durch die statistische Auswertung bestätigt.

Der Vergleich der beiden Bestellungen in thematischer Hinsicht (Tab. 4) wurde auf Grundlage der Titel angefertigt. Als Klassifizierung dient die zeitgenössische Ordnung, welche von Jacques-Charles Brunet angefertigt wurde[197]. Der Großteil der Publikationen ist nach dieser Klassifizierung bei beiden Bestellern dem Bereich der Geschichte zuzuordnen. Paulmy und Carl August haben etwas über 50 beziehungsweise 40 Prozent ihrer Bücher aus dem Bereich der Geschichte bezogen. Besonders auffällig ist, dass Carl August lediglich Werke aus den Bereichen Geschichte, Literatur und Wissenschaften & Künste bezog, wohingegen die Bestellungen von Paulmy alle Kategorien umfassten. Diese starke Unausgewogenheit in den Bestellungen von Carl August von Sachsen-Weimar-Eisenach versuchten seine Bibliothekare auszugleichen. Da sowohl die herzogliche Bibliothek als auch die der weiteren Familienmitglieder schließlich in der Weimarer Bibliothek aufgingen, reduzierten die Bibliothekare bewusst die Anschaffung von Publikationen aus den Bereichen Geschichte und Literatur aus öffentlichen Mitteln[198]. Diese thematischen Felder wurden größtenteils der Sammelleidenschaft des Herzogs überlassen.

196 Vgl. Steierwald, Zentrum des Weimarer Musenhofes, S. 69.

197 Die Klassifizierung von Büchern in thematischer Hinsicht beruht auf Brunets »Manuel du libraire et de l'amateur des livres« (1810). Sie diente in Frankreich lange als Referenz zur Typisierung von Publikationen und wird auch »System der Pariser Buchhändler« genannt. Vgl. Jean-Claude Utard, Art. »Brunet, Jacques-Charles«, in: DEL, Bd. 1 (2002), S. 396. Vgl. auch die ausführlichere Auffächerung der Klassen nach Brunet in Tab. 10 in Anhang D.

198 Vgl. Steierwald, Zentrum des Weimarer Musenhofes, S. 81.

Tab. 4. Thematische Verteilung (nach Brunet) der bei Treuttel von Carl August von Sachsen-Weimar-Eisenach (Apr.–Aug. 1783; Apr.–Okt. 1784) und Antoine-René de Voyer de Paulmy d'Argenson (Aug.–Nov. 1785) bezogenen Publikationen.

Thematische Verteilung	Bestellung von Paulmy		Rechnung von Carl August	
	Anzahl	%	Anzahl	%
Theologie	1	2,42	–	–
Jurisprudenz	2	4,88	–	–
Wissenschaften & Künste	5	12,20	13	32,5
Literatur	7	17,07	11	27,5
Geschichte	22	53,66	16	40,0
Ohne Angabe[a]	4	9,76	–	–
Gesamt	41	100,00	40	100,0

[a] Bei einigen Titeln war die thematische Zuordnung aufgrund mangelnder Information nicht möglich.

Tab. 5. Format der bei Treuttel von Carl August von Sachsen-Weimar-Eisenach (Apr.–Aug. 1783; Apr.–Okt. 1784) und Antoine-René de Voyer de Paulmy d'Argenson (Aug.–Nov. 1785) bezogenen Publikationen.

Format	Bestellung von Paulmy		Rechnung von Carl August	
	Anzahl	%	Anzahl	%
16°	1	2,44	4	10,0
12°	3	7,32	10	25,0
8°	20	48,78	16	40,0
gr. 4°	–	–	1	2,5
4°	6	14,63	5	12,5
2°	1	2,44	–	–
Ohne Angabe[a]	10	24,39	4	10,0
Gesamt	41	100,00	40	100,0

[a] In der Regel hat Treuttel bei seinen Abrechnungen die Publikationen sehr genau beschrieben, dennoch fehlte bei einigen Werken die Formatangabe.

Insofern war Carl August von Sachsen-Weimar-Eisenach vermutlich durchaus auf die Ausgewogenheit bedacht, aber er überließ diese Aufgabe anderen qualifizierten Mitarbeitern. Bei Paulmy hingegen lässt sich eine stärkere Ausgewogenheit der Bestellungen in thematischer Hinsicht feststellen.

Während der Vergleich dieser typischen Bestellungen in Bezug auf das Format kaum Unterschiede erkennen lässt (Tab. 5) – beide Kunden bestellten insbesondere Publikationen in Quart- und Oktav-Format –, treten große Unterschiede in Bezug auf die Sprache der gewünschten Publikationen zu Tage.

Tab. 6. Sprache der Publikationen, die Antoine-René de Voyer de Paulmy d'Argenson bei Treuttel bestellte (Aug.–Nov. 1785).

Sprache	Anzahl	%
Französisch	31	75,61
Latein	8	19,51
Deutsch	1	2,44
Ohne Angabe[a]	1	2,44
Gesamt	41	100,00

[a] Bei einem der Titel war die Sprache nicht eindeutig zuordenbar.

Während Carl August ausschließlich Publikationen in französischer Sprache bei Treuttel bestellte (soweit dies ermittelbar war), weisen die Publikationen des Marquis de Paulmy, eine größere Diversität auf. Etwa drei Viertel der Werke waren in französischer Sprache geschrieben, etwa 20 Prozent auf Latein (Tab. 6). Bei der in der Tabelle genannten Publikation in deutscher Sprache handelt es sich um das Wörterbuch von Adelung. Der Herzog in Weimar bestellte bei Treuttel insbesondere Publikationen aus Frankreich oder der französischsprachigen Schweiz, in französischer Sprache auf Grundlage seines persönlichen Geschmacks. Auch legen bereits die thematischen Felder, aus welchen der Herzog seine Publikationen aussuchte, die verwendete Sprache nahe. Er interessierte sich für französische Literatur und Geschichte, welche in französischer Sprache verfasst waren. Lediglich das thematische Feld der Wissenschaften und Künste könnte auch Publikationen in lateinischer Sprache vermuten lassen.

Es lässt sich in Bezug auf den Herzog von Sachsen-Weimar-Eisenach also schließen, dass bereits die thematische Auswahl der Publikationen ihre Sprache mitbestimmte. Zudem wurde er auch von anderen Buchhändlern beliefert, beispielsweise von Hoffmann in Weimar, welcher sich um die Beschaffung von Publikationen aus dem deutschen Raum beziehungsweise von deutschen Messen kümmerte. Bauer und Treuttel bedienten also das spezielle Desiderat der Literatur aus Frankreich beziehungsweise insbesondere aus dem frankophonen Ausland.

Bei Paulmy verhielt es sich etwas anders. Bauer und Treuttel lieferten Publikationen, welche sie auf einem internationalen Markt, insbesondere im deutschen Raum, erwarben. Auch Paulmy bestellte bei anderen Buchhändlern, doch auch bei seiner Bestellung in Straßburg dominierte Französisch – und dies mit über 75 Prozent. Die Sprachverteilung überrascht also zunächst, man würde vielleicht mehr deutschsprachige Titel vermuten.

So wie Herzog Carl August war auch Paulmy Mitglied einer adeligen Oberschicht, welche der französischen Sprache nicht nur mächtig war, sondern diese als *lingua franca* verwendete. Zu einem Zeitpunkt, zu dem an der Preußischen Akademie der Wissenschaften Preisfragen mit dem Thema »Ursachen der Allgemeinheit der französischen Sprache« (1784) ausgeschrieben wurden und Adlige und Gelehrte in Europa in französischer Sprache kommunizierten, wurden auch im deutschen Raum zahlreiche Publikationen in französischer Sprache verlegt. Diese wandten sich an die Oberschicht und ein internationales Publikum. Es überrascht also nicht, dass Paulmy bei seiner Bestellung auf der Leipziger Messe zahlreiche Titel in französischer Sprache bestellte. Zudem waren die Buchhandelsmessen sehr international ausgerichtet. Nicht nur Bauer und Treuttel oder andere Straßburger Verleger stellten dort ihre Neuerscheinungen vor, auch Buchhändler und Verleger aus Ost- und Mitteleuropa oder aus dem Norden waren unter den Verlegern präsent. Auch deren Werke, die auf eine internationale Kundschaft ausgerichtet waren, waren häufig in französischer Sprache verfasst. Sowohl Paulmy als auch Carl August bestellten zudem über Treuttel in der französischsprachigen Schweiz. Außerdem konnte nicht nachgewiesen werden, dass Paulmy in der Lage war, deutsche Publikationen zu lesen. Für den Aufbau seiner Bibliothek suchte er vermutlich Standardwerke aus, zu denen damals das Wörterbuch von Adelung zählte, aber ob seine Sprachkenntnisse weit darüber hinausgingen, ist nicht bekannt.

Die Bestellungen Paulmys in lateinischer Sprache betrafen insbesondere naturwissenschaftliche Abhandlungen beispielsweise im Bereich der Pflanzenkunde, bei denen die lateinische Sprache im 18. Jahrhundert nicht ungewöhnlich war.

Ein allgemeiner Vergleich der Einkäufe in Weimar und Paris ergibt zudem, dass es sich in der Regel um aktuelle Publikationen, häufig Neuerscheinungen, handelte[199]. Lediglich in Ausnahmefällen, beispielsweise auf besonderen Wunsch des Kunden oder während des Verkaufs einer Gelehrtenbibliothek, an der Bauer und Treuttel beteiligt waren[200], lieferten sie auch antiquarische Bücher. Ihre Spezialisierung aber lag auf den Neuerscheinungen, welche auch in den Käufen und Bestellungen zum Ausdruck kam.

Der Marquis de Paulmy und der Herzog von Sachsen-Weimar-Eisenach erwarben teilweise die gleichen Titel. Zu diesen gehörte beispielsweise das »Tableau de Paris« von Louis-Sébastien Mercier. Beide bestellten über Treuttel die zweite Auflage. Es handelt sich um eine Beschreibung der Pariser Gesellschaft und dessen, was Mercier durch die Straßen laufend hörte. Das Werk war sehr erfolgreich. 1781 war die Erstausgabe erschienen, bereits einige Jahre spä-

199 Vgl. Martin, Histoire de la bibliothèque de l'Arsenal, S. 91.

200 Vgl. den Verkauf der Bibliothek von Heitz in Straßburg.

ter erschien die hier von beiden bestellte Zweitausgabe, beide gedruckt von der STN unter falscher Druckortangabe[201].

Publikationen von Bauer & Treuttel selbst bezogen die Kunden ebenfalls direkt. Carl August erwarb die »Campagne du roi de Prusse« des preußischen Königs Friedrich II., ebenso die »Œuvres de Duval«, und auch Ausgaben klassischer lateinischer Autoren konnten Bauer und Treuttel sowohl in Weimar als auch in Paris absetzen.

Carl August hatte bei Treuttel zahlreiche Subskriptionen für größer angelegte Projekte geleistet, deren Publikation sich häufig über einen längeren Zeitraum erstreckte. Auch notierte Treuttel auf den Rechnungen häufig, dass es sich um eine Ausgabe in besserer Papierqualität, mit Illustrationen etc. handelte, was nahelegt, dass für den Weimarer Herzog nicht nur der Inhalt des Werkes von Bedeutung war, sondern auch deren repräsentativer Charakter. Die Titel sollten nicht nur grundsätzlich in der herzoglichen Bibliothek vorhanden sein, sondern auch noch in schöner Ausgabe.

Viele der Autoren, deren Werke Carl August von Sachsen-Weimar-Eisenach bestellte, lassen sich der Aufklärung zuordnen: Neben Rousseau bestellte er auch die »Œuvres posthumes« von Montesquieu. Prestigeprojekte wie die Originalausgabe der »Histoire naturelle des oiseaux« (1770–1786) von Georges-Louis Leclerc Buffon in zehn Bänden befinden sich ebenso unter den Subskriptionen des Herzogs wie Publikationen, die das gesellschaftliche Leben betreffen (»Bibliothèque des théâtres«, »Théâtre italien«). Carl August bestellte auch die von Paulmy mitherausgegebene »Bibliothèque des romans«, welche eine Auswahl an literarischen Schriften enthielt, bei welcher Paulmy häufig auf seine eigene Bibliothek zurückgriff. Die Interessen der beiden Kunden lagen also ähnlich.

Paulmy seinerseits bestellte keine großen Pariser Ausgaben bei Treuttel, sondern Publikationen aus dem europäischen Ausland. Zu diesen Werken zählten naturwissenschaftliche Ausgaben wie Johann Reinhold Forsters »Zoologia indica selecta« oder Carl Peter Thunbergs »Flora iaponica«, aber auch Abhandlungen über europäische Staaten, beispielsweise »Tableau historique pour l'électorat de Saxe«, bei Breitkopf in Dresden und Leipzig erschienen.

Unter Paulmys Bestellungen befinden sich ferner Bibliografien wie die von dem Altphilologen und evangelischen Theologen Johann Albert Fabricius (1668–1736) erstellte »Bibliotheca latina«, eine Sammlung römischer Literatur

201 Vgl. Michel Schlup, La Société typographique de Neuchâtel et ses auteurs. Rapports de force et affaires de dupes, in: Robert Darnton, Michel Schlup (Hg.), Le rayonnement d'une maison d'édition dans l'Europe des Lumières. La Société typographique de Neuchâtel 1769–1789, Neuchâtel, Hauterive 2005, S. 139–160, hier S. 149. Vgl. auch Françoise Waquet, Art. »Mercier, Louis-Sébastien«, in: DEL, Bd. 2 (2005), S. 931 f.

mit wichtigen Ausgaben und bibliografischen Angaben, welche 1773–1774 neu erschienen war. Die Arbeit von Fabricius bildete die Grundlage der Auswahl der Klassiker und folgender Forschungen im Bereich der Altphilologie[202]. Es handelt sich nicht nur um ein Standardwerk, sondern auch um eine Publikation, die Paulmy zum Aufbau seiner Bibliothek und seines Bibliothekskonzeptes nutzen konnte.

Die Untersuchung der Einkäufe in Weimar und Paris haben Gemeinsamkeiten und Unterschiede in der Bestellungspraxis ergeben. Diese sind allerdings weniger auf kulturelle oder nationale Unterschiede zwischen den Käufern zurückzuführen denn auf zwei unterschiedliche Typen an Käufern. Paulmy war bibliophil, aber doch mehr Gelehrter oder Schriftsteller, der sich selbst um den Aufbau und die Organisation seiner Bibliothek kümmerte. Herzog Carl August von Sachsen-Weimar-Eisenach nutzte seine Bibliothek als Herrschaftsinstrument. Er war von Lehrern wie Wieland im Sinne der Aufklärung erzogen worden. Für seinen Großonkel Friedrich II. von Preußen hegte er – was sich anhand seiner Bestellungen nachweisen lässt – ein reges Interesse. Vermutlich hat er sich selbst in einer Tradition als aufgeklärter Herrscher gesehen. Carl August stellte seine Bibliothek paternalistisch der Weimarer Oberschicht zur Verfügung und versorgte sie so als Mäzen mit Bildung.

Der Marquis de Paulmy gehörte zu den größten Bibliophilen des 18. Jahrhunderts und seine Bibliothek bildete den Ausgangspunkt der späteren Bibliothèque de l'Arsenal, welche Teil der französischen Nationalbibliothek ist. Die Bibliothek von Carl August von Sachsen-Weimar-Eisenach bildet heute gemeinsam mit der Bibliothek seiner Mutter und weiteren Beständen die Herzogin-Anna-Amalia-Bibliothek in Weimar, Zentrum für Forscher zum 18. Jahrhundert und der Weimarer Klassik. Bauer und Treuttel hatten einen entscheidenden Anteil an dem Aufbau dieser Bibliotheken.

2.2.2 Funktionswandel von Bibliotheken: vom Herrschaftsinstrument aufgeklärter Fürsten zu National- und öffentlichen Bibliotheken

Für Buchhandlungen oder Verlage sind die Kunden von entscheidender Bedeutung. Als wirtschaftliche Unternehmen sind diese in ihrer Existenz davon abhängig, ihre Waren abzusetzen. Wirtschaftlicher Erfolg oder Misserfolg tragen entschieden zum Aufstieg oder Niedergang eines Unternehmens bei. Auch im Fall von Bauer, Treuttel & Würtz hatten die Kunden und ein Wandel der Kundenstruktur erheblichen Einfluss auf den Aufstieg und Niedergang des

202 Vgl. Heinrich Reincke, Art. »Fabricius, Johann Albert«, in: NDB, Bd. 4 (1959), S. 732f.

Unternehmens. Im ausgehenden 18. Jahrhundert konnten insbesondere zwei Typen von Großkunden ausfindig gemacht werden: zum einen bibliophile Kunden wie der Marquis de Paulmy, zum anderen aufgeklärte Herrscher, welche ihre Bibliothek als Herrschaftsinstrument nutzten. Die Bedeutung und Funktion, welche Publikationen für diese beiden Typen von Großkunden einnahmen, werden im Folgenden erläutert, um nicht nur die Struktur der Kunden, deren Motivationsgründe und folglich deren Handeln besser zu verstehen, sondern auch, um die Verlagsbuchhändler Bauer, Treuttel und Würtz und deren Ausrichtung nachvollziehen zu können und neue Erkenntnisse über sie zu erlangen.

Yann Sordet definiert die Bibliophilie als besondere Vorliebe für Bücher. Bücher werden als Kunstwerke betrachtet und die »hohe Bibliophilie«[203] verfügt über einen Kanon an Persönlichkeiten, welche aufgrund ihres Wissens oder ihrer Sammeltätigkeit verehrt werden. Seit dem Beginn des Buchdrucks waren Publikationen auch Luxusgegenstände, aber erst sei dem ausgehenden 17. Jahrhundert hat sich in Frankreich, den Niederlanden und Großbritannien eine spezifische Bibliophilie mit eigenem Diskurs und Werten herausgebildet. Verschiedene Kriterien bestimmten den Wert einer Veröffentlichung, beispielsweise, ob es sich um einen schwer zu beschaffenden Druck mit wenigen erhaltenen Exemplaren handelte. Die »Bibliographie instructive« (1763–1768) des Buchhändlers Guillaume-François Debure und das »Manuel du libraire et de l'amateur de livres« (1810) von Jacques-Charles Brunet waren die Referenzwerke der Bibliophilie des Epochenumbruchs vom 18. zum 19. Jahrhundert. Sie definierten nicht nur die Terminologie, sondern gaben Ratschläge für den Aufbau der Sammlung und zu erwerbende Publikationen. Bücher wurden als Gesamtkunstwerk betrachtet in Bezug auf Druck, Papier, Einband etc. Im 18. Jahrhundert gehörten Louis-César de La Baume Le Blanc, Duc de La Vallière (1708–1780) und der Marquis de Paulmy zu den großen französischen Bibliophilen[204]. Zumindest Letzterer konnte als Großkunde von Bauer und Treuttel nachgewiesen werden. Mit dem Tod der großen adligen Bibliophilen, der Französischen Revolution und der Konfiszierung von Adelsbibliotheken kam es zu einem zeitweisen Niedergang der Bibliophilie.

Auch die Bibliophilie unterlag Moden. Während der Revolution und des Empire wurden neoklassizistische Drucke der französischen Drucker- und Schriftgießerfamilie Didot oder von Bodoni und Baskerville bevorzugt. Die Themen der Werke lagen im Bereich der antiken und modernen Literatur und der Wissenschaften. Treuttel & Würtz bediente diese Kundschaft mit den eigenen Veröffentlichungen und dem Druck bei Didot in großem Umfang. Der Neoklas-

203 Yann Sordet, Art. »Bibliophilie«, in: DEL, Bd. 1 (2002), S. 281–286, hier S. 281.

204 Vgl. ibid., S. 282 f.

sizismus, die Nähe zur Antike und klassischen Idealen, Moral und Vernunft als Ideal der Aufklärung spiegelten sich in der Buchdruckermode und entsprachen auch in künstlerischer Hinsicht den Werten des Unternehmens Treuttel & Würtz. Während der Restauration setzte sich eine englisch geprägte, romantische Mode in der Bibliophilie durch, welche sich beispielsweise durch Holzschnitte auszeichnete[205]. Dieser Mode entsprachen Treuttel & Würtz kaum.

Da der Verlag auf zeitgenössische Publikationen ausgerichtet und nicht auf den antiquarischen Handel spezialisiert war, entsprachen die bei Treuttel & Würtz publizierten Veröffentlichungen am Ende der Französischen Revolution und im Empire der Mode der Bibliophilie. Folglich hatte sich Treuttel & Würtz im Bereich der Bibliophilie während des Empire einen guten Ruf erworben, versäumte es aber, sich in der Restauration der neuen Mode anzupassen.

Zu Beginn des 19. Jahrhunderts stand Treuttel & Würtz mit Thomas Frognall Dibdin (1776–1847) in Kontakt. Dibdin war ein englischer Bibliograf, der zahlreiche Werke veröffentlichte und die erste bibliophile Gesellschaft in Großbritannien gründete (1812). In seinen Veröffentlichungen ging er auf persönliche Erlebnisse und Anekdoten ein[206]. Dibdin beschrieb auch den Besuch der Buchhandlung Treuttel & Würtz, deren Mitarbeiter er für ihre Höflichkeit ebenso schätzte wie für ihr Fachwissen, wie aus seiner Beschreibung von 1825 hervorgeht:

> Quant aux libraires qui font la librairie moderne et qui ont, selon l'expression reçue, »une grande masse d'affaires«, il n'y a point de maison comparable à celle de *Treuttel* et *Würtz*, mentionnée très honorablement, il peut vous en souvenir, dans l'une de mes dernières lettres sur Paris. Leur amabilité, leur politesse, sont égales à leur haute réputation commerciale[207].

Diese Erwähnung von Treuttel & Würtz in Dibdins Werken, welche von einem bibliophilen Publikum konsultiert wurden, stellte geradezu Werbung für das Unternehmen dar. Entscheidend ist jedoch, dass Treuttel & Würtz sich einen Ruf erworben hatte, auf zeitgenössische Publikationen des Unternehmens ging Dibdin nicht ein. Während die Buchhandlung für Dibdin viele Qualitäten aufwies, entsprachen die Publikationen des Verlags Treuttel & Würtz nicht mehr den Vorlieben der Bibliophilen.

205 Vgl. ibid., S. 283.

206 Vgl. Severin Corsten, Art. »Dibdin, Thomas Frognall«, in: LGB, Bd. 2 (^{2}1989), S. 297.

207 Dibdin, Voyage bibliographique, Bd. 4, S. 381 f. (Hervorh. i. Orig.). Dibdin hattte Treuttel & Würtz bereits in Paris besucht; die zitierte Beschreibung bezieht sich auf das Geschäft in Straßburg.

Im 19. Jahrhundert konnte insbesondere Bernhard von Lindenau (1779–1854) aus Altenburg als Großkunde nachgewiesen werde[208]. Nach wissenschaftlicher, militärischer und diplomatischer Tätigkeit widmete er sich seiner Kunstsammlung. Zahlreiche Publikationen lieferte Treuttel & Würtz aus Straßburg. Nach dem Tod des Kunstsammlers ging diese in den Besitz der Stadt über[209].

Bibliophile wie Paulmy, welche ein Buch als Kunstwerk betrachteten und in ihrer Sammelleidenschaft den Preis vernachlässigten, gehörten zu den Zielgruppen von Treuttel & Würtz. Sie zeichneten sich außerdem durch spezifische Wünsche aus, verlangten Publikationen, welche schwer zu beschaffen waren, und schätzten den direkten, persönlichen Kontakt zu ihrem Buchhändler, welcher ihre Wünsche zu erfüllen wusste. Mit diesem teilten sie die Leidenschaft für Bücher. Sie verband also nicht nur eine Geschäftsbeziehung, sondern auch gemeinsame Werte.

Bücher als soziales Distinktionsmerkmal und Herrschaftsinstrument (1750–1789)

Die Vorliebe für Bücher teilten Bauer, Treuttel und Würtz auch mit zahlreichen Fürsten der Spätaufklärung, welche zu ihren Kunden gehörten. Zu diesen wichtigen Großkunden gehörten (in chronologischer Reihenfolge der nachgewiesenen Belieferung): Karl Friedrich von Baden (1728–1811)[210], Carl August von Sachsen-Weimar-Eisenach (1757–1828), Friedrich Karl August Fürst von Waldeck-Pyrmont (1743–1812) und sein Bruder Georg I. (1747–1813)[211], Fürst und

208 Vgl. Felicitas Marwinski, Anke Heilmann, Art. »Kunstbibliothek im Lindenau-Museum«, in: Bernhard Fabian (Hg.), Handbuch der historischen Buchbestände in Deutschland, Hildesheim 2003, http://fabian.sub.uni-goettingen.de/fabian?Lindenau-Museum (30.9.2019).

209 Vgl. Karlheinz Blaschke, Art. »Lindenau, Bernhard von«, in: NDB, Bd. 14 (1985), S. 592f.

210 Vgl. dazu den Briefwechsel zwischen Jean Geoffroy Bauer und Jean-George Treuttel mit Friedrich Dominikus Ring, UB Freiburg, Nachlass Ring, NL 10/IV B 29. Vgl. auch Johann Georg Treuttel an Friedrich Dominicus Ring, Straßburg, Paris, 1788–1801, ibid., NL 10/IV B 593. Der Briefwechsel zwischen Bauer und Ring begann bereits 1759. Letzterer war nicht nur Autor von Bauer und Treuttel, sondern vor allem Prinzenerzieher und Bibliothekar am Hof von Karl Friedrich von Baden. Dort war er für die Buchbestellungen des Hofes und die Weiterleitung der Bestellungen zuständig. Der Briefwechsel mit Ring ist sehr umfangreich und umfasst über 280 Briefe.

211 Vgl. Briefwechsel mit Buchhändlern: Treuttel & Würtz in Straßburg, 1808–1816, Waldeckisches Kabinett (118 a), HStAM, 2511. Ich danke Kristina Kandler sehr herzlich für die kurze Einsicht und Organisation der Bestellungen vor Ort.

Herzog Leopold III. Friedrich Franz von Anhalt-Dessau[212] und der dänische König Frederick VI. (1768–1839).

Diese Herrscher weisen zahlreiche Gemeinsamkeiten auf. Sie wurden alle in der Mitte des 18. Jahrhunderts geboren – mit Ausnahme Karl Friedrichs von Baden – und starben zu Beginn oder in der ersten Hälfte des 19. Jahrhunderts. Es handelt sich also vor allem um ein Generationenphänomen. Sie zeichneten sich außerdem dadurch aus, dass sie entweder im Sinne der Aufklärung erzogen wurden – beispielsweise Beispiel Carl August von Sachsen-Weimar-Eisenach oder Frederick VI. von Dänemark – oder sie interessierten sich im Laufe ihres Lebens für die Aufklärung und Philosophen der Aufklärung, und sie vertraten in der Folge deren Werte wie Toleranz oder ein Bildungsideal und einen Glauben an den Fortschritt der Menschheit in technischer und moralischer Hinsicht. Karl Friedrich von Baden fällt zwar aufgrund seines Alters aus der hier beschriebenen Gemeinsamkeit etwas heraus, allerdings keineswegs in Bezug auf seine aktive Politik als Herrscher.

Die genannten Fürsten und Kunden sind Beispiele für den aufgeklärten Absolutismus oder Reformabsolutismus zwischen 1740 und 1790. Beide Begriffe sind sowohl eine Bezeichnung für die Epoche als auch für eine Herrschaftsweise und ein Selbstverständnis von Herrschern in dieser Epoche. Da die Motive dieser Politik nicht konsistent waren und die Ideale der Aufklärung keineswegs auf alle politischen Bereiche (z. B. die Kriegsführung) angewandt wurden, ziehen einige Historiker den Blick auf die konkrete Politik und durchgeführte Reformen vor, was im Begriff »Reformabsolutismus« zum Ausdruck kommt. Im Gegensatz zum absolutistischen Frankreich, in dem der Monarch seine Herrschaft ausschließlich durch das Gottesgnadentum rechtfertigte, betrachteten sich andere Fürsten als »erste Diener« (Friedrich II. von Preußen) oder »Beamte« (Joseph II. von Österreich) ihres Staates. Im Kontext wirtschaftlicher Krisen, welche eine Veränderung der Politik erforderten, und im Zuge der Philosophie der Aufklärung, in welcher Vernunft, Rationalismus und Humanität als Ideale betrachtet wurden, führten einige dieser Länder Reformen durch. Teilweise trieben die Herrscher selbst diese Reformpolitik voran (u. a. Katharina II. von Russland), teilweise wurde sie von hohen Beamten auf den Weg gebracht (bspw. in Dänemark unter Johann Friedrich von Struensee). Die konkrete Reformpolitik bezog sich auf Gebiete wie die Kodifikation des Rechtssystems, religiöse Toleranz oder die Abschaffung der Leibei-

212 Vgl. die Buchlieferungen in: Korrespondenz des Fürsten und Herzogs Leopold III. Friedrich Franz mit Treuttel & Würtz, 1810/1811, LASA, Z 44, A 10 Nr. 239, http://dfg-viewer.de/show/?tx_dlf[id]=http%3A%2F%2Frecherche.landesarchiv.sachsen-anhalt.de%2Fxslt%2Findex.aspx%3Fxml%3DZ_44__A_10_Nr_239-producer.xml (17.9.2019).

genschaft (u. a. durch Karl Friedrich von Baden 1783 und in Dänemark 1788)[213].

Es handelte sich um eine – ob durch wahre Überzeugung oder aus Gründen der Machterhaltung und des Machtausbaus erfolgte – Instrumentalisierung von Werten und Ideen der Aufklärung, wie sie am Beispiel des Ausbaus der Verwaltung durch Beamte und die Organisation nach rationalen Prinzipien und gleichzeitige Entmachtung der Stände zum Ausdruck kommt[214]. Diese Instrumentalisierung rechtfertigt denn auch den Gebrauch des Begriffs aufgeklärte Herrscher im Gegensatz zu absolutistischen Herrschern wie in Frankreich.

Betrachtet man nun weniger die Auswirkungen wie die Reformpolitik, sondern die durch Säkularisierungstendenzen nicht mehr ausschließlich auf das Gottesgnadentum basierende Herrschaftslegitimation, steht der sich als aufgeklärt verstehende Monarch vor einem Problem. Andere Rechtfertigungsstrategien als das ausschließliche Gottesgnadentum mussten seine Macht begründen. Diese kommen einerseits in der praktischen Reformpolitik zum Ausdruck, die den »guten« Herrscher durch seine Taten rechtfertigten; andererseits versuchten aufgeklärte Herrscher ein anderes, um Ideale der Aufklärung erweitertes Selbstverständnis aufzubauen. Dieses neue Selbstverständnis basierte auf Werten wie Gelehrsamkeit, Kunstverständnis und Bildung.

Friedrich II. von Preußen (1712–1786) stellte für viele Zeitgenossen, aber auch Historiker, ein Ideal des aufgeklärten Herrschers dar: nicht nur durch Reformen, sondern auch durch seine Person und sein präsentiertes Selbstverständnis. Er war nicht nur König (»erster Diener«), sondern konnte als Gelehrter, Schriftsteller und Musiker auf dem Thron bezeichnet werden. Er umgab sich mit Vorbildern und Repräsentanten der Aufklärung wie Voltaire, mit dem er nicht nur einen Briefwechsel führte, sondern den er auch an seinen Hof einlud. Er investierte in die Königlich-Preußische Akademie der Wissenschaften, holte Wissenschaftler, Schriftsteller und Künstler nach Berlin und trat als Mäzen der Wissenschaften und Künste auf[215].

Als Idealtypus eines aufgeklärten und weisen Herrschers wurde Friedrich II. von vielen adligen Kunden von Bauer und Treuttel verehrt, etwa in Arolsen bei den Fürsten von Waldeck-Pyrmont. Dort ließ man durch den

213 Zum Reformabsolutismus und der Debatte um die Begriffe vgl. u. a. Walter Demel, Art. »Reformabsolutismus«, in: EdN, Bd. 10 (2009), S. 785–794; ders., Vom aufgeklärten Reformstaat zum bürokratischen Staatsabsolutismus, München ²2010 [1992].

214 Vgl. ders., Art. »Reformabsolutismus«, S. 787.

215 Vgl. Peter-Michael Hahn, Friedrich II. von Preußen. Feldherr, Autokrat und Selbstdarsteller, Stuttgart 2013, S. 160–167.

Bildhauer Alexander Trippel neben einer Büste von Goethe auch eine von Friedrich II. anfertigen. Christian von Waldeck bewunderte zum einen dessen militärischen Fähigkeiten (nach antiken Vorbildern), zum anderen sein Kunstverständnis und sein Auftreten als *philosophe*[216]. Bei Treuttel in Straßburg erschien nicht nur eine Biografie Friedrichs II., sondern er war auch an einer Veröffentlichung der Gesamtwerke des preußischen Königs mit Verlegern in Berlin beteiligt[217]. Treuttel war in diesen Diskurs um die aufgeklärten Herrscher vollkommen integriert und bediente das Legitimationsbedürfnis seiner Kunden mit den bei ihm erschienenen Publikationen. Carl August von Sachsen-Weimar-Eisenach und seiner Mutter beispielsweise wird Treuttel diese Publikationen zum Ankauf vorgeschlagen haben und sie trugen somit zum herausragenden finanziellen Erfolg der Publikation bei. Es bestand ein gegenseitiges Abhängigkeitsverhältnis zwischen Kunden und Verleger.

Das Frontispiz der von Treuttel verlegten Friedrich-Biografie, verfasst von Jean-Charles Thibault de Laveaux, zeigt den König selbst relativ schlicht, in militärischer Uniform mit Bruststern (Schwarzer Adlerorden) und Dreispitz bereits in hohem Alter. Unter dem Porträtmedaillon sind charakterisierende Attribute dargestellt: Eine Lyra, Notenblätter und die Querflöte stehen für das musikalische Interesse des Königs; ein Schwert für militärische Erfolge, um dieses wickelt sich eine Schlange (Weisheit). Direkt in der Mitte ist ein aufgeschlagenes Buch mit dem Titel »Anti-Machiavel« platziert, links steht auf einer Schriftrolle »Poésies du philosophe de Sans-Souci«. Diese Attribute betonen die schriftstellerische und philosophische Tätigkeit des Monarchen, der nicht nur Gedichte verfasste, sondern auch politische Schriften wie eine Gegenschrift zu Machiavellis Ratschlägen an einen Fürsten, welche ausschließlich auf Machterhalt und -erwerb ausgerichtet waren. Diesem Bild stellte der Autor das eines moralischen und am Wohl der Bevölkerung

216 Vgl. Bernhard Maaz, Alexander Trippels Bildnisbüsten im Arolser Schloss. Immortalisierung und Deifikation, in: Hartmut Broszinski u. a. (Hg.), Antikes Leben. Ideal und Wirklichkeit in Hofbibliothek und Kunstsammlungen der Fürsten von Waldeck und Pyrmont, Petersberg 2009, S. 199–209, hier S. 205 f.

217 Vgl. Œuvres posthumes de Frédéric II., roi de Prusse. Seconde édition originale. 16 Bde. Strasbourg, Treuttel, 1788, 8° (Nr. 6 in: Miscellaneen zur Geschichte König Friedrichs des Grossen. Herausgegeben auf Veranlassung und mit Unterstützung der Königlich Preussischen Archiv-Verwaltung. Verzeichniss sämtlicher Ausgaben und Uebersetzungen der Werke Friedrichs des Grossen, Berlin 1878, S. 5.) Œuvres de Frédéric le Grand, roi de Prusse, publiées du vivant de l'auteur. Seconde édition originale, 4 Bde. Strasbourg, Treuttel, 1789, 8° (Nr. 7 in: Miscellaneen zur Geschichte König Friedrichs des Grossen, S. 6) Œuvres de Frédéric II, roi de Prusse, publiées du vivant de l'auteur, 4 Bde. À Berlin, chez Voss et fils, et Decker et fils, et chez Treuttel, 1789, https://archive.org/details/oeuvresdefrd01fred (3.10.2019).

interessierten Herrschers gegenüber[218]. Diese Arbeit Friedrichs II. war aus seinem Briefwechsel mit Voltaire hervorgegangen und wurde 1740 von Voltaire herausgegeben.

Der Herrscher war also nicht nur König, sondern vertrat einen umfassenden Anspruch von Kunstverständnis und Gelehrsamkeit; er war selbst gebildet und Teil der großen Dichter und Denker seiner Zeit. Sollten also seine adlige Geburt und das Gottesgnadentum nicht als Herrschaftslegitimation genügen, würden dann nicht seine geistige Überlegenheit und Fähigkeiten rechtfertigen? Sollte man Gelehrte nicht überzeugen können, dass man jemanden auf dem Thron haben sollte, der ihre Ideale, den Glauben an Fortschritt, Moral und Bildung teilte, um weise Entscheidungen für das Land zu treffen?

An dieser Stelle kommt Büchern eine besondere Bedeutung zu. Für aufgeklärte Fürsten bedeuteten diese eine Zurschaustellung ihrs Bildungsideals und gleichzeitig ihres sozialen Status. Indem sie sich lesend präsentierten und auch selbst Schriften verfassten, viele Publikationen erwarben und demonstrativ ihre Bibliothek vergrößerten, vermittelten sie ein Selbstverständnis von Gelehrsamkeit und Bildung. Die ostentative Zuschaustellung einer großen Bibliothek stand für ihr Wissen und ihre Fähigkeiten. Wie häufig die Fürsten ihre Bibliothek konsultierten, war dafür nicht von großer Bedeutung. Die Existenz und die Pflege der Bibliothek, deren Aufbau und die öffentlich zur Schau gestellte Bedeutung, die ihr beigemessen wurde, waren entscheidend.

Schließlich diente die Bibliothek nicht nur der Legitimation, sondern auch der sozialen Distinktion. Betrachtet man die Einkäufe des Weimarer Hofes, wie zu Beginn des Kapitels ausgeführt, wurde der Großteil der Bücher durch Herzog Carl August und seine Familie erworben. Über 90 Prozent der Ausgaben standen wenigen Einkäufen von Schriftstellern wie Goethe und anderen Adligen gegenüber. Die Tatsache, dass Carl August von Sachsen-Weimar-Eisenach so viel mehr finanzielle Mittel für seine Bibliothek bereitstellte als seine Untergebenen, führte dazu, dass er die am besten ausgestattete Bibliothek der Stadt besaß. Seine Bibliothek diente somit auch der sozialen Distinktion gegenüber seinen Untertanen, welche sich nicht einen Bruchteil der teuren Anschaffungen leisten konnten.

Zudem trug die häufig teure Ausstattung der Publikationen ihr Übriges bei. Für den Herzog musste es das bessere Papier sein; der teure Maroquinle-

218 Vgl. u. a. im Vorwort: »J'ose prendre la défense de l'humanité contre ce monstre qui veut la détruire, j'ose opposer la raison & la justice au sophisme & au crime, & j'ai hazardé mes reflexions sur le prince de Machiavel chapitre à chapitre, afin que l'antidote se trouve immédiatement auprès du poison«, Anti-Machiavel, ou Essai de critique sur le prince de Machiavel, publié par Mr. de Voltaire., La Haye, Aux dépens de l'éditeur, 1740, S. VI.

dereinband war gerade gut genug. Diese Moden konnten seine Höflinge, Schriftsteller und Gelehrte kaum mittragen. Ähnlich wie die Mode im 18. Jahrhundert konnte der Fürst sich nicht nur über die Quantität der Werke in seiner Bibliothek, sondern auch über deren teure Ausstattung von seinen Untertanen abgrenzen.

Ein weiterer einerseits den Instrumenten der Aufklärung, andererseits den absolutistischen Werten entsprechender Aspekt in Bezug auf die Bibliothek war deren öffentliche Zugänglichkeit. Die Bibliotheken von Carl August von Sachsen-Weimar-Eisenach, Leopold III. Friedrich Franz von Anhalt-Dessau und auch die Bibliothek des dänischen Königs wurden bereits im ausgehenden 18. Jahrhundert öffentlich. Sie konnten besichtigt werden und man konnte sogar Bücher entleihen.

Drei Aspekte mit Bezug auf die Öffnung der Hofbibliotheken für die Untertanen sind in diesem Fall von entscheidender Bedeutung: Erstens war eine Öffnung der Bibliothek die beste Möglichkeit, um den eigenen Besitz zur Schau zu stellen. Das Beeindrucken der Bibliotheksbenutzer war Teil der Legitimationsstrategie. Zweitens handelte es sich um eine Instrumentalisierung von Ideen der Aufklärung. Eine große, gut geführte Bibliothek, in der Wissen akkumuliert wurde und die zudem für die Untertanen zugänglich war, stellte den Inbegriff eines aufklärerischen Ideals dar. Drittens war die öffentliche Hofbibliothek Teil eines zutiefst absolutistischen Abhängigkeitsverhältnisses der Gelehrten und Schriftsteller von ihren Fürsten. In paternalistischer Manier stellten diese Fürsten ihren Untertanen ihre Bibliothek zur Verfügung, versorgten sie mit Büchern und Wissen. Dadurch erhielten sie Anerkennung, waren Teil des gelehrten Diskurses und konnten beispielsweise Größen wie Johann Wolfgang von Goethe an ihrem kleinen Hof halten. Friedrich II. hatte dies mit Voltaire nicht vermocht. Der Bibliothek eines Fürsten kam im Repertoire der Herrschaftsinstrumente aufgeklärter Herrscher eine zentrale Bedeutung für die Legitimation seiner Herrschaft zu.

In Weimar öffnete Herzog Carl August seine Bibliothek für ein relativ breites Publikum, sogar Gymnasiasten durften sie konsultieren. Das Besucherbuch[219] belegt den Andrang der Besichtigung und Ausleihbücher zeigen deren Nutzung durch die städtische Oberschicht. Leopold III. Friedrich Franz von Anhalt-Dessau setzte sich insbesondere für Schulen und Bildung, aber auch für Bibliotheken ein. Diese konnten von seinen Besuchern und teilweise auch von der Bevölkerung konsultiert werden[220].

219 Vgl. Fremdenbuch der herzoglichen Bibliothek in Weimar, 1744–1781, HAAB, Loc A: 127.1 und Verzeichniß der Frembden (Besucherbücher 1781–1920), HAAB, Loc A: 31.

220 Vgl. Uwe Quilitzsch, Die Bibliothek im Wörlitzer Schloss, in: Wilhelm Haefs (Hg.), Bücherwelten im Gartenreich Dessau-Wörlitz, Hannover 2009, S. 53–75, hier S. 53.

In Kopenhagen war die königliche Bibliothek ab 1793 für die Öffentlichkeit zugänglich[221]. Diese Öffnung ist ohne Zweifel im Kontext der Französischen Revolution zu verstehen. Zu einem Zeitpunkt, an dem sich die Fürsten bewusst waren, dass es zu Revolutionen kommen konnte und ihre Herrschaft nicht mehr kritiklos akzeptiert wurde, waren Reformen und neue Legitimationsstrategien besonders wichtig.

Im Zuge der Aufhebung der Privilegien im revolutionären Frankreich im November 1789 wurde der Besitz der Kirche und der Klöster, aber auch des Adels konfisziert: Gebäude und Wertgegenstände, aber auch Bücher und Bibliotheken, welche nun französisches Nationaleigentum wurden. Am 27. Januar 1794 wurden die konfiszierten Bücher in öffentliche Bibliotheken eingegliedert. Dennoch dauerten die Organisation und die Verwaltung lange, sodass sie nicht sofort, sondern erst im Laufe der nächsten Jahre nach und nach der Öffentlichkeit zur Verfügung gestellt wurden[222].

Die Öffnung der königlichen Bibliothek in Kopenhagen ist kaum unabhängig von diesen Ereignissen in Frankreich zu betrachten. Den fünf hier beschriebenen Kunden ist auch gemein, dass es sich um Fürsten aus dem deutschen Raum handelte. Auch das dänische Königshaus kann zu diesem Zeitraum als dem deutschen Kulturraum nahestehend betrachtet werden. Der dänische König war gleichzeitig Herzog von Schleswig und insbesondere durch Eheverbindungen und Adoption in deutsche Fürstenhäuser integriert. Die Nutzung der Bibliothek als Herrschaftsinstrument kann als Teil der im Zuge der Aufklärung begonnenen »Revolution von oben« im Gegensatz zur Französischen Revolution »von unten« betrachtet werden. Der aufgeklärte Absolutismus wird als Vorläufer der Ende des 18. Jahrhunderts und Anfang des 19. Jahrhunderts eingeführten Reformen vieler deutscher Staaten gesehen[223], was an dieser Stelle offensichtlich wird. Ein aufgeklärter Herrscher verbesserte die Lebensbedingungen für seine Untertanen und rechtfertigte so seine Macht. Schließlich führten insbesondere schlechte Bedingungen zu Unzufriedenheit und zur Notwendigkeit einer Veränderung.

Eine weitere Gemeinsamkeit der genannten Herrscher stellt deren Religion dar. Sie alle waren Anhänger des Protestantismus, zumeist lutherischer Konfession. Aufgrund ihrer religiösen Ausrichtung gab es bereits eine beson-

221 Vgl. Jakob H. Grønbæk, Art. »Det Kongelige Bibliotek/Königliche Bibliothek«, in: Bernhard Fabian (Hg.), Handbuch der historischen Buchbestände in Deutschland, Hildesheim 2003, http://fabian.sub.uni-goettingen.de/cgi-bin/wiki.pl/wiki.pl?Koenigliche_Bibliothek(Kopenhagen) (30.9.2019).

222 Vgl. Frédéric Barbier, Histoire des bibliothèques. D'Alexandrie aux bibliothèques virtuelles, Paris [2]2016 [2013], S. 228f.

223 Vgl. Demel, Vom aufgeklärten Reformstaat, S. 30f.

dere Beziehung zu Büchern, steht doch im Protestantismus das eigenständige Lesen und Interpretieren der Bibel im Zentrum. Man kann also bereits eine Nähe zwischen den Werten der Religion und einem Bildungsanspruch erkennen. Das Lesen der Bibel erforderte zumindest Lesekenntnisse und sprach dem Individuum weitreichende Fähigkeiten und Eigenständigkeit in der Interpretation zu. Eine solche Auffassung mag den Weg zur Wertschätzung einer Bibliothek und deren Bereitstellung für ein breiteres Publikum verkürzt haben. Insbesondere Karl Friedrich von Baden war durch seine Großmutter streng lutherisch erzogen worden. Die tiefe Religiosität war für den Markgrafen, der bis 1806 bis zum Großherzog von Baden aufstieg, ein entscheidendes Motiv seiner aufklärerischen Reformpolitik[224].

Wurden Bücher, die Bibliothek und deren öffentliche Zugänglichkeit stark symbolisch aufgewertet, wie zahlreiche Fürsten und Kunden von Bauer, Treuttel und Würtz sie verstanden, hatte dies weitreichende Konsequenzen für die Bibliothek und den Bucherwerb. Als wichtiger äußerer Faktor musste zunächst ein repräsentatives Gebäude als Ort zur Aufbewahrung der Publikationen zur Verfügung gestellt werden. In Weimar wurde bereits 1760 die Bibliothek ausgebaut. Die Architektur erinnert an zeitgenössische protestantische Kirchenbauten[225], und sie beherbergte nicht nur Bücher, sondern auch weitere Sammlungen (Kuriositäten, Münz- und Kupferstichkabinett, Globen etc.) des Herzogs von Sachsen-Weimar-Eisenach[226].

Neben diesem bereits architektonisch repräsentativen Ort für Bücher wurden auch Verwaltungsstellen geschaffen. Bibliothekare katalogisierten Bücher, organisierten Bestellungen, verfügten über ein eigenes Budget zum Erwerb von Büchern: sei es der Bibliothekar Daniel Gotthilf Moldenhawer (1753–1823) in Dänemark, welcher sich um Buchbestellungen und die Verwaltung der Hofbibliothek kümmerte, Friedrich Dominicus Ring in Karlsruhe oder zweitweise sogar Johann Wolfgang von Goethe in Weimar[227]. Als erster Direktor der herzoglichen öffentlichen Bibliothek in Dessau wurde 1820 Wilhelm Müller eingesetzt[228]. Die Bibliotheken wurden vielfach von angesehenen Gelehrten und Schriftstellern mit großem Arbeitseinsatz geleitet. So ist die Bedeutung Mol-

224 Vgl. Klaus GERTEIS, Art. »Baden, Karl Friedrich von«, in: NDB, Bd. 11 (1977), S. 221–223.

225 Vgl. STEIERWALD, Zentrum des Weimarer Musenhofes, S. 63–66.

226 Vgl. ibid., S. 94–97.

227 Vgl. ibid., S. 73.

228 Vgl. Maria-Verena LEISTNER, Der Bibliothekar Wilhelm Müller, in: Wilhelm HAEFS (Hg.), Bücherwelten im Gartenreich Dessau-Wörlitz, Hannover 2009, S. 77–89, hier S. 78.

denhawers für die königliche Bibliothek herausgestellt worden[229]. Obwohl die Stellen, zumindest in Weimar, schlecht bezahlt wurden, schafften es die Fürsten, deren Leitung an angesehene Gelehrte zu vergeben.

Die Bibliotheken bekamen Haus- und Benutzerordnungen. In Müllers Ernennungsurkunde in Dessau wurden seine konkreten Aufgaben definiert: Er sollte Kataloge der Bibliothek anfertigen, Bücher erwerben, Dubletten aussortieren. Der Leiter der Bibliothek hatte an den zwei festgelegten Öffnungstagen den Besuchern für Fragen und Wünsche zur Verfügung zu stehen. Er bekam ein Budget von 160 Taler pro Quartal für den Erwerb von neuen Publikationen[230]. Die Bürokratisierung und Administration der fürstlichen Bibliotheken wurden vorangetrieben, was wiederum zu einer Aufwertung des Ortes führte. Diese Entwicklung war mit rationalen Prinzipien der Organisation verbunden und stand dadurch in der Tradition von Ideen der Aufklärung.

Im 18. Jahrhundert erschienen auch Publikationen, in welchen beschrieben wurde, welche Veröffentlichungen zu einem Kanon gehörten und in einer guten Gelehrtenbibliothek vorhanden sein mussten oder welche Titel eine Bibliothek der römischen und griechischen klassischen Antike beinhalten sollte. Zu diesen zählten Johann Heinrich Samuel Formeys »Conseils pour former une bibliothèque peu nombreuse, mais choisie« (1756) oder Johann Albert Fabricius bibliografische Schriften zu Autoren der klassischen Antike[231]. Es erschienen Referenzwerke, die sich mit dem Aufbau einer Bibliothek beschäftigten. Um diesen hohen wissenschaftlichen Ansprüchen zu genügen, wurde Verwaltungspersonal eingestellt.

Im Ausland erschienene Publikationen waren schwerer zu erhalten. Sie wiesen allein aufgrund ihrer schlechteren Verfügbarkeit einen größeren Wert auf. Publikationen aus der Hauptstadt der europäischen Kultur Paris spiegelten nicht nur den herausragenden Stellenwert der französischen Sprache, sondern bewiesen auch den Geschmack und das Modebewusstsein des Besitzers. Die königliche Bibliothek in Kopenhagen wurde in den 1780er Jahren insbesondere von Hamburger (Perthes & Besser) und Kopenhagener Buchhandlungen mit Publikationen beliefert. Viele Publikationen wurden auf Auktionen und durch den Ankauf ganzer Bibliotheken erworben. In den ausgehenden 1780er Jahren hingegen findet sich ein sprunghafter Anstieg von Veröffentlichungen aus Frankreich. Waren bis zu diesem Zeitpunkt vor allem Bücher in deutscher oder dänischer Sprache sowie Latein erworben worden, so wurden ab 1788 systematisch große Mengen an Publikationen aus Frankreich eingekauft, ohne Angabe des Lieferanten. Auch wenn es sich um typische Bestellungen handelte, die

229 Vgl. Christian Molbech, Jacob Deichmann. En biographisk Skildring, Kopenhagen 1853.

230 Vgl. Leistner, Der Bibliothekar Wilhelm Müller, S. 81 f.

231 Diese erwarb u. a. Paulmy, wie zu Beginn des Kapitels beschrieben.

auch von Treuttel aus Straßburg hätten geliefert werden können[232], konnte die Belieferung der Bibliothek zu diesem frühen Zeitpunkt noch nicht nachgewiesen werden. Erst nachdem die Buchhandlung Gyldendal in Kopenhagen 1809 von Jacob Deichmann übernommen wurde, konnte der Kontakt ab 1818 belegt werden[233]. Deichmann schrieb 1819 an Treuttel & Würtz (Paris), dass er sich für den Absatz französischer Publikationen einsetzen wollte, dies aber zur Zeit in Kopenhagen sehr schwierig sei:

> Möchte [...] ich meinerseits mich im Stande sehen, recht viel für die Verbreitung französischer Literatur hier zu wirken; aber leider ist in dieser Hinsicht von der Hand gar wenig zu hoffen. Der Absatz von Büchern ist noch nie so gering in diesem Lande gewesen als jetzt, und überberdingt [?] kann man selbst bei der größten Vorsicht Verlüsten nicht entgehen, weil ein zerrüttetes Geldwesen und andere Unglücksfälle den vorigen Wohlstand fast ganz vernichtet[234].

Dennoch sind zahlreiche Veröffentlichungen aus Frankreich – auch von Treuttel & Würtz (u. a. regelmäßig das »Journal général de la littérature de France«, Senefelders »Art de la lithographie« usw.) – in die königliche Bibliothek aufgenommen worden[235].

Schließlich kam den Publikationen selbst und auch den Buchhändlern und Verlegern, welche diese lieferten, sowie dem Verhältnis zu diesen eine besondere Wertschätzung und Bedeutung zu. Wie beschrieben, bestellte Carl August von Sachsen-Weimar-Eisenach gern hochwertige Ausgaben, in besserem Papier, in größerer Formatausgabe. Auch suchte er selbst Teile seiner Bibliothek aus und widmete dieser Auswahl einen Teil seiner Zeit beispielsweise während seiner Reisen nach Frankreich. Aber auch zu Hause in Weimar suchte er Bücher für seine Bibliothek aus und wurde schnellstmöglich beliefert. Der Preis dieser Lieferungen spielte lediglich eine untergeordnete Rolle, wichtiger waren die schnelle Lieferung und das schöne Exemplar.

Die Beziehung zwischen aufgeklärten Fürsten und den Lieferanten der begehrten Publikationen war eine besondere. Sie wies einen mäzenatischen Charakter auf. Unter einem Mäzen versteht man in der Neuzeit »einen finanzielle[n] und ideelle[n] Förderer der Wissenschaften oder Künste«[236]. Ins-

232 Vgl. Bucherwerbungen der königlichen Bibliothek Kopenhagen, Incrementprotokol 1, 1782–1789, KB, Det Kongelige Biblioteks arkiv F3.

233 Vgl. Molbech, Jacob Deichmann, S. 14.

234 Jacob Deichmann an Treuttel & Würtz (Paris), [Kopenhagen], 18.9.1819, in: Kopibog 1819–1820, S. 70, KB, Gyld. Arkiv B.2.

235 Vgl. Bucherwerbungen der königlichen Bibliothek Kopenhagen, Lister over indgåede bøger, 1818–1847, KB, Det Kongelige Biblioteks arkiv F4.

236 Dietrich Erben, Art. »Mäzen«, in: EdN, Bd. 8 (2008), S. 181–184, hier S. 181.

besondere Künstler und Schriftsteller wurden durch Mäzene protegiert: So förderte beispielsweise Louis XIV. Molière oder Karl Friedrich von Baden den Schriftsteller Friedrich Gottlieb Klopstock. Betrachtet man hingegen Merkmale für mäzenatische Förderung[237], so lassen sich diese auch für das Verhältnis zwischen Bauer und Treuttel und ihren Kunden nachweisen.

Zunächst musste der Förderer der herrschenden Schicht angehören und in der privilegierten Situation sein, sich als Mäzen einsetzen zu können. Dies ist für alle fürstlichen Kunden von Bauer, Treuttel und Würtz der Fall. An zweiter Stelle ist eine punktuelle Förderung gegenüber einer langjährigen zu unterscheiden. Auch dieser Punkt ist im Fall von Bauer, Treuttel & Würtz eindeutig: Carl August von Sachsen-Weimar-Eisenach, Karl Friedrich von Baden und auch die Fürsten von Waldeck-Pyrmont wurden über lange Zeiträume, über Jahre oder Jahrzehnte hinweg, von Bauer, Treuttel & Würtz beliefert. Die lange Geschäftsbeziehung von Bauer, Treuttel & Würtz mit ihren Kunden stellte geradezu ein besonderes Merkmal ihrer Tätigkeit dar.

Ein weiteres Kriterium stellte die persönliche Beziehung zwischen Mäzen und Geförderten dar. Diese bestand zwischen Carl August von Sachsen-Weimar-Eisenach und Jean Geoffroy Bauer ebenso wie später zu Jean-George Treuttel. Carl August besuchte die Buchhändler in Straßburg und empfing sie auch in Weimar. Sie kümmerten sich um Desiderata und teilten die Leidenschaft für Publikationen. Aufgrund der Quellenlage konnte keine persönliche Beziehung zum Marquis de Paulmy nachgewiesen werden, obwohl sie wahrscheinlich ist. Treuttel war zeitweise »gräflich Stollberg- und gräflich Erbachischer HofRath«[238]. Vermutlich war Treuttel Hofrat von Henrich Graf zu Stolberg-Wernigerode, der zu diesem Zeitpunkt in Straßburg studierte[239]. Auch dies kann als Zeichen der Nähe zu Adligen der Zeit gewertet werden.

In Karlsruhe trat Friedrich Dominicus Ring als Vermittler zwischen Karl Friedrich von Baden und Bauer sowie später Treuttel auf. Den Bibliothekaren kommt eine vergleichbar hohe Bedeutung zu. Je nachdem, welche Einstellung sie zur Belieferung hatten und wie sie ihre eigene Aufgabe verstanden, konnten sie in mäzenatischer Manier Aufträge verteilen. Vermutlich war es auch die persönliche Beziehung zu Christian Gottlob Heyne in Göttingen, welche ihn dazu brachte, über Jahrzehnte hinweg bei Bauer & Treuttel in Straßburg zu bestellen.

237 Vgl. dazu ibid.

238 Vgl. den Namenszusatz bei Jean-George Treuttel im Taufeintrag von Friderica Concordia Libertas Treuttelin, Strasbourg, 20.1.1790, AdBR, Paroisse protestante (Temple-Neuf et Cathédrale), Registre des baptêmes 1790–1792.

239 Vgl. Eduard Jacobs, Art. »Stolberg-Wernigerode, Henrich Graf zu/nicht Heinrich«, in: ADB, Bd. 36 (1893), S. 396–399.

Die besondere persönliche Beziehung zu einigen aufgeklärten Fürsten oder zu hohen Beamten (Bibliothekaren) konnte nachgewiesen werden. Ein letztes Merkmal der mäzenatischen Förderung stellte die Bereitstellung der finanziellen Mittel dar. Auch dieses letzte Kriterium ist in der Bestellung und dem Kauf von Publikationen in einem so hohen Ausmaß bei ausgewählten Lieferanten, hier Bauer, Treuttel & Würtz, gegeben.

Es lässt sich schlussfolgern, dass das Verhältnis von Bauer, Treuttel & Würtz zu seinen Großkunden, den aufgeklärten Fürsten, einen mäzenatischen Charakter aufweist. Nicht nur Dichter und Künstler wurden im 18. Jahrhundert von Mäzenen gefördert, sondern auch die Verbreitung von Ideen, das Druckwesen und Verleger und Buchhändler allgemein. Dieses Auftreten von Herrschern als Mäzenen ist im Kontext des Absolutismus zu verstehen. Der absolute Monarch wählte zwischen Künstlern, Schriftstellern und Verlagsbuchhändlern und förderte diese nach seinem Geschmack. Bauer, Treuttel und Würtz waren darauf spezialisiert, die Wünsche dieser speziellen Kundengruppe zu erfüllen. Sie belieferten die kosmopolitisch ausgerichteten und an Aufklärung interessierten Herrscher mit aus dem Ausland, in der Regel dem frankophonen Ausland, beschafften Titeln. Gleichzeitig verlegten sie selbst Publikationen über Personen, die von ihren Kunden hoch verehrt und geschätzt wurden, was ihnen die Wertschätzung ihrer Kunden einbrachte.

Von besonderer Bedeutung war zudem, dass zahlreiche dieser aufgeklärten Fürsten eine liberalere Zensurpolitik unterhielten. Bei Friedrich II. von Preußen bezog sich ein liberalerer Umgang mit der Presse insbesondere auf philosophische Werke. Er erlaubte beispielsweise den Druck der in Frankreich verbotenen »Encyclopédie« in Neuchâtel. In Dänemark führte der Minister Johann Friedrich von Struensee 1770 sogar die Pressefreiheit ein[240]. Eine solch liberalere Einstellung zur Meinungsfreiheit, die sich insbesondere auf philosophische Werke bezog, war ebenso im Interesse von Bauer, Treuttel und Würtz.

Da auch Herzog Ernst II. von Gotha diese Ideale des Reformabsolutismus und eine Vorliebe für Bücher teilte, versuchte Jean-George Treuttel 1785, auch diesen als Kunden für seine Buchhandlung zu gewinnen:

> Monseigneur
> Le présent carré de papier donne l'ombre de l'écriture du bon roi Henri IV. À ce titre, Monseigneur, je dois espérer, que le petit hommage que j'en fais à Votre Altesse sérénissime, ne vous déplaira. Daignez agréer mes faibles efforts à multiplier vos agrémens littéraires & les sentiments du très-profond respect[241].

240 Vgl. Demel, Art. »Reformabsolutismus«, S. 790.

241 Jean-George Treuttel an Herzog Ernst II. Ludwig, Herzog von Sachsen-Gotha und Altenburg, Strasbourg, 28.9.1785, FoB, Cart-B-01918-II.

Ob Treuttel auch Herzog Ernst II. mit Büchern beliefert hat, konnte nicht nachgewiesen werden. Nach der bisherigen Analyse erscheint dies wahrscheinlich, und Ernst II. entsprach den bisher angeführten Merkmalen der typischen Großkunden der Verlagsbuchhandlung vollkommen.

Unter den adeligen Kunden befanden sich zudem mehrere Frauen wie Anna Amalia von Sachsen-Weimar-Eisenach oder Landgräfin Caroline von Hessen-Homburg, geborene Landgräfin von Hessen-Darmstadt (1746–1821)[242]. Letztere war in Bouxwiller im Elsass geboren und kannte Treuttel oder Bauer möglicherweise aus diesen Kreisen. Sie besaß und pflegte eine umfangreiche Bibliothek, mit Publikationen insbesondere in deutscher und französischer Sprache. Sie fertigte sogar Kataloge ihrer Bibliothek an[243]. Die Bibliothek Anna Amalias gehörte im 18. Jahrhundert zu den größten Bibliotheken, welche sich in Besitz von Frauen befanden. Sie hatte selbst den Ausbau der Hofbibliothek beauftragt, als sie noch die Regentschaft für ihren Sohn innehatte. Möglicherweise war sie es also, die den Grundstein der Buchpolitik ihres Sohnes legte. Auch wenn ihre Privatbibliothek für damalige Verhältnisse eine herausragend große Anzahl an Titeln enthielt, war sie sehr viel kleiner als die Bibliothek ihres Sohnes.

Abb. 9 zeigt Herzogin Anna Amalia von Sachsen-Weimar-Eisenach um 1769, also während der Zeit ihrer Regentschaft. Sie ist sitzend dargestellt. Oben befindet sich das Wappen der Familie, neben ihr ist ein Tasteninstrument mit Notenblättern abgebildet. Sie interessierte sich sehr für Musik und komponierte selbst[244]. In ihrer linken Hand befindet sich ein aufgeschlagenes Buch, als hätte sie nur eben vom Lesen aufgeschaut. Zumindest für Frauen, Regentinnen, waren Bücher repräsentativ genug für offizielle Darstellungen. Teilweise findet sich diese Praktik des Herrscherporträts mit Büchern im Hintergrund oder in der Hand auch bei männlichen Herrschern[245].

Dieser Typ des aufgeklärten Herrschers, dessen Ideale Treuttel und Würtz mit ihren Kunden verbanden, begründete den Aufstieg des Unternehmens. Der als Mäzen auftretende Fürst, welcher in paternalistischer Manier seine Bibliothek als Herrschaftsinstrument einsetzte, hatte erheblichen Anteil

242 Vgl. Brief von J.-G. Treuttel zu Straßburg 1793, HStAD, Bestand D 11 Nr. 109/7.

243 Vgl. Anke Bennholdt-Thomsen, Alfredo Guzzoni, Die Privatbibliothek einer »der ausgebildetsten Damen«, der Landgräfin Caroline von Hessen-Homburg, in: Sabine Koloch (Hg.), Frauen, Philosophie und Bildung im Zeitalter der Aufklärung, Berlin 2010, S. 295–314, hier S. 297.

244 Vgl. Georg von Dadelsen, Art. »Anna Amalia, Herzogin von Sachsen-Weimar-Eisenach«, in: NDB, Bd. 1 (1953), S. 302f.

245 Vgl. dazu Fritz Nies, Bahn und Bett und Blütenduft. Eine Reise durch die Welt der Leserbilder, Darmstadt 1991, S. 106–108.

Abb. 9. Johann Ernst Heinsius, Herzogin Anna Amalia von Sachsen-Weimar-Eisenach (1739–1807), nach 1769. Öl auf Leinwand, Klassik-Stiftung Weimar, Fotothek (Olaf Mokansky).

am Aufschwung von Treuttel & Würtz; er hatte aber auch, durch dessen lediglich mittelfristige Dauer und den Ausbau der Verwaltung, Anteil an dessen Niedergang.

Administration, Nationalbibliotheken und öffentliche Bibliotheken (1789–1850)

Neben aufgeklärten Fürsten belieferte Bauer, Treuttel & Würtz über ihre gesamte Unternehmensgeschichte hinweg Schriftsteller und Gelehrte. Am Beispiel Weimar wurde bereits auf diese Kundengruppe eingegangen[246]. Weitere Kunden von Bauer, Treuttel & Würtz lassen sich in drei große sozioprofessionelle Gruppen aufteilen: Neben zahlreichen Wissenschaftlern befanden sich insbesondere Schriftsteller und Politiker darunter.

Die größte dieser Gruppe waren die Gelehrten. Zumeist handelte es sich um renommierte Wissenschaftler und Professoren ihrer Zeit. Unter den Philologen und Geisteswissenschaftlern (in chronologischer Reihenfolge nach dem Kundennachweis bei Treuttel & Würtz geordnet) befanden sich Jean-Baptiste-Gaspard d'Ansse de Villoison[247], August Wilhelm Schlegel, Karl Benedikt Hase[248], Joseph-Marie de Gérando[249], Christian Lassen[250], Jules Mohl[251], Claude Fauriel[252], Paulin Paris[253] und Victor Cousin. Barthélemy Mercier de Saint-Léger[254] und Gabriel

246 An dieser Stelle sei nochmal daran erinnert, dass die Listen der aufgeführten Kunden immer Lücken enthalten werden. Da das Verlagsarchiv von Bauer, Treuttel & Würtz nicht erhalten ist, kann die Aufzählung nicht vollständig sein.

247 Vgl. Jean-George Treuttel an Jean-Baptiste-Gaspard d'Ansse de Villoison, Strasbourg, 29.12.1788, BL, Add Ms 23889, fol. 2.

248 Vgl. Korrespondenz von Jean Godefroi Würtz und Jean-George Treuttel an Karl Benedikt Hase, 1807–1845, GSA, 108/2829.

249 Vgl. Joseph-Marie de Gérando an Jean-George Treuttel, o. O., o. J, StaBi, Slg. Darmstaedter 2k 1820: Gérando, Joseph Maria de; 38–39.

250 Vgl. Christian Lassen an Treuttel & Würtz, Paris, 14.6.–5.7.1825, StaBi, Slg. Darmstaedter 2b 1826: Lassen, Christian; 6–8.

251 Vgl. Rechnung von Treuttel & Würtz an Jules Mohl, Paris, 14.3.1826, IF, Ms 2984/pièces 189f.

252 Vgl. Correspondance de Claude Fauriel avec des libraires, ca. 1817–1840, IF, Ms 2374/3, Nr. 169–192; Ms 2374/5, Nr. 335–338.

253 Vgl. Paulin Paris an Treuttel & Würtz, Paris, 19.8.1839–9.12.1843, IF, Ms 7916.

254 Vgl. Briefe von Bauer & Treuttel und Jean-George Treuttel an Barthélemy Mercier Saint-Léger, Straßburg, 1779–1783, BNF, NAF 22434.

Peignot[255] waren ebenfalls Kunden bei Treuttel & Würtz und sind der aufkommenden Wissenschaft der Bibliografie zuzuordnen.

Im Bereich der Naturwissenschaftler (Naturforscher, Botaniker, Geografen) konnten folgende Personen als Kunden nachgewiesen werden: Alexander von Humboldt[256], Jacques-Étienne Gay[257], Antoine Mougeot[258] und Sylvain Meinrad Xavier Golbéry[259].

Unter den Schriftstellern wurde zudem Heinrich Heine nachgewiesen[260]. William Henry Fox Talbot, welcher als Entwickler der Fotografie etwas aus der Typologie fällt, war ebenfalls Kunde bei Treuttel & Würtz[261].

Zu den Kunden, die als Politiker tätig waren, gehörten Honoré-Gabriel Riqueti Mirabeau[262] sowie die Liberalen Jacques Laffitte[263], Pierre-Paul Royer Collard[264] und François Guizot. Diesen liberalen Politikern stand Treuttel & Würtz in Hinsicht auf gemeinsame Werte und Interessen nah. Sie gehörten zu dem sozialen Kreis an Menschen, in dem sie sich selbst bewegten und welche sie durch Publikationen förderten. Jacques Laffitte war in Straßburg an der Errichtung eines Gutenberg-Denkmals beteiligt, an welcher auch Würtz mitwirkte.

255 Vgl. Briefe von Treuttel & Würtz an Gabriel Peignot, Paris, 1800/01–1813, BNF, NAF 22434.

256 Vgl. Reinhard Andress, Ein unveröffentlichter Brief Alexander von Humboldts an den Buchhändler Jean-Georges Treuttel, in: Internationale Zeitschrift für Humboldt-Studien 17/33 (2016), S. 4–9. Der Brief an Treuttel ist undatiert, vermutlich aber zwischen 1815 und 1822 verfasst worden.

257 Vgl. Buchbestellung von Jacques-Étienne Gay an Treuttel & Würtz, Paris, 17.3.1822, IF, Ms 8110/Blatt 3 f.

258 Vgl. Briefe von Treuttel & Würtz an Antoine Mougeot, 14.12.1832–15.6.1860, MNHN, Ms 2522 (13) 9785–9834.

259 Vgl. Sylvain Meinrad Xavier Golbéry an Treuttel & Würtz, IF, Ms 5.579/4.

260 Vgl. Helmuth Mojem, Als Cottascher Musquetir [sic!]. Zu einem neu aufgefundenen Brief an Heinrich Heine, in: Jahrbuch der Deutschen Schillergesellschaft (1998), S. 5–20. Eine Abschrift des Briefes von Treuttel & Würtz (London) an Heinrich Heine vom 15.2.1828 befindet sich ibid., S. 6 f. In der Briefausgabe von Heine konnten weitere Erwähnungen und Bestellungen nachgewiesen werden. Der Kontakt war aber nicht sehr eng.

261 Vgl. Quittungen über Rechnungen von William Henry Fox Talbot bei Treuttel & Würtz, 1823–1825, BL, Add Ms 88942/4/1/14.

262 Vgl. Mémoire des fournitures faites à monsieur le comte de Mirabeau par Treuttel libraire à Strasbourg (5.1.1786–11.2.1791), AS, VI 693/8. Mirabeau hatte insgesamt Publikationen im Wert von 423,4 Louisdor bei Treuttel bestellt.

263 Vgl. »Inventaire après décès« von Jean Godefroi Würtz, 1841, AN, MC/ET/I/953.

264 Vgl. Pierre-Paul Royer-Collard an Jean-George Treuttel, 1833, IF, Ms 2606/F.2–187/F. 149.

Eine Untersuchung der Kundenstruktur ergibt, dass es sich teilweise um Personen handelte, die gleichzeitig als Bibliothekare tätig waren: Barthélemy Mercier de Saint-Léger war in der Bibliothèque Sainte-Geneviève in Paris beschäftigt, Gabriel Peignot in Vesoul, Claude Fauriel und Paulin Paris waren in der königlichen Bibliothek[265] angestellt. Dieser Zusammenhang ergibt sich aus der Spezialisierung von Treuttel & Würtz auf die Belieferung von Bibliotheken.

Unter den Wissenschaftlern befanden sich zahlreiche Vertreter der entstehenden modernen Wissenschaften wie der Philologien: Jules Mohl, Claude Fauriel, August Wilhelm Schlegel. Entsprechend des Schwerpunktes auf klassischen lateinischen und griechischen Autoren (Bipontiner Ausgabe etc.) befanden sich auch zahlreiche Philhellenisten unter den Kunden. Neben Jean-Baptiste-Gaspard d'Ansse de Villoison gehörten Claude Fauriel und Karl Benedikt Hase dazu[266].

Als Gemeinsamkeit unter diesen Kunden lässt sich zudem deren transkulturelle Aktivität feststellen. Treuttel & Würtz versorgte ihre Kunden während ihrer Reisen mit Publikationen aus anderen europäischen Ländern. Jean-Baptiste-Gaspard d'Ansse de Villoison wurde 1782 ein Paket mit Bestellungen nach Weimar geschickt (»M. de Villoison de Paris, actuellement à Weimar«[267]), 1788 sandte Treuttel Bestellungen nach Paris[268]. William Henry Fox Talbot erhielt seine Buchbestellungen in sämtliche Pariser Hotels geliefert[269], in denen er wohnte, und auch nach Mailand, als er sich dort aufhielt. Für die internationalen Buchhändler stellten die reisebedingt häufig wechselnden Adressen ihrer Kunden kein Problem dar. Selbst abonnierte Zeitschriften wurden an die jeweils aktuelle Adresse nachgeliefert, im Fall Talbots nach Mailand: »Les deux journaux auxquels vous êtes abonné vous parviendront désormais, ainsi que vous venez de l'ordonner, par adresse de Milan poste restante«[270].

265 Vgl. Michel ESPAGNE, Genetische Textanalyse. Edition – Archiv – Anthropologie, in: Christoph KÖNIG, Siegfried SEIFERT (Hg.), Literaturarchiv und Literaturforschung. Aspekte neuer Zusammenarbeit, München u. a. 1996, S. 83–103, hier S. 94 f.

266 Vgl. dazu Sandrine MAUFROY, Le philhellénisme franco-allemand (1815–1848), Paris 2011.

267 Rechnung in: Jean-George Treuttel an Friedrich Justin Bertuch, 11.8.1782, GSA, 6/5286. Nr. 4.

268 Vgl. Jean-George Treuttel an Jean-Baptiste-Gaspard d'Ansse de Villoison, Strasbourg, 29.12.1788, BL, Add MS 23889, fol. 2.

269 Vgl. Quittungen über Rechnungen von William Henry Fox Talbot bei Treuttel & Würtz, 1823–1825, BL, Add MS 88942/4/1/14.

270 Treuttel & Würtz (Paris) an William Henry Fox Talbot, Paris, 20.5.1823, BL, Add MS 88942/2/141.

Treuttel & Würtz profitierte von seinem Netzwerk und ermöglichte die Versorgung anspruchsvoller Kunden mit den gewünschten Publikationen an dem Ort, an dem diese sich gerade befanden. Dadurch förderte und ermöglichte die Buchhandlung deren Forschungstätigkeit. Zu ihren Kunden gehörten denn auch zahlreiche vielreisende Wissenschaftler mit großen transkulturellen Netzwerken wie Alexander von Humboldt, welcher in Paris und Berlin gleichzeitig tätig war.

Wissenschaftler oder Schriftsteller waren zumeist nicht ausschließlich Kunden von Treuttel & Würtz, sondern gleichzeitig Autoren, Übersetzer oder wissenschaftliche Herausgeber. Wie am Beispiel Weimar gezeigt werden konnte, stellte diese Gruppe an Wissenschaftlern und Schriftstellern zwar einen Typ von Kunden der Verlagsbuchhandlung dar, aber ihr Beitrag am Gewinn des Unternehmens war – in Bezug auf die Kundenrolle – vernachlässigbar.

In dem bereits zitierten Werk von Thomas Frognall Dibdin war die Erwähnung des Gelehrten Johann Friedrich Lichtenberger im Straßburger Haus von Treuttel & Würtz um 1825 eher von repräsentativem Charakter:

> Ce fut dans leur magasin que je rencontrai fréquemment quelques uns des savans de Strasbourg; entre autres le vénérable et aimable *Lichtenberger*, auteur de cette très judicieuse et savante compilation intitulée »Initia typographica«. Je fus présenté à plusieurs autres savans; on me pardonnera d'avoir oublié leurs noms[271].

Wie ihre adligen Kunden umgaben und schmückten sich Bauer, Treuttel und Würtz mit einer engen Beziehung zu Gelehrten und Schriftstellern. Der enge Kontakt zu diesem Personenkreis war mit Prestige und symbolischem Kapital verbunden. Johann Friedrich Lichtenberger war Professor in Straßburg und hatte das zitierte Werk 1811 bei Treuttel & Würtz publiziert. Wenn die Verlagsbuchhändler auch wenig an Schriftstellern und Gelehrten verdienten, waren sie wie Lichtenberger als Autoren für das Unternehmen von Bedeutung.

Waren im Absolutismus des 18. Jahrhunderts Künstler, Schriftsteller und Wissenschaftler durch Fürsten direkt in einem mäzenatischen Verhältnis gefördert worden, wurde dieses Abhängigkeitsverhältnis im Zuge der Aufklärung kritisiert. Mäzene begannen daraufhin Stiftungen und Bibliotheken zu fördern, welche das Geld unter den Empfängern ihrer Hilfe aufteilten. Verleger begannen die Rolle der Mäzene für Schriftsteller einzunehmen. Auch wenn die Förderung eines Schriftstellers möglicherweise aus ideellen Gründen begonnen worden war – Verleger und Buchhändler waren auf den Absatz ihrer Publikationen angewiesen. An die Stelle der direkten Kunstförderung nach Geschmack und politischem Interesse des Mäzens trat der Markt. Dieser Wandel vollzog sich

271 Dibdin, Voyage bibliographique, S. 381f. (Hervorh. i. Orig.).

während des Epochenumbruchs vom 18. zum 19. Jahrhundert und insbesondere zu Beginn des 19. Jahrhunderts[272].

Von diesem Wandel des Mäzenatentums war auch Treuttel & Würtz betroffen. Nicht nur übernahm das Unternehmen selbst die Förderung von Schriftstellern und Wissenschaftlern, sondern aufgeklärte Fürsten, mit denen es in einem mäzenatischen Verhältnis stand, verstarben oder bevorzugten die Investition in ihre Bibliotheken, wo Bibliothekare über den Ankauf von Publikationen entschieden. Treuttel & Würtz verloren die lukrativen Großkunden, welche sie seit dem 18. Jahrhundert bedient hatten und mit welchen sie sich in einem mäzenatischen Verhältnis befanden. Die weitreichenden Folgen für die Verlagsbuchhandlung waren, dass sie sich ihrer Großkunden nicht mehr sicher sein konnten. Anstelle eines gegenseitigen Vertrauensverhältnisses zwischen Fürst und Buchhändler traten Bibliothekare, deren Ausgaben durch ein Budget begrenzt waren und die ihre Einkäufe rechtfertigen mussten.

Die bereits im 18. Jahrhundert angestoßene Verrechtlichung und Bürokratisierung der Bibliotheken wurde in den folgenden Jahrzehnten weiter vorangetrieben, ebenso die Entwicklung und Ausbildung der Bibliothekare. 1821 entstand in Paris die École des chartes, welche der Ausbildung der *conservateurs* (Bibliothekare, Archivare, Museumsleiter) gewidmet ist. Bibliothekskataloge und die Klassifizierung von Büchern wurden nicht nur in Bezug auf die Ordnung und Zugänglichkeit der Publikationen ausgebaut[273].

Die Französische Revolution und die folgenden Revolutions- und napoleonischen Kriege hatten weitreichende Folgen für die Bibliotheken Europas und damit auch für die Kundenstruktur von Treuttel & Würtz. Auf die Konfiskation von Hof- und Privatbibliotheken folgten die Umfunktionierung der königlichen Bibliothek in eine Nationalbibliothek und die Gründung von Zentralbibliotheken. Während der napoleonischen Kriege wurden, ebenso wie im Bereich der Gemälde und Kunstwerke, Bücher aus den Bibliotheken besiegter Länder nach Frankreich gebracht. Dahinter stand die Idee, eine universale Bibliothek mit den größten Kunstwerken und bedeutendsten Drucken zu schaffen. Zahlreiche Bibliotheken, u. a. die Wiener Hofbibliothek, waren von diesen Raubzügen betroffen. Mit der Niederlage Napoléons begann die Restitution der Publikationen[274].

Die entscheidende Veränderung aber stellte der Beginn der Nationalbibliotheken dar. In Großbritannien bestand sei 1753 bereits das British Museum, welchem diese Bedeutung zukam. Die sich intensivierende Konkurrenz zwi-

272 Vgl. Ute Schneider, Art. »Mäzen. Literatur«, in: EdN, Bd. 8 (2008), S. 184–186, hier S. 185.

273 Vgl. Barbier, Histoire des bibliothèques, S. 233–236.

274 Vgl. ibid., S. 228–238.

schen Frankreich und Großbritannien führte bereits in der ersten Hälfte des 19. Jahrhunderts zu einem Wettstreit, der auch im Bereich der Bibliotheken ausgetragen wurde und zu dem andere Länder hinzutraten (Gründung der Deutschen Bücherei 1912).

Die aufklärerischen Ideale, welche hinter der Schaffung bedeutender Bibliotheken aufgeklärter Fürsten standen, wurden durch unterschiedliche Konzeptionen von Nationalbibliotheken und nationaler Identität ergänzt und abgelöst. Neben der Valorisierung der eigenen nationalen Buchproduktion und deren Sammlung konnte auch die Idee der Schaffung einer idealen Bibliothek mit zahlreichen Publikationen auch aus dem Ausland und die direkte Konkurrenz um die beste Bibliothek die Motivation dieser Institutionen begründen. Im Zentrum dieser Bibliothekspolitik standen also nicht mehr aufklärerische Ideale der Akkumulation von Wissen und soziale Distinktion, sondern nationale Konkurrenz. Diese Konkurrenz schloss allerdings auch im Ausland erschienene Publikationen mit ein[275].

Diese großen Umbrüche im Bereich der Bibliotheken und deren Nationalisierung führten zu einem Wandel der Kundenstruktur bei Treuttel & Würtz. Neben den konstanten Kunden der Schriftsteller und Wissenschaftler, deren Einfluss vernachlässigbar war, lassen sich drei größere Kundengruppen ausfindig machen. An erster Stelle ist der – wenn auch in seiner Quantität abnehmende – Bestand der Kunden in aufklärerischer Tradition zu nennen. Zur zweiten Gruppe gehörten die neuen Nationalbibliotheken und die weiterhin belieferten Universitätsbibliotheken. An letzter Stelle sind kleinere öffentliche Bibliotheken mit popularisierender Ausrichtung zu nennen. Während die ersten beiden Gruppen parallel bestanden, entstanden öffentliche Bibliotheken mit volksaufklärerischem Charakter erst in Folge und stellten zudem nicht die Großkunden von Treuttel & Würtz dar.

Kunden, welche aus aufklärerischen Idealen Bibliotheken aufbauten und Wissen akkumulierten, gab es auch nach dem Ausbruch der Französischen Revolution. Fürst Leopold III. von Anhalt-Dessau beispielsweise baute seine Bibliothek aus diesen ideellen Gründen aus und wurde auch im Zeitraum 1811–1816 von Treuttel & Würtz beliefert. Ebenso wurde die Bibliothek der Familie Waldeck zu Beginn des 19. Jahrhunderts sehr intensiv mit Publikationen durch Treuttel & Würtz ausgestattet. Liberale Ideen traten an die Stelle des aufklärerischen Gedankenguts, welches Treuttel und Würtz mit ihren Kunden teilten. Sich selbst als Erben und Weiterentwickler der Aufklärung verstehend[276], vertraten sie Ideen wie Pressefreiheit und den Glauben an den Fortschritt. Auf internationalen Austausch, aber konservativ-elitär, begründet durch gesell-

275 Vgl. ibid., S. 249–252.

276 Vgl. Rosanvallon, Le moment Guizot.

schaftlichen Stand, Bildung oder finanziellen Erfolg, waren die Liberalen die neue Autorengruppe von Treuttel & Würtz[277] und gleichzeitig eine kaufkräftige Kundengruppe. Ebenso wie bei den aufgeklärten Herrschern verbanden sie gleiche politische Ansichten und Interessen.

Liberale Lesegesellschaften kamen zu Beginn des 19. Jahrhunderts zu den Kunden von Treuttel & Würtz hinzu. Das Gabinetto Vieusseux in Florenz war ein Idealtypus dieser neuen Klientel[278]. Durch einen hohen Mitgliedsbeitrag konnten nicht nur zahlreiche und teure Publikationen auch aus dem Ausland angeschafft werden, sondern weniger reiche Personen wurden ausgeschlossen. Zu diesem exklusiven Publikum gehörten denn auch zahlreiche Diplomaten, Adlige oder reiche Schriftsteller, welche sich in Florenz aufhielten. Französisch war die dominierende Sprache der abonnierten Zeitschriften und Publikationen[279]. Für Treuttel & Würtz muss es sich um einen idealen Kundenkreis gehandelt haben, welcher zahlreiche Publikationen aus Frankreich erwarb. Dennoch konnte diese Kundengruppe nicht in der Fülle nachgewiesen werden wie die »Modeerscheinung« der aufgeklärten Fürsten. Der französische Liberalismus mit seiner elitären Ausrichtung exportierte sich nicht in gleichem Maße wie die Ideen der Aufklärung.

Die zweite große Kundengruppe von Treuttel & Würtz zu Beginn des 19. Jahrhunderts waren die National- und Universitätsbibliotheken. Letztere belieferte Treuttel & Würtz bereits im 18. Jahrhundert. Insbesondere Universitätsbibliotheken zeichneten sich durch eine strikte Budgetbegrenzung aus. Es musste verlässlich verwaltet und nachweisbar eingesetzt werden. Mit der Zeit mussten also objektive, für andere Personen nachvollziehbare Entscheidungskriterien entwickelt werden. Dies ging mit einem vertieften Ausbau der Verwaltung einher. Begrenzt durch ein jährlich festgelegtes Budget, musste eine Auswahl an Publikationen für die Bibliothek bestellt werden. Dem Preis der Werke wurde sehr viel mehr Wert beigemessen. Der Einkauf mehrerer teurer Ausgaben reduzierte die Gesamtmenge der möglichen Ausgaben. Der Tatsache, dass eine Veröffentlichung sehr schnell am Ort eintraf, wurde vermutlich ebenso weniger Bedeutung beigemessen wie der Tatsache, dass es sich um ein besonders repräsentatives Exemplar handelte.

Für exquisite Lesekabinette wie das von Gian Pietro Vieusseux in Florenz stimmten diese Kriterien nicht. Für den Großteil der Universitätsbibliotheken aber wird der repräsentative Charakter einer Publikation eine untergeordnete Rolle gespielt haben. Nur in Ausnahmen also stand der repräsentative Charak-

277 Vgl. folgende Autoren: Jean Charles Léonard Simonde de Sismondi, Benjamin Constant und Germaine de Staël.

278 Vgl. »Inventaire après décès« von Jean Godefroi Würtz, 1841, AN, MC/ET/I/953.

279 Vgl. Barbier, Histoire des bibliothèques, S. 240 f.

ter einer Publikation im Vordergrund; der Inhalt und das physische Vorhandensein eines Exemplars hingegen wurden aufgewertet. Diese Entwicklung wurde durch die Limitierung des Budgets, die Verrechtlichung, Bürokratisierung und die Nachprüfbarkeit der Entscheidung aufgrund objektiver Kriterien, aber auch durch den großen Einfluss der Wissenschaftler und Professoren auf die Universitätsbibliothek vorangetrieben. Diesen diente ihre Universitätsbibliothek als Arbeitsgrundlage, welche sich mehr durch eine große Anzahl an Veröffentlichungen als durch wenige Publikationen in schöner Ausfertigung auszeichnete.

Dieser Verrechtlichungs- und Bürokratisierungsprozess in der Verwaltung von Bibliotheken hatte Konsequenzen für die Beschaffung der Bücher und die Beziehung zu Büchern ebenso wie zu ihren Lieferanten. Eine Verrechtlichung der Bibliothek, die sich durch für Andere nachvollziehbare Kriterien auszeichnete, wurde weniger flexibel. Es stand nicht mehr die Beziehung zum Buchhändler, welcher die Bibliothek jahrelang beliefert hatte, im Mittelpunkt, sondern objektive Kriterien wie der Preis, welcher für ein Werk bezahlt werden musste. Dies führte zu mehr Konkurrenz unter den Lieferanten, welche weniger an ihren Verkäufen verdienen konnten.

Die Auswahlkriterien, nach welchen diese Bibliotheken einkauften, unterschieden sich fundamental von denen, nach denen aufgeklärte Fürsten ihre Bibliotheken beliefern ließen. Die Buchhandlung Treuttel & Würtz, welche nicht mehr in mäzenatischer Weise und aufgrund gemeinsamer Werte als Hauslieferanten für ihre Kunden tätig war, musste sich der Konkurrenz anderer großer internationaler Buchhandlungen stellen.

Betrachtet man die Einkäufe der Bodleian Library in Oxford, so waren diese deutlich geringer als die der aufgeklärten Fürsten. Die Bibliothek war stark von Geldgebern und Spenden abhängig, sodass sie bei weitem nicht so viele Mittel bereitstellen konnte. Treuttel & Würtz hat die Bibliothek ab 1816, noch vor der Gründung der Londoner Filiale, beliefert[280]. Das Londoner Haus belieferte die Bodleian Library regelmäßig, wenn auch nicht allein. Neben Treuttel & Würtz wurde eine Fülle an weiteren Lieferanten genannt. Die gelieferten Titel stammten aus ganz Europa: Neben St. Petersburg, Uppsala und Harlem wurden auch englische Orte wie Cambridge als Publikationsorte genannt. Dennoch lag der Schwerpunkt auf dem französisch- und deutschsprachigen Raum. Die Belieferung der Bodleian Library konnte bis 1836 nachgewiesen werden[281]. Dieses Datum steht in Zusammenhang mit der Auflösung der Londoner Filiale (im Winter 1833/34) und der Insolvenz des Nachfolgers Adolphe Richter 1837.

280 Vgl. Archiv der Bodleian Library. Library Records 1815–1822, Oxford, BLO, Library Records c. 929: 1815–1822.

281 Vgl. ibid., Library Records b. 228: 1822–1836.

Auch die ENS war Kunde bei Treuttel & Würtz. Bereits 1823 belieferte die Verlagsbuchhandlung die Eliteinstitution mit Publikationen[282]. Die Bucherwerbungen, welche ab 1829 in einem Register erhalten sind und ab 1833 die Namen der Buchhändler enthielten, belegen die regelmäßigen Lieferungen im Zeitraum von 1834 bis 1840. Treuttel & Würtz lieferte insbesondere im eigenen Verlag erschienene Werke wie die »Histoire des Français« von Sismondi (1836)[283]. Wie bei der Bodleian Library war Treuttel & Würtz auch bei der Belieferung der ENS einer großen Konkurrenz ausgesetzt: Bachelier, Bourgeois-Maze, Crochard, Hachette, Heideloff, Levrault, Videcoq und Treuttel & Würtz dominierten die Lieferungen. Erst in den 1840er Jahren änderte sich die Zusammensetzung der Lieferanten der ENS. Von nun an wurde sie beinahe ausschließlich von Joubert und Brockhaus mit Literatur versorgt. Möglicherweise gab es besondere Verträge über Rabatte mit diesen Unternehmen.

Viele Autoren, insbesondere Professoren der Universität und ehemalige Schüler, gaben zudem ihre eigenen Publikationen als Schenkungen an die Bibliothek, und auch das Ministère de l'Instruction publique überließ der ENS erworbene Titel. Diese Belegexemplare stellten eine weitere Möglichkeit der Bucherwerbung dar[284].

Im ausgehenden 19. Jahrhundert belieferte Treuttel & Würtz (Straßburg) die neue Straßburger Kaiserliche Universitäts- und Landesbibliothek (KULB)[285]. Nach der Zerstörung der alten Bibliothek im deutsch-französischen Krieg wurde die Wiederherstellung einer großen Bibliothek durch die Bereitstellung eines hohen Budgets bei gleichzeitigen Buchspenden und Lieferung von Dubletten anderer Bibliotheken intensiv gefördert. Die Motivation für die Bereitstellung hoher finanzieller Summen lag in einer national ausgerichteten Bibliothekspolitik begründet – ein ideeller Grund wie bei den aufgeklärten Fürsten im 18. Jahrhundert. Im Fall Straßburgs sollte durch die Förderung der Universi-

282 Vgl. Philibert Gueneau de Mussy an Treuttel & Würtz (Paris), Paris, 7.5.1823, StaBi, Slg. Darmstaedter 2 c 1820: Gueneau de Mussy, Philibert; 4–5. Der ehemalige Direktor hatte eine Lieferung von neu erschienenen Bänden der »Histoire des Français« erhalten und monierte, dass er diese für die ENS und nicht für sich persönlich bestellt hatte. Diese Verwechslung legt nahe, dass auch de Mussy selbst Kunde war. Das konnte aber bisher nicht belegt werden.

283 Vgl. Inventaire, par ordre d'acquisition, du nouveau fonds de la bibliothèque de l'École normale, à partir de l'année 1829 [jusqu'en 1846], BE, o. S.

284 Vgl. zur Belieferung der Bibliothèque de l'ENS auch Petitmengin, La bibliothèque de l'École normale supérieure, S. 64. Petitmengin sieht insbesondere Klincksieck als bedeutenden Belieferer der Bibliothek, bezieht sich allerdings auf eine spätere Periode.

285 Vgl. Annika Hass, Treuttel et Würtz et la Bibliothèque nationale et universitaire de Strasbourg, in: Frédéric Barbier (Hg.), Bibliothèques, Strasbourg, origines–xxie siècle, Paris, Straßburg 2015, S. 233f.

tät, insbesondere der deutschen Literatur und Geschichte, sowie der Bibliothek der Beweis erbracht werden, dass das Elsass zum deutschen Kulturraum gehört hatte und rechtmäßig deutsch sei[286].

Eine national begründete Bibliothekspolitik hatte die KULB mit den Nationalbibliotheken gemeinsam. Auch Nationalbibliotheken verfügten über ein großes Budget. Ein bedeutender Grund für den Niedergang der Londoner Filiale von Treuttel & Würtz mag in den Umsatzeinbußen des Standortes durch den Kontaktabbruch zum British Museum gelegen haben. Hatte Treuttel & Würtz das British Museum 1833 noch beinahe als alleiniger Lieferant bedient[287], so lassen sich 1837/38 keine Lieferungen mehr nachweisen[288]. Kurz zuvor hatte ein Wechsel in der Leitung der Bibliothek stattgefunden. Der neue *keeper of the books*, Anthony Panizzi, ist zwar für seinen Ausbau der Lieferungen mit Publikationen aus dem Ausland bekannt[289], allerdings wurde damit nicht Treuttel & Würtz beauftragt. Ein Brief von 1840 belegt das schwierige Verhältnis zwischen der Verlagsbuchhandlung und Panizzi. Es gab Kommunikationsprobleme sowie Probleme mit dem Versenden von Büchern, welche Treuttel & Würtz vermutlich nicht lösen konnte.

> Gentlemen,
> This is the third letter I address to you requesting you to forward the continuation of works become due in the course of 1839 subscribed and partly paid for in advance. My two former letters are still unanswered, nor have the articles you owe to this library been received. I shall make no comment on this conduct but limit myself to request forthwith and
> I remain your obedient servant,
> A. Panizzi[290].

Anstatt den langjährigen Lieferanten die Treue zu halten und einen kurzen Engpass zu entschuldigen, wechselte Anthony Panizzi zu anderen Buchhändlern.

286 Vgl. Frédéric Barbier, La bibliothèque à l'époque allemande (I: 1870–1889), ibid., S. 179–199, hier S. 187–197.

287 Vgl. Department of Printed Books. Acquisitions Invoices [British Museum] Undated–November 1833, BL, DH5/1.

288 Vgl. Department of Printed Books Acquisitions Invoices [British Museum] July 1837–August 1838, BL, DH5/2.

289 Vgl. P. R. Harris, A History of the British Museum Library, 1753–1973, London 1998. Vgl. auch die Erwähnungen von Treuttel und Würtz und deren Belieferung der Bibliothek, S. 39, 76 und 143.

290 Anthony Panizzi an Treuttel & Würtz (Paris), 29.5.1840, StaBi, Slg. Darmstaedter 2b 1837: Panizzi, Antonio; 2.

Neben diesem offensichtlichen Grund für den Kontaktabbruch könnten auch idelle Gründe zu einem Ende der Lieferantenbeziehung geführt haben. Es erscheint doch wenig nachvollziehbar, zu seinen langjährigen Lieferanten aufgrund einiger möglicherweise vernachlässigbarer Lieferschwierigkeiten oder nicht ankommender Briefe den Kontakt abzubrechen. Das British Museum, dessen Bibliothek zur englischen Nationalbibliothek wurde, war in Konkurrenz zur französischen Nationalbibliothek getreten. Panizzi, welcher zahlreiche Titel auch im Ausland für die Bibliothek erwarb, verfolgte bei dem Aufbau der bedeutendsten Bibliothek nationale Interessen. War Treuttel & Würtz möglicherweise als Lieferant der Aufklärung und Toleranz mit diesen neuen politischen Überzeugungen nicht einverstanden? Zumindest standen sich Treuttel & Würtz und diese Großkunden nicht mehr in ideeller und politischer Hinsicht nahe, was vielleicht zu einer weniger nachsichtigen Entscheidung Panizzis geführt hat. Zeitlich fällt dieser Absprung des British Museum als Großkunde mit der Auflösung der Londoner Filiale zusammen, weshalb es naheliegt, dass der Kundenverlust zumindest ein Grund für die Auflösung war.

Die dritte und chronologisch zuletzt auftretende Kundengruppe bestand aus populär ausgerichteten Bibliotheken und Lesekabinetten. Zu diesen gehörte beispielsweise die Stadtbibliothek Mainz. Sie wurde bereits sehr früh von Treuttel & Würtz beliefert, allerdings auch unter besonderen Bedingungen. Der Direktor Franz Joseph Bodmann musste für Desiderata, welche im Verlag von Treuttel & Würtz erschienen waren, Briefe an den Bürgermeister der Stadt verfassen und die besondere Notwendigkeit dieser Publikation für die Stadtbibliothek darlegen. Während der napoleonischen Herrschaft musste selbst der Präfekt des Departements Donnersberg Jeanbon de Saint-André Briefe an den Bürgermeister schreiben und die Anschaffung von Publikationen anordnen, darunter auch einige Werke, welche bei Treuttel & Würtz erschienen waren[291]. Der hohe Preis und das begrenzte Budget erforderten einen besonderen Aufwand in der Beschaffung.

Eine dritte Entwicklung der Bibliothekspolitik entstand gegen Mitte des 19. Jahrhunderts[292]. Im Kontext eines volksaufklärerischen Ideals sollten Bibliotheken einem größeren Publikum zugänglich gemacht werden. Dieses Ideal hatte Jean Godefroi Würtz bereits 1830 vertreten und die Schaffung öffentlicher Bibliotheken auf dem Land in Frankreich gefordert. Die Buchhandlung Treut-

291 Vgl. Jeanbon de Saint-André an den Bürgermeister des Stadt Mainz Franz Konrad Macké, Mainz, 19.7.1808, in: Bestand 60 Munizipalverwaltung bzw. Mairie der Stadt Mainz »Französisches Archiv« 1798–1814, Stadtbibliothek, Akquisition von Büchern betreffend 1799–1813, Stadtarchiv Mainz, 60/1336. Ich danke dem Stadtarchiv Mainz für die freundliche Bereitstellung.

292 Vgl. Barbier, Histoire des bibliothèques, S. 258–264.

tel & Würtz war allerdings nicht auf die Lieferung und Produktion preiswerter Publikationen spezialisiert. Das Beispiel der Mainzer Stadtbibliothek belegt bereits das Problem des Unternehmens mit dem Verkauf an budgetär stark limitierte Bibliotheken.

Alberto Martino konnte in seiner Studie zur deutschen Leihbibliothek im 18. und 19. Jahrhundert zwar nachweisen, dass dort ein hoher Anteil an ausländischer Literatur vorhanden war, allerdings betraf dieser insbesondere preiswerte Übersetzungen. Zu einem Zeitpunkt, zu dem noch kein internationales Urheberrecht existierte, stellten preiswerte, ohne den Erwerb der Rechte angefertigte Übersetzungen eine Alternative zu deutschen »Originalausgaben« dar, was deren weite Verbreitung in zahlreichen Leihbibliotheken erklärt[293]. Auch wenn Martino betont, dass Leihbibliotheken seit Beginn ihrer Existenz auch Titel in Fremdsprachen führten – insbesondere französische, englische und italienische –, so rieten die Leihbibliotheksführer aus der Mitte des 19. Jahrhunderts dazu, diese preiswert zu erwerben, also in Form von Nachdrucken[294].

Dies entsprach in keiner Weise der Politik von Treuttel & Würtz und führte dazu, dass ein Großteil der Leihbibliotheken nicht zu ihren Kunden gehört haben können. Eine solche Bibliothekspolitik förderte sogar den Niedergang von Treuttel & Würtz, da die Originalausgaben weniger gekauft wurden. Dies führte zwar zu einer größeren Verbreitung der Publikationen, aber zu einer Abnahme der Verkaufszahlen von Unternehmen wie Treuttel & Würtz, welche für ein Urheberrecht eintraten. Die bei Treuttel & Würtz verlegten Veröffentlichungen waren zu teuer, zu elitär für ein breites Publikum. Obwohl sie Ideale der Aufklärung vertraten, waren sie konservativ ausgerichtet und wandten sich an ein Elitenpublikum. Dennoch waren auch die Leihbibliotheken divers: Neben kleineren auf dem Land oder in Provinzstädten gab es auch solche in Residenzstädten oder das Lesekabinett in Florenz, welches sich an ein kaufkräftiges Publikum wandte und Kunde bei Treuttel & Würtz war. Man musste es sich leisten können, Originalausgaben zu erwerben. Das Publikum und die Ausrichtung der Bibliothek bestimmten deren Verkaufsstrategien. Populäre, demokratische Bibliotheken gehörten nicht zu den Großkunden von Treuttel & Würtz.

In dieser eigentlich von Treuttel & Würtz gewünschten breiteren Zugänglichkeit von Büchern und Wissen, welche allerdings eine Limitierung des Budgets und einen Ausbau der Bürokratie zur Folge hatte, liegt paradoxerweise ein Grund für den Niedergang der Verlagsbuchhandlung. Hatte die internationale

293 Vgl. Alberto Martino, Die deutsche Leihbibliothek. Geschichte einer literarischen Institution (1756–1914). Mit einem zusammen mit Georg Jäger erstellten Verzeichnis der erhaltenen Leihbibliothekskataloge, Wiesbaden 1990, S. 661–699.

294 Vgl. ibid., S. 699–730.

Buchhandlung durch den regen und durch wenig Konkurrenz gekennzeichneten Absatz an aufgeklärte Fürsten und Bibliophile profitiert, so litt sie ab dem zweiten Drittel des 19. Jahrhunderts an den Konsequenzen einer demokratischeren Auffassung von Aufklärung, der Limitierung des Budgets und der Einführung objektiver Kritieren, nach denen Aufträge erteilt wurden. Treuttel und Würtz vertraten und bedienten eine konservative Auffassung von Aufklärung. Sie unterstützten aufgeklärte Fürsten, teilten Ideale um Bücher und Wissen, aber vertraten letztlich nicht die Idee einer Abschaffung der Monarchie und Ständegesellschaft. Die Vorherrschaft basierte auf Leistung, finanziellen Mitteln oder Herkunft und war für sie gerechtfertigt. Sie profitierten vom System der adligen Mäzene, in welchem die persönliche Beziehung eine Rolle spielte und die finanziellen Ausgaben vernachlässigt wurden.

2.3 Der Zugang zum Wissen: Treuttel & Würtz als Wegbereiter der modernen und Begründer einer europäischen Bibliografie

In seinem 1966 erschienenen Werk »Les mots et les choses, une archéologie des sciences humaines«[295] untersuchte der Philosoph und Historiker Michel Foucault den Wandel unbewusster Einstellungen zur Betrachtung der Welt vom 16. bis zum 20. Jahrhundert. Er unterschied vier Phasen, wobei er den bedeutendsten Bruch um 1800 ausmachte. In der Renaissance betrachteten die Menschen die Welt noch in Wiederholungen und in Rhythmen wie den vier Jahreszeiten. In der klassischen Zeit, welche von der Mitte des 17. bis zum ausgehenden 18. Jahrhundert reichte, verstand man die Welt als Repräsentation von Zeichen. Es herrschte eine mathematische Sichtweise vor, in der die Zeichen – richtig verstanden und mathematisch kombiniert – zu wahren Aussagen führen mussten. Die Welt wurde geordnet und systematisiert. Es entstanden die Wissenschaften der *histoire naturelle*, die Klassifikation der Pflanzen nach Carl von Linné und die »Encyclopédie« von Diderot und d'Alembert. Die Sprache wurde als logisch und als Schlüssel zu einer Kultur betrachtet. Um 1800 kam es zu einem Bruch in dieser klassischen Denkweise, welcher sich insbesondere durch die Entdeckung der Historizität auszeichnete. Betrachtete man die Welt vorher eher systematisch, ordnend, außerhalb der Zeit, wurde die historische Dimension nun neu entdeckt. Zu diesem Zeitpunkt entstanden zahlreiche neue Wissenschaften wie die Philologien, welche Sprachen und ihre Grammatik sehr genau beschrieben, die Biologie und die politische Ökonomie. Schließlich kam es im 19. und 20. Jahrhundert zu einem erneuten Bruch und der wissenschaftli-

295 Michel Foucault, Les mots et les choses. Une archéologie des sciences humaines, Paris 2016 [1966]. Ich danke Michel Espagne für diese passende Lektüreempfehlung.

chen Entdeckung des Menschen (*sciences humaines*), der Soziologie und der Psychologie.

Ein Kristallisationspunkt zur Untersuchung vom Verständnis der Welt, deren Ordnung und Klassifikation, stellt die Bibliografie dar. Verstanden als ein Verzeichnis von Titeln über Gravuren bis zu Musikstücken nach einer bestimmten Ordnung, spiegelt sich sowohl in deren Ordnung und Themen als auch in der Auswahl der enthaltenen Titel selbst eine Weltsicht wider.

Während es in einer großen Bibliothek erst der Katalog mit den verzeichneten Titeln ermöglicht, einen Überblick über die Publikationen zu erhalten, erlauben Bibliografien einen Überblick über jährliche Neuerscheinungen (zumeist in einem geografischen Territorium).

> B[ibliografie]n sind Informationsspeicher und -vermittler. Sie verzeichnen, erschließen und vermitteln das ungeheure vorliegende Informationsmaterial. Ohne B[ibliografie]n gäbe es keine Übersicht und Ausnutzung der geistigen Erzeugnisse. Die B[ibliografie] ist ein eigenständiges Wissensgebiet und zugleich eine Hilfswissenschaft, die allen Wissenschaften dient. Die Kenntnis der wichtigsten B[ibliografie]n und der praktische Umgang mit ihnen ist unabdingbare Arbeitsvoraussetzung für jeden Wissenschaftler, Bibliothekar, Dokumentar, Buchhändler oder Antiquar[296].

Die Ordnung des Katalogs oder der Bibliografie sind von entscheidender Bedeutung für die Informationen, welche man erhält oder erhalten kann. Eine alphabetisch nach Autorennamen geordnete Liste ermöglicht die schnelle Suche nach Autoren, wohingegen ein chronologisches Verzeichnis den Überblick über Buchproduktionen pro Jahr oder Monat gibt. Eine systematische Ordnung hingegen erlaubt die Suche nach bestimmten Themen. Die Ordnung des Buchhandels- und Bibliothekskatalogs oder der Bibliografie ermöglicht den Zugang zum Wissen.

Bibliografien geben durch ihre Ordnung und zugrundeliegende Struktur auch über die Geisteshaltung und Ordnung der Welt der Verfasser Auskunft. Wie wird eine Bibliografie erstellt? Welche Informationen enthält sie? Was fand der Verfasser an Information nötig? Wie wurde die Bibliografie geordnet?

Neben der Klassifikation der Bibliografie, welche einen interessanten Forschungsgegenstand zum Verständnis der Weltsicht der Zeit darstellt, bieten auch die Aufnahme der Titel an sich und deren thematische Gliederung sowie insbesondere das Weglassen von Themen oder Titeln Informationen über den Verfasser. In den Bibliografien spiegeln sich die Entwicklungen der Wissenschaften und Entstehung der Disziplinen.

296 Wolfgang Grebe, Art. »Bibliographie«, in: LGB, Bd. 1 (^{2}1987), S. 367 f., hier S. 367.

Im Epochenumbruch vom 18. zum 19. Jahrhundert erfuhr die Bibliografie in vielfacher Hinsicht eine Blüte. Zu Beginn des 19. Jahrhunderts fand der Prozess einer Verwissenschaftlichung der Bibliografie statt, welche zuvor insbesondere im Milieu der Buchhändler als Arbeitsinstrument, beispielsweise in Form von Messkatalogen oder Buchhandelskatalogen, verwendet worden war. Die Entwicklung der Bibliografie fand in engem Ineinandergreifen wirtschaftlicher, wissenschaftlicher und politischer Entwicklungen statt.

Der Begriff »Bibliografie« geht auf Gabriel Naudé und dessen »Bibliographia politica« (1633) zurück. Zusammengesetzt aus den griechischen Wörtern *biblion* für »Buch« und *graphein* für »schreiben« bezeichnet er im Deutschen wie im Französischen einerseits ein Verzeichnis an Schriften, Büchern oder anderen Medien und andererseits die Wissenschaft der Erstellung eines solchen Verzeichnisses, deren Geschichte und Methoden. An dritter Stelle kommt noch der Aspekt der praktischen Zurverfügungsstellung der bibliografischen Informationen hinzu. Während diese drei Bedeutungsebenen sowohl in deutschsprachigen als auch französischsprachigen Fachlexika angegeben werden[297], stellt das englische *bibliography* einen sehr viel weiter gefassten, beinahe beliebigen Begriff dar, kann »darüber hinaus Buchkunde oder Buchgesch[ichte] bedeuten und berührt sogar die Textkritik«[298].

Die semantische Begriffsbildung legt eine deutsch-französische Nähe in deren Herausbildung und Verwissenschaftlichung nahe. In der Tat werden in einschlägigen Arbeiten zur Geschichte der Bibliografie insbesondere französische, aber an zweiter Stelle auch deutsche Gelehrte und Wissenschaftler genannt. Im ausgehenden 18. Jahrhundert umfasste der Begriff der Bibliografie noch ein weites Spektrum an Bedeutungen, welches sich erst im Laufe des 19. Jahrhunderts stärker kodifizierte. Um 1782 bedeutete der Begriff »Bibliografie«, auch wenn er von nun an immer häufiger verwendet wurde, noch »allgemeine Buchkunde«[299]. In der »Encyclopédie« von Diderot und d'Alembert war lediglich der Begriff *bibliographe* enthalten, welcher allgemein »une personne versée dans la connoissance & le déchiffrement des anciens manuscrits«[300] meinte, die die »Wissenschaft« (*science*) der Bibliografie ausübe.

297 Vgl. dazu insbes. für den französischen Raum Jean-Claude Utard, Art. »Bibliographie«, in: DEL, Bd. 1 (2002), S. 273–275. Für den deutschsprachigen Raum Grebe, Art. »Bibliographie«. Stephan Füssel, Art. »Bibliographie«, in: EdN, Bd. 2 (2005), S. 157–159.

298 Grebe, Art. »Bibliographie«, S. 367.

299 Georg Schneider, Friedrich Nestler, Handbuch der Bibliographie, Stuttgart [6]1999 [1923], S. 15.

300 Art. »Bibliographe«, in: Denis Diderot, Jean le Rond d'Alembert (Hg.), Encyclopédie ou dictionnaire raisonné des sciences, des arts et des métiers, Bd. 2, Paris, Briasson u. a., 1752, S. 227f.; Onlineausgabe: ARTFL Encyclopédie Project (Autumn 2017 Edition),

Bauer, Treuttel & Würtz war als Verlagsbuchhandlung eng mit diesen Umbrüchen und wissenschaftlichen Entwicklungen des Epochenumbruchs verbunden und dies in zweierlei Hinsicht: zum einen direkt in bibliografischer, kanonisierender Form in der Erstellung von Buchhandelskatalogen und bibliografischen Zeitschriften, zum anderen als Verlag, in dessen Programm wissenschaftliche Publikationen erschienen.

Die Anfertigung von Buchhandelskatalogen wurde bereits seit der Gründung der Buchhandlung von Jean Geoffroy Bauer intensiv und mit besonderer Sorgfalt und Aufmerksamkeit praktiziert. Die Vielzahl an Buchhandelskatalogen und bibliografischen Zeitschriften, welche bei Bauer, Treuttel & Würtz erschienen, waren sowohl am Aufstieg des Unternehmens als auch durch zunehmende Konkurrenz an dessen Niedergang beteiligt.

Diese Publikationen stellten eine wichtige Arbeitsgrundlage für den Buchhandel über weite Distanzen und gleichzeitig ein Instrument der Machtausübung dar. Treuttel & Würtz entschied selbst, welche Publikationen in seinen Prospekten und damit auf dem internationalen Buchmarkt angeboten wurden. Welche Interessen verfolgten Treuttel & Würtz mit der Vielzahl an bibliografischen Publikationen, welche in ihrem Verlag erschienen? Welche historischen Entwicklungen führten zur Abnahme der Bedeutung der bibliografischen Unternehmungen von Treuttel & Würtz und letztlich zum Niedergang?

Die Gründlichkeit, mit der Treuttel seine Bibliografien erstellte, setzte Maßstäbe und wurde von anderen kopiert. Im Epochenumbruch um 1800 entstand die Wissenschaft der modernen Bibliografie. Dieser brachten Bauer, Treuttel und Würtz eine besondere Aufmerksamkeit entgegen, aus wirtschaftlichen Gründen und eigener Praktik, aber auch aus Interesse an der Ordnung und Klassifikation der Welt und des Wissens. Inwiefern waren Treuttel & Würtz in deren Entstehung involviert?

Ziel dieses Kapitels ist die Untersuchung der spezifischen Praktiken der Bibliografie (Buchhandelskataloge, bibliografische Zeitschriften) von Treuttel & Würtz. Die Buchhandelskataloge und die sich daraus entwickelnden bibliografischen Zeitschriften stellten eine der Grundlagen der Arbeit des Unternehmens dar. Die bibliografischen Zeitschriften (»Journal général de la littérature de France«, »Journal général de la littérature étrangère«) ermöglichten es Treuttel & Würtz, den internationalen Buchhandel zu dominieren und ihren Ruf als erste Anlaufstelle für internationalen Buchhandel aufzubauen. Gleichzeitig waren diese Zeitschriften ein Ort, an dem sie strategisch ihre eigenen und fremden Publikationen platzierten.

hg. von Robert Morrissey, Glenn Roe, https://artflsrv04.uchicago.edu/philologic4.7/encyclopedie0922/navigate/2/1904?byte=3029701 (28.3.2023).

Inwiefern stellten die bibliografischen Unternehmungen von Treuttel & Würtz eine Besonderheit dar? Was führte zum Aufstieg und Niedergang in Zusammenhang mit den bibliografischen Praktiken? Inwiefern waren Treuttel & Würtz mit den wissenschaftlichen, wirtschaftlichen und politischen Entwicklungen, welche die Bibliografie betrafen, verbunden?

Die Entwicklung der Bibliografie im Zeitraum von 1750 bis 1850 lässt sich klar in drei Phasen einteilen, welche auch der Gliederung des Kapitels entsprechen. In einem ersten Teil (1750–1789) wird auf die wirtschaftlichen Vorläufer der Bibliografie, die Messkataloge und die besondere Bedeutung von Treuttels Buchhandelsverzeichnissen eingegangen. Zudem ist es nötig, einen Überblick über die wissenschaftlichen Vorläufer sowie den Einfluss der Bibliophilie und damit der Verzahnung zwischen Wissenschaft und Wirtschaft zu liefern.

In der zweiten Phase, die den Zeitraum von der Französischen Revolution bis zur Schaffung einer französischen Nationalbibliografie umfasst (1789–1810), wurde der Ordnung von Wissen im Kontext der Revolution, in der Tradition der Aufklärung und der *idéologues*, besonderes Interesse entgegengebracht. Die Bewertung von Publikationen als Speicher des Wissens der Menschheit in der Politik und deren Aufwertung der Ordnung führten zu einem Entwicklungsimpuls für die Wissenschaft der Bibliografie (oder *bibliologie*) und hatten deren Aufschwung in Frankreich zur Folge. In Kooperation verfolgten auch Verleger und Buchhändler bibliografische Projekte in Frankreich: das »Journal typographique et bibliographique« (Pierre Roux, 1797–1810) und das »Journal général de la littérature de France« (Treuttel & Würtz, 1798–1841) stellten erste französische Projekte von Nationalbibliografien dar. Letzteres sollte ab 1801 gemeinsam mit dem »Journal général de la littérature étrangère« eine europäische Bibliografie bilden.

Die Schaffung einer französischen Nationalbibliografie durch die napoleonische Zensur 1811 stellte den Beginn einer neuen Entwicklung dar (1811–1850). Als Instrument der Zensur entstanden, trat sie in Konkurrenz zum wirtschaftlichen Projekt des »Journal général de la littérature de France« von Treuttel & Würtz. Im deutschen Raum wurde sie als Nationalbibliografie im nationalen Interesse wahrgenommen und führte zu einer Intensivierung eigener bibliografischer Projekte. Die Wissenschaft der Bibliografie entstand in einem französisch-deutschen Spannungsfeld der Konkurrenz, des Nationalismus und der Kooperation. Zwei Entwicklungslinien dominierten diese letzte Periode: Einerseits entwickelte sich die Bibliografie zur plurilingualen Wissenschaft par excellence, da zur Klassifikation die Kenntnis des Textes nötig war, was deutsch-französische Lebensläufe unter den Bibliografen förderte. Andererseits wurde die Entwicklung einer deutschen Nationalbibliografie insbesondere aus dem Moment der Abgrenzung und des Nationalismus heraus geschaffen, welche erst während des Ersten Weltkrieges zur Schaffung einer offiziellen deutschen Nationalbibliografie führte.

2.3.1 Wirtschaft und Bibliophilie (1750–1789)

»Nach dem Muster der Treuttelschen gemacht«. Wirtschaftliche Interessen als Ausgangspunkt

Versteht man unter einer Bibliografie eine Liste von Titeln – Büchern, Artikeln, Karten und Ähnlichem –, können als erste in einem regelmäßigen Rhythmus erscheinende Bibliografien die deutschen Messkataloge betrachtet werden. Diese erschienen seit 1564 (–1750) beziehungsweise 1594 (–1860) regelmäßig zum jeweiligen Messetermin in Frankfurt oder Leipzig[301]. Ihre Existenz erklärt sich durch die Organisation des überregionalen Buchhandels. In dem zersplitterten, aus verschiedenen Territorien bestehenden Deutschen Reich trafen sich die Buchhändler und Verleger alle halbe Jahre zu den Messterminen. Da der Absatz für einen Titel in einem kleineren Territorium zumeist gering war, bot der Austausch auf der Messe eine Gelegenheit, mit den Neuerscheinungen ein größeres Publikum zu erreichen. Organisiert wurde dieser Handel zunächst als Tauschhandel zwischen den Verlagsbuchhändlern. Folglich konzentrierte sich das Verlagswesen mit der Fertigstellung seiner Titel insbesondere auf diese Messtermine. Im 18. Jahrhundert fand ein Wandel hin zum Kommissionsbuchhandel statt und das gesamte Jahr über wurden Publikationen verschickt und verkauft, zumeist auf Kredit, welcher auf den Messeterminen beglichen wurde.

Den Messkatalogen kommt in diesem Kontext eine wichtige Funktion zu. In ihnen wurden die Neuerscheinungen angezeigt. Es handelte sich also um eine Information für die Buchhändler. Auf dieser Basis konnten sie den Markt beobachten und entscheiden, welche Werke sie erwerben wollten. Gleichzeitig zeigten sie eigene Publikationen an, um einen größeren Adressatenkreis als den Ort, an dem sie wirkten, zu erreichen. Der Messkatalog hatte also auch eine Werbefunktion. Allerdings ist zu bedenken, dass die Messkataloge fehlerhaft waren: Angezeigte Publikationen wurden bis zur Messe nicht fertig oder erschienen nie; nicht alle Publikationen, welche erschienen, wurden aufgenommen. Zudem waren die enthaltenen bibliografischen Informationen teils nicht komplett oder fehlerhaft. Dennoch stellen sie für diese frühe Zeit die umfassendste regelmäßig erscheinende Bibliografie dar.

Auch Kunden zogen häufig die aktuelle Ausgabe des Messkatalogs zu Rate, um auf dieser Grundlage ihre Bestellungen aufzugeben. Einer der größten französischen Bibliophilen des 18. Jahrhunderts, Antoine-René de Voyer Argenson, Marquis de Paulmy, wählte seine Neuerwerbungen persönlich auf Grundlage des Leipziger Messkatalogs (hier z. B. der Michaelismesse 1784) aus.

301 Vgl. Füssel, Art. »Bibliographie«, S. 158.

Am 18. August 1785 schrieb er an Jean-George Treuttel mit der Bitte um Bestellung der Werke:

> Je vous suis obligé de votre attention, Monsieur, à me donner des renseignemens sur les livres qui peuvent manquer dans ma bibliothèque. J'en ai profité et particulièrement du catalogue de la foire de Saint-Michel de Leipsic 1784 que vous m'avez envoyé. Vous voudrez bien m'expédier par la voie ordinaire du S^r^. Durand tous les objets dont la note est ci-après, et dont je vous ferais toucher le montant de votre volonté[302].

Jean-George Treuttel hatte das Potential der Bibliografien bereits sehr früh erkannt. Er hatte an seinen langjährigen Großkunden die ausführlichste Bibliografie als Grundlage für dessen Bestellungen gesandt. Je länger die Liste, desto höher vermutlich die Anzahl der Bestellungen. Paulmy wählte aus dieser Liste aus und bestellte ohne Rücksicht auf den Preis der Publikationen. Diesen sollte Treuttel selbst festlegen. Was könnte man sich als Buchhändler mehr wünschen?

Zusätzlich zu den Messkatalogen publizierten zahlreiche Verleger und Buchhändler eigene Kataloge, um über die bei ihnen erschienenen Titel oder die in ihrer Buchhandlung vertretenen Publikationen zu informieren. Die französische Nationalbibliothek besitzt eine große Sammlung an Buchhandelskatalogen, welche von den Bibliothekaren als Werbung eingestuft und deswegen selten erhalten wurden. Der älteste Katalog dieser Sammlung erschien 1473 in Straßburg von Johannes Mentelin[303]. Für die zweite Hälfte des 18. Jahrhunderts lässt sich ein starker Anstieg der Anzahl der Buchhandelskataloge feststellen[304].

Im Verlag von Jean Geoffroy Bauer erschienen von Beginn an Kataloge. Der erste Buchhandelskatalog aus dem Jahr 1749 enthält zwei Verzeichnisse der Publikationen, welche in seiner Buchhandlung vorhanden waren, sowie jeweils zwei ergänzende kurze Supplemente[305]. Dieser Katalog mit lateinischem Titel war nach deutschen und französischen Publikationen geordnet (in Fraktur beziehungsweise Antiqua gedruckt), wobei die deutschen zahlenmäßig überwogen (64 gegenüber 19 Seiten). Die deutschen Publikationen, mehr nach Sprache

302 Antoine-René de Voyer de Paulmy d'Argenson an Jean-George Treuttel, Paris, 18.8.1785, BNF Arsenal, 6167.

303 Vgl. Claire Lesage u. a., Introduction, in: dies. (Hg.), Catalogue de libraires, 1473–1810, Paris 2006, S. 9–28, hier S. 18.

304 Vgl. ibid., S. 19.

305 Vgl. Catalogus librorum latinorum, germanicorum &c. recentiorum æque ac veterum, ad diversum genus scientiarum spectantium ex Nundinis vernalibus Francofurtensibus & Lipsiensibus, aliundèque hoc anno M DCC XLIX. advectorum, quos bibliopolium Joh. Gothofredi Baueri, Argentorati, In Platea, vulgo Schlauch-Gass dicta. propè Collegium Wilhelmitanum situm, Æquo pretio venales exhibet. 1749, BNF, Q8568.

als nach Publikationsort geordnet, waren 1749 noch wenig geordnet (d. h., lateinische Titel befanden sich insbesondere unter den deutschen Titeln). Auf den ersten Blick wirkt der Katalog wie eine einfache nach Nachnamen beziehungsweise Titeln geordnete Auflistung. Diese ist nicht paginiert. Bei näherer Untersuchung treten einige systematische Kategorien hervor: Komödien, Gesangbücher, Historien, Lebensbeschreibungen, Lexika, Liebesgeschichten und Reisebeschreibungen. Diese sind wie kurze Exkurse, aber – abgesehen von dem Typus der Komödien – nicht vom Text abgehoben eingefügt, d. h., die thematische Sortierung fiel nicht beim ersten Blick auf die Seite auf, sondern erst bei näherer Betrachtung. Vermutlich hoffte Bauer in diesen Bereichen den größten Umsatz zu machen und so dem Wunsch der Kunden entgegenzukommen. Auf diese Liste folgte ein Anhang mit weiteren Titeln sowie ein neues Titelblatt, welches die französischen Publikationen ankündigte. Der französische Katalog war ähnlich wie der deutsche geordnet. Er führt folgende Kategorien: *amours*, *aventures*, *comédies* und *histoires*. Eine durch den Druck deutlich abgegrenzte Kategorie waren die anschließenden *livres italiens et anglois*, welche lediglich drei Titel enthielten. Darauf folgte wiederum ein Anhang mit Ergänzungen. Während die Kunden im Bereich der deutschen Bücher sieben Kategorien vorfanden, waren es im französischen Teil lediglich vier. Eine Gegenüberstellung der Überschriften ergibt, dass einige der Titel eine Übersetzung darstellten: Komödien entsprachen den *comédies*, Historien den *histoires*, Liebesgeschichten der Kategorie *amours*. Der französischen Kategorie *aventures* wurden zwei deutsche gegenübergestellt: Lebensbeschreibungen und Reisebeschreibungen. Obwohl die deutschen Überschriften neutraler und seriöser klingen, enthielten sie in der Kategorie »Reisebeschreibungen« beispielsweise auch Gullivers Reisen. Anstelle einer wissenschaftlichen Beschreibung oder zumindest Beschreibung einer Reise führte Bauer also Romane, die der Kategorie *aventures* näherstanden als dem der Reisebeschreibungen. Keine Entsprechung im Französischen hatten die Kategorien »Gesangbücher« und »Lexika«. Da Bauer Protestant war und die protestantische Gemeinde in Straßburg vornehmlich deutsch sprach, suchte er seine Kunden vermutlich in seinem eigenen Umfeld. Die Kategorie »Lexika« kam vermutlich durch die größere Menge an deutschsprachigen Titeln zustande.

Dieser Buchhandelskatalog gibt also Aufschluss über das anvisierte Publikum, welches Bauer bei Eröffnung seines Unternehmens bedienen wollte. Dieses sah er vor allem im deutschsprachigen näheren Umfeld in Straßburg. Seine thematische Sortierung betraf nicht alle Titel und so stand die alphabetische neben der thematischen Ordnung.

Als Information zu den Publikationen werden fast immer der Titel sowie der Autor genannt. Teilweise wurde das Erscheinungsjahr, der Publikationsort, das Format, das Vorhandensein von Illustrationen sowie die Bandanzahl angegeben. Während der französische Teil ordentlich und relativ konsistent angefertigt wurde, weist der deutsche Teil eine größere Heterogenität auf. Möglicherweise hatte sich Bauer an den Messkatalogen orientiert. Preisangaben fehlen in beiden Katalogen. In dem französischen Katalog wurde zudem immer der erste Titel oder Autorenname, der mit einem neuen Buchstaben im Alphabet begann, typografisch hervorgehoben. Dies betont die alphabetische Ordnung und führte zu einer strengeren und gründlicheren Struktur der französischen Ausgabe als der deutschen. Das zweite Titelblatt und die redundante Information für den Leser des Katalogs deuten darauf hin, dass die beiden Buchhandelskataloge auch separat, je nach Publikum, verkauft beziehungsweise verschickt wurden.

Neben Bauer fertigten auch andere Buchhandlungen und Verlage in Straßburg Buchhandelskataloge an, beispielsweise Johann Daniel Dulssecker, Armand König oder Levrault frères[306]. Unter Bauer veränderten sich die Kataloge nur wenig. Sie erschienen vermutlich regelmäßig. 1776 erschien ein Katalog, der eigens den geografischen Karten gewidmet war[307]. Im Laufe der Zeit wurden die Kategorien, nach denen die Publikationen geordnet wurden, weiter ausdifferenziert. Diese Entwicklung kann im Zusammenhang mit dem Eintritt Jean-George Treuttels gesehen werden. Dieser hatte zunächst Theologie studiert und verfügte über ein besseres fachliches Wissen als sein Vorgänger, was eine stärkere Differenzierung der Titel erst möglich machte. In diesem Zeitraum entwickelte sich auch das neue Selbstbewusstsein der Buchhändler und Verleger in Straßburg. Hatte Bauer zunächst nur sehr wenige Werke in seinem Verlag publiziert, so wandte er sich nun zusammen mit seinem Geschäftspartner mit den Neuerscheinungen nicht mehr nur an eine Straßburger Öffentlichkeit, sondern an ein europäisches Publikum. Sie bauten den praktizierten internationalen Buchhandel weiter aus und ergänzten ihn durch eigene Publikationen, die sich an die adligen Kunden in Europa richteten[308].

Die lateinische Sprache der Buchhandelskataloge wurde nach und nach durch das Deutsche, aber insbesondere das Französische ersetzt. Der französische Teil der Buchhandlung wurde ausgebaut – nicht, weil man sich nun mehr an den französischsprachigen Teil der Bevölkerung in Straßburg wenden wollte, sondern vor allem an internationale Kunden und ein europäisches Elitenpublikum. Abgesehen von kurzen Katalogen wurden die Kataloge nun stärker thematisch sortiert.

306 Vgl. Lesage u. a., Catalogue de libraires, S. 612 f.

307 Vgl. Catalogue de cartes géographiques des meilleurs auteurs qui se trouvent à vendre chez Bauer & Compagnie, libraires à Strasbourg rue dite Fladergasse. 1776. Avec permission, BNF, Q8573.

308 Vgl. dazu Kap. 1.1.

Treuttel verfolgte auch die Erstellung der Bibliografien mit einer gewissen Akribie. Neben dem Autor, Titel, dem Format, den Bandangaben sowie dem Erscheinungsort und -jahr enthielten die Kataloge nun regelmäßig Preisangaben. Einerseits musste Treuttel dem neu anvisierten Publikum der Adligen Europas gerecht werden, andererseits drückte er so seine Genauigkeit, Zuverlässigkeit und sein wissenschaftliches Verständnis aus. Seine Kataloge wurden denn auch von anderen Buchhändlern und Verlegern kopiert. Der größte Konkurrent Treuttels in den ausgehenden 1780er Jahren, Frédéric-Rodolphe Salzmann, schrieb an 1785 an den Verlagsbuchhändler Friedrich Justin Bertuch in Weimar:

> Darf ich Ihnen das Verzeichnis meiner neuesten Verlagsbücher[,] nach dem Muster des Treuttelschen gemacht, das auch auf dem Umschlag des Merkurs stehet, zusenden? Da werden nun verschiedene Bücher einerleÿ seÿn. Denn so wie Hr. Treuttel die meisten im Verlage hat, habe ich sie auch. Das sollen Sie nun nächstens mit eigenen Augen sehen[309].

Nicht nur die Geschwindigkeit, mit der die internationalen Buchhändler über die Werke in ihren Buchhandlungen verfügten, sondern auch die Buchhandelskataloge stellten ein Moment der Konkurrenz dar.

In der französischen Nationalbibliothek ist trotz des großen Bestandes an Buchhandelskatalogen lediglich einer von Salzmann (Librairie académique) aus dem Jahr 1791 erhalten[310]. Vergleicht man ihn mit einem Katalog von Treuttel von 1787 oder auch anderen Buchhandelskatalogen der gleichen Epoche, so

309 Salzmann an Bertuch, Straßburg (?), 10.5.1785, GSA, 6/5288. Nr. 1.

310 Es handelt sich um folgendes Exemplar: Livres françois, latins, et grecs, de fond ou en nombre à la Librairie académique à Strasbourg. 1791, BNF, 4-Z-LE SENNE – 2825 (74). Der »Catalogue raisonné de la Librairie académique« weist eher den Charakter einer bibliografischen Zeitschrift denn den eines Buchhandelskatalogs auf. Es handelt sich um ein alle zwei Wochen erscheinendes Periodikum, das pro Ausgabe etwa drei bis fünf Titel enthält. Neben detaillierten bibliographischen Informationen zu einem Titel sowie einer Kurzrezension wurden die Publikationen nach Themen geordnet. Zudem ist am Ende eine Kategorie *annonces* eingefügt, in der literarische Neuigkeiten enthalten sind und Bücher angezeigt werden. Es handelt sich um deutschsprachige Titel, von denen sowohl der deutsche Originaltitel als auch eine französische Übersetzung und Beschreibung angegeben werden. Im »Avis« (unpaginiert) wird das Projekt der Verbreitung von Literatur in deutscher Sprache in Frankreich explizit als Ziel des Katalogs angepriesen. Der Katalog wies einen wöchentlichen Erscheinungsrhythmus auf: Catalogue raisonné de la Librairie académique à Strasbourg. Contenant le titre, le prix, & un extrait des livres qui paraoissent en Allemagne, en Suisse, en Prusse & dans le Nord, sur la physique, la chymie, l'histoire naturelle, l'économie, les mathématiques, la médecine, la chirurgie, la philosophie ancienne & moderne, les arts utiles & agréables, les belles-lettres, l'histoire, la géographie, les voyages, l'art militaire, &c. &c. &c. MDCCLXXXVI.

stellt man fest, dass er mit besonderer Sorgfalt angefertigt ist. Er ist nicht nur ästhetisch ansprechend aufbereitet, sondern die bibliografische Beschreibung ist kurz, nach gleichem Muster (Name, Titel, Format, Erscheinungsjahr, Preis) und sehr regelmäßig gehalten. Der Katalog umfasst vier Seiten, die Publikationen sind streng alphabetisch nach Titeln beziehungsweise nach Autoren geordnet. Ein Stern vor der Publikation kennzeichnet, dass sie sich bei Salzmann in Kommission befand. Diese Kennzeichnung findet sich auch bei Treuttel; sie war außerdem nicht ungewöhnlich[311].

Neben der außerordentlichen Aufmerksamkeit, welche den Buchhandelskatalogen gewidmet wurde, war ihr schneller Erscheinungsrhythmus von besonderer Bedeutung. Im Katalog von Treuttel wurden Bücher angezeigt, welche sich bis Ende des Monats in der Buchhandlung befinden sollten[312]. Besondere Sorgfalt in den bibliografischen Informationen und der ästhetischen Aufbereitung des Katalogs sowie der hohe Erscheinungsrhythmus scheinen Aspekte gewesen zu sein, welche Salzmann von Treuttel kopiert hat.

Zudem bot Salzmann in thematischer und sprachlicher Hinsicht vergleichbare Publikationen an. Der Katalog von 1791 enthält französische, lateinische und griechische Werke, u. a. Titel von Richard François Philippe Brunck, der zu Treuttels Autoren zählte. Salzmann hatte mit seiner Akademischen Buchhandlung das Geschäftsmodell Treuttels nachgeahmt.

Festzuhalten ist, dass Salzmann die Kataloge von Jean-George Treuttel als Modell für seine eigenen verwendete. Für den viel reisenden Gelehrten und Buchhändler (insbesondere durch den deutschen Raum) hätten auch Kataloge anderer Verlagsbuchhändler als Muster dienen können, er entschied sich aber für Treuttels Kataloge. Jean-George Treuttel setzte Maßstäbe mit seinen Katalogen, welche anderen Verlagsbuchhändlern als Modell dienten.

Avec approbation et permission, BNF, Q 5347 (Nr. 1–2). Die Nachfolge dieses Katalogs übernahm das »Journal hebdomadaire« (1787–1789). Im »Avis« (unpaginiert) der ersten Ausgabe wird auf die Titeländerung kurz eingegangen. Vgl. Journal hebdomadaire de la librairie étrangère dédié à monsieur de Lamoignon de Malesherbes. Seconde année 1 (1787), BNF, Q 5348.

311 Vgl. Livres françois du fonds de J. G. Treuttel, libraire à Strasbourg. 1787, BNF, Q-9310.

312 Vgl. dazu Eintrag »Éducation civile d'un prince, par M. le marquis de Mirabeau, gr. in-8. à la fin du mois«, in: Avis. Autres livres nouveaux qui se trouvent chez Treuttel [Buchhandelskatalog um 1785], BNF, Q 9308, unpaginiert.

Zwischen Gelehrsamkeit und Bibliophilie

Die Wissenschaft der Bibliografie entstand aus einer Vielzahl von Einflüssen und kulturellen Praktiken. Wirtschaftliche Interessen, wie oben beschrieben, dominierten die Anfangsphase, bestanden aber im Laufe des folgenden Jahrhunderts weiter. Parallel zu Bücherverzeichnissen aus dem Bereich des Buchhandels beschäftigten sich auch Gelehrte mit der Anfertigung von Bibliografien[313].

Direkte Vorläufer der Bibliografie im wissenschaftlichen Umfeld stellten neben Enzyklopädien und Lexika literarische Zeitschriften und Bibliothekskataloge dar. Der »Encyclopédie« von Diderot und d'Alembert (1751–1780) stand ein Tableau der Ordnung des Wissens voran, welches als Ursprung nicht die Theologie, sondern die Philosophie und den Menschen sah. In dieser Weltsicht trat das neue Menschenbild der Aufklärer zu Tage, worin gleichzeitig ein Grund für das Verbot des Werkes in Frankreich lag. Auf die »Encyclopédie« folgten zahlreiche weitere enzyklopädische Projekte wie das »Dictionnaire philosophique portatif« (Voltaire, 1764), die »Encyclopédie méthodique« (1782–1830), die »Encyclopédie d'Yverdon« (1770–1780)[314] oder bereits zu Beginn des 18. Jahrhunderts Zedlers »Universal-Lexicon« (1732–1754).

Neben den Enzyklopädien, welche im 18. Jahrhundert und in der Folge einen Aufschwung erlebten, können auch literarische Zeitschriften als Vorläufer der Bibliografie gelten. In diesen wurden Publikationen, zumeist Neuerscheinungen, mit ihrem Titel, Autor und weiteren Angaben aufgenommen sowie kurz oder ausführlich rezensiert. Im 18. Jahrhundert erschien eine Fülle solcher literarischer Zeitschriften. Zu den wohl wichtigsten und langlebigsten gehörte das »Journal des sçavans« (1665–1946)[315]. Im deutschsprachigen Raum erschienen die »Göttingischen Gelehrten Anzeigen« (seit 1739) oder später die ALZ (1785–1849). Der Letzteren mit ihrem komplexen Ordnungssystem maß der Verleger Guillaume Fleischer (Levrault frères, Paris) große Bedeutung für die Bibliografie bei. Alle fünf Jahre publizierte die ALZ ein Repertoire mit der Auflistung aller Titel, welches Fleischer für besonders gelungen hielt:

313 Vgl. u. a. die Arbeiten von Johann Albert Fabricius (»Bibliotheca latina«, 1697) oder Albrecht von Haller (»Bibliotheca botanica, anatomica, chirurgica, medicinae practicae«, 1771–1779). Vgl. dazu insbes. Schneider, Nestler, Handbuch der Bibliographie, S. 16.

314 Beide vorhergenannten Enzyklopädien waren aus der »Encyclopédie« von Diderot und d'Alembert hervorgegangen.

315 Vgl. Schneider, Nestler, Handbuch der Bibliographie, S. 13.

> Le mérite essentiel de ce répertoire est, ainsi que nous venons de le dire, de renfermer une nomenclature aussi complète qu'il est possible, de tous les ouvrages qui ont paru dans l'espace de temps déjà mentionné chez les nations de l'Europe et dans les colonies qui en dépendent[316].

Detailliert ging Fleischer auch auf die bibliografischen Details ein:

> On y trouve le titre de chaque ouvrage, aussi étendu que cela a paru nécessaire; l'endroit où il a été imprimé; l'année, le format et, autant qu'il a été possible, la grosseur de chaque volume; le nom de son éditeur; le prix de cet ouvrage dans les lieux où il a été publié, en monnoies connues du pays. Ces détails pourront paroître futiles aux personnes qui ne sont point dans le cas d'en faire usage; mais ils sont, sans doute, de plus grande utilité pour le bibliographe et pour le libraire[317].

Nicht nur Fleischer sah in den Repertoires der ALZ ein Modell für die moderne Bibliografie. Er zitierte auch Armand-Gaston Camus und dessen damals bekanntes Werk »Observations sur la distribution et le classement des livres d'une bibliothèque«, in welchem Camus schrieb, dass er »keine bessere Ordnung der Bücher«[318] kenne als die der Repertoires der ALZ.

Anhand dieses Zitats wird auch deutlich, warum Bibliothekskataloge in diesem Fall ebenfalls zu den wissenschaftlichen Vorläufern der modernen Bibliografie gezählt werden[319]. Sie entwickelten sich zwar aus der bibliothekarischen Praxis, wurden aber zumeist von Wissenschaftlern, welche als Bibliothekare angestellt waren, angefertigt. Im 18. Jahrhundert wurden einige dieser Bibliothekskataloge gedruckt. Neben dem Bibliothekskatalog in Leiden 1716 erschien der Katalog von Wolfenbüttel 1717, von Oxford 1738 oder der Katalog der königlichen französischen Bibliothek 1743–1753. Diese Kataloge wurden von Gelehrten angefertigt, welche in den Bibliotheken beschäftigt waren und welche die Publikationen auflisteten, ordneten und verzeichneten, damit nicht die Übersicht über den Bestand der enthaltenen Publikationen verloren ginge.

316 Guillaume Fleischer, Sur les services rendus par les Allemands à la bibliographie, in: Annuaire de la librairie. Première année, Paris Levrault frères, 1802, S. 1–81, hier S. 9.

317 Ibid., S. 13.

318 Zitiert ibid., S. 16.

319 Vgl. auch Alfredo Serrai, Bibliothekarische Kataloge als Spiegel und Instrumente von Wissensordnungen in der Frühen Neuzeit, in: AGB 59 (2005), S. 105–113. Zu Bibliothekskatalogen vgl. insbes. Frédéric Barbier u. a., De l'argile au nuage. Une archéologie des catalogues (IIe millénaire av. J.-C.–xxie siècle), Paris, Genf 2015.

An dieser Stelle wird deutlich, dass die moderne Bibliografie auf Vorläufer in vielen Bereichen zurückging, welche auf Basis unterschiedlicher Motivationen erstellt wurden. Sie kann als duale Wissenschaft bezeichnet werden, welche ihren Ursprung sowohl im Praktischen (Buchhandel, Bibliothekswesen) als auch im Theoretischen (Wissenschaft) fand. Diese Bereiche waren nicht klar getrennt, wie am Beispiel Guillaume Fleischers gezeigt werden konnte. Der Verleger beschäftigte sich mit wissenschaftlichen Zeitschriften wie der ALZ und beurteilte deren Bedeutung für die Systematisierung von Büchern. Darüber hinaus zeigen die aufgeführten Beispiele, dass die Bibliografie einen transkulturellen Ursprung aufweist. Während Europa im 18. Jahrhundert unter einer kulturellen französischen Hegemonie stand, wurden auch in anderen Teilen Europas, insbesondere im deutschen (literarische Zeitschriften, Messkataloge) und im englischsprachigen Raum (Bibliothekskataloge) Vorläufer für die moderne Bibliografie entwickelt. Diese wurden, wie am Beispiel Fleischers und Camus dargestellt werden konnte, gegenseitig rezipiert, bewertet, übernommen und eventuell verbessert. Insbesondere Elsässer Buchhändler und Verleger wie Fleischer oder Treuttel & Würtz, welche sich sowohl im französisch- als auch deutschsprachigen Kulturraum aufhielten und auskannten, profitierten von ihren Sprach- und Kulturkenntnissen und trugen zum Austausch zwischen diesen Ländern bei[320].

Zu den wichtigen bibliografischen Arbeiten des ausgehenden 18. Jahrhunderts gehört Michael Denis' »Einleitung in die Bücherkunde« (1777). Als Bibliothekar der Hofbibliothek in Wien beschäftigte er sich mit der Klassifizierung von Büchern und deren Voraussetzungen. Ohne Zweifel am bedeutendsten aber war Guillaume Debures »Bibliographie instructive« (1763–1768). Als Buchhändler in einem bibliophilen Umfeld in Paris schuf er ein Werk, welches für lange Zeit den bibliophilen Wert von Publikationen dominierte. Die »Bibliographie instructive« ist nicht die einzige bibliografische Arbeit Debures, er fertigte beispielsweise auch einen Katalog der Bibliothek des großen französischen Bibliophilen Louis-César de La Baume Le Blanc, Duc de La Vallière an. Dennoch setzte die »Bibliographie instructive« Maßstäbe, wurde mehrmals aufgelegt und kopiert. Sie wurde allerdings auch kritisiert, beispielsweise von anderen bibliografisch arbeitenden Gelehrten wie Barthélemy Mercier de Saint-Léger (1734–1799), Bibliothekar der Bibliothèque Sainte-Geneviève in Paris.

Für seine eigenen bibliografischen Arbeiten stand Mercier de Saint-Léger in engem Kontakt zu Buchhändlern, welche ihn über Neuerscheinungen zur Bibliografie, zu diesem Zeitpunkt noch sehr weit gefasst als Bücherkunde,

320 Vgl. DERS., Entre la France et l'Allemagne. Les pratiques bibliographiques au XIXe siècle, in: Revue de synthèse 1–2/4 (1992), S. 41–53.

informierten. Zu diesen gehörten Bauer und Treuttel. Sie verkauften nicht nur seine Publikationen im Ausland, insbesondere im deutschen Raum, sondern informierten auch über Konkurrenzausgaben zu Themen, an denen Mercier de Saint-Léger arbeitete. In einem Brief vom 5. August 1799 schrieben sie:

> Le supplément à l'Histoire de l'imprimerie, dont vous avez enrichi les sciences littéraires, ne nous est pas inconnu: il a passé par nos mains à différentes grandes bibliothèques d'Allemagne. Le nouvel ouvrage sur cette partie, dont vous êtes actuellement occupé, viendra en collision avec un pareil que va publier incessamment un savant & date [?] imprimeur à Leipsic nommé Breitkopf: il a rassemblé depuis longtemps un nombre de matériaux pour donner à son livre le plus de vérité & d'étendue possible[321]. Dommage à votre égard qu'il sera en langue allemande[322].

Die Verlagsbuchhändler Bauer und Treuttel waren auf dem wissenschaftlichen Stand der Zeit und lieferten Mercier de Saint-Léger wichtige Informationen zur transnational diskutierten »Disziplin« der Bücherkunde. Bei einem wissenschaftlichen Thema, welches eine europäische, hier deutsch-französische Dimension aufwies, bedauerten Bauer und Treuttel die fehlenden Sprachkenntnisse Mercier de Saint-Légers, was ihn vom deutschen Diskurs ausschloss. Den Sprachkenntnissen als Voraussetzung für die Arbeit an Bibliografien kam später noch eine größere Bedeutung zu.

Wichtig ist, dass diese frühen Bibliografen ihre Arbeiten mit Hilfe der Buchhändler, insbesondere international tätiger Buchhändler, anfertigten, welche über Neuerscheinungen auf diesem Gebiet Auskunft gaben. Bauer und Treuttel informierten Mercier de Saint-Léger im gleichen Brief noch über die Erfindung der Typometrie und empfahlen ein grundlegendes Werk zur Anschaffung, da dieses im Überblick Merciers de Saint-Léger über die Druckkunst nicht fehlen dürfe:

> Ce même artiste célèbre a aussi part à l'invention de la typométrie, c'est-à-dire l'art de composer les cartes géographiques en caractères mobiles & les imprimer aux presses typographiques. Vous devez sans doute, Monsieur, avoir connoissance de cette invention qui a été achevée par M. Preuschen [August Gottlieb Preuschen] à Carlsruhe, homme de lettres, & M. Haas, fondeur de caractères à Basle. Ces deux ont publié en société une petite carte du canton de Basle, & une grande de l'isle de Sicile, exécutées dans leur nouveau goût, & ont ajouté un livret en allemand pour donner une description en

321 Vermutlich handelt es sich um folgende, später erschienene Publikation: Johann Gottlob Immanuel Breitkopf, Ueber Bibliographie und Bibliophilie, Leipzig, Johann Gottlob Immanuel Breitkopf und Compagnie, 1793.

322 Bauer & Treuttel an Barthélemy Mercier de Saint-Léger, Straßburg, 5.8.1779, BNF, NAF 22434.

> détail de leur art: tout cela ne coute que 2,15. & nous osons, Monsieur, vous conseiller d'en faire l'acquisition comme une chose relative à l'art de l'imprimerie, au cas que vous ne le possédiez déjà[323].

Bauer und Treuttel informierten die Gelehrten über Fachthemen und befanden sich mit diesen auf dem gleichen wissenschaftlichen Stand, ebenso wie die Verlagsbuchhandlung Breitkopf[324]. Am 12. August 1783 schrieben Bauer und Treuttel an Mercier: »M. Pierry [?] imprimeur travaille à quelque histoire littéraire typographique, & Breitkopf de Leipsic vient de lui faire passer des pièces relatives. M. Debure aîné de même continue à en rassembler des notices par mon canal«[325].

Buchhändlern und insbesondere Bauer & Treuttel kam in der fachspezifischen Information von Bibliografen über Neuerscheinungen eine große Bedeutung zu. Diese stellten einen Teil der Grundlage der wissenschaftlichen Arbeit dieser Gelehrten dar. Bauer und Treuttel standen im ausgehenden 18. Jahrhundert mit den großen französischen Bibliografen wie Debure und Mercier de Saint-Léger in Kontakt und trugen so zu deren Arbeit bei.

Die Messkataloge und wirtschaftliche Interessen bildeten zunächst den Ausgangspunkt für in periodischem Rhythmus erscheinende Bücherverzeichnisse. Sie stellen somit den Vorläufer der im Laufe des 19. und beginnenden 20. Jahrhunderts entstandenen Nationalbibliografien dar. Die Buchhandelskataloge von Jean-George Treuttel gehörten zu dessen besonderen Praktiken, mit denen er besonders erfolgreich war und die von anderen Verlagsbuchhändlern der Zeit kopiert wurden.

323 Ibid.

324 Das Unternehmen Breitkopf bestand seit Beginn des 18. Jahrhunderts in Leipzig. Die Verlagsbuchhandlung wurde zum hier beschriebenen Zeitpunkt von Johann Gottlob Immanuel Breitkopf geleitet, welcher sich sehr für die Druckkunst interessierte und zahlreiche Schriften zur Bibliografie oder zum Druck von Landkarten verfasste. Insbesondere wurde er für den Druck von beweglichen Noten bekannt, weshalb der Verlag einen Schwerpunkt im Bereich von Notenblättern aufwies. Dort wurden u. a. die Kompositionen von Bach und Mozart gedruckt. Vgl. zur Geschichte des Unternehmens den Eintrag in Rudolf Schmidt, Deutsche Buchhändler, deutsche Buchdrucker. Beiträge zu einer Firmengeschichte des deutschen Buchgewerbes, Hildesheim 1879 [1902], S. 89–100.

325 Jean-George Treuttel an Barthélemy Mercier de Saint-Léger, Straßburg, 12.8.1783, BNF, NAF 22434.

2.3.2 Ideologisierung und Verwissenschaftlichung: die Entstehung der modernen Bibliografie (1789–1810)

Mit der Aufhebung der Privilegien 1789 kam es auch zur Verstaatlichung der Bibliotheken von religiösen Orden und Adligen. Zu Beginn wurde den Büchern kaum Beachtung beigemessen. Sie wurden zunächst in nationalen Sammelstellen zusammengeführt und sehr nachlässig behandelt. Ein Teil des Besitzes wurde zudem versteigert. Nach einiger Zeit aber wurde ihnen vermehrt Aufmerksamkeit gewidmet und es entstanden neue bibliografische Projekte[326].

Bücher für den Fortschritt in der Französischen Revolution

In Anknüpfung an die Aufklärung, in welcher Bücher in enzyklopädischem Charakter als Speicher von Wissen und Ideen verstanden wurden, entstand die Idee, die konfiszierten Bibliotheken einer Öffentlichkeit zugänglich zu machen. Die bekannteste Wortmeldung in diesem Kontext stellte die Henri Grégoires mit seinem 1794 vor der Convention nationale gehaltenen »Rapport sur la bibliographie« dar[327]. Henri Grégoire (1750–1831), ursprünglich aus einem kleinen Dorf in Lothringen stammend, hatte eine Ausbildung bei den Jesuiten in Paris genossen und eine Karriere im Rahmen der katholischen Kirche begonnen. 1775 wurde er Gemeindepfarrer (*curé*) in Nancy. Während der Französischen Revolution war er zeitweise konstitutioneller Bischof und Abgeordneter des dritten Standes. Er war an der Gründung des Institut de France beteiligt, dessen Mitglied er wurde. Er verband Werte der Aufklärung mit dem Katholizismus und trat für Menschen- und Bürgerrechte für alle Menschen ein. So forderte er die Abschaffung der Sklaverei (vgl. u. a »De la littérature des nègres«, 1808) und setzte sich für religiöse Toleranz ein. Seine Laufbahn begann in typischer Form für das Ancien Régime, insbesondere im Bereich der Bibliografie, im Rahmen der Kirche, welche traditionell mit ihren klösterlichen Bibliotheken eine Hegemonialstellung im Bereich der Bildung ausübte. Auch die Karriere des bereits beschriebenen Barthélemy Mercier de Saint-Léger begann so. Ebenso wie Grégoire engagierte sich Mercier anschließend in der Französischen Revolution[328].

326 Vgl. Barbier, Histoire des bibliothèques, S. 228 f.

327 Vgl. Henri Grégoire, Rapport sur la bibliographie par Grégoire. Séance du 22 germinal l'an II de la République, une et indivisible, suivi du Décret de la Convention nationale. De l'imprimerie de Quiber-Pallissaux, [1793–1794].

328 Henri Grégoire wurden zahlreiche Arbeiten gewidmet. Vgl. u. a. die Artikel in folgendem Sammelwerk: Jeremy D. Popkin, Richard H. Popkin (Hg.), The Abbé Grégoire and his World, Dordrecht u. a. 2000.

Henri Grégoire setzte sich in seinem Vortrag vor der Nationalversammlung für die Katalogisierung der beschlagnahmten Publikationen und die Schaffung eines kollektiven Nationalkatalogs ein. Diesen Katalog, der aus einzelnen in den Departements erstellten Katalogen geschaffen werden sollte, nannte er »Bibliographie générale et raisonnée de la France«[329]. Der Begriff *bibliographie* wird an dieser Stelle noch undifferenziert verwendet, handelte es sich doch um einen Katalog oder besser ein Verzeichnis von Büchern und Periodika. Warum er das Adjektiv *raisonné* verwendete, erklärt er nicht. Es verweist aber auf die *raison*, die Vernunft, und knüpft so an die Begrifflichkeiten der Aufklärung an. Zudem meint der Begriff *bibliographie raisonnée* eine Bibliografie, in der zu der bibliografischen Erfassung des Titels noch eine Kurzbeschreibung das Werk charakterisiert[330].

Dieser Katalog war bereits 1790 in Auftrag gegeben worden. Allerdings war die Qualität der Kataloge aufgrund der größtenteils unzureichenden Qualifikation der Bibliothekare vor Ort sehr unterschiedlich[331]. Grégoire berichtete, dass das Projekt sehr teuer und langwierig sei, aber große Vorteile habe und nicht nur einen Überblick über erhaltene Werke liefere, sondern diese auch einer großen Öffentlichkeit zugänglich machen könne. Man könne Dubletten verkaufen und den Bestand sinnvoll ergänzen. Zudem sah Grégoire in diesem Projekt eine Basis für weitere Forschung, besonders vier Bereiche würden davon profitieren: eine neue französische Geschichtsschreibung, ein Wörterbuch der anonym und unter Pseudonym publizierten Werke und eine französische Literaturgeschichte. Auch lasse sich eine Ordnung der Wissenschaften erstellen, wie in den Enzyklopädien vorgegeben: »Un tableau généalogique des connoissances humaines, dont les subdivisions seront plus étendues et plus précises que dans celui de Bacon, quoique rectifié par les rédacteurs de l'Encyclopédie«[332].

Mit diesem Ziel war Grégoire wieder nah bei der Bibliografie und deren Ordnung. Den Begriff als eine Art Verzeichnis von Büchern und hier der gesamten, gesammelten menschlichen geistigen Produktion verstehend, maß Grégoire der Bibliografie einen zeitlosen Wert bei: »Mais un travail de la bibliographie nous promet des résultats d'une utilité réelle sur l'imprimerie, sur ce bel art qui n'eut pas d'enfance, qui ne vieillira pas, qui a fait notre révolution et qui la soutiendra«[333].

329 Grégoire, Rapport sur la bibliographie, S. 6f.

330 Vgl. Wolfgang Grebe, Art. »Bibliographie raisonnée«, in: LGB, Bd. 1 (^{2}1987), S. 369.

331 Vgl. dazu Barbier, Histoire des bibliothèques, S. 233f.

332 Grégoire, Rapport sur la bibliographie, S. 10.

333 Ibid., S. 8.

Er verstand die Bibliografie, d. h. die Erstellung von Verzeichnissen und die Systematisierung der Welt, als eine zeitlose Wissenschaft, welcher er entscheidende Bedeutung für die Französische Revolution beimaß. Bücher waren für ihn das Medium, welches die Revolution ermöglicht hatte und im erweiterten Sinne auch Bibliotheken und Museen.

> Des bibliothèques et des musées formés avec choix sont en quelque sorte les ateliers de l'esprit humain. [...] Vous avez émancipé l'esprit humain, il faut actuellement révolutionner les arts, rassembler tous leurs matériaux, tous leurs moyens, et transmettre cet héritage aux générations futures. Tous les genres de connoissances sont liés: ouvrons-en toutes les sources, afin que toutes les vertus éclipsent toutes les erreurs, afin que la raison publique avance à pas de géant, et que tout concoure à la gloire et à la prospérité de la République[334].

Grégoire war von einem umfassenden Fortschrittsglauben erfüllt. Für ihn stellen Bücher einen Speicher von Wissen, Ideen und Literatur dar. Diese ideelle Aufwertung von Druckwerken in der Verbindung mit einem Fortschrittsglauben vertraten auch andere Personen der Zeit[335], etwa Jean-Antoine-Nicolas de Caritat, Marquis de Condorcet (1795)[336].

1807, in einem anderen Kontext, äußerte sich sogar Napoléon I. zur Nützlichkeit der Bibliografie:

> Si, dans une grande capitale comme Paris, il y avait une école spéciale d'histoire et que l'on y fît d'abord un cours de bibliographie, un jeune homme, au lieu d'employer des mois à s'égarer dans des lectures insuffisantes ou dignes de peu de confiance, se serait dirigé vers les meilleurs ouvrages et arriverait plus facilement et plus promptement à une meilleure instruction[337].

Napoléon verstand die Bibliografie als eine Art Wissenschaft von den Wissenschaften, eine Metawissenschaft, und befand sich damit bereits im bibliografischen Diskurs der Folgezeit.

334 Ibid., S. 14.

335 Vgl. Hans-Jürgen Lüsebrink, »Hommage à l'écriture« et »Éloge de l'imprimerie«. Trace de la perception sociale du livre, de l'écriture et de l'imprimerie à l'époque révolutionnaire, in: Frédéric Barbier u. a. (Hg.), Livre et Révolution, Paris 1989, S. 133–144.

336 Vgl. Barbier, Histoire des bibliothèques, S. 234f.

337 Napoléon, 19. April 1807, zitiert nach Louise-Noëlle Malclès, La bibliographie, in: Bibliographie de la France, 2e partie: Chronique, 1960, S. 1–114, hier S. 58.

Die Wissenschaft von den Wissenschaften

Eine solch ideelle Aufwertung von Büchern im Frankreich der Revolution beförderte die Entwicklung der Wissenschaft der Bibliografie in der darauf folgenden Zeit. Unter einer Vielzahl an bibliografisch arbeitenden Personen, zu denen die Buchhändler Antoine-Augustin Renouard und Friedrich Schoell[338] zählen, waren zwei von besonderer Bedeutung: Gabriel Peignot (1767–1849) und Jacques-Charles Brunet (1780–1867).

Während Peignot einem neuen Typ von Wissenschaftler angehörte – er hatte nicht wie andere französische Bibliografen seine Karriere in der katholischen Kirche begonnen, sondern Jura studiert und als Rechtsanwalt in Besançon gearbeitet, bevor er Bibliothekar der *école centrale* der Haute-Saône in Vesoul wurde –, stammte Brunet aus dem Buchhändlermilieu in Paris, der Bibliophilie nahestehend und insofern vergleichbar mit Debure.

Peignot, den Louise-Noëlle Malclès als einen der Begründer der Bibliografie ansieht, widmete sich etwa 50 Jahre lang fast ausschließlich der Bibliografie und publizierte zahlreiche Werke zu diesem Thema[339]. An dieser Stelle sei nur auf das am häufigsten zitierte eingegangen, das »Dictionnaire raisonné de bibliologie« (1802–1804). Es handelt sich um ein Handbuch, welches Bibliothekaren und Personen, die mit Büchern arbeiten, als Arbeitsgrundlage und Nachschlagewerk dienen sollte. Es besteht aus drei Bänden, enthält ein Vorwort, in dem Peignot seine Ziele darlegt, und ist anschließend alphabetisch nach Stichworten geordnet. Wie Grégoire als Bezeichnung für den Gesamtkatalog in seinem Bericht verwendete auch Peignot das Adjektiv *raisonné* im Titel. Auch Peignot sah sich in seiner Arbeit in der Tradition der Aufklärung.

In seinem »Discours préliminaire« ging er zunächst allgemein auf den Aufschwung der Wissenschaften zu Beginn des 19. Jahrhunderts ein, in dessen Kontext auch die Bibliologie entstanden und zu Ansehen gelangt sei.

> La bibliologie, embrassant l'universalité des connaissances humaines, s'occupe particulièrement de leurs principes élémentaires, de leur origine, de leur histoire, de leur division, de leur classification et de tout ce qui a rapport à l'art de les peindre aux yeux et d'en conserver le souvenir par le moyen de signes, soit hiéroglyphiques ou épistolaires, soit manuscrits ou imprimés. On

338 Vgl. Frédéric Schoell, Répertoire de littérature ancienne […], 2 Bde., Paris, Schoell, 1808.

339 In den letzten Jahren erschienen mehrere wissenschaftliche Arbeiten, die sich mit Gabriel Peignot, seiner Wissenschaft und seinem Leben beschäftigten. Vgl. Marie Foiselle, Gabriel Peignot, écrivain et bibliophile 1767–1849, Paris 2003. Brigitte Denker-Bercoff, Jacques Poirier (Hg.), Le gai savoir de Gabriel Peignot (1767–1849). Érudition et fantaisie, Dijon 2016.

> voit, par cette définition, que la bibliologie peut être considérée comme une espèce d'encyclopédie littéraire-méthodique, qui, traitant sommairement et descriptivement de toutes les productions du génie, assigne à chacune d'elles la place qu'elle doit occuper dans une bibliothèque universelle[340].

Diese allgemeine Definition führte Peignot weiter aus, indem er die Bibliologie von der Bibliografie abgrenzte.

> Elle diffère de la bibliographie, en ce que cette dernière science ne comprend, à proprement parler, que la description technique et la classification des livres, au lieu que la bibliologie (qui est la théorie de la bibliographie) présente l'analise [sic!] des connaissances humaines raisonnées, leurs rapports, leur enchaînement et leur division; approfondit tous les détails relatifs à l'art de la parole, de l'écriture et de l'imprimerie, et déroule les annales du monde littéraire pour y suivre pas à pas les progrès de l'esprit humain[341].

Für Peignot war die Bibliologie eine Art Metawissenschaft[342], die er ebenso wie Grégoire im Dienst des Fortschritts sah. Dieser kam als Aufgabe, ähnlich wie in einer Enzyklopädie, die Ordnung und kritische Bewertung allen menschlichen Wissens zu.

Betrachtet man allerdings die Einträge in seinem Handbuch, so findet sich kein Eintrag *bibliologue*, sondern die Berufsbezeichnung »Bibliograph«. Dieser sollte sämtliche relevanten Sprachen und Wissenschaften kennen und beherrschen, um seine Arbeit ausführen zu können[343]. Das Wörterbuch ist sehr historisch ausgerichtet, d. h., es enthält zahlreiche Artikel zu wichtigen Personen im Bereich des Buchwesens (Drucker, Schriftgießer, Bibliografen etc.) und die Artikel beginnen zumeist mit einem historischen Abriss des Themas. Der Artikel *bibliothèque* weist zwar zunächst einen systematischen Zugang der Definition auf, kommt dann aber schnell wieder auf die historische Perspektive in der Beschreibung von Bibliotheken verschiedener Länder (u. a. Deutschland, England, Frankreich) zurück. Dieser historische Blickwinkel kommt auch in den Disziplinen zum Tragen, welche Peignot als verwandt zur Bibliologie betrach-

340 Gabriel Peignot, Dictionnaire raisonné de bibliologie [...], 2 Bde., Paris, Villier, 1802, hier Bd. 1, S. VIII–IX.

341 Ibid., S. IX.

342 Der Begriff der Bibliologie war bereits im 18. Jahrhundert von Abbé Rive verwendet worden, Peignot aber machte ihn bekannt. In Frankreich und in anderen Ländern wie Spanien, Portugal oder Polen wird er noch verwendet, wobei seine Bedeutung unterschiedlich ist. In Frankreich beschreibt *bibliologie* heute die »science de l'écrit et de la communication écrite« und gehört zu den Kommunikationswissenschaften. Vgl. Robert Estivals, Art. »Bibliologie«, in: DEL, Bd. 1 (2002), S. 278 f. Vgl. auch Krzysztof Migon, Art. »Bibliologie«, in: LGB, Bd. 1 (^{2}1987), S. 373 f.

343 Vgl. Peignot, Dictionnaire raisonné de bibliologie, Bd. 1, S. 50 f.

tete und ihnen deshalb Artikel widmete. So der Archäologie, welche das Ziel verfolge, mehr über die Geschichte zu erfahren (»augmenter la connaissance historique«[344]). Diese Dominanz des Historischen kann im Kontext von Foucaults »Les mots et les choses« als Teil des sich etablierenden neuen Weltbildes betrachtet werden. Peignot ist somit weniger Teil der alten Betrachtungsweise des *âge classique* oder der Aufklärung, sondern eher der neuen Weltsicht zu Beginn des 19. Jahrhunderts, welche sich u. a. durch eine starke Historisierung auszeichnete[345].

Andere Artikel beschreiben einige Berufe, welche in Verbindung mit der Bibliologie stehen (*archiviste, bibliographe, bibliothécaire)*, oder rein fachliches Wissen. Dies ist beispielsweise im Artikel *caractère* der Fall. Hier gibt Peignot, nach der Erklärung der Wortherkunft, verschiedene Größen für Formate und deren Konsequenzen für den Satz an[346].

Gabriel Peignot stellte einen neuen Typ des Bibliografen dar, sowohl in Bezug auf seine Ausbildung als auch in Bezug auf die systematische Herangehensweise seiner Beschreibungen und Untersuchungen. Zudem lebte er nicht wie viele andere Wissenschaftler, die häufig reisten oder die Orte wechselten, sondern lebte in der französischen Provinz. Dort war er als Direktor der Bibliothek tätig, später als Buchhandelsinspektor in Dijon, dann als Inspektor der dortigen Akademie[347]. Er führte allerdings einen umfangreichen Briefwechsel mit anderen Gelehrten, und so widmete er auch sein »Dictionnaire raisonné de bibliologie« seinem Freund Pierre Joseph Beauchamp, einem Astronom, der als Wissenschaftler nach Ägypten gereist war und dessen Schiff auf dem Rückweg von den Engländern gekapert wurde. Wieder in Frankreich angekommen, verstarb er, was Peignot als »Tod für die Wissenschaft und die öffentliche Sache«[348] interpretierte.

Peignot selbst gab an, dass ihm viele Personen bei der Erstellung des »Dictionnaire« geholfen hätten, worauf er an den entsprechenden Stellen hinweise. Er nannte auch Treuttel & Würtz (unter dem Stichwort Argentina ou Argentoratum): »Les librairies du citoyen Kœnig et des citoyens Treuttel et Wurtz sont très bien assorties; le ›Journal [général] de littérature de France et de littérature étrangère‹, que publient les citoyens Treuttel et Wurtz, est très intéressant: il nous a fourni plusieurs notices de bibliographie étrangère dont nous avons

344 Ibid., S. 26.

345 Vgl. Foucault, Les mots et les choses, S. 229–233.

346 Vgl. Peignot, Dictionnaire raisonné de bibliologie, Bd. 1, S. 138–150.

347 Vgl. Foiselle, Gabriel Peignot.

348 »Victime de son dévouement aux sciences et à la chose publique«, Widmung in: Peignot, Dictionnaire raisonné de bibliologie, Bd. 1, unpaginiert.

enrichi notre ouvrage«[349]. Treuttel & Würtz hatte Peignot also insbesondere durch die Lieferung der beiden großen bibliografischen Zeitschriften »Journal général de la littérature de France« und »Journal général de la littérature étrangère« unterstützt. Diese wurden, wie aus einigen Briefen von Treuttel & Würtz an Peignot hervorgeht, regelmäßig nach Vesoul an Peignot geliefert, wobei die Buchhändler mit deren Bezahlung sehr nachsichtig waren[350].

Peignot betonte zudem, dass Treuttel & Würtz insbesondere in Bezug auf im Ausland erschienene Werke zur Bibliografie hilfreich gewesen war. Diese Versorgung mit Informationen über (bibliografische) Neuerscheinungen im Ausland hatten Bauer und Treuttel bereits bei Barthélemy Mercier de Saint-Léger und Debure im 18. Jahrhundert übernommen. Zu diesem Zeitpunkt schrieben Bauer und Treuttel zumeist Briefe und informierten direkt. Seit 1798 hingegen verlegten sie bibliografische Zeitschriften, welche im breiten Umfang regelmäßig ein größeres Publikum über Neuerscheinungen informierte, als es mit persönlichen Briefen möglich gewesen wäre. Diese Zeitschriften werden im nächsten Abschnitt näher untersucht. An dieser Stelle soll lediglich die Kontinuität der Zusammenarbeit der internationalen Verlagsbuchhändler mit Bibliografen betont werden. Wieder lieferten sie notwendige Fachinformationen, insbesondere über Publikationen aus dem Ausland, und unterstützten so die Wissenschaft der Bibliografie, an welcher sie als internationale Buchhändler auch selbst ein Interesse hatten.

Die Bedeutung des »Dictionnaire raisonné de bibliologie« für die Entstehung der modernen Bibliografie wurde von zahlreichen Forschern immer wieder hervorgehoben. Peignot beschwerte sich mehrfach, dass sein Werk im Ausland kopiert wurde, was seinem Ruf aber nicht schadete[351].

Von entscheidender Bedeutung für die Bibliografie war das 1810 von Jacques-Charles Brunet zum ersten Mal publizierte »Manuel du libraire et de l'amateur de livres«. Brunet überarbeitete seine Arbeit mehrfach und 1860 erschien die fünfte verbesserte Edition. Der Autor war Buchhändler. Mit seinem Werk, welches eine Bibliografie erlesener Publikationen enthielt, knüpfte er direkt an Debure an. Diesen wollte er verbessern und ergänzen[352]. Die erste Ausgabe seines »Manuel du libraire« bestand aus drei Bänden, doch die zweite Auflage von 1814 war bereits vierbändig. In seinem Vorwort zur zweiten Auflage schrieb Brunet, dass er ein Wörterbuch der seltenen und teuren Bücher

349 Ibid., Bd. 2, S. 410.

350 Vgl. Briefe von Treuttel & Würtz an Gabriel Peignot, Paris, 28 brumaire an IX [8.7.1813], BNF, NAF 22434.

351 Vgl. Malclès, La bibliographie, S. 61.

352 Vgl. ibid., S. 75 f.

anfertigen wollte[353]. Er schuf somit wie Debure im 18. Jahrhundert ein Standardwerk aus dem Bereich der Bibliophilie und des Buchhandels.

Neben einer zumeist kommentierten Bibliografie der Publikationen, in denen Brunet auch auf praktische Probleme einging, etwa die Unterscheidung von Raubdrucken und Originalausgaben, war das »Manuel du librairie« thematisch geordnet. Diese Ordnung, welche als »système des libraires« bekannt wurde, wurde in Frankreich im 19. Jahrhundert allgemein zur Klassifikation von Büchern verwendet. Sogar Bibliotheken wurden danach klassifiziert. Es handelt sich um eine Einteilung in fünf Kategorien: Theologie, Jurisprudenz, Wissenschaften und Künste, Literatur (*belles-lettres*) und Geschichte. Diese Bereiche wurden weiter untergliedert. Brunet griff dabei auf ein System zurück, das bereits im 18. Jahrhundert teilweise verwendet wurde, und änderte es leicht ab[354].

Die Liste der aufgeführten Bücher enthält insbesondere ältere, antiquarische Bücher. Besondere Aufmerksamkeit widmete Brunet den klassischen lateinischen und griechischen Autoren. Zudem nahm er auch mit besonderer Sorgfalt gefertigte zeitgenössische Publikationen auf. Unter diesen fanden sich zahlreiche Publikationen, welche bei Treuttel oder Treuttel & Würtz erschienen waren. Zu diesen gehörten, bei der besonderen Beachtung der klassisch antiken Autoren, die Bipontiner Ausgabe[355], Mellings »Voyage pittoresque de Constantinople«[356] oder die Übersetzung »Relation de l'Égypte par Abd-Allatif« angefertigt von Silvestre de Sacy[357]. Zumeist wurde nur Treuttel als Verleger genannt (ohne Würtz), teilweise nannte Brunet den Verlag nicht. Brunet bezeichnete Jean-George Treuttel als »savant éditeur«[358]. Dies bezog sich nicht nur auf die wissenschaftlichen Publikationen, welche vorrangig im »Manuel du libraire« zitiert wurden, sondern drückte ebenso eine Wertschätzung gegenüber dem Verleger aus, welche auch dessen Selbstbild entsprach[359].

353 Vgl. Jacques-Charles Brunet, Manuel du libraire et de l'amateur des livres [...]. Seconde édition, augmentée de plus de quatre mille articles, et d'un grand nombre de notes, 4 Bde., Paris, Brunet, 1814, hier Bd. 1, S. iii.

354 Vgl. Malclès, La bibliographie, S. 75. Auch in dieser Arbeit wurde auf diese Klassifikation zurückgegriffen, da es sich um die Standardklassifikation der Zeit handelt.

355 Vgl. Eintrag »Collection d'auteurs classiques grecs et latins, in-8. commencée aux Deux-Ponts, et continuée à Strasbourg, par MM. Treuttel et Würtz, libraires«, in: Brunet, Manuel du libraire, Bd. 4, S. 80–82.

356 Vgl. ibid., Bd. 2, S. 343.

357 Vgl. ibid., Bd. 1, S. 2.

358 Ibid., Bd. 3, S. 250.

359 Treuttel war in der Tat besonders gebildet. Er gehörte einer neuen Bewegung von Verlegern, Buchhändlern und Druckern an, welche studiert hatten, also über den nöti-

Zumeist erschienen die Publikationen in unterschiedlichen Ausgaben (unterschiedliche Formate, unterschiedliche Papierqualität). Viele enthielten zahlreiche Illustrationen und waren folglich sehr kostspielig. Die Mehrzahl der von Brunet genannten Publikationen von Treuttel & Würtz waren in den frühen Jahren des 19. Jahrhunderts erschienen. Eine Ausnahme und den Anfang stellten die Sophokles-Ausgaben von Brunck dar. Sehr häufig lobte Brunet die besondere Qualität der Ausgaben von Treuttel & Würtz sowie deren Seltenheit; ein klassisches Kriterium im Bereich der Bibliophilie, welches den Wert der Publikation steigen ließ.

Im Gegensatz zu Peignot betrachtete Brunet die Bibliografie nicht als allumfassend, sondern als Teil der »histoire littéraire«[360]. Gründe dafür mögen sein Lebenslauf und seine Karriere als Buchhändler und nicht als Wissenschaftler sein.

Obwohl Jacques-Charles Brunets Schwerpunkt im Bereich der modernen Sprachen auf der französischsprachigen Literatur lag, nahm er auch spanische, italienische, englische und deutsche Werke in sein »Manuel du libraire« auf.

> J'ai donné une étendue raisonnable à ce qui concerne la littérature italienne, espagnole et anglaise [...]. Bien que la littérature allemande soit en général trop négligée en France, elle y trouve cependant encore assez de partisans, pour que j'aie dû lui consacrer une place, soit dans mon dictionnaire, soit dans le catalogue qui l'accompagne[361].

Brunet nahm sogar »orientalische« Literatur auf, auch wenn er dies einschränkte: »La littérature orientale n'a pas non plus été oubliée; mais sachant que M. Langlès s'occupait d'un travail étendu sur cette partie, je n'ai pas cru devoir en faire un des objets essentiels de mes recherches«[362].

Für Brunet waren neben Französisch, Latein und Altgriechisch also Italienisch, Spanisch, Englisch, Deutsch und sogar orientalische Sprachen wichtig. Was bedeutete dies aber konkret? In welchem Ausmaß beschäftigte sich Brunet mit den Publikationen in diesen Sprachen? Als Quellen nannte Brunet vor allem französische Autoren und Literatur (u. a. »Journal des sçavans«, »Esprit des journaux«), die französische Nationalbibliothek, den Katalog des Duc de La Vallière, Debure etc. Er nannte aber auch die »Serie de testi« von Gamba, welche er vermutlich im italienischen Original eingesehen hatte, ebenso wie englischsprachige Arbeiten von Thomas Frognall Dibdin oder das »Bibliographical

gen Hintergrund verfügten, um den wissenschaftlichen Wert einer Publikation zu beurteilen. Vgl. dazu Kap. 1.1.

360 Brunet, Manuel du libraire, Bd. 1, S. [i].

361 Ibid., S. v.

362 Ibid.

Dictionary«. Für deutschsprachige Literatur scheint er auf französische Beschreibungen zurückgegriffen zu haben: Brunet arbeitete mit Schoells »Répertoire«, welches in französischer Sprache verfasst war[363]. Auch zitierte Brunet das »Magasin encyclopédique«, welches mit dem germanophilen Herausgeber Aubin-Louis Millin eine französischsprachige Zusammenfassung auch deutschsprachiger Literatur bot. Ebenso nannte er das bei Treuttel & Würtz erschienene »Journal général de la littérature étrangère«. Diese bibliografische Zeitschrift bot Informationen in französischer Sprache über im Ausland, d. h. außerhalb Frankreichs, erschienene Literatur. Obwohl Brunet den Anspruch erhob, nicht nur lateinische, altgriechische und französische Werke zu betrachten, griff er also zumindest für den deutschsprachigen Teil auf Quellen »zweiter Hand« zurück. Statt eine deutschsprachige Zeitschrift oder deutschsprachige bibliografische Publikationen per Autopsie zu konsultieren, beachtete er nur, was in französischer Sprache über diese Publikationen erschienen war. Auch Mercier de Saint-Léger war Bibliograf und der deutschen Sprache nicht mächtig. Diese Einstellung zu den Sprachkenntnissen der Bibliografen sollte sich in den nächsten Jahrzehnten grundlegend ändern. Mit der weiteren Verwissenschaftlichung der Bibliografie wurde der Sprachkenntnis und der wissenschaftlichen Bildung der Bibliografen immer mehr Bedeutung beigemessen.

Wirtschaftliche Initiativen: interessengeleitete Kommerzialisierung

Ab Januar 1798 erschien bei Treuttel & Würtz (Straßburg und Paris) die bibliografische Zeitschrift »Journal général de la littérature de France«. Um diesem publizistischen Projekt zum Erfolg zu verhelfen, bewarben sie es intensiv, indem sie Prospekte und Ankündigungen verbreiteten. Eine nicht systematische Untersuchung hat für 1798 Platzierungen im »Intelligenzblatt« des »Journal des Luxus und der Moden«[364], im »Allgemeinen litterarischen Anzeiger«[365],

363 Vgl. Schoell, Répertoire de littérature ancienne.

364 Vgl. Journal général de la littérature de France, ou Répertoire méthodique des livres nouveaux, cartes géographiques, estampes & œuvres de musique qui paroissent successivement en France, accompagné de notes littéraires, in: Journal des Luxus und der Moden. Intelligenzblatt 4/13 (1798), S. LXXVIIIf.

365 Vgl. Prospectus. Journal général de la littérature de France, ou Répertoire méthodique des livres nouveaux, cartes géographiques, estampes et œuvres de musique qui paroissent successivement en France, accompagné de notes littéraires [Treuttel & Würtz], in: Allgemeiner litterarischer Anzeiger, Beilage zu Nr. XLVI (1798), S. 474f.

im »Kaiserlich privilegirten Reichs-Anzeiger«[366] und in der »Oberdeutschen allgemeinen Litteraturzeitung«[367] ergeben. Auch das »Intelligenzblatt« der ALZ[368] kündigte das Erscheinen dieser Zeitschrift an.

In diesem weit verbreiteten Prospekt legten Treuttel und Würtz die Beweggründe für ihre Zeitschriftengründung dar. Nach mehreren Jahren Krieg und Unterbrechung des internationalen Handels waren sie der Meinung, der Frieden sei beinahe wiederhergestellt und die internationalen Beziehungen würden neu aufgenommen. Nun müsse man sich nach einigen Jahren des Kontaktabbruchs wieder über Neuerscheinungen in anderen europäischen Ländern informieren und in Frankreich habe man bereits damit begonnen:

> Les étrangers sans doute ne sont pas moins intéressés à profiter des avantages de la paix; la connoissance des ouvrages concernant les sciences, les arts et la littérature, qui ont été publiés dans ces derniers tems en France, ainsi que ceux qui y paroissent successivement, ne peut leur être indifférente; la République françoise comme ses voisins possèdent des hommes de génie dont les écrits lumineux augmentent journellement la masse des connoissances acquises[369].

Treuttel und Würtz gingen 1798 von einem vermutlich länger dauernden Frieden aus. Jedenfalls wollten sie zwei Jahre nach der Eröffnung ihrer Pariser Filiale wieder aktiv und intensiv zum internationalen Handel beitragen. Der anstehende Frieden ermöglichte die Kontaktwiederaufnahme. Für sie gab es ein gleichberechtigtes Nebeneinander verschiedener Staaten; sie beschrieben keine französische Dominanz, sondern eine Situation des friedlichen Austauschs, welchem sie mit ihrer bibliografischen Zeitschrift dienen wollten.

> Il manquoit jusqu'ici un ouvrage périodique uniquement destiné à recueillir les nouvelles productions littéraires et des arts, dispersées dans une quantité de journaux quelquefois difficiles à se procurer et toujours dispendieux par leur grand nombre; le »Journal général de la littérature de France« remplira cette tâche. Nos concitoyens nous sauront quelque gré de voir rassemblées en

366 Vgl. [Treuttel & Würtz], Prospectus. Journal général de la littérature de France, ou Répertoire méthodique des livres nouveaux, cartes géographiques, estampes et œuvres de musique qui paroissent successivement en France, accompagné de notes littéraires, in: Kaiserlich privilegirter Reichs-Anzeiger (1798), S. 725f.

367 Vgl. [Treuttel & Würtz], Journal général de la littérature de France, ou Répertoire méthodique des livres nouveaux, cartes géographiques, estampes et œuvres de musique qui paroissent successivement en France, accompagné de notes littéraires, in: Oberdeutsche allgemeine Litteraturzeitung (1798), S. 623f.

368 Vgl. Paris und Strassburg bey Treuttel und Würtz: 1) Journal général de la littérature de France, in: Intelligenzblatt der ALZ 19 (1798), S. 332f.

369 Allgemeiner litterarischer Anzeiger, Beilage zu Nr. XLVI (1798), S. 475.

> corps d'ouvrage ces diverses productions à mesure qu'elles paroissent; les étrangers applaudiront à une entreprise qui leur facilite les moyens de les connoître promptement, après en avoir été privés plusieurs années de suite[370].

Treuttel und Würtz wollten die Lücke einer nationalen Bibliografie füllen, um im Inland, aber insbesondere im Ausland über Neuerscheinungen in Frankreich zu informieren. Die Motivation war wirtschaftlich und auf einen friedlichen, gleichberechtigten Austausch ausgerichtet, nicht auf nationale Dominanz.

Das »Journal général de la littérature de France« erschien von 1798 bis 1841 monatlich in einem Umfang von 64 Seiten im Oktav-Format. Als bibliografische Zeitschrift enthielt sie Kurzanzeigen von Neuerscheinungen. Diese umfassten den Titel und kurze bibliografische Angaben sowie häufig, aber nicht immer, eine Kurzrezension. Parallel dazu erschien ab 1801 das »Journal général de la littérature étrangère«. Dieses gab in gleichem Stil Auskunft über Neuerscheinungen im Ausland, d. h. entsprechend des Untertitels in Deutschland, den nördlichen Ländern, Batavien (Niederlande), England, Spanien, Italien, der Schweiz etc.[371]

Redakteure oder Autoren der kurzen Ankündigungen, Rezensionen und sonstiger Neuigkeiten wurden in der Zeitschrift nicht genannt. Lediglich Treuttel & Würtz war als Verlag präsent. Es lässt sich jedoch vermuten, dass Gilles Boucher de la Richarderie und Philippe-Werner Loos für die beiden bibliografischen Zeitschriften verantwortlich waren. Gilles Boucher de la Richarderie (1733–1810) war als Rechtsanwalt zunächst im Parlement de Paris tätig. Während der Französischen Revolution kam es zu einem Bruch der Karriere, vermutlich durch die Verfolgung der Terreur begründet, und Boucher de la Richarderie widmete sich nun ausschließlich seiner schriftstellerischen und journalistischen Tätigkeit. In biografischen Einträgen zu seiner Person wird er immer wieder als Hauptredakteur des »Journal général de la littérature de France« genannt. Auch für das »Journal général de la littérature étrangère« soll er Artikel verfasst haben. Zudem wird von zeitgenössischen Experten wie Gabriel Peignot insbesondere seine »Bibliothèque universelle des voyages«, eine Bibliografie von Reisebeschreibungen in zahlreichen Sprachen, lobend hervorgehoben[372]. Philippe-Werner Loos (1754–1819) stammte aus dem Elsass (Bouxwiller). Sein Lebenslauf weist Ähnlichkeiten mit dem anderer Autoren und dem Elsäs-

370 Ibid.

371 Journal général de la littérature étrangère […], Paris, Straßburg, Nr. 1, 1801.

372 Vgl. Einträge zu »Boucher de la Richarderie, Gilles« in: Archives biographiques françaises. Fusion dans un ordre alphabétique unique de 180 des plus importants ouvrages de référence biographique français publiés du XVIIe au XXe siècle, hg. von Susan Bradley, London 1989–1996, I 132, 55–62; 1053, 426.

ser Freundeskreis von Treuttel und Würtz auf. Er hatte mehrere Jahre in Preußen verbracht und in Berlin – neben der Mitarbeit an weiteren enzyklopädischen Projekten – die »Encyclopädie für Künstler« (1794–1798, 6 Bde.) herausgegeben. Außerdem wird er als Hauptherausgeber des »Journal général de la littérature étrangère« genannt. Für die französische Ausgabe soll er ebenso tätig gewesen sein[373].

Das »Journal général de la littérature de France« erschien zu einem Zeitpunkt, zu dem Bücher in Frankreich durch Politiker wie Grégoire oder Condorcet eine starke ideelle Aufwertung erfuhren hatten. In diesem fruchtbaren Kontext entwickelte sich nicht nur die Wissenschaft der Bibliografie, sondern auch bibliografische Projekte von Verlegern und Buchhändlern erfuhren einen Aufschwung. So gab etwa Pierre Roux ab 1797 das »Journal typographique« heraus. 1810 wurde es in »Journal général de la librairie« umbenannt und 1811 schließlich in »Bibliographie de l'Empire français, ou Journal de l'imprimerie et de la librairie« und stellte damit die erste offizielle französische Nationalbibliografie dar. Sowohl das »Journal général de la littérature de France« als auch das »Journal typographique« werden von der Forschung als Vorläufer der französischen Nationalbibliografie angesehen[374].

Das »Annuaire de la librairie« von Guillaume Fleischer war ein weiteres bibliografisches Projekt, ebenso wie Fleischers 1812 »Dictionnaire de bibliographie française« von 1812, was allerdings nach dem zweiten Band (noch beim Buchstaben B) eingestellt wurde und ein wirtschaftlicher Misserfolg gewesen zu sein scheint. Frédéric Barbier hat die Bedeutung der Elsässer Verleger für die Entwicklung der bibliografischen Projekte in Frankreich um 1800 und deren Anlehnung an deutsche Praktiken erstmals herausgearbeitet[375].

Im Zeitraum um 1800 führte das Ineinandergreifen verschiedener Interessen politischer, wirtschaftlicher und wissenschaftlicher Natur zu einem Aufschwung und einer intensiven Beschäftigung mit bibliografischen Projekten und der Bibliografie an sich. An dieser Stelle steht die wirtschaftliche Perspektive im Vordergrund. Warum verlegten Verlagsbuchhändler bibliografische Zeitschriften? Welche wirtschaftlichen Interessen verbanden sie mit einer solchen Publikation?

Wie bereits oben dargelegt, gingen Treuttel und Würtz mit der Publikation ihrer Zeitschrift von einem friedlichen Miteinander in Europa aus. Sie schrieben selbst, dass sie den Austausch befördern und so dem Fortschritt dienen wollten. An diesem Austausch aber verdiente Treuttel & Würtz mit.

373 Vgl. Einträge zu »Loos, Philippe Werner« ibid., I 672, 137–139; II 424, 202.

374 Vgl. Malclès, La bibliographie, S. 62f. Vgl. dazu auch Schneider, Nestler, Handbuch der Bibliographie, S. 18.

375 Vgl. Barbier, Entre la France et l'Allemagne, S. 46–50.

Dienten zunächst ihre Buchhandels- und Verlagskataloge als Grundlage für Kundenbestellungen, erschienen nun parallel dazu ihre bibliografischen Zeitschriften. Während Buchhandelskataloge nur spärlich erhalten sind, sodass sich deren Erscheinungsrhythmus nicht genau bemessen lässt – es erschienen zumindest mehrere Kataloge pro Jahr –, lassen sich die bibliografischen Zeitschriften deutlich einfacher und besser in Bibliotheken finden. Buchhandels- und Verlagskataloge stellten für Bibliothekare vermutlich Werbung dar und wurden kaum oder nur in besonderen Fällen aufgehoben. Die bibliografischen Zeitschriften von Treuttel & Würtz hingegen sind in den großen europäischen Bibliotheken (u. a. BNF, BSB, KB und BL) zumeist über ihren gesamten Erscheinungsverlauf, aber zumindest für einige Jahrgänge, nachgewiesen. Diese Zeitschriften wurden anders beurteilt als Buchhandelskataloge und entsprechend aufbewahrt. Dadurch wurde ihnen nicht nur in der zeitgenössischen Bewertung, sondern auch darüber hinaus mehr Beachtung zuteil und ihr Einfluss war größer.

Bibliografische Zeitschriften traten als Auswahlbibliografie für Bestellungen hinzu; sie standen neben den weiter publizierten Katalogen, lösten diese in ihrer Bedeutung und Kanonisierungsfunktion der Neuerscheinungen aber vermutlich ab, da sie ein großes Spektrum an Publikationen und weitere Informationen enthielten. Insofern ergänzten sie die Buchhandelskataloge. In Kopenhagen beispielsweise abonnierte der Verlagsbuchhändler und Lieferant der königlichen Bibliothek Jacob Deichmann das »Journal général de la littérature de France«[376]. Dieses wurde auch von der königlichen Bibliothek bezogen[377].

Das »Journal général de la littérature de France« erschien außerdem regelmäßig in kurzem Abstand (monatlich). Es war also möglich, jeden Monat über Neuerscheinungen informiert zu werden. Zudem waren die Titel nicht nur aufgelistet, sondern zumeist kurz rezensiert. Diese Praktik verfolgten Treuttel & Würtz allerdings auch teilweise in ihren Verlagskatalogen. Größer angelegte Publikationsprojekte bei Treuttel & Würtz wurden auch in den eigenen Katalogen ausführlicher beschrieben. Die bibliografischen Zeitschriften hingegen mag der Eindruck der Objektivität im Gegensatz zur Werbung der Buchhandelskataloge umgeben haben. Aber wurden Neuerscheinungen tatsächlich nach dem Kriterium der Objektivität aufgenommen?

Sowohl in den Ankündigungen als auch in der Zeitschrift selbst wurde immer wieder erwähnt, dass es sich um eine umfassende Bibliografie handle, welche alle Neuerscheinungen enthalte. War dies der Fall, und wie wurden

376 Vgl. Jacob Deichmann an Treuttel & Würtz (Paris), [Kopenhagen], 1.12.1818, in: Kopibog 1810–1818 (unpaginiert), KB, Gyld. Arkiv B.2.

377 Vgl. Bucherwerbungen der königlichen Bibliothek Kopenhagen, 1834–1850, KB, Det Kongelige Biblioteks arkiv F9.

diese Neuerscheinungen definiert? Wie kam es dazu, dass ein Werk im »Journal général de la littérature de France« angezeigt und/oder rezensiert wurde?

Am Ende eines jeden Jahres erschien eine kurze statistische Aufstellung zu der Anzahl der Anzeigen nach thematischen Kategorien zu diesem Jahrgang. Dieses Register wurde im Laufe der Zeit ausgebaut. Während die ersten beiden Jahrgänge möglicherweise als Test angelegt waren, wurde die Ordnung und auch der Aufbau mit dem Jahr 1801 erneuert. Waren die Artikel zunächst nach thematischen Kategorien samt statistischer Auswertung enthalten, wurde ab 1800 zusätzlich ein Register der Drucker und Buchhändler eingeführt, was allerdings bereits 1807 nicht mehr vorhanden war. Ab 1811 wies die Zeitschrift hingegen ein Register der Autoren am Ende des letzten Bandes eines Jahres auf. Diese Reihenfolge belegt, dass es sich um einen Zugang zu einer Nationalbibliografie aus buchhändlerischer Perspektive handelte. Über dem Register der Verleger befand sich ein Aufruf an alle Verleger und Buchhändler (nicht Autoren), ihre Neuerscheinungen im Büro des »Journal général de la littérature de France«, welches mit der Geschäftsadresse von Treuttel & Würtz in Paris identisch war, einzureichen:

> Le principal but de ce journal étant de présenter une bibliographie française aussi complète que possible, nous invitons tous les libraires et éditeurs de nous donner connaissance, dans la primeur, des ouvrages nouveaux qu'ils mettront en vente, et même de ceux qu'ils mettent sous presse; ils concourront ainsi à la perfection d'une entreprise utile aux savans, aux hommes de lettres de toutes les classes, aux bibliothèques, aux libraires, etc. et en retireront eux-mêmes les premiers avantages par la publicité qui sera donnée à leurs productions nouvelles, soit en France, soit dans les pays à l'étranger, où ce journal jouit depuis trois ans d'un accueil distingué, que nous tâcherons de mériter de plus en plus[378].

Die Zeitschrift verfügte über Redakteure; allerdings sollten die Verleger und Buchhändler eigenständig über Neuerscheinungen bei ihnen informieren. Für die Verleger dieser Neuerscheinungen war mit der Anzeige ein Werbeeffekt im In- und Ausland verbunden, welcher sie dazu motivieren sollte, sich an der Zeitschrift zu beteiligen. Eine solche eigenständige Organisation der Buchhändler untereinander war eine aus dem deutschen Raum bekannte und lange praktizierte Buchhandelsusance. Die Kataloge, welche zur Leipziger Messe erscheinen, wurden nach dem gleichen Organisationsprinzip erstellt. Die Verleger machten Angaben zu den Veröffentlichungen in ihrem Verlag und die Kataloge dienten anschließend als Informationsmaterial für Buchhändler, Verleger und Kunden über Neuerscheinungen. Treuttel & Würtz hatte diese Praktik aus dem

378 Journal général de la littérature de France 3 (1800), S. 395.

deutschen Raum übernommen und erfolgreich für den französischen Markt adaptiert. Der Erfolg lässt sich zum einen an dem langen Erscheinungszeitraum und der europaweiten Verbreitung der bibliografischen Zeitschriften festmachen. Zum anderen wird die Zeitschrift heute noch als Vorläufer der französischen Nationalbibliografie betrachtet.

Andere Buchhändler und Verleger wie Guillaume Fleischer versuchten sich ebenfalls an einer Adaptation dieser Usancen für Frankreich, waren aber sehr viel weniger erfolgreich. Sein »Annuaire de la librairie« ahmte das Modell des »Journal général de la littérature de France« nach und wollte den Erfolg von Treuttel & Würtz wiederholen, aber es erschien lediglich ein Jahrgang.

> Cette partie de l'ouvrage sera, pour la littérature française, ce qu'est pour l'Allemagne, depuis 1740, le »Catalogue de la foire de Leipzig«, qui, publié deux fois par ans et généralement répandu en Allemagne et dans les pays qui s'avoisinent, assure à chaque éditeur la publication de ses nouvelles productions, sans qu'il lui en coûte ni peine ni frais.
> 3°. De recueillir les annonces, notices et avis relatifs tant au commerce de la librairie dans l'intérieur et chez l'étranger qu'aux productions littéraires et à tout ce qui s'y rapporte[379].

Auch Fleischer versuchte sich also an einer Bibliografie nach dem Modell der deutschen Messkataloge. Allerdings war sein Projekt noch weit mehr auf den Buchhandel und weniger auf Gelehrte ausgerichtet als das von Treuttel & Würtz. Es war noch näher an dem deutschen Modell und weniger adaptiert. Treuttel & Würtz war sehr viel erfolgreicher mit der Zeitschrift als Fleischer, was insbesondere am guten Ruf des Unternehmens und der Kooperation mit vielen Buchhändlern und Verlegern im In- und Ausland lag. Ein weiterer Grund für den Erfolg des »Journal général de la littérature de France« lag in dessen Erscheinungsrhythmus. Die bibliografische Zeitschrift erschien monatlich, wohingegen das »Annuaire« nur jährlich publiziert werden sollte und somit nicht dem Bedürfnis nach aktueller Information um 1800 entsprach.

Was folgt aus dieser Arbeitsmethode für die Auswahl der angezeigten Publikationen im »Journal général de la littérature de France«? Sind einige Verleger mit ihren Publikationen über- oder unterrepräsentiert? Was wurde ausgeschlossen und nicht angezeigt? Betrachtet man den Index der Buchhändler und Verleger des Jahres 1800, welcher fünfeinhalb Seiten umfasst, lassen sich insbesondere zwei Auffälligkeiten feststellen: Nicht nur kommen einige wenige Verleger besonders häufig vor, sondern insbesondere Elsässer und ursprünglich aus dem deutschen Raum stammende Verleger sind stark vertreten. Zu diesen Kollegen zählen Levrault, König, Fuchs oder auch Henrichs und Cramer. Straß-

379 Annuaire de la librairie. Première année, Paris Levrault frères, 1802, S. ii.

burger Verleger und auch Deutsche waren an die Usancen des deutschen Buchhandels gewöhnt. Sie kannten die Messkataloge, die dahinter stehende Organisation sowie die Vorteile dieser Werbeplattform. Zudem gehörten sie zum engen Bekannten- und Freundeskreis von Treuttel und Würtz, König gar zu Treuttels Familie. Die Verlagsbuchhandlung König (hier »Koenig« geschrieben) erhielt in diesem Jahr 20 Einträge[380], Treuttel & Würtz 56[381]. Man unterstützte sich also gegenseitig und kooperierte.

Abgesehen von diesem deutsch-Straßburger Milieu treten auch einige französische Buchhändler und Verleger mit besonders vielen Einträgen hervor: Baudouin, Desenne, Didot aîné, Didot jeune, Maradan, Pougens und Renouard. Auch diese großen Pariser Firmen gehörten zum Netzwerk von Treuttel & Würtz. Allgemein wurden insbesondere Pariser Verleger erwähnt. Einige wenige Verlage außerhalb von Paris wurden genannt. Zu diesen zählten einige französische Städte und besonders das Netzwerk der deutsch-französischen Diaspora von Treuttel & Würtz in Europa: Deseine (Mailand), Fauche (Hamburg), Lagarde (Berlin), Maire (Lyon), Paschoud (Genf), Perthes (Hamburg) und Weissenbruch (Brüssel).

Die bibliografische Zeitschrift besprach also insbesondere die Neuerscheinungen von Freunden von Treuttel & Würtz. Von diesen wurde die bibliografische Unternehmung ernst genommen, man kooperierte und vertrat gemeinsame Interessen. Es handelt sich hier zu einem Großteil um Pariser und europäische Verleger von gutem Ruf, welche, wie im ersten Teil der Arbeit beschrieben, zur Aristokratie des Buchwesens zählten. So finden sich auch im »Journal général de la littérature de France« die Interessen dieser Gruppe wieder. Dies galt insbesondere für den Kampf gegen den Raubdruck. Für diese großen Buchhändler, Verleger und Drucker stellten Raubdrucke ihrer Publikationen ein Problem dar. Während sie sich für den Kauf der Rechte und ein Honorar für die Autoren oder Übersetzer einsetzten, wurden ihre Gewinne durch den Verkauf von Raubdrucken geschmälert. Der Kampf gegen den Raubdruck war auf den Buchhandelsmessen in Leipzig mehrfach Hauptthema.

Auch mit Hilfe des »Journal général de la littérature de France«, welches eine Maßnahme der interessengeleiteten Kommerzialisierung der Aristokratie des Buchwesens auf internationaler Ebene darstellte, wurde gegen den Raubdruck gekämpft. Nicht nur wurden keine Raubdrucke als Neuerscheinungen aufgenommen, sondern Treuttel & Würtz nutzten die Zeitschrift sogar zur Klarstellung ihrer Publikationsrechte. So im Fall der französischen Übersetzung der Biografie Napoléons von Walter Scott, die im Jahre 1827 erschien:

380 Vgl. Journal général de la littérature de France 3 (1800), S. 389.

381 Vgl. ibid., S. 400.

> Par suite d'un accord fait par MM. Treuttel et Würtz avec les éditeurs anglais de la »Vie de Napoléon Buonaparte«, les diverses éditions de cet ouvrage, imprimées simultanément avec la leur, seront publiées le même jour que l'original paraîtra à Londres et à Edimbourg. Cet accord concilie à la fois les intérêts de l'auteur et des éditeurs, et assure aux lecteurs du continent la jouissance immédiate d'un ouvrage qu'ils n'auraient pu se procurer dans la langue originale qu'à des prix fort élevés, ou tardivement, par des traductions faites et exécutées avec précipitation, et par conséquent fautives sous tous les rapports[382].

Treuttel & Würtz postulierte also ein allgemeines Interesse der Autoren, Verleger und des Publikums an einer offiziellen Publikation und Übersetzung der Biografie ins Französische. Der bibliografischen Zeitschrift kommt somit auch die Aufgabe einer internationalen Informationsverbreitung über Neuigkeiten im Buchwesen zu. Treuttel & Würtz besaß übrigens auch die Rechte für eine deutschsprachige Übersetzung und bot sie bereits 1826 Johann Friedrich Cotta an, welcher aber ablehnte[383].

Die Werke von Walter Scott und seine Übersetzungen sind ein gutes Beispiel für den Umgang des »Journal général de la littérature de France« mit Raubdrucken. Scott war zu diesem Zeitpunkt ein sehr erfolgreicher Autor, seine Arbeiten erschienen nicht nur in offiziellen, d. h. vertraglich vereinbarten Publikationen, sondern auch in zahlreichen Raubdrucken und nicht autorisierten Übersetzungen. Die Tatsache, dass Raubdrucke oder nicht autorisierte Übersetzungen in der Zeitschrift nicht besprochen wurden, zeigte, dass sie von Treuttel & Würtz und den großen Verlegern nicht als Neuerscheinungen gewertet wurden.

Ein weiterer Aspekt der Auswahl der Werke stellte deren Konformität mit der französischen Zensur dar. Treuttel & Würtz selbst beschrieben 1813, dass sie bis zu diesem Zeitpunkt keine Probleme mit der Zensur gehabt hätten, da sie sich streng an Vorgaben hielten[384].

Das »Journal général de la littérature de France« stellte somit ein regimekonformes Publikationsorgan der europäischen Aristokratie des Buchwesens dar. Die Zeitschrift informierte über Neuerscheinungen, welche insbesondere nach dem Kriterium der Originalausgabe ausgesucht wurden.

382 Journal général de la littérature de France 30 (1827), S. 95.

383 »Wir sind mit den Verlegern des neuen Werkes von Walter Scott – das Leben Buonaparte's (The Life of Napoleon Buonaparte) [...] für Frankreich und Deutschland einverstanden und erbieten uns, die deutsche Ausgabe davon unter billigen Bedingungen Ihnen zu überlassen«, Treuttel & Würtz an Johann Friedrich Cotta, Paris, 5.9.1826, DLA CA, Cotta Br. 5.

384 Vgl. dazu Abschnitt »Nationalbibliografien: Rivalität verschiedener Interessengruppen« in Kap. 2.3.3.

Nach den ersten beiden Ausgaben fand ein Wandel statt: Zum einen erschien ab 1801 das »Journal général de la littérature étrangère«, welches nach dem gleichen Modell die im Ausland erschienenen Publikationen anzeigte[385]. Zum anderen wurde der Titel der ursprünglichen Zeitschrift ebenso wie die Aufbereitung leicht geändert. Der Haupttitel »Journal général de la littérature de France« blieb unverändert, lediglich der Untertitel wurde leicht geändert und ergänzt. Der volle Titel lautete ursprünglich: »Journal général de la littérature de France ou Répertoire méthodique des livres nouveaux, cartes géographiques, estampes et œuvres de musique qui paraissent successivement en France, accompagné de notes analytiques et critiques« (1798–1799). Unter dem Begriff *littérature* wurden allgemein alle Neuerscheinungen verstanden. Der Terminus *général* kommt auch bereits bei Grégoire vor. Der neue Untertitel lautete bis 1824: »Indicateur bibliographique et raisonné des livres nouveaux de tous genres, cartes géographiques, estampes et œuvres de musique qui paraissent en France, classés par ordre de matières; avec une notice des séances académiques et des prix qui y ont été proposés, les nouvelles découvertes et inventions, la nécrologie des écrivains et artistes célèbres de la France, des nouvelles littéraires et bibliographiques, etc. etc.« Mit dem Wort *bibliographique* knüpften Treuttel und Würtz einerseits an den wissenschaftlichen Diskurs der Zeit an, in dem sich der Begriff »Bibliografie« für Bücherkunde etablierte. Andererseits stehen sie in der Tradition der Aufklärung mit dem Begriff *raisonné*, der sich auf Vernunft bezieht und anstelle von *méthodique*[386] verwendet wurde. Die heutige französische Bezeichnung *bibliographie raisonnée* bedeutet synonym zur kritischen Bibliografie eine Bibliografie mit kurzer Beurteilung und entspricht damit der Praktik in den Zeitschriften von Treuttel & Würtz[387].

385 Vgl. Journal général de la littérature étrangère […]. Première partie, comprenant les mois de vendémiaire à ventôse an IX. À Paris, chez Treuttel et Würtz, quai Voltaire, n° 2. À Strasbourg, chez les mêmes libraires, Grand'Rue, n° 15. An IX de la République française. 1801, BNF Q-4093 (1).

386 Der Begriff *méthodique* stellte möglicherweise eine Anlehnung an die »Encyclopédie méthodique« dar.

387 1825 wurde der Titel nochmals leicht geändert und lautete wie folgt: Journal général de la littérature de France, ou Indicateur bibliographique et raisonné des livres nouveaux en tout genre, cartes géographiques, etc., etc. qui paraissent en France, classés par ordre de matières, avec un notice des séances académiques et des prix qui y ont été proposés et des notices littéraires et bibliographiques, etc. 1830 nochmal leichte Änderung: Journal général de la littérature de France, ou Indicateur bibliographique et raisonné des livres nouveaux en tout genre, qui paraissent en France, classés par ordre de matière; avec une notice des séances académiques et des prix qui y ont été proposés; les nouvelles littéraires et bibliographiques, etc.; Ab 1831 mit dem Zusatz »Suivi d'un bulletin de la littérature étrangère« und um etwa die Hälfte der Seitenzahlen reduziert. Die Reduktion der Seitenzahlen wurde zum einen durch die Kürzung der Charakterisierungen der

Der neue Untertitel der Zeitschrift ist vor allem länger und ausführlicher. Neben der reinen Anzeige von Neuerscheinungen von Büchern, Karten, Illustrationen und Musikstücken wurden zudem Neuigkeiten aus dem Bereich der französischen Literatur wie Preise oder Nekrologe angezeigt. Während die ersten beiden Jahrgänge, auch im Untertitel, noch stark an der Idee der Buchhandelskataloge angelehnt waren, wurde die Zeitschrift ab 1800 ausgebaut. Sie scheint sich nun – mit ihren literarischen Neuigkeiten – mehr an Wissenschaftler zu richten.

Wirkten die ersten beiden Jahrgänge trotz ihrer Sorgfalt wie ein erster Versuch, wurde das gesamte Konzept der bibliografischen Zeitschrift in der Folge ausgebaut. Wie die Redakteure selbst schrieben, waren die ersten Ausgaben der Zeitschrift sehr erfolgreich gewesen: »L'accueil favorable que le public éclairé accorde depuis trois ans au ›Journal général de la littérature de France‹, a encouragé ses éditeurs à joindre à ce premier travail un autre non moins utile qui doit lui servir de pendant, et en quelque manière de complément«[388].

Die Herausgeber verwendeten auch in dem »Prospectus« Begriffe wie »aufgeklärt«, was nochmals ihre Anlehnung an die Aufklärung und den Gedanken an einen Fortschritt illustriert. Ebenso wie diese Aussage der Verleger oder Herausgeber belegte auch der lange Erscheinungszeitraum der Zeitschriften (bis 1841) ihren Erfolg[389]. Nicht nur der Titel beziehungsweise Untertitel war nun wissenschaftlicher ausgerichtet, auch die Zeitschrift selbst. So wurde bereits im Titel auf die Ordnung der angezeigten Bücher hingewiesen (»classés par ordre de matières«).

Dieser Klassifizierung wurde in vergleichbaren zeitgenössischen Publikationen viel Bedeutung beigemessen. Der bereits zitierte Guillaume Fleischer schrieb in seinem »Annuaire de la librairie«, dass die Klassifizierung von Büchern ebenso nötig sei »wie die Ordnung der Pflanzen bei Linné«:

Publikationen, zum anderen durch das Weglassen der Karten und anderer Neuerscheinungen und die Konzentration auf Bücher und Periodika erreicht. 1832 kam es nochmals zu einer leichten Änderung des Untertitels der Zeitschrift (bis 1841): Journal général de la littérature de France, ou Indicateur bibliographique et raisonné des livres nouveaux en tout genre, qui paraissent en France, classé par ordre de matières. Suivi d'un bulletin de la littérature étrangère.

388 Beihefter im Journal général de la littérature de France (1798), BSB, 6633030 H.lit.p. 188–1.

389 Das »Journal général de la littérature étrangère« wurde 1831 als »Bulletin de la littérature étrangère« dem »Journal général de la littérature de France« als Beilage hinzugefügt. Der Seitenumfang beider Zeitschriften reduzierte sich dadurch erheblich. So umfasst das erste Heft des »Journal général de la littérature de France« von 1831 lediglich 24 Seiten. Das gesamte Jahr 1831 umfasst ebenfalls nur noch die Hälfte der Seiten: 244 Seiten.

> Un tel système, d'après l'état actuel de la littérature, dont l'ensemble n'offre sans cela qu'un chaos informe, est certainement aussi nécessaire au bibliographe, au littérateur et à tout autre savant, pour le guider dans ce labyrinthe, que le système des plantes de *Linnée* [sic!], pour me servir d'une comparaison, est devenu nécessaire au botaniste pour faciliter ses progrès dans l'étude de cette science; car, sans un pareil secours pour la mémoire, et tel que peut seulement nous l'offrir un système connu et adopté universellement dans les ouvrages bibliographiques, il seroit dorénavant de toute impossibilité d'entretenir une connoissance habituelle de ce que la littérature actuelle de différentes nations a produit de mieux, et d'y recourir en cas de besoin[390].

Nicht nur Fleischer maß der Ordnung der Bücher entscheidende Bedeutung bei, auch Treuttel und Würtz widmeten ihr und ihrer Erklärung den Großteil ihres »Prospectus« des »Journal général de la littérature étrangère«. Während die alte Ordnung nach einzelnen Disziplinen ohne größeren Zusammenhang stattgefunden hatte, war das neue Ordnungssystem an dem Francis Bacons und dem der »Encyclopédie méthodique« (1782–1832)[391] angelehnt. Treuttel & Würtz und die Herausgeber ihrer bibliografischen Zeitschrift verstanden sich als Teil dieser wissenschaftlichen, erkenntnistheoretischen Debatte der Ordnung der Welt, indem sie sich sogar eigenständig in der Lage fanden, von Wissenschaftlern aufgestellte Ordnungssysteme zu kritisieren und zu ergänzen.

Die neue Ordnung des »Journal général de la littérature étrangère«, welche mit der des »Journal général de la littérature de France« identisch war, sah eine Aufteilung in fünf Klassen vor (Tab. 7). Ausgehend von dem Unbelebten, was ohne menschlichen Eingriff bereits vorhanden sei und lediglich der Beschreibung bedurfte, war die erste Klasse der »physischen Natur« gewidmet. Sie enthielt drei Abschnitte, welche nach dem Ausmaß des menschlichen Eingriffs geordnet waren.

Die zweite Klasse betraf die Anwendung von Wissenschaften (»arts utiles«). Zu diesen zählten beispielsweise der Handel oder die Navigation, welche dem Menschen bei der Seefahrt diente.

Eine dritte Kategorie bildete die *étude de la nature morale*, Studien zur moralischen Natur des Menschen. Diese war vollkommen auf den Menschen bezogen. Die Klasse ist in drei Teile unterteilt. An erster Stelle stehen die Wissenschaften, welche es erlaubten, den Menschen zu beschreiben. Darunter verstanden Treuttel, Würtz und die Herausgeber in erster Linie die Geschichte,

390 Annuaire de la librairie. Première année, S. vii (Hervorh. i. Orig.).

391 Bei der »Encyclopédie méthodique« handelte es sich um ein großes Enzyklopädieprojekt (es erschienen über 200 Bände) des Verlegers Charles-Joseph Panckoucke, das die »Encyclopédie« von Diderot und d'Alembert korrigieren sollte. Vgl. dazu L'Encyclopédie méthodique (1782–1832). Des Lumières au positivisme, hg. von Claude Blanckaert u. a., Genf 2006.

Tab. 7. Klassifikation der Publikationen anhand des »Prospectus« des »Journal général de la littérature étrangère«, um 1800[a].

1. L'étude de la nature physique
1.1 observations: l'histoire naturelle, la botanique, la chymie, l'anatomie, la physiologie, la médecine
1.2 observations et calcul: la physique, la mécanique, la statique, l'astronomie
1.3 sciences qui traitent seulement des propriétés les plus générales de la matière, telles que la quantité et l'étendue: sciences mathématiques
2. Arts utiles
l'économie rurale et l'agriculture, l'économie domestique, les manufactures, le commerce, la navigation, la construction
3. L'étude de la nature morale
3.1 l'une renfermera les faits et les observations qui servent de base à la connaissance de la nature de l'homme, c'est-à-dire, l'histoire et ses diverses branches, les voyages, la géographie, la statistique.
3.2 les sciences qui se rapportent à la connaissance de l'homme: l'idéologie, la morale, la logique, l'éducation
3.3 les rapports des hommes entr'eux: la politique, le droit public, la jurisprudence, etc.
4. Beaux-arts
4.1 la théorie générale des beaux-arts
4.2 belles-lettres dans cet ordre: l'éloquence, les romans, le drame, les productions théâtrales, la poésie héroïque, lyrique, etc., les poésies légères
4.3 autres arts libéraux: la peinture, la sculpture, le dessin, la gravure, la musique
5. L'histoire littéraire dans toute sa généralité
5.1 les encyclopédies
5.2 les collections et œuvres complètes
5.3 les mémoires et travaux des diverses académies
5.4 les biographies
5.5 l'étude des langues
5.6 les notices sur les journaux et gazettes
5.7 l'article nouvelles littéraires et bibliographiques terminera chaque cahier. Il comprendra les découvertes et inventions nouvelles, la notice des séances académiques, des prix qui y ont été proposés, la nécrologie des écrivains et artistes célèbres, l'annonce des ouvrages importans sous presse, etc., etc.

[a] Vgl. Beihefter im Journal général de la littérature de France (1798), BSB, 6633030 H.lit.p. 188–1.

Reisen und Reisebeschreibungen, die Geografie und die Statistik. In dieser Kategorie untersuchte man nicht den Körper des Menschen, die Medizin würde zur ersten Klasse dieses Ordnungsprinzips gehören, sondern eher eine Form des Verhaltens der Menschen. Es deutet sich vielleicht eine Vorform des Konzepts der Psychologie oder Soziologie an, welche erst im Lauf des ausgehenden 19. Jahrhunderts als wissenschaftliche Disziplinen entstanden. Die Geschichte und verwandte Wissenschaften standen also im Zentrum und erlaubten, Informationen über das Verhalten der Menschen zu bekommen. Auch Reisen oder

Geografie gehörten in diese Kategorie, da sie das Leben der Menschen an anderen Orten beschrieben. Die Statistik ist an dieser Stelle wohl als Auswertungsinstrument zu verstehen. Bereits im 18. Jahrhundert gab es Bevölkerungsstatistiken, in welchen die Lebenserwartung oder die Anzahl an Personen in einem Territorium beschrieben wurden.

Der zweite Teil dieser moralischen Natur des Menschen umfasste Wissenschaften, welche sich auf das Verständnis der Menschen bezogen, d. h. die Erziehung, die Moral, die Logik oder die Ideologie. Der dritte Teil dieser dritten Klasse war den Beziehungen der Menschen untereinander gewidmet. Er umfasst Disziplinen wie die Politik oder die Jurisprudenz.

Die verbliebenen zwei Klassen waren zum einen der Kunst, zum anderen der *histoire littéraire* gewidmet. Die Kunst wurde in allgemeine Theorie, in Literatur (*belles-lettres*), welche Romane, Eloquenz, Theaterstücke und Poesie enthielt, sowie in andere freie Künste aufgeteilt. Letztere bezogen sich nicht auf die freien Künste der Antike und des Mittelalters, welche lange Zeit die Grundlage des Studiums bildeten und Fächer wie Rhetorik oder Mathematik enthielten, sondern auf Malerei, Plastik, Zeichnungen, Drucktechniken und Musik.

Die letzte, fünfte Kategorie umfasste die *histoire littéraire dans toute sa généralité* und stellt mit sieben Bereichen die am stärksten ausgegliederte Klasse dar. Sie ist nicht mit dem Begriff der Literaturgeschichte zu übersetzen, sondern umfasst vielmehr das schriftlich (literarisch) festgehaltene, kanonisierte Wissen der Menschen. Entsprechend diesem Kanonisierungsgedanken wurden in dieser Klasse die Enzyklopädien, die Gesamtausgaben, wissenschaftliche Abhandlungen der Akademien, Biografien, Untersuchungen der Sprachen, Beschreibungen von Zeitungen und Gazetten sowie literarische und bibliografische Neuigkeiten subsumiert.

Nicht nur das Vorkommen der Ideologie als eigene Disziplin dieser Wissenschaftsordnung, sondern auch die Vorbilder, auf die sich die Klassifikation der Zeitschrift stützte, und schließlich die Klassifikation selbst ergeben eine eindeutige Anknüpfung an die französische Bewegung der *idéologues.*

Die französische Ideologie war eine philosophische Richtung in Frankreich mit einem Höhepunkt von etwa 1796 bis etwa 1801 (Konkordat Napoléons). Der Begriff wurde durch Napoléon im Zuge seiner Annäherung an die katholische Kirche ins Lächerliche gezogen und von Karl Marx und Friedrich Engels in dieser Form rezipiert[392]. Neben der ursprünglichen Bedeutung des Begriffs im Epochenumbruch als Lehre der Ideen stellt er heute eher eine »weltanschauliche Konzeption [dar], in der Ideen […] der Erreichung politischer u[nd] wirtschaft-

392 Vgl. Ulrich Dierse, Art. »Ideologie«, in: Geschichtliche Grundbegriffe, Bd. 3 (1982), S. 131–169.

licher Ziele dienen«[393]. Um 1800, und so auch in der bibliografischen Zeitschrift von Treuttel & Würtz, bezog sich der Begriff auf die philosophische Richtung der Ideologie.

Wichtige *idéologues* waren Antoine Louis Claude Destutt de Tracy als bekanntester Vertreter sowie zahlreiche Philosophen, Schriftsteller und Gelehrte der Zeit wie Pierre-Jean-Georges Cabanis, Joseph-Marie de Gérando oder Stendhal. Die Ideen der *idéologues* fanden unter den Liberalen der Zeit sehr viele Anhänger[394]. Die philosophische Schule beeinflusste die Umbruchperiode in Frankreich im Anschluss an die Französische Revolution bis zum Aufstieg Napoléon Bonapartes. So wurde sie in die Lehrpläne neu gegründeter Eliteinstitutionen und Schulen wie der ENS und den *écoles centrales* aufgenommen und fand unter den Mitgliedern der Akademien Verbreitung. Das bekannteste Publikationsorgan der *idéologues* war die »Décade philosophique« (1794–1807)[395].

Im Kontext der Französischen Revolution entwickelten die *idéologues*, insbesondere Destutt de Tracy, ihre philosophische, erkenntnistheoretische Konzeption. In der Tradition des Sensualismus von John Locke und Étienne Bonnot de Condillac entwickle man Ideen aus der konkreten Erfahrung, der Wahrnehmung heraus. Ideen seien nicht bereits vorher vorhanden. Die Ideologie als Wissenschaft von den Ideen stellt somit den Ursprung aller Wissenschaften dar. Ein mathematisch geprägtes Weltbild sowie »das Pathos der neuen Wissenschaftlichkeit mit dem Ideal der Exaktheit und absoluten Beweisbarkeit«[396] waren mit der Ideologie verbunden, wie Ulrich Dierse in seinem Artikel der »Historischen Grundbegriffe« ausführte. In dieser Weltsicht war denn auch nicht mehr die Theologie die Grundlage der Wissensordnung, sondern die Physiologie[397].

Die gleichen epistemologischen Annahmen lagen auch der Klassifikation der bibliografischen Zeitschriften von Treuttel & Würtz zugrunde. So gehörte die Physiologie (*étude de la nature physique*) der ersten Klasse ihrer Ordnung an. Sie bildet die Grundlage der Ideen. Die Theologie hingegen stellt nicht den Ursprung der Wissenschaften dar, sie ist nicht einmal eine eigene Kategorie, sondern in dieser Klassifizierung überhaupt nicht vorhanden. Zu einem Zeitpunkt, an dem es üblich war, der Theologie einen großen Stellenwert zuzugestehen, fehlte sie bei Treuttel & Würtz. In anderen zeitgenössischen Ordnungs-

393 Ideologie, in: Duden. Das große Fremdwörterbuch. Herkunft und Bedeutung der Fremdwörter, Mannheim ³2003, S. 594.

394 Vgl. Rosanvallon, Le moment Guizot, S. 16–26.

395 Vgl. Dierse, Art. »Ideologie«, S. 134 f.

396 Ibid., S. 133.

397 Vgl. ibid.

systemen wie bei Jacques-Charles Brunet stand die Theologie an erster Stelle von fünf Kategorien, und auch in der »Encyclopédie méthodique« bildetet sie eine eigene Kategorie, welche drei Bände umfasste. Diese extreme Haltung entspricht den Ansichten der *idéologues*. In der Tradition der Aufklärung wurden der Aberglaube und auch die katholische Kirche kritisiert. Bei den *idéologues* und in der Klassifikation von Treuttel & Würtz wurden diese Kategorien nicht einmal mehr erwähnt, jedenfalls nicht im »Prospectus« des »Journal général de la littérature étrangère«.

Zu Beginn des Jahrhunderts wurden im »Journal général de la littérature de France« kaum theologische Werke besprochen. Die wenigen theologischen Schriften wurden in die Kategorie *culte* in der dritten Klasse (3.2) einsortiert. 1802 erschien erstmals ein Überblick über die behandelten Themen/Disziplinen, der nach den hier definierten Klassen geordnet war. Für das Jahr 1802 wurden elf Artikel unter der Überschrift *culte* geführt. Insgesamt wurden in diesem Jahr 1341 Artikel publiziert. Der Theologie wurde im »Prospectus« also keine Aufmerksamkeit, in der Zeitschrift später jedoch eine kleine Unterkategorie in der dritten Klasse zugesprochen.

Allgemein wurden über die Jahre hinweg (d. h. bis 1841) die fünf Klassen beibehalten, wobei die Unterkategorien teilweise wechselten. Vermutlich wurden diese an die Themen der Neuerscheinungen angepasst. Auch die Anzahl der besprochenen Publikationen lässt bei einer Untersuchung im Fünf-Jahres-Rhythmus keine erkennbare abnehmende oder zunehmende Tendenz erkennen. Vermutlich waren die Redakteure darauf bedacht, die Anzahl der angezeigten Werke über die Klassen und den Zeitraum hinweg konstant zu halten. Die insgesamt angezeigten Werke bewegen sich in einem Rahmen von um 800 Publikationen pro Jahrgang mit einigen Jahrgängen, bei denen die Anzahl der angezeigten Titel um 1300 liegt.

Aus den Ansichten der *idéologues* folgte ein umfassendes Programm für die Welt, welches Bildung und Moral mit einschloss[398]. Der Geschichte wird in dem System von Treuttel & Würtz eine entscheidende Bedeutung beigemessen. Sie ist die Wissenschaft, die dem »Grundverständnis der menschlichen Natur dient« (»les observations qui servent de base à la connaissance de la nature de l'homme«). Neben der Geschichte gehören zu diesen Wissenschaften auch Reisen, sie erlauben mehr über Menschen in anderen Ländern und Teilen der Erde zu erfahren. Auch die Geografie, welche das Leben der Menschen bedingt, gehört ebenso wie die Statistik, welche zur Untersuchung unterschiedlicher Lebensbedingungen dient, in diese Kategorie. Insofern ist auch die dritte Klasse im Sinne der *idéologues* geprägt. Den exakten Methoden der Naturwissenschaften folgend wurde auf Grundlage der Geschichte menschliches Verhalten in der

398 Vgl. ibid., S. 132f.

Vergangenheit »beobachtet«. Der Beobachtung des menschlichen Lebens in unterschiedlichen Ländern (hier unter »Reisen«) liegt dieser naturwissenschaftliche Ansatz ebenfalls zugrunde. Für die *idéologues* bildeten sich Ideen aus der Wahrnehmung heraus und je nachdem, ob und wie viele weitere »Hilfswissenschaften« hinzugezogen wurden, z. B. mathematische Methoden, wurde die dritte Klasse geordnet.

Schließlich ist die Klassifizierung der bibliografischen Zeitschriften von einem Fortschrittsgedanken erfüllt. Der Glaube an den Fortschritt der Menschheit war eine wichtige teleologische Grundüberzeugung der Ideologie[399]. So wie Grégoire und Condorcet die Rolle der Bücher für den Fortschritt und die Akkumulation von Wissen hervorhoben, so finden sich diese Gedanken in der kanonisierenden Ausrichtung der vierten und noch mehr der fünften Klasse. Kategorien wie Gesamtausgaben, Biografien oder Enzyklopädien verweisen auf den kanonisierenden Charakter der Ordnung der literarischen Werke und damit auf deren Grundlage für die Überlieferung und den Fortschritt.

Da die Ideologie zum Zeitpunkt des Erscheinens nicht nur eine Teilwissenschaft, sondern gleichzeitig eine Metawissenschaft, eine Wissenschaftstheorie an sich darstellte[400], befanden sich Treuttel & Würtz mit ihrem Klassifikationssystem im Sinne der *idéologues* auf der wissenschaftlichen Höhe der Zeit.

Mit dieser neuen Klassifizierung, welche auf aktuellen zeitgenössischen Erkenntnissen begründet war, an Francis Bacon und die »Encyclopédie méthodique« angelehnt, richtete sich Treuttel & Würtz nun an ein eindeutig wissenschaftliches Publikum. Francis Bacon wurde von den *idéologues* als Wegbereiter betrachtet[401], und auch die »Encyclopédie méthodique« wurde im Sinne der Ideologie verfasst[402]. Waren die Buchhandelskataloge im 18. Jahrhundert nach dem vermeintlichen Geschmack des Publikums ausgerichtet, so war die Ordnung der bibliografischen Zeitschriften nach der Wissenschaft und dem Glauben an einen Fortschritt der Menschen, im Sinne der *idéologues*, ausgelegt. Diese stellten ihr neues Publikum und gleichzeitig die eigene Überzeugung dar.

Treuttel und Würtz sind damit Vorreiter und Teil einer Verwissenschaftlichung, insbesondere einer Verwissenschaftlichung der Bibliografie und Klassifizierung. Sie waren nicht mehr nur Buchhändler und Verleger, sondern mit

399 Vgl. ibid., S. 133.

400 Vgl. Brigitte Schlieben-Lange, Idéologie. Zur Rolle von Kategorisierungen im Wissenschaftsprozeß, Heidelberg 2000, S. 19.

401 Vgl. ibid., S. 23.

402 Vgl. Daniel Teysseire, Les idéologues et l'idéologie dans l'Encyclopédie méthodique. Premier inventaire, in: Brigitte Schlieben-Lange u. a. (Hg.), Europäische Sprachwissenschaft um 1800. Methodologische und historiographische Beiträge im Umkreis der »idéologie«, Bd. 3, Münster 1992, S. 165–179.

ihrem Verlag Teil des Wissenschaftsprozesses. Michel Foucault zählte die französische Ideologie und Destutt de Tracy noch zu dem alten Ordnungssystem des 18. Jahrhunderts[403]. Die Romanistin und Sprachwissenschaftlerin Brigitte Schlieben-Lange aber machte darauf aufmerksam, dass sich auch bei Destutt de Tracy bereits die neuen Episteme der Sprache, der Arbeit und des Lebens in einem modernen, auf das 20. Jahrhundert verweisenden Sinn finden[404].

Die Klassifikation der bibliografischen Zeitschriften nach den Werten der Ideologie erstellt, wäre nach Foucault der Ordnung des 18. Jahrhunderts zuzuordnen. Wie Schlieben-Lange aber kritisierte, finden sich auch bei Destutt de Tracy bereits Aspekte der neuen Ordnung des beginnenden 19. Jahrhunderts. Dafür dienen an dieser Stelle die Bedeutung, welche der Geschichte in der Klassifikation und der Ordnung der dritten Klasse beigemessen wurde oder der Sprache als eigener Kategorie innerhalb der fünften Klasse.

Treuttel & Würtz verlegte um 1800 bibliografische Zeitschriften, welche dem wissenschaftlichen Stand der Zeit entsprachen. Diese stellten zudem durch die Mittel der Klassifizierung und Kanonisierung der angezeigten Werke eine interessengeleitete Kommerzialisierung dar. Das »Journal général de la littérature de France« war außerdem ein Instrument der Aristokratie des Buchwesens gegen den Raubdruck.

Sowohl Gabriel Peignot als auch Jacques-Charles Brunet nutzten das »Journal général de la littérature de France« und das »Journal général de la littérature étrangère« als Quellen. Jacques-Charles Brunet bezeichnete die beiden Zeitschriften als »les archives littéraires du commencement du 19e siècle«[405]. Es stellte den Vorläufer der französischen Nationalbibliografie (ab 1811) dar, mit der es später in Konkurrenz trat.

2.3.3 Die Bibliografie und die Politik: nationale und europäische Projekte (1810–1850)

1811 erschien in Frankreich die erste Ausgabe der offiziellen Nationalbibliografie. Diese trug zunächst den Titel »Bibliographie de l'Empire«, ab 1815 »Bibliographie de la France«. Die offizielle Nationalbibliografie führte zu einem erneuten Entwicklungsschub für die Wissenschaft der Bibliografie.

Im Laufe des 19. Jahrhunderts entstanden zahlreiche nationalbibliografische Projekte aus unterschiedlicher Inspiration heraus. Die französische Nationalbibliografie wurde aus der Zensur heraus geboren. In der ersten Ausgabe der

403 Vgl. Foucault, Les mots et les choses.

404 Vgl. Schlieben-Lange, Idéologie, S. 41.

405 Brunet, Manuel du libraire, Bd. 3, S. 481.

französischen Nationalbibliografie wurde das Dekret Napoléons zu ihrer Gründung abgedruckt. In diesem erklärte er, dass nur in der Bibliografie angekündigte Werke erlaubt seien:

> Napoléon, empereur des Français […], voulant prévenir plus efficacement que par le passé la publicité des ouvrages prohibés ou non permis; donner aux libraires les moyens de distinguer les livres défendus de ceux dont le débit est autorisé, et empêcher qu'ils ne soient inquiétés pour raison de la vente des derniers ouvrages[406].

Diese mussten vorher durch die Zensur autorisiert werden. Neben der Zensur führten schon beschriebene wirtschaftliche Interessen zu der Anfertigung von Nationalbibliografien. Im 19. Jahrhundert gab es außerdem eine nationalistische Motivation, insbesondere im deutschen Raum, eine regelmäßig erscheinende Nationalbibliografie zu publizieren. Diese Motivation stand in der Tradition der Thesen von Friedrich Christoph Perthes' Schrift »Der deutsche Buchhandel als Bedingung des Daseyns einer deutschen Literatur« (1816), die den Buchhandel und die Buchproduktion als entscheidenden Faktor für die deutsche Nation[407] und einer deutschen Einheit verstand[408].

Das im Lauf der Französischen Revolution entstandene Konzept des Nationalismus, welches in der Folge unter der französischen Besatzung im deutschen Raum rezipiert wurde, hat mehrere Facetten. In der Französischen Revolution war der Nationalismus dem linken Spektrum zugeordnet. Der Historiker Michel Winock unterscheidet zwischen einem *nationalisme ouvert* und einem in Frankreich später aufgetretenem *nationalisme fermé*:

> Nationalisme ouvert: celui d'une nation, pénétrée d'une mission civilisatrice, s'auto-admirant pour ses vertus et ses héros, oubliant volontiers ses défauts, mais généreuse, hospitalière, solidaire des autres nations en formation, défenseur des opprimés, hissant le drapeau de la liberté et de l'indépendance pour tous les peuples du monde[409].

406 Extrait des minutes de la secrétairerie d'État. Au palais d'Amsterdam, le 14 octobre 1811, in: Bibliographie de l'Empire français, ou Journal de l'imprimérie et de la librairie S. [1]–4, hier S. [1].

407 Zum deutschen Raum vgl. Andreas Fahrmeir, Die Deutschen und ihre Nation. Geschichte einer Idee, Ditzingen 2017.

408 Vgl. auch Barbier, Entre la France et l'Allemagne.

409 Michel Winock, Nationalisme, antisémitisme et fascisme en France, Paris 1990 [1982], S. 37.

Durch die Aufklärung inspiriert, war mit dem »offenen Nationalismus« in Frankreich eher die Idee der Freiheit, Gleichheit und Demokratie verbunden[410]. Parallel zu diesem »offenen Nationalismus« entwickelte sich auch der »geschlossene Nationalismus«, den Winock insbesondere in der zweiten Hälfte des 19. Jahrhunderts in Frankreich verortet. Von einer pessimistischen Weltsicht ausgehend, in Krisensituationen auftretend, versucht dieser zu definieren, was französisch sei, um andere auszuschließen und sich abzugrenzen[411]. Im deutschen Raum entstand der Nationalismus als eine Reaktion auf die französische Besatzungszeit. Mehr ethisch und kulturell ausgerichtet, entsprach er eher dem geschlossenen Nationalismus französischer Prägung. Der Begriff des Nationalismus ist also differenziert zu betrachten. Auch aus nationalistischer Motivation entstanden nationalbibliografische Projekte.

Nationalbibliografien entwickelten sich nicht losgelöst von der Wissenschaft der Bibliografie. Vielmehr beeinflussten und bedingten sie sich gegenseitig. Deshalb geht der folgende Abschnitt zunächst auf die Entwicklung der Wissenschaft der modernen Bibliografie ein. Anschließend stehen die konkreten nationalbibliografischen Projekte im deutsch-französischen Kontext, ihre Motivation und ihre Konkurrenz im Zentrum der Aufmerksamkeit.

Die Bibliografie: Wissenschaft zwischen Kooperation und Nationalismus

Vergleichbar mit der Geschichtswissenschaft, war auch die Entstehung der Wissenschaft der Bibliografie im 19. Jahrhundert eng mit dem aufkommenden Nationalismus verbunden. Sie entstand insbesondere in einem deutsch-französischen Spannungsfeld. Französische Bibliografen wie Gabriel Peignot oder Jacques-Charles Brunet interessierten sich nicht nur für Neuerscheinungen im deutschen Raum und erfuhren diese häufig über Treuttel & Würtz, sie wurden auch von deutschen Bibliografen rezipiert. Von entscheidender Bedeutung für die Entwicklung der Bibliografie im deutschen Raum war Friedrich Adolph Ebert (1791–1834)[412]. 1821–1830 veröffentlichte er sein »Allgemeines bibliographisches Lexikon«, welchem eine wichtige Bedeutung für die Entwicklung der Bibliografie beigemessen wird[413].

410 Vgl. ibid., S. 12.

411 Vgl. ibid., S. 38f.

412 Vgl. Hans Lülfing, Art. »Ebert, Friedrich Adolf«, in: NDB, Bd. 4 (1959), S. 253f.

413 Vgl. Grebe, Art. »Bibliographie«, S. 367.

Ebert, der aus der Nähe von Leipzig kam, wurde bereits früh von seinem Vater an eine exzerpierende, bibliografische Arbeitsweise herangeführt[414]. Er studierte zunächst Theologie, interessierte sich dann aber mehr für Philosophie und historische Themen. Nach dem 1812 mit einer Promotion abgeschlossenen Studium wurde er Bibliothekar in Leipzig und mit der Erstellung eines Katalogs betraut. Auch in Wolfenbüttel und der königlichen Bibliothek Dresden erstellte er Kataloge. Parallel dazu verfasste er Schriften zum Berufsstand des Bibliothekars, zur Bibliotheksgeschichte und insbesondere zur Bibliografie, welche Überschneidungen mit seiner Arbeit an den Bibliothekskatalogen aufwies.

An Ebert lassen sich mehrere Entwicklungen der Bibliografie und ihrer Abhängigkeiten festmachen. Zunächst sah Ebert die Wissenschaft der Bibliografie bereits 1821 in einem französisch-deutschen Konkurrenzverhältnis. Er orientierte sich an bibliografischen Arbeiten aus anderen Ländern, insbesondere französischen Ursprungs, um die Mängel der deutschen Bibliografie offenzulegen. Diese Konkurrenzsituation diente ihm als Ansporn, die Entwicklung der Bibliografie im deutschen Raum voranzubringen. In der Zeitschrift »Hermes« äußerte er sich dazu in einer Rezension zu Brunets »Manuel du libraire«, unter dem Titel »Ueber einige Mängel der neuern deutschen Bibliografie und über ihr Verhältniß zur französischen« (1821):

> Und untersuchen wir mit ruhiger und uneingenommener Prüfung, wie viele jener gefeierten Namen denn die Wissenschaft wahrhaft gefördert haben und wodurch, wie viele jener Werke als reiner Gewinn zu betrachten sind und in wiefern, worin sich die deutsche Bibliographie der neueren Zeit vollständiger, gründlicher, genauer, methodischer und planmäßiger ausgebildet habe, als sie zu des hochverdienten Fabricius Zeit war, und vergleichen wir sie endlich mit dem jetzigen Stande der französischen Bibliographie, welcher sie seit Entstehung des »Journal des savans« so unendlich viel verdankt: so können wir es uns nicht verhehlen, daß durch die bei weitem meisten neueren Bemühungen nur Einzelnes, und dieses meist unzusammenhängend, planlos und unvollkommen geleistet worden, daß die deutsche Bibliographie im Ganzen genommen der französischen, trotz der einzelnen schwachen Seiten der letztern, nachstehe, und daß es zum Theil die Schuld der deutschen Bibliographen selbst sey, wenn ihre Thätigkeit weder Achtung noch Einfluß auf die allgemeineren wissenschaftlichen Studien sich zu erwerben gewußt haben[415].

414 Vgl. Friedrich Nestler, Friedrich Adolf Ebert und seine Stellung im nationalen Erbe der Bibliothekswissenschaft, Leipzig 1969, S. 24. Diese Studie Nestlers war streng in Tradition eines marxistischen Weltbildes verfasst, was sich insbesondere in der Einleitung bemerkbar macht. Die Arbeit ist ansonsten sehr quellenfundiert und sorgfältig gearbeitet.

415 Friedrich Adolph Ebert, Ueber einige Mängel der neuern deutschen Bibliographie und über ihr Verhältniß zur französischen, nebst Anzeige von Jacq. Charl. Brunet

Die deutschen bibliografischen Arbeiten bezeichnete Ebert als »unzusammenhängend, planlos und unvollkommen«, wohingegen er die französischen Arbeiten trotz ihrer Mängel lobte. Auf Mängel aufbauend, schlug Ebert vor allem zwei Strategien zur Verbesserung der Bibliografie vor: zum einen den Ausbau der Sprachkenntnisse der Bibliografen, zum anderen die nötige Bildung. Ebert sah umfassende moderne Sprachkenntnisse als Voraussetzung für die Arbeit eines Bibliografen.

> Zuvörderst ist es der Mangel an gehörigen Vorkenntnissen, welcher in den deutschen bibliographischen Leistungen sichtbarer ist, als man es erwarten sollte. Je mehr wir von den Ausländern in dieser Hinsicht zu lernen haben und je seltner die bibliographischen Werke derselben in der allgemeinen gelehrten Sprache abgefaßt werden, desto unenthbehrlicher ist dem deutschen Bibliographen die Kenntniß der neuern Sprachen, vorzüglich der französischen, italienischen und englischen; und auch in Hinsicht der bekanntern übigen muß er sich wenigstens für das dringendste Bedürfniß nothdürftig zu rathen wissen, da es die Bibliographie mit den Literaturen aller Nationen zu thun hat. Selbst dem bloßen Provinzialbibliographen kann diese Forderung nicht erlassen werden, da theils der specielleren Richtung seiner Thätigkeit, wenn sie eine gedeihliche seyn soll, doch immer ein allgemeineres Studium seiner Wissenschaft vorangegangen seyn muß, theils aber selbst in diesem engern Kreise die »Histoire littéraire de France« und die Werke eines Mazzuchelli, Fantuzzi und Tirabolschi (bibl. Modenese), als Muster unverdrossenen Sammelns, verständiger Kritik, zweckmäßiger Anordnung und lesbarer Verarbeitung dienen müssen[416].

Um die deutsche Bibliografie zu verbessern, wollte Ebert sich an den bibliografischen Entwicklungen in anderen Ländern orientieren. An dieser Stelle dominierte der Gedanke der Konkurrenz, allerdings eher in Form eines »offenen Nationalismus«, der sich für Entwicklungen in anderen Ländern interessierte und deren Sprache und Kultur als Untersuchungsgegenstand betrachtete.

Die Wissenschaft der Bibliografie wurde durch diese Forderungen erheblich vorangetrieben. Bedauerten Bauer und Treuttel 1789 noch, dass Barthélemy Mercier de Saint-Léger im ausgehenden 18. Jahrhundert der deutschen Sprache nicht mächtig war und so nicht am deutschsprachigen wissenschaftlichen Diskurs teilnehmen konnte[417], so entwickelte sich die Bibliografie im 19. Jahrhundert zu einer plurilingualen Wissenschaft par excellence. Ebert betrachtete Sprachkenntnisse als Voraussetzung für bibliografische Arbeit. Wie

Manuel du libraire et de l'amateur de livres. Ed. III. Paris, chez l'auteur, 1820, 8. 4 vol., in: Hermes oder kritisches Jahrbuch der Literatur 10/2 (1821), S. 104–120, hier S. 105.

416 Ibid., S. 106.

417 Vgl. Bauer & Treuttel an Mercier de Saint-Léger, 5.8.1779, BNF, NAF 22434.

sollte man ein Buch beurteilen, dessen Inhalt man nicht verstand? Wie sollte es klassifiziert werden?

In die gleiche Richtung zielte auch ein weiterer Verbesserungsvorschlag:

> Aber auch vorbereitender Sachkenntnisse kann die Bibliographie um so weniger entbehren, je mehr ihr Werth eben durch die Anwendung auf andere Kreise des Wissens bedingt und je größer daher die Verpflichtung des Bibliographen ist, sie gleich mit Hinsicht auf diese Anwendung zu studiren [sic!] und zu bearbeiten. Wenn er dabei überhaupt umfassender encyklopädischer Kenntnisse bedarf, so ist insbesondere eine tiefere Kenntniß der Geschichte, vorzüglich der Literargeschichte, eine unerlaßliche Verbindung[418].

Ebert sah also auch eine umfassende Allgemeinbildung und große Sachkenntnis als Voraussetzung für bibliografische Arbeit an. Wie Peignot hatte auch Ebert studiert. Ein umfassendes Studium ermöglichte die Einordnung von Büchern, deren Klassifikation und Beurteilung durch den Bibliografen. Ebert sah die Bibliografie als eine Wissenschaft der Wissenschaften. Voraussetzung für diese Arbeit sei eine umfangreiche, breite wissenschaftliche Ausbildung, wobei er den Schwerpunkt auf die »Literargeschichte« legte. Darunter verstand er vermutlich, wie Treuttel & Würtz bereits um 1800 in der Klassifikation des »Journal général de la littérature de France«, Wissen mit enzyklopädischem Charakter und kanonisierte Autoren und Texte[419].

Neben diesen beiden großen Anregungen legte Ebert Wert auf Genauigkeit in der Arbeit der Bibliografen, wobei er Renouard zitierte, der diese Probleme ebenfalls ansprach[420]. Es sei notwendig, so Ebert, nicht mit »Quellen zweiter Hand«[421] zu arbeiten, und die fehlende Methode der deutschen Arbeiten sei ebenfalls ein Problem[422]. Die ursprünglich als Vorreiter bewerteten deutschen Messkataloge empfand Ebert im Vergleich zur »Bibliographie de la France« als mangelhaft:

> Wir übergehen, absichtlich, was sich hier noch über die Mangelhaftigkeit unserer Büchermeßkataloge (im Vergleich mit der trefflichen »Bibliographie de la France«) und über die sehr fühlbare Entbehrung eines besondern literarisch-historischen und bibliographischen Journals beibringen ließe [vermutlich bezieht sich Ebert hier auf das »Journal général de la littérature de

418 Ebert, Ueber einige Mängel der neuern deutschen Bibliographie, S. 107.

419 Vgl. dazu die fünfte Klasse in der Klassifikation der bibliografischen Zeitschriften ab 1801.

420 Vgl. Ebert, Ueber einige Mängel der neuern deutschen Bibliographie, S. 108 f.

421 Ibid., S. 109.

422 Vgl. ibid., S. 110.

> France«], und gehen zu dem Werke über, welches uns zu vorstehenden Bemerkungen die nächste Veranlassung gegeben hat[423].

Damit endete Eberts Kritik an der deutschen Bibliografie und er widmete sich der Rezension von Brunets »Manuel du libarire«.

Ebert bezog sich in seinem Artikel insbesondere auf französische und deutsche Bibliografen, aus dem englischsprachigen Raum nannte er lediglich Thomas Frognall Dibdin[424]. Die Entwicklung der Bibliografie war primär eine deutsch-französische Angelegenheit. Diese These wird zudem von der Untersuchung der Begriffsgeschichte gestützt, und auch in der Folgezeit sollte sich die französisch-deutsche Verflechtung im Bereich der Bibliografie noch verstärken.

Eberts Kritik der Bibliografie, vornehmlich der deutschen, scheint auf Zustimmung gestoßen und später berücksichtigt worden zu sein. Mehrere Lebensläufe von Bibliografen in der Mitte des 19. Jahrhunderts zeichneten sich durch ihre deutsch-französische Verflechtung aus. Die Bibliografie etablierte sich als plurilinguale Wissenschaft.

Von entscheidender Bedeutung war Joseph-Marie Quérards (1797–1865) »La France littéraire« (1822–1842), eine retrospektive Bibliografie des 18. Jahrhunderts (1700–1827). Basierend unter anderem auch auf dem »Journal général de la littérature de France« und weiteren Quellen, fertigte Quérard seine Arbeit inspiriert durch den englischen und deutschen Buchhandel an. Er war zunächst in der Buchhandlung von Bossange in Paris beschäftigt und ging dann für fünf Jahre nach Wien zur Buchhandlung Schalbacher. Unter diesem Einfluss arbeitete er an seiner »France littéraire«, welche er zudem seinem alten Wiener Chef widmete[425].

Otto Lorenz' (1831–1895) Lebenslauf verlief ähnlich, wenn auch in anderer Richtung: ursprünglich aus Leipzig stammend, ging er nach Paris und führte dort die Arbeit von Quérard weiter. Sein »Catalogue général de la librairie française« (1840–1865) gehört noch heute zu den bedeutenden französischen retrospektiven Nationalbibliografien[426].

Anhand von Quérard und Lorenz lässt sich nachweisen, dass die deutsch-französische Kooperation insbesondere im Bereich des Buchhandels, also aus wirtschaftlicher Perspektive, einen Vorteil für die Bibliografie darstellte. Deutsch-französische Lebensläufe stellten eine gute Voraussetzung für die plurilinguale Wissenschaft der Bibliografie dar. Auch die enge Zusammenarbeit

423 Ibid., S. 117.

424 Vgl. ibid., S. 116 und 118 f.

425 Vgl. Malclès, La bibliographie, S. 77 f.; Barbier, Entre la France et l'Allemagne, S. 51.

426 Vgl. Malclès, La bibliographie, S. 79.

zwischen Wirtschaft (Buchhandel) und Wissenschaft wirkte sich positiv aus. Die Ansprüche an Bibliografen, deren Wissen und deren Sprachkenntnisse waren mit der Ausdifferenzierung und Weiterentwicklung der Wissenschaft in der ersten Hälfte des 19. Jahrhunderts gestiegen.

Die Bibliografie wurde durch eine französisch-deutsche Konkurrenz vorangetrieben. War diese zu Beginn des 19. Jahrhunderts noch durch einen im Sinne Winocks »offenen Nationalismus« getragen, der sich durch einen Willen um Verbesserung, Fortschritt und das Bemühen einer nationalen deutschen Einheit auszeichnete, änderte sich dies im Laufe des 19. Jahrhunderts. Das deutsch-französische Spannungsfeld, welches zu gegenseitigen neuen Anreizen führte, sowie die Herausbildung der Bibliografie als plurilinguale Wissenschaft begünstigten deutsch-französische Lebensläufe in der Mitte des 19. Jahrhunderts. Im ausgehenden 19. und beginnenden 20. Jahrhundert hingegen entstand zunächst durch den Buchhandel (Vorläufer Wilhelm Heinsius, Christian Gottlob Kayser)[427] schließlich die offizielle deutsche Nationalbibliografie im Kontext des Ersten Weltkrieges und eines ausschließenden Nationalismus[428].

Nationalbibliografien: Rivalität verschiedener Interessengruppen

Waren die deutschen Messkataloge, welche als Vorläufer der Nationalbibliografie gelten können, und auch die bibliografischen Zeitschriften »Journal typographique et bibliographique« oder »Journal général de la littérature de France« aus wirtschaftlichen Interessen angefertigt worden, so wurde die offizielle französische Nationalbibliografie aus Gründen der napoleonischen Zensur geschaffen. Es handelte sich um eine Umwandlung des »Journal typographique et bibliographique«, welches ab 1. November 1811 wöchentlich als »Bibliographie de l'Empire, ou Journal de l'imprimerie et de la librairie« erschien. In ihr wurden die von der Zensur erlaubten Drucke angezeigt.

Standen sich nun nicht mehr das »Journal typographique et bibliographique« sowie das »Journal général de la littérature de France« gegenüber, waren es nun die »Bibliographie de l'Empire« und das »Journal général de la littérature de France«. Letzteres, welches zu Beginn seines Erscheinens einen umfassenden, das gesamte Druckwesen erfassenden Anspruch vertrat, positionierte sich gegenüber der offiziellen Nationalbibliografie neu. In einem um 1811

427 Vgl. ibid., S. 77.

428 Zur Entwicklung der Nationalbibliografien in den europäischen Ländern vgl. Rudolf Blum, Nationalbibliographie und Nationalbibliothek. Die Verzeichnung und Sammlung der nationalen Buchproduktion, besonders der deutschen, von den Anfängen bis zum Zweiten Weltkrieg, in: AGB 35 (1990), S. 1–294.

erschienenen »Prospectus« stellte Treuttel & Würtz die europäische Dimension in den Mittelpunkt und betonte die Komplementarität zwischen dem »Journal général de la littérature de France« und dem ebenfalls bei ihnen herausgegebenen »Journal général de la littérature étrangère«:

> Les mêmes éditeurs [Treuttel & Würtz] publient (depuis 1801) un »Journal général de la littérature étrangère«, rédigé selon le même plan et dans le même esprit, qui, offrant le tableau des productions de toute espèce qui voient le jour dans les divers pays étrangers, forme, avec le »Journal général de la littérature de France«, un tableau vraiment universel de la *bibliographie de l'Europe*[429].

Aus der Perspektive der Verleger stand ihr »Journal général de la littérature de France« nicht allein, sondern gemeinsam mit ihrer bibliografischen Zeitschrift, welche den im Ausland erscheinenden Publikationen gewidmet war, bildete sie eine europäische Bibliografie. Der Anspruch, welchen Treuttel & Würtz mit den Zeitschriften verband, wies eine europäische und nicht nur französische Dimension auf.

Dennoch kam es zu einer Konkurrenz zwischen dem »Journal général de la littérature de France« und der »Bibliographie de France«. 1813 hatten Treuttel und Würtz mit ihrer Zeitschrift ein Problem mit der Zensur. Das Erscheinen war verboten worden, und so verfassten sie ein Mémoire, welches sie an den *directeur général de l'imprimerie et de la librairie*, François-René-Jean de Pommereul, schickten, um ihn um die Aufhebung des Verbots zu bitten. Zunächst erklärten sie die Situation und die Bedeutung der beiden Zeitschriften für die Wissenschaft und das Unternehmen Treuttel & Würtz:

> Les quatorze années du journal de la littérature de France & les douze années du journal de la littérature étrangère, qui ont été successivement publiées, forment aujourd'hui deux collections recherchées par les savans & les amateurs, en ce qu'elles offrent un tableau général de la littérature de l'Europe. Ces deux collections sont deux articles capitaux du fonds de librairie de MM. Treuttel & Würtz, qui ont fondé leur établissement dans la capitale, en tendant une main mutuellement utile principalement aux nations allemande & françoise. Tant que les deux journaux seront continués, les deux collections conserveront leur valeur: cette valeur serait frappée de nullité, si l'un des deux journaux cesserait de paraître ou essuyait une longue interruption[430].

429 Prospectus. Journal général de la littérature de France [um 1811], AN, F/18/12 (Hervorh. i. Orig.).

430 Treuttel & Würtz an den *directeur de l'imprimerie et de la librairie* [François-René-Jean de Pommereul], Paris, 18.3.1813, BLO, Western Manuscripts, Ms French c.31. Vgl.

Dass das »Journal général de la littérature de France« aufgrund der Zensur verboten worden sei, erschien Treuttel und Würtz als ein vorgeschobener Grund:

> Pendant les quatorze années de la publication du journal de la littérature française, ce journal n'a pas essuyé la plus légère censure de l'autorité publique, sous les rapports politiques, moraux, religieux & littéraires. Les observations critiques répandues de tems à autre dans les analyses & les extraits des nouveaux ouvrages, dans les jugemens portés sur quelques-uns de ces ouvrages, toujours impartiales & jamais amères, n'ont éprouvé aucune plainte ni même aucune réclamation de la part des auteurs. MM. Treuttel & Würtz se sont scrupuleusement soumis aux loix & aux règlemens concernant la librairie & l'imprimerie. Ces obligations remplies, ils sont arrivés enfin à présumer, qu'il ne pouvait y avoir d'autre cause du refus dont il s'agit que l'insinuation faite à monsieur le directeur général que le »Journal général de la littérature de France« pouvoit porter quelque préjudice au nouveau journal de la librairie & de l'imprimerie; il va leur être facile de faire évanouir cette supposition[431].

Während die Verleger sich immer bemüht hätten, der Zensur zu entsprechen und niemanden mit ihren Zeitschriften zu verärgern, sahen sie den eigentlichen Grund für das Verbot ihrer bibliografischen Zeitschrift in der Konkurrenz zur französischen Nationalbibliografie. Sie versuchten, diese Rivalität zu entschärfen, und beschrieben die Unterschiede zwischen den beiden Publikationen. Seit dem Erscheinen der offiziellen Nationalbibliografie hatten sie die Akzente in ihrem eigenen Journal verschoben.

> Le journal de la littérature de France n'annonce dans tout le cours de l'année que 637 articles, estampes & ouvrages de musique [...]; le journal de la librairie & imprimerie en annonce dans la première année 5442, plus 709 gravures & 131 ouvrages de musique, en tout 6382 articles; les annonces du journal de la littérature de France ne forment donc qu'un dixième au plus de celles du journal de la librairie & de l'imprimerie[432].

Während die offizielle französische Nationalbibliografie sich damit begnügte, Neuerscheinungen lediglich anzuzeigen, dafür aber vollständig, enthielt das »Journal général de la littérature de France« zahlreiche Analysen und literarische Neuigkeiten. Diese machten nach Treuttel und Würtz etwa 90 Prozent ihrer Zeitschrift aus.

zum Dokument auch Giles Barber, An Incident in the French Book Trade in 1813, in: The Library 1/19 (1964), S. 242–245.

431 Treuttel & Würtz an den *directeur de l'imprimerie et de la librairie* [François-René-Jean de Pommereul], Paris, 18.3.1813, BLO, Western Manuscripts, Ms French c.31.

432 Ibid.

> Ce rapprochement de l'énorme disparité qui se trouve entre les articles portés dans l'un & l'autre des deux journaux établit bien clairement qu'ils diffèrent essentiellement dans leur objet, que le journal de la littérature de France, loin d'avoir rien de commun avec celui de la librairie, se rapproche au contraire singulièrement du Mercure, du Magasin encyclopédique & du journal des sciences & de la littérature avec plus d'étendue, seulement dans les objets qu'il embrasse[433].

Insofern sahen die Verleger ihre bibliografische Zeitschrift eher in der Nähe von gelehrten Zeitschriften und Rezensionszeitschriften als der französischen Nationalbibliografie. François-René-Jean de Pommereul scheint die Zensur der Zeitschrift aufgehoben zu haben, jedenfalls erschien das Journal noch bis 1841.

Die Sorge von Treuttel und Würtz um die Konkurrenz ihrer bibliografischen Zeitschrift zur französischen Nationalbibliografie war berechtigt: Die Situation in Kopenhagen um das »Journal général de la littérature de France« und die Nationalbibliografie legte deren Rivalität, um die Kunden offen. 1818 bestellte der Verlagsbuchhändler Jacob Deichmann explizit das »Journal général de la littérature de France« und wollte nicht die »Bibliographie de la France« geliefert bekommen[434]. Man entschied sich also teilweise zwischen diesen beiden Produkten. Während der Buchhandel, in diesem Fall Deichmann, auf das »Journal général de la littérature de France« setzte, entschied man sich im Kreis der Professoren möglicherweise anders. So entschied sich der Kopenhagener Professor Christian Molbech 1824/25 für die »Bibliographie de la France« als Grundlage für seine Bestellungen für die Bibliothek[435]. Die »Bibliographie de la France« war umfangreicher und stellte nicht bereits eine Auswahl, welche von Treuttel & Würtz getroffen worden war, dar.

Während Molbech über alle Publikationen in Frankreich informiert werden wollte, lieferte das »Journal général de la littérature de France« neben den kurzen bibliografischen Informationen und dem Preis zusätzlich eine kurze Beschreibung. Diese erlaubte die Werke einzuordnen. Zudem war Deichmann vermutlich nicht an dem Ankauf von Raubdrucken interessiert. Die Vorauswahl nach Originalausgaben war für ihn also vermutlich hilfreich.

Das »Journal général de la littérature de France« erschien noch bis 1841; das »Journal général de la littérature étrangère« hingegen wurde 1830 in eine

433 Ibid.

434 Vgl. Jacob Deichmann an Treuttel & Würtz (Paris), [Kopenhagen], 1.12.1818, in: Kopibog 1810–1818 (unpaginiert), KB, Gyld. Arkiv B.2.

435 Vgl. die Auswahl französischer Literatur für die königliche Bibliothek Kopenhagen, welche Molbech auf Grundlage der Bibliographie de la France anfertigte. Fransk litteratur 1 Bd. Anm.: Med Chr. Molbechs hånd, 1824–1825, KB, Det Kongelige Biblioteks arkiv F73.

Beilage des »Journal général de la littérature de France« umgewandelt. Die bibliografischen Zeitschriften und das Projekt der europäischen Bibliografie wurden bis zum Tod von Jean Godefroi Würtz weitergeführt. Seinen Nachfolgern schien dies weniger zu bedeuten.

Auf deutscher Seite kam es aus Initiative des Buchhandels heraus zu einigen nationalbibliografischen Projekten. Ab 1828 ließ der Börsenverein eine Form der Nationalbibliografie drucken. Allerdings erschien die erste offizielle, durch die Deutsche Bücherei angefertigte Nationalbibliografie erst zu Beginn des Ersten Weltkrieges (retrospektiv ab 1911). Dies geschah in einem von Nationalismus, Konkurrenz und Feindschaft geprägten Kontext, in welchem die deutsche Stärke und Überlegenheit auch durch die Buchproduktion gezeigt werden sollte.

Im Epochenumbruch des 18. zum 19. Jahrhundert hat die Wissenschaft der Bibliografie einen bedeutenden Aufschwung erfahren. In dieser Schnittstelle zwischen buchhändlerischer Praxis und Wissenschaft hat die Verlagsbuchhandlung Treuttel & Würtz durch ihre europäische, insbesondere deutsch-französische Ausrichtung, in deren Spannungsfeld sich die Wissenschaft entwickelte, eine erhebliche Rolle gespielt. Mit ihrem »Journal général de la littérature de France« und ihrem »Journal général de la littérature étrangère« hat sie den Markt der bibliografischen Informationen zu Beginn des 19. Jahrhunderts auf europäischer Ebene dominiert. Diese Zeitschriften stellten ein strategisches Instrument der Informationsverbreitung dar, welches viel erfolgreicher war als das der Buchhandelskataloge, aus denen sie hervorgegangen waren. Die bibliografischen Zeitschriften lieferten eine Auswahl an legalen Neuerscheinungen konform mit der Zensurpolitik, die vielfach als Grundlage von Bestellungen diente. Im Kontext der Schaffung der offiziellen französischen Nationalbibliografie und anderer nationalbibliografischer Projekte entstanden Konkurrenzprodukte, woraufhin die bibliografischen Zeitschriften von Treuttel & Würtz an Einfluss verloren, und damit auch die transnationale Verlagsbuchhandlung selbst.

3. Transkulturalität als Verlagsprogramm

Zahlreiche politische und gesellschaftliche Gegebenheiten führten zum Aufstieg und Niedergang des Unternehmens Treuttel & Würtz. Jean-George Treuttel und Jean Godefroi Würtz hatten den Beruf des Buchhändlers und Verlegers mit Spezialisierung auf den internationalen Austausch bewusst gewählt. Sie verbanden ein ethisches Verständnis mit dem Beruf des Buchhändlers und Verlegers, welcher aus der Verbreitung von Information, Kultur und Wissen in Form von Büchern bestand. Aufgrund dieses Selbstverständnisses waren die verlegten Publikationen nicht nur aus monetären Gründen ausgewählt, sondern zumindest in dem Profil des Publikationsangebots Ausdruck der Überzeugungen von Treuttel & Würtz. In diesem letzten Teil der Studie steht das Verlagsprogramm im Zentrum der Untersuchung. Es ermöglicht nicht nur, Aufschluss über den Aufstieg und Niedergang von Treuttel & Würtz, sondern auch über die Zeit und insbesondere den transkulturellen Austausch im Bereich des Buchwesens des Epochenumbruchs vom 18. zum 19. Jahrhundert zu erhalten.

3.1 Überblick über das Verlagsprogramm

Methodische Grundlage der Untersuchung des Verlagsprogramms von Bauer und Treuttel & Würtz stellt eine auf Basis unterschiedlicher Bibliothekskataloge angefertigte Verlagsbibliografie dar. Da Bauer, Treuttel & Würtz über den Zeitraum von 1750 bis 1850 Verlagssitze in Straßburg, Paris und London besaß, wurden Kataloge aus diesen Ländern als Kernländer der Wirkung des Unternehmens zugrunde gelegt. Für Frankreich wurde der Verbundkatalog Sudoc, für den angelsächsichen Raum das entsprechende Pendant Copac ausgewählt. Der französische Sudoc ist eine Verbindung der französischen Universitätsbibliotheken und weist somit eine große Menge an Monografien und Periodika auf. Der englische Verbundkatalog Copac umfasst nicht nur die Bestände der British Library, sondern auch weitere bedeutende britische und irische Bibliotheken.

Aufgrund des Straßburger Ursprungs und des engen Austauschs mit dem deutschen Raum wurden zudem die Kataloge der Staatsbibliothek zu Berlin, der

BSB sowie des Südwestdeutschen Bibliotheksverbunds hinzugezogen. Letzterer befindet sich in geografischer Nähe zu Straßburg und sollte somit auf ein regionales Publikum abzielende Veröffentlichungen enthalten. Er umfasst Titel aus Bibliotheken in Baden-Württemberg, dem Saarland und Sachsen. Die BSB enthält die ehemaligen Bestände des Klosters Polling, welches lange Zeit Kunde von Bauer und später Bauer & Treuttel war und somit einen sehr umfassenden Bestand an Publikationen des Verlags besitzt. Auch die königliche Bibliothek in Berlin zählte zu den Kunden des Unternehmens, weshalb in der Staatsbibliothek zu Berlin zahlreiche Publikationen des Verlags nachgewiesen werden konnten. Da es in Deutschland keinen nationalen Verbundkatalog gibt, wurden Kataloge in geografischer Nähe und mit großem Altbestand als exemplarisch ausgewählt[1].

In diesen Katalogen wurde der Begriff »Treuttel« in der Kategorie »Verlag« gesucht[2]. Es wurde kein Zeitrahmen ausgewählt, da ansonsten Veröffentlichungen ohne Angabe des Erscheinungsjahrs nicht zu den Treffern zählen würden. Auf die Ortsangabe wurde ebenso verzichtet. Der Name Treuttel ist sehr selten, sodass auschließlich Publikationen des untersuchten Verlags aufgelistet werden. Lediglich die Eingabe »Treuttel« in der freien Suche ergibt auch Treffer, welche nicht mit dem Verlag in Verbindung stehen.

Die ausgewählten Kataloge wurden zudem nach dem Maßstab der Praktikabilität ausgewählt, d. h., alle Kataloge ermöglichen es, ihre Daten in gleicher Form zu exportieren und in eine eigene Datenbank zu überführen. Die so gewonnenen Einträge wurden automatisch in eine Datenbank (Endnote) überführt. Dies ergab in einem ersten Schritt 8167 Einträge, die durch Doppelungen in den Katalogen und durch Aufnahme von Einzelbänden aus mehrbändigen Werken zustande kamen.

In einem weiteren Schritt wurden die Dopplungen herausgenommen und die Daten zusammengeführt, was nicht automatisch geschehen konnte, da die

1 Der Karlsruher Virtuelle Katalog (KVK) stellt eine Plattform zur Verfügung, die auf verschiedene externe Kataloge zurückgreift und so übergreifende Recherchen ermöglicht. Da nicht alle Bibliotheken die Suche nach dem Verlag ermöglichen und zudem die Fundstellen letztlich auf den ursprünglichen Katalog verweisen, wurden einige »Ursprungskataloge« für die Untersuchung ausgewählt.

2 Es wurde nur nach dem Begriff »Treuttel« gesucht, da die Kataloge den Namen des Unternehmens in der Regel nicht normiert haben. Insbesondere der Name Würtz, aber auch die Kombination beider Namen führte aufgrund unterschiedlicher Schreibweisen (u. a. Treuttel & Würtz, Treuttel et Würtz, Treuttel et Wurtz) zu einer sehr unterschiedlichen Anzahl an Treffern. Die meisten Treffer ergab die Suche mit dem Begriff »Treuttel«, weshalb sie als Ausgangspunkt diente. »Treutel« ist eindeutig eine falsche Schreibweise, die manuell überprüft wurde. Sie kam nur in Ausnahmefällen vor und diente damit nicht als Ausgangspunkt.

Katalogdaten unterschiedlicher Herkunft nicht ausreichend normiert sind. Dies führte zu Problemen, da die Einträge der Bibliotheken unterschiedlich detailliert und exakt sind. Um diese Ungenauigkeiten in einem befriedigenden Ausmaß auszugleichen, wurde zum einen auf die Originalwerke (insbesondere in der Herzogin-Anna-Amalia-Bibliothek in Weimar, der Bibliothèque nationale et universitaire in Straßburg [BNU] und der BNF in Paris) zurückgegriffen, zum anderen auf Digitalisate. Die BSB hat einen Großteil ihrer Bestände digitalisiert, sodass auch deren Digitalisate ebenso wie die Digitalisate der BNF (Gallica) als Grundlage dienen konnten. Weitere Informationen konnten die zahlreichen erhaltenen und sehr genau angefertigten Buchhandelskataloge von Treuttel & Würtz selbst liefern. Teilweise wurde bei Autoren auf Einträge weiterer Bibliotheken, u. a. der BNF und der BNU, zurückgegriffen.

Aus der Datenbank wurden die Buchhandelskataloge des Unternehmens herausgenommen, da nur vereinzelt Exemplare erhalten sind. In der Verlagsbibliografie des Cotta-Verlages von Bernhard Fischer werden zudem auch keine Buchhandelskataloge und Werbung genannt, obwohl das Cotta-Archiv über eine umfassende Sammlung dieser Blätter verfügt. Herausgenommen wurden außerdem die Karten und einzelnen Illustrationen, da sie sehr unzureichend katalogisiert sind. Die Datenbank enthält somit ausschließlich Bücher und Periodika (Almanache, Zeitschriften, Zeitungen). Titel, welche ab 1851 erschienen, wurden ebenso aus dieser Auswertung ausgeschlossen.

Mit den Publikationen, welche im Verlag bei Jean Geoffroy Bauer erschienen sind, wurde anders verfahren, da der Name Bauer sehr häufig vorkommt und es zahlreiche weitere Verlage mit diesem Namen gab (insbesondere in Nürnberg und in Halle). Bei Bauer sind zudem weitaus weniger Publikationen erschienen. Er hatte sich zunächst auf den internationalen Buchhandel konzentriert. Grundlage seiner Verlagsbibliografie stellen die Einträge der BNF, der BNU sowie der Mediathek André-Malraux in Straßburg[3] dar. Aus diesen Katalogen können die Daten nicht automatisch übernommen werden. Die manuelle Überführung stellte jedoch aufgrund des im Vergleich geringeren Umfangs an Einträgen für Bauer kein Problem dar. Das Korpus wurde nach ähnlichen Kriterien wie bei Treuttel erstellt: der Treffer auf den Begriff »Bauer« als Suche im Feld »Verlag«. Allerdings wurde in diesem Fall in der BNU außerdem der Zeitrahmen eingegeben (1748–1789) und in der BNF wurde der Ort »Strasbourg«

3 Die Mediathek André-Malraux in Straßburg ist eine große öffentliche Bibliothek, die über einen umfangreichen Altbestand verfügt und teilweise in Konkurrenz zur BNU stand. Nach der Zerstörung der renommierten Straßburger Bibliothek im Deutsch-Französischen Krieg beanspruchte sowohl die von den Deutschen neu gegründete Kaiserliche Universitäts- und Landesbibliothek (heute BNU) als auch die Stadtbibliothek die Nachfolge der zerstörten Straßburger Bibliothek.

angegeben. Nicht in Straßburg erschienene Veröffentlichungen wurden herausgenommen[4]. Diese Daten wurden in die Gesamtdatenbank der Publikationen von Treuttel & Würtz übernommen und sich daraus ergebende Dopplungen auf einen Eintrag reduziert. Diese Datenbank diente als Grundlage der Untersuchungen.

Da kein Verlagsarchiv von Treuttel & Würtz erhalten ist, war es nicht möglich, eine so detaillierte und exakte Verlagsbibliografie wie etwa die von Bernhard Fischer angefertigte Bibliografie des Cotta-Verlages zu erstellen[5]. Eine quantitative Analyse der Titel pro Jahr auf Grundlage der Verlagsbibliografie von Bauer, Treuttel & Würtz war aber möglich, da wegen der großen Datenmenge einzelne Fehler nicht ins Gewicht fallen. Die Daten der Verlagsbibliografie vermitteln einen Gesamtüberblick, welcher durch exemplarische Analysen einzelner Autoren, Übersetzer oder Publikationen ergänzt wurde.

Ein Blick auf den gesamten Untersuchungszeitraum von 1750–1850 (Grafik 4) lässt einen starken Anstieg der Titel pro Jahr erkennen. Korrelationen zwischen einerseits den unterschiedlichen politischen Regimen in Frankreich, andererseits Ereignissen im Unternehmen selbst, prägten deren Entwicklung. Es lassen sich fünf Entwicklungsphasen daraus ableiten.

Erschienen zu Beginn im Verlag Bauer nur vereinzelt Publikationen[6], so lässt sich ein Anstieg in den ausgehenden 1770er Jahren feststellen, zu dem Zeitpunkt also, als Jean-George Treuttel bereits einige Jahre in das Geschäft eingegestiegen war. Es handelt sich um die Auswirkungen des neuen Selbstbewusstseins der Straßburger Verlagsbuchhändler, welche vermehrt in eigene Publikationen investierten. Die Anzahl der verlegten Titel pro Jahr stieg bis zu Beginn der Revolution weiter an.

Nach dieser Anfangsphase während des ausgehenden Ancien Régime kam es zu einem weiteren starken Anstieg der verlegten Titel zu Beginn der Franzö-

4 Eine Ausnahme stellt folgendes Periodikum dar: »Sammlung auserlesener Wahrnehmungen aus der Arzney-Wissenschaft«, das ab 1757 in Frankfurt und Leipzig bei J. G. Bauer erschien und erst ab 1761 in Straßburg beim gleichen Verleger. Das Titelblatt der Zeitschrift hat sich nicht geändert, lediglich der Publikationsort. Als Verleger wurde Johann Gottfried Bauer angegeben, die deutsche Variante des Namens. Mit den Verlagsorten Frankfurt und Leipzig, welche gleichzeitig die Messeorte der deutschen Buchhändler waren, hoffte Bauer den Absatz im deutschen Raum zu erleichtern. Zudem handelte es sich um eine Übersetzung aus dem Französischen ins Deutsche.

5 Zudem waren an der Anfertigung der Verlagsbibliografie Fischers mehrere Personen über etwa zehn Jahre beteiligt, was den Rahmen einer auf etwa drei Jahre angelegten Studie überschreitet.

6 Es wurde nur das erste Jahr der Publikation für einen Titel gezählt. Viele Publikationen erschienen aber über einen längeren Zeitraum hinweg. Sie sind folglich nur einmal angezeigt.

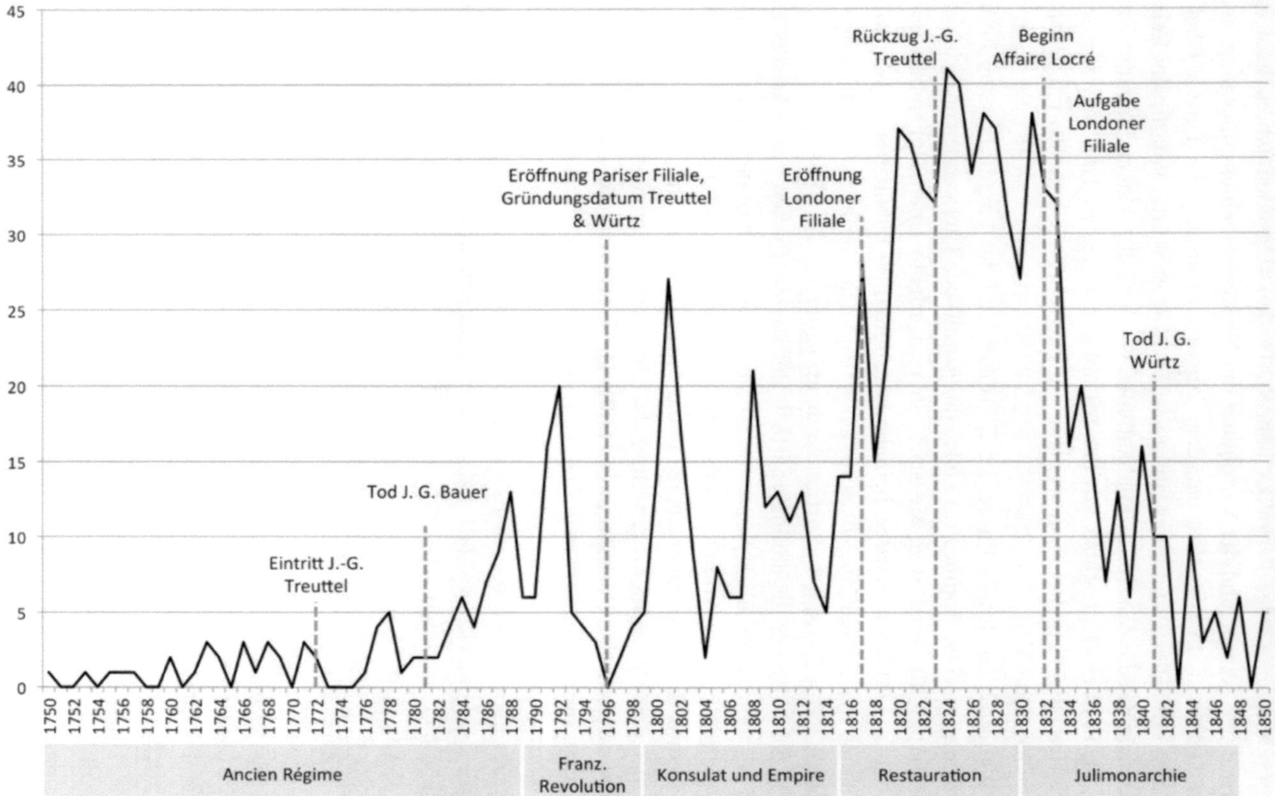

Grafik 4. Veröffentlichte Titel pro Jahr im Verlag Treuttel & Würtz, 1750–1850, n=1054.

sischen Revolution. Zu diesem Zeitpunkt befanden sich auch zahlreiche Flugschriften unter den hier gezählten Titeln, sodass es sich nicht ausschließlich um Buchproduktionen oder Periodika handelt. In den folgenden Jahren kam es während der Terreur und der Verfolgung der Verleger zu einem Rückgang, der einen Tiefpunkt im Jahr 1796 hat, dem Jahr der Eröffnung der Pariser Filiale und dem offiziellen Gründungsdatum von Treuttel & Würtz. Von diesem Zeitpunkt an steigt die Anzahl der Publikationen wieder mit geringen Einbußen um 1804, bleibt aber vergleichbar mit der Anzahl der verlegten Titel während der Revolution, wobei es sich nun weniger um Flugschriften, sondern um Monografien handelte.

Während der dritten Phase des Konsulats und des Empire bis zum Ende des napoleonischen Regimes 1815 blieb die Anzahl der Titel vergleichbar; in der Restauration hingegen stieg sie stark an und erlebte einen Höhepunkt von 39 Titeln (1824) bei ansonsten beinahe konstanten 30 Publikationen/Jahr, mit Ausnahme des Revolutionsjahres 1830 (24 Titel). Die vierte Phase der Verlagsproduktion von Treuttel & Würtz stellt deren »goldenes Zeitalter« dar.

In der Folge der Revolution von 1830, der letzten, fünften Phase, kam es zu einer auf dem ersten Blick paradoxen Situation: Während in der Julimonarchie nun endlich das Bürgertum zu Einfluss gelangte, was den politischen Interessen von Treuttel & Würtz entsprach, nahm die Anzahl der verlegten Titel rapide ab, trotz der liberalen Regierung, welche das Unternehmen unterstützt hatte und mit der sie politische Überzeugungen teilte. Diese Entwicklung erklärt sich insbesondere durch drei Faktoren: Erstens haben sich die Unternehmer mehr auf den internationalen Handel als auf den Verlag und die eigenen Titel konzentriert. Zweitens verstarb auch Jean Godefroi Würtz 1841. Zu diesem Zeitpunkt war die Zahl der Titel pro Jahr jedoch bereits auf einem sehr niedrigen Niveau angekommen. Einflussreicher scheint die Tatsache, dass Würtz 1832 einen Prozess mit dem Autor Jean-Guillaume Locré über die Enlohnung als Autor bei Treuttel & Würtz geführt hatte. Locré hatte an der Erstellung des Code Napoléon mitgewirkt und war ein angesehener Jurist, was ihm vermutlich in den Augen seiner Zeitgenossen Glaubwürdigkeit verlieh. Den Prozess, der durch zwei Instanzen ging, gewann Würtz zwar, aber 1834 publizierte Locré eine Schrift über sein Verhältnis zu seinem Verlag und darüber, wie Jean Godefroi Würtz ihn für seinen eigenen Profit hintergangen habe. 1834 verlor Locré seinen zweiten Prozess gegen Würtz. Der erste war vor dem Handelsgericht, der zweite vor der *cour royale* geführt worden. Obwohl Würtz den Prozess und sogar die offizielle Berichterstattung über den Prozess gewann, stützt die starke Abnahme an verlegten Titeln die These, dass der Ruf des Unternehmens durch den Konflikt mit Locré nachhaltig geschädigt wurde. Treuttel & Würtz war für Autoren als Verlag nicht mehr so attraktiv wie noch wenige Jahre davor. Die Akquise neuer Autoren wurde zum Problem. Treuttel und Würtz, welche das

Selbstbewusstsein ihrer Verlagsbuchhandlung auf der Nähe zu den Schriftstellern und Gelehrten aufgebaut hatten, waren diesem schriftstellerisch-gelehrten Milieu fremd geworden. Sie hatten sich von ihren Autoren und deren Interessen entfremdet. Der Mangel an neuen Autoren und geringe Publikationszahlen waren einer der Gründe des Niedergangs von Treuttel & Würtz.

Die Folgen der verschiedenen Regimewechsel in Frankreich scheinen sich mit minimaler Verzögerung auf die pulizierten Titel des Verlags ausgewirkt zu haben. So erschienen beispielsweise 1792, also im ersten Jahr der Terreur, noch 20 Titel, darunter nicht nur Reden, sondern auch eine vierbändige Ausgabe mit Briefen von Mirabeau oder eine Übersetzung der französischen Verfassung. Da die Veröffentlichung von Schriften einen Vorlauf hatte, hinkte die Anzahl an erschienenen Titeln den politischen Veränderungen etwas hinterher. Auch wichtige Veränderungen wie beispielsweise die Eröffnung der Pariser Filiale 1796 führten nicht im gleichen Jahr zu einem Anstieg von Veröffentlichungen, sondern erst einige Jahre später. So erschienen im Zeitraum von 1796 bis 1799 höchstens fünf Veröffentlichungen pro Jahr, 1800 hingegen 14 neue Titel.

Zudem lässt sich eine negative Korrelation zwischen der Anzahl der verlegten Titel pro Jahr (Grafik 4) und der Anzahl der von Treuttel & Würtz auf deutschen Messen präsentierten Publikationen feststellen (Grafik 2): Wenn im Verlag viele Titel erschienen, wurden wenige Werke auf deutschen Messen präsentiert. War Treuttel & Würtz hingegen mit zahlreichen Veröffentlichungen auf deutschen Messen vertreten, erscheinen im Verlag weniger Titel. Dies kann einerseits bedeuten, dass bei vielen Buchprojekten die Arbeitskraft an diese Projekte gebunden war und nicht mehr viel freie Zeit für andere Geschäfte blieb. Andererseits stellte es auch die Ausrichtung des Unternehmens dar: Liefen die eigenen Publikationen weniger gut, konzentrierte man sich auf die Geschäfte im Ausland. Dies lässt vermuten, dass man sich im Unternehmen entweder auf den internationalen Buchhandel oder auf den eigenen Verlag (in Frankreich) konzentrierte.

Ebenso wie die Buchhandlung auf den Bereich des Internationalen spezialisiert war, stellten Bauer, Treuttel und Würtz über den gesamten untersuchten Zeitraum (1750–1850) hinweg auch ihren Verlag in den Dienst des Austauschs. Dies umfasste zum einen eine große Anzahl an Übersetzungen innerhalb des Verlagsprogramms – gleich seit Beginn der Existenz des Verlags –, zum anderen waren Publikationen in französischer Sprache zumeist für einen internationalen Markt angefertigt worden. Dies zieht sich als Konstante durch den gesamten untersuchten Zeitraum.

3.1.1 Ancien Régime und Französische Revolution (1750–1799): von Bauer (1749) über Bauer & Treuttel (ab 1772) zu Treuttel & Würtz (ab 1796)

Zwischen 1750 und 1799 wurden 15 Prozent der Gesamtproduktion von Treuttel & Würtz im Zeitraum des Epochenumbruchs (1750–1849) verlegt. Die Gründe für den enormen Anstieg der verlegten Titel in der ersten Hälfte des 19. Jahrhunderts liegen zum einen in der allgemeinen Konjunktur des Buchdrucks. Zum anderen musste sich Jean Geoffroy Bauer erst als Buchhändler und Verleger in Straßburg etablieren, einen Ruf und Kontakte aufbauen. Einen großen Effekt hatte zudem die Tatsache, dass das Unternehmen Treuttel & Würtz aus der Vebindung zweier Personen bestand, während Bauer zunächst ohne Partner aktiv war. Zudem erwarb Jean-George Treuttel nach dem Tod seines *associé* Bauer (1781) dessen Buchhandlung inklusive des Bestandes und der Kontakte und trat dessen Nachfolge an. Treuttel baute seine Arbeit also auf der Bauers auf.

Die zweite Hälfte des 18. Jahrhunderts umfasst zwei Phasen der Aktivität des Unternehmens (Grafik 5): zunächst die Etablierung der Verlagsbuchhandlung durch Jean Geoffroy Bauer. Eine zweite Phase umfasst die Französische Revolution, welche nach anfänglichem weiteren Anstieg der publizierten Titel Tiefpunkte in Folge der Terreur aufwies, um dann mit der Eröffnung der Pariser Filiale und der Gründung des Unternehmens Treuttel & Würtz, der Zusammenarbeit der beiden Partner, wieder einen Zuwachs an Publikationen zu verzeichnen.

Im Jahr 1749, dem Jahr der Aufnahme Jean Geoffroy Bauers in die Zunft und dem Beginn des Unternehmens, erschienen noch keine Publikationen im Verlag. In den 1750er Jahren konnten lediglich fünf Titel nachgewiesen werden. Dies belegt einerseits den langsamen Aufbau des Unternehmens, andererseits war Bauer von Beginn an wohl mehr auf den (internationalen) Buchhandel und weniger auf den Verlag konzentriert. Seine Buchhandelskataloge, die an dieser Stelle nicht untersucht werden, erschienen jedenfalls bereits in großem Umfang.

1750 erschien die erste Publikation bei Bauer, eine Übersetzung vom Deutschen ins Französische: »Fables et contes de Mr. Gellert«. Es handelt sich um eine Übersetzung von Christian Fürchtegott Gellerts Titel »Fabeln und Erzählungen« (1746, Leipzig: J. Wendler). Diese erste Veröffentlichung ist gleich in vierfacher Hinsicht charakteristisch für den Verlag: Erstens zeigt sich hier schon der Schwerpunkt im deutsch-französischen Bereich, welchen ebenso die Buchhandlung ausmachte und aufgrund der geografischen Nähe sowie Zweisprachigkeit der Verlagsbuchändler den bereits beschriebenen Schwerpunkt des Unternehmens darstellte.

Zweitens war der Protestantismus von Bedeutung: Gellert war ebenso wie Bauer und Treuttel Protestant und hatte sogar Theologie studiert[7]. Es bestand

7 Vgl. Wölfel, Art. »Gellert, Christian Fürchtegott«.

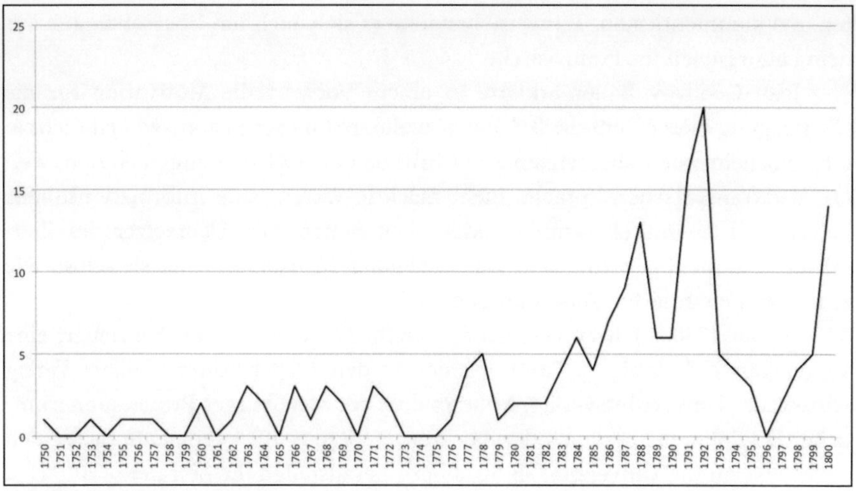

Grafik 5. Im Verlag Treuttel & Würtz erschienene Titel (1750–1800), n=171.

also eine konfessionelle Nähe zwischen dem Autor und dem Verleger. Drittens handelt es sich um eine Übersetzung, der viele weitere folgen sollten. Diese erste Übertragung stellte einen Transfer vom Deutschen ins Französische dar. Die zweite im Verlag Bauers erschienene Publikation war ebenfalls eine Übersetzung, aber aus dem Englischen.

Schließlich handelt es sich bei der Veröffentlichung Gellerts um eine literarische Neuentdeckung, d. h., sie war nicht nur die erste Übersetzung Gellerts ins Französische, sondern auch die erste publizierte Arbeit des Autors in Frankreich.

Von den insgesamt fünf Veröffentlichungen in den 1750er Jahren waren zwei Übertragungen ins Französische (aus dem Deutschen und aus dem Englischen). Eine Publikation zur Klassischen Philologie wurde in Latein gedruckt[8]. Zwei Werke erschienen in deutscher Sprache: ein Gebetbuch und das Periodikum »Sammlung auserlesener Wahrnehmungen aus der Arzney-Wissenschaft«, welches im Zeitraum von 1757 bis 1775 (unter leicht geändertem Titel) eine Übersetzung von medizinischem Arbeiten aus dem Französischen ins Deutsche lieferte. Die französische Fachzeitschrift »Recueil périodique d'observations de médecine, chirurgie, pharmacie, &c.«, welche ab 1754 in Paris erschien, war die Vorlage der Übersetzung. Sie enthielt Arbeiten von Pariser Medizinern, welche eine Auswahl an medizinischen Beobachtungen publizier-

8 Es handelt sich um eine Arbeit von Claude Capperonnier, dem Onkel von Jean Capperonnier, Bibliothekar der französischen königlichen Bibliothek, die Bauer bereits in frühen Jahren mit Publikationen aus dem Ausland belieferte: Claude Capperonnier, Antiqui rhetores latini, Straßburg, Bauer, 1756.

ten und kommentierten. Teilweise handelte es sich auch um Übersetzungen aus dem Lateinischen ins Französische[9].

Jean Geoffroy Bauer erklärte in einem Vorwort die Motivation für die Übertragung dieser Zeitschrift[10]. Bauer wollte mit dieser knapp zwei Jahrzehnte lang erscheinenden übersetzten Zeitschrift den deutschsprachigen Ärzten, welche der französischen Sprache nicht mächtig waren, eine Informationsquelle liefern und so indirekt kranken Menschen helfen. Der Übersetzer der Zeitschrift wird nicht genannt, sehr wahrscheinlich übersetzte Bauer sie selbst, wie er in dem hier zitierten Auschnitt andeutete.

In den 1760er Jahren erschienen bereits 17 Publikationen bei Bauer; eine vergleichbare Anzahl (16 Titel) erschien in den 1770er Jahren. Bauers Verlag wurde zum Universitätsverlag, insbesondere der Straßburger Professoren sämtlicher Disziplinen, aber auch darüber hinaus. Bereits 1749 versuchte Bauer, den Anschluss an die Universität in Straßburg herzustellen. Er heiratete Catharina Dorothée Heitz, welche der Familie des Universitätsdruckers Heitz angehörte. Bei Heitz wurden dann auch zahlreiche Publikationen, welche bei Bauer erschienen, gedruckt, und über den Drucker sowie die geografische Nähe[11] wurde die Verbindung zu den Professoren der Universität hergestellt.

Zu diesen Straßburger Professoren, welche bei Bauer publizierten, gehörten 1760 Jean Daniel Schöpflin, auf europäischem Niveau renommierter Historiker, ebenso wie sein Nachfolger Christophe-Guillaume Koch (ab 1762), Leiter der Straßburger »Diplomatenschule«. Auch Johann Michael Lorenz (Geschichte) und Jean Laurent Blessig (Theologie, Philosophie) publizierten bei Bauer.

Beinahe einen Schwerpunkt innerhalb der verlegten Disziplinen stellten neben historischen die medizinischen Arbeiten dar. Jacob Reinbold Spielmann (5 Veröffentlichungen), Jean Hermann und der Gynäkologe Georg Albrecht Fried hatten diesen Verlag für sich entdeckt. Auch der Bruder von Jean Godefroi Würtz, Georges Christophe, später angesehener Mediziner in Versailles, publizierte bereits 1778 im Verlag, der zu diesem Zeitpunkt bereits von Bauer und Treuttel gemeinsam geleitet wurde. In den 1780er Jahren kamen noch Arbeiten des Physikers Friedrich Ludwig Ehrmann hinzu, darunter vier eigene Monografien (in deutscher und französischer Sprache) und eine kommentierte Übersetzung einer Arbeit des Chemikers Antoine-Laurent Lavoisier ins Deut-

9 Vgl. Roselyne Rey, Art. »Recueil périodique d'observations de médecins (1754–1793) «, in: Dictionnaire des journaux (1600–1789), http://dictionnaire-journaux.gazettes18e.fr/journal/1178-recueil-periodique-dobservations-de-medecine (30.9.2019).

10 Vgl. Bauer, Vorbericht des Verlegers, und Analyse in Kap. 3.2.1.

11 Bauers Buchhandlung befand sich zu diesem Zeitpunkt gegenüber der Universität (»Schlauchgaße vis-à-vis le collège de l'université«).

sche[12]. Zu diesen Publikationen renommierter Straßburger Professoren traten weitere Publikationen von Gelehrten hinzu: etwa von Johann Thunmann[13] oder die Übersetzung einer Arbeit des Geografen Anton Friedrich Büsching.

Zu diesen wissenschaftlichen Publikationen kam ein Schwerpunkt von Veröffentlichungen mit pädagogischem Charakter. Neben Gellert erschienen auch Fabeln von Théophile Conrad Pfeffel sowie Theaterstücke für Kinder (1769). Die »Historische Erdbeschreibung zum Nutzen deutscher Jugend« von Frédéric Samuel Ostervald stellte ein erfolgreiches Werk im Verlag dar, welches im Zeitraum 1763 bis 1791 fünf Wiederauflagen erfuhr. Es handelte sich um einen der erfolgreichsten Titel von Bauer und später Bauer & Treuttel. Insgesamt lässt sich festhalten, dass mehrere der Publikationen eine Wiederauflage erfuhren: Christophe-Guillaume Kochs »Tableau des révolutions de l'Europe« (1771, 1790 und später in anderen Verlagen), Georg Albrecht Frieds »Anfangsgründe der Geburtshilfe zum Gebrauche seiner Vorlesungen« (1769, 1787) oder auch Anton Friedrich Büschings »Géographie universelle« (mindestens zwei Auflagen), eine Übersetzung ins Französische.

Frédéric Samuel Ostervald gründete mit Jean-Élie Bertrand und dem Buchhändler Samuel Fauche 1769 die STN, eine der bekanntesten Schweizer Verlagsbuchhandlungen im ausgehenden 18. Jahrhundert, welches insbesondere auf die Anfertigung französischsprachiger Raubdrucke spezialisiert war und diese über ihr großes Korrespondentennetzwerk in ganz Europa verkaufte. Ostervald war Sohn eines protestantischen Pfarrers und früh in der Stadtverwaltung von Neuchâtel tätig. Außerdem unterhielt er in den 1750er Jahren eine erfolgreiche Pension für die Ausbildung von Kindern in den Wissenschaften. Ostervald selbst unterrichtete Mathematik und Geografie. 1757 publizierte er seinen »Cours élémentaire de géographie ancienne et moderne et de sphère«, ein Schulbuch, vermutlich aus seinem Unterricht hevorgegangen, welches die Information in Form von Fragen und Antworten vermittelte. Ostervalds Schulbuch war sehr erfolgreich und wurde bis ins 19. Jahrhundert mehrmals aufgelegt[14].

12 Vgl. Antoine Laurent Lavoisier, Des Hrn. [Antoine-Laurent] Lavoisier Abhandlungen über die Wirkung des durch die Lebensluft verstärkten Feuers aus dem Französischen übersetzt und mit Zusätzen vermehrt von F. L. Ehrmann, als ein Anhang zu seinem Versuch einer Schmelzkunst mit Beyhülfe der Feuerluft, Straßburg Treuttel, 1787.

13 Vgl. Johann Erich Thunmann, Description de la Crimée. Par M. Thounmann, professeur à Halle, traduite de l'allemand, Strasbourg, J. G. Treuttel, 1786. Avec permission.

14 Vgl. Jacques Rychner, Michel Schlup, Frédéric-Samuel Ostervald. Homme politique et éditeur (1713–1795), in: Biographies neuchâteloises, Bd. 1: De saint Guillaume à la fin des Lumières, hg. von Michel Schlup, Hauterive 1996, S. 197–201.

Jean Geoffroy Bauer und Frédéric Samuel Ostervald müssen sich bereits früh gekannt haben. 1763 erschien im Verlag von Bauer die erste deutsche Übersetzung unter dem Titel »Herrn Friedrich Osterwalds historische Erdbeschreibung zum Nutzen deutscher Jugend vorzüglich eingerichtet«. Die deutsche Ausgabe war ebenso erfolgreich wie die französische und bis zur Französischen Revolution (1791) erschienen im Straßburger Verlag fünf Wiederauflagen, welche Ostervald selbst verbesserte und dem aktuellen Forschungstand anpasste. Bauer und Ostervald, die auch wegen des Buchhandels in Verbindung standen, stimmten sich über Änderungen und Ergänzungen der Neuauflagen in ihrer Korrespondenz ab, so auch 1770, als die zweite Auflage erschien:

> La nouvelle édition de votre »Géographie« travestie en langue allemande étant achevée, j'ai le plaisir de m'acquitter de mon devoir de vous en présenter quelques exemplaires, que je vous prie d'agréer, & de leur accorder cette approbation encore, qui me fut de si bonne augure la première fois. Vous avez eu la bonté, Monsieur, de contribuer si généreusement à la perfection. Vous connoissez les changements, corrections & additions que feu mon cher ami, l'incomparable M. Fischer, y fournit, & vous avez daigné leur accorder votre suffrage; tout ceci avec les soins que j'y pris pour fournir une édition très correcte, imprimée sur du papier plus blanc que la précédente, me fait espérer que vous en serez content[15].

Neben Ostervald fügte zudem ein Freund Bauers, Herr Fischer, möglicherweise der Übersetzer, Verbesserungen ein. Der Übersetzer der Arbeit wurde zumindest 1791 nicht genannt. Bereits 1773 bezeichnete Ostervald seine »Géographie« als klassisches Lehrbuch, »un livre classique«[16]. Nicht nur Ostervald erwarb Exemplare der Übersetzung seiner »Géographie« bei Bauer und Treuttel, auch die Straßburger Unternehmen (Bauer & Treuttel, König) bestellten regelmäßig Originalausgaben in französischer Sprache bei Ostervald. Mit fünf Auflagen stellte die Publikation einen Bestseller im Verlagsprogramm von Bauer & Treuttel dar.

Die pädagogischen Schriften nahmen einen großen Raum in den Publikationen, die bei J. G. Bauer erschienen, ein. Théophile Conrad Pfeffel (1736–1809), Schriftsteller und Pädagoge aus Colmar, gehörte ebenfalls zu den mehrmals aufgelegten Autoren bei Bauer. Nach einem Studium in Halle und einigen Reisen im deutschen Raum ließ er sich in Straßburg und Colmar nieder. Er war bereits vollkommen erblindet, als er seine literarische Karriere begann. Nach ersten eigenen Versuchen publizierte er bei Bauer eine Übersetzung von Fabeln

15 Jean Geoffroy Bauer an [Frédéric-Samuel Ostervald], Strasbourg, 6.1.1770, BPU, fonds de la STN, Ms 1119. fol. 12f.

16 Frédéric-Samuel Ostervald an Bauer & Cie. (Strasbourg), [Neuchâtel], 11.11.1773, Copies de lettres, BPU, fonds de la STN, Ms 1098, fol. 531f.

von Lichtwer ins Französische (1763) sowie ein eigenes Theaterstück. Das »Historische Magazin für den Verstand und das Herz/Magazin historique pour la raison et pour le cœur« (Erstausgabe 1764)[17] fertigte er auf Bestellung von Jean Geoffroy Bauers an. Es enthält eine Auswahl an historischen Anekdoten, bei der weniger das historische Wissen als vielmehr die moralische Bildung der jungen Leser im Fokus stand. In deutscher und französischer Version gehörte es zu den wichtigen pädagogischen Schriften der Zeit und erfuhr großen Erfolg, da es von zahlreichen Schulen erworben wurde[18]. Bei Bauer und Treuttel erschienen fünf Ausgaben. 1769 publizierte Pfeffel bei Bauer die Erstausgabe seiner »Dramatischen Kinderspiele«, welche moralisierende Theaterstücke enthielt, die Kinder im Alter von sechs bis zehn Jahren selbst spielen sollten[19].

Théophile Conrad Pfeffel, der sich wie viele Autoren von Bauer und Treuttel zwischen der deutschen und französichen Kultur und Sprache bewegte, verfügte über ein großes europäisches Korrespondentennetzwerk, publizierte später bei Cotta in Tübingen und wirkte an der »Flora« mit, einer Zeitschrift für Frauen. Er gründete 1773 in Colmar eine Militärschule, an der er pädagogische Konzepte von Rousseau, Pestalozzi und Basedow umsetzte[20].

Im Kontext dieser gelehrten Arbeiten sind auch die Auflagen lateinischer und griechischer Autoren der klassischen Antike zu verstehen. Der Altphilologe Richard François Philippe Brunck veröffentlichte eine Reihe von griechischen Autoren, darunter Ausgaben von Anacreon, Aristophanes und Sophokles als kritische Ausgaben und in neuer Übersetzung ins Lateinische. Diese Übersetzungen, welche ab den 1770er Jahren bei Bauer erschienen, waren überaus erfolgreich. Sie wurden in ganz Europa verkauft und sind heute in zahlreichen Bibliotheken vorhanden. Brunck war damals ein angesehener Gelehrter, auch wenn seine Arbeit im 19. Jahrhundert als zu frei und zu wenig philologisch exakt angesehen wurde[21]. Bauer und Treuttel hatten sich mit diesem Schwerpunkt auf klassisch-antiken Autoren einen thematischen Bereich an Publikatio-

17 Die französische Ausgabe erschien in Kooperation mit dem Buchhändler Durand in Paris, an den die französischen Behörden für die Publikation eine *permission tacite* verliehen hatten. Vgl. Eintrag zur Ausgabe von 1764 in Archives de la chambre syndicale de la librairie et imprimerie de Paris, aux XVIIe et XVIIIe siècles. Registres des livres d'impression étrangère présentés pour la permission de débiter, 1718–1774, BNF, ms fr. 21992, n° 510.

18 Vgl. Gabriel Braeuner, Pfeffel, l'Européen. Esprit français et culture allemande en Alsace au siècle des Lumières, Straßburg 1994, S. 30–32.

19 Vgl. ibid., S. 29.

20 Vgl. ders., Jean-Marie Gall, Art. »Pfeffel, Théophile Conrad«, in: NDBA, Bd. 29 (1997), S. 2984 f.

21 Vgl. Halm, Art. »Brunck, Richard Franz Philipp«.

nen ausgesucht, welcher in ganz Europa Absatz fand und zudem Teil des Curriculums der Gymnasien war. Die Editionen von Brunck waren zudem in Bezug auf den Druck besonders sorgfältig angefertigt, unterschiedliche Papierqualitäten und Formate ermöglichten das Ansprechen verschiedener Käuferschichten. Bauer und Treuttel lenkten durch diese prestigeträchtigen Ausgaben die europäische Aufmerksamkeit der Zeit auf ihr Unternehmen. So wurden beispielsweise in Weimar mehrere Editionen erworben und in Paris erhielten sie eine Auszeichnung durch den französischen König.

Die Sprachen, in denen die Publikationen bei Bauer & Treuttel in der zweiten Hälfte des 18. Jahrhunderts erschienen, waren entsprechend der Schwerpunkte des Unternehmens vor allem Französisch, Deutsch und Latein.

Raubdruck und »permission tacite«: Kampf gegen den Nachdruck der »Géographie universelle« von Büsching und der Werke von und über Friedrich II. von Preußen

Bereits unter Jean Geoffroy Bauer und mit der Publikation der Arbeiten von Brunck hatte sich das Verhältnis der Verlagsbuchhandlung zur Obrigkeit gewandelt. In den 1780er Jahren, nach dem Tod Bauers (1781), als Jean-George Treuttel das Unternehmen zeitweise allein leitete, machte sich das neue Verhältnis zur Obrigkeit, welches die Straßburger Buchhändler seit den 1770er Jahren vertraten, in Form von ausführlichen Briefwechseln intensiv bemerkbar. Treuttels Beziehung zur Obrigkeit war kooperativ, beinahe anbiedernd, aber dafür zählte er auch auf die Unterstützung der Verwaltung, um seine eigenen Rechte, insbesondere das Verbot des Nachdrucks, durchzusetzen. Beispiele für diese intensive Zusammenarbeit Treuttels mit der Obrigkeit stellten die erfolgreichen Editionen der »Géogaphie universelle« von Anton Friedrich Büsching und der Ausgaben der Werke von Friedrich II. von Preußen dar. Insbesondere an diesen zeigt sich differenziert, wie sehr Treuttel die offiziellen Regeln einhielt und für sich nutzte und gleichzeitig durch Ausnahmen für eigene Zwecke gegen den Raubdruck instrumentalisierte.

Die »Géographie universelle« stellte eine im Verlag Treuttel erschienene Übersetzung von Anton Friedrich Büschings »Neuer Erdbeschreibung« dar. Büsching (1724–1793) war Theologe und Geograf, welcher nach seinem Theologiestudium als Lehrer für Graf Lynar in Löstritz tätig war und diesem auf seine diplomatische Reise in dänischem Auftrag nach St. Petersburg folgte. Aus dieser Reisetätigkeit entstand die Idee einer geografischen Abhandlung, welche ab 1754 erschien. In dieser betrachtete er die Erdkunde aus einer wissenschaftlichen, historisch-statistischen Perspektive. Seine Arbeit war überaus erfolgreich, und er selbst verfasste elf Bände, welche bis zu seinem Tod in acht offiziellen

Auflagen (d. h. die Raubdrucke nicht mitgezählt) erschienen[22]. Da Büsching sich lediglich auf die europäischen Länder inklusive Russland und Siebenbürgen bis zum Osmanischen Reich beschränkte, ergänzten ab den 1790er Jahren andere Wissenschaftler Teile zu Amerika und Asien (u. a. Christoph Daniel Ebeling, Matthias Christian Sprengel, Samuel Friedrich Günther Wahl). Ab 1768 erschien in den Verlagen Maison des Orphelins et Fromann in Züllichau eine französische Übersetzung der »Erdbeschreibung« von Büsching, welche ab 1772 von Bauer und Treuttel (Bände 6–14, bis 1779) in Straßburg fortgeführt wurde. Im Zeitraum von 1785 bis 1797 erschien bei Treuttel in Straßburg eine neue Auflage der Übersetzung, welche auf Basis der siebenten Auflage von Büschings »Erdbeschreibung« durch Joseph Mathias Gérard de Rayneval (1736–1812), Théophile Conrad Pfeffel (1736–1809) und Jean-François de Bourgoing (1745–1811) angefertigt[23] und substantiell ergänzt wurde. Sie erschien unter dem Titel »Géographie universelle« und umfasst 16 Bände (14 Teile). Wie die autorisierte Originalausgabe, welche unter zahlreichen Raubdrucken zu leiden hatte, wurde auch die bei Treuttel erschienene Übersetzung kopiert. Aus Vorsicht hatte Treuttel seine Ausgabe mit französischem Privileg drucken lassen, was ihm die einzig autorisierte Auflage dieser aufwendig angefertigten Übersetzung sicherte[24].

Dennoch erschien ein Raubdruck der Treuttelschen Ausgabe in Lausanne, der den Absatz des Werkes in Frankreich und Europa gefährdete. Jean-George Treuttel wandte sich im April 1787, als er von dieser Kopie und deren Vertrieb in Frankreich erfuhr, direkt an die Obrigkeit, vermutlich den *directeur général de l'imprimerie et de la librairie* in Paris, zu diesem Zeitpunkt Jean-Jacques Vidaud de La Tour. Der Brief ist ohne Adressat verfasst.

> La grâce, dont Votre Excellence a daigné jusqu'ici soutenir mes droits à la »Géographie« de Büsching, m'inspire le courage de trouver un moment de vos occupations importantes, pour implorer votre secours puissant à l'heure où je m'y vois lézé [sic!].
> Le S^{r}. Cussac, Monsieur, libraire de Paris, ose annoncer la contrefaçon faite à Lausanne de cette »Géographie«, dans le catalogue ci-joint parmi ses livres *en nombre*, & le S^{r}. Mérigot jeune y ajoute l'approbation.

22 Vgl. Wilhelm Michel, Art. »Büsching, Anton Friedrich«, in: NDB, Bd. 3, 1957, S. 3 f.

23 Vgl. Antoine-Alexandre Barbier, Dictionnaire des ouvrages anonymes et pseudonymes composé, traduits ou publiés en français et en latin avec les noms des auteurs, traducteurs et éditeurs, Paris 1823 [1820], S. 35 [Nr. 7007].

24 Das Druckprivileg im Frankreich des Ancien Régime autorisierte einen Verleger oder Autor zum Druck einer Publikation für einen gewissen Zeitraum und verbot andere Konkurrenzausgaben. Vgl. dazu Jean-Dominique Mellot, Art. »Privilège«, in: DEL, Bd. 3 (2011), S. 378–387, hier S. 378.

> L'un & l'autre de ces libraires peuvent être de très-honnêtes gens & n'avoir pêché que par ignorance, mais cela n'empêche que leur annonce ne me fasse un très-grand tort, d'autant plus qu'elle a été répandue avec le »Journal de Paris« par tout le royaume. Je ne souhaite pas m'en venger à leurs dépens, mais j'ose aspirer à ce que la justice & la sagesse du ministre trouve un moyen à m'indemniser[25].

Treuttel wandte sich sehr freundlich an den Minister, um ihn auf den Vertrieb eines Raubdrucks durch den Pariser Buchhändler Cussac aufmerksam zu machen. Zusätzlich legte Treuttel noch die Buchhandelsanzeige[26] sowie das gefälschte Privileg bei, um seine Forderung zu belegen. Er stellte sich selbst als moralisch integere Person dar, die sich nicht für das Verfehlen rächen wollte, sondern von einem Irrtum ausging. Im Folgenden machte er noch auf die Problematik des französischen Druckprivilegs aufmerksam. Da dieses nur für zehn Jahre vergeben wurde, die Publikation der Übersetzung aber auf einen langen Zeitraum angelegt war, würde das Privileg zu früh ablaufen:

> Le malheur veut que le nouveau privilège donné pour dix ans va expirer avant que la réimpression sera finie pour tous les volumes, auxquels je n'épargne ni soin ni dépense pour mettre l'ouvrage toujours au niveau politique du temps; & si le gouvernement ne daigne prolonger le terme en faveur de la différence de cette œuvre de tout autre, où cette loi est plus applicable, je verrai les pirates tomber sur moi & m'ôter non seulement le fruit de mes peines, mais encore la rentrée du capital, qui n'est pas médiocre, pour 14 à 16 vol[umes][27].

Treuttel bemühte sich in der folgenden Zeit um eine Verlängerung des Privilegs, welche er jedoch nicht erhielt. Die Passage offenbart die Sicht Treuttels auf die Raubdrucker. Er bezeichnete sie als »Piraten«, welche ihm den Erlös aus dem Verkauf seiner Publikationen raubten.

Bereits einen Monat später erhielt Treuttel Antwort vom *directeur général de l'imprimerie et de la librairie*, Jean-Jacques Vidaud de La Tour:

> J'ai rendu compte, Monsieur, à M. le garde des sceaux, de votre reclamation relativement à la vente de la »Géographie« de Busching, imprimée à Lausanne & l'annonce du sieur Cussac. Le chef de la justice a décidé que cet article seroit supprimé dans les annonces de la librairie, & que la contre-façon de

25 Jean-George Treuttel an Monsieur Votre Excellence [Jean-Jacques Vidaud de La Tour?], Straßburg, 26.4.1787, AS, AA2358 (Hervorh. i. Orig.).

26 Géographie de Busching, abrégé dans les objets les moins intérssans, augmentée dans ceux qui ont paru l'être, retouchée par tout, & ornée d'un Précis de l'histoire de chaque État, par M. Bérenger, Lausanne, 1776, & années suiv. 12 vol. in-8 rel. 60 liv., Buchhandelsanzeige Cussac Paris, AS, AA2358.

27 Treuttel an Monsieur Votre Excellence [Jean-Jacques Vidaud de La Tour?], Straßburg, 26.4.1787, ibid.

> Lausanne seroit soigneuement prohibée dans le commerce. Je viens en conséquence de faire passer les ordres nécessaires au sieur Cussac & aux officiers de la chambre syndicale de Paris, de manière que j'espère bien que pareil abus n'aura plus lieu[28].

Kurz darauf erhielt Treuttel eine weitere positive Antwort auf sein Ersuchen. Vidaud setzte sich für Treuttels Anliegen ein. Die Ankündigung des Raubdrucks und ebenso sein Verkauf wurden in Frankreich verboten:

> Le résultat de votre plaine contre le S^{r}. Cussac est qu'il a été condamné à supprimer votre »Géographie« de ses annonces. Du reste, il n'en avoit que cinq ou six exemplaires qu'il avoit acquis de bonne foi, ignorant que vous en aviez le privilège. Je crois être assuré que pareille chose n'arrivera plus[29].

Treuttel hatte erfolgreich mit Hilfe der Obrigkeit den Vertrieb von Raubdrucken in Frankreich unterbunden[30]. Im Fall der »Œuvres posthumes« von Friedrich II. von Preußen reizte er die Dehnbarkeit der Legalität in seinem Interesse noch weiter aus und die Einbeziehung der hohen Verwaltung in Paris in die Arbeit des Verlegers wurde weiter vorangetrieben.

Aus aktuellem Anlass – Friedrich II. von Preußen war im August 1786 verstorben – erschienen bei Treuttel in Straßburg mehrere Veröffentlichungen: einerseits eine Biografie des Königs, andererseits Ausgaben seiner Werke. Friedrich II. hatte zahlreiche Bewunderer unter den adligen Kunden von Bauer & Treuttel. Zudem war ein Teil mit ihm verwandt, was Interesse an diesen Publikationen in seinem Kundenkreis vermuten lässt.

Bereits 1787 erschien eine von Jean-Charles Thibault de Laveaux (1749–1827) verfasste Biografie über Friedrich II. in vier Bänden. Die schnelle Neuauflage 1788 und eine Neuauflage mit Erweiterung auf sechs Bände (»Lettres sur Frédéric II«) 1788–1789 sprechen für den Erfolg der Publikation und deren schnellen Absatz[31]. Der Titel lässt sich in zahlreichen europäischen Bibliotheken nachweisen, u. a. in Frankreich und dem deutschen Raum, aber auch in Ungarn[32].

28 Jean-Jacques Vidaud de La Tour an Jean-George Treuttel, Paris, 25.5.1787, ibid.

29 Jean-Jacques Vidaud de La Tour an Jean-George Treuttel, Paris, 9.7.1787, ibid.

30 In der Tat lässt sich im Katalog der BNF auch nur der Druck aus Lausanne nachweisen.

31 Vgl. Herzeleide Henning, Eckart Henning, Bibliographie Friedrich der Große 1786–1986. Das Schrifttum des deutschen Sprachraums und der Übersetzungen aus Fremdsprachen, Berlin, New York 1988, S. 71.

32 Vgl. Olga Granasztói, »Éloge du roi de Prusse«. Les connotations politiques d'un succès de librairie. La Hongrie et la Prusse entre 1787–1790, in: Claire Madl, István Monok (Hg.), Ex oriente amicitia. Mélanges offerts à Frédéric Barbier à l'occasion de son 65e anniversaire, Budapest 2017, S. 267–288.

Jean-Charles Thibault de Laveaux stammte aus Troyes, wo er auch zur Schule gegangen war. In den ausgehenden 1770er Jahren unterrichtete er an der Universität in Basel Französisch, ging dann aber nach Berlin. Dort eröffnete er eine Französisch-Sprachschule und veröffentlichte Sprachlehrbücher sowie ein französisch-deutsches Wörterbuch. Aufgrund seines Engagements für die französische Sprache stand er unter dem Schutz Friedrichs II., was aufgrund seines politischen Engagements nötig war. Aufgrund des nahen Todes des preußischen Königs verließ er Berlin und ging nach Württemberg. In Berlin hatte er die Bekanntschaft zahlreicher Schriftsteller und Politiker gemacht; er hatte nicht nur Mirabeau kennengelernt, sondern korrespondierte auch mit dem Abbé Raynal. Die Biografie über Friedrich II. verfasste er nach dessen Tod, überzeugt vom aufgeklärten Absolutismus und den Verdiensten des verstorbenen Königs[33].

In diesem sehr erfolgreichen Publikationskontext bewegte sich auch die Werkausgabe von Friedrich II. Während in Berlin bei Decker und Voss die erste offizielle Gesamtausgabe erschien, wurde zumindest eine zweite offizielle Ausgabe in Kooperation zwischen Decker, Voss und Treuttel publiziert. Sie bestand aus vier Bänden und erschien lediglich unter der Ortsangabe Berlin, ohne Erwähnung Straßburgs[34]. Vermutlich, aber bisher nicht durch Autopsie nachgewiesen, erschien 1788 eine weitere Ausgabe in 16 Bänden unter dem Titel »Œuvres posthumes« in Straßburg bei Treuttel, wie in der sehr umfangreichen Bibliografie von Herzeleide und Eckart Henning (1988) der Schriften von und über Friedrich II. angegeben[35].

Folglich ist es nicht eindeutig, ob es sich bei dem im Folgenden erwähnten Titel »Œuvres posthumes« um die nachgewiesene Edition oder eine weitere handelte. Im Oktober 1788 ließ der *directeur général de l'imprimerie et de la librairie* sämtliche Ausgaben der Werke von Friedrich II. in Frankreich verbieten: »L'intention de M. le garde des sceaux, Messieurs, est que, jusqu'à un nouvel ordre, on empêche toute circulation dans le royaume, et, à plus forte raison, toute impression de la collection des œuvres de feu le roi de Prusse, quelle qu'en soit l'édition«[36].

Die Werke Friedrichs II. wie sein bekannter »Anti-Machiavel« gehören zur Aufklärungsliteratur und wurde wie die Arbeiten der *philosophes* offiziell verbo-

33 Vgl. Claude Betzinger, Art. »Laveaux, Jean-Charles«, in: NDBA, Bd. 23 (1994), S. 2250–2252.

34 Vgl. Œuvres de Frédéric II.

35 Vgl. Henning, Henning, Bibliographie Friedrich der Große 1786–1986, S. 23.

36 Copie de la lettre de M. de Maissemy, maître des requêtes, directeur général de la librairie et imprimerie de France, aux officiers de la chambre syndicale, Paris, ce 31 octobre 1788, AS, AA2360.

ten. Allerdings durften viele dieser Publikationen in Frankreich dennoch erscheinen oder eingeführt und vertrieben werden. Verschiedene Rechtskonstrukte wie die *permission tacite*[37] oder eine einfaches »Tolerieren« der Ausgabe unter Auflagen ermöglichten dies.

Für Jean-George Treuttel konnte kein Eintrag in den Registern der *permission tacite*, welche sich in Besitz der französischen Nationalbibliothek befinden, nachgewiesen werden. Wahrscheinlich handelte es sich also ausschließlich um ein »Tolerieren« der Publikation und nicht um eine offizielle *permission tacite*. Aufgrund der Zensur und deren Umgehung schrieb im Juli 1788 der französische Justizminister (*garde des sceaux*) an den Außenminister, um die Bedingungen des Vertriebs der Publikation zu klären:

> J'ai reçu, M^{r}., la lettre où, après avoir debattu quelques unes des observations que je vous avois communiquées, en sujet de la demande du S^{r}. Treuttel, vous me temoignés [sic!] être d'avis que cette demande peut être accueillie sans inconvenient, et que l'on peut en conséquence en tolérer le débit des œuvres du feu roi de Prusse, comme l'on [a] toléré la vente des œuvres de Voltaire imprimées à Kehl[38].

Die Werkausgabe Friedrichs II. sollte wie die Kehler Voltaire-Ausgabe toleriert werden, d. h. vermutlich ohne *permission tacite* nach Frankreich eingeführt und vertrieben werden[39].

Der Justizminister Chrétien-François de Lamoignon beschrieb im Folgenden den Ablauf: Die Publikationen sollten versiegelt nach Paris an eine Vertrauensperson geschickt werden und keiner öffentlichen Kontrolle durch den Buchhandel unterliegen. Dort angekommen, sollten sie von einer Vertrauensperson des Ministers untersucht werden. Anschließend durften lediglich ausgewählte Buchhändler die Publikation vertreiben. So wollte Chrétien-François de Lamoignon den Verkauf eindämmen und kontrollieren.

> Ces précautions m'ont paru nécessaires pour empêcher les contrefaçons et pour être toujours assuré, du moins à peu près, du nombre d'exemplaires qui

37 Eine *permission tacite* wurde an Publikationen vergeben, die man nicht verbieten konnte, deren offizielle Zirkulation man aber nicht erlauben wollte. Im Zeitraum von 1764 bis 1787 vergab der französische Staat mehr *permissions tacites* als offizielle Druckprivilegien. Vgl. Aline Berstein, Art. »Permission tacite«, in: DEL, Bd. 3 (2011), S. 193–195, hier S. 193f.

38 Copie d'une lettre de M. le garde des sceaux [Chrétien-François de Lamoignon] à M. [Armand-Marc] de Montmorin [Außenminister], Versailles, 16.7.1788, AS, AA2360.

39 Vgl. zur Kehler Ausgabe insbes. Giles Barber, The Financial History of the Kehl Voltaire, in: William H. Barber u. a. (Hg.), The Age of the Enlightenment. Studies Presented to Theodore Besterman, Edinburgh, London 1967, S. 152–170.

> s'en débiteront et de la classe des citoyens qui les aurait acquis. Ces œuvres se divisent en plusieurs parties qui ont chacunes leurs titres différens et qui peuvent en conséquence se débiter séparément, d'où on doit craindre qu'on ne debite un très grand nombre les parties les plus dangereuses par les choses qu'elles contiennent, que même ces parties ne soyent particulièrement contrefaites et repandues avec profusion dans certaines provinces. Il est indispensable, surtout à présent, de prevenir ce danger autant qu'on le peut[40].

Lamoignon wollte zudem den Raubdruck der Publikation verhindern, damit die enthaltenen Ideen nicht zu sehr verbreitet würden. Diese intensive Überwachung war ganz im Sinn des Verlegers Treuttel. Nicht nur gehörten verbotene Bücher im 18. Jahrhundert zu den herausragendsten Bestsellern, sondern in diesem Fall führte die Zensur dazu, dass sich die französische Obrigkeit selbst um eine Begrenzung des Nachdrucks kümmerte. Dies waren ideale Voraussetzungen für einen hohen Absatz und Profit des Verlegers. Jean-George Treuttel hatte es geschafft, die französische Administration für seine eigenen Interessen so weit wie nur möglich einzuspannen.

Im Dezember 1788 wurde ein Rundschreiben vom französischen Justizminister verschickt, welches detailliert über die Distribution der »Œuvres posthumes« informierte. Ausschließlich die Straßburger Edition der »Œuvres posthumes« von Friedrich II. war zu diesem Zeitpunkt in Frankreich erlaubt. Die Publikation durfte nur von Durand neveu in Paris und Treuttel in Straßburg verschickt werden. Weitere Bedinungen wurden explizit aufgeführt:

> Conditions sous lesquelles les »Œuvres posthumes« de Frédéric peuvent circuler en France.
> 1°. Jamais les exempl[aires] n'en seront vendus ni expédiés qu'en entier. S'il en circule par parties séparées, on les saisira très exactement.
> 2°. Les envois ne pourront en être faits que de Paris par le S^{r}. Durand neveu, ou de Strasbourg par le S^{r}. Treut[t]el, ou des provinces à l'un de ces deux libraires. Les envois faits de Paris ou de Strasbourg ne pourront être adressés qu'aux libraires ci-après indiqués, & toujours sous plomb & acquit à caution.
> 3°. Il n'y aura jamais de toléré que les exemplaires de l'édition présentée par le S^{r}. Treut[t]el en 15 voll. in 8° & avec les cartons qui y ont été placés.
> 4°. Jamais cet ouvrage qui n'est que toléré, ne pourra être étalé ni placé en boutique, sous peine d'être confisqué: il sera toujours tenu en magasin.
> 5°. Enfin on tiendra fermément la main à ce qu'il n'en soit fait aucune nouvelle édition ni à Paris ni en aucune ville du royaume[41].

40 Lamoignon an Montmorin, Versailles, 16.7.1788, AS, AA2360.

41 Copie de la lettre circulaire envoyée aux inspecteurs des douzes principales chambres syndicales du royaume, daté du 17 décembre. 1788. À cette lettre on ajoint les conditions & la note des libraires agréés par M. le garde des sceaux, AS, VI 686B, Nr. 336.

Die »Œuvres posthumes« von Friedrich II. wurden also offiziell toleriert, aber nur unter strengen Auflagen. So durfte nur ein reduziertes Netzwerk von 20 Buchhändlern den Titel führen (Tab. 8). Die Städte umfassten neben Paris, Straßburg und Versailles die französische Provinz mit den einflussreichsten Buchhändlern der Gegend[42].

Es handelte sich, um Buchhändler, welche Treuttel hatte vorschlagen müssen und welche der französischen Justiz als verlässlich galten. Wieder wurde auf die Bedeutung der Verhinderung des Nachdrucks hingewiesen: »Vous concevez que l'objet de ces diverses conditions est d'empêcher par tous les moyens admissibles l'entrée des contrefaçons ou éditions vicieuses, dont tant & de si fortes raisons font craindre le débit«[43].

Jean Geoffroy Bauer hat in der Mitte des 18. Jahrhunderts eine Verlagsbuchhandlung in Straßburg aufgebaut, die für ihre Publikationen international Beachtung fand. Jean-George Treuttel profitierte von den bereits bestehenden Kontakten und der Erfahrung Bauers und baute sein Unternehmen darauf auf. Der Verlag Treuttel erreichte über seine qualitiativ hochwertigen Veröffentlichungen, welche oft zu Bestsellern in Europa wurden, eine hohe Bekanntheit. So konnte sich Treuttel als verlässlicher Buchhändler und Verleger einerseits gegenüber den eigenen Kollegen innerhalb der Branche des Buchwesens und seines Netzwerkes und andererseits gegenüber der Obrigkeit etablieren. Der Aufbau des guten Rufs des Unternehmens geschah im Kontext der Neuausrichtung der Mitglieder des Buchwesens in Straßburg ab den 1770er Jahren. Ein guter Ruf war von entscheidener Bedeutung für den Erfolg des Unternehmens und erlaubte Jean-George Treuttel ein Ausreizen der Grenzen der Legalität. Die Pariser Verwaltung vertraute dem Straßburger Verleger, keine illegalen Aktivitäten zu betreiben, weshalb er Ausnahmeregelungen der Zensur genoss.

Aufgrund des in Frankreich vorherrschenden Zentralismus konnte ein gutes Verhältnis und eine enge Beziehung zu den Mitgliedern der nationalen Verwaltung in Paris sämtliche Türen in Frankreich öffnen. Im geschilderten Beispiel des Vertriebs der »Œuvres posthumes« von Friedrich II. von Preußen waren nicht nur der Justizminister Chrétien-François de Lamoignon, sondern auch der Außenminister Armand-Marc de Montmorin involviert.

Die Publikation von eigentlich unter die Zensur fallenden Werken mit offizieller Erlaubnis verstärkte das Interesse an dem Straßburger Verleger und

42 Ich danke Jean-Dominique Mellot für unser Gespräch und die sinnvollen Hinweise zu diesen Fragen.

43 Copie de la lettre circulaire envoyée aux inspecteurs des douzes principales chambres syndicales du royaume, daté du 17 décembre. 1788. À cette lettre on ajoint les conditions & la note des libraires agréés par M. le garde des sceaux, AS, VI 686B, Nr. 336.

Tab. 8. Buchhändler in Frankreich, die Treuttels Ausgabe der »Œuvres posthumes« von Friedrich II. von Preußen in Frankreich verkaufen durften.

Ort	Buchhändler
Bordeaux	M[rs]. Labottière frères
Brest	M. Malassit (?)
Caen	M. le Roi
Châlons-sur-Saône	M. Delivani
Dijon	M. Mailly
Douai	M. Delaunai
Évreux	M. Ancelles
La Rochelle	M. Parvie
Lyon	M. Rosset
Marseille	M[rs]. Sube & la Porte
Metz	M. Collignon
Nancy	M. Mathieu
Nantes	M. Despilly
Orléans	M. Couret de Villeneuve
Paris	M. Durand neveu
Rennes	M. Robiquet
Rouen	M. le Boucher
Strasbourg	M. Treut[t]el
Toulouse	Manavit
Versailles	M. Blaizot

erweiterte seine Bekanntheit. Der gelungene und verlässliche Ablauf der Unternehmungen wirkten sich weiter positiv auf den Ruf des Unternehmens aus.

Im Rahmen der Legalität konnte Jean-George Treuttel auf die Unterstützung eigener Interessen und Rechte in der Raubdruckbekämpfung bauen. Der Preis, den er dafür zahlte, war ein strenges Einhalten der Zensur und offizieller Regeln der jeweiligen Regierung. Dieses Prinzip funktionierte im Ancien Régime ebenso wie unter Napoléon Bonaparte oder während der Restauration. Es ermöglichte den Aufstieg von Treuttel & Würtz zu einer der erfolgreichsten internationalen Verlagsbuchhandlungen im Epochenumbruch des 18. zum 19. Jahrhundert.

Jean-George Treuttels Verständnis von Recht und Legalität bewegte sich zwischen der Wahrung eigener Interessen und dem Ausreizen der Grenzen des jeweiligen politischen Systems, ohne diese zu überschreiten. Grundlage waren Vertrauen und absolute Verlässlichkeit Treuttels. Verleger von Raubdrucken betrachtete er als »Piraten«, welche den ihm zustehenden Gewinn raubten. Die Umgehung der Zensur in Frankreich für Publikationen von aufklärerischen Ideen auf legale Weise in Kooperation mit den Ministerien stellte ein legales und korrektes Verhalten für ihn und die französische Obrigkeit dar.

Französische Revolution als Ausnahmezustand

Die Französische Revolution stellte in vielfacher Hinsicht eine Ausnahmesituation dar: für den Buchhandel in Frankreich im Allgemeinen und für Jean-George Treuttel im Besonderen. Die Einführung der Pressefreiheit ebenso wie die Aufhebung der Zünfte und die Tatsache, dass man für das Ergreifen des Berufs des Buchhändlers oder Verlegers keine offizielle Erlaubnis mehr benötigte, führten zu einem enormen Anstieg der Druckschriften.

In der Verlagsbuchhandlung von Jean-George Treuttel änderte sich einiges. Treuttel druckte nicht nur zahlreiche Flugschriften wie Reden, die im Kontext der Revolution in Straßburg gehalten wurden, sondern auch andere literarische Produkte der Revolution wie die französische Verfassung in französischer Sprache und deutscher Übersetzung. Zudem erschienen bei Treuttel in dieser Phase mehr Periodika. Wurde während des Ancien Régime lediglich die Übersetzung »Sammlung auserlesener Wahrnehmungen aus der Arzney-Wissenschaft« (1757–1765 sowie 1766–1775) bei Bauer publiziert, so erschienen nun zunächst der »Courrier politique et littéraire des deux nations/Politisch-litterarischer Kurier« (1790–1791), welcher 1791 zum »Courrier de Strasbourg/ Straßburger Kurier« (1791–1793) wurde. Die Zeitung erschien täglich und informierte über politische Neuigkeiten in deutscher und französischer Sprache. Mit der Titeländerung ging ein Wechsel des Redakteurs einher. Hatte zunächst Treuttel die Zeitung selbst herausgegeben, so übergab er diese Aufgabe nun Jean-Charles Thibault de Laveaux, dem Autor der bei ihm erschienenen Biografie Friedrichs II. von Preußen[44] Obwohl Treuttel die Zeitung weiter besaß, konnte Laveaux deren Inhalt frei bestimmen und war dafür verantwortlich. Da die politischen Einstellungen von Laveaux radikaler waren als die von Treuttel, kam es auch bald zu unterschiedlichen Auffassungen. Laveaux nutzte die Zeitung in der lokalen Straßburger Politik gegen den Bürgermeister Philippe-Frédéric de Dietrich. Da das Blatt auch in französischer Sprache erschien, hatte es Einfluss in Paris, wurde aber nach kurzer Zeit wieder eingestellt[45]. Um seine Zeitschrift schneller drucken zu lassen, ließ Treuttel in seinem Haus Druckpressen errichten[46].

44 Von Laveaux erschienen zudem Reden, die er in Straßburg gehalten hatte, beim gleichen Verleger.

45 Vgl. Hugh Gough, dessen Text allerdings auch einige Fehler enthält: Hugh Gough, La presse et la guerre. Le Courrier de Strasbourg (1791–1793), in: Michel Biard u. a. (Hg.), La plume et le sabre. Volume d'hommages offerts à Jean-Paul Bertaud, Paris 2002, S. 111–123. Vgl. auch Lachenicht, Information und Propaganda, S. 137 f.

46 Vgl. Mémoire pour Jean George Treuttel.

1791 erschienen in Koedition mit Onfroy in Paris die »Œuvres complètes« von Louis Rouvroy de Saint-Simon, Minister unter Louis XIV., in 13 Bänden. Jean-Paul Rabaut Saint-Étienne war Autor zahlreicher Ausgaben eines historischen Almanachs der französischen Revolution in französischer und deutscher Sprache. Auch sein »Précis historique de la Révolution française« erschien von 1792 bis 1822 regelmäßig in zumindest sieben Auflagen bei Treuttel beziehungsweise Treuttel & Würtz. Von dem Werk wurde auch eine deutsche Übersetzung gedruckt.

Jean-Paul Rabaut Saint-Étienne (1743–1793) stammte aus Nîmes. Nach einem Studium der protestantischen Theologie in Lausanne setzte er sich für die religiöse Toleranz und Anerkennung der Protestanten in Frankreich ein. Seit dem Edikt von Fontainebleau 1685 hatte Louis XIV. den französischen Protestanten die Bürgerrechte aberkannt, mit Ausnahme von Straßburg, was zu vielen Ausreisen der Hugenotten aus Frankreich führte. Rabaut Saint-Étienne erreichte mit dem Edikt von Versailles eine teilweise Wiederanerkennung der französischen Bürgerrechte für Protestanten in Frankreich, aber keine vollkommene Gleichstellung. Während der Französischen Revolution war Rabaut Mitglied der Nationalversammlung und engagiert an der Erklärung der Menschen- und Bürgerrechte beteiligt. 1793 wurde er, da er zu den Anhängern der gemäßigten Girondisten gehörte, im Zuge der Terreur hingerichtet[47]. Mit Jean-George Treuttel teilte Rabaut nicht nur die protestantische Konfession, sondern auch die moderate politische Haltung während der Französischen Revolution. Rabaut Saint-Étienne gehörte zu den Autoren des Verlags, dessen Verdienst um die Rechte der Religionsfreiheit Treuttel schätzte.

Eine Konstante im Verlagsprogramm dieser Zeit stellen die Publikationen der Straßburger Professoren dar: Christophe-Guillaume Koch (1790) und Johann Michael Lorenz (1790–1793), beides Historiker, publizierten weiterhin bei Treuttel. Die Publikationen aus dem akademischen Umfeld stellten auch im folgenden Jahrhundert einen festen Bestandteil der Veröffentlichung im Verlag Treuttel & Würtz dar.

3.1.2 Das goldene Zeitalter von Treuttel & Würtz (1800–1850)

Der Umzug nach Paris 1796 bedeutete einen sozialen Aufstieg und war Ausdruck des Anspruchs der Verlagsbuchhändler Treuttel und Würtz. Ab 1798 erschien bei Treuttel & Würtz das »Journal général de la littérature de France«, eine der bibliografischen Zeitschriften, die als Vorläufer der französischen Nati-

47 Vgl. u. a. Martin Göhring, Rabaut Saint-Étienne. Ein Kämpfer an der Wende zweier Epochen, Berlin 1935.

onalbibliografie angesehen werden. Während des Epochenumbruchs erschien auch zum ersten Mal der »Précis des événemens militaires« (1799–1800) von Mathieu Dumas, einer der Besteller von Treuttel & Würtz in der ersten Hälfte des 19. Jahrhunderts.

Im Zeitraum zwischen 1800 und 1850 erschienen unter der Verlagsangabe Treuttel & Würtz (inklusive aller Filialen in Straßburg, Paris und London) 896 Titel, das sind etwa 85 Prozent der Gesamtproduktion im Untersuchungszeitraum (1750–1850). Allgemeine Faktoren wie der Anstieg des kulturellen Austauschs in diesem Zeitraum spielten eine Rolle, aber auch individuelle Faktoren wie der intensive Ausbau des Unternehmens.

Treuttel & Würtz besaß nicht mehr nur in Straßburg einen Verlagssitz, sondern auch in Paris (ab 1796) und in London (ab 1817). Mit diesen vielen Häusern gingen mehr Mitarbeiter und damit mehr Kapazität einher. Es handelte sich um die Hochzeit des Unternehmens.

Die von Treuttel & Würtz verlegten Titel gingen mit dem neuen Jahrhundert in eine dritte Phase über (Grafik 6), dem Konsulat und Empire, in denen die Anzahl der Publikationen, mit kleinen Einbußen, bereits höher als vor der Französischen Revolution lag. Der Umzug nach Paris eröffnete nicht nur die Perspektive neuer Autoren, sondern auch neuer Kontakte in Verwaltung und Politik. Spätestens ab 1811 besaß Treuttel & Würtz die Handelserlaubnis mit Großbritannien, was vermutlich eine intensivere Konzentration auf den Handel mit England zur Folge hatte und weniger Kapazität für den Verlag übrig ließ.

Grafik 6. Im Verlag Treuttel & Würtz erschienene Titel (1800–1850), n=896.

Die Phase der Restauration führte zu einem starken Anstieg der Veröffentlichungen und jährlich erschienen konstant mindestens 30 Titel pro Jahr, mit Ausnahme des Revolutionsjahres 1830. Darunter waren die erfolgreichen Publikationen von Germaine de Staël oder Jean Charles Léonard Simonde de Sismondi (1773–1842). Diese Phase bis zu Beginn der Julimonarchie war die Blütezeit des Verlags.

Die Julimonarchie hingegen war durch einen konstanten Rückgang der Titel pro Jahr charakterisiert. Zahlreiche Ereignisse wie die Locré-Affäre mit ihren öffentlichen Gerichtsprozessen (1832, 1834) und Publikationen Locrés über seine Behandlung durch Jean Godefroi Würtz scheinen den größten Anteil am Sinken der Titelanzahl zu haben. Diese Publikation und der Gerichtsprozess scheint neue Autoren davon abgehalten zu haben, bei Treuttel & Würtz zu publizieren. Der Tod des Leiters Würtz 1841 scheint nur eines der Elemente zu sein, die zum Rückgang der Veröffentlichungen geführt haben. Zu diesem Zeitpunkt erschienen nur noch zehn Titel pro Jahr, eine Zahl, die der Verlag bis 1850 nicht mehr steigern konnte.

Welche Autoren erschienen in der ersten Hälfte des 19. Jahrhunderts bei Treuttel & Würtz? Welche thematischen Schwerpunkte wies der Verlag auf? Welche internen Strukturen des Unternehmens beeinflussten die Schwerpunktsetzung?

Bauer, Treuttel und Würtz waren zweisprachig: Die von der Verlagsbuchhandlung erhaltenen Briefe sind sowohl in deutscher als auch französischer Sprache – je nach Sprache des Adressaten – verfasst. In Straßburg gehörten sie zur deutschsprachigen Bevölkerung, wie aus den Einträgen der Tauf- und Eheregister ersichtlich ist. Die in Straßburg notariell beglaubigten Verträge sind in deutscher Sprache gehalten. Mit dem Umzug der Buchhandlung von Straßburg nach Paris vollzog sich ein Wechsel der Sprache zum Französischen. Auch wenn die vorherrschende Sprache der Straßburger Buchhandlung weiterhin Deutsch gewesen zu sein scheint, vollzog sich dieser Wandel auch in der privaten Korrespondenz der Familienmitglieder[48].

Auch im Verlag kam Sprachen eine besondere Bedeutung zu. Dies stellt eine Konstante über den Zeitraum der Existenz des Verlags hinweg dar. Gründe dafür können in der Ausrichtung der Verlagsbuchhandlung auf das Internationale und der Herkunft der Familien Treuttel und Würtz gesehen werden. Treuttel & Würtz blieb ein Verlag, in dem wissenschaftliche Publikationen erschienen. Allerdings führte der Umzug nach Paris zu einer Schwerpunktverlagerung. Waren vorher insbesondere Professoren der Universität Straßburg die Autoren,

48 So schreiben sie bspw. deutschsprachige Briefe an die Straßburger Verwandten. Vgl. Jean Georges Kammerer, Correspondance avec Treuttel & Würtz (an III–1843), MS-FP, Ms 722.

so publizierten nun Pariser Forscher und Akademiemitglieder ihre Arbeiten bei Treuttel & Würtz.

Die Schwerpunktverlagerung des Unternehmens nach Paris hatte jedoch nicht zur Folge, dass keine Straßburger Autoren mehr publiziert wurden. Vielmehr handelte es sich auch um das Ende einer Generation an Straßburger Professoren. Schöpflin war bereits 1771 verstorben, Christophe-Guillaume Koch starb 1813 und wurde 1790 das letzte Mal bei Treuttel publiziert. Der Straßburger Altphilologe Johann Gottfried Schweighäuser hingegen kam erst im 19. Jahrhundert als Autor zu Treuttel & Würtz.

Mit dem Umzug nach Paris erschienen im Bereich der akademischen Schriften weiterhin sämtliche Disziplinen bei Treuttel & Würtz, allerdings lag ein Schwerpunkt auf historischen und geografischen Arbeiten (Reisebeschreibungen eingeschlossen) sowie auf den entstehenden modernen Philologien, besonders der orientalischen. Bei Treuttel & Würtz publizierten Franz Bopp[49], Friedrich Creuzer, Claude Fauriel, Jean-Pierre Abel Rémusat, Silvestre de Sacy oder August Wilhelm Schlegel.

Auch Grammatiken und Sprachlehrbücher erschienen bei Treuttel & Würtz. Ein transkulturelles Unternehmen, in dem die Gründer zweisprachig waren und zudem ein Interesse für weitere Sprachen, insbesondere der klassischen Philologie, aufwies, hatte ein inhärentes Interesse an der Untersuchung der Sprachen.

Während naturhistorische Arbeiten in Tradition von Georges Cuvier erschienen, stellten Treuttel & Würtz im Bereich der Mathematik lediglich die Kommissionsbuchhandlung für beispielsweise Carl Friedrich Gauß (Publikation bei Perthes in Hamburg 1809) dar und sicherte deren Verbreitung in Frankreich.

Um 1800 erschienen mehrere Arbeiten des Zoologen François-Marie Daudin bei Treuttel & Würtz. Publikationen im Bereich der Medizin wurden bei Treuttel & Würtz weiterhin gefördert und verlegt. 1809 publizierte Franz Joseph Gall[50] gemeinsam mit Johann Gaspar Spurzheim »Untersuchungen über die Anatomie des Nervensystems«, eine Übersetzung aus dem Französischen. Spurzheim wurde mit etwa 15 Auflagen einer der am häufigsten verlegten wissenschaftlichen Autoren bei Treuttel & Würtz, darunter zahlreiche Übersetzungen ins Englische neben Publikationen in französischer Sprache. Insbesondere seine »Observations sur la phrenologie« wurde 1818 das erste Mal publiziert und ist in Folge mehrfach in englischer Übersetzung erschienen. Die von Gall hervorgebrachte und von Spurzheim weiterentwickelte Phrenologie untersuchte im Gehirn enthaltene »Organe«, welche zu bestimmten Verhaltenswei-

49 Vgl. Franz Bopp, Nalus, carmen sanscritum e Mahabharato, Londini, Parisiis et Argentorati Treuttel et Würtz, 1819.

50 Vgl. Erwin H. Ackerknecht, Art. »Gall, Franz Joseph«, in: NDB, Bd. 6 (1964), S. 42.

sen, Talenten und Eigenschaften der Menschen führten. Diese seien bei allen Menschen vorhanden, aber unterschiedlich groß, und damit seien die Eigenschaften unterschiedlich stark ausgeprägt. Spurzheim hatte bei Gall in Wien studiert. Er war mit ihm gemeinsam auf Reisen durch Europa, auf denen sie ihre Forschungen vorstellten, und kam dann mit ihm nach Paris. Spurzheim entwickelte die Theorie weiter und unterstellte, dass man an der Form des Kopfes Eigenschaften und Charakterzüge ableiten könne[51], und Treuttel & Würtz verbreitete diese Theorien.

Wissenschaftler, welche in einem transnationalen Forschungsumfeld arbeiteten, hatten in Straßburg ebenso wie in Paris ein Interesse an der internationalen Verbreitung ihrere Publikationen. Treuttel & Würtz, das zu einer Marke im Bereich des internationalen Handels im frühen 19. Jahrundert geworden war, stellte für viele Forscher den optimalen Ort der internationalen Distribution ihrer Publikationen dar. Diese Schnittstelle der transnationalen Tätigkeit teilten Wissenschaftler auch mit Diplomaten. Bereits im Verlag Bauers erschienen wichtige Werke von Christophe-Guillaume Koch, dem Leiter der »Diplomatenschule« in Straßburg. Diplomaten waren nicht nur Kunden von Treuttel & Würtz, sondern auch Autoren. Friedrich Gentz[52] publizierte seinen »Essai sur l'état actuel de l'administration des finances et de la richesse nationale de la Grande-Bretagne« (1800), 1811 erschien die »Histoire générale et raisonnée de la diplomatie française« von Gaétan de Raxis de Flassan, 1829 vom gleichen Autor die dreibändige »Histoire du congrès de Vienne«, eine historische Abhandlung über den Wiener Kongress (Paris, Druck Firmin Didot).

Juristische Texte und deren Fachübersetzungen ins Deutsche stellten seit der Französischen Revolution einen Schwerpunkt im Verlagsprogramm von Treuttel & Würtz dar. Beginnend mit der Publikation der Verfassung in französischer Sprache und deutscher Übersetzung, wurden die juristischen Publikationen im 19. Jahrhundert zahlreicher. 1808 erschien eine offizielle Ausgabe des Code Napoléon und zudem auch eine deutsche Übersetzung des Rechtstextes im gleichen Jahr. 1809 erschien sowohl die französische als auch deutsche Ausgabe des Code d'instruction criminelle, 1811 eine deutsche Übertragung des Code ecclésiastique. Diese Ausgaben sind im Kontext der napoleonischen Besetzung des deutschen Raumes zu betrachten und Ergebnis einer pragmatischen Notwendigkeit. Zudem besaßen Treuttel & Würtz, insbesondere was ihre eigenen Verträge mit Autoren, Übersetzern und Druckern betraf, aber auch

51 Vgl. John van Wyhe, Art. »Spurzheim, Johann Gaspar«, in: NDB, Bd. 24 (2010), S. 770f.

52 Zu Gentz vgl. Raphaël Cahen, Friedrich Gentz, 1764–1832. Penseur post-Lumières et acteur du nouvel ordre européen, Berlin, Boston 2017.

innerhalb der eigenen Familie, geradezu eine juristische Obsession. Diese juristischen Bedenken spiegeln sich im Schwerpunkt der juristischen Ausgaben und Fachübersetzungen.

1827 bis 1832 erschien bei Treuttel & Würtz die von Jean-Guillaume Locré, einem Mitautor des Code Napoléon, verfasste Kommentarausgabe »La législation civile, commerciale et criminelle de la France«. Zwar passten solch renommierte juristische Kommentare in das Verlagsprogramm von Treuttel & Würtz, mit dieser Ausgabe begann jedoch ein langwieriger Rechtsstreit mit dem Autor[53].

Bereits Jean Geoffroy Bauer hatte einerseits protestantische Autoren, andererseits protestantische theologische Schriften sowie Gebetbücher verlegt. Diesen Schwerpunkt führten auch Treuttel & Würtz im 19. Jahrhundert weiter fort. Bereits zu Beginn des Verlags erschienen Publikationen zum pragmatischen Gebrauch wie »Der Buss-übende und von Gott begnadigte Sünder in einem neu-verfassten-Communion-Buch mit vielen geistreichen Buss-Beicht- und Abendmahl-Gebeten« (von Elias Stöber, 1755). Wandten sich diese Schriften im 18. Jahrhundert noch an die protestantische Bevölkerung in Straßburg und Umgebung, wurde dieser Adressatenkreis im 19. Jahrhundert ausgedehnt. Treuttel & Würtz führte insbesonders ab 1815 zahlreiche religöse Veröffentlichungen zum praktischen Gebrauch der Gläubigen wie Ausgaben der Bibel in französischer oder englischer Sprache. Auch Kinderbücher wie die »Histoire de la Bible [...] à l'usage de la jeunesse chrétienne«[54] erschienen bei Treuttel & Würtz, wandten sich aber nicht nur an die lokale Bevölkerung. Neben diesen Werken zur praktischen Religionsausübung differenzierte sich das theologische Programm des Verlags im 19. Jahrhundert weiter aus. Es erschienen zahlreiche Publikationen mit wissenschaftlichem Charakter an der Schnittstelle verschiedener Disziplinen. Insbesondere drei Kategorien im Bereich der Theologie lassen sich ausmachen: erstens Veröffentlichungen, welche der Entstehung der Philologien zugeordnet werden können. Unter diesen Werken befindet sich beispielsweise eine Neuübersetzung der Bibel aus dem Hebräischen. Es handelt sich aber nicht um eine einfache Übersetzung, sondern eine kritische Übersetzung, bei der die verschiedenen Bedeutungsebenen der Begriffe diskutiert wurden[55]. Diese Neuübertragung steht auch in der Tradition protestantischer Theologie, der besonderen Bedeutung der Übersetzung der Bibel, geht aber weit darüber hinaus und ist in ihrer wissenschaftlichen Akribie eher als Teil der

53 Vgl. Kap. 1.3.2.

54 Vgl. Georges-David-Frédéric Boissard, Histoire de la Bible, ou Récits tirés des Saintes-Écritures à l'usage de la jeunesse chrétienne, Paris, Treuttel et Würtz, 1813.

55 Vgl. La Bible, traduction nouvelle [...], Paris, Strasbourg, Londres chez l'auteur, T. Barrois, Treuttel et Würtz, 18 Bde., 1831–1851.

Hebraistik zu betrachten. Die Publikation erschien mit einer Liste renommierter Subskribenten, darunter dem französischen König[56].

Eine zweite Gruppe von Publikationen mit wissenschaftlichem Charakter sind Arbeiten in historischer Perspektive. So veröffentlichte Charles de Villers 1820 einen Essay über den Einfluss der Reformation auf Europa. 1808 war bereits eine Übersetzung von Arnold Ludwig Heerens Arbeit zum Einfluss der Kreuzzüge auf Europa durch Charles de Villers bei Treuttel & Würtz erschienen. Auch das protestantische Lexikon »Musée des protestans célèbres« von 1821 verfolgte eine historische Perspektive.

Schließlich erschienen bei Treuttel & Würtz drittens Arbeiten in rein theologisch-protestantischer Perspektive wie Heinrich Gottlieb Tzschirners »Le catholicisme et le protestantisme considérés sous le point de vue politique« (1823). Auch Schriften zur Stellung der Religion allgemein erschienen bei Treuttel & Würtz. 1824–1831 publizierte Benjamin Constant seine Arbeit »De la religion« in Paris bei Bossange père, Bossange frères, Treuttel & Würtz, Ray et Gravier, Renouard und Ponthieu in Koedition.

Zahlreiche Publikationen stammen von politisch liberalen Autoren, darunter die genannte Publikation von Benjamin Constant, aber auch jene von Jean-Baptiste Say und die Gesamtausgaben und Neuauflagen von Germaine de Staël. Auch die politisch-wirtschaftlichen Veröffentlichungen von Jean Charles Léonard Simonde de Sismondi sind der liberalen Strömung zu Beginn des 19. Jahrhunderts zuzurechnen. Mit diesen Autoren teilten Treuttel & Würtz weitestgehend die politischen Ansichten sowie die transnationale Ausrichtung des Lebensstils.

Der Kategorie der Schriften mit thematischem Bezug zu Napoléon sind einige wenige, aber einflussreiche Veröffentlichungen zuzuordnen. Neben juristischen Arbeiten[57] beteiligten sich Treuttel & Würtz in geringem Umfang an der Erinnerungsliteratur, welche nach dem Tod des ehemaligen französischen Kaisers ab 1821 erschien. Unter diesen Publikationen ist insbesondere die Biografie Walter Scotts, »Life of Napoleon Bounaparte«, in englischer Ausgabe und französischer Übersetzung zu nennen. Trotz der erworbenen Publikationsrechte erschienen zahlreiche Nachdrucke, was vermutlich der Grund dafür war, dass das Werk keine Wiederauflage bei Treuttel & Würtz erfuhr. Auch eine englische Übersetzung von Philippe-Paul Ségurs Beschreibung des Russlandfeldzugs erschien in zwei Auflagen. Weitere Werke mit militärischem Thema waren Arbeiten über den Krieg in Spanien.

56 Vgl. ibid., Bd. 2, S. [i]–iv, hier S. [i].

57 Vgl. die Übersetzungen des Code Napoléon, die 1808 bei Treuttel & Würtz erschienen sind.

Außerhalb des Zeitraums der Französischen Revolution waren bei Bauer und Treuttel nur wenige Periodika erschienen, und im 19. Jahrhundert änderte sich das kaum. Ausnahmen waren das »Journal général de la littérature de France« (1797–1841) und das »Journal général de la littérature étrangère« (1801–1831) sowie die »Foreign Quarterly Review« (1827–1846). Auch von Rabault erschienen unter dem Titel »Taschenbuch« beziehungsweise »Almanach« Arbeiten über die Französische Revolution. Ein wichtiges Periodikum stellte der »Almanach des dames« dar, der bereits seit 1801 im Verlag von Johann Friedrich Cotta und wechselnden Pariser Kollegen, ab 1811 bis 1840 in Koedition von Cotta und Treuttel & Würtz erschien. Auch einige Fachzeitschriften gehörten zum Verlagsprogramm, darunter die »Archives des découvertes et inventions nouvelles« (1808–1841). Treuttel und Würtz stellten aber abgesehen von der Ausnahme der französischen Revolution keinesfalls so einflussreiche politische Zeitungsverleger wie Johann Friedrich Cotta mit seinen politischen und kulturellen Journalen dar.

Bereits im Verlag von Jean Geoffroy Bauer erschienen Autoren der Antike. Insbesondere die Ausgaben von Richard François Philippe Brunck wie die Komödien von Sophokles sind ein Beispiel dafür. Zudem vertrieb Treuttel & Würtz die »Editiones Bipontinae«, eine sehr erfolgreiche und sorgfältige Reihe klassisch lateinischer und griechischer Autoren. Erschienen ab 1779 in Zweibrücken, waren die Ausgaben alle im gleichen, praktischen Format (8°), auf gutem Papier, zu niedrigen Preisen und nahezu ohne Druckfehler hergestellt. Ihnen wurden Biografien der Autoren sowie Angaben zur Überlieferung der Texte beigelegt. Waren die Ausgaben zunächst mit ausführlichen Anmerkungen geplant (wie bei der Tacitus-Ausgabe), erschienen sie dann aber doch teilweise als reiner Nachdruck. Herausgeber der Edition waren Johann Valentin Embser, der ursprünglich aus dem Elsass stammte und bei Christian Gottlob Heyne in Göttingen studierte hatte, und Friedrich Christian Exter[58]. Die beiden Geschäftspartner versuchten parallel zur Klassiker-Ausgabe die Erlaubnis für eine französische Buchdruckerei zu erhalten, die ihnen aber verwehrt blieb. Nach dem Tod von Embser wechselte Exter die Strategie und ließ die Ausgaben von renommierten Altphilologen herausgeben, darunter Johann Gottlieb Buhle, ein Schüler Heynes, für Aristoteles oder der Straßburger Johann Gottfried Schweighäuser für die Athenäus-Ausgabe. Zu den Käufern der Ausgabe gehörten Fürsten, Buchhändler oder auch Benjamin Franklin[59]. Sie befindet sich heute in zahlreichen öffentlichen Bibliotheken[60].

58 Vgl. Johannes Schöndorf, Zweibrücker Buchdruck zur Fürstenzeit. Das Buch- und Zeitungswesen einer Wittelsbacher Residenz, 1488–1794, Zweibrücken 1995, S. 164.

59 Vgl. ibid., S. 170–175.

60 Vgl. ibid., S. 161.

Im Zuge der Revolutionskriege wurde die Druckerei der Societas Bipontinae in Zweibrücken konfiziert und als Kriegsbeute nach Straßburg gebracht. 1798 nahm Exter seine Arbeit wieder auf und druckte fortan in Straßburg. 1809 schied er aus dem Unternehmen aus. Vermutlich wurde das Unternehmen bereits zu diesem Zeitpunkt an Treuttel & Würtz verkauft. 1827 versuchte sich Treuttel & Würtz an einer Neuauflage der Bipontiner Ausgabe, welche mit Hilfe des Stereotypiedrucks angefertigt wurde[61].

Zu Beginn des 19. Jahrhunderts erschienen zudem Reisebeschreibungen Griechenlands[62] und Werke zur griechischen Architektur[63]. Der Straßburger Altphilologe Johann Gottfried Schweighäuser publizierte 1824 sein »Lexicum Herodotum« bei Treuttel & Würtz. Auch von Jean-Baptiste Gail erschien eine Arbeit über die Geografie von Herodot. Dieses Interesse an der klassisch-griechischen Antike wurde im Laufe des 19. Jahrhundert zunächst durch Reise- und Architekturbeschreibungen ergänzt. In den 1820er Jahren, im Zuge der griechischen Unabhängigkeitsbewegung gegen das Osmanische Reich, kamen philhellenistische und weitere philologische Arbeiten zum Verlagsprogramm hinzu. Der Philhellenismus stand in der Tradition einer Bewunderung der klassischen Antike als Ursprung der europäischen Gesellschaft und war demokratisch und tendenziell liberal geprägt. Er stellte gleichzeitig eine transnationale Bewegung mit teilweise unterschiedlicher nationaler Ausprägung und damit ein Beispiel für multipolaren Kulturtransfer dar[64]. Sandrine Maufroy nennt Karl Benedikt Hase als einen herausragenden Mittler dieses multipolaren Philhellenismus, der ursprünglich aus dem deutschen Raum kam und in Paris zunächst in der königlichen Bibliothek der Restauration, später als Professor der »langues vivantes« tätig war. Hase stand in Kontakt mit Treuttel & Würtz und sein griechischer Freund und engagierter Politiker Minos verlegte in den 1820er Jahren zahlreiche neugriechische Grammatiken bei Treuttel & Würtz[65].

61 Vgl. ibid., S. 174.

62 Vgl. Saverio Scrofani, Voyages en Grèce de Xavier Scrofani, Sicilien, fait en 1794 et 1795. Traduit de l'italien, par J. F. C. Blanvillain, traducteur de »Paul et Virginie«. Avec une carte générale de la Grèce ancienne et moderne, et dix tableaux du commerce des îles dites vénitiennes, de la Morée, et de la Romélie méridionale, Paris, Strasbourg, chez Treuttel et Würtz, libraires, quai Voltaire, n° 2, 1801.

63 Vgl. Jacques-Guillaume Legrand, Monumens de la Grèce, ou Collection des chefs-d'œuvre d'architecture, de sculpture et de peinture antiques, gravés d'après les meilleurs auteurs, comparés entre eux, et accompagnés d'un texte historique, analytique et descriptif, Paris, Treuttel et Würtz, 1808.

64 Vgl. Maufroy, Le philhellénisme franco-allemand, S. 8.

65 Vgl. ibid., S. 90 f.

Für den Verlag mögen die Grammatiken und Sprachlehrbücher des Neugriechischen einerseits in altgriechischer Tradition, andererseits als Teil einer liberalen, demokratischen philhellenistischen Bewegung gegolten haben. 1831–1836 erschien in Koedition bei Treuttel & Würtz, Delalein und F. Gail die »Grammaire raisonnée de la langue grecque« von August Heinrich Matthiae. 1825 wurde außerdem der »Appel aux nations chrétiennes en faveurs des Grecs« von Benjamin Constant bei Treuttel & Würtz veröffentlicht.

Neu im Verlagsprogramm waren im 19. Jahrhundert Publikationen im Bereich der Kunstgeschichte. Durch den Umzug nach Paris befand sich das Unternehmen umgeben von den besten Kupferstechern Europas. Charles-Paul Landon gehörte zu den wichtigen Autoren in diesem Bereich der kunsthistorischen Arbeiten. Als Herausgeber des erfolgreichen »Musée français« publizierte er bei Treuttel & Würtz in ähnlichem Stil, u. a. »Vies et œuvres des peintres les plus célèbres de toutes les écoles« (1803–1807). In diesem Stil erschien auch ein Pendant mit bedeutenden Gemälden in ausländischen Sammlungen: »Choix de tableaux et statues des plus célèbres musées et cabinets étrangers« (1819).

Im Verlagsprogramm von Treuttel & Würtz befanden sich zudem wichtige Titel der Kunstgeschichte, u. a. das Lehrbuch »Choix des projets d'édifices publics et particuliers«, welches zu einem Standardwerk des Architekturstudiums in Frankreich wurde[66]. Auch Tafelwerke mit kunstvollen Kupferstichen wie »Description de Paris et de ses édifices« (1808 und Neuauflage 1818) von Jacques-Guillaume Legrand oder kunstvoll illustrierte Reisebeschreibungen wie »Voyage en Constantinople« (1819)[67] und »Grandes vues pittoresques des principaux sites et monuments de la Grèce et la Sicile« (1813) gehörten zum Verlagsprogramm.

An diesen kunsthistorischen Arbeiten lassen sich drei grundlegende Merkmale von Editionen von Treuttel & Würtz exemplarisch festmachen: Erstens handelte es sich um teuere Luxusausgaben, welche qualitativ hochwertig angefertigt von den typischen Kunden von Treuttel & Würtz erworben wurden. Lediglich reiche Fürsten oder große Bibliotheken konnten sich den Kauf so teurer Publikationen erlauben. Auf diese Kundengruppe waren Treuttel & Würtz spezialisiert. Besonders Fürsten, die Publikationen aus Repräsentationsgründen erwarben, wurden mit solchen kunsthistorischen Arbeiten bedient.

66 Vgl. Jean-Nicolas-Louis Durand, Choix des projets d'édifices publics et particuliers composés par des élèves de l'École royale polytechnique dans les concours d'architecture qui ont lieu chaque année, se trouve à Paris, chez les éditeurs Durand, à l'École royale polytechnique, gauche, rue du Battoir, n° 10, Rey et Gravier, quai des Augustins, n° 55, Treuttel et Wurtz, rue de Bourbon, n° 17, 1816.

67 Vgl. Boschma, Les voyages pittoresques.

Zweitens stellten kunstvoll und aufwendig angefertigte Kupferstiche in den Publikationen einen gewissen Schutz vor Raubdrucken dar. Diese waren sehr viel schwieriger zu kopieren als der einfache Text, sehr viel aufwendiger zumal in einer vergleichbaren Qualität, sodass sie für Treuttel & Würtz eine gewisse Sicherheit vor dieser immer präsenten Gefahr bedeuteten.

Schließlich handelte es sich drittens um kunsthistorische Arbeiten mit einer transkulturellen Dimension. Insbesondere Reisebeschreibungen oder auch Gemälde in ausländischen Sammlungen wurden bei Treuttel & Würtz publiziert. Die enthaltenen Kupferstiche illustrierten den Text oder standen für sich allein. Dieser Schwerpunkt im Bereich der Illustrationen und Kunstgeschichte erklärt auch, weshalb Treuttel & Würtz in den Lithografiedruck investierten. Diese ermöglichte einen preiswerteren Abdruck in hoher Auflage und setzte sich in der Folge als Druckmedium für Illustrationen durch.

Anhand der Untersuchung der Klassifikation des »Journal général de la littérature de France« und des »Journal général de la littérature étrangère« konnte die besondere Nähe von Treuttel & Würtz zur politischen und wissenschaftlichen Strömung der Ideologie um 1800 nachgewiesen werden[68]. In diesen Zeitschriften wurde ab 1801 bis zum Ende ihrer Existenz eine Ordnung der Publikationen nach fünf Kategorien vorgenommen. In der ersten dieser Klassen wurden lediglich die Natur beschreibenden Wissenschaften (darunter *histoire naturelle*, aber auch Mathematik) aufgenommen. In der zweiten Gruppe wurden Wissenschaften geführt, welche dem Menschen nützlich seien, z. B. die Navigation bei der Seefahrt. Auskunft über den Menschen lieferte die dritte Kategorie in Form von Geschichte, Reiseberichten, aber auch Pädagogik oder Religion. An vierter Stelle standen die Künste, also Malerei, Dichtung etc. Schließlich als fünfte wurde dort die Literaturgeschichte in umfassendem Sinn (*histoire littéraire dans sa généralité*) geführt, welche die gesamte literarische Produktion ordnen und aufbewahren sollte. Im Verlagsprogramm von Treuttel & Würtz kam dieser fünften Kategorie eine große Bedeutung zu, welche für den Bereich der Sprachen bereits thematisiert wurde. Es finden sich zudem zahlreiche Gesamtausgaben und Publikationen mit enzyklopädischem Charakter unter den Veröffentlichungen. Erschienen im 18. Jahrhundert Schriften der Aufklärung wie die Werkausgabe von Friedrich II. von Preußen oder die Friedrich-Biografie von Laveaux, so trug Treuttel & Würtz im 19. Jahrhundert zur Kanonisierung von Autoren der Aufklärung bei. Treuttel & Würtz legte wichtige Ausgaben von Voltaire neu auf. Diese Schriften wurden im Stereotypieverfahren gedruckt, das erlaubte bei Wiederauflagen, Kosten für das Setzen zu sparen. Auch Ausgaben von Racine, Fénelon, Buffon und Fabeln von La Fontaine erschienen bei Treuttel & Würtz. Zudem wurden Gesamtausgaben von Boileau

68 Vgl. Kap. 2.3.2.

Despréaux, Louis XIV., Jacques Necker, Jean-Baptiste Rousseau und Germaine de Staël verlegt.

Im »Almanach des dames« führten Treuttel und Würtz eine Vorstellung historischer Persönlichkeiten weiblichen Geschlechts ein, wozu insbesondere Schriftstellerinnen, aber auch Malerinnen oder Mätressen französischer Könige gehörten. Sie trugen mit diesen Porträts[69] ebenso wie mit dem »Dictionnaire historique, littéraire et bibliotraphique des Françaises« (1804)[70] zur Kanonisierung von Frauen in der Literatur und Geschichte bei.

Ein dem Verleger Jean Godefroi Würtz sehr wichtiges Projekt war zudem die »Encyclopédie des gens du monde« (1833–1844). Ursprünglich als französische Adaptation des »Brockhaus« geplant, entwickelte sich daraus ein vollkommen eigenes Projekt, in dem die Einträge nicht nur übersetzt, sondern vielfach ergänzt oder neu geschrieben wurden. Obwohl renommierte Wissenschaftler an dem Projekt mitarbeiteten, erwies es sich als sehr aufwendig und war letztlich nur ein mäßiger finanzieller Erfolg[71].

Wie im Kapitel zu den Kunden von Treuttel & Würtz dargestellt, waren Wissenschaftler in der Regel keine Großkunden. Sie verfügten nicht über die finanziellen Mittel, insbesondere im Vergleich zu fürstlichen Bibliotheken. Eine Ausnahme stellen jene Wissenschaftler dar, die gleichzeitig Bibliothekare waren, beispielsweise Claude Fauriel. Sie konnten zahlreiche Publikationen für die königliche Bibliothek erwerben, für die sie tätig waren. In der Tat finden sich unter den Autoren, Übersetzern oder Kunden von Treuttel & Würtz viele Wissenschaftler, die gleichzeitig oder zumindest zeitweise als Bibliothekare zumeist der königlichen Bibliothek tätig waren[72]. Dennoch konnte Treuttel & Würtz mit wissenschaftlichen Publikationen kaum große Summen erwirtschaften. Welche Veröffentlichungen aber führten zur Wirtschaftlichkeit des Unternehmens, machten es rentabel?

Aufgrund des nicht vorhandenen Firmenarchivs ist es schwierig, die erfolgreichsten Titel auszumachen. Allerdings gab es in den 1820er Jahren einen Briefwechsel zwischen Adolphe Richter und Jean Godefroi Würtz, in dem auch dieses Thema angeschnitten wurde. Während Richter gemeinsam mit

69 Vgl. Lüsebrink, Hass, »L'Almanach des dames«.

70 Vgl. die kommentierte Neuausgabe: Fortunée Briquet, Dictionnaire historique des Françaises connues par leurs écrits, hg. von Nicole Pellegrin, Straßburg 2016.

71 Vgl. u. a. Jeff Loveland, Two French Konversationslexika of the 1830s and 1840s. The Dictionnaire de la conversation et de la lecture and the Encyclopédie des gens du monde, in: Clorinda Donato, Hans-Jürgen Lüsebrink (Hg.), Translation and Transfer of Knowledge in Encyclopedic Compilations, 1680–1830, Toronto 2021, S. 201–234.

72 Claude Fauriel war Übersetzer bei Treuttel & Würtz, Silvestre de Antoine-Isaac Übersetzer und Autor, Paulin Paris erwarb Publikationen beim Verlag.

Charles Treuttel die Filiale in London leitete, war Würtz für Paris und das gesamte Unternehmen verantwortlich. Würtz vertrat die Meinung, dass die Londoner Filiale lediglich als Kommissionsbuchhandlung dienen sollte, also als Buchhandlung für den Vertrieb der Pariser Projekte des eigenen Hauses und der Publikationen anderer Verlage. Richter hingegen wollte auch in London Publikationen im eigenen Verlag herausbringen und sich nicht auf die reine Buchhändlertätigkeit beschränken. Da die Londoner Zweigstelle wenig erfolgreich war und mit Hilfe des Pariser Hauses querfinanziert werden musste, damit das Unternehmen zahlungsfähig blieb, kam es zu einem Streit zwischen Richter und Würtz. In diesem Kontext schrieb Richter am 13. Oktober 1827 an Würtz:

> Toutefois nous serions désolés si la m[ai]s[on] de Paris avoit jamais pu dire, que celle à Londres la gênoit dans ses opérations, il n'a été question de fonds ni pour les Stael ou les Dumas, les Lacretelle ou les Sismondi, ni pour la lithographie ni pour la stéreotypie [...]. Vous nous avez pressés, c'était pour des objets hors du commerce et qui plutôt firent sentir du commerce des capitaux, qui auroient autrement servi à son alimentation[73].

Adolphe Richter fühlte sich durch Würtz' Profitansprüche genötigt, in andere Branchen, besonders in spekulative Geschäfte, zu investieren, und machte somit auch Würtz für den finanziellen Engpass des Londoner Unternehmens mitverantwortlich. Richter, welcher eigene Editionsprojekte in London vorantreiben wollte, war darauf bedacht, das Pariser Haus nicht zu gefährden. Er nennt die seiner Meinung nach wichtigsten, lukrativsten Investitionen von Treuttel & Würtz. Zu diesen zählte er die großen Autoren, deren zahlreiche Publikationen und Neuauflagen dem Verlag einen hohen Erlös einbrachten und dadurch das Unternehmen Treuttel & Würtz erfolgreich machten: an erster Stelle Germaine de Staël, Mathieu Dumas, Charles de Lacretelle und Jean Charles Léonard Simonde de Sismondi.

Treuttel & Würtz waren die Hausverleger von Sismondi: Bis 1844 erschienen 17 Titel im Verlag, wobei es sich teilweise um Wiederauflagen (insbesondere »De la littérature du Midi. Histoire des républiques italiennes«) handelte. Sismondi war der einzige dieser vier Autoren, dessen Arbeiten noch im ausgehenden 19. Jahrhundert zwei Neuauflagen bei Treuttel & Würtz erfuhren.

Charles de Lacretelle, Mathieu Dumas und selbst Germaine de Staël wurden nach 1844 nicht mehr nachgedruckt. Während dies im Falle von Lacretelles »Précis historique de la Révolution française« und Dumas' »Précis des événemens militaires« vielleicht verständlich erscheint, da es sich um Werke han-

73 Vgl. Adolphe Richter an Jean Godefroi Würtz, London, 13.10.1827, BLO, Ms French c.31.

delte, die zu einem bestimmten Zeitpunkt von einer Generation von Menschen gelesen wurden, ist die Einstellung der Werke von Germaine de Staël eher verwunderlich. Ihre Werke wurden auch nach 1844 mehrfach, allerdings von anderen Verlagen aufgelegt.

Exkurs: Investitionen in technische Neuerungen des Druckwesens – Lithografie und Stereotypie

Neben den wichtigen Autoren nannte Richter in seinem Brief auch zwei neue technische Verfahren als wichtige Investitionen des Hauses: die Lithografie und das Druckverfahren der Stereotypie. Die Lithografie wurde zwischen 1796 und 1799 von Alois Senefelder erfunden und stellte ein Druckverfahren dar, bei dem direkt auf einen Stein gezeichnet und davon Abzüge gedruckt werden. Das Prinzip funktioniert über das gegenseitige Abstoßen von Wasser und dem fetthaltigen Stift oder der Tinte, mit denen die Zeichnungen angefertigt werden. Aufgrund der Materialien und des direkten Zeichnens auf dem Stein kommt die Lithografie der Zeichnung sehr nah. Sie war einfacher erlernbar als beispielsweise der Kupferstich, der eine andere Möglichkeit der Vervielfältigung von Illustrationen darstellte. Aufgrund dieser einfachen Technik wurde die Lithografie denn auch häufig von Künstlern verwendet. Insbesondere in der Belle Époque (u. a. von Toulouse-Lautrec), aber auch in der Folge nutzten sie Künstler (Matisse, Picasso, Giacometti etc.) bei ihrer Arbeit.

Die allgemeine Hochphase der Lithografie aber stellten die Jahre 1840–1860 dar, in denen die Methode für zahlreiche Alltagsgegenstände wie Kalender, Etiketten, Zeugnisse, Modedarstellungen, aber auch als Illustration für Bücher verwendet wurde. Die Drucktechnik der Lithografie wurde vor allem für Illustrationen in der Reiseliteratur, in Kunstbüchern sowie historischen, archäologischen und allgemein wissenschaftlichen Publikationen verwendet[74]. Diese Nutzung der Lithografie in thematischen Schwerpunktbereichen des Verlagsprogramms von Treuttel & Würtz erklärt die Investition in die Technik.

Alois Senefelder wollte sich bereits früh zum einen die Rechte an dieser Erfindung sichern, zum anderen die Lithografie in Europa bekannt machen. Ab 1801 unternahm er Reisen durch Europa, um an verschiedenen Orten lithografische Institute zu errichten. Bereits 1802 erhielt Frédéric André, ein früherer Mitarbeiter von Senefelder, ein *brevet* für die neue Druckmethode in Frankreich. Ab 1817 war ein solches *brevet* notwendig, um den Beruf des Lithografen ausüben zu dürfen. Die Ausübung der Lithografie war 1817 also bereits institutionalisiert.

74 Vgl. Corinne Bouquin, Art. »Lithographie«, in: DEL, Bd. 2 (2005), S. 780–783.

Der Gelehrte und Bibliothekar Friedrich von Schlichtegroll setzte sich für die Verbreitung der Drucktechnik ein und empfahl Senefelder für die Publikation einer Übersetzung seines Lehrbuchs der Lithografie das Unternehmen Treuttel & Würtz (Paris). Am 20. Januar 1819 schrieb Alois Senefelder an Friedrich von Schlichtegroll vom Erfolg dieser Unternehmung:

> Die Herren Treuttel & Würtz habe ich einige Tage nach meiner Ankunft besucht, und eine Empfehlung von Ihnen an sie bestellt, worauf ich mit vieler Freundschaft aufgenommen wurde und bald darauf mit diesem Hause in Betracht der Uebersetzung des Lehrbuches einen Contrakt schloß, vermög welchem sie mir für die französische Uebersetzung und für 500 Hefte Musterblätter die Summe von 6000 Franken zahlen. Da mich nun diese Uebersetzung 500 fr. kostet und ich für das Uebrige 18 neue Zeichnungen nebst 10 000 Abdrücken samt dem Papier liefern muß, so wird von obiger Verkaufssumme für mich wohl wenig übrig bleiben; außer dem was ich an ferneren 500 Abdrücken, die mich dann viel weniger kosten, zu gewinnen hoffe[75].

Die Übersetzung erschien noch im gleichen Jahr (und damit im selben Jahr wie die deutschsprachige Originalausgabe und die englische Übersetzung)[76] mit 20 von Senefelder gefertigten Beispieldrucken. Die Übersetzung der historischen Beschreibung der Lithografie wurde im Vergleich zur deutschen Ausgabe gekürzt[77], was möglicherweise auf den Preis für die Übersetzung zurückgeführt werden kann. Senefelder rechtfertigte diese Entscheidung in seinem Vorwort, indem er die historische Abhandlung als zu »detailliert« und von »wenig Interesse« bezeichnete. Das Buch sollte in erster Linie als Lehrbuch konzipiert sein und die Technik verbreiten.

Aufgeteilt in zwei große Teile vermittelte es einerseits technische Spezifika über die Beschaffenheit des Steines und die Tinte, welche für den Druck benötigt wurden. Andererseits erklärte Senefelder verschiedene Maltechniken, welche für die Lithografie in Frage kamen: Zeichnungen mit Feder und Pinsel oder die Verwendung von Gold und der Druck in Farbe mit verschiedenen Steinen wurden erklärt. Auf diese Erklärungen folgten die 20 Beispielabdrücke Senefelders, welche die Vielfältigkeit der Methode illustrierten. Unter diesen Beispielen fanden sich Kopien von Gemälden, Notenblätter, eine Karte, eine technische Darstellung einer Druckpresse sowie Beispiele für die Verwendung verschiedener Steintafeln und verschiedener Zeichenmaterialen, um deren Effekte zu illustrieren.

75 Alois Senefelder an Friedrich von Schlichtegroll, 20.1.1819, zitiert nach Carl Wagner, Alois Senefelder. Sein Leben und Wirken. Ein Beitrag zur Geschichte der Lithographie, Leipzig 1914, S. 142.

76 Vgl. ibid., S. 146.

77 Vgl. ibid., S. 142.

1819 erschien aber nicht nur die Publikation Senefelders, welche die Drucktechnik der Lithografie verbreiten sollte, sondern Alois Senefelder und Treuttel & Würtz gründeten sogar ein lithografisches Institut in Paris. In diesem Unternehmen wurden künstliche Steintafeln für den Lithografiedruck hergestellt, die allerdings nicht für alle Druckformen geeignet waren. Zudem verkauften sie tragbare Handpressen und Material, das man für den Lithografiedruck benötigte (spezielle Tinte, Kreide, Papier etc.). Für das künstliche Steinpapier besaß das Unternehmen sogar ein Patent.

In dem Institut sollten neben zwei Arbeitern aus München Franz Maria Ferchel und der Sohn von Franz Fleißner, ein Freund Senefelders, tätig sein. Geleitet wurde es von Joseph Knecht. Auch die Eröffnung einer weiteren Filiale in London war geplant[78]. Senefelder selbst blieb aber nur ein halbes Jahr in Paris und überließ Treuttel & Würtz und dem Leiter des neuen Instituts das Geschäft.

Zur Einführung der Drucktechnik hatten Treuttel und Würtz 1823 eine Ausstellung im Louvre organisiert, welche allgemeine Neugier und Interesse in Paris hervorrief. Während Senefelders Abwesenheit aber entwickelte sich das lithografische Institut nur schlecht. Zu hohe Ausgaben für die Gehälter der Angestellten, Streitigkeiten unter den Mitarbeitern sowie die Inkompetenz von Joseph Knecht, welcher von Senefelder nicht genügend in die Drucktechnik eingeführt worden war, führten zu einem Misserfolg der Unternehmung[79].

Obwohl das Institut 1823 eine silberne Medaille von der Société d'encouragement pour l'industrie ntionale in Paris erhielt und auch in Folge mit Preisen ausgezeichnet wurde, zog sich Treuttel & Würtz am 4. Dezember 1826 aus dem Unternehmen zurück, wohl aus finanziellen Gründen. Joseph Knecht führte das Unternehmen unter eigener Regie bis 1831 fort, eine Filiale in London wurde aufgrund des Misserfolgs des Pariser Instituts jedoch nie eröffnet[80].

Der Beginn dieser Investition von Treuttel & Würtz in die künstlichen Steintafeln für die Lithografie hatte mit der Publikation des Lehrbuchs von Senefelder begonnen. Dieses war von Louis-Étienne Herhan (*imprimeur*, 1768–1854) gedruckt worden. Die Stereotypie und Kooperation mit Herhan stellte eine weitere Investition von Treuttel & Würtz in Drucktechniken des 19. Jahrhunderts dar.

Das Druckverfahren der Stereotypie geht auf ältere Ursprünge zurück, wurde aber 1797 von Firmin Didot erstmals offiziell in Frankreich patentiert. Es handelt sich um ein Verfahren, welches erlaubt, schnell zu drucken oder im Fall einer Neuauflage diese schnell und in genau gleicher Form herstellen

78 Vgl. ibid., S. 148 f.

79 Vgl. ibid., S. 150 f.

80 Vgl. ibid., S. 153–158.

zu lassen. Es handelt sich um einen Druck, bei dem nicht die einzelnen Lettern gesetzt wurden, was zeitaufwendig und teuer war, sondern eine Art Gesamtabdruck für eine Seite angefertigt wurde, welche dann gedruckt und für eventuelle Neuauflagen aufbewahrt wurde. Es wurde also eine Seite mit Lettern gesetzt, von der ein Abdruck erstellt wurde, welcher dann als Druckvorlage, vergleichbar mit einer Illustration, verwendet wurde. Den eingesparten Kosten für das Setzen der Seiten bei mehreren Auflagen standen Kosten für das verwendete Metall und der einmalige Mehraufwand bei der erstmaligen Anfertigung der Druckvorlage gegenüber. Folglich war das Druckverfahren nur für Texte geeignet, welche häufig unverändert gedruckt wurden. Der erste mit Hilfe der Stereotypie angefertigte Druck waren Logarithmustabellen, welche sich nicht verändern und folglich in regelmäßigen Abständen unverändert nachgedruckt werden mussten. Für die Publikationen, die mit Hilfe dieses Verfahrens gedruckt wurden, bedeutete dies ebenfalls, dass sie sich nicht ändern und häufig nachgefragt sein sollten. Die Technik wurde in der Folge inbesondere für religiöse und klassische Werke genutzt. Außerdem war die Technik nicht für den Druck in Großformaten geeignet, da die Vorlagen zu instabil waren[81].

Neben Firmin Didot erhielt auch Louis-Étienne Herhan im gleichen Jahr ein Patent für dieses Druckverfahren. Herhan sowie Firmin und Pierre Didot und der Buchhändler Antoine-Augustin Renouard verbanden sich 1798 und druckten gemeinsam eine Werkausgabe von Vergil mit dem neuen Verfahren. Ab 1799 allerdings standen sich einerseits Didot, andererseits die Verbindung zwischen Renouard und Herhan als Konkurrenten gegenüber. Die hohen Investitionskosten für die Materialien, die das Druckverfahren mit sich brachte, aber auch die nur beschränkte Anwendung in der Praxis führten dazu, dass Herhan, der seine Methoden ständig verbesserte, mehrmals zahlungsunfähig wurde und seine Druckerei samt der Technik verkaufen musste[82].

1821 erwarben Treuttel & Würtz für den Preis von 9018,90 Franc die gesamten Lettern, Matrizen etc. des Stereotypiedruckverfahrens des Schriftgießers[83]. In einem zweiten Vertrag verpflichtete sich Herhan, für zwei Jahre weiter an seinen Pressen zu arbeiten und für die Nutzung des Materials eine Miete an Treuttel & Würtz zu zahlen. Treuttel & Würtz hatte bereits 1819 bei Herhan drucken lassen. Für die Verlagsschwerpunkte von Treuttel & Würtz konnte die Stereotypie nützlich sein. Die Ausgaben von Voltaire, welche unverändert

81 Vgl. Bernard Vouillot, Art. »Herhan, Louis-Étienne«, in: DEL, Bd. 2 (2005), S. 466–468.

82 Vgl. Alain Nave, Art. »Stéréotypie«, in: DEL, Bd. 3 (2011), S. 762–764.

83 Vgl. Vertrag zwischen Treuttel & Würtz und Louis-Étienne Herhan, Paris, 27.1.1821, AN, MC/ET/I/782.

mehrmals aufgelegt wurden, ebenso wie Gesetzestexte ließen Treuttel und Würtz mit diesem Verfahren drucken.

Ein Verlag, der vom Fortschritt der Menschheit überzeugt war und gleichzeitig eine Kanonisierung von Autoren und Wissenschaftlern betrieb, profitierte besonders von einem Druckverfahren, welches hohe Auflagen und einfache Neuauflagen ermöglichte. Die Bipontiner Ausgabe, in der Autoren der klassischen römischen und griechischen Antike erschienen, stellte vermutlich ein lukratives Objekt für ein solches Druckverfahren dar. So überrascht es nicht, dass Treuttel & Würtz 1827 eine Neuauflage der Bipontiner Ausgabe in Form des Stereotypiedrucks plante. Auch die »Encyclopédie des gens du monde«, von der sich Jean Godefroi Würtz einen vergleichbar hohen Absatz wie vom »Brockhaus« versprach, wurde mit Hilfe der Stereotypie gedruckt, allerdings nicht von Herhan, sondern in der Druckerei Duverger in Paris. Vermutlich hatten Treuttel und Würz die direkte Investition in das Druckverfahren um 1827 aufgegeben – zum Zeitpunkt, als sich Herhan aus dem Geschäft zurückzog und sich Frankreich in einer wirtschaftlichen Krise befand.

3.1.3 Die »Œuvres complètes de Mme la baronne de Staël« (1820/21): vom »Urheberrecht« und der Errichtung eines literarischen Denkmals

1949 schrieb Frédéric-Charles Lonchamp über die erste Gesamtausgabe der Werke von Germaine des Staël:

> La *première*, et la meilleure des éditions collectives des »Œuvres complètes« de Mme de Staël. [...] Cette collection des »Œuvres complètes« est bien composée, soigneusement imprimée et sans fautes. Élaborée avec une véritable piété filiale et un respectueux esprit de famille, cette édition présente, du point de vue littéraire, le meilleur texte de la version définitive de chacune des œuvres authentiques de Mme de Staël. [...] Cette édition en 17 vol. in-8 ou in-12, fut bien accueillie du public. Mais les éditeurs *Treuttel et Würtz* en restreignirent bientôt le succès par les nombreux tirages à part[84].

Etwa 130 Jahre nach der Publikation wurde die von Treuttel & Würtz verlegte Gesamtausgabe von Germaine de Staël als Referenzausgabe und »beste Kollektivausgabe« betrachtet. Auch Jahrzehnte danach wurde sie weiterhin geschätzt. Erst neuere Auflagen der Werke von Germaine de Staël wie die 2017 erschie-

84 Frédéric-Charles Lonchamp, L'Œuvre imprimée de madame Germaine de Staël. Description bibliographique raisonnée et annotée de tous les ouvrages publiés par ses soins ou ceux de ses héritiers (1786–1721), Genf 1949, S. 89 (Hervorh. i. Orig.).

nene Pléiade-Ausgabe[85], welche allerdings nur einen Band umfasst und deshalb lediglich drei Werke enthält[86], zitieren vorher erschienene Texte als Grundlage. Dennoch bezog sich die Herausgeberin Catriona Seth auch auf die Gesamtedition von 1820/21 und machte in ihren Notizen Anmerkungen zu Unterschieden zwischen verschiedenen Ausgaben, wobei die Edition von Treuttel & Würtz stets genannt wird. Der ersten Gesamtausgabe der Werke von Germaine de Staël kommt nicht nur in historischer Hinsicht, sondern auch darüber hinaus eine wichtige Bedeutung zu.

Die Schriftstellerin und Philosophin Germaine de Staël (1766–1817) war die Tocher von Jacques Necker und Suzanne Curchod. Jacques Necker wurde 1777–1781 und 1789 mehrfach französischer Finanzminister unter Louis XVI. Aus der Schweiz stammend und als Protestanten im katholischen Frankreich gehörten die Eltern von Germaine de Staël den hohen Kreisen der Pariser Gesellschaft an. 1786 heiratete Germaine Necker Erik Magnus de Staël-Holstein, einen schwedischen Adligen, unter dessen Namen sie bekannt wurde. Ihre Publikationen stehen in engem Zusammenhang mit den politischen Entwicklungen in Frankreich, in welche sie involviert war. Wie ihre Mutter während des Ancien Régime führte Germaine de Staël ebenfalls einen Salon. In diesem waren während der Revolution 1791 die moderaten Revolutionäre vertreten. Sie vertrat liberale Ansichten und setzte sich für zahlreiche Freunde ein, welche durch die Revolution bedroht waren. Nach einem Aufenthalt in Großbritannien, wo sie mit französischen Emigranten wie Charles-Maurice de Talleyrand-Périgord verkehrte, schrieb sie die »Réflexions sur le procès de la reine«, einen Aufsatz, in dem sie versuchte, sich für die französische Königin Marie-Antoinette einzusetzen. Nachdem ihr Vater bereits 1787 für kurze Zeit ins Exil verbannt wurde, wurde auch Germaine de Staël mehrmals ins Exil gezwungen (so 1795 durch das Comité de salut public, worauf sie in die Schweiz ging). Bereits 1796 wurde ihr die Rückkehr erlaubt, allerdings verbat ihr Napoléon Bonaparte 1802 wieder den Aufenthalt in Paris. Aufgrund mehrfacher Verbannung, aber auch wegen ihres Lebensstils unternahm sie zahlreiche Reisen u. a. in den deutschen Raum, wo sie Goethe und Schiller traf, oder nach Italien. Als Ehefrau eines schwedischen Adligen hatte sie dessen Sprache gelernt, später lernte sie Deutsch. Nach kleineren Schriften und Übersetzungen publizierte sie 1788 erstmals anonym ihre »Lettres sur les ouvrages et le caractère de J.-J. Rousseau«. Besonders erfolgreich und kontrovers diskutiert wurden ihr Briefroman »Delphine« (1802), ihr Roman »Corinne ou l'Italie« (1807) oder auch ihr Werk »De l'Allemagne« (1810). Letzeres ent-

85 Vgl. Madame de Staël, Œuvres, hg. von Catriona Seth, Valérie Cossy, Paris 2017.

86 In der Ausgabe wird nicht angegeben, ob lediglich ein Band von Germaine de Staël geplant ist oder ob noch weitere Bände auf diesen einen folgen werden.

stand aus ihrer Reise durch den deutschen Raum und prägte die Wahrnehmung Deutschlands nachhaltig, nicht nur in Frankreich, sondern auch in anderen Ländern, in denen ihre Schriften gelesen wurden, etwa in den Vereinigten Staaten von Amerika[87].

Sie führte u. a. eine Beziehung mit dem Schrifsteller Benjamin Constant und bei der Eröffnung ihres Testaments – sie verstarb am 14. Juli 1817 – wurde eine heimliche Ehe mit John Rocca aufgedeckt, mit dem sie einen gemeinsamen Sohn hatte. In ihrem Testament ordnete sie nicht nur die finanzielle Aufteilung ihres Erbes unter ihren Kindern, ihrem Mann, ihren Dienern und Freunden, sondern auch den Umgang mit ihrem literarischen Werk. So wünschte sie sich eine Gesamtausgabe ihrer Publikationen und legte detailliert fest, von welchen Personen diese anzufertigen sei und wie das Honorar aufgeteilt werden sollte:

> Je prie mon fils Auguste de veiller conjointement avec monsieur [August Wilhelm] Schlegel à la publication de mes manuscrits, s'il en reste après ma mort, et notamment de mon ouvrage politique, s'il n'était pas encore publié. Je souhaite que le prix que l'on retirerait de ce manuscrit soit divisé entre monsieur Schlegel jusqu'à la concurrence de cinq cents louis, huit mille francs de Suisse, mon fils Auguste pour le reste; lui se chargeant de faire faire une édition des œuvres de mon père et une des miennes. Madame de Broglie travaillera conjointement avec son frère Auguste et monsieur Schlegel à la notice de l'une et l'autre édition; je me fie en son cœur pour savoir faire connaître ce qu'il y a de mieux en moi. Je souhaite bien que mon fils Auguste puisse un jour parler de son père, le mien, à la France; il sentira que c'est sur cette route qu'il doit marcher[88].

Germaine de Staël beauftragte ihren Sohn Auguste de Staël mit der Herausgabe ihrer Gesamtausgabe und einer Gesamtausgabe der Werke ihres Vaters Jacques Necker. In Zusammenarbeit mit August Wilhelm Schlegel sollten unveröffentlichte Arbeiten sowie ihre politische Schrift zur Französischen Revolution publiziert werden. August Wilhelm Schlegel sollte sogar einen Teil des Honorars für die Veröffentlichung ihrer politischen Schrift erhalten. Ihrer Tochter Albertine de Broglie gedachte sie die Aufgabe eines biografischen Aufsatzes zu. Auguste de Staël hingegen sollte über ihren Vater

87 Vgl. Kurt MUELLER-VOLLMER, Cultural Mediation as Innovation. The Incongruous Presences of Germaine de Staël in the United States (1805–1880), in: Udo SCHÖNING, Frank SEEMANN (Hg.), Madame de Staël und die Internationalität der europäischen Romantik. Fallstudien zur interkulturellen Vernetzung, Göttingen 2003, S. 111–134.

88 Testament von Germaine de Staël, abgedruckt in Pierre KOHLER, Madame de Staël et la Suisse. Étude biographique et littéraire avec de nombreux documents inédits, Lausanne, Paris 1916, S. 673f.

Jacques Necker arbeiten. Ihre Kinder und auch Schlegel setzten die Wünsche fast wie gewünscht um[89].

Die Nennung von August Wilhelm Schlegel (1767–1845) mag zunächst überraschen. Germaine de Staël hatte ihn ab 1804 als Lehrer ihrer Kinder angestellt. Er lebte mit ihrer Familie in Coppet und begleitete sie auf Reisen in Europa. Schlegel und Staël verband eine Freundschaft, die Schlegel zu einer der mittelalterlichen hohen Minne ähnlichen Bewunderung stilisierte, welche gleichfalls sein aktuelles Forschungsthema darstellte[90]. Dennoch stellte die Erwähnung bezüglich der Herausgabe ihrer Schriften nicht die einzige Erwähnung Schlegels dar. Sie vermachte ihm 3000 französische Franc und sein Zimmer in Coppet auf Lebenszeit[91].

August Wilhelm Schlegel war ein Bruder von Friedrich Schlegel und kann zur Frühromantik gezählt werden. Dennoch sollte seine wissenschaftliche Arbeit mehr Beachtung finden. Er hatte Philologie in Göttingen bei Christian Gottlob Heyne studiert, und nachdem er bereits einige Jahre als Dozent und Erzieher der Kinder eines Bankiers in Göttingen tätig war, wurde er 1798 Professor für Philosophie in Jena. Er fertigte zahlreiche Übersetzungen aus alten und modernen Sprachen, insbesondere romanischen Sprachen, an und gilt als ein Wegbereiter der Romanistik, Indologie und Komparatistik. 1818 wurde er Professor für Literatur und Kunstgeschichte in Bonn, wo er sich intensiv mit der Indologie und Übersetzungen aus dem Sanskrit befasste[92]. Sein Leben zeichnete sich wie das von Germaine de Staël durch eine große Reisetätigkeit aus. Sie teilten ähnliche Ansichten über Literatur und Kunstgeschichte, welche sie zu Beginn noch unabhängig voneinander entwickelt hatten[93]. Dies mag ein wichtiger Grund für die Übertragung der Herausgeberschaft der unveröffentlichten Schriften von Germaine de Staël an August Wilhelm Schlegel gewesen sein. Außerdem sicherten seine Erfahrung und seine wissenschaftliche Arbeit das Gelingen des Unternehmens.

89 Vgl. Vertrag zwischen August Wilhelm Schlegel und Auguste de Staël, Victor de Broglie und Gustavine de Broglie, Paris, 1.5.1818, Fonds Staël Archives de la famille d'Haussonville, IV.4.1., Nr. 149, und Transkription in Anhang C.

90 Vgl. Stefan Knödler, Zum Briefwechsel zwischen August Wilhelm Schlegel und Madame de Staël, in: Jochen Strobel (Hg.), August Wilhelm Schlegel im Dialog. Epistolarität und Interkulturalität, Paderborn 2016, S. 191–207, hier S. 199.

91 »Si monsieur Schlegel ne m'a pas quittée jusqu'à ma mort, je lui lègue trois mille francs de France de pension viagère et son appartement à Coppet, tant qu'il vivra, personne ne pouvant lui ôter une demeure que sa présence honorera toujours«, Testament von Germaine de Staël, abgedruckt in Kohler, Madame de Staël et la Suisse, S. 674.

92 Vgl. Johannes John, Art. »Schlegel, August Wilhelm von«, in: NDB, Bd. 23 (2007), S. 38–40.

93 Vgl. Knödler, August Wilhelm Schlegel und Madame de Staël, S. 197.

Diese Verteilung der Herausgeberschaft für die »Considérations sur les principaux événemens de la Révolution françoise« an Schlegel sowie zum Zeitpunkt des Todes von Germaine de Staël bereits bestehende Verträge mit Verlegern für publizierte Arbeiten, gestalteten die Anfertigung einer Gesamtausgabe schwierig. Sollte diese nach geltenden Verträgen rechtmäßig anfertigt werden, bedeutete dies einen Rückkauf sämtlicher Publikationsrechte.

Der Vertrag zwischen Auguste de Staël und Treuttel & Würtz über die Gesamtausgabe von Germaine de Staël (Abb. 10) wurde am 16. Februar 1819 in Paris geschlossen und legt vor allem die komplizierte Rechtslage offen. Ein Exemplar des erhaltenen Vertrags, von Jean Godefroi Würtz eigenhändig geschrieben, befindet sich im Besitz der Erben von Germaine de Staël in Lausanne. Treuttel & Würtz erwarben das Exklusivrecht an der Gesamtausgabe von Germaine de Staël sowie der von Jacques Necker:

> M^{r}. le baron de Stael seul propriétaire aujourd'hui ainsi qu'il le déclare de tous les ouvrages tant imprimés que manuscrits de M^{r}. Necker & de Mad^{e}. la baronne de Stael sa fille, cède & vend par les présentes à Messrs. Treuttel & Würtz le droit exclusif, sauf les restrictions qui seront ci-après établies, d'imprimer & de réimprimer toutes & quantes fois qu'ils le jugeront convenable, les Œuvres complettes de feu M^{r}. Necker devant former 10 à 12 voll. 8° & la collection complette des Œuvres de feu Mad^{e}. de Stael tant publiées qu'inédites devant former 15 à 18 voll.; comme aussi d'imprimer séparément autant de fois & en tel format qu'ils jugeront bon être, tant les ouvrages déjà publiés que les morceaux inédits des deux collections, lesquels derniers cependant ne pourront paroître séparément avant la livraison ou des Œuvres complettes qui les contiendra[94].

Die Publikation einer Gesamtausgabe von Jacques Necker hatte seine Tochter in ihrem Testament gewünscht und wurde gemeinsam an Treuttel & Würtz verkauft. Diese fertigten die Gesamtausgabe von Necker an, welche 1820–1821 erschien. Allerdings sind keine Neuauflagen des Werkes nachgewiesen. Das Interesse von Treuttel und Würtz lag eindeutig auf dem Werk der zu diesem Zeitpunkt bereits berühmten Schriftstellerin Germaine de Staël.

Auguste de Staël war Herausgeber der Gesamtausgabe, wählte die Werke aus, die Reihenfolge, in der sie gedruckt wurden, lieferte die Bögen und ließ sich die Porträtmedaillons, welche er als Frontispiz für die Gesamtausgaben wünschte (Abb. 11), sowie die verlangten Karten vor der Veröffentlichung zur Auswahl vorlegen. Einer der besten Pariser Kupferstecher sollte die Porträts

94 Vertrag zwischen Treuttel & Würtz und Auguste de Staël, Albertine Ida Gustavine de Broglie und Victor de Broglie bezüglich der Gesamtausgabe von Germaine de Staël und Jacques Necker, Paris, 16.2.1819, Fonds Staël Archives de la famille d'Haussonville, IV.4.1., Nr. 149, und Transkription in Anhang C.

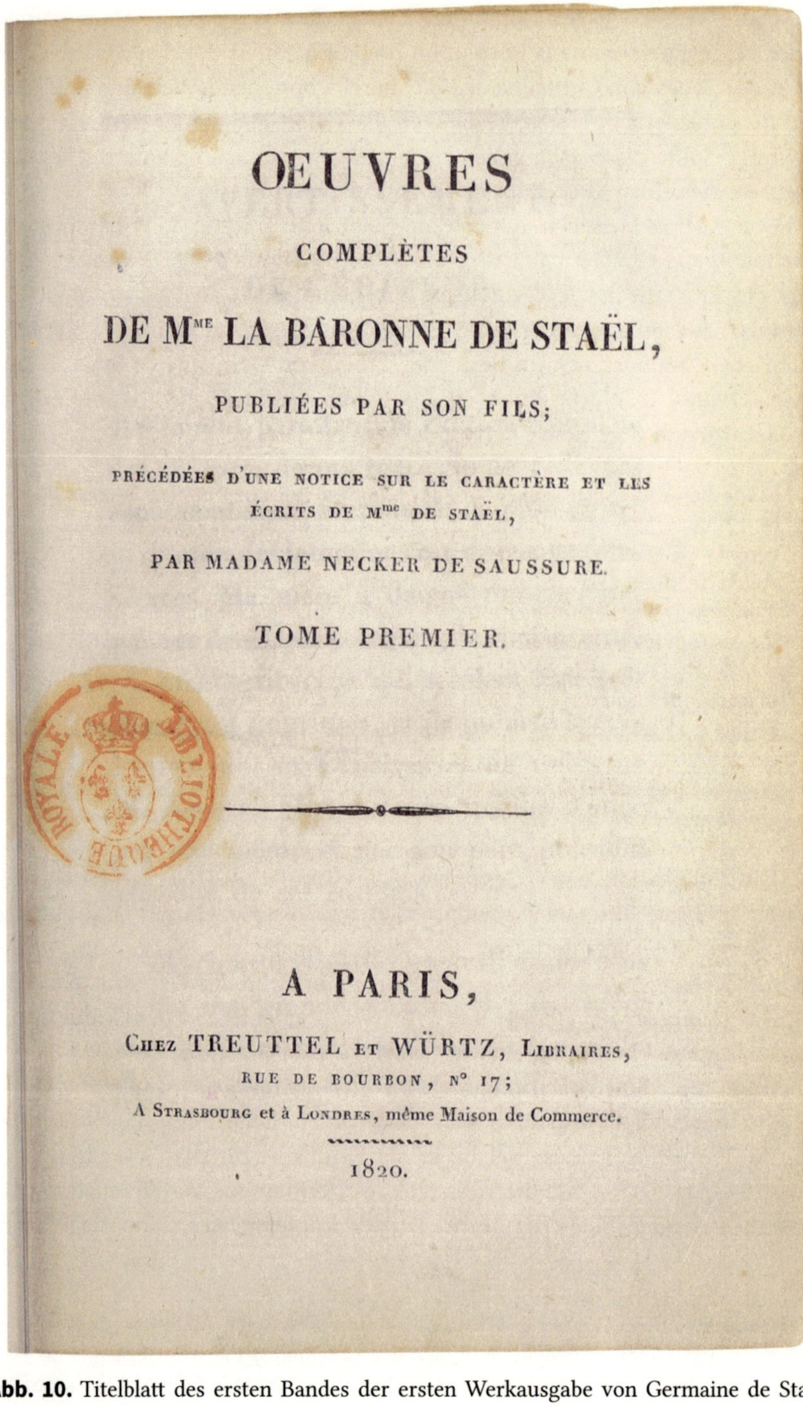

ŒUVRES

COMPLÈTES

DE Mme LA BARONNE DE STAËL,

PUBLIÉES PAR SON FILS;

PRÉCÉDÉES D'UNE NOTICE SUR LE CARACTÈRE ET LES ÉCRITS DE Mme DE STAËL,

PAR MADAME NECKER DE SAUSSURE.

TOME PREMIER.

A PARIS,

Chez TREUTTEL et WÜRTZ, Libraires,

rue de Bourbon, n° 17;

A Strasbourg et à Londres, même Maison de Commerce.

1820.

Abb. 10. Titelblatt des ersten Bandes der ersten Werkausgabe von Germaine de Staël, 1820/21, BNF, Z-30145.

anfertigen, und anhand der Bedingungen ist ersichtlich, dass Auguste de Staël viel an der Qualität der Gesamtausgaben lag. Für den Verkauf der Rechte erhielt er 28 000 Franc sowie zahlreiche Belegexemplare unterschiedlicher Sonderdrucke und der Gesamtausgabe in unterschiedlicher Papierqualität. Das Risiko und der Profit der Veröffentlichungen dieser Ausgabe sowie späterer und separater Titel hingegen lag bei Treuttel & Würtz.

Diese zahlten zudem nicht nur an Auguste de Staël, sondern auch darüber hinaus, um bereits bestehende Verträge aufzukaufen. Germaine de Staël hatte die Verträge mit ihren Verlegern nicht selbst schließen können, da dies zu diesem Zeitpunkt für Frauen nicht möglich war. Auch Albertine de Broglie wurde in den Verträgen über die Publikationen ihrer Mutter von ihrem Ehemann Victor de Broglie vertreten oder aber beide Eheleute unterschrieben gemeinsam. Germaine de Staël hatte also einige ihrer Verträge mit Verlagen über ihren Diener Joseph Uginet abschließen lassen. Dieser durfte dafür teilweise die Rechte, teilweise einen Anteil des Honorars für sich behalten. Für die Romane »Delphine« und »Corinne« sowie »De l'Allemagne« hatte er Verträge mit Nicolle geschlossen. Nicolle hatte bereits bei dem letzten Druck 1818 bescheinigt, sich nicht mehr in Besitz der Rechte zu befinden[95].

Parallel zu dem Vertrag zwischen Treuttel & Würtz und Auguste de Staël schloss Letzterer einen Vertrag mit J. Uginet, in dem Uginet die Publikationsrechte abtrat. Uginet erhielt dafür von Treuttel & Würtz 25 000 Franc[96].

Noch komplizierter wurde es mit der Veröffentlichung der bisher unpublizierten Schriften, die nach dem Wunsch von Germaine de Staël von August Wilhelm Schlegel herausgeben werden sollten. Schlegel sowie Auguste de Staël und Albertine de Broglie mit ihrem Ehemann legten also einen Vertrag auf, nach dem Schlegel die »Considérations sur les principaux événemens de la Révolution françoise« publizieren sollte. Darüber hinaus wurde der Wunsch von Germaine de Staël leicht geändert: Schlegel erhielt das gesamte Honorar für die Veröffentlichung, musste sich dafür aber finanziell an der Gesamtausgabe von Germaine de Staël beteiligen.

Nun gab es einen Vertrag mit Baldwin, Cradock, and Joy in London, wo die »Considérations sur les principaux événemens de la Révolution françoise« in französischer Sprache erscheinen sollten. Parallel dazu hatte Schlegel einen zweiten Vertrag mit Delaunay in Paris für eine Ausgabe in Frankreich geschlossen. Diese Verträge über ein Publikationsrecht, welches durch Privatverträge

95 Vgl. Vertrag zwischen Joseph Uginet und Henri Nicolle über den einmaligen Druck der Schriften »Delphine«, »Corinne« und »l'Allemagne«, Paris, 23.1.1818, ibid., und Transkription in Anhang C.

96 Vgl. Vertrag zwischen Auguste de Staël und Joseph Uginet, Paris, 16.2.1819, ibid., und Abschrift in Anhang C.

Abb. 11. Porträtmedaillon von Germaine de Staël der bei Treuttel & Würtz erschienenen ersten Gesamtausgabe von 1820/21 (Frontispiz), Kupferstich von H. C. Müller, nach dem Gemälde von François Gérard, um 1810, BNF, Z-30145.

abgedeckt werden sollte, wurden in diesem Fall mit besonderer juristischer Spitzfindigkeit geschlossen, wie im Folgenden genauer erklärt wird. Delaunay wusste von dem Vertrag mit Baldwin in London und legte in seinem Vertrag mit Schlegel (Paris, 31.1.1818) fest, in welchem Abstand die beiden Ausgaben in London und Paris erscheinen sollten und dass versucht werden solle, die Publikationen nicht in Frankreich beziehungsweise Großbritannien abzusetzen:

> Art. 4
> Un traité devant être conclu entre M^{r}. le chevalier Schlegel et Messrs. Baldwin Crodock et Joy libraires à Londres pour la publication d'une édition du susdit ouvrage en Angleterre. Il est convenu que l'édition françoise de Londres pourra paraître cinq jours avant celle de Paris.
> Art. 5.
> Le traité avec les libraires de Londres pour l'impression d'une édition française ne pourra s'étendre au delà des possessions anglaises et aucune autre vente ou cession de cette nature ne pourra être faite dans aucune autre partie de l'Europe, avant l'expiration de la jouissance de M^{r}. Delaunay.
> Art. 6
> M^{r}. Delaunay s'engage à ne point envoyer en Angleterre d'exemplaires de son édition[97].

In diesem Vertrag, welcher lediglich zwischen Schlegel und Delaunay geschlossen wurde, wurde festgelegt, dass Baldwin, Cradock, and Joy ihre Rechte nicht verkaufen dürften, solange Delaunay sich in Besitz der Publikationsrechte befand. Diese hatte Schlegel für sieben Jahre für 34 500 Franc an Delaunay verkauft. Diese Übereinkunft wurde auch entsprechend im Vertrag zwischen Auguste de Staël und Treuttel & Würtz vermerkt:

> 6°. Par exception à l'effet de l'art. 1er des présentes, & par suite du dit traité avec M^{r}. Delaunay, il est empressement convenue que Messrs. Treuttel & Würtz ne pouvant point imprimer ni mettre en vente séparément, en France, le dit ouvrage posthume de Mad^{e}. de Stael, intitulé: Considération sur la Révolution &c. avant le ~~31. janvier~~ 1825.
> 7°. M^{r}. de Staël observe aussi & déclare qu'il existe des traités avec M^{r}. Murray & avec M^{rs}. Baldwyn & Cie. à Londres, abandonnant à l'un la vente exclusive en Angleterre de l'ouvrage de Mad^{e}. de Stael sur l'Allemagne, & l'autre celle des Considérations sur la Révolution; des traités il joint une expédition à la présente pour la gouverne de M^{rs}. Treuttel & Würtz & afin qu'ils n'en ignorent; _ M^{r}. de Stael promet toutefois de faire tout ce qui pourra dépendre de lui pour obtenir de M^{rs}. Murray & Baldwyn la faculté pour M^{rs}. Treuttel & Würtz, d'importer librement en Angleterre, par livraisons séparées, les

97 Vertrag zwischen August Wilhelm Schlegel und Delaunay über die »Considération sur la Révolution française«, Paris, 31.1.1818, ibid. (Hervorh. i. Orig.), und Abschrift in Anhang C.

> Œuvres complètes de feue Mad[e]. de Stael, sans cependant répondre du succès de ses démarches[98].

Diese uneindeutige rechtliche Situation der Publikationsrechte der politischen Schriften, welche einerseits nach London, andererseits nach Paris verkauft wurden, nutzten Treuttel und Würtz. Obwohl kein Vertrag über den Kauf der Rechte in London durch Treuttel und Würtz erhalten ist, haben sie diese Rechte in London erworben. Aus Notizen von Jean Godefroi Würtz geht hervor, dass er bereit war, nochmals 30 000 Franc für die englischen Rechte auszugeben[99]. Wie hoch der Preis wirklich war, ist aufgrund des fehlenden Vertrages nicht in Erfahrung zu bringen. Bereits 1819 aber erschien in London unter der Londoner Adresse von Treuttel & Würtz – ohne Angabe der Verlagsorte Paris und Straßburg – eine Ausgabe der »Considérations sur les principaux événemens de la Révolution françoise«. Es handelt sich um die erste Publikation von Germaine de Staël, welche bei Treuttel & Würtz erschien.

Treuttel und Würtz benötigten die Rechte der politischen Schrift von Germaine de Staël, um sie in ihre Gesamtausgabe aufzunehmen. Sie erwarben die Rechte in London, da Delaunay in Paris anscheinend nicht zu einem Verkauf bereit war, und publizierten sie sodann lediglich in London. Dieses Vorgehen wurde in einem Brief vom 11. Mai 1819 von Robert Baldwin an Treuttel & Würtz angedeutet, welchen Treuttel & Würtz an Auguste de Staël weiterleitete:

> If I understand your letter rightly, it is your intention, Sir, to publish the work [»Considérations sur les principaux événemens de la Révolution françoise«] in detached portion. I am not aware how far this plan is consistent with the custom of France in large works; but it would not be thought so respectable in England, and it would cause a great number of sets to be rendered incomplete. If the »Considérations« be meant to form one of the portions, the facility of introducing extra copies surreptitiously will be greatly increased, unless none are allowed to be printed, but with our names. I shall anxiously expect the honour of another letter for you on these points[100].

Der englische Verleger Robert Baldwin beschrieb nicht nur das Vorgehen von Treuttel & Würtz, sondern fürchtete sich zudem vor dem Verlust seines eigenen

98 Vertrag über die Gesamtausgabe, ibid.

99 »On pourroit offrir pour la cession du Manuscrit & du droit de propriété de l'ouvrage de Mad[ame] de Staël sur la révolution de France, la somme de fr. 30 000«. Handschriftliche Notizen (undatiert) von Jean Godefroi Würtz, welche sich in Besitz von Auguste de Staël und im Kontext der Unterlagen zur Gesamtausgabe seiner Mutter befanden, ibid.

100 Kopie des Briefes von Robert Baldwin an [Treuttel & Würtz], London, 11.5.1819, ibid.

Rechts. Sehr wahrscheinlich aber haben Treuttel und Würtz ihm im weiteren Verlauf die Rechte abgekauft. Nach 1819 erschien keine Ausgabe der »Considérations sur les principaux événemens de la Révolution françoise« mehr bei Baldwin, Cradock & Joy in London. Treuttel & Würtz hingegen gab noch mehrere Editionen des Titels heraus, auch separate Drucke der »Œuvres complètes« von Germaine de Staël – ab 1820 auch mit dem Verlagsort aller Filialen, inklusive Paris und Straßburg.

Aus handschriftlichen Notizen von Jean Godefroi Würtz geht hervor, dass die Londoner Filiale des Unternehmens die Rechte bei Baldwin, Cradock, and Joy erwarb, und da es sich um eine Dependance des Unternehmens handelte, seien die Rechte auch auf den Pariser und Straßburger Sitz übertragbar:

> Il est bien entendu que la faculté de faire une édition française de l'ouvrage sera résumée à la seule maison à Paris – cette faculté cependant est étendue aussi à la maison avec qui Mad. de Stael aura traité à Londres & pour *l'Angleterre seulement*; nulle autre édition française ne pourra être faite sur le continent si ce n'est avec le consentement par écrit de M. Tr[euttel] & W[ürtz][101].

Treuttel & Würtz legten die Verträge zu ihren Gunsten und gleichzeitig sehr modern aus. Ihr Handeln erinnert an das aktueller großer multinationaler Konzerne, die ihren Firmensitz in der Europäischen Union im Land mit den geringsten Steuerabgaben etablieren. Treuttel & Würtz mit den drei Verlagssitzen in Straßburg, Paris und London kann als Unternehmen betrachtet werden, welches frühzeitig – im legalen Rahmen – von der unterschiedlichen Gesetzeslage in den Ländern seiner Firmensitze profitierte und in kapitalistischer Manier zum eigenen Vorteil nutzte. Dabei blieb Treuttel & Würtz bis ins Kleinste darauf bedacht, sich legal zu verhalten und wie in diesem Fall dem Londoner Verlag die Rechte abzukaufen.

Auch wenn dieses Verhalten rechtlich legal war oder sich zumindest in einer Grauzone befand, war das Handeln von Treuttel & Würtz sehr berechnend und nach wirtschaftlichen Interessen optimiert. Der Leidtragende war vermutlich der Pariser Verleger Delaunay. 1820 erschienen noch zwei Ausgaben der »Considérations sur les principaux événemens de la Révolution françoise« bei ihm. Darüber hinaus sind weder in der umfangreichen Bibliografie von Lonchamp noch im Katalog der französischen Nationalbibliothek Publikationen von Germaine de Staël bei Delaunay nachweisbar. Treuttel & Würtz überschwemmte den Markt mit den eigenen Ausgaben, sodass Neuauflagen für Delaunay vermutlich nicht mehr rentabel waren.

101 Handschriftliche Notizen (undatiert) von Jean Godefroi Würtz, ibid. (Hervorh. i. Orig.).

Anhand der Rechtsgeschichte der Gesamtausgabe von Germaine de Staël lässt sich also nachweisen, dass Treuttel & Würtz einerseits sehr intensiv die Verrechtlichung im Bereich eines »Urheberrechts« – in Form von Privatverträgen mit Autoren, Verlegern und Druckern – vorantrieben. Andererseits suchten sie parallel dazu Lücken in Verträgen. Diese interpretierten sie in für sie selbst günstiger Weise, sodass sie sich zwar rechtlich einwandfrei, aber offensichtlich nicht der Intention der Verträge gemäß und damit fragwürdig verhielten. Es lässt sich daraus schlussfolgern, dass das Interesse von Treuttel & Würtz an einer Verrechtlichung insbesondere das eigene Recht sichern sollte. Indem Treuttel und Würtz Lücken und Widersprüche in Verträgen für sich nutzten, sehr modern und kapitalistisch vorgingen, besaßen sie zudem einen entscheidenen Vorteil gegenüber anderen Verlagen, welche die rechtliche Situation nicht für sich nutzten. Sie profitierten zudem von Vorteilen ihrer Filialen in unterschiedlichen Ländern und setzten diese gekonnt ein wie ein moderner multinationaler Konzern.

Jean Godefroi Würtz war vermutlich maßgeblich an diesem Vertragsabschluss beteiligt. Von seiner Hand stammen sowohl der Vertrag mit Auguste de Staël als auch im Dossier um den Vertrag enthaltene Notizen. Das Interesse von Treuttel & Würtz an der Gesamtausgabe von Germaine de Staël ging aber über deren rechtlich vorteilhafte Situation hinaus.

Aus Perspektive der Ideologie, deren Überzeugungen Treuttel und Würtz zumindest um 1800 teilten und nach deren Grundsätzen sie ihre bibliografischen Zeitschriften aufbauten, lieferten Gesamtausgaben wichtiger Autoren einen Beitrag zum Fortschritt. Die Kanonisierung der Autoren und deren Gesamtausgaben bildeten die Grundlage für weitere literarische Werke und waren Teil der *histoire littéraire*, welche es zu bewahren und zu vermitteln galt.

Germaine de Staël war bereits zu Lebzeiten bekannt und ihre Publikationen verkauften sich gut. Sie gehörte zu den wichtigen zeitgenössischen Autoren. Ihre Werkausgabe war also nach Prinzipien der Ideologie gerechtfertigt und stellte zudem ein geringes unternehmerisches Risiko dar. Die Werkausgabe ihres Vaters, des ehemaligen französischen Finanzministers Jacques Necker, war sehr wahrscheinlich eine Bedingung von Auguste de Staël, der dem Testament seiner Mutter gerecht werden wollte. Da es zu keiner Wiederauflage kam, wird ihr finanzieller Erfolg nicht sehr ausgeprägt gewesen sein.

Dennoch teilten Treuttel und Würtz mit Jacques Necker ebenso wie mit Germaine de Staël nicht nur die liberale politische Haltung, sondern auch deren protestantische Konfession. Jacques Necker, welcher aus der Schweiz stammte, war Calvinist, Treuttel und Würtz Lutheraner. Im Kontext der von Treuttel & Würtz betriebenen Valorisierung protestantischer Autoren und protestantischer theologischer Schriften passten auch Jacques Necker und Germaine de Staël zu den vom Verlag publizierten Autoren.

Nicht nur Jacques Necker war vielfach gereist und wurde mehrfach ins Exil gezwungen, auch Germaine de Staël erfuhr mehrfach Verbannung aus Frankreich und reiste durch Europa. Diese Reisetätigkeit spiegelt sie in ihrem Werk. So schildert sie nicht nur ihre Eindrücke des deutschen Raums in »De l'Allemagne«, sondern lässt ihre Romane auch in Italien spielen (»Corinne ou l'Italie«) und beschreibt die dortigen Monumente, Sprache und kulturelle Besonderheiten. In den Themen ihrer Werke ebenso wie im transnationalen Lebenslauf der Autorin spiegelt sich das Programm des Verlages und der transnationalen Buchhandlung Treuttel & Würtz.

Obwohl bis zum Tod von Germaine de Staël keine Publikationen von ihr bei Treuttel & Würtz erschienen, gehörte der Verlag über einige Mitglieder ihres Zirkels bereits zum Netzwerk. Treuttel & Würtz waren der »Hausverlag« von Jean Charles Léonard Simonde de Sismondi, um einen der wichtigsten Autoren von Treuttel & Würtz zu nennen. Auch Benjamin Constant veröffentlichte drei Titel bei Treuttel & Würtz. Unter diesen Veröffentlichungen befinden sich nicht nur zwei Ausgaben von »Adolphe«, darunter die Erstausgabe, sondern auch »De la religion« (1824–1831) sowie 1825 die Schrift »Appel aux nations chrétiennes en faveur des Grecs«.

Nicht nur in ihren Briefen erwähnte Germaine de Staël Publikationen, welche im Verlag bei Treuttel & Würtz erschienen waren, 1803 besaß sie zudem ein Haus in der Pariser Rue de Lille, der gleichen Straße, in der Treuttel und Würtz zu diesem Zeitpunkt lebten und in der ihre Verlagsbuchhandlung ihren Pariser Sitz hatte – wenn auch am anderen Ende. Obwohl keine Briefe von Germaine de Staël an Treuttel & Würtz erhalten sind[102], ist es nicht auszuschließen, dass sie die Verlagsbuchhändler persönlich kannte.

All diese wirtschaftlichen, politischen, religiösen, sozialen und vielleicht sogar privaten Interessen führten zu der Übereinkunft des Verkaufs der Publikationsrechte von Auguste de Staël an Treuttel und Würtz. Letztere hatten viel Geld für den Erwerb der Rechte bezahlt: die Rechte für Auguste de Staël (25 000 Franc), das Honorar für Albertine-Adrienne Necker de Saussure für den Aufsatz über das Leben von Germaine de Staël (3000 Franc), die Kosten für die Rechte, welche Joseph Uginet für Germaine de Staël verwaltete (25 000 Franc) und die vermutlich im Bereich um 30 000 Franc befindlichen Kosten für den Abkauf des Publikationsrechts bei Baldwin, Cradock, and Joy summieren sich auf etwa 83 000 Franc. Hinzu kamen Kosten für Belegexemplare[103], Ausgaben für Papier, Satz, die Porträtmedaillons, den Druck usw.

102 Vgl. Germaine de Staël, Correspondance générale, hg. von Béatrice Jasinski u. a., 11 Bde., Paris 1960–2017.

103 20 Ausgaben des Artikels von Albertine de Broglie, 20 Ausgaben der Gesamtausgabe inklusive der bisher unveröffentlichten Arbeiten von Germaine de Staël,

Treuttel & Würtz fertigte nicht nur diese Gesamtausgabe in verschiedenen Auflagen an, sondern veröffentlichte auch seperate Drucke einzelner Schriften. Anhand der sorgfältig recherchierten Bibliografie der Drucke von Germaine de Staël durch Lonchamp sowie ergänzender Recherchen über die französische Nationalbibliothek konnten zwischen 1819 und 1844 25 Titel von Germaine de Staël bei Treuttel & Würtz nachgewiesen werden. Sie gehört damit zu den Flaggschiff- und Hauptautoren des Verlags.

Unter den Separatdrucken der Werke von Germaine de Staël finden sich besonders häufig die Romane »Delphine« und »Corinne ou l'Italie« sowie Ausgaben der bisher unveröffentlichten Schriften von Germaine de Staël. Auch eine Übersetzung ins Englische der Anthologie »Dix années d'exil« (»Ten Years' Exile«), ausgewählt und übersetzt durch Auguste de Staël, erschien bei Treuttel & Würtz.

Zudem sind auch der Artikel über die Schriften und das Leben von Germaine de Staël in August Wilhelm Schlegels deutscher Übersetzung sowie der Aufsatz von Auguste de Staël über seinen Großvater, die Gesamtausgabe von Jacques Necker sowie zwei Auflagen der »Lettres sur l'Angleterre« von Auguste de Staël bei Treuttel & Würtz erschienen.

Die sorgfältige Arbeit des Herausgebers Auguste de Staël trug wesentlich zum Gelingen und dem Ruhm der Gesamtausgabe von Germaine de Staël bei. Zudem war die Sorgfalt des Herausgebers im Interesse von Treuttel & Würtz, welche sich durch hochwertige Ausgaben auszeichneten. Sie führte dazu, dass die erste Gesamtausgabe von Germaine de Staël noch den Großteil des 20. Jahrhunderts über die Referenzausgabe darstellte.

Die erste Gesamtausgabe der Werke von Germaine de Staël wurde auch positiv von Rezensenten aufgenommen[104]. Stéphanie Tribouillard, welche die Erinnerung an Germaine de Staël zu Beginn des 19. Jahrhunderts untersuchte, sprach das Verdienst um den Erfolg der Gesamtausgabe insbesondere Auguste de Staël zu, allerdings haben Treuttel und Würtz einen ebenso großen Beitrag zum Gelingen geliefert. Nicht nur die Tatsache, dass sie umfangreiche finanzielle Mittel für den Erwerb der Publikationsrechte bereitgestellt hatten, sondern auch die Arbeit der Verleger und Buchhändler an dem Gelingen des Unterfangens ist nicht zu vernachlässigen. Obwohl Auguste de Staël sich um die Auswahl der Werke und die Auswahl der Porträts selbst kümmerte, stellten Treut-

21 Gesamtausgaben von Germaine de Staël und Jacques Necker auf Vélin-Papier sowie bei jeder weiteren Neuauflage zusätzlich 15 Ausgaben auf normalem und fünf auf Vélin-Papier. Weitere gewünschte Ausgaben sollten Treuttel & Würtz zum Nettopreis der Buchhändler an Auguste de Staël und seine Familie verkaufen. Vgl. Vertrag über die Gesamtausgabe, Fonds Staël Archives de la famille d'Haussonville, IV.4.1., Nr. 149.

104 Vgl. Stéphanie Tribouillard, Le tombeau de madame de Staël. Les discours de la postérité staëlienne en France (1817–1850), Genf 2007, S. 234–236, 285–303.

tel und Würtz ihre Erfahrung und ihre Kontakte zur Verfügung, indem sie hervorragende Pariser Kupferstecher, Drucker usw. auswählten. Treuttel und Würtz hatten ein Interesse am Erfolg dieser Unternehmung, welches über gemeinsame politische Ansichten hinausging. Als Wirtschaftsunternehmen lag dies vor allem an dem wirtschaftlichen Erfolg, der Rentabilität, auch wenn es sich an dieser Stelle mit eigenen Ansichten verbinden ließ. Die Verleger besaßen ein genuines Interesse an der Kanonisierung einer Autorin, deren Publikationsrechte sie allein besaßen, zudem auf unbegrenzte Zeit. Dennoch vertrat Lonchamp die Meinung, dass Treuttel & Würtz selbst zu dem schwindenden Interesse an der Gesamtausgabe beitrugen, indem sie zahlreiche Titel separat drucken ließen.

1836 schließlich kam es zu einer dritten Auflage der Gesamtausgabe der Werke von Germaine de Staël. Waren die ersten Ausgaben bei Georges-Adrien Crapelet gedruckt worden, dem angesehenen Autor der auf der Grundlage von Handschriften der königlichen Bibliothek angefertigten »Collection des anciens monuments de la littérature française« (1816–1830)[105], so entstand diese Ausgabe in Kooperation mit Firmin Didot. Didot trug das unternehmerische Risiko, wohingegen sich Treuttel & Würtz durch die kostenlose Abgabe von 500 Exemplaren bezahlen ließen, bevor die Ausgabe in den Handel kam[106]. Bei jeder weiteren Auflage sollte Didot 100 Exemplare pro 1000 Exemplaren einer Auflage kostenlos an Treuttel & Würtz abgeben. Zudem sollte auch Treuttel & Würtz als Verlag genannt werden. Der Druck wurde im Stereotypieverfahren angefertigt, was den schnellen Nachdruck sowie Neuauflagen ermöglichte[107].

Der minutiöse Ankauf der Publikationsrechte für alle Titel von Germaine de Staël war nötig, um das literarische Monument, welches sie mit der ersten Gesamtausgabe errichteten, auf einen soliden Sockel zu stellen. Diese Herangehensweise offenbart zudem den modernen Umgang mit juristischen Texten und Spitzfindigkeiten, welcher eine besonders kapitalistische Einstellung offenlegt und einen Wettbewerbsvorteil von Treuttel & Würtz darstellte.

105 Vgl. Paul-Marie Grinevald, Art. »Crapelet, famille«, in: DEL, Bd. 1 (2002), S. 684.

106 Die Auflage betrug insgesamt 2500 Exemplare, ein Fünftel der Auflage ging also an Treuttel & Würtz.

107 Vgl. Zusammenfassung des Vertrags zwischen Treuttel & Würtz und Firmin Didot über den Druck einer Gesamtausgabe von Germaine de Staël im »Inventaire après décès« von Jean Godefroi Würtz, AN, MC/ET/I/953, und Transkription in Anhang C.

3.2 Übersetzungen: zwischen Weltliteratur und Philologie

Der Begriff »Weltliteratur« wurde das erste Mal 1790 von Christoph Martin Wieland im Kontext einer Übersetzung (»Horazens Briefe«) verwendet. Johann Wolfgang von Goethe verwendete ihn 1826/27 und baute den Begriff zu einem Konzept aus. Goethes Verständis der Weltliteratur umfasst drei Bereiche: Zum einen die Vorstellung eines Kanons an wichtigen literarischen Werken, denen in internationaler Perspektive Bedeutung zukommt und die übersetzt worden sind. An zweiter Stelle Gattungen oder Themen, welche in allen Sprachen und Kulturen vorkommen. Schließlich verstand Goethe Weltliteratur auf einer dritten Ebene als eine weitere auf interkulturellen Austausch ausgerichtete Form des Ineinandergreifens verschiedener Literaturen im Gegensatz zu gegenseitiger Abgrenzung und Nationalliteratur[108].

Goethe entwickelte seine Vorstellung der Weltliteratur in einem Kontext intensiven kulturellen Austauschs des Epochenumbruchs vom 18. zum 19. Jahrhundert. Neben transnationalen Diskursen, international ausgerichteten und rezipierten Periodika, internationalen Karrieren von Schriftstellern (vgl. Heinrich Heine[109]), Gelehrten, aber auch Handwerkern und Künstlern entwickelte sich insbesondere im Kontext der Französischen Revolution und der folgenden Kriege und Besatzungszeiten auch der Nationalismus. In vielfältiger Weise standen sich einerseits kulturelle Aufgeschlossenheit, andererseits Ablehnung und Berufung auf »Nationales« gegenüber. Im Bereich der Literatur drückt der Begriff »Weltliteratur« eine kosmopolitische Ausrichtung und Verbindung zwischen Literaturen aus, wohingegen Begriffe wie »Nationalliteraturen« den Schwerpunkt auf deren Abgrenzung legen[110].

Diese grobe Betrachtung ist im Einzelfall zu untersuchen. Hinter einer offensichtlichen Bezeichnung kann sich ein anderer Mechanismus verbergen. Die Besitzer der Verlagsbuchhandlung Treuttel & Würtz waren auf internationalen Handel ausgerichtet, welchen sie als Austausch verstanden. Diesen wollten sie fördern und dadurch gleichzeitig ihren Gewinn.

Der Begriff der Weltliteratur in seiner Offenheit und allen drei Dimensionen erscheint für das auf Austausch und Transkulturalität ausgerichtete Ver-

108 Vgl. Hans-Jürgen Lüsebrink, Art. »Weltliteratur«, in: EdN, Bd. 14 (2011), S. 864–869, hier S. 864f.

109 Vgl. bspw. Bernd Kortländer, Heinrich Heine – Schriftsteller mit »europäischer Reputazion«, in: Charle u. a. (Hg.), Transkulturalität nationaler Räume in Europa, S. 405–420.

110 Vgl. Lüsebrink, Art. »Weltliteratur«. Vgl. zu Goethes Konzept der Weltliteratur auch ausführlicher Dieter Lamping, Die Idee der Weltliteratur. Ein Konzept Goethes und seine Karriere, Stuttgart 2010.

lagsprogramm von Treuttel & Würtz geradezu charakteristisch. Publikationen in französischer Sprache wurden an ein transnationales, insbesondere europäisches Publikum verkauft. Die Gesamtausgabe von Germaine de Staël in französischer Originalsprache ist in Bibliotheken in ganz Europa vorhanden.

Neben den Werken von Germaine de Staël, welche man als dem Kanon der Weltliteratur zugehörig betrachten kann, erschien bei Treuttel & Würtz auch der Roman »Adolphe« von Benjamin Constant in französischer Originalsprache. Von Goethes »Hermann und Dorothea« fertigte Paul-Jérémie Bitaubé eine Übersetzung an, welche bei Treuttel & Würtz erschien.

Übersetzungen kommt für die Untersuchung von Kulturtransferprozessen eine besondere Bedeutung zu, aber auch Werke in Originalsprache, vor allem in französischer Sprache, können Teil dieses Transferprozesses sein. Da es sich bei den Kunden von Treuttel & Würtz vielfach um ein sehr gebildetes, zumindest aber mehrsprachiges Publikum handelte, wurden fremdsprachige Texte erworben und gelesen. Der Transfer ist also nicht allein auf die Form der Übersetzung zu reduzieren. Vielmehr erwarben mehrsprachige, transnational orientierte Kunden Publikationen in unterschiedlichen Sprachen, insbesondere im Französischen.

Im Verlagsprogramm von Bauer, Treuttel & Würtz erschienen neben Ausgaben in der Originalsprache – welche weniger aus der Belletristik stammten, sondern zahlreiche wissenschaftliche Publikationen unterschiedlichster Disziplinen umfassten – Übersetzungen, die einen großen Stellenwert einnahmen. Betrachtet man allerdings die Kunden von Treuttel & Würtz, so fällt auf, dass diese aufgrund ihrer eigenen Mehrsprachigkeit kaum auf Übersetzungen angewiesen waren. Welche Funktion also erfüllten Übersetzungen in einem transnational orientierten Verlag mit Kunden und Autoren, die der Fremdsprache mächtig und somit kaum auf eine Übersetzung angewiesen waren?

Bei einer näheren Betrachtung der von Bauer, Treuttel & Würtz verlegten Übersetzungen lassen sich insbesondere drei Typen mit unterschiedlichen Funktionen nachweisen. Zunächst lässt sich eine zeitlose Mittlerfunktion von Übersetzungen erkennen. Zeitlos, da sie konstant während des untersuchten Zeitraums 1750–1850 vorkam. Hier handelt es sich tatsächlich um eine Übersetzung mit dem Ziel des Transfers von Wissen oder eines literarischen Werkes in einen anderen sprachlichen Raum.

Schließlich lassen sich in chronologischer Perspektive zwei weitere Funktionen erkennen: zum einen Übersetzungen als Aspekt der Kanonisierung, zum anderen kritische Übersetzungen. Während bei den Übersetzungen aus Gründen der Kanonisierung zwar ein Werk von einer Sprache in eine andere transferiert wurde, diente sie weniger der Vermittlung, sondern insbesondere der Valorisierung des Werkes sowie der Darstellung der sprachlichen und rhetorischen Fähigkeiten des Übersetzers. Die Übersetzung wurde nach ästhetischen

Kriterien angefertigt und bewertet. Diese Form der Übertragung dominierte im Verlag insbesondere im 18. Jahrhundert. Im 19. Jahrhundert hingegen standen vor allem die Anmerkungen, Fußnoten und Ergänzungen im Vordergrund, welche die Übersetzer zu der Übersetzung hinzufügten. Diese Übertragungen können aufgrund ihres Anmerkungsapparates als kritische Übersetzung in Anlehung an eine kritische Ausgabe bezeichnet werden und stehen direkt in Verbindung mit der Entstehung der modernen Philologien.

3.2.1 Zwischen Vermittlung und Kanonisierung (1750–1800)

Übersetzungen sind in den letzten Jahrzehnten vielfach in den Fokus wissenschaftlicher Untersuchungen gerückt. Das Thema der Übersetzung offenbart sich dabei als äußerst komplex. In der umfangreichen »Histoire des traductions en langue française«, welche sich in mehreren Bänden über den Zeitraum vom 15. bis zum 20. Jahrhundert erstreckt, wurden Übersetzerfiguren, der Diskurs über Übertragungen und übersetzte Sprachen in thematischer Perspektive von zahlreichen renommierten Forscherinnen und Forschern untersucht[111].

Bauer, Treuttel & Würtz gehörten nicht zu den sogenannten Übersetzungsfabriken, einem Begriff aus der ersten Hälfte des 19. Jahrhunderts zur Bezeichnung von Verlagen, welche ausschließlich auf Übersetzungen konzentriert waren und diese in quantitativ großer Menge bei zumeist minderer Qualität anfertigen ließen[112]. Vielmehr findet sich bei Treuttel & Würtz, ebenso wie dies für den Cotta-Verlag nachgewiesen werden konnte, eine Ausrichtung auf Qualität. Johann Friedrich Cotta entließ Übersetzer, deren Übertragungen es an Qualität mangeln ließen. Zudem druckte Cotta den Namen der Übersetzer mit für die Übersetzung qualifizierenden Attributen wie deren Mitgliedschaft in akademischen Gesellschaften usw., um die qualitativ hochwertige Ausgabe und Fachübertragung zu betonen[113].

Solche qualitativ hochwertigen Übersetzungen kosteten mehr Zeit und Aufwand als schnell von wenig qualifiziertem Personal angefertigte Übertragungen. Die Praktik der gegenseitigen Absprachen und des gemeinsamen Erscheinungstermins der Originalausgabe sowie der Übersetzung, welche bis auf den Tag genau vereinbart wurden, etablierte sich zwischen großen europä-

111 Vgl. die für diesen Abschnitt relevanten Bände: Chevrel u. a. (Hg.), Histoire des traductions (1610–1815); ders. (Hg.), Histoire des traductions (1815–1914).

112 Vgl. dazu insbes. Norbert Bachleitner, »Übersetzungsfabriken«. Das deutsche Übersetzungswesen in der ersten Hälfte des 19. Jahrhunderts, in: Archiv für Sozialgeschichte der deutschen Literatur 1/14 (1989), S. 1–49.

113 Vgl. Hass, Der Verleger Johann Friedrich Cotta, S. 70–79.

ischen Verlegern, der Aristokratie des Buchwesens. Treuttel & Würtz verfolgte nicht nur in Bezug auf diese Absprachen, sondern auch bezüglich der Qualität der Übersetzungen die gleiche Strategie wie Cotta.

Treuttel & Würtz kommt als Übersetzungsverlag in qualitativer Hinsicht mehr Bedeutung zu als in quantitativer. Eine Untersuchung und auch Bewertung anhand quantitativer Methoden würde der Bedeutung der bei Treuttel & Würtz erschienenen Übertragungen nicht gerecht und ist als Kriterium für die Bedeutungszuschreibung abzulehnen. Aufgrund der hohen Sorgfalt, die Treuttel und Würtz ihren Übersetzungen widmeten, gilt es, sie im Einzelfall zu untersuchen. So mag etwa einer bei Treuttel & Würtz erschienenen Übertragung hinsichtlich ihres Einflusses auf die Entstehung der modernen Philologien oder des Kulturaustauschs mehr Bedeutung zukommen als vielen ephemeren Erscheinungen, die zwar publiziert, aber zwei Jahre später bereits in Vergessenheit geraten sind.

Hinsichtlich der Funktion der Übersetzungen bei Treuttel & Würtz lassen sich zwei Schwerpunktphasen ausmachen, welche sich nicht zu einem bestimmten Zeitpunkt radikal ablösten, sondern überschnitten. Obwohl die Mittlerfunktion von Übertragungen von einer Sprache in eine andere im gesamten Untersuchungszeitraum des Epochenumbruchs vom 18. zum 19. Jahrhundert vorkam, befanden sich gerade zu Beginn des Unternehmens mehrere Übersetzungen unter den Publikationen des Verlags, bei denen explizit auf das Motiv der Übertragung der Idee in den jeweils anderen Sprachraum hingewiesen wurde.

Zeitlose Mittlerfunktion von Übersetzungen

Das Motiv der Vermittlung von Wissen von einem Sprachraum in einen anderen für die Anfertigung einer Übersetzung findet sich bei Jean Geoffroy Bauer bereits im ersten Jahrzehnt der Existenz des Unternehmens. Im Vorwort des Verlegers zur »Sammlung auserlesener Wahrnehmungen aus der Arzney-Wissenschaft« von 1757 begründete er die Übertragung ins Deutsche, um sie jenen Ärzten, welche der französischen Sprache nicht mächtig waren, zur Verfügung zu stellen, wie folgt:

> [S]o haben wir geglaubt, der Welt einen Dienst zu leisten, wenn wir dasjenige Journal, welches seit dem Jahre 1754 in französischer Sprache in Paris monatlich stückweis heraus kommt, und nichts als Wahrnehmungen aus der Arzney-Wissenschaft, der Wund-Arzney- und der Apotheker-Kunst enthält, welche von Stücke zu Stücke beständig wichtiger werden, in unsere Mutter-Sprache übersetzten; damit auch diejenigen, welchen die französische Sprache unbekannt ist, sich dieses Werk zu Nutz machen und zum Besten ihres

> nothleidenden Nebenmenschen vermehren könnten. Sollte der Endzweck, den man sich vorgesetzt, durch gegenwärtige Übersetzung erreichet werden, so würde sich [der Verleger] glücklich schätzen, auch etwas zu dem Heile der menschlichen Gesellschaft beygetragen zu haben [...]. Der Verleger[114].

Bei anderen bei Bauer und Treuttel erschienenen Übertragungen, wie der »Géographie« von Ostervald, ebenfalls vom Französischen ins Deutsche übersetzt, wurde nicht eindeutig betont, dass die Übersetzung für ein Publikum gedacht war, welches sie nicht im Original lesen konnte. Diese Begründung scheint an dieser Stelle nicht nötig, da sie offensichtlich für ein deutsches Publikum angefertigt wurde. Hier wurde stattdessen betont, dass die deutsche Ausgabe nicht nur eine Übersetzung, sondern zudem eine Adaptation an die Bedürfnisse deutscher Leser war:

> Alle diese Vorzüge haben mich bewogen, eine Uebersetzung eines so nützlichen Buches zu veranstalten. Es war aber hierbey unumgänglich nöthig, einige Aenderungen zu machen, damit die deutsche Jugend den gehörigen Nutzen daraus ziehen könnte. Der Herr Verfasser schrieb in der Schweiz und hat demnach den Abschnitt von diesem Lande weitläufiger, Deutschland aber nach dem nämlichen Maaße, wie die übrigen Länder, ausgearbeitet. In einer deutschen Uebersetzung mußte nothwenig die Schweiz in das Kleine gebracht, Deutschland aber vergrößert werden. Jenes hat Herr Osterwald selbst mit vieler Bereitwilligkeit gethan[115].

Während der Französischen Revolution erschienen im Verlag bei J.-G. Treuttel Übersetzungen der französischen Verfassung ins Deutsche[116]. Die Französische Revolution stellte auch im Hinblick auf Übersetzungen eine Ausnahme im Verlagsprogramm von Treuttel dar. Übersetzer wurden nicht genannt, die Übertragung sollte insbesondere schnell angefertigt werden und die Qualität war vermutlich weniger wichtig. Treuttel stellte sein Unternehmen in den Dienst der schnellen Informationsverbreitung, sowohl in französischer als auch in deutscher Sprache, und entsprechender Übersetzungen. Das Unternehmen war zu

114 Bauer, Vorbericht des Verlegers, in: Sammlung auserlesener Wahrnehmungen aus der Arzney-Wissenschaft, der Wund-Arzney- und der Apothecker-Kunst. Aus dem Französischen übersetzet, Bd. 1, Frankfurt, Leipzig Johann Gottfried Bauer, 1757, unpaginiert.

115 Jean Geoffroy Bauer, Jean-George Treuttel, Vorbericht der Verleger, in: Herrn Friedrich Osterwalds historische Erdbeschreibung zum Nutzen deutscher Jugend eingerichtet [...], neue verbesserte Ausgabe, Straßburg, Bauer und Treuttel, 1778, unpaginiert.

116 Vgl. u. a. La Constitution françoise, proclamée le 18 septembre 1791 & jours suivans. Avec un récit de ce qui s'est passé à l'occation de cet acte solennel. Französisch und Deutsch. Réimprimé, Strasbourg, J.-G. Treuttel, 1792. An dieser Stelle sei auf das Digitalisat der BSB München hingewiesen: BSB, 1014236 Gall.rev 1025 r, http://reader.digitale-sammlungen.de/de/fs1/object/display/bsb10425448_00007.html (4.10.2019).

Beginn der Französischen Revolution mehr auf den lokalen Markt ausgerichtet und die Revolution in Straßburg.

Im Elsass gab es Gemeinden, in denen lediglich Deutsch gesprochen und Französisch nicht verstanden wurde. Folglich kam der Übertragung ins Deutsche zur Informationsverbreitung inbesondere während der Französischen Revolution eine besondere Bedeutung zu. In der Société des jacobins in Straßburg sollte 1792 eine Schrift zur Information der Bevölkerung über den Klerus verteilt werden. Der Verlagsbuchhändler Armand König erklärte sich zwar bereit, diese Schrift zu vertreiben, merkte aber an, dass die Bevölkerung auf dem Land, die die Adressaten der Broschüre sei, diese aufgrund der Sprachbarriere des Französischen nicht lesen könne:

> C'est avec plaisir, Monsieur, que je me chargerai de la vente de la brochure que vous avez eu la complaisance de m'envoyer. Je crains seulement qu'elle ne soit pas considérable, nos gens de la campagne auxquels cette pièce est destinée n'ayant point l'usage de la langue françoise. Quoiqu'il en soit, je vous rendrai dans un mois d'ici les exemplaires que je n'aurai pu placer, & vous tiendrai compte des autres. A. Koenig[117]

Auch Jean-George Treuttel war sich dieser Sprachbarrieren der Bewohner im Osten Frankreichs bewusst. Da ihm aus ideellen Gründen an der Verbreitung von Information zu Beginn der Revolution lag, ließ er Übertragungen ins Deutsche anfertigen, beispielsweise im Februar 1791:

> L'autre objet[,] et de plus grande conséquence, c'est la réimpression en français & publication en langue allemande d'un petit livre analogue à l'instruction du peuple concernant la constitution civile du clergé. [...] La traduction allemande parroîtra en huit jours & mes mesures sont déjà prises pour que les 600 ex[em]pl[aires] que mon ami de Nantes veut faire distribuer gratuitement dans le département du Haut-Rhin soient bien placés[118].

Es konnte leider nicht festgestellt werden, um welche Publikation es sich hier handelt. Möglicherweise ist sie ohne Angabe des Verlags erschienen oder lediglich in Kommission herausgegeben worden.

August Wilhelm Schlegel übersetzte 1820 den biografischen Artikel, den Albertine-Adrienne Necker de Saussure über ihre Freundin Germaine de Staël als Einführung der Gesamtausgabe der Schriftstellerin verfasst hatte, ins Deutsche. Diese Übertragung erschien bei Treuttel & Würtz als Separatdruck. Zunächst aber erklärte Schlegel Treuttel & Würtz seine Motive für diese Ver-

117 Armand König an unbekannt, [Straßburg], 22.5.1792, AS, 205MW9.

118 Jean-George Treuttel an den Präsidenten der Société des jacobins de Strasbourg, Strasbourg, 8.2.1791, ibid., 205MW8.

deutschung in einem Brief vom 1819: »Les livres françois ne pénètrent pas partout en Allemagne, beaucoup de personnes n'ont pas assez de facilité pour en jouir, et le public qui veut avoir l'original est tout différent de celui qui préfère la traduction«[119].

Es wirkt auf den ersten Blick paradox, dass August Wilhelm Schlegel der transnationalen Verlagsbuchhandlung Treuttel & Würtz zunächst erklärte, dass französischsprachige Publikationen in Deutschland nicht überall rezipiert wurden. Das Original und die Übersetzung wurden für ein grundverschiedenes Publikum angefertigt. Diese Einschätzung, die von Treuttel & Würtz sicher geteilt wurde, stellt klar, dass seine Übersetzung nicht für ein Publikum gedacht war, welches das Original hätte lesen können. Das Motiv der Vermittlung durch die Übersetzung stand für Schlegel – in diesem Fall – eindeutig im Vordergrund.

Ferner führte Schlegel aus, dass er die Übersetzung für seine Freundin Germaine de Staël anfertige, um sie im deutschen Raum bekannter zu machen, und dass dies gleichzeitig dem Absatz der Gesamtausgabe diene. Folglich forderte er auch nur ein geringes Honorar für seine Übersetzung:

> Puisque vous voulez que je fasse mes conditions, je propose de fixer l'honoraire de la traduction à 40 francs par feuille de l'impression françoise. Si vous trouvez que cela n'est pas en proportion avec la force de l'édition que vous comptez faire et avec le débit présumable, vous n'avez qu'à me […] le dire, et je m'en remettrai à vous. Car je vous le répète, c'est l'intérêt du sujet et ma reconnoissance envers l'auteur qui me fait entreprendre cette traduction, aucun autre motif auroit pu m'y engager[120].

August Wilhelm Schlegel erkärte das Erschließen einer anderen sozialen Schicht durch seine Übertragung zum Ziel seiner Übersetzung. Obwohl die Kunden von Treuttel & Würtz insbesondere Publikationen in französischer Sprache auch im Ausland, beispielsweise in Weimar, erwarben und insofern eine Sprachbarriere kaum vorhanden war, erschienen im Verlag auch Übersetzungen, die sich an ein Publikum wandten, das der *lingua franca*, des Französischen, nicht mächtig war.

Insofern bedingt auch die Sprache, in die ein Werk übersetzt wird, dessen Funktion mit. Texte wie der biografische Artikel über Germaine de Staël wurden mit dem Ziel übersetzt, sie einem Publikum zugänglich zu machen, welches das französische Original nicht lesen konnte. Die Übersetzung der »Géographie« von Ostervald ging sogar, wie bereits erläutert, mit einer Adaptation für

119 August Wilhelm Schlegel an Treuttel & Würtz, Bonn, 28.8.1819, DBSM, 1995/Arch. 294.

120 Ibid.

den deutschsprachigen Markt einher. Übersetzungen ins Französische hingegen dienten nicht unbedingt nur einem französischen Adressatenkreis, sondern darüber hinaus einem europäischen Publikum.

Übersetzung als Aspekt der Kanonisierung

Die bedeutendste Arbeit von Richard François Philippe Brunck (1729–1803) stellte seine Übersetzung von Sophokles' Schriften, welche er im griechischen Original und lateinischer Übersetzung im Verlag von Treuttel (1786, 3 Bde.) herausgab, dar. Brunck, der ursprünglich aus Straßburg stammte und in Paris eine Ausbildung am Collège Louis le Grand genossen hatte, begann zunächst eine Karriere in der Verwaltung, beschäftigte sich aber ab 1760 intensiv mit klassischen antiken, insbesondere griechischen Autoren. Vor dieser Sophokles-Ausgabe hatte er einige Ausgaben griechischer Autoren, darunter Apollonius, Vergil und Aristophanes, Letzterer in griechischer Version und lateinischer Übersetzung, veröffentlicht. Brunck kam eine entscheidende Bedeutung in der Verbreitung antiker griechischer Autoren zu. In dem biografischen Eintrag zu ihm in der »Allgemeinen deutschen Biographie« schrieb Karl von Halm 1876:

> Wenn auch B[runck] als Kritiker mit allzu großer Kühnheit und Willkür verfahren ist, und manche seiner grammatischen und metrischen Grundsätze sich durch spätere Forschung als unhaltbar erwiesen haben, so verbleibt ihm doch das große Verdienst, daß er ein tieferes Verständniß der griechischen Dramatiker angebahnt und überhaupt das ganze Studium griechischer Poesie mächtig gehoben hat[121].

Brunck wurde also von späteren Biografen in der Vermittlung griechischer antiker Autoren eine wichtige Bedeutung zugewiesen. Es ist jedoch kaum anzunehmen, dass diese Vermittlung aufgrund seiner lateinischen Übersetzung zustande kam. Der überwiegende Teil seiner Ausgaben war im griechischen Original gedruckt, eventuell mit lateinischem Vorwort versehen. Die Besonderheit bestand weniger in der Übersetzung als in der Auswahl der griechischen Texte. Im Fall der Sophokles-Ausgabe beispielsweise stützte er sich auf Handschriften der Pariser königlichen Bibliothek.

In einer Gesellschaft, in der es auf dem Gymnasium üblich war, neben Latein auch Altgriechisch zu lernen, stellt sich die Frage, warum überhaupt Übersetzungen vom Altgriechischen ins Lateinische angefertigt wurden. Lag die größere Bedeutung der Arbeit Bruncks nicht in der Auswahl und Ausgabe der Klassiker in der Originalsprache? Waren mögliche Leser des Altgriechi-

121 Halm, Art. »Brunck, Richard Franz Philipp«.

schen nicht genauso mächtig wie der lateinischen Sprache? Tatsächlich lieferte Brunck mit der lateinischen Übersetzung bereits eine Interpretation der griechischen Texte. Zudem waren seine Ausgaben zumeist mit Anmerkungen versehen. Die Zugänglichmachung für ein anderes Publikum mag bei der Übersetzung vom Altgriechischen ins Lateinische kaum im Vordergrund gestanden haben. Vielmehr lieferte Brunck eine neue Version, eine Interpretation des Textes in einer anderen Sprache. Er stellte damit vor allem seine eigenen wissenschaftlichen und sprachlichen Fähigkeiten unter Beweis.

Dieser Fall der Übersetzung, die angefertigt wurde ohne das primäre Ziel, dass dadurch der Inhalt einem neuen Publikum zugänglich gemacht werden sollte, welches ohne Übertragung nicht im Stande wäre, das Original zu lesen, findet sich auch bei Übersetzungen zeitgenössischer Literatur bei Treuttel & Würtz. Ein Beispiel dafür stellt die Übertragung von Goethes »Hermann und Dorothea« ins Französische durch Paul-Jérémie Bitaubé dar. Das Epos beschreibt, wie Dorothea mit anderen in Folge der Flucht vor den Revolutionskriegen in das Dorf von Hermann kommt. Dieser verliebt sich in sie und nach der Überwindung familiärer Widerstände heiraten sie. Goethe verfasste das Werk zwischen 1796 und 1797 und es wurde 1797 als Taschenbuch auf das Jahr 1798 bei Vieweg in Berlin publiziert. Bereits zu diesem Zeitpunkt erfuhr das Werk große Aufmerksamkeit, nicht nur im deutschen Raum, sondern auch in Frankreich. Im Dezember 1797 erschien eine Rezension von August Wilhelm Schlegel in der ALZ[122]. 1797 wurde zudem eine Kritik von Johann Gottfried Schweighäuser (1776–1844) in dem von Aubin-Louis Millin herausgegebenen »Magasin encyclopédique« publiziert, in der Schweighäuser die Arbeit Goethes lobte[123].

»Hermann und Dorothea« wurde also nicht nur in der Folgezeit intensiv rezipiert, sondern bereits einige Wochen nach dem Erscheinen der Erstausgabe. Der ursprünglich aus Straßburg stammende Schweighäuser war der Sohn eines klassischen Philologen und später selbst als klassischer Philologe und Archäologe tätig. Während er seine Besprechung von Goethes »Hermann und Dorothea« verfasste, befand er sich in Paris im Kreise zahlreicher anderer klassischer Philologen, unter anderen Paul-Jérémie Bitaubé und Jean-Baptiste-Gaspard d'Ansse de Villoison (1750–1805)[124].

122 Vgl. August Wilhelm Schlegel, Rezension von »Herrmann und Dorothea«, in: ALZ 393/4 (1797), S. 641–648.

123 Vgl. S... [Johann Gottfried Schweighäuser], Rezension von »Hermann und Dorothea, Poëme de M. Goethe. Imprimé à Berlin, chez Vieweg, sous forme d'Almanac, pour l'année 1798«, in: Magasin encyclopédique 5/3 (1797), S. 216–228.

124 Vgl. Adolf Michaelis, Art. »Schweighäuser, Gottfried«, in: ADB, Bd. 33 (1891), S. 351–357.

»Hermann und Dorothea« wurde von Beginn an in Verbindung mit Johann Heinrich Voss' »Luise« gesehen und in die Tradition griechischer Literatur vor allem Homers gestellt. Nicht nur der klassische Philologe Schweighäuser sah Goethes Werk in der Tradition Homers, auch August Wilhelm Schlegel hatte diese bereits beschrieben. Goethe hatte die einzelnen Kapitel nach den Namen griechischer Musen benannt, aber auch inhaltlich und in Bezug auf das Versmaß, für das Goethe sich u. a. von Wilhelm von Humboldt beraten ließ, war das Epos an den antiken griechischen Autor angelehnt[125].

Die Auswahl von Paul-Jérémie Bitaubé für die 1800 bei Treuttel & Würtz verlegte erste vollständige Übertragung von Goethes »Hermann und Dorothea« ins Französische war nicht zufällig getroffen worden. Bitaubé war ein renommierter klassischer Philologe und insbesondere als Übersetzer von Homer ins Französische bekannt, was ihn auch für die Goethe-Übertragung qualifizierte. Die Wahl des Übersetzers wurde im »Magasin encyclopédique« 1800 gelobt: »Gœthe, imitateur de l'Odyssée, méritoit d'avoir pour traducteur celui d'Homère, et tout autre y eût trouvé des difficultés insurmontables«[126].

Zudem war Bitaubé durch seinen deutsch-französischen Lebenlauf als Übersetzer besonders geeignet. 1732 als Sohn französischer Hugenotten in Königsberg geboren, ging er nach Berlin und leitete dort zunächst das Französische Gymnasium. Von d'Alembert wurde er unter den Gelehrten der Akademie in Berlin und bei Friedrich II. eingeführt. Er übersetzte nicht nur die »Ilias«, sondern auch die »Odyssee« ins Französische[127]. Auf dem Titelblatt seiner Goethe-Übersetzung wurde die besondere deutsch-französische und wissenschaftliche Qualifikation des Übersetzers wie folgt hervorgehoben: »Par Bitaubé, membre de l'Institut national de France et de l'Académie royale des sciences et belles-lettres de Prusse« (Abb. 12). Zudem wiesen Treuttel & Würtz auf der Rückseite des ersten Titelblatts auf die Übersetzungen von Homers »Ilias« und der »Odyssee« ins Französische hin, welche in ihrer Buchhandlung zu erwerben waren.

Paul-Jérémie Bitaubé selbst bezeichnete sich nicht gern als Übersetzer, wie Pascale Hummel bereits betonte. Für ihn stellte eine sorgfältig angefertigte Übertragung ein eigenes neues Werk dar[128]. In seinen »Réflexions sur la traduction des poëtes« führte er diesen Gedanken aus: »Une traduction, lorsqu'on y

125 Vgl. Espagne, Humboldt à Paris, S. 198.

126 Rezension von »Herman et Dorothée, en IX chants. Poème allemand de Gœthe, traduit par Bitaubé […]«, in: Magasin encyclopédique 3/4 (1800), S. 284f., hier S. 285.

127 Zum Lebenslauf und auch zu den Übersetzungen von Bitaubé vgl. Pascale Hummel, Paul-Jérémie Bitaubé, un philologue binational au xviiie siècle, in: International Journal of the Classical Tradition 4/2 (1996), S. 510–535.

128 Vgl. ibid., S. 526.

HERMAN

ET

DOROTHÉE,

EN IX CHANTS;

Poëme allemand de GŒTHE,

TRADUIT

Par BITAUBÉ, Membre de l'Institut national de France, et de l'Académie royale des Sciences et Belles-Lettres de Prusse.

PARIS ET STRASBOURG,

Chez TREUTTEL et WURTZ, libraires, quai Voltaire, n.° 2.

DE L'IMPRIMERIE DE DIDOT LE JEUNE.

AN IX. — 1800.

Abb. 12. Titelblatt der Übersetzung »Herman et Dorothée, en IX chants« von Paul-Jérémie Bitaubé bei Treuttel & Würtz, 1800, BNF, YH-2545.

donne les soins convenables, tient donc en beaucoup d'endroits et par rapport aux beautés de détail d'où dépend en grande partie le succès d'un ouvrage, comme d'une seconde création«[129].

Treuttel und Würtz scheinen diese Ansicht geteilt zu haben, denn sie behandelten Bitaubés Übersetzung wie ein eigenständiges Werk. Sie bezahlten ihm für die Übertragung 600 Livre Tournois und erwarben das Urheberrecht für seine Version von »Herman et Dorothée« sowie für alle möglichen darauf folgenden Auflagen: »Moi Bitaubé cède aux libraires Treuttel & Würtz pour toutes les éditions qui pourront en être faites ma traduction du poëme allemand de Goethe, intitulé ›Hermann & Dorothée‹, aux conditions suivantes; pour en jouir en toute propriété irrévocable«[130].

Treuttel & Würtz druckten aus Sorge um Raubdrucke auf die Rückseite des ersten Titelblattes, dass sie diese streng juristisch verfolgen würden. Allerdings stellten in diesem Fall nicht die anderen Verleger ein Problem dar, sondern Bitaubé selbst. Hoch verschuldet, verkaufte er an den Pariser Verleger Dentu 1802 die Rechte an seinem Gesamtwerk für 1500 Franc, darunter auch jene für die Übersetzung von »Hermann und Dorothea«[131]. 1804 bereits erschien bei Dentu die Gesamtausgabe von Bitaubé[132], worunter sich auch die Übertragung befand, für die Treuttel & Würtz die Publikationsrechte bereits einige Jahre zuvor erworben hatten. Im Verlag von Treuttel & Würtz ist denn auch lediglich eine Auflage der Übersetzung nachgewiesen.

Von der zeitgenössischen Kritik wurde Bitaubés Übersetzung positiv aufgenommen[133], so von Joseph-Marie de Gérando[134] in der »Décade philosophique«, der Zeitschrift der *idéologues* im Jahre 1800:

129 Paul-Jérémie Bitaubé, Œuvres complètes, 9. Bde, hier Bd. 1, Paris, Dentu, 1804, S. 77 f.

130 Vertrag über die französische Übersetzung von »Hermann und Dorothea« zwischen P.-J. Bitaubé und Treuttel & Würtz, Paris, 9 floréal an VIII [29.4.1800], FDH FGM, Hs-15685, und Abschrift in Anhang C.

131 Vgl. Vertrag über die »Œuvres complètes« zwischen Paul-Jérémie Bitaubé und Jean-Gabriel Dentu, Paris, 1er vendémiaire an XI [1802], IF, Ms 916.

132 Vgl. Bitaubé, Œuvres complètes.

133 Pascale Hummel weist auch auf negative Kritiken zu Bitaubés Übersetzung von »Hermann und Dorothea« durch Bon-Joseph Dacier hin. Da Hummel in diesem Fall auf eine Rede Daciers von 1810 verweist, mag die negative Kritik erst einige Jahre nach der Publikation der Übersetzung oder nach dem Tod von Bitaubé geäußert worden sein. Sie entsprach nicht der Einschätzung um 1800, wie hier nachgewiesen werden konnte. Vgl. Hummel, Paul-Jérémie Bitaubé, S. 521.

134 Von französischen Germanisten ist nicht nur die Rezeption von Goethes »Hermann und Dorothea« in Frankreich bereits gründlich untersucht worden, auch die Abkürzun-

> On peut juger du mérite de la traduction par les morceaux que nous avons cités. On y retrouve ordinairement cette simplicité élégante qui caractérise l'original. Quelques négligences, quelques obscurités, quelques fautes contre l'harmonie peuvent avoir échappé à son auteur; mais on y reconnaît toujours le traducteur d'Homère, et M. Gœthe ne partagera pas les plaintes des écrivains de l'Allemagne, qui prétendent ne pouvoir être jugés par les Français, parce qu'ils n'ont jamais obtenu une traduction qu'ils puissent avouer[135].

Auch im »Magasin encyclopédique« (1800) wurde die Übersetzung gelobt, vermutlich durch den Herausgeber Aubin-Louis Millin selbst: »Nous avons lu avec ravissement l'original, nous avons lu la traduction entière, et elle nous a fait un extrême plaisir; ce plaisir sera partagé par toutes les âmes douces et sensibles, par tous les amis du simple, du beau, du vrai«[136].

An dieser Bemerkung im »Magasin encyclopédique« aber wird nicht nur das Lob durch den Rezensenten deutlich, auch die Tatsache, dass der Kritiker sowohl das deutschsprachige Original als auch die französische Übersetzung gelesen und genossen habe, ist bemerkenswert. Die Leser, zumindest dieser Rezensent, waren in der Lage, das deutsche Original zu lesen. Mit der Übertragung von Goethes »Hermann und Dorothea« ins Französische wurde also nicht unbedingt ein Publikum angesprochen, das nicht in der Lage war, das Original zu lesen. Sprachliche Barrieren scheinen nicht das Hauptmotiv für die Übersetzung gewesen zu sein.

Die Übersetzung von Bitaubé diente zudem als Grundlage einer weiteren Übertragung ins Italienische. Auch wenn dies im Vorwort der italienischen Übersetzung nicht direkt genannt wird, weist Iris Plack darauf hin, dass die Übertragung von Goethes »Hermann und Dorothea« ins Italienische 1824 durch Gaetano Barbieri vermutlich auf Grundlage der Übersetzung von Bitaubé angefertigt wurde[137].

Goethe selbst, der an Übersetzungen seiner Arbeiten in andere Sprachen interessiert war, schrieb Bitaubé am 19. November 1800:

> Wenn es rühmlich für einen Schriftsteller ist[,] von fremden Nationen gekannt zu seyn, so ist es, dünkt mich, noch ehrenvoller, von Männern

gen der Rezensenten sind entschlüsselt. Vgl. u. a. Louis Morel, »Hermann et Dorothée« en France, in: Revue d'histoire littéraire de la France (1905), S. 627–662.

135 D. G. [Joseph-Marie de Gérando], Rezension von »Hermann et Dorothée, poëme allemand de Gœthe, traduit par Bitaubé; chez Treuttel et Wurtz, quai Voltaire, n° 2«, in: La Décade philosophique, littéraire et politique, 1er trimestre (an 9 [1800]), S. 69–77, 161–168, hier S. 167 f.

136 Rezension von »Herman et Dorothée, en IX chants«, S. 285.

137 Vgl. Iris Plack, Indirekte Übersetzungen. Frankreich als Vermittler deutscher Literatur in Italien, Tübingen 2015, S. 164.

> geschätzt zu werden, welche die Muster kennen[,] nach denen er sich zu bilden gesucht hat. Sie haben, würdiger Mann, mein Gedicht der Übersetzung nicht unwerth geachtet, nachdem Sie, in früherer Zeit, Ihr Gefühl für unsere Lehrer, die Griechen, und für den Reiz patriarchalischer Sitte, durch Übersetzung und eigne Arbeit an den Tag gelegt hatten. Sie lassen, durch diesen Antheil an meinem Gedicht, dem Bestreben Gerechtigkeit widerfahren, das in mir immer lebendig war, mich von den Formen der Alten so viel als möglich zu durchdringen. Ich wünsche Ihrer Arbeit in Frankreich um so mehr Beyfall, als schon der Inhalt für den Leser nicht ohne Nutzen bleiben kann[138].

Goethe war mit Bitaubés Übersetzung sowie der Berücksichtigung der griechischen Antike zufrieden[139]. Auch nahm Goethe Notiz von den Rezensionen, die in Frankreich von seinen Werken und auch den Übersetzungen seiner Publikationen erschienen. 1826, im Kontext seiner Überlegungen zur Weltliteratur, diktierte er:

> [Frankreich.]
> Werthers Leiden wurden sehr bald ins Französische übersetzt.
> Der Effect war groß wie überall, denn das allgemein Menschliche drang durch.
> Alle meine übrigen Productionen standen so weit von der französischen Art und Weise ab, und ich war mir dessen wohl bewusst.
> Übersetzung von Hermann und Dorothee durch Bitaubé that nur im Stillen seine Wirkung.
> Schwierigkeit in Frankreich überhaupt für den Tag aufzutauchen.
> Im Stillen hartnäckige Anhänger an's Deutsche[140].

1826 resümierte Goethe seine Bekannheit in Frankreich und die Übersetzungen ins Französische, wobei er zu den wichtigen Ausgaben nicht nur »Die Leiden des jungen Werther«, sondern auch »Hermann und Dorothea« zählte, auch wenn Letztere weniger Beachtung fanden. Bezog sich der letzte Satz »Im Stillen hartnäckige Anhänger an's Deutsche«[141] darauf, dass seine Veröffentlichungen insbesondere von Personen gelesen wurden, die sie auch im deutschen Original lesen konnten, während es in französischer Übersetzung schwierig war, in Frankreich als Autor wahrgenommen zu werden?

138 Johann Wolfgang von Goethe an Paul-Jérémie Bitaubé, Nr. 4317, in: Goethes Werke herausgegeben im Auftrage der Großherzogin Sophie von Sachsen, IV. Abtheilung, 15. Bd.: 1800–1801, Weimar 1894, S. 148f.

139 Mit Übersetzungen ins Englische von »Hermann und Dorothea« hingegen war Goethe nicht zufrieden. Vgl. Johann Wolfgang von Goethe an Thomas Holcroft, Nr. 4397, ibid., S. 233f.

140 Ibid., II. Abtheilung, 42. Bd., Weimar 1907, S. 491.

141 Ibid.

Wilhelm von Humboldt hatte bereits während eines Aufenthalts in Paris 1797 Goethes »Hermann und Dorothea« im Original gelesen und daraufhin den Text »Ueber Göthes Hermann und Dorothea« geschrieben (1799). Auf Grundlage von Goethes Epos und im Kontrast zu seinem Aufenthalt in Paris und zur französischen Kultur entwickelte er seine deutsche Ästhetik. Diese Arbeit Humboldts bezeichnet Michel Espagne als »[texte] initiateur d'une philologie moderne«[142], als Auslöser einer modernen Philologie, und räumt ihm einen besonderen Platz in der entstehenden Literaturwissenschaft im deutschen Raum ein[143].

Als Treuttel & Würtz das Projekt der Publikation einer Übersetzung von »Hermann und Dorothea« mit Bitaubé begann, war der Aufsatz von Wilhelm von Humboldt bereits veröffentlicht, ebenso wie die lobenden Rezensionen im deutschen und französischen Raum. Treuttel und Würtz wussten also bereits, dass das Werk von den Gelehrten besonders geschätzt wurde, als sie sich entschlossen, eine Übertragung in ihrem Verlag erscheinen zu lassen.

Bitaubé wies in seinem Übersetzervorwort nicht nur auf die Rezension von Schweighäuser und dessen Übertragung einiger weniger Zeilen, sondern auch auf die Monografie von Wilhelm von Humboldt hin. Die Übertragung wurde in diesem wissenschaftlichen Kontext angefertigt. Treuttel und Würtz waren sich der Bedeutung des Textes von Goethe und auch derer von Humboldt bewusst. Gemeinsam mit der von Bitaubé angefertigten Übersetzung verteilten sie eine darauf abgestimmte Buchhandelsanzeige. In dieser wiesen sie nicht nur auf das deutsche Original von Goethes »Hermann und Dorothea«, sondern auch auf weitere Schriften Goethes und deren Übersetzungen hin. An dieser Stelle nannten sie ebenso die Arbeit von Wilhelm von Humboldt. Auch Schriften von Voss, besonders seine »Luise«, wurden mit der Bermerkung zitiert »Cet ouvrage peut être considéré comme pendant à ›Herman et Dorothée‹«[144].

Treuttel und Würtz lieferten in der Bereitstellung einer Bibliografie zu dem bei ihnen erschienenen Werk in Form der Buchhandelsanzeige bereits einen Beitrag zur späteren philologischen Arbeit. Sie legten eine Bibliografie

142 Espagne, Humboldt à Paris, S. 195.

143 Vgl. ibid.

144 Extrait du catalogue de livres allemands, grecs et latins, de la librairie de Treuttel et Würtz, à Paris et à Strasbourg, S. [1]–6, hier S. 2. Buchhandelsanzeige gebunden an: Herman et Dorothée, en IX chants. Poëme allemand de Gœthe, traduit par Bitaubé, membre de l'Institut national de France, et de l'Académie royale des sciences et belles-lettres de Prusse, Paris et Strasbourg, chez Treuttel et Wurtz, libraires, quai Voltaire, n° 2, De l'imprimerie de Didot le jeune, an IX [1800], https://babel.hathitrust.org/cgi/pt?id=chi.088221981&view=1up&seq=7 (4.10.2019, Exemplar der Universität Chicago).

der Werke im Original und in Übersetzung vor, wiesen auf wichtige parallele Ausgaben und sogar auf Literatur zu dem bei ihnen erschienenen Werk hin. Somit schufen sie eine optimale Ausgangslage für die philologische Arbeit ihrer Kunden.

Betrachtet man Goethes »Hermann und Dorothea« im Hinblick auf das von ihm entworfene Konzept der Weltliteratur, so ließen sich bereits kurze Zeit nach dem Erscheinen des Epos alle drei Bedeutungsebenen der Weltliteratur für das Werk nachweisen. Es handelte sich um eine Gattung, die kulturübergreifend vorkam, auch das Thema der Brautwerbung stellte ein kulturübergreifendes Thema dar. Die interkulturelle Dimension des Konzepts »Weltliteratur« wird insbesondere durch die Bezeichnung von »Hermann und Dorothea« als »Imitation von Homer« und Anlehnung an die antiken Griechen, welche Goethe selbst als Vorbild für diese Arbeit betrachtete, erfüllt. Auch das aktuelle Thema der Revolutionskriege als Kulturkontakt, die Behandlung von Fremden und die Aufnahme von Flüchtlingen sind Themen des Werkes. Ferner war bereits die zeitgenössische Rezeption von »Hermann und Dorothea« intensiv. Nicht nur in zahlreichen Rezensionen wurde das Werk besprochen, auch Wilhelm von Humboldt fertigte seine Arbeit »Ueber Göthes Hermann und Dorothea« an, in der er sich mit dem Epos auseinandersetzte und seine Theorie der Ästhetik darauf aufbaute[145]. »Hermann und Dorothea« konnte also schon kurz nach dem Erscheinen von Treuttel & Würtz als wichtiges, einflussreiches literarisches Werk, welches es wert sei, kanonisiert zu werden und eine besondere Aufmerksamkeit zu erhalten, bewertet werden. Goethes »Hermann und Dorothea« gehörte zu den wenigen literarischen Werken (der Kategorie *belles-lettres*), welche in Übersetzung bei Treuttel & Würtz erschienen. Es stand weniger die Funktion der Vermittlung in eine andere Sprache als vielmehr eine Kanonisierung und Wertschätzung der Arbeit Goethes im Vordergrund.

Dem bereits anerkannten klassischen Philologen und Übersetzer Homers, Paul-Jérémie Bitaubé, wurde die Gelegenheit gegeben, seine sprachlichen Fähigkeiten durch diese Übersetzung zu demonstrieren. Der ästhetische Wert der Übersetzung und die Wertschätzung des Originals standen im Vordergrund der Übertragung. Die Kunden von Treuttel & Würtz wurden in den Buchhandelsanzeigen auf das Original und die Übersetzung hingewiesen.

145 Vgl. Espagne, Humboldt à Paris, S. 202–205.

3.2.2 Kritische Übersetzungen als Vorläufer der modernen Philologien (1800–1850)

Neben der Funktion der Vermittlung von Wissen von einem Kulturraum in einen anderen sowie der Kanonisierung von Autoren und deren Werken stellte die häufigste und wichtigste Funktion der Übertragung sowohl in quantitativer als auch in qualitativer Hinsicht im Verlagsprogramm von Treuttel & Würtz die kritische Übersetzung dar. In Anlehnung an den Begriff der kritischen Ausgabe kann unter einer kritischen Übersetzung eine Übertragung verstanden werden, die nicht nur übersetzt, sondern mit zahlreichen Erläuterungen und Anmerkungen versehen wurde. Es handelt sich um Übersetzungen, bei denen dem Paratext, in Form von Kommentaren, Vorwörtern usw., die größere Bedeutung zukommt als der Übersetzung des Textes. Diese Übertragungen stellen hochwertige Übersetzungen durch Wissenschaftler dar, die zusätzlich zur Übersetzung des Textes diesen mit ihrem Fachwissen anreicherten.

Die kritische Ausgabe wurde zunächst in der Theologie und klassischen Philologie entwickelt. In den Disziplinen der klassischen Philologie, in denen die Gelehrten einerseits mit der Überlieferung unterschiedlicher Varianten von Texten konfrontiert sind oder der Theologie, in der die Übersetzung mit der damit einhergehenden Interpretation der Bibel zusammenhängt, stellten sich bereits früh die Fragen, welcher Text den ursprünglichen Originaltext darstellte, welche Varianten sich daraus entwickelten oder wie eine Übersetzung anzufertigen und damit der Text zu interpretieren sei. Die kritische Ausgabe stellt einen Text mit Anmerkungen dar, die historisch-kritischer oder philologischer Natur sein können. Häufig wird auf verschiedene Textversionen und Überlieferungen hingewiesen[146].

Diese Praktik der kritischen Ausgabe entstand in der zweiten Hälfte des 18. Jahrhunderts. Insbesondere Friedrich August Wolf, Christian Gottlob Heyne und Gottfried Hermann gelten als Vorreiter der Anwendung dieses Konzepts. Die Gesamtausgabe Gotthold Ephraim Lessings (1838–1840) von Karl Lachmann wird als erste Verwendung des Prinzips der historisch-kritischen Ausgabe der deutschen Literaturwissenschaft verstanden[147]. Im Bereich der Romanistik gilt Friedrich Christian Diez als einer der ersten Autoren von textkritischen Ausgaben, die er zur Poesie der Troubadoure anfertigte[148].

146 Vgl. Monika Estermann, Art. »Ausgabe«, in: LGB, Bd. 1 (^{2}1987), S. 183.

147 Vgl. ibid.

148 Vgl. W. Theodor Elwert, Art. »Diez, Friedrich«, in: NDB, Bd. 3 (1957), S. 712.

Der Ursprung der wissenschaftlichen Praxis der kritischen Ausgabe lag im deutschen Raum[149]. Bauer, Treuttel und Würtz waren Teil des Transfers oder zumindest versuchten Transfers dieser wissenschaftlichen Praxis aus dem deutschen Raum in den französischen, indem sie nicht nur die Publikationen international verbreiteten, sondern diese auch in ihrem Verlag erschienen. Sie standen in engem Kontakt mit Christian Gottlob Heyne, der als Direktor der Göttinger Universitätsbibliothek Kunde der Verlagsbuchhandlung war. Auch seine Tochter Therese Huber wohnte während der Französischen Revolution zeitweise im Haus von Jean-George Treuttel.

Für Bauer, Treuttel & Würtz ist die kritische Edition in der klassischen Philologie in Form der »Editiones Bipontinae« nachgewiesen, welche durch die Buchhandlung international vertrieben wurden. Die ursprünglichen Verleger der Bipontiner Ausgabe hatten versucht, für den Anmerkungsapparat der klassischen Texte, welche in kritischer Ausgabe durch renommierte Altphilologen herausgegeben wurden, ein Privileg und damit das Urheberrecht zu erhalten, was allerdings fehlschlug. Sie legten mehr Wert auf die Anmerkungen als auf den klassischen Text[150].

Die Ausgaben von Richard François Philippe Brunck weisen Aspekte kritischer Ausgaben auf. Sowohl die klassische Philologie als auch die Theologie, die als Ursprung der kritischen Ausgabe angesehen werden, stellten Schwerpunkte des Verlags von Bauer, Treuttel & Würtz dar.

In Bezug auf die von Bauer, Treuttel & Würtz verlegten kritischen Übersetzungen ist der kritische Apparat weiter zu fassen. Nicht nur Textvergleiche und philologische oder historische Anmerkungen sind darunter zu verstehen, sondern auch anderes Fachwissen, was durch den Übersetzer hinzugefügt wurde. Ein Beispiel dafür stellte die Übersetzung von Antoine-Laurent Lavoisier durch Friedrich Ludwig Ehrmann dar, der die Arbeit Lavoisiers nicht nur übersetzte, sondern seine eigenen Forschungsergebnisse zur Übersetzung hinzufügte. Auf dem Titelblatt wurde diese Erweiterung des Originaltextes wie folgt beschrieben: »Des Hrn. Lavoisier Abhandlungen ueber die Wirkung des durch die Lebensluft verstärkten Feuers, aus dem Französischen übersetzt und mit Zusätzen vermehrt von F. L. Ehrmann, als ein Anhang zu seinem Versuche einer Schmelzkunst mit Beyhülfe der Feuerluft«[151].

Bereits 1776 hatte Philippe-Frédéric de Dietrich der von ihm angefertigten Übertragung »Lettres sur la minéralogie« eigene Beobachtungen zur Mineralogie hinzugefügt, wie er in seiner Übersetzervorrede erklärte.

149 Vgl. Michel Espagne, Édition critique, in: Élisabeth Décultot u. a. (Hg.), Dictionnaire du monde germanique, Paris 2007, S. 293f., hier S. 293.

150 Vgl. Schöndorf, Zweibrücker Buchdruck zur Fürstenzeit, S. 169f.

151 Straßburg, Treuttel, 1787.

> Reconnaissant la supériorité de l'ouvrage de M^{r}. Ferber, j'ai cru rendre service aux François amateurs de l'histoire naturelle, de le faire passer dans leur langue; cet ouvrage méritoit sans doute d'être présenté par une plume plus habile; si le désir de plaire pouvoit suppléer aux talents, rien ne manqueroit à cette traduction.
> J'ai placé quelques-unes de mes observations à la suite de celles de M^{r}. *Ferber*; c'est un véritable sacrifice d'amour propre de ma part. Je crois que le lecteur ne me saura pas mauvais gré, d'avoir soustrait à ses yeux plusieurs petits détails de société contenus dans les Lettres de M^{r}. *Ferber*; détails toujours chers à deux amis qui s'écrivent, mais rarement intéressants pour ceux, auxquels ils sont étrangers; enfants de l'amitié ils ne peuvent sortir de son sein, sans perdre ordinairement tout leur prix[152].

Neben dem Bereich der naturwissenschaftlichen Arbeiten, in dem kritische Übersetzungen erschienen, verlegte Treuttel & Würtz auch juristische kritische Übersetzungen. Seit der Französischen Revolution gehörte die Publikation von juristischen Texten und auch deren Übersetzung zu einem der Schwerpunkte des Verlags. Erschienen die Übertragungen ins Deutsche in diesem Bereich zunächst wie die der französischen Verfassung noch ohne Kommentar, so wurde einige Jahre nach der Erstveröffentlichung des Code civil (oder Code Napoléon, 1804) eine Übersetzung mit Kommentaren bei Treuttel & Würtz publiziert. Die Gruppe der Übersetzer, die nicht namentlich genannt wurden, erklärten in ihrer Übersetzervorrede, sie wollten den besten Kommentar zum Verständnis des französischen Gesetzestextes liefern:

> Hiezu wird aber mehr als ein bloßes Uebersetzen der Worte des Originals in ungefähr gleichbedeutende Ausdrücke einer andern Sprache erfordert. Wir, als französische Rechtsgelehrte, welche auf deutschen Universitäten den theoretischen Theil der Rechtsgelehrsamkeit erlernt und seit der Einführung des Codex Napoleon uns mit der praktischen Anwendung desselben beständig beschäftigt haben, fühlten den Beruf, unser Ziel weiter zu stecken und in unserer Uebersetzung keinen Ausdruck, keine Wendung der Sprache aufzunehmen, welche einen Doppelsinn enthalten, dunkel scheinen, oder nicht allenthalten richtig verstanden werden könnte. [...] Das, was durch die französischen Lokal-Gesetze für Deutschland unverständlich seyn könnte, hat der gelehrte Herr Verfasser der Noten nach Möglichkeit zu erläutern gesucht; seine Haupt-Absicht aber war, durch Zusammenstellung der in einander einschlagenden Artikel, so wie der sämmtlichen [sic!] Parallel-Stellen den besten und richtigsten Commentar des Codex Napoleon zu liefern, um dadurch die entstehenden Zweifel zu lösen und die anscheinenden Widersprüche zu heben[153].

152 Philippe-Frédéric de Dietrich, Préface du traducteur, in: Lettres sur la minéralogie et sur divers autres objets de l'Histoire naturelle de l'Italie, écrites par Mr. Ferber à Mr. le chev. de Born [...], Strasbourg, Bauer & Treuttel, 1776, unpaginiert (Hervorh. i. Orig.).

153 Vorrede [der Übersetzer], in: Codex Napoleon [...], Strasbourg, Paris, Treuttel & Würtz, 1808, S. [III]–VI, hier S. [III]–IV.

Die Übersetzer, welche sich als französische Juristen ausgaben, wollten nicht nur eine Übersetzung liefern, sondern diese einerseits für den deutschen Raum und die Rechtslage anpassen und für deutsche Juristen erklären. Andererseits lieferten sie in Kommentaren Hinweise und richtige Interpretationsmöglichkeiten, die sich aus der Praxis des französischen Rechts in Frankreich ergeben hätten.

Die Anmerkungen, welche die Fachübersetzer dem Text hinzufügten, wiesen über die Anmerkungen, welche für eine Übersetzung nötig waren, hinaus und stellen eine frühe Form der juristischen Praxis der Gesetzeskommentare dar. In der Tat lässt sich eine Evolution der juristischen Texte bei Treuttel & Würtz feststellen: Während der Französischen Revolution erschienen lediglich Übersetzungen der Gesetzestexte wie der französischen Verfassung (1792), 1808 erschien eine Übertragung des Code civil ins Deutsche, angefertigt und mit erklärenden Kommentaren versehen durch Juristen. 1827–1832 erschienen dann in 31 Bänden ausschließlich die Kommentare ohne den Gesetzestext in Form von »La législation civile, commerciale et criminelle de la France ou Commentaire et complément des codes français« von Jean-Guillaume Locré[154].

Die juristische Praxis des Kommentars hatte sich aus den qualifizierten juristischen Fachübersetzungen entwickelt. Die qualitativ hochwertigen Fachübersetzungen mit Kommentaren und Erläuterungen hatten aus der kulturellen Dynamik des Übersetzungsprozesses zu einem Diskurs über die Auslegung der Gesetzestexte geführt. Diese Anregung eines Diskurses durch die Wissenschaftler, welche Texte ihrer eigenen Disziplinen übersetzten, führte zu deren Weiterentwicklung, dem Entstehen neuer Praktiken sowie der Herausbildung neuer Wissenschaften wie der modernen Philologien. Von diesen neuen Impulsen profitierten insbesondere textbasierte Wissenschaften, da dort der Auslegung und Interpretation von Texten eine große Bedeutung zukommt.

Aufgrund der großen Wertschätzung, die den Anmerkungen der Übersetzungen beigemessen wurde, kam den Übersetzern in der Regel selbst eine große Bedeutung zu. Ihre Qualifikation für die Übersetzung wurde auf den Titelblättern der Publikationen hervorgehoben.

Chronologisch betrachtet wurden diese kritischen Übersetzungen bereits im 18. Jahrhundert von Bauer, Treuttel und Würtz verlegt. Ihr Schwerpunkt aber liegt in der zweiten Phase des hier untersuchten Zeitraums, dem Beginn des 19. Jahrhunderts. Während im ausgehenden 18. Jahrhundert noch naturwissenschaftliche kritische Übersetzungen vorherrschten, nahmen mit Beginn des 19. Jahrhunderts die philologischen und historisch-kritischen Übersetzungen bei Treuttel & Würtz zu.

154 Vgl. La législation civile, commerciale et criminelle de la France, ou Commentaire et complément des codes français [...], 31 Bde., Paris, Strasbourg, Londres, Treuttel & Würtz, 1827–1832.

Lag der Ursprung der kritischen Ausgabe in den Disziplinen der klassischen Philologie und der Theologie, so wurde sie zu Beginn des 19. Jahrhunderts in Form kritischer Übersetzungen auch im Bereich des Orientalismus angewandt. Die Ägyptenexpedition Napoléon Bonapartes (1798–1801), an der zahlreiche Wissenschaftler aus Paris teilnahmen, führte zu einem Aufschwung der orientalischen Philologien, des Interesses an altägyptischer Kultur und anderen Wissenschaften.

Jean-François Champollion entzifferte das System der Hieroglyphen anhand des Steins von Rosette. Champollion hatte seine Ergebnisse erstmals 1822 in seinem Werk »Mémoire sur les hiéroglyphes phonétiques« publiziert. 1824 veröffentlichte er die Fortführung seiner Gedanken zu den Hieroglyphen unter dem Titel »Précis du système hiéroglyphique des anciens Égyptiens« bei Treuttel & Würtz. 1827–1828 erschien dort eine vermehrte und verbesserte Auflage. Wie Markus Messling in seiner Monografie »Champollions Hieroglyphen« darlegt, entwickelte dieser sein System in einem interkulturellen Kontext zu Beginn des 19. Jahrhunderts. Er war geprägt durch die Entstehung der Nationalismen und das Erbe der *idéologues*[155]. Als Mitglied der Académie des inscriptions et belles-lettres stellte Champollion nicht nur in der Ausrichtung seiner Forschung, sondern auch in dem kulturellen Hintergrund, indem er sich bewegte, einen typischen Autor von Treuttel & Würtz dar.

Die wissenschaftliche Debatte über die Entzifferung des Steins von Rosette begann bereits mit dessen Entdeckung. Bei Treuttel & Würtz erschien 1802 die »Lettre sur l'inscription égyptienne de Rosette, adressée au C. Silvestre de Sacy« von Johan David Akerblad. Der Orientalismus entstand in einem deutsch-englisch-französischen Kulturaustausch zu Beginn des 19. Jahrhunderts. Paris stellte ein wissenschaftliches Zentrum dar, in dem viele dieser Gelehrten wirkten oder sich zumindest teilweise aufhielten[156].

Im Verlag Treuttel & Würtz erschienen in auffallender Menge Publikationen der Orientforscher[157]. Darunter befanden sich Antoine-Léonard Chézy (1807), Antoine-Isaac Silvestre de Sacy (1810, 1811), Jean-Pierre Abel Rémusat (1811), der bereits erwähnte Jean-François Champollion (1824, 1827), Heinrich Julius Klaproth (1824), Samuel Cahen (1831–1851, 1832) und Joseph von Hammer-Purgstall (1833).

155 Vgl. Markus Messling, Champollions Hieroglyphen. Philologie und Weltaneignung, Berlin 2012.

156 Vgl. Pascale Rabault-Feuerhahn, L'archive des origines. Sanskrit, philologie, anthropologie dans l'Allemagne du xixe siècle, Paris 2008.

157 Vgl. zu diesen Übersetzungen insbes. den ersten Teil von Claudine Le Blanc, Yves Chevrel u. a., Une Antiquité nouvelle, in: Chevrel u. a. (Hg.), Histoire des traductions (1815–1914), S. 189–254.

In diesem Milieu bestand eine besondere deutsch-französische Nähe, wie bereits an einigen der Namen ablesbar ist. Heinrich Julius Klaproth (1783–1835) wurde in Berlin geboren. Entgegen dem Wunsch des Vaters befasste er sich bereits früh mit chinesischer Literatur. Aufgrund einer Empfehlung wurde er Mitglied der Akademie der Wissenschaften in St. Petersburg, in deren Rahmen er an zwei Forschungsreisen teilnahm. Auf diesen Reisen lernte er zahlreiche Sprachen. 1805 war Klaproth Teil der russischen Gesandtschaft in China. Eine Forschungsreise führte ihn nach Georgien und in den Kaukasus. Obwohl er in Russland viele Ehren erfahren hatte, trat er aus der Akademie aus und versuchte, in Paris seine wissenschaftliche Arbeit fortzuführen. Wilhelm von Humboldet setzte sich beim preußischen König für Klaproth ein, der daraufhin eine Professur für orientalische Sprachen in Berlin erhielt. Aufgrund seiner wissenschaftlichen Leistungen wurde ihm erlaubt, dauerhaft in Paris zu leben. Seine Forschung wurde nicht nur in Form seines Gehalts, sondern auch durch großzügige finanzielle Unterstützung aus Preußen gefördert[158]. Bei Treuttel & Würtz, Schubart und Bossange erschienen 1824 von Klaproth die »Tableaux historiques de l'Asie«, welche bei Cotta (Stuttgart) in Kommission vertrieben wurden[159]. Zu diesem Zeitpunkt war Klaproth bereits ein anerkannter Forscher und lebte in Paris.

Von Antoine-Léonard Chézy vertrieb Treuttel & Würtz 1807 die Übersetzung »Medjnoun et Leila, poème traduit du persan de Djamy« in Kommission[160]. Obwohl Chézy für seine freien Übersetzungen kritisiert wurde, handelt es sich um eine kritische Übersetzung, bei der die Anmerkungen nicht in Form von Fußnoten auf der gleichen Seite, sondern in Form von Endnoten am Ende des zweiten Bandes zu finden sind[161]. Antoine-Léonard Chézy war nicht nur mit Helmina von Chézy (geb. Klencke) verheiratet und in einen deutschen Kreis in Paris integriert, auch haben mehrere deutsche Forscher bei ihm studiert, u. a. Friedrich Schlegel[162] und Franz Bopp[163].

158 Vgl. Gert NAUNDORF, Art. »Klaproth, Heinrich Julius«, in: NDB, Bd. 11 (1977), S. 706f.

159 Vgl. Nr. 1527 der Verlagsbibliografie von Cotta, in: Bernard FISCHER, Der Verleger Johann Friedrich Cotta. Chronologische Verlagsbibliographie, 1787–1832. Aus den Quellen bearbeitet, Bd. 2: 1815–1832, München 2003, S. 445.

160 Auf dem Titelblatt steht folgende Verlagsangabe, die auf einen Vertrieb in Kommission hindeutet: »Paris, de l'imprimerie de Valade. Se trouve chez Treuttel et Wurtz, libraires, rue de Lille, n° 17, et à Strasbourg, même maison de commerce«.

161 Vgl. Medjnoun et Leila, poème traduit du persan de Djamy, par A. L. Chézy. Paris, de l'imprimerie Valade, se trouve chez Treuttel et Wurtz, libraires, rue de Lille, n° 17. et à Strasbourg, même maison de commerce, 1807, Bd. 2, S. 131–165.

162 Vgl. RABAULT-FEUERHAHN, L'archive des origines, S. 59f.

163 Vgl. ibid., S. 62.

Für Antoine-Isaac Silvestre de Sacy, den Begründer der Arabistik in Frankreich, können fünf Publikationen nachgewiesen werden, die bei Treuttel & Würtz oder zumindest in Koedition mit anderen Verlagen oder in Kommission erschienen sind. Unter diesen Publikationen befindet sich die kritische Übersetzung »Relation de l'Égypte« von Abd-Allatif, übersetzt und mit Anmerkungen versehen von Silvestre de Sacy (1810). Silvestre de Sacy kommt nicht nur eine große Bedeutung für die Entstehung der Arabistik in Frankreich zu, er bildete auch deutsche Schüler aus[164] und übte Einfluss auf die Entstehung der Arabistik in Russland[165] aus.

Von dem Sinologen Jean-Pierre Abel Rémusat (1788–1832) erschien 1811 bei Treuttel & Würtz: »Essai sur la langue et la littérature chinoises avec cinq planches, contenant des textes chinois, accompagnés de traductions, de remarques et d'un commentaire littéraire et grammatical. Suivi de notes et d'une table alphabétique des mots chinois«.

Wie anhand der Titel ersichtlich, handelte es sich bei den Publikationen aus dem Bereich der orientalischen Wissenschaften vielfach um kritische Übersetzungen. Neben diesem Beitrag zur Publikation der wissenschaftlichen Werke trug die transnationale Buchhandlung zum einen durch Beschaffung von Literatur zur Arbeit der Wissenschaftler bei, zum anderen nahm sie deren wissenschaftliche Werke in Kommission und verbreitete diese in Europa und darüber hinaus. Für die hier zuerst genannte Form des Buchhandels stellt ein Ausschnitt aus einem Brief von Heinrich Julius Klaproth an Treuttel & Würtz von 1829 ein Beispiel dar: »J'attends en même tems quelques livres chinois et autres, que j'avais prié Mr. Richter de m'envoyer par le prochain paquet qu'il expedirait à votre adresse«[166]. Klaproth hatte sich an die Pariser Filiale gewandt, da er eine Büchersendung des Unternehmens aus London erwartete. Auch Jules Mohl oder Karl Benedikt Hase konnten als Kunden von Treuttel & Würtz nachgewiesen werden und bewegten sich in dessen Umfeld[167].

August Wilhelm Schlegel, von dem lediglich die bereits genannte Übersetzung über das Leben von Germaine de Staël bei Treuttel & Würtz erschienen ist, gab einige seiner wissenschaftlichen Veröffentlichungen bei Treuttel &

164 Vgl. Michel ESPAGNE, Silvestre de Sacy et les orientalistes allemands, in: Revue germanique internationale 7 (2008), S. 79–91.

165 Vgl. DERS., Silvestre de Sacy et la naissance de l'orientalisme russe, in: DERS. u. a. (Hg.), Silvestre de Sacy. Le projet européen d'une science orientaliste, Paris 2014, S. 295–312.

166 Heinrich Julius Klaproth an Treuttel & Würtz (Paris), Paris, 25.12.1829, in: Julius Klaproth (1783–1835). Briefe und Dokumente, hg. v. Hartmut WALRAVENS, Wiesbaden 1999, S. 123.

167 Vgl. dazu Kap. 2.2.

Würtz in Kommission, damit diese deren internationale Verbreitung sicherten. Im Vertrag zwischen Treuttel & Würtz und August Wilhelm Schlegel von 1823 übernahm die Verlagsbuchhandlung die Kommission von Schlegels »Râmâyana«. Dies wurde im ersten Absatz wie folgt festgelegt:

> Monsieur A. G. de Schlegel confie la vente exclusive pour l'Angleterre, la France et les Pays-Bas de son ouvrage intitulé »Ramayana« [...] à messieurs Treuttel et Würtz, Treuttel j[unior] & Richter à Londres, ainsi qu'à messieurs Treuttel & Würtz à Paris et à Strasbourg, aux conditions ci-après[168].

Treuttel & Würtz erwarb den exklusiven Vertrieb für Großbritannien, Frankreich und die Niederlande. Die Verlagsbuchhandlung kümmerte sich um die Organisation der Subskription, das Versenden von Rezensionsexemplaren und die Anfertigung von Werbeprospekten sowohl in französischer als auch englischer Sprache. Die Kommission ließ sich Treuttel & Würtz mit 50 Prozent des Preises pro verkaufter Ausgabe bezahlen[169]. Die Edition erschien in einer Auflage von 400 Exemplaren. Der Druck seiner Sanskrit-Ausgaben, zu denen neben dem hier genannten Werk auch die beiden Titel »Bhagavad-Gîtâ« und »Hitopedesa« (2 Bde.) zählen, soll Schlegel nach eigenen Angaben 30 000 Franc gekostet haben[170].

Wurden von der Forschung bisher insbesondere der historische Kontext, der Kulturtransfer oder auch der Zusammenhang zwischen Philologie und Rassismus[171] in den Texten untersucht, so standen die Verleger und Buchhändler, die den Transfer und Austausch der Wissenschaftler überhaupt erst ermöglichten, bisher nicht im Fokus der Untersuchungen. Deren Beitrag zum Gelingen einer Veröffentlichung war enorm: einerseits im Bereich des materiellen Erfolgs beispielsweise in Form der Publikation eines Buches, in der Bereitstellung von Drucktypen (wie für den Druck von Sanskrit) und der Auswahl von Kupferstechern für Illustrationen und Karten, andererseits in Form der internationalen Distribution der Publikationen in Europa, zwischen Wissenschaftlern in Paris, London, Bonn und anderen Orten. Die Publikation dieser Schriften bedeutete einen hohen finanziellen Aufwand für den Verleger bei gleichzeitigem geringen finanziellen Ertrag für die auf ein akademisches Fachpublikum ausgerichteten

168 Convention zwischen Auguste Guillaume de Schlegel und Treuttel & Würtz, Treuttel j. & Richter (London), London, 25.10.1823, SLUB, Mscr.Dresd.e.90,XIX,Bd.27, http://digital.slub-dresden.de/werkansicht/dlf/97248/101/1/ (4.10.2019).

169 Vgl. Art. 4, ibid.

170 Vgl. Roger Paulin, August Wilhelm Schlegel. Biographie. Autorisierte Übersetzung aus dem Englischen von Philipp Multhaupt, Paderborn 2017 [2016], S. 312f.

171 Vgl. Markus Messling, Gebeugter Geist. Rassismus und Erkenntnis in der modernen europäischen Philologie, Göttingen 2016.

Werke. Ein besonderes privates Interesse der Verleger wird zum Teil die Motivation für die Publikation solcher Fachbücher im eigenen Verlag gewesen sein. Im Verlag von Treuttel & Würtz erschienen besonders viele dieser wissenschaftlichen Publikationen.

Zumindest Antoine-Isaac Silvestre de Sacy und Jean-Pierre Abel Rémusat waren Mitglieder der 1822 gegründeten Pariser Société asiatique, einer Gelehrtengesellschaft, die sich der Erforschung Asiens widmete. In ihrem Reglement wurden die Ziele der Gesellschaft festgelegt:

> [E]ncourager l'étude des langues de l'Asie [...] plus spécialement, mais non exclusivement [...] 1° les diverses branches (tant en Asie en Afrique) des langues sémitiques, 2° l'arménien et le géorgien, 3° le grec moderne, 4° le persan et les anciens idiomes morts de la Perse, 5° le sanskrit et les dialectes vivans dérivés de cette langue, 6° le malais et les langues de la presqu'île ultérieure et de l'archipel oriental; 7° les langues tartares et le tibétain, 8° le chinois [...]; elle se procure les manuscrits asiatiques; elle les répand par la voie de l'impression; elle en fait faire des extraits ou des traductions. Elle encourage en outre la publication des grammaires, des dictionnaires et autres ouvrages utiles à la connaissance de ces diverses langues[172].

Die hier definierten Ziele der Société asiatique könnten einen Teil des Programms der Verlagsbuchhandlung Treuttel & Würtz darstellen, mit der Ausnahme, dass sich die Société asiatique auf einen bestimmten geografischen Raum beschränkte, wohingegen Treuttel & Würtz auch oder in noch größerer Anzahl Übersetzungen europäischer Sprachen (Deutsch, Französisch, Englisch, Italienisch etc.) und Grammatiken sowie Wörterbücher dieser Sprachen verlegten und förderten. Die Ziele der gelehrten Gesellschaft wirken also wie ein Ausschnitt aus dem Verlagsprogramm von Treuttel & Würtz.

Weder die Ziele der Société asiatique noch die Zunahme der philologischen kritischen Übersetzungen aus dem Bereich des Orientalismus im Verlagsprogramm von Treuttel & Würtz stellten einen Zufall dar: Jean Godefroi Würtz war Mitglied dieser gelehrten Gesellschaft und im Zeitraum von 1836 bis 1840 Mitglied der *commission des fonds*[173], also für finanzielle Angelegenheiten des Zirkels zuständig. Würtz verband mit dieser Mitgliedschaft vermutlich privates und geschäftliches Interesse. Einige der Mitglieder der Société asiatique waren auch Autoren und Übersetzer bei Treuttel & Würtz. Die Ziele der akade-

172 Reglement der Société asiatique, 1822, zitiert nach Annick Fenet, Silvestre de Sacy, premier président de la Société asiatique (1822–1829 et 1832–1834), in: Michel Espagne u. a. (Hg.), Silvestre de Sacy. Le projet européen d'une science orientaliste, Paris 2014, S. 153–187, hier S. 169.

173 Erst ab 1836 publizierte die Société asiatique die Wahl ihrer Vorstände im »Journal asiatique«, sodass es möglich ist, dass Würtz bereits zuvor Mitglied des Vorstandes war.

mischen Gesellschaft und des Verlags Treuttel & Würtz überschnitten sich, und so stellte Würtz sein Unternehmen sowohl in den Dienst der gelehrten Gesellschaft und gleichzeitig seiner eigenen Interessen.

An dieser Stelle wird erneut deutlich, wie nah die Leiter und Gründer der Verlagsbuchhandlung den Pariser Gelehrten standen. Obwohl Jean Godefroi Würtz kein Wissenschaftler der Pariser Akademien war und er zudem den einzigen Verleger oder Unternehmer im Kreis dieser Gesellschaft darstellte, schreckte er nicht davor zurück, sich sogar in den Vorstand für die finanziellen Angelegenheiten der Société asiatique wählen zu lassen.

Die Bedeutung der gelehrten Gesellschaft scheint über das wissenschaftliche Anliegen hinausgegangen zu sein: Auch der Politiker und Diplomat Charles-Maurice de Talleyrand-Périgord war Mitglied des wissenschaftlichen Zirkels[174]. Möglicherweise lernte Jean Godefroi Würtz Talleyrand in diesem Rahmen kennen, sehr wahrscheinlich waren sie sich aber bereits zuvor begegnet.

Im Zeitraum von 1831 bis 1851 erschien im Verlag Treuttel & Würtz eine neue Übersetzung der Bibel vom Hebräischen ins Französische, angefertigt von Samuel Cahen (1796–1862). Das größtenteils in Hebräisch verfasste Alte Testament wurde durch Cahen vom Hebräischen ins Französische übersetzt. Für diese Leistung wurde Cahen 1849 als Mitglied in die französische Ehrenlegion aufgenommen[175]. Geboren in Metz, wuchs er in Mainz auf und widmete sich dem Studium der modernen Sprachen sowie dem der jüdischen Theologie. In Paris war er Direktor der École consistoriale élémentaire juive. Samuel Cahen gründete 1840 die »Archives israëlites de France« und spielte eine große Rolle für den Austausch mit deutschen Wissenschaftlern im Bereich der Judaistik. So stand er in engem Kontakt mit Leopold Zunz, dem Begründer der Judaistik in Deutschland[176].

Die Übersetzung wurde in der Société asiatique präsentiert und stellte eines der typischen Großprojekte aus dem Bereich der kritischen philologischen Übersetzungen im Verlag Treuttel & Würtz dar. Die Verleger waren vermutlich nicht nur aufgrund des Interesses an Sprachen und Übersetzungen, sondern in diesem Fall auch aufgrund ihres protestantischen Glaubens an einer Übersetzung der Bibel interessiert. Die Übersetzung kann ebenso als theologischer Beitrag verstanden werden, wobei Cahen sich mit der Übersetzung der Bibel auch in protestantische Traditionen einreihte, die mit Luther begonnen

174 Vgl. Fenet, Silvestre de Sacy, S. 165.

175 Vgl. den direkten Vermerk »qualité: traducteur de la Bible«, Dossier Cahen, Samuel, AN, base Léonore, LH/404/51.

176 Vgl. Céline Trautmann-Waller, Philologie allemande et tradition juive. Le parcours intellectuel de Leopold Zunz, Paris 1998, S. 128–130.

hatten und denen Treuttel und Würtz aus religiöser Überzeugung größte Bedeutung beimaßen.

Während Luther allerdings die Bibel für Personen, die nicht in der Lage waren, die lateinische Variante zu verstehen, übersetzte Cahen aus dem zumeist hebräischen Original und versah seine Übersetzung mit zahlreichen philologischen Anmerkungen und historischen Kommentaren. Wieder findet sich in der Anfertigung und dem Ziel der Übersetzung die Entwicklung von der reinen Vermittlung (Übersetzung) zu einer kritischen Übersetzung, die einen Diskurs erzeugt und die Übertragung und philologische Betrachtung auf eine wissenschaftliche Ebene hebt.

Aufgrund ihrer Bedeutung soll die Bibelübersetzung von Cahen an dieser Stelle als Beispiel für den Typus der kritschen Übersetzungen aus dem Bereich der Philologie näher untersucht werden. Der vollständige Titel der Übersetzung lautet wie folgt:

> La Bible, traduction nouvelle, avec l'hébreu en regard, accompagnée des points-voyelles et des accens toniques [...], avec des notes philologiques, géographiques et littéraires, et les principales variantes de la version des septante et du texte samaritain: dédiée à S. M. Louis-Philippe 1er, roi des Français, par S. Cahen, directeur de l'école israélite de Paris; membre de plusieurs sociétés savantes[177].

Im Titel der Übersetzung findet sich die ausführliche Beschreibung der kritischen Übersetzung, welche zweisprachig (französisch/hebräisch) gedruckt und mit philologischen, geografischen und literarischen Anmerkungen verschiedener Überlieferungsversionen des Textes versehen wurde. Auch der Übersetzer und Autor Samuel Cahen wurde kurz mit qualifizierenden Attributen für die Anfertigung der Übersetzung und mit Autoritätsargumenten wie seiner Mitgliedschaft in gelehrten Gesellschaften vorgestellt. Diese ausführlichen Titel und die Vorstellung der beteiligten Übersetzer und Wissenschaftler sind für die kritischen Übersetzungen typisch.

Betrachtet man den zweiten Band der Übersetzung, so stand ihr zunächst ein Vorwort von Salomon Munck, der auf die Rezensionen zum ersten Band in deutschen und französischen Zeitschriften einging, voran. Darauf folgte der hebräische Text und dessen Übersetzung ins Französische (Abb. 13). Bereits der Aufbau der Seite lässt eindeutig erkennen, worauf der Schwerpunkt dieser kritischen Übersetzung lag: So nehmen die erklärenden Kommentare etwa die Hälfte der Seite ein und dies sogar, obwohl sie in kleinerer Schriftgröße gedruckt wurden.

177 La Bible, traduction nouvelle.

Die Sätze des hebräischen Textes wurden nummeriert, um dann einerseits die Übersetzung dieses Satzes zu liefern und andererseits in den Fußnoten Anmerkungen zum jeweiligen Satz und seiner Interpretation vorzunehmen oder auf anderen Textversionen hinzuweisen. Samuel Cahen übersetzte das hebräische Original der Bibel (*texte samaritain*) und verglich diese mit der griechischen Übersetzung (Septuaginta), welche für die christliche Überlieferung von Bedeutung war. So erklärte der Übersetzer beispielsweise, wie der Titel des Buches, in diesem Fall »Exodus«, durch die Hellenisten und die griechische Übersetzung hinzugefügt wurde, wohingegen es im Hebräischen lediglich »Voici les noms« heiße (Abb. 13). Cahen kommentierte die Überlieferung in philologischer und kulturhistorischer Hinsicht. Diese kritische Übersetzung weist über eine Übersetzung, welche mit dem Ziel der Vermittlung in eine andere Sprache angefertigt wurde, weit hinaus.

Aus dem Bereich der klassischen Philologie, inbesondere der altgriechischen Philologie, erschienen bei Treuttel & Würtz Arbeiten zu Herodot, das »Lexicon Herodoteum« (von Schweighäuser, 1824) oder bereits 1816 »Herodoti Musae sive historiarum libri IX«. Der Druck des »Lexicon Herodoteum« war 1823 gefährdet gewesen, da dem Drucker Heitz in Straßburg das *brevet d'imprimeur* entzogen worden war und Treuttel & Würtz sich persönlich für die Weitergabe der lateinischen und griechischen Drucktypen einsetzen mussten, damit der Druck nicht weiter verzögert wurde[178].

Die großen »Übersetzungsfabriken« konnten Übersetzungen in großer Menge publizieren, weil sie diese preiswert anfertigen ließen. Die Verlage bezahlten ausschließlich den Übersetzer für seine Arbeit, nicht den Autor, der ein höheres Honorar hätte fordern können. Diese Übersetzungen wurden häufig ohne offizielle Zustimmung des Autors erstellt und waren folglich preiswerter als die Publikation des Originals. Bei Treuttel & Würtz erschienen Übersetzungen nicht, weil sie auf diese halblegale Weise preiswerter waren. Die Rechte an der Übersetzung bekannter Autoren wie Walter Scott erwarb Treuttel & Würtz rechtmäßig für eine bestimmte Sprache und ein bestimmtes Land und die Übertragung bezahlte Treuttel & Würtz ebenfalls.

Für die Anfertigung der Übersetzung und deren Anmerkungen war kaum ein Aufwand zu hoch. Dies lässt sich beispielhaft an der aus dem Italienischen angefertigten Übersetzung der wissenschaftlichen Arbeit »L'Italia avanti il

178 »Nous osons donc vous prier, M. le Maire d'autoriser la levée momentanée de ces scellés, et de permettre l'extraction des caractères grecs et latins de l'imprimerie du S^{r}. Heitz, indispensable à l'achèvement du Lexicon Herodoteum, pour les transporter dans l'attelier [sic!] du S^{r}. Dannbach qui veut bien se charger de ce travail au moyen de ses presses«, Kopie des Briefes von Treuttel & Würtz an François Xavier Antoine de Kentzinger (maire de Strasbourg), o. O., 9.7.1823, AdBR, TP18/1.

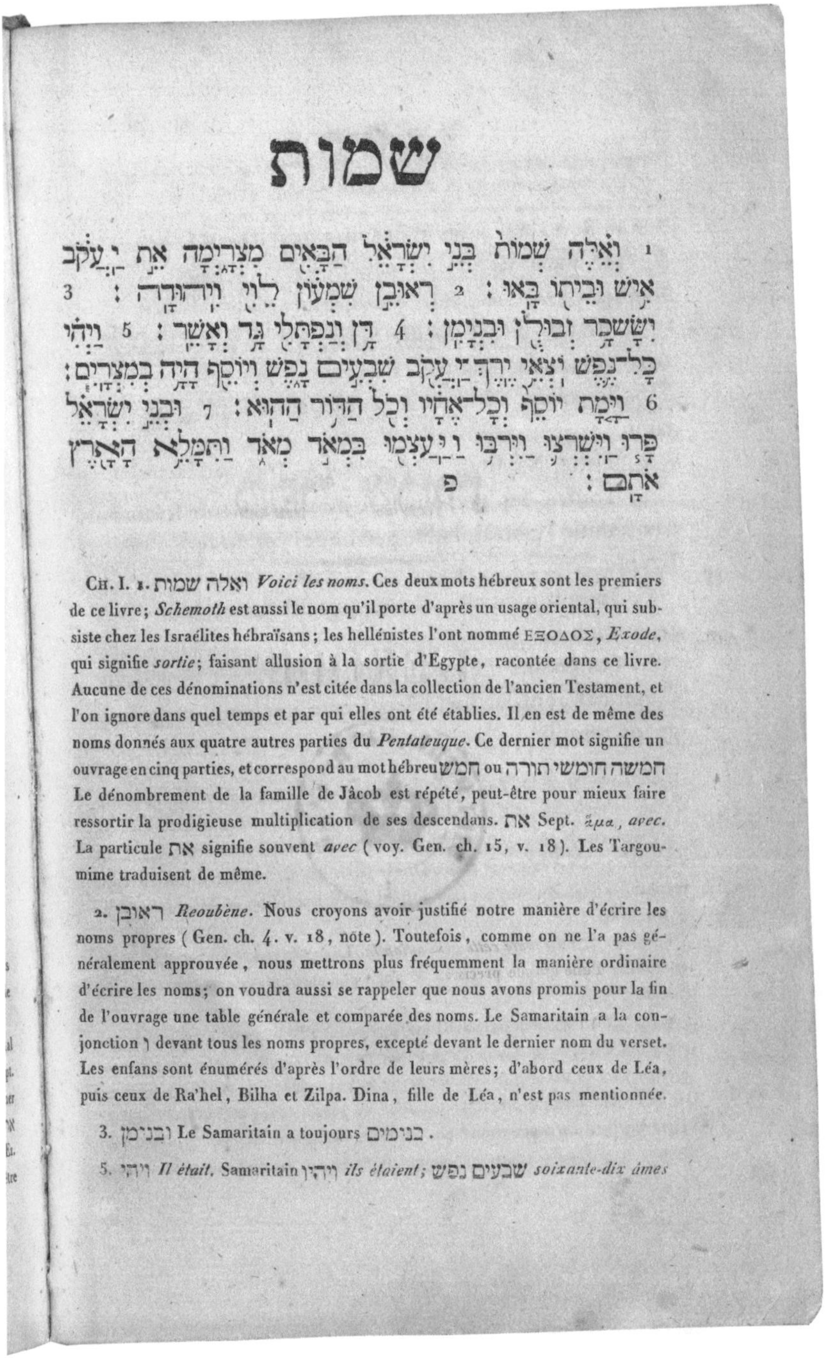

שמות

1 ואלה שמות בני ישראל הבאים מצרימה את יעקב
איש וביתו באו : 2 ראובן שמעון לוי ויהודה : 3
יששכר זבולן ובנימן : 4 דן ונפתלי גד ואשר : 5 ויהי
כל־נפש יצאי ירך־יעקב שבעים נפש ויוסף היה במצרים :
6 וימת יוסף וכל־אחיו וכל הדור ההוא : 7 ובני ישראל
פרו וישרצו וירבו ויעצמו במאד מאד ותמלא הארץ
אתם : פ

Ch. I. 1. ואלה שמות *Voici les noms.* Ces deux mots hébreux sont les premiers de ce livre; *Schemoth* est aussi le nom qu'il porte d'après un usage oriental, qui subsiste chez les Israélites hébraïsans; les hellénistes l'ont nommé ΕΞΟΔΟΣ, *Exode*, qui signifie *sortie*; faisant allusion à la sortie d'Egypte, racontée dans ce livre. Aucune de ces dénominations n'est citée dans la collection de l'ancien Testament, et l'on ignore dans quel temps et par qui elles ont été établies. Il en est de même des noms donnés aux quatre autres parties du *Pentateuque*. Ce dernier mot signifie un ouvrage en cinq parties, et correspond au mot hébreu חמש ou חמשה חומשי תורה Le dénombrement de la famille de Jâcob est répété, peut-être pour mieux faire ressortir la prodigieuse multiplication de ses descendans. את Sept. ἅμα, *avec.* La particule את signifie souvent *avec* (voy. Gen. ch. 15, v. 18). Les Targoumime traduisent de même.

2. ראובן *Reoubène.* Nous croyons avoir justifié notre manière d'écrire les noms propres (Gen. ch. 4. v. 18, note). Toutefois, comme on ne l'a pas généralement approuvée, nous mettrons plus fréquemment la manière ordinaire d'écrire les noms; on voudra aussi se rappeler que nous avons promis pour la fin de l'ouvrage une table générale et comparée des noms. Le Samaritain a la conjonction ו devant tous les noms propres, excepté devant le dernier nom du verset. Les enfans sont énumérés d'après l'ordre de leurs mères; d'abord ceux de Léa, puis ceux de Ra'hel, Bilha et Zilpa. Dina, fille de Léa, n'est pas mentionnée.

3. ובנימן Le Samaritain a toujours בנימים.

5. ויהי *Il était.* Samaritain ויהין *ils étaient;* שבעים נפש *soixante-dix âmes*

Abb. 13a und 13b. Zwei Beispielseiten (unpaginiert) der kritischen Übersetzung der Bibel von Samuel Cahen, Bd. 2, 1832, BNF, A-5624 (2).

EXODE.

Ch. I. 1. Voici les noms des fils d'Israël, venus en Égypte avec Jâcob; ils étaient venus chacun avec sa famille;

2. Reoubène (Ruben), Schimone (Siméon), Lévi et Iehouda (Juda);

3. Issachar, Zéboulone (Zabulon) et Biniamine (Benjamin);

4. Dane, Naphtali, Gad et Achère (Aser).

5. Toutes les personnes issues de Jâcob formaient (ensemble) soixante-dix personnes, et Joseph était en Égypte.

6. Joseph mourut, et tous ses frères et toute cette génération là.

7. Les enfans d'Israël fructifièrent, se multiplièrent, s'augmentèrent, se fortifièrent extrêmement, et le pays en fut rempli.

ou *personnes*. Sam. id. Les Sept. ont le nombre soixante-quinze. David Martin traduit ici littéralement *toutes les personnes sorties de la hanche de Jâcob*, etc. (voy. Gen. ch. 46, v. 27). ויוסף היה במצרים *Et Joseph était en Egypte*. Cette annonce, placée à la fin du verset dans le texte, est au commencement dans la version des Sept. Au fait, il paraît naturel de faire mention de Joseph à la suite de ses frères.

6. וכל הדור *Et toute cette génération là*. La signification de ce mot n'est pas susceptible d'une grande précision. Il s'agit probablement des contemporains de Joseph.

7. פרו וישרצו Cette accumulation d'augmentatifs est dans le génie oriental (voy. Gen. ch. 1, v. 20 et 22), ותמלא הארץ אתם *et le pays en fut rempli*. Sept. ἐπλήθυνε δὲ ἡ γῆ αὐτούς, *la terre les fit accroître*, comme s'ils voulaient insinuer que ce fut par quelque propriété naturelle du pays qu'ils se multiplièrent. אתם Les verbes qui marquent abondance se construisent avec l'accusatif; voy. Ez. ch. 10, v. 4. Confinés dans un canton de l'Egypte, les Hébreux ont pu n'être

Abb. 13b.

dominio dei Romani« von Giuseppe Micali (Florenz, G. Pagani, 2. Aufl. 1821) illustrieren. Die Übertragung wurde durch Claude Fauriel, Jean-Baptiste-Modeste Gence, Joseph Joly und Raoul-Rochette angefertigt. In diesem Kontext korrespondierte Treuttel & Würtz mit Claude Fauriel. Zunächst ist hervorzuheben, dass die Übersetzungsanfrage vom Verlag ausging, der mit dem Autor Micali in Verbindung stand. Treuttel & Würtz schrieb am 16.8.1820 an Fauriel:

> Nous venons de recevoir de M. Micali à Florence une lettre fort importante au sujet de son ouvrage »Sur l'Italie avant les Romains«, dont il met sous presse une nouvelle édition en italien, changée en plusieurs endroits & augmentée. Il souhaite que l'édition françoise devienne semblable à l'original, & enverra pour cet effet les feuilles à mesure qu'elles sortiront de presse. Les quatre premières sont déjà arrivées: il recommande conséquemment que mons[ieu]r son traducteur prenne la peine de faire la revision du manuscrit en le collationnant avec sa nouvelle édition pour rendre les deux conformes. Il a principalement une confiance particulière, Monsieur, en votre goût & votre talent pour espérer que son but sera rempli, & que son livre deviendra moins un ouvrage d'érudition que de politique. Les augmentations, dit-il, pourront produire un objet de 10 à 15 feuilles d'impression.
> Il s'agit maintenant, Monsieur, de penser aux moyens de réaliser cette proposition, & nous vous serons bien obligés si vous voulez prendre la peine de nous honorer de votre visite pour en conférer[179].

Der Autor Micali hatte Claude Fauriel als seinen Übersetzer vorgeschlagen und dieser nahm den Auftrag an. Auch wenn er nicht der alleinige Übersetzer dieser Arbeit wurde, übersetzte er zumindest einen Teil. Fauriel machte auch Anmerkungen zum Text, für die er Lettern verwendete, welche Treuttel und Würtz in dem Repertoire ihrer Drucktypen nicht vorrätig hatten. Sie mussten also für die Anmerkungen der Übersetzung extra angefertigt werden. Diese Mehrkosten, die Treuttel & Würtz für den Druck der Anmerkungen auf sich zu nehmen hatte, scheinen die Verleger nicht gestört zu haben. Gegenüber Fauriel äußerten sie lediglich die Kritik, dass dieser bereits zu einem früheren Zeitpunkt auf die notwendigen neuen Lettern für den Druck hätte hinweisen sollen. Im November des gleichen Jahres schrieben sie an ihn: »Nous observons page 209 note 3 des caractères d'écriture antique, que nous serons obligés de faire fondre; s'il en existoit de pareils dans le cours de l'ouvrage, nous souhaiterions les connoître d'avance, afin d'en commander le travail *à temps*«[180].

Kritik übte Treuttel & Würtz nicht an dem Aufwand oder den Kosten, aber an einer eventuellen Verzögerung des Drucks. Auch die qualitativ hochwerti-

179 Treuttel & Würtz an Claude Fauriel, [Paris], 16.9.1820, IF, Ms 2374/3, Nr. 186.

180 Treuttel & Würtz an Claude Fauriel, [Paris], 15.11.1820, ibid., Nr. 188 (Hervorh. i. Orig.).

gen Übersetzungen, welche bei Treuttel & Würtz erschienen, standen also unter dem Zeitdruck, möglichst die erste Übersetzung der Publikation auf den Markt zu bringen und somit späteren Übersetzungen oder Raubdrucken zuvorzukommen. Das Zitat stellt zudem einen Beleg für die Sorgfalt und den Aufwand dar, mit dem Treuttel & Würtz sich um die Fußnoten kümmerte. Sogar für die Fußnoten ließen sie neue Buchstaben gießen, was den Wert belegt, den sie diesen Anmerkungen beimaßen.

Treuttel & Würtz waren seit der Eröffnung der Filiale in Paris stark durch die *idéologues* beeinflusst, was anhand der Ordnung des »Journal général de la littérature de France« nachgewiesen werden konnte. Auch Autoren und Übersetzer wie Claude Fauriel waren in ihrer Arbeit durch die *idéologues* geprägt[181].

Die kritischen Übersetzungen im Verlagsprogramm von Treuttel & Würtz stellten eine Form des multipolaren Austauschs dar. Dieser Austausch bestand zum einen in Form der Übersetzung. Nicht Handbücher oder Überblicksdarstellungen stellten den Ursprung der Philologien dar, sondern die Dynamik der Übersetzung und der sich daran anschließenden Fragestellungen und Kommentare. Zum anderen bestand ein insbesondere französisch-deutsch-englischer Austausch zwischen den Wissenschaftlern mit Schwerpunkt in Paris.

Die kritischen Übersetzungen haben durch die sich freisetzende Dynamik des Übersetzungsprozesses in Verbindung mit dem Fachwissen und den Gedanken der Wissenschaftler zur Initiierung der modernen Philologien beigetragen. Obwohl die modernen Philologien zu Beginn des 19. Jahrhunderts in einem transnationalen Diskurs miteinander standen, der unter anderem durch Treuttel & Würtz ermöglicht wurde, bildeten sich die akademischen Disziplinen in den unterschiedlichen Ländern mit unterschiedlichen Schwerpunkten aus.

Insbesondere Wissenschaften, für die die Interpretation und das Verständnis eines Textes oder der Vergleich unterschiedlicher Versionen von Bedeutung waren, wie für die modernen Philologien, aber auch beispielweise in Jura, wo Gesetzestexte ausgelegt werden mussten, profitierten von der Praktik der kritischen Übersetzungen.

Kritischen Übersetzungen kommt dabei ein sehr viel größerer Beitrag zur Entstehung der Philologien zu als anderen Textformen wie etwa Rezensionen. Zwar bestand mit den Besprechungen bereits ein Diskurs, aber Gedankengänge, welche erst in Konfrontation zwischen dem Original und den möglichen Übersetzungen entstanden, wurden nicht ausgelöst. Während des Übersetzungsprozesses muss der Übersetzer ständig zwischen verschiedenen Übersetzungsmöglichkeiten und deren Konnotationen entscheiden. Die sich daraus ergebenden Überlegungen und Anmerkungen wurden in kritischen Überset-

181 Vgl. Michel ESPAGNE, Claude Fauriel en quête d'une méthode, ou l'Idéologie à l'écoute de l'Allemagne, in: Romantisme 73 (1991), S. 7–18.

zungen mitgedruckt und haben eine in einem modernen Sinn philologische Untersuchung der Texte initiiert. Einer Rezension, auch wenn sie sehr ausführlich ist, kommt nicht die gleiche Qualität und philologische Tiefe zu wie der Anfertigung einer Übersetzung mit kritischen Anmerkungen und deren Publikation in einem gemeinsamen Buch.

Sei es in Form textkritischer philologischer oder historischer Anmerkungen, kritische Übersetzungen stellten die häufigste Form der bei Bauer, Treuttel & Würtz erschienenen Übersetzungen dar. Die Funktion dieser Übertragungen bestand nicht primär in der Übersetzung und dem Zugänglichmachen für ein Publikum, welches der Originalsprache nicht mächtig war, sondern in den zusätzlichen Anmerkungen und Ergänzungen des Wissenschaftlers und Übersetzers.

Die Kommentare der wissenschaftlichen Übersetzungen verselbstständigten sich. Im juristischen Bereich vollzog sich ein Wandel der Übertragungen von kritischen Übersetzungen hin zu der Publikation der Kommentare ohne Übersetzung. Auch im Bereich der modernen Philologien stellte Treuttel & Würtz eine Plattform der Verbreitung von philologischen Überblicksdarstellungen[182] dar, welche von dem durch Übersetzungsprozesse ausgelösten Impuls der philologischen Untersuchung profitierten.

Bei Treuttel & Würtz erschienen mehrere Bände der »Histoire de la littérature de France«. Das langjährige Projekt wurde durch die Congrégation de Saint-Maur bereits 1733 begonnen und erschien zunächst bis 1763. Während des Empire griff Pierre Daunou, Mitglied der Pariser Académie des inscriptions et belles-lettres, das Projekt wieder auf. Die »Histoire littéraire de la France« verfolgte das Ziel, eine Literaturgeschichte Frankreichs zu schreiben. Schriftstellerinnen und Schriftsteller, die in Frankreich lebten, auch wenn ihre Publikationen nicht in französischer Sprache, sondern beispielsweise in Latein erschienen, stellten die Ausgangslage dar. Methodisch wurden einerseits biografische und bibliografische Informationen vermittelt, andererseits der Diskurs über die Literatur abgebildet[183]. Begonnen wurde 1733 mit der Literaturgeschichte der Gallier der letzten drei Jahrhunderte vor Christus. 1763 erschien der vorerst letzte, zwölfte Band, der bis 1167 n. Chr. reichte. 1814 erschien der dreizehnte Band, der dem 12. Jahrhundert gewidmet und von Mitgliedern des Instituts angefertigt worden war. Gedruckt wurde diese erste Ausgabe bei Fir-

182 Zum Begriff und der Entwicklung der Wissenschaft vgl. Marcel Lepper, Philologie zur Einführung, Hamburg 2012.

183 Vgl. Dinah Ribard, La discipline, la doctrine et les livres. L'écriture de l'histoire littéraire de la France par les bénédictins de Saint-Maur, in: Geneviève Espagne (Hg.), Histoires de littératures en France et en Allemagne autour de 1800, Paris 2009, S. 25–46, hier S. 25–27.

min Didot (»imprimeur de l'Insitut«). Bereits der zweite Band erschien in einer Koedition zwischen F. Didot und Treuttel & Würtz. Weitere Bände folgten in Koedition bis in die 1830er Jahre. Als literarisches Prestigeprojekt übte die »Histoire littéraire de la France« Einfluss auf die Entstehung der Romanistik als wissenschaftliche Disziplin auf europäischer Ebene aus[184].

Doch bei Treuttel & Würtz erschienen nicht nur kritische Übersetzungen, sondern auch Publikationen, die zum Diskurs über Übersetzungen beitrugen. Dazu gehörte u. a. folgender Titel von Daniel Boileau: »A few remarks on Mr. Hayward's English prose translation of Goethe's Faust, with additional observations on the difficulty of translating German works in general« (1834), der bei Treuttel & Würtz (London) und J. Wacey erschienen war.

Zu den zusammenfassenden Überblicksdarstellungen aus dem Bereich der modernen Philologien, die im modernen Sinn zur Forschungsliteratur zu zählen sind, gehörte auch die »Histoire des langues romanes et de leur littérature«. Sie ist ebenfalls der Disziplin der Romanistik zuzuordnen. Die Überblicksdarstellung von A. Bruce-Whyte erschien 1841 in drei Bänden bei Treuttel & Würtz. Bruce-Whyte hatte seine Arbeit zunächst in englischer Sprache verfasst, da er sich aber zum Zeitpunkt der Publikation in Paris aufhielt und eine englische Edition nicht machbar war, wurde sie übersetzt. Frédéric Gustave Eichhoff, selbst Philologe und Bibliothekar, fertigte die Übersetzung an. Eichhoff hatte bereits 1825 bei Treuttel & Würtz publiziert.

Bruce-Whyte wollte wie in der Mathematik mit positivistischen Methoden verschiedene Thesen zur Entstehung der romanischen Sprachen beweisen. Er knüpfte an den bestehenden Forschungsdiskurs und dessen Forschungsfragen an. In einer Rezension in der »Foreign Quarterly Review« wurde Bruce-Whytes Arbeit u. a. dafür kritisiert, dass er den Begriff »romanisch« in anachronistischer Manier verwende und nicht exakt genug gearbeitet habe. Dennoch wurde seine langjährige Auseinandersetzung mit dem Thema anerkennend gelobt[185].

Die an dieser Stelle zitierte Kritik von Bruce-Whytes »Histoire des langues romanes et de leur littérature« erschien in der »Foreign Quarterly Review«. Diese literarische Zeitschrift wurde im Verlag Treuttel & Würtz gegründet und im Zeitraum von 1827 bis 1833[186] von John George Cochrane herausgegeben. Dem Bibliografen, Bibliothekar und Buchhändler gelang es durch seine Kon-

184 Vgl. Richard Trachsler, L'histoire littéraire de la France. Des bénédictins à l'Institut de France (1773–1850), in: Vox Romanica 56 (1997), S. 83–108.

185 Vgl. Rezension von »Histoire des langues romanes et de leur littérature depuis leur origine jusqu'au xive siècle. Par M. A. Bruce-Whyte«, in: Foreign Quarterly Review 28 (1841), S. 173–205.

186 Die »Foreign Quarterly Review« erschien noch bis 1846, auch wenn Cochrane nur bis 1834 an ihr beteiligt war.

takte und sein Wissen, namhafte Autoren für seine Zeitschrift zu gewinnen[187]. Zu diesen zählten Walter Scott und André Vieusseux, ein Cousin von Gian Pietro Vieusseux, dem Gründer und Besitzer des renommierten Lesekabinetts in Florenz[188]. 1841, als die negative Rezension zu Bruce-Whytes Werk erschien, wurde sie allerdings bereits von Chapman and Hall in London, J. Menzies in Edinburgh und S. J. Machen in Dublin verlegt.

Die »Foreign Quarterly Review« wurde zu Beginn des Erscheinens der ersten Ausgabe auch von Goethe gelesen und gelobt:

> Vor allen Dingen berührt uns, wie in dieser Zeitschrift die sittlich-ästhetischen Bemerkungen der Deutschen aufgenommen und angesehen sind. Der Referent dieses Faches ist ein merkwürdiger Mann, dem wir noch gar manche Aufklärung über uns selbst und andere verdanken werden[189].

Dass die von Treuttel & Würtz verlegte literarische Zeitschrift Goethes Zustimmung in Bezug auf die Rezeption deutscher Literatur erfuhr, ist bei dem Fachwissen, über das Treuttel und Würtz verfügten, und bei deren engen Handelsbeziehungen nicht überraschend.

Die »Foreign Quarterly Review« enthielt zum einen lange Rezensionen über Publikationen internationaler Herkunft und unterschiedlicher Sprachen, zum anderen wissenschaftliche Fachartikel unterschiedlicher Disziplinen. Außerdem führte sie »Literary Notices« unterschiedlicher (europäischer) Länder, u. a. über Deutschland, Frankreich, Italien, Norwegen, Russland oder die Türkei. Am Ende der Ausgabe wurde eine »List of principal new works published on the continent« veröffentlicht, welche Neuerscheinungen auf dem Festland in Großbritannien bewarb. Diese international gehandelten Publikationen stellten den Kern des Geschäfts der Buchhandlung Treuttel & Würtz dar.

Nicht nur die Autoren, sondern auch die besprochenen Publikationen und literarischen Nachrichten waren auf einen transnationalen wissenschaftlichen Diskurs in Europa ausgerichtet. Die »Foreign Quarterly Review« entstand im Kontext ähnlicher Zeitschriften wie »Ueber Kunst und Alterthum« (1816–1832) und »Le Globe« (1824–1832)[190]. Auf der Grundlage des interkulturellen Aus-

187 Vgl. H. R. T. [Henry Richard Tedder], Art. »Cochrane, John George«, in: The Dictionary of National Biography, Bd 4, London (1949–1950 [1917]), S. 619.

188 Vgl. John Macray, List of Writers in »Foreign Quarterly Review«, vols. I–XIV. A Contribution to Literary History, in: Notes and Queries 8 (1859), S. 124–127.

189 Goethes Werke, II. Abtheilung, 42. Bd, S. 86–90.

190 Zu »Ueber Kunst und Alterthum« und »Le Globe« vgl. York-Gothart Mix, Der Zauberlehrling und die Weltliteratur. Die Zeitschriften »Le Globe« und »Ueber Kunst und Alterthum« im transkulturellen Dialog, in: Christophe Charle u. a. (Hg.), Transkul-

tauschs in der Zeitschrift »Le Globe« entwickelte Goethe sein Konzept der Weltliteratur[191].

Zahlreiche einflussreiche Begründer der modernen Philologien waren Autoren oder Übersetzer im Verlag von Treuttel & Würtz. Darunter befinden sich inbesondere August Wilhelm Schlegel, welcher als einer der Begründer der romanischen Philologie in Deutschland gilt[192], Franz Bopp, Friedrich Creuzer, Claude Fauriel, Antoine-Isaac Silvestre de Sacy, Jean-Pierre Abel Rémusat, Jean-Baptiste-Modeste Gence und Heinrich Julius Klaproth. Diese Autoren und Übersetzer übten großen Einfluss auf die Entwicklung der modernen Philologien in Deutschland und Frankreich aus. Bei Treuttel & Würtz publizierten sie vielfach kritische Übersetzungen, bevor sie sich später zu Begründern moderner Philologien in Frankreich oder im deutschen Raum entwickelten. Kritische Übersetzungen entwickelten in ihrer Dynamik eine Ausgangsbasis für neue Fragestellungen, weiterführende Überlegungen über Sprachen sowie die Entwicklung von Sprachsystemen und Grammatiken.

Es ist besonders hervorzuheben, dass bei Treuttel & Würtz wenige kritische Ausgaben ohne Übersetzung erschienen. Kritische Ausgaben in der Originalsprache, also ohne interkulturellen Aspekt, spielten im Verlagsprogramm von Treuttel & Würtz eine untergeordnete Rolle. Diese Vorstellung des Austauschs, des Kulturkontaktes und der Zirkulation von Texten entsprach Goethes Konzept der Weltliteratur.

Sein Begriff der Weltliteratur umfasst drei Dimension, die sich alle bei Treuttel & Würtz wiederfinden: Zunächst die Vorstellung eines Kanons von wichtigen Autorinnen und Autoren, an einflussreichen und bedeutenden literarischen Werken, die in zahlreiche Sprachen übersetzt sind. Zu diesen Werken gehörten bei Treuttel & Würtz beispielsweise die Übersetzung von »Hermann und Dorothea« ins Französische durch Bitaubé, aber auch die Gesamtausgabe von Germaine de Staël oder Benjamin Constants »Adolphe«.

Eine zweite Ebene des Konzepts umfasste die Themen, Mythen oder literarischen Gattungen, welche in mehreren Sprachen und Kulturräumen präsent seien und sich wiederholten. An dieser Stelle ist darauf hinzuweisen, dass zeitgleich zu Goethes Konzept der Weltliteratur in Frankreich die Disziplin der »lit-

turalität nationaler Räume in Europa (18. bis 19. Jahrhundert). Übersetzungen, Kulturtransfer und Vermittlungsinstanzen/La transculturalité des espaces nationaux en Europe (XVIIIe–XIXe siècles). Traductions, transferts culturels et instances de médiations, Göttingen 2017, S. 133–147.

191 Vgl. Hans-Jürgen Lüsebrink, La revue »Le Globe« – discours médiateurs et transferts culturels, ibid., S. 113–132, hier S. 126f.

192 Vgl. Gunter Narr, A. W. Schlegel – ein Wegbereiter der Romanischen Philologie, in: August Wilhelm von Schlegel, Observations sur la langue et la littérature provençales [Paris 1818], Tübingen 1971, S. I–XIV.

térature comparée« (Komparatistik) entstand. Geprägt durch den Einfluss der *idéologues* und der Naturwissenschaften (»anatomie comparée«) wurden ähnliche Methoden wie die des Vergleichs oder des Suchens nach Gemeinsamkeiten auch auf die Literatur bezogen[193]. Frédéric Gustave Eichhoff publizierte 1825 bei Treuttel & Würtz (in Koedition mit Delalain) seine »Études grecques sur Virgile«. In diesem Werk stellte er den antiken Dichter Vergil in den Kontext griechischer und lateinischer Imitatoren und wies zudem auf weitere literarische Autoren hin, die seiner Meinung nach durch Vergil inspiriert waren, u. a. Luís de Camões, Dante, Friedrich Gottlieb Klopstock, John Milton, Jean Racine, Torquato Tasso oder Voltaire[194]. Er selbst bezeichnete seine Arbeit wie folgt als »littérature comparée«:

> Nous ne nous sommes pas attachés à peser les hémistiches et les syllabes; mais nous avons voulu, en groupant autour d'un poëte unique tous les auteurs anciens et modernes qui se sont exercés dans le même genre, ébaucher un cours de littérature comparée, et montrer l'influence successive et l'alliance du génie dans tous les âges[195].

Bei Treuttel & Würtz erschienen also auch Publikationen zu diesem zweiten Aspekt des Konzepts von Weltliteratur.

Die dritte Dimension umfasst Weltliteratur als »Zirkulation von Texten und Ideen«[196]. Im Verlag von Treuttel & Würtz können die Aktivität des internationalen Buchhandels, der transkulturelle Autausch in der »Foreign Quarterly Review« oder Buchhandelsanzeigen und Besprechungen im »Journal général de la littérature étrangère« darunter verstanden werden. Übersetzungen kommt als Transfer auf der Ebene des Textes eine besondere Bedeutung zu. Die kritischen Übersetzungen, die nicht nur eine Übersetzung, sondern auch die Anreicherung des Texes mit dem Fachwissen des Übersetzers bedeuteten, entfalteten eine interkulturelle Dynamik und fördeten die Entwicklung textbasierter Wissenschaften wie der modernen Philologien, der Komparatistik oder auch juristischer Gesetzeskommentare.

Für Treuttel & Würtz war dieses Ineinandergreifen von Wissen und Transkulturalität, insbesondere im Sinne dieses dritten Verständnisses von Weltlite-

193 Vgl. Hendrik Birus, Auf dem Wege zur »Weltliteratur« und »littérature comparée«. Goethes »West-östlicher Divan«, in: Jean-Marie Valentin (Hg.), Akten des XI. internationalen Germanistenkongresses Paris 2005 »Germanistik im Konflikt der Kulturen«, Bern 2007, S. 61–81.

194 Vgl. Frédéric Gustave Eichhoff, Préface, in: Études grecques sur Virgile [...], Paris, Delalain, Treuttel & Würtz, 1825, S. ix–xii, hier S. xif.

195 Ibid., S. xi.

196 Lüsebrink, Art. »Weltliteratur«, S. 865.

ratur, ein Vorteil. In der Zeitschrift »Décade philosophique« bewarben sie 1800 die Gründung ihres »Journal général de la littérature étrangère« wie folgt:

> La littérature, comme le commerce, s'enrichit par les échanges. Les divers pays, sous les rapports des lumières, comme sous celui des productions, ont besoin les uns des autres. Les savans qui les habitent, recueillent dans leurs communications réciproques, de nouvelles données; les gens de lettres apprennent à perfectionner leur goût; l'émulation inspire à tous un nouveau zèle. La paix ne sera donc pas moins utile à la philosophie qu'aux arts[197].

Für Treuttel & Würtz bedeutete der Frieden insbesondere eine Intensivierung der Handelsbeziehungen und dadurch auch des transkulturellen Austauschs der Wissenschaftler und Künstler. Diesen Austausch, den sie nicht nur mit der hier genannten bibliografischen Zeitschrift fördern wollten, sondern der die Grundlage ihres Geschäftskonzepts darstellte, bedeutete für die beiden Verlagsbuchhändler etwas Positives. Für sie trug der transkulturelle Austausch zum Fortschritt der Menschheit bei.

Das oben genannte Zitat stammt aus dem Jahr 1800. Es entstand in engem Kontext zur Strömung der *idéologues* in Frankreich, nach deren Ideen Treuttel und Würtz die Ausrichtung ihrer Verlagsbuchhandlung reflektierten. Das Konzept des Austauschs entwickelte sich aus einer liberalen Wirtschaftsauffassung heraus, die auf die Literatur übertragen wurde. Die Wirtschaft ging der Kultur voraus.

In Goethes Konzept der Weltliteratur (entwickelt um 1826/27) und der parallel dazu entstandenen »littérature comparée« schlug sich nieder, was Treuttel und Würtz bereits seit Jahrzehnten ermöglicht, praktiziert und gelebt hatten. Das Programm der transnationalen Verlagsbuchhandlung Treuttel & Würtz kann somit durchaus als praktizierte Weltliteratur verstanden werden, und dies bereits Jahrzehnte bevor Goethe den Begriff prägte.

197 Annonces. Livres nouveaux, in: La Décade philosophique, littéraire et politique, 1er trimestre (an X [1801]), S. 506 f., hier S. 506.

Schlussbetrachtung

Die transnationale Verlagsbuchhandlung Treuttel & Würtz ist eng mit der Stadt Straßburg im Ancien Régime verknüpft. Spezifische Voraussetzungen führten zur Herausbildung des Unternehmens und seines besonderen Erfolgs, die insbesondere in den geografischen, kulturellen und wirtschaftlichen Ausgangsbedingungen in Straßburg zu finden sind. Straßburg befand und befindet sich in der Mitte Europas, an der Grenze zwischen dem deutschen Raum und Frankreich. Es war ein Verkehrs- und Postknotenpunkt, den viele Menschen passierten, die von Paris in Richtung Osten reisten oder andersherum. Straßburg bot somit einen idealen Ausgangspunkt, um Kontakte zu Reisenden zu knüpfen. Jean-George Treuttel lernte auf diese Weise wichtige Kunden wie Herzog Carl August von Sachsen-Weimar-Eisenach oder den Kollegen Friedrich Justin Bertuch kennen. Auch die Universität, welche besonders im Bereich der Diplomatie renommiert war, zog Studenten aus ganz Europa an. Zu diesen zählten nicht nur Johann Wolfgang Goethe, sondern auch Clemens Wenzel Nepomuk Lothar von Metternich. Die Grenzlage Straßburgs führte im 18. Jahrhundert dazu, dass die Stadt von der Stationierung militärischer Truppen und deren Befehlshaber betroffen war, was ebenfalls zu hochrangigen Kontakten und zahlreichen Aufträgen für die Verleger und Drucker führte. Werte wie Kosmopolitismus, Toleranz, Traditionalismus und eine konservative-elitäre Grundhaltung, die zu den Besonderheiten der Stadt Straßburg im Ancien Régime gehörten, prägten die Verlagsbuchhandlung nachhaltig und begründeten deren Erfolg.

In den 1770er Jahren entwickelte sich unter den Mitgliedern des Straßburger Buchwesens ein neues Selbstverständnis. Um sich gegen die Konkurrenz durchsetzen zu können, stellten sich die alteingesessenen Buchhändler, Verleger und Drucker auf eine Seite mit dem Gesetz und der Obrigkeit. Die Aufgabenbereiche und der damit einhergehende Gewinn wurden unter diesen Verlagsbuchhändlerfamilien aufgeteilt. Als dem Milieu zugehörig betrachtet wurde, wer durch Erbschaft des Berufes oder Auswahl durch strenge Aufnahmekriterien und Erfahrung sowie die Mitgliedschaft in den Zünften zum engen Kreis gehörte. Diese konservativen, strengen Regeln begründeten die Aristokratie des Buchwesens in Straßburg. Die Herausbildung der Aristokratie des

Buchwesens ging einher mit einem neuen ethischen Selbstverständnis und Anspruch der Verlagsbuchhändler in Straßburg. Als Beispiele für dieses neue Selbstverständnis können der Drucker Jean-Henri Heitz und die Verlagsbuchhändler Jean-George Treuttel sowie Frédéric-Rodolphe Salzmann angeführt werden. Alle drei zeichneten sich durch ein Universitätsstudium, Bildungsreisen sowie eine bewusste Entscheidung für einen Beruf im Bereich des Buchwesens aus. Eine Neubewertung des Berufs des Verlagsbuchhändlers oder Druckers stand einerseits im Kontext des Vermittelns zwischen Autoren und Öffentlichkeit, wie Jürgen Habermas in seinem Werk »Strukturwandel der Öffentlichkeit« (1962) beschrieb[1]. Die Straßburger Besonderheit an dieser Stelle stellt das Selbstverständnis der Verlagsbuchhändler als Vermittler zwischen Kulturen dar. Andererseits steht die bewusste Entscheidung für den Beruf im Sinne einer Berufung in der Tradition von Luthers Berufsethik.

Aufgrund des neuen Selbstverständnisses der Mitglieder des Buchwesens in Straßburg und ihrer universitären Bildung fühlten sie sich den Schriftstellern und Gelehrten der Stadt näher und besaßen häufig ein inhärentes Interesse darin, deren Arbeiten zu verbreiten. Der internationale Buchhandel in Straßburg stellte ein Phänomen der *longue durée* dar und war gleichzeitig Voraussetzung und Bedingung für das kulturelle Leben der Stadt und Universität. Die Straßburger Buchhändler und Verleger waren in das deutsche und französische Buchhandelssystem eingebunden. Sie verkauften die international erworbenen Publikationen vor allem an Fürsten und Könige, die regelmäßig teure Ausgaben bestellten, um ihre repräsentativen Bibliotheken aufzubauen. Im 18. und auch noch zu Beginn des 19. Jahrhunderts stellte die französische Sprache die *lingua franca* dar. Eine Publikation in französischer Sprache konnte sich also durchaus an ein internationales, transnationales Publikum wenden, wie dies sowohl bei Fürsten als auch Gelehrten häufig der Fall war. Auf deutschen Messen konnten Straßburger Verleger sowohl mit Publikationen in deutscher als auch in französischer Sprache auftreten. Anhand der Messkataloge ließ sich nachweisen, dass Bauer, Treuttel & Würtz sich über 100 Jahre lang gegen die Konkurrenz aus Straßburg, der wichtigsten französischen Stadt auf deutschen Messen, durchsetzen konnte. Sie waren die wichtigsten und erfolgreichsten französischen Verleger auf deutschen Messen.

Treuttel und Würtz blieben auch in der ersten Hälfte des 19. Jahrhunderts dem Ancien Régime und Idealen der Aufklärung, auf denen sie ihr Unternehmen in Straßburg aufgebaut hatten, treu und verbanden sie zunehmend mit dem politischen Liberalismus in Frankreich. Für die Ordnung des Wiener Kongresses, ein Gleichgewicht der Mächte, das sich durch einen »Prozesscharakter« (Schulz) auszeichnet, wurde der Begriff »europäisches Konzert«

1 Vgl. Habermas, Strukturwandel der Öffentlichkeit.

geprägt. Dieser Gedanke des Gleichgewichts zwischen Großmächten lässt sich im gleichen Zeitraum auf die Entwicklungen im internationalen Buchhandel und auf einflussreiche Buchhändler und Verleger übertragen. Die Parallelen zwischen politisch-diplomatischer Ebene und dem internationalen Buchwesen bestanden insbesondere auf vier Ebenen: erstens die selbst zugesprochene Autorität durch gemeinsames Handeln, die Übernahme von Verantwortung durch politische Größe und Absprachen. Der Begriff der Aristokratie des Buchwesens ist als Verbindung mächtiger Buchhändler und Verleger zu verstehen sowie als deren konzertiertes Eintreten für gemeinsame Interessen wie dem Engagement für das Verbot von Raubdrucken.

An zweiter Stelle finden sich auch im Bereich des internationalen Buchwesens Formen der Verrechtlichung. So wurden durch einflussreiche Mitglieder des Buchwesens auf internationaler Ebene in Privatverträgen zwischen Verlegern und Autoren, zwischen Autoren und Buchhändlern oder Verlegern und Druckern nicht nur Fragen des Honorars, der Übersetzung oder der Auflage, sondern auch einer Frühform des Urheberrechts gestaltet, bevor offizielle internationale Verträge dieses normierten.

Drittens bestanden regelmäßige Treffen zwischen den Mitgliedern des Buchwesens. Diese fanden ihren Ursprung im deutschen Raum in Form der regelmäßigen Buchmessen und der Gründung des Börsenvereins der deutschen Buchhändler (1825) oder deren französischem Pendant, dem Cercle de la librairie (1847).

Schließlich lässt sich viertens auch der Gedanke des Ausgleichs und der Vermeidung von Handelskriegen nachweisen, zumindest für die Leiter des Unternehmens Treuttel & Würtz, in Anlehnung an die diplomatischen Grundsätze des Straßburger Professors Christophe-Guillaume Koch. Diesen diplomatischen Prinzipien hatte auch Metternich, Student von Koch, vertreten.

Treuttel & Würtz war Teil der europäischen Aristokratie des Buchwesens und dessen europäischen Konzerts zu Beginn des 19. Jahrhunderts. Die Pariser Filiale, welche seit 1796 bestand und das Zentrum des Unternehmens bildete, befand sich im politischen und kulturellen Zentrum Frankreichs. In dem Umzug des Unternehmens kam der neue Anspruch der Verlagsbuchhändler zum Ausdruck, Teil dieser Eliten zu werden.

Zu Beginn des 19. Jahrhunderts befanden sie sich in Paris umgeben von mehreren ephemeren deutschen Buchhändlern, welche in kurzer Zeit bankrott waren (u. a. C. F. Cramer, H. Henrichs), und anderen Straßburger Verlagsbuchhändlern wie König oder Levrault, die zeitgleich eine Filiale in Paris gründeten. Während des Ersten Kaiserreichs und der Kontinentalsperre verfügten Treuttel & Würtz, neben der Buchhandlung Bossange, über eine Handelserlaubnis mit Großbritannien. Während andere Buchhändler unter den Reglementierungen des Marktes litten, profitierten Bossange und Treuttel & Würtz von dieser staatlich gesicherten Ausnahmeregelung, die ihnen einen hohen finanziellen Ertrag eingebracht haben muss. Die stärkere Liberalisierung in der Restauration und der Julimonarchie hingegen führte zu einer Zunahme des internationalen Handels und der Konkurrenz durch andere Unternehmen. Die »zweite Revolution des Buches« (Frédéric Barbier) mit dem Wandel des Buchmarktes von einem kleinen Markt zum industriellen Massenbuchhandel, Veränderungen in der Papierherstellung und den Drucktechniken, aber auch die Erfindung der Eisenbahn, die den internationalen Handel erleichterte, führten zu mehr Konkurrenz und einer veränderten Buchmarktstruktur. In Paris bestanden andere große internationale Buchhandlungen neben Treuttel & Würtz wie Bossange, Avenarius und Brockhaus, Baillière, Galignani, Ch. Heideloff oder Friedrich Klincksieck, der nach dem Tod von Jean Godefroi Würtz einen Teil der Verlagsbuchhandlung Treuttel & Würtz erwarb.

Die Eröffnung einer Londoner Filiale von Treuttel & Würtz 1817 verhalf dieser zu einem Stützpunkt in der Hauptstadt des britischen Buchhandels. Das Unternehmen wurde in London mit den gleichen Grundsätzen und der Ausrichtung auf den internationalen Handel fortgeführt. Jean Godefroi Würtz hatte die Londoner Filiale ursprünglich nur als internationale Kommissionsbuchhandlung vorgesehen, mit dem Ziel der Verbesserung des internationalen Handels der Pariser Filiale. Häufig funktionierte der deutsche-englische Handel zu diesem Zeitpunkt über den Umweg von Paris nach London, wovon Treuttel & Würtz profitierte. Dennoch war es für Treuttel & Würtz schwierig, sich in London zu etablieren, und die Pariser Filiale musste das Londoner Haus finanziell unterstützen, bis es 1833/34 aufgegeben wurde.

Der politische Einfluss der Aristokratie des Buchwesens stieg mit deren finanziellem Reichtum und der Zunahme der hochrangigen Kontakte in Wissenschaft, Kultur und Politik. Während der politische Einfluss von Verlegern in Form der Publikation von Büchern von der Forschung anerkannt ist, wurde dem Lobbyismus der Buchhändler und Verleger bisher weniger Aufmerksamkeit zuteil. Dabei war die informelle Einflussnahme auf die Politik in Form persönlicher Kontakte sehr vielversprechend. An dieser Stelle sei nur auf drei Beispiele verwiesen: die Handelserlaubnis für Bossange und Treuttel & Würtz erfolgte über den Kontakt und die Überzeugung des *directeur général de l'imprimerie et de la librairie* Pommereul. Auf dem Wiener Kongress gab es den versuchten Lobbyismus der Abgeordneten des deutschen Buchhandels, Johann Friedrich Cotta und Carl Bertuch, sich für ein Verbot des Nachdrucks, der Reduktion von Zöllen und für Pressefreiheit einzusetzen. 1830 schließlich, im Zuge der Buchhandelskrise wegen der Julirevolution, wandte sich Würtz an den französischen Minister François Guizot und bat diesen zur Verbesserung der Absatzsituation der französischen Buchhändler um die Gründung öffentlicher Bibliotheken in Frankreich, eine Bitte, der Guizot nach einigem Zögern nachkam.

Die Argumentationsstrukturen für politischen Lobbyismus aus dem Kreise um Treuttel & Würtz bezogen sich dabei auf ein Verständnis von Büchern als Medium für Literatur, Ideen oder französische Kultur. Bei einer Förderung des französischen Buchhandels stehe nicht nur der wirtschaftliche Aspekt im Vordergrund, sondern auch der der Verbreitung französischer Kultur und Ideen, beispielsweise während des Krieges und der Kontinentalsperre gegenüber Großbritannien. Das ethische Selbstverständnis, welches Straßburger Buchhändler und Verleger im ausgehenden 18. Jahrhundert entwickelten, diente für Verlagsbuchhandlungen wie Treuttel & Würtz auch als Argument der Förderung ihrer Branche. Es kann als eine frühe Form der französischen *exception culturelle* verstanden werden: Bücher als Träger von Ideen und Kultur sollten bis zu einem gewissen Grad aus den Bedingungen des Marktes herausgenommen werden. Zudem konnten Publikationen als Träger von Kultur für einen kulturellen hegemonialen Krieg instrumentalisiert werden.

Die Leiter der Verlagsbuchhandlung Treuttel & Würtz verstanden Sprachen als einen Schlüssel zum Verständnis von Kulturen und deren Weltsicht. Aufgrund ihres Selbstverständnisses als Verleger übten sie im Bereich der Wissenschaften und deren Entstehung um 1800 direkten Einfluss aus. Das Studium hatte sie dafür qualifiziert, am transnationalen Forschungsdiskurs teilzunehmen oder zumindest die Bedeutung von Arbeiten bewerten zu können. So war J. G. Würtz Mitglied der Société asiatique in Paris und förderte die Anfertigung von kritischen Übersetzungen, welche die Entstehung der modernen Philologien um 1800 mit beförderten. Für Treuttel und Würtz bedeutete der Austausch zwischen den Gelehrten und Künstlern unterschiedlicher Länder einen Vorteil, der zum Fortschritt der Menschheit beitrug. Insofern verkörperte die transnationale Verlagsbuchhandlung Treuttel & Würtz gelebte Weltliteratur im Sinne von Goethes Konzept. Der Austausch zwischen Kulturen, der zu einer interkulturellen Dynamik führe, wurde von Treuttel & Würtz ebenso verstanden und bereits seit der zweiten Hälfte des 18. Jahrhunderts praktiziert.

Das Unternehmen Treuttel & Würtz war gleichzeitig singulär und repräsentativ für seine Zeit. Viele Ursachen dafür liegen in der Straßburger Herkunft der Gründer und Leiter der Verlagsbuchhandlung. So wurde das Unternehmen zu einem Zeitpunkt gegründet, als international gehandelte Publikationen lediglich von einem sehr kleinen, elitären Zirkel erworben werden konnten. Treuttel und Würtz richteten ihre Verlagsbuchhandlung nach diesen Kunden aus und bedienten auch in der Folge weiterhin ein elitäres Publikum.

Treuttel & Würtz ist als transnationales Unternehmen zu bezeichnen. Es bediente ein transkulturelles adliges, gelehrtes und geistliches Publikum. Für diese Personen, die sich nicht nur durch Mehrsprachigkeit, zahlreiche Reisen und – für den Adel – eine transnationale Heiratspolitik auszeichneten, kam der Nationalität eine untergeordnete Bedeutung zu. Es handelte sich um ein transnationales Elitenpublikum, das sich viel mehr durch soziale Distinktion zu unteren Schichten abgrenzte. Teure international gehandelte Publikationen konnten so der sozialen Distinktion dienen.

Treuttel & Würtz sandte seinen Kunden die bestellten Publikationen auf deren Reisen durch ganz Europa nach. Diese Buchsendungen waren immer wieder mit Zöllen und Zensur in unterschiedlichen Ländern konfrontiert. Diese Probleme lösten die Verlagsbuchhändler durch Zuvorkommenheit gegenüber der Administration, Zuverlässigkeit und genaue Befolgung der Regeln. Sie förderten und ermöglichten den engen Kulturaustausch und Kosmopolitismus im Epochenumbruch durch ihre Aktivität. Für Treuttel und Würtz, welche immer wieder mit nationalen und territorialen Grenzen konfrontiert waren, bedeuteten diese für sie und ihren Buchhandel keine Einschränkungen. Sie handelten auf einem transnationalen europäischen Buchmarkt.

Treuttel und Würtz verhielten sich dabei mit ihren Verlagssitzen in zwei europäischen Ländern wie ein heutiges multinational agierendes Wirtschaftsunternehmen. So profitierten und nutzten sie den Verlagssitz in London, um rechtliche Bedingungen, die eigentlich nur für Großbritannien galten, auf Frankreich mit dem Argument zu übertragen, es handle sich um das gleiche Unternehmen. Eine solch moderne Betrachtung der spezifischen juristischen Bedingungen hat dem Unternehmen große Vorteile gebracht. Heutige multinationale Unternehmen – nicht nur im Bereich des Buchhandels – eröffnen Filialen in bestimmten Ländern, um ihren Sitz dorthin zu verlegen und von Steuervergünstigungen und anderen rechtlichen Regelungen zu profitieren. Treuttel & Würtz stellen einen Vorläufer dieser kapitalistischen Praktiken dar.

Der zunehmende Nationalismus im Laufe des 19. Jahrhunderts musste für ein transnational agierendes Unternehmen nicht zwangsläufig ein Nachteil sein. Auch in Kriegssituationen fand Kulturaustausch statt. Der Wettbewerb zwischen Paris und London um die prestigeträchtigste Nationalbibliothek kann sich auch auf den Besitz international gehandelter Publikationen beziehen. Für Treuttel & Würtz hingegen war der Wandel in der Einstellung der Bibliothekare und Kunden gegenüber ihren Lieferanten problematisch. Eine zunehmende Konkurrenz im internationalen Buchhandel und der Ausbau der Verwaltung im Bereich des Bibliothekswesens führten zu neuen Kriterien bei der Auswahl der Lieferanten. Von der Bibliotheksverwaltung, die über ihr Budget entscheiden musste, wurden insbesondere monetäre Kriterien auch für die Beschaffung international gehandelter Bücher angesetzt. Diese neuen Kriterien und die neue Konkurrenz waren für die Verlagsbuchhandlung Treuttel & Würtz, die sich in ihrer Ausrichtung kaum veränderte, problematisch.

Während sich andere international ausgerichtete Unternehmen in der Restauration und der Julimonarchie stärker spezialisierten, veränderte sich Treuttel & Würtz kaum. Die Leiter dehnten zwar ihr Unternehmen bis nach Großbritannien aus, unterließen aber den Schritt, es zu einer global agierenden Buchhandlung zu machen. Ihr Kerngeschäft blieb in Europa. Bossange beispielsweise besaß in der Folge auch Filialen in Madrid, Mexiko, Haiti, Leipzig, Montreal oder Neapel und entwickelte sich zu einem globalen Unternehmen. Die Buchhandlung Klincksieck spezialisierte sich auf den internationalen Buchhandel für ein gelehrtes Milieu, als Lieferant der Pariser Akademien und Universitäten. Baillière war auf den Bereich der Medizin spezialisiert. Treuttel und Würtz hatten ihre Verlagsbuchhandlung zwar auf London ausgedehnt, allerdings mit mäßigem Erfolg. Sie bedienten weiterhin ein Elitenpublikum, aber ihre breite thematische Aufstellung wurde im Kontext zunehmender Konkurrenz zu einem Problem: Benötigte man eine medizinische Publikation, wandte man sich eher an Baillière; Mitglieder der Académie française bezogen ihre international gehandelten Publikationen vermutlich über ihren eigenen Lieferanten Klincksieck. Treuttel & Würtz versäumte in einem Kontext zunehmender Konkurrenz und Ausdifferenzierung auch des internationalen Buchhandels die Ausbildung eines eigenen Schwerpunkts. Das Unternehmen verpasste den Anschluss an die neuen Generationen seiner elitären Kunden und den hiermit verbundenen Wertewandel.

Ein großes Problem für das Unternehmen stellten die zunehmende Konkurrenz auch im internationalen Buchhandel und die Demokratisierung dar. Die Folgen der Französischen Revolution und der Wandel der Mentalitäten ihrer Kunden führten zu einem Wegfall der Privilegien, von denen Treuttel und Würtz bisher profitiert hatten.

Die konservative Ausrichtung der Buchhändlerfamilie bezog sich auch auf ihre eigene Familienstruktur. Die Gründung des Verlagshauses basierte ursprünglich auf engen familiären Beziehungen, nämlich zwischen dem älteren Jean-George Treuttel und seinem Neffen Jean Godefroi Würtz. Damit das Geld und die sozialen Abhängigkeiten erhalten blieben, wurde untereinander geheiratet, bis dies nicht mehr möglich war. Der Aufstieg der Verlagsbuchhandlung Treuttel & Würtz ist auch dem besonderen Engagement und Geschick ihrer Gründer zu verdanken. Die angeheirateten Ehemänner, welche das Unternehmen nach Würtz' Tod 1841 führten, waren weniger talentiert für ihren Beruf und zudem nicht in der gleichen sozialen Verpflichtung wie ihre Vorgänger. Während in anderen Buchhandelsfamilien lediglich innerhalb der gleichen Branche geheiratet wurde, waren diese spezifischen innerfamiliären Ehen eine Singularität von Treuttel & Würtz.

Die Tatsache, dass Treuttel und Würtz den Beruf des Verlagsbuchhändlers als Berufung ansahen, stand nicht nur in protestantischer, sondern auch in aufklärerischer Tradition. Sie führte zu einer besonderen Motivation der Leiter des Unternehmens, die ihre Tätigkeit mit besonderem Eifer ausübten. Diese besondere Konzeption des Berufs des Buchhändlers und Verlegers als Vermittler zwischen Autor und Publikum oder zwischen Kulturen stellte eine Besonderheit von Treuttel & Würtz dar. Ähnliche Strukturen ließen sich aber auch bei anderen Verlegern[2] und zu anderen Zeitpunkten finden. Das Berufsethos bedeutete für Treuttel und Würtz jedoch nicht, dass dem finanziellen Erfolg keine Wichtigkeit beigemessen wurde.

Die angeheirateten Erben des Unternehmens gingen nicht mit gleicher Sorgfalt mit der Verlagsbuchhandlung um. 1871 wurde das Pariser Geschäft Jung-Treuttel verkauft und ein Teil ging im Loewe-Verlag auf; 1927 ging die Straßburger Filiale bankrott.

Die Untersuchung von Treuttel & Würtz hat gezeigt, dass es möglich und nötig ist, auch Verlagsbuchhandlungen zu untersuchen, von denen kein Verlagsarchiv erhalten ist. Das fehlende Archiv, welches zu Beginn als Problem angesehen wurde, hat dazu geführt, dass für diese Studie zahlreiche Archive, Bibliotheken und Museen in unterschiedlichen europäischen Ländern konsultiert wurden. Dies hat es ermöglicht, die Monografie nicht auf Basis der eigenen Perspektive des Unternehmens und dessen Archivs zu schreiben, sondern unterschiedliche Perspektiven entsprechend der Aufbewahrungstradition mehrerer europäischer Länder zu verbinden[3]. Dieser Perspektivenwechsel ermöglichte es auch, eine Studie des Unternehmens zu verfassen, die nicht auf Verlagsgeschichtsschreibung beschränkt ist, sondern ein umfassendes Porträt transkultureller Gesellschaftsschichten im Epochenumbruch vorlegt.

Weitere detaillierte Untersuchungen anderer Unternehmen, die im internationalen Verlagsbuchhandel tätig waren, würden dazu beitragen ein vollständigeres Bild zu vermitteln. Hilfreich wären beispielsweise Untersuchungen der Verlagsbuchhandlungen Armand König in Straßburg oder Bossange in Paris zu Beginn des 19. Jahrhunderts. Bossange kommt im internationalen Buchhandel eine große Bedeutung zu, zudem übernahmen Familienmitglieder das Unternehmen und passten es an neue Strukturen des Buchmarktes an. Bossange vertrat seinen Beruf vermutlich weniger als Berufung und weit weniger moralisierend als Treuttel und Würtz, weshalb eine Untersuchung des Unternehmens, dem bisher ausschließlich einzelne Artikel gewidmet wurden, besonders interessant wäre. Die Schriftgießerfamilie Didot ist eine Untersuchung mit kulturhistorischer Fragestellung wert, die über eine reine Betrachtung der Typografie hinausgeht. Dem Unternehmen kam eine große Bedeutung zu, auch in politischer Hinsicht, und der Ankauf eines Teils des Archivs durch die Bibliothèque Mazarine (Paris) in den letzten Jahren ermöglicht es, neue Quellen zu erschließen.

2 Vgl. Stefan Rebenich, C. H. Beck 1763–2013. Der kulturwissenschaftliche Verlag und seine Geschichte, München 2013.

3 Vgl. Espagne, Genetische Textanalyse.

Auf struktureller Ebene ließe sich auch der internationale Verlagsbuchhandel zu verschiedenen Zeitpunkten vergleichen, um mehr über ganz allgemeine Funktionsweisen des internationalen Buchhandels zu erfahren. Treuttel und Würtz agierten dabei bereits in der ersten Hälfte des 19. Jahrhunderts in solch kapitalistischer Manier und mit einer juristischen Spitzfindigkeit, die heutigen Unternehmen wie Amazon nicht nachstehen.

Treuttel & Würtz war und blieb eine Verlagsbuchhandlung der Aufklärung des Ancien Régime mit Straßburger Prägung. Im Zeitraum des Epochenumbruchs vom 18. zum 19. Jahrhundert verhalf ihr diese Tatsache zu einzigartigem Erfolg; die konservativ-elitäre und wenig reformfähige Ausrichtung trug in einer Zeit der zunehmenden Demokratisierung und Konkurrenz auf dem Buchmarkt aber auch zum Niedergang der Verlagsbuchhandlung bei.

Anhang

A. Genealogische Tafeln

In den genealogischen Tafeln sind die Leiter der Verlagsbuchhandlung Treuttel & Würtz zur besseren Übersicht grau hinterlegt.

Als Quellen dienten bis 1789 die kirchlichen (protestantischen) Register in Straßburg (Gemeinde Temple-Neuf et Cathédrale), anschließend die nationalen Register in Straßburg (AS), Paris (AP), Groslay (Archives départementales des Yvelines) sowie Nonville (AdSM). Insbesondere die Taufregister vor 1789 enthalten viele Informationen zu den Eltern, den Paten etc. Zudem wurden insbesondere die Nachlässe von Familienmitgliedern und Urkunden der Notare, in denen jeweils die Verwandtschaftsverhältnisse zur Klärung des Erbes dargelegt wurden, ausgewertet.

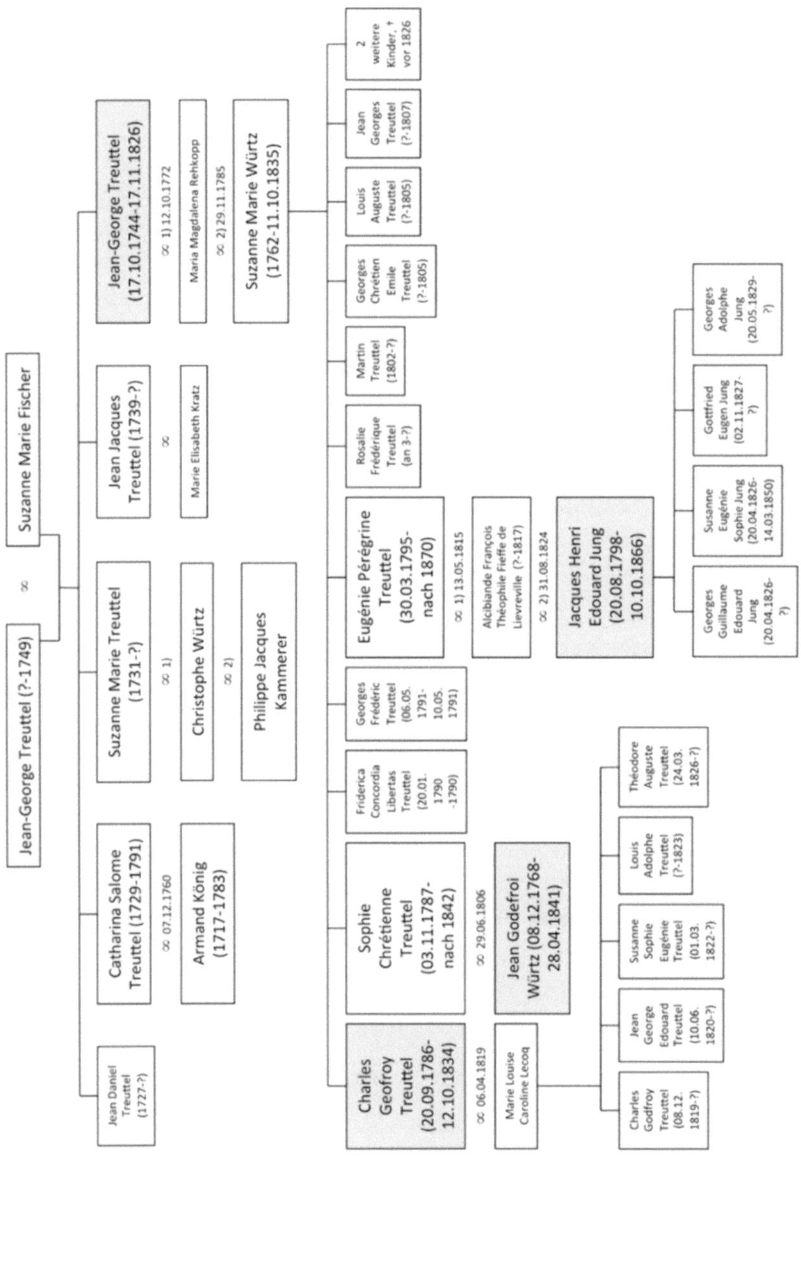

Grafik 7. Genealogie von Jean-George Treuttel.

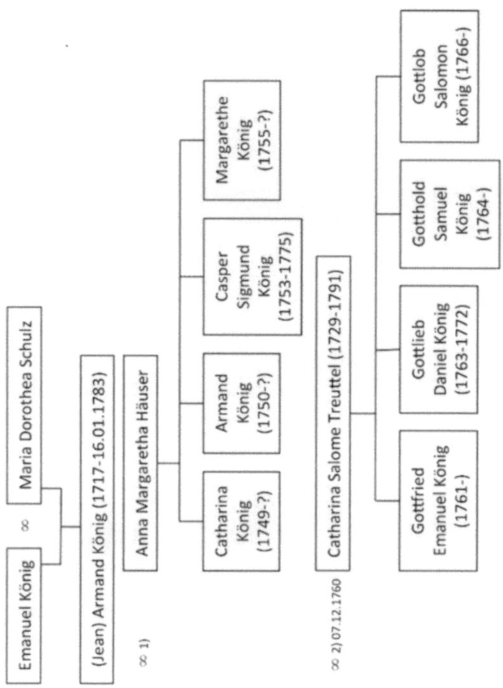

Grafik 8. Genealogie von Jean Armand König.

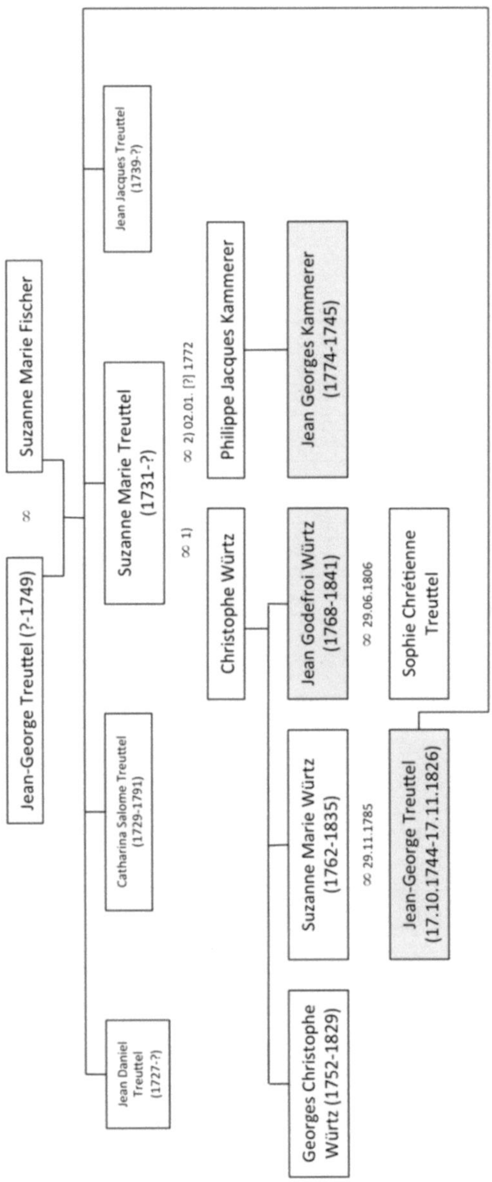

Grafik 9. Genealogie von Suzanne Marie Treuttel.

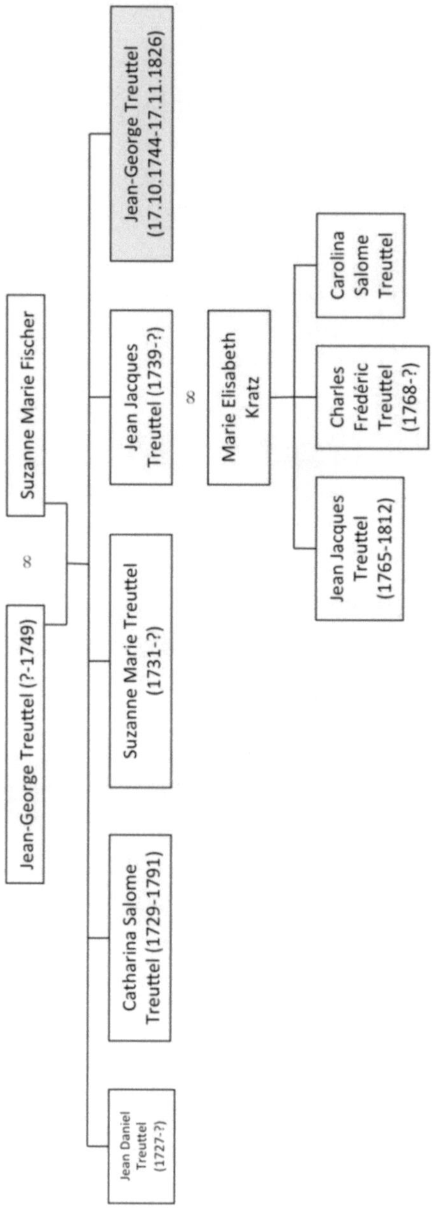

Grafik 10. Genealogie von Jean Jacques Treuttel.

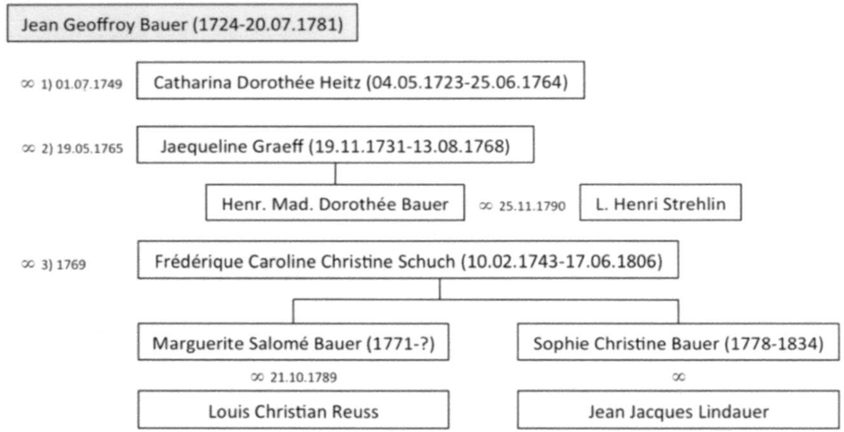

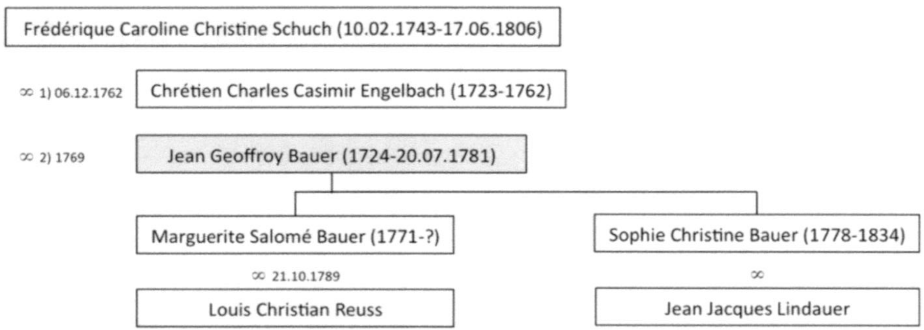

Grafik 11. Ehen von Jean Geoffroy Bauer und Frédérique Caroline Christine Schuch.

B. Zeitleiste des Unternehmens Treuttel & Würtz

Jahr	Ereignisse
1744	Geburt Jean-George Treuttel
1749	Jean Geoffroy Bauer wird Buchhändler in Straßburg (*corporation de l'Échasse*)
1757	J.-G. Treuttel ist an der Straßburger Universität eingeschrieben
1768	Geburt Jean Godefroi Würtz
1772	J.-G. Treuttel wird Geschäftspartner von J. G. Bauer
1782	J. G. Würtz beginnt seine Ausbildung in der Verlagsbuchhandlung von Treuttel
1785	Eheschließung zwischen J.-G. Treuttel und Susanne Marie Würtz
1786	Geburt Charles Geofroy Treuttel
1787	J. G. Würtz ist in der Straßburger Universität immatrikuliert
1794	Besteuerung des Unternehmens J.-G. Treuttel mit 100 000 Livre durch Saint-Just und Lebas
1796	Eröffnung der Filiale in Paris, offizielles Gründungsdatum von Treuttel & Würtz
1817	Eröffnung der Filiale in London: Verbindung zwischen Adolphe Richter, Charles Geofroy Treuttel und Jean Godefroi Würtz; Leitung vor Ort: A. Richter und C. G. Treuttel
1819	Gründung des lithographischen Instituts Alois Senefelder et Comp. als Kooperation zwischen A. Senefelder und Treuttel & Würtz in Paris
1821	Ankauf der Druckerei von Herhan (Stereotypie)
1823	Auflösung des Unternehmens Treuttel & Würtz; Ausstieg von J.-G. Treuttel (erhält dafür das Haus 17, rue de Bourbon, Paris), J. G. Würtz führt das Unternehmen als alleiniger Eigentümer fort
1826	Tod J.-G. Treuttel; Ankauf der Continuationen von H. Bohte, London (Hofbuchhandlung)
1828	Jacques Henri Édouard Jung erhält umfassende Handlungsvollmacht in Bezug auf das Unternehmen Treuttel & Würtz
1832	Abtretung der Straßburger Filiale an Jean Georges Kammerer

Jahr	Ereignisse
1833/1834	Auflösung der Londoner Filiale; das Londoner Unternehmen wird von A. Richter unter eigenem Namen fortgeführt (Beginn der Insolvenz von Richter im Dezember 1834)
1834	Tod C. G. Treuttel
1841	Tod J. G. Würtz; Austritt Kammerers aus dem Geschäft (Treuttel & Würtz, Straßburg), Übergabe an C. A. Boeckel und W. Weise
1842	Verkauf des ausländischen Sortimentsgeschäftes an Friedrich Klincksieck durch Treuttel & Würtz (Paris)
1845	Tod Jean Georges Kammerer
1850	Ausscheiden Wilhelm Weise aus Treuttel & Würtz (Straßburg), Fortführung allein durch Carl August Boeckel
1857	Übernahme des Pariser Unternehmens Treuttel & Würtz durch den Sohn von J. H. E. Jung (Georges Guillaume Édouard Jung), Umbenennung von Treuttel & Würtz (Paris) in Ed. Jung-Treuttel
1860	Eröffnung einer Filiale von Ed. Jung-Treuttel in Leipzig, Leitung der Leipziger Filiale durch F. Loewe
1861	Übernahme Debit Collection Hetzel durch Ed. Jung-Treuttel
1865	Ankauf des Kommissionsgeschäftes von A. Franck, welches in Jung-Treuttel aufgeht
1866	Tod von J. H. E. Jung
1871	Wiederaufnahme der geschäftlichen Beziehungen mit Paris (Jung-Treuttel, Paris und Leipzig)
1875	Verkauf des Leipziger Kommissionsgeschäftes für ausländische Literatur von Jung-Treuttel an Friedrich Loewe, Nachfolger von Jung-Treuttel (Leipzig) F. Loewe. Jung-Treuttel geht im Loewe-Verlag auf. / Nachfolger von E. Jung-Treuttel in Paris ist Ernest Content, 7, rue du Pré-aux-Clercs, Paris
1934	Insolvenz von Treuttel & Würtz (Straßburg)

C. Transkription von Briefen, Verträgen und Geschäftsrundschreiben

Verträge und Geschäftsrundschreiben betreffend die rechtliche Organisation des Unternehmens Treuttel & Würtz

Vertrag zwischen Jean-George Treuttel und Jean Godefroi Würtz, Paris, 17.7.1823, AN, MC/ET/I/828

Entre les soussignés

M^r^. Jean-Georges Treuttel, négociant en librairie, demeurant à Paris, rue de Bourbon, n° 17.

Et M^r^. Jean Godefoi Wurtz, aussi négociant en librairie, demeurant aussi à Paris, rue de Bourbon, n° 17

A été convenu et fait ce qui suit:

Par suite de la société de commerce qui a existé entre ces derniers et qui vient d'être dissoute d'un commun accord, lesd[its] soussignés sont conjointement propriétaires

1°. D'une maison sise à Paris rue de Bourbon, n° 17, où était établie cette société.

2° et des fonds de commerce par eux formés à Londres, n° 30 Sohosquare; et à Strasbourg rue des Serruriers, n° 30, ensemble des dettes actives, livres de fonds et d'assortiment qui en dépendent, tel que le tout existe à présent.

Voulant sortir d'indivision à cet égard, ils sont convenus de se partager les biens ci-dessus désignés de la manière suivante, savoir:

M^r^. Wurtz pour remplir M^r^. Treuttel de la moitié indivisée à lui appartenant dont lesd[ites] maison et fonds de commerce; lui cède et délaisse et abandonne à titre de partage sans soulte ni retour, ce qu'il accepte, ladite maison sise à Paris rue de Bourbon n°17 dixième arrondissement consistante en plusieurs corps de bâtiment cour basse cours jardin et dépendances ~~de~~ laquelle maison enformait autrefois deux [es fehlt ein Wort] tenant le tout par devant à la rue de Bourbon par derrière à celle de Verneuil d'un coté à la rue Ste-Marie d'autre à [es fehlt ein Wort] font partie du prisent [présent] abandon les glaces boiseries armoires et ornemens de toute nature garnissant led[it] immeuble.

Cette maison appartient à lad[ite] société de commerce au moyen de l'acquisition que MM. Treuttel et Wurtz en ont faite pendant sa durée du mandataire de Mad. Louise Antoinette Pauline Candide Josephe Félicité Brancas Lauraguais épouse de M^r^. Louis Engelbert Marie Joseph Augustin d'Aremberg, suivant contrat passé en minute devant M^r^. Serize et son confrère notaires à Paris, le premier brumaire an treize, moyennant un prix qui a été intégralement payé suivant quittances étant ensuite du contrat, et passées devant led. M^e^. Serize et ses confrères le huit thermidor an treize, cinq juillet mil huit cent six, sept juillet 1807, et 28 juillet 1808 enregistrées * [am Rand] * reconnaissant mond[it] S^r^. Treuttel avoir en sa possession les titres de lad[ite] maison.

Pour par mond[it] S^r^. Treuttel jouir et disposer de la maison en pleine et absolue propriété à compter de ce jour et commencer à en percevoir les loyers & revenu séparément et à son profit seul à partir du premier du prisent [présent] mois de juillet mil huit cent vingt trois. Et de sa part M^r^. Treuttel pour remplir M. Wurtz de sa moitié indivise dans lesd[its] maison et fonds de commerce lui cède délaisse et abandonne à titre de partage sans soulte ni retour ce qu'il accepte lesd[its] fonds de commerce de librairie établis à Londres, n° 30 Sohosquare, et à Strasbourg, rue des Serruriers, n° 30, avec les livres de fonds et assortiment qui en dépendent, ensemble les dettes actives desd[its] fonds, tel que le tout existe à présent et dont M^r^. Wurtz a parfaitement connaissance, pour par mond[it] S^r^. Wurtz en jouir faire et disposer en pleine et absolue propriété à compter de ce jour.

Fait double à Paris ce dix sept juillet mil huit cent vingt trois
approuvé l'écriture
J. G. Treuttel
approuvé l'écriture ci dessus & d'autre part J. G. Würtz
le double a été enregistré à Paris le 17 juillet 1823, au droit de 5.50
[Unterschrift] Courape

Vertrag zwischen Jean Godefroi Würtz, Jacques Henri Édouard Jung und Louis Charles Soyer, Paris, 22.1.1829, AN, MC/ET/I/836

Par devant M^e^. Augustin Artus Desprez et son collègue notaires royaux à Paris & soussignés, furent présens,

M. Jacques Henry Edouard Jung, propriétaire, demeurant à Paris, rue de Bourbon, n° 17,

Et M. Louis Charles Soyer, employé, demeurant à Paris, rue Saint-André-des-Arts, n° 6,

Lesquels ont par ces présentes, déclaré qu'il est à leur parfaite connaissance que la maison de librairie connu sous la raison Treuttel et Wurtz à Paris, rue de Bourbon, n° 17, est la propriété et la demeure de M. Jean Godefroy Wurtz, y demeurant, et qu'il en a seul et pour terme illimité la signature sociale depuis le décès de M. Treuttel son ancien associé, décès arrivé à Paris le quatorze décembre mil huit cent vingt six.

Dont acte fait et passé à Paris en l'an mil huit cent vingt neuf le vingt deux janvier, et ont les comparans signé avec les notaires après lecture faite.

Soyer E Jung Desprez

Geschäftsrundschreiben von Treuttel & Würtz (Straßburg), Straßburg, 1.1.1841, MNHN, Ms 2522 (13), Nr. 9806

Strasbourg, le 1er janvier 1841.
M.
Nous avons l'honneur de vous annoncer que notre sieur *J. G. Kammerer*, avançant en âge, se retire des affaires, en cédant à dater de ce jour à M. *C. A. Boeckel*, son neveu et élève, le commerce de librairie exploité par lui, sous la raison commerciale de *Treuttel et Wurtz*, en cette ville.

M. Boeckel, pour en suivre les affaires avec d'autant plus de zèle, s'est associé M. *Guillaume Weise*, fils aîné de l'ancien co-gérant de la dite maison, qui depuis plus de neuf ans s'est acquis les connaissances nécessaires dans différentes libraires de l'étranger.

Du consentement de la maison *Treuttel et Wurtz* à Paris, la nouvelle société continuera la raison de commerce subsistante, ainsi que toutes les relations commerciales de son prédécesseur, notamment celles de la dite maison, qui a bien voulu lui continuer tous les avantages accordés à ce dernier.

Disposant des mêmes fonds d'exploitation, elle se charge de la liquidation des affaires précédentes, de telle manière que la maison ne subira d'autre changement que celui des personnes.

À ces titres nous recommandons la nouvelle société à votre bienveillance, persuadés qu'elle saura mériter, par sa droiture et son activité, la confiance dont vous nous avez honorés pendant notre longue carrière commerciale, et dont nous vous prions d'accepter notre vive reconnaissance [...].

Geschäftsrundschreiben von Treuttel & Würtz (Straßburg), Straßburg, 1.1.1850, MNHN, Ms 2522 (13), Nr. 9823

M.
Nous avons l'honneur de vous faire part qu'à dater de ce jour et après convention réciproque et toutes amicales, notre S[r]. *Guillaume Weisé* cessera de faire partie de notre maison, laquelle conservera pour son unique gérant l'ancien associé M[r]. *Charles Auguste Boeckel*, qui se chargera également de sa liquidation.

Cette modification dans le personnel n'apportera aucun changement ni dans la gestion de nos affaires ni dans les ressources des fonds nécessaires pour leur exploitation; nous continuerons comme par le passé, et conjointement avec notre maison de Paris, à nous dévouer avec loyauté et une scrupuleuse exactitude aux ordres qu'on voudra bien nous confier.

La librairie devant servir de véhicule au véritable progrès tous nos efforts tendront à propager la partie scientifique et religieuse sans négliger la littérature populaire si essentielle aujourd'hui.

[...] Strasbourg, le 1er janvier 1850 [...].

Verträge betreffend die Gesamtausgabe von Germaine de Staël

Alle hier zitierten Verträge, mit Ausnahme des letzten, befinden sich im Fonds Staël Archives de la famille d'Haussonville, unter der Signatur IV.4.1., Nr. 149, Œuvres de Mme de Stäel. Contrats avec les éditeurs. Die Verträge wurden mit freundlicher Genehmigung der Familie d'Haussonville abgedruckt. Sie werden in der Reihenfolge, in der sie in diesem Bestand aufbewahrt werden, zitiert. Diese entspricht nicht der chronologischen Reihenfolge nach Abschluss der Verträge.

Vertrag zwischen Treuttel & Würtz und Auguste de Staël, Albertine Ida Gustavine de Broglie und Victor de Broglie bezüglich der Gesamtausgabe von Germaine de Staël und Jacques Necker, Paris, 16.2.1819

Convention faite entre monsieur le baron Auguste de Stael demeurant à Paris rue de Bourbon, n° 76, d'une part, & Messrs. Treuttel & Würtz, libraires rue de Bourbon, n° 17, d'autre part _

1°. M[r]. le baron de Stael seul propriétaire aujourd'hui ainsi qu'il le déclare de tous les ouvrages tant imprimés que manuscrits de M[r]. Necker & de Mad[e]. la baronne de Stael sa fille, cède & vend par les présentes à Messrs. Treuttel &

Würtz le droit exclusif, sauf les restrictions qui seront ci-après établies, d'imprimer & de réimprimer toutes & quantes fois qu'ils le jugeront convenable, les Œuvres complettes de feu M^{r}. Necker devant former 10 à 12 voll. 8° & la collection complette des Œuvres de feu Mad^{e}. de Stael tant publiées qu'inédites devant former 15 à 18 voll.; comme aussi d'imprimer séparément autant de fois & en tel format qu'ils jugeront bon être, tant les ouvrages déjà publiés que les morceaux inédits des deux collections, lesquels derniers cependant ne pourront paraître séparément avant la livraison des Œuvres complettes qui les contiendra.

2°. Lesdites deux collections se composeront des ouvrages & pièces spécifiés dans les deux états ci-joints qui seront signés & paraphés par les parties. _

3°. M^{r}. de Stael en sa qualité d'Editeur se charge de diriger l'impression des deux collections, laquelle sera faite aux frais, risques & profits de Messrs. Treuttel & Würtz; il fournira toujours en tems utile & prêtes à être livrés à l'impression, les diverses pièces qui devront faire partie de chaque livraison, & se réserve d'en lire les épreuves pour y faire les corrections qu'il jugera nécessaires.

4°. La publication des deux collections se fera par livraisons; l'ordre à suivre pour cette publication sera tiré de commun accord entre M^{r}. le baron de Stael & Messrs. Treuttel & Würtz, & suivant ce qui sera le plus favorable à l'entreprise; chaque collection sera accompagnée d'un portrait gravé par un des premiers artistes de la capitale dont le choix sera approuvé par M^{r}. de Stael. Celle de M^{r}. Necker sera en outre accompagnée de deux petites cartes d'une gravure très soignée.

5°. Cette publication sera dans tout les cas disposée de manière que la livraison qui contiendra les Considérations sur la révolution de France, ne puisse paroître avant le 31. janvier 1820 (époque limitée par le traité fait avec M^{r}. Delaunay dont copie certifiée sera ci-annexée); & la totalité des deux collections devra être achevée dans le courant de l'année 1820.

6°. Par exception à l'effet de l'art. 1er des présentes, & par suite du dit traité avec M^{r}. Delaunay, il est expressément convenu que Messrs. Treuttel & Würtz ne pouvant point imprimer ni mettre en vente séparément, en France, le dit ouvrage posthume de Mad^{e}. de Stael, intitulé: Considération sur la révolution &c. avant le ~~31. janvier~~ 1825.

7°. M^{r}. de Staël observe aussi & déclare qu'il existe des traités avec M^{r}. Murray & avec M^{rs}. Baldwyn & Cie. à Londres, abandonnant à l'un la vente exclusive en Angleterre de l'ouvrage de Mad^{e}. de Stael sur l'Allemagne, & l'autre celle des Considérations sur la Révolution; des deux traités il joint une expédition à la présente pour la gouverne de M^{rs}. Treuttel & Würtz & afin qu'il n'en ignorent; _ M^{r}. de Stael promet toutefois de faire tout ce qui pourra dépendre de lui pour obtenir de M^{rs}. Murray & Baldwyn la faculté pour Mrs. Treuttel & Würtz, d'importer librement en Angleterre, par livraisons séparées, les Œuvres complètes de feue Mad^{e}. de Stael, sans cependant répondre du succès de ses démarches. Il joindra aussi aux présentes une copie certifiée des traités avec M^{r}. Nicolle, & d'autres pièces concernant les droits de propriété sur partie des dites œuvres; le tout spécifié dans l'état y joint.

8°. Les cessions, transmission & vente de tous les droits résultans des divers articles ci-dessus, sont faites à M^{rs}. Treuttel & Würtz à la charge par eux

1) de payer à M^{r}. de Stael ou à son fondé de pouvoir, la somme de fr. 25000.- nous disons vingt cinq mille francs, repartie en autant de payemens qu'il y aura de livraisons de la collection des Œuvres de Mad^{e}. de Stael; ces payemens à faire toujours trois mois après la *publication de chaque livraison*, lesquelles au nombre de cinq, seront fixées aux 2 époques ci-après pour paroître, savoir la première dans le courant de juillet prochain, la seconde dans le courant d'octobre, la troisième dans le courant de janvier 1820, la quatrième dans le courant d'avril, suivant, enfin la cinquième & dernière dans le courant de juillet ~~1819~~ [»1820« korrigiert am Rand]; en conséquence les dits payemens seront effectués par

M^{rs}. Treuttel & Würtz, à savoir _

le premier de la somme de fr. 5000.- fin octobre 1819.

le second _ _de fr. 5000.- fin janvier 1820.

le troisième _ _ de fr. 5000.- fin avril _

le quatrième _ _ de fr. 5000.- fin juillet _

le cinquième _ _ de fr. 5000.- fin octobre _

2) de payer fr. 3000.- nous disons trois mille francs, à Mad^{e}. Necker de Saussure, trois mois après la publication de la livraison des Œuvres complettes de Mad^{e}. de Stael, dans la quelle paroîtra son travail sur les écrits & le caractère de Mad^{e}. de Stael, formant la valeur d'un volume in 8°. la dite somme de fr. 3000.- pour indemnité de ce travail & pour la cession de tous droits d'auteur sur icelui.

3) de fournir à M^{r}. le baron de Stael le nombre d'exempl. ci-après, savoir

60 expl. (nous disons soixante), de l'Écrit de Mad^{e}. Necker de Saussure séparément de la collection _

60 expl. (nous disons soixante), de celle des livraisons de l'édition complette des Œuvres de Mad^{e}. de Stael qui comprendra les œuvres inédites. _

21 expl. (nous disons vingt & un), des Œuvres de Mad^{e}. de Stael ainsi que de celles de M^{r}. Necker, dont cinq sur papier vélin; dans ce nombre sont compris six exemplaires destinés pour M^{r}. Uginet. _

Si M^{r}. de Stael avoit besoin d'un plus grand nombre d'exemplaires de tout ou partie des dites Œuvres, ils lui seroient fournis au prix qui sera fixé par le libraire.

9°. Au moyen du payement de la somme de fr. 28 000._ (nous disons vingt huit mille francs) en argent & de la livraison du nombre d'expl. de chaque ouvrage stipulé dans l'article qui précède, Mrs. Treuttel & Würtz seront & demeureront propriétaires exclusifs des dits ouvrages de feue Made. de Stael & de ceux de Mr. Necker, ainsi que du travail de l'éditeur & de celui de Made. Necker de Saussure, & seront substituées à tous les droits d'auteur dont Mr. de Stael déclare leur garantir la jouissance, sous les seules restrictions énoncées dans les articles 5,6 & 7. du présent traité.

10°. S'il entreoit dans les vues de Mrs. Treuttel & Würtz de publier à la suite des deux collections, ci dessus mentionnées, une troisième collection des écrits divers de feue Made. Necker, Mr. le baron de Stael y fourniroit également, sous les mêmes garanties, tous les matériaux nécessaires tant inédits que publiés, & en dirigeroit la publication sans autre indemnité que le nombre de 15 expl. (nous disons quinze) de cette dernière collection, dont 5. sur pap[ier] vélin.

11°. Mrs. Treuttel & Würtz acceptent par les présentes les cession & vente qui leurs sont faites par les articles ci-offerts & aux conditions y exprimées qu'ils promettent & s'engagent remplir fidèlement & loyalement en ce qui les concerne.

12°. Finalement, il est convenu, que si pour l'exécution des présentes, il survenoit un différend entre les parties contractantes, ce différend seroit soumis à des arbitres nommés de part & d'autre, & jugé par eux; en cas de partage d'opinion, les arbitres nommeroient un tiers arbitre pour les départages; _ ce jugement arbitral sera définitif & sans appel, & fera la loi des parties.

13°. Par addition au traité ci dessus, il a été convenu que Mrs. Treuttel & Würtz dans la vue de faciliter à Mr. le baron de Stael les moyens de désintéresser Mr. Uginet ancien secrétaire de feue Made. sa mère, des droits qui ont pu lui avoir été alloués sur les Œuvres, fourniront à Mr. de Stael leurs billets à ordre de la somme totale de fr. 25 000, payables aux cinq époques fixées par l'art. 8°. du présent traité [hier ergänzt: »à l'ordre du dit Mr. Uginet Tr&W«]; en conséquence Messrs. Treuttel & Würtz ont remis dès à présent les dits cinq billets de cinq mille Francs chaque, à Mr. le baron de Stael qui reconnoit de les avoir reçus & en donne toute décharge.

Il est en même tems convenu que si par le fait de Mr. de Stael ou de ses ayant cause la publication des livraisons des Œuvres complettes de Made. de Stael ou de Mr. Necker étoit retardée au delà des époques fixées en l'art. 8°. ci dessus Mrs. Treuttel & Würtz auroient droit à une juste indemnité qui seroit réglée aimablement par des arbitres, conformément à ce qui est dit en l'art. 12°. _ Cette condition seroit réciproque dans le cas où le retard proviendroit du fait de MM. Treuttel & Würtz; la présente stipulation devant être interprêtée loyalement & sans une rigueur extraordinaire.

La présente convention faite double entre les parties soussignées, à Paris ce 16. (seize) février 1819. mil huit cent dix neuf._ _

Approuvé l'écriture ci-dessus et des autres parts.

A. Staël

Treuttel & Würtz

Rayé trois – mots. comme nuls_ A. St. Tr&W

Erklärung von Mme Albertine de Staël als Anlage zum Vertrag vom 16.2.1819

Declaration.

Je soussignée, Albertine Ida Gustavine Staël de Holstein Duchesse de Broglie, agissant en ces présentes avec l'autorisation de M. le Duc de Broglie mon mari, déclare avoir pris connoissance du traité conclu ce jour entre mon frère Auguste de Staël et messieurs Treuttel & Würtz relativement à l'impression des Œuvres complettes de M. Necker et de ma mère, et donner à ce traité dont toutes les clauses me sont parfaitement connues ma plein et entière adhésion _ Paris ce 16 février 1819.

approuvé l'écriture cidessus

Staël de Broglie

V. Broglie

Vertrag zwischen Joseph Uginet und Henri Nicolle über den einmaligen Druck der Schriften »Delphine«, »Corinne« und »De l'Allemagne«, Paris, 23.1.1818

Entre les soussignés il a été convenu ce qui suit:

Monsieur Uginet donne à M^{r}. Nicolle du consentement de monsieur le baron de Staël le droit de faire impirmer jusqu'au premier janvier dixhuitcent-vingt les trois ouvrages de madame de Staël intitulés: Delphine, Corinne et L'Allemagne. le droit que M^{r}. Uginet donne à M^{r}. Nicolle ne pourra préjudicier en rien au projet qu'à monsieur le baron de Staël de faire imprimer et de publier en collection ou séparément tous les ouvrages de madame sa mère. M^{r}. Nicolle déclarant par le présent ne posséder aucun ouvrage quelconque de madame de Staël en propriété – à Paris le 23 janvier 1818 H. Nicolle

Vertrag zwischen August Wilhelm Schlegel und Auguste de Staël, Victor de Broglie und Gustavine de Broglie, Paris, 1.5.1818

Les soussignés Louis Auguste de Staël de Holstein et Charles Achille Victor Léonce duc de Broglie, pair de France agissant au nom et comme se faisant et portant fort de Mad. Albertine Ida Gustavine de Staël de Holstein son épouse par laquelle il s'oblige de faire personnellement de faire ratifier ces présentes aussitôt sa majorité, promettant de justifier à M. Schlegel ci-après nommé de cette ratification un mois après la majorité de Mad. la duchesse de Broglie.

Monsieur de Staël et Mad. la duchesse de Broglie représentant seules la succession de madame Anne Louise Germaine Necker leur mère, décédée veuve en premier noces de M. Eric Magnus de Staël de Holstein et épouse en secondes noces de M. Jean Albert Michel de Rocca, et ce au moyen des dispositions universelles faites en faveur des deux enfans ci-dessus nommés – Par Mad. de Rocca suivant son testament olographe en date à Coppet du douze octobre mil huit cent seize déposé avec un codicile en date du vingt un juin mil huit cent dix sept non écrit par Mad. de Rocca, mais seulement signé par elle au greffe de la justice de paix du cercle de Coppet canton de Vaud en Suisse. Le vingt huit juillet mil huit cent dix sept. Le tout homologué le même jour d'une part [...] et M. Auguste-Guillaume de Schlegel d'autre part ont dit fait et arrêté ce qui suit:

Mad. de Rocca a fait par son testament & codicile ci-dessus datés deux dispositions en faveur de M. Schlegel. Par sa première insérée en son testament elle s'exprime aussi:

»Je prie mon fils Auguste de veiller conjointement avec M. Schlegel à la publication de mes manuscrits s'il en resté après ma mort. Notamment de mon ouvrage politique s'il n'était pas encore publié, je souhaite que le prix qu'on tirerait de ces manuscrits sont devisé entre M. Schlegel jusqu'à concurrence de cinq cent Louis huit mille francs de Suisse, mon fils Auguste pour le reste, lui se chargeant de faire faire une édition des œuvres de mon père, et une des miennes«.

La seconde disposition contenue dans le codicille ne porte que ces mots: »Mes papiers littéraires appartiennent à M. Schlegel«. Le laconisme de cette seconde disposition laisse une incertitude sur son effet et donne lieu à diverses interprétations. D'un côté M. Schlegel pourrait prétendre que Mad. de Rocca n'ayant mis aucune condition ni limitation au legs de ses papiers littéraires. Il a droit à tous ses ouvrages, manuscrits ou imprimés et par conséquence à son ouvrage politique indiqué dans le testament, sans être tenu à partager le produit ou le prix de cet ouvrage.

D'un autre côté les enfans de Mad. de Rocca pourraient être fondés à soutenir que la disposition qu'elle a faite dans son testament relativement à son ouvrage politique, n'étant point formellement révoquée par le codicile est maintenue de droit et que le legs inséré dans le codicile ne peut porter que sur les autres manuscrits.

Dans cette position les soussignés voulant prévenir toutes difficultés et connaissant les véritables dispositions de Mad. de Rocca sont convenus des articles ci-après à titre de transaction irrévocable.

Article 1er

MM de Staël et de Broglie renoncent à opposer aucun moyen de nullité relativement au codicile à raison de ce qu'il n'est pas de la main de Mad. de Rocca.

Article 2e

MM. de Staël et de Broglie consentent que M. Schlegel touche en entier la somme pour laquelle a été venu le manuscrit de Mad. de Rocca qu'elle appelle *ouvrage politique* dans son testament et qui s'imprime maintenant en Angleterre chez MM. Baldwin Cordock et Joy et en France chez M. Delaunay sous le titre de Considérations sur les principaux événements de la Révolution française, sans être astreint à aucun partage soit envers M. de Staël soit envers la succession de Mad. de Rocca, duquel partage il est formellement dispensé par ces présentes.

Article 3e

M. Schlegel déclare être en possession de cet ouvrage.

Article 4e

Au moyen des articles qui précèdent M. Schlegel déclare renoncer à tous les autres manuscrits de Mad. de Rocca à Tous ses ouvrages imprimés ou inédits et à tous ses autres papiers littéraires, consentant que les legs faits un sa faveur se bornent au prix de l'édition qui s'imprime actuellement du seul ouvrage maintenant intitulé »Considérations &«

Article 5e

M. de Staël demeure libre de faire réimprimer par la suite le susd[it] ouvrage, soit séparement, soit dans la collection complette des Œuvres de sa mère et sans être tenu à aucun dédommagement envers M. Schlegel, mais en se conformant toutefois aux conditions stipulées dans les traités signés entre M. Schlegel, et MM. Baldwin Crodock et Joy à Londres et M. Delaunay à Paris.

Article 6e

M. Schlegel concourra à la publication des Œuvres de M. Necker et de Mad. de Staël par une mise de fonds de la somme de quinze mille francs, et dans le cas ou contre toute attente, cette publication couterait au dela de ce quelle rapporterait M. Schlegel en supporterait la perte jusqu'à concurrence de la d. somme de quinze mille francs.

Fait triple à Paris ce premier may mil huit cent dix huit.

Approuvé l'écriture ci-dessus et des autres parts A. Staël

Approuvé l'écriture ci-dessus et les autres parts AW de Schlegel

Approuvé l'écriture ci-dessus et des autres parts V. Broglie

Approuvé l'écriture ci-dessus et des autres parts Stael de Broglie

Vertrag zwischen August Wilhelm Schlegel und Delaunay über die »Considérations sur la Révolution française«, Paris, 31.1.1818

Entre monsieur Simon César Delaunay libraire à Paris d'une part, et monsieur le chevalier Schlegel, homme de lettres aussi à Paris, comme propriétaire de l'ouvrage posthume de madame la baronne de Staël Holstein intitulé »Considérations sur les principaux événemens de la Révolution française«, en vertu des dispositions testamentaires de madame la baronne de Staël Holstein en date du [leer] d'autre part, il a été convenu de ce qui suit:

Art. 1er

Monsieur le chevalier Schlegel cède à M^r^. Delaunay le droit d'imprimer le susdit ouvrage en 3 volumes 8° pour la première édition, et en tel format qui lui conviendra pour toutes celles qu'il pourra faire pendant la durée de son droit; il sera publié sous le titre de »Considérations sur les principaux événemens de la Révolution française«, publié par M^r^. le duc de Broglie et M^r^. le baron de Staël fils.

Art. 2.

Cette cession a lieu pour le terme de sept ans à compter du jour de la publication, à la charge par M^r^. Delaunay d'en souffrir la réimpression dans les Œuvres complettes de madame la baronne de Staël Holstein que M^r^. de Staël se propose de publier; mais l'ouvrage des »Considérations sur les principaux événemens de la Révolution française« ne pourra être imprimé pour être vendu séparément des Œuvres de l'auteur avant le terme de la jouissance de M^r^. Delaunay.

Art. 3.

La publication des Œuvres complettes de madame la baronne de Staël Holstein devra avoir lieu d'après l'ordre chronologique dans lequel ses divers ouvrages ont paru; et la réimpression des »Considérations sur la Révolution française« qui sont l'objet du présent traité ne pourra avoir lieu dans cette collection avant le terme de deux ans. Le présent article ne concerne en rien les ouvrages inédits de madame la baronne de Staël Holstein que M^r^. le baron de Staël reste le maître de publier quand & comme il le jugera convenable.

Art. 4.

Un traité devant être conclu entre M^r^. le chevalier Schlegel et Messrs. Baldwin Crodock et Joy libraires à Londres pour la publication d'une édition du susdit ouvrage en Angleterre. Il est convenu que l'édition françoise de Londres pourra paraître cinq jours avant celle de Paris.

Art. 5.

Le traité avec les libraires de Londres pour l'impression d'une édition française ne pourra s'étendre au delà des possessions anglaises et aucune autres vente ou cession de cette nature ne pourra être faite dans aucune autre partie de l'Europe, avant l'expiration de la jouissance de M^r^. Delaunay.

Art. 6.

M^r^. Delaunay s'engage à ne point envoyer en Angleterre d'exemplaires de son édition.

Art. 7.

La présente cession est faite par le prix de 34 500 f dont 30 000 payables en trois paiemens, savoir: *10 000 f comptant*, 10 000 f au moment de la remise de l'avant-dernière feuille d'impression du second volume et 10 000 f au moment de la remise de l'avant dernière feuille d'impression du troisième volume et 4500 f en livres au choix de M^r^. le chevalier Schlegel au prix de libraire.

Art. 8.

M^r^. Delaunay s'engage à remettre à M^r^. le baron de Stael après le récépissé du dépôt fait, la veille de la mise en vente 50 exemplaires sur bon papier et 5 sur papier vélin.

Art. 9.

Dans le cas où M^r^. le baron de Staël ou M^r^. le chevalier Schlegel auraient besoin d'un plus grand nombre d'exemplaires M^r^. Delaunay s'engage à les leur fournir au prix de libraire.

Art. 10.

Pour éviter toute chance d'indiscrétion dans le trajet des épreuves et du manuscrit entre Paris & Londres, il est entendu que M^r^. le chevalier Schlegel pourra garder entre ses mains une portion du manuscrit de chaque volume équivalente à une feuille d'impression, et que cette portion ne sera mise sous presse qu'à la fin du dernier volume.

Le présent article ne déroge point à ce qui est dit à l'art. 7 relativement au mode de paiement.

Fait & signé à double en nous soussignés à Paris le 31 janvier 1818. AW de Schlegel

fait et signé double entre nous soussignés, et approuvé l'écriture ci-dessus à Paris le 31 janvier 1818 Delaunay

Vertrag zwischen Auguste de Staël und Joseph Uginet, Paris, 16.2.1819

Les soussignés. M^r^. Auguste Louis de Staël d'une part, et M^r^. Joseph Uginet d'autre part.

Ont fait et arrêté ce qui suit.

M^r^. Uginet déclare que c'est de concert avec lui et de son consentement que M^r^. de Staël a vendu à messieurs Treuttel & Würtz libraires à Paris par traité fait double aujourd'hui le droit exclusif d'imprimer les Œuvres complettes de feue Mad^{e}. de Staël, sous les restrictions indiquées au traité par lequel M^{r}. de Staël a substitué Messrs. Treuttel et Wurtz à tout droits d'auteur dont il leur a garanti la jouissance.

Que c'est uniquement par son entremise et son ministère qu'ont été faits tous les traités que Mad^{e}. de Staël a souscrits pour l'édition de ses différens ouvrages, à l'exception toutefois de son ouvrage intitulé »Considérations sur les principaux événemens de la Révolution françoise«, lequel n'a paru qu'après son décès que les prix de ces traités ont été perçus par le déclarant et en partie pour son profit, Mad^{e}. de Staël les lui ayant abandonnés en totalité ou en partie.

Qu'il avoit rendu à Mad^{e}. de Staël presque tous les droits de propriété qu'elle lui avoit cédés par libéralité, sur ses ouvrages.

Que M^{r}. de Staël pour être tranquille sur l'exécution du traité fait ce jour avec Messrs. Treuttel et Würtz ayant proposé au déclarant de faire une renonciation formelle à tous droits de propriétés sur les ouvrages de Mad^{e}. de Staël et de garantir que Messrs. Treuttel et Würtz ne seront pas troublés dans la jouissance des droits d'auteur que M^{r}. de Staël leur a assurés, le déclarant a accepté cette proposition en conséquence il a été convenu entr'eux l'arrangement suivant.

Art. 1er

M^{r}. Uginet renonce formellement par ces présentes à tous les droits de propriété qu'il pourroit encore avoir aux ouvrages de Mad^{e}. de Staël imprimés jusqu'à ce jour, ou inédits, consentant que tous les traités et arrangements qu'il auroit pu faire, à ce sujet avec elle, de la présente clauze, les représentants de Mad^{e}. de Staël, disposent de la propriété des dits ouvrages, comme ils le jugeront à propos.

Art. 2.

Attendu que M^{r}. Uginet a seul fait ou dirigé les traités qui ont été souscrits pour ou par Mad^{e}. de Staël, ou en son nom pour la publication de ses ouvrages qu'il en connoit la force et l'étendue, il garantit par cet écrit à M^{r}. de Staël qu'à raison de ses traités Messrs. Treuttel et Würtz ne seront jamais inquiétés pour la jouissance des droits d'auteur qu'il leur a transmis par la cession qu'il leur a fait ce jour; et dans le cas où (contre toute probabilité) ils seroient inquiétés dans ce droit de jouissance, à raison des traités en question, il s'engage personnellement à faire cesser toute cause de trouble, à prendre le fait et cause de M^{r}. de Staël et à faire en telle sorte qu'il ne soit point inquiété ni recherché pour raison de ces traités par Messrs. Treuttel et Wurtz et, dans tous les cas, à acquitter garantir et indemniser M^{r}. de Staël de tous les dommages et intérêt qui pourroient être prétendus par Messrs. Treuttel et Würtz ou qui pourroient leur être judiciairement ou arbitralement accordés comme aussi à rembourser à M^{r}. de Staël tous les frais et faux frais qu'il auroit été dans le cas de faire par suite de la garantie que Messrs. Treuttel et Würtz auroient dirigée contre lui.

Art. 3.

Ces renonciations et garanties sont consenties par M^{r}. Uginet, au moyen de la remise que M^{r}. de Staël lui a présentement faite de cinq billets à ordre montant à la somme de vingt cinq mille francs, souscrits par Messrs. Treuttel et Würtz au profit de M^{r}. Uginet pour le prix de la vente qui leur a été faite ce jour par M^{r}. de Staël et payables aux époques indiquées dans cette vente. Il est bien entendu que M^{r}. de Staël ne pourra jamais être recherché pour ces billets en cas de protêt et de non payement.

Art. 4.

M^{r}. Uginet reconnait avoir lu le traité fait ce jour par M^{r}. de Staël avec Messrs. Treuttel et Würtz; il reconnaît de plus qu'il lui en a été remis une copie littérale certifiée par M^{r}. de Staël.

Fait double à Paris ce 16 février 1819

A. Staël

J. Uginet

Zusammenfassung des Vertrags zwischen Treuttel & Würtz und Firmin Didot über den Druck einer Gesamtausgabe von Germaine de Staël

Die Zusammenfassung befindet sich im »Inventaire après décès« von Jean Godefroi Würtz, AN, MC/ET/I/953, unpaginiert.

Cote quinze – Une pièce.
Traité avec MM. Firmin Didot Frères.

Cette pièce est l'une des doubles origniaux d'un écrit sous signatures privées en date à Paris du quatorze mars mil-huit cent trente six. Contenant conventions entre MM. Firmin Didot frères imprimeurs libraires rue Jacob, n° 24, et MM. Treuttel & Wurtz.

Aux termes de cet écrit MM. Treuttel et Wurtz ont autorisé MM. Firmin Didot frères à stéréotyper à leurs frais risques et profits les Œuvres complettes de Mad^{e}. de Staël. ont règle le format, le caractère, le nombre de volumes, et le délai d'exécution.

L'article deux contient plusieurs dispositions pour la publication des Œuvres posthumes de Mad^{e}. de Staël et la notice sur sa vie.

L'article trois règle le nombre d'exemplaires du premier tirage qui sera fait sur papier de vélin.

L'article quatre dit que les exemplaires qui ne porterons pas la signature de MM. Treuttel & Wurtz et mention de leur autorisation sur le verso du faux titre seront considérés comme contre façons.

Les articles cinq, six et septes contiennent des dispositions relatives au frontispice, au deuxième tirage et aux éditions subséquentes et à la disposition des planches stéréotypées dans une armoire du commerce.

Sous l'article huit on a dit que le prix de l'édition complette tant que les droits de MM. Treuttel et Wurtz ne seraient pas expirés, serait de vingt huit francs pour le public de vingt quatre francs pour les libraires de vingt francs pour un nombre d'au moins cent exemplaires; mains que ces prix pourraient être modifiés par les parties d'un commerce encore loin de l'expiration des droits de MM. Treuttel et Wurtz.

Sous l'article neuf MM. Didot frères se sont obligés de fournir gratuitement à MM. Treuttel & Wurtz avant la mise en vente et avant de fournir à toute autre maison de France ou de l'étranger cinq cents exemplaires brochés du tirage de la première édition faite au nombre de deux mille, et cint cinquante exemplaires de chaque tirage de mille, tant que dureront les droits de MM. Treuttel & Wurtz sur les ouvrages posthumes de Mad^{e}. de Staël.

Il a été convenu qu'après l'expiration des d. droits, MM. Didots ne leur fourniraient, plus à titre gratuit que cent exemplaires brochés par chaque mille exemplaires, qu'ils tireront ultérieurement sur les clichés soit de la collection complète, soit des Œuvres choisies de Mme de Staël; qu'on ne pourrait faire de nouveaux tirages que lorsque les exemplaires des précédents tirages seraient épuisés, que MM. Didot frères donnent tout leurs soins pour suite à une grande publicité et à de nombreuses ventes.

Sous l'article dix M. M. Treuttel et Wurtz en considération des engagemens pris par MM. Didot ont renoncés à publier aucune édition compacte des Œuvres complètes de Mme de Staël, format in 8° ou in 4° à deux colonnes et ce tant que dureront leurs droits de propriété sur celles des Œuvres qu'ont été publiées du vivant de Mad^{e}. de Staël. Ils seront encore engagés à ne point autoriser la publication d'une autre édition du même format.

Enfin de ce traité se trouvent encore plusieurs stipulations pour le cas ci après l'expiration des d. droits de propriété MM. Treuttel & Wurtz jugeraient à proposer de publier ou autoriseraient à publier une édition complète des Œuvres de Mad^{e}. de Staël du format 8° ou in 4°.

Laquelle pièce a été cotée et paraphée par le d Me Desprez et inventoriés sous la cote quinze ici.

Sonstige Verträge und Geschäftsrundschreiben

Vertrag über die französische Übersetzung von »Hermann und Dorothea« zwischen P.-J. Bitaubé und Treuttel & Würtz, Paris, 9 floréal an VIII [29.4.1800], FDH FGM, Hs-15685

Entre nous soussignés Bitaubé, membre de l'Institut national d'une part, & Treuttel & Würtz, libraires associés de l'autre, sommes convenus de ce qui suit. Moi Bitaubé cède aux libraires Treuttel & Würtz pour toutes les éditions qui pourront en être faites, ma traduction du poëme allemand de Goethe, intitulé »Hermann & Dorothée«, aux conditions suivantes; pour en jouir en toute propriété irrévocable.

1°. Treuttel & Würtz, me paieront pour le manuscrit la somme de six cents livres tournois, la moitié payable à l'époque que son impression sera finie, & l'autre six mois après, l'une & l'autre comptant & en espèces sonnantes.

2°. Aussitôt l'impression faite & avant la mise en vente ils me remettront trente exemplaires brochés de l'ouvrage, dont six en papier fin.

3°. Au cas de nouvelles éditions, la rétribution à moi Bitaubé est fixée, savoir: pour la 2de. édition à deux cents livres tournois, & à quinze exemplaires brochés de l'ouvrage; & pour chaque édition suivante à cent francs & à dix exemplaires.

4°. Ces rétributions sont réversibles après-moi, à mon épouse.

5°. Et nous Treuttel & Würtz; en acceptant, nous engageons à remplir avec fidélité les conventions ci-dessus.

Fait double entre nous, à Paris ce 9 floréal, an huit

Bitaubé.

Treuttel & Würtz.

Je me désiste de toute indemnité, dans le cas des réimpressions de »Herman et Dorothée«. Paris ce 8 messidor an 12 *Bitaubé*

Geschäftsrundschreiben von Albrecht Friedrich Bartholomäi und Friedrich Rudolph Salzmann, Straßburg, August 1783, DBSM, Bö-GR/B/2345a

Straßburg den August 1783.
Hochzuehrender Herr

Wir haben mit Gegenwärtigem die Ehre E.E. anzuzeigen, daß A. F. Bartholomäi allhier eine Buchhandlung sous commandite unter dem Namen: Akademische Buchhandlung, errichtet hat. Bartholomäi nicht nur, sondern auch einer der beyden Commanditaires werden die Unterschrift führen, welchem zufolge wir, von beyderseitigen Unterschriften Nota zu nehmen, und keiner anderen Glauben beyzumessen, bitten.

Hinlängliche Fonds, hinreichende Kenntnisse, und Aufrichtigkeit und Eifer in unsern Geschäften lasen uns hoffen, daß wir die Personen welche uns ihres Zutrauens würdig werden, zu ihrer Zufriedenheit zu bedienen werden im Stande seyn.

Wir empfehlen uns demnach Dero gütigem Andenken in allen Fällen, wo E.E. unserer Dienste benötiget seyn könnten, und haben die Ehre mit vollkommener Hochachtung zu seyn

E.E.D.W.Dr.
Albrecht Friedrich Bartholomäi
wird signieren: Akademsiche Buchhandlung
Friedrich Rudolph Salzmann
als der eine Commanditaire,
wird signieren: Akademische Buchhandlung

D. Weitere Tabellen und Abbildungen

Tab. 9. Verlagskontakte von Treuttel & Würtz nach dem Verlagsbuch von 1841.

Name	Ort
Aubin	Aix
Dupuis Lagrandrive	[Ambert, Puy-de-Dôme]
Müller & Cie.	Amsterdam
Caarlsen	Amsterdam
Launay	Angers
De Jussieu	Autun
Jaymebon	Bayonne
Behr	Berlin
Pointot	Besançon
Deis	Besançon
Gassiud	Bordeaux
Chaumas Gayet	Bordeaux
Société nationale pour la propagation des bons livres à Bruxelles	Brüssel
Berthot	Brüssel
Waldbaum	Bukarest
Appel	Cassel
Garnier	Chartres
Auguste Veysset (?)	Clermont-Ferrand
M. de Ve Lemonnier	Dunkerque
Dondey Dupré	en ville [Paris]
Piatti	Florenz
Vieusseux	Florenz
[Antoine] Beuf	Genua
Cherbulier [d. i. Librairie Cherbuliez]	Genf
Perthés Besser et Mauke	Hamburg
K. Winter	Heidelberg
Belon	[Le] Mans
Pesché	[Le] Mans

Tab. 9. *(Fortsetzung)*

Name	Ort
Michelsen	Leipzig
Lutchmans	Leyde
Desoer	Liège
Vanackère [Wanrekere]	Lille
Vanackere fils	[Lille]
Marmignon	[Limoges]
Cox Heisets & Cie.	London
Dulau & Cie.	London
Barrois	Lyon
Artaria et Fontaine	Mannheim
M. de Ve Camoin	Marseille
Masvert [Moisvert?]	Marseille
Leroux	Mainz
Dumolard fils	Melag (?)
Devilly	Metz
Gautier et fils	Moskau
Könighelli	Moskau
Cotta	München
Institut Cotta	München
Grimblot	Nancy
Burleau	Nantes
Labire	Nantes
Planson	Nantes
Garnier	Orléans
Bourgeois-Maze	Paris
Dubois	Paris
Germer Baillière	Paris
Bachelier	Paris
Schulmeister	Paris
Galignany frères	Paris
J.-B. Baillière	Paris
Thorel	Paris
Videcoq	Paris
Aillaud	Paris
Béchet jeune	Paris
Ducollet	Paris
Arthur Bertrand	Paris
Didier	Paris
Mathias	Paris
Neveu	Paris
Tressé	Paris

Tab. 9. *(Fortsetzung)*

Name	Ort
J. Renouard	Paris
Dupras	Paris
Deberry	Paris
Belligard	Paris
Pane Koucke	Paris
Dufard	Paris
Hingray	Paris
M. le souverain de Tress [Tross?]	Paris
Audot	Paris
Charles Gosselin	Paris
Didot	Paris
Roret	Paris
Rey	Paris
Magen	Paris
Ledentu	Paris
Labot	Paris
Bebaire	Paris
Baudrey [Baudry]	Paris
Lafitte	Paris
Carilion Goury	Paris
Didier	Paris
Videsq	Paris
Labé	Paris
Aillard	Paris
Téchener	Paris
Bertrand	Paris
Gide	Paris
Gustave Barba	Paris
Dessessart	Paris
Pougin	Paris
Dumont	Paris
Delay	Paris
Gavard	Paris
Duverger [Imprimeur]	Paris
Aimé andré	Paris
Desforges	Paris
Pitois Levrault & Cie.	Paris
Ladrange	Paris
Legrand	Paris
Potelet	Paris
Michaud	Paris

Tab. 9. *(Fortsetzung)*

Name	Ort
Loss	Paris
Janet	Paris
Longman Cie.	Paris
Gavard	Paris
Lehuby	Paris
Maison	Paris
Gaultier Laguiony	Paris
Cousin [Victor Cousin]	Paris
B. Duprat	Paris
De Lamarre Martin	Paris (?)
Béchet	Paris (?)
Delonchaut	Paris (?)
Méquignon Marvis	[Paris]
Bouchard Huzard	[Paris]
Belin Le prieur	[Paris]
M de Ve Lenormant	[Paris]
Blanc Montanier	[Paris]
Pourrat frère	[Paris]
Cabinet de Lecture des Journaux à Perouse	Perugia
Judah Dobson	Philadelphia
Duchesne	Rennes
Merle	Rom
Baedeker	Rotterdam
M. Frère	Rouen
Hauer & Cie.	St. Petersburg
Bellizard et Cie.	St. Petersburg
Bonnier	Stockholm
Lamarche	Toulon
Henri Lebon	Toulouse
Galloy	Toulouse
Bonet Privat	Toulouse
Favarger	Triest
Laloy	Troyes
Lalay	Troyes
Librairie zu Guttemberg	Tübingen
Boeur	Turin
Gerold	Wien
Rohrmann et Schweigard	[Wien]
bureau d'Industrie à Weymar	Weimar
Meget & Cie.	o. O.
Bortin et Matton [Fortin et Mathon?]	o. O.

Tab. 10. Thematische Klassifikation von Büchern, nach Brunet[a].

1. théologie	1. théologie	
	2. liturgies	
	3. conciles	
	4. les Pères de l'Église	
	5. les théologiens	
2. jurisprudence	1. droit canonique	
	2. droit civil	
3. sciences & arts	1. sciences	1. philosophie
		2. physique
		3. histoire naturelle
		4. médecine
		5. mathématiques
	2. arts	1. arts libéraux
		2. arts mécaniques
4. belles-lettres	1. grammaire	
	2. rhétorique	
	3. poëtique	
	4. philologie	
	5. polygraphie	
5. histoire	1. prolégomenes historiques	
	2. géographie	
	3. chronologie	
	4. histoire ecclésiastique	
	5. histoire profane des monarchies anciennes	
	6. histoire moderne	1. monarchies existantes de l'Europe
		2. monarchies qui existent aujourd'hui hors de l'Europe
	7. paraliomenes historiques	
	8. antiquités	
	9. histoire littéraire & bibliographique	
	10. vies des hommes illustres	
	11. extraits historiques	

[a] Jacques-Charles Brunet, L'art de classer les livres d'une bibliothèque, in: Dictionnaire bibliographique, historique et critique, des livres rares, précieux, singuliers, curieux, estimés et recherchés, Bd. 3, Paris, Cailleau et fils, 1790, S. 511–544, hier S. 511 f.

Abb. 14. Unbekannter Künstler, Frédérique Caroline Christine Schuch, o. J., Pastel, 55,5 × 45 cm, Musée historique de la ville de Strasbourg, Inv.-Nr. MADXVIII11.

Abb. 15. Unbekannter Künstler, Jean Godefroi Bauer, o. J., Pastel, 55,5 × 45 cm, Musée historique de la ville de Strasbourg, Inv.-Nr. MADXVIII10.

Abb. 16. Porträt von Jean-George Treuttel, Lithografie, DBSM, Bö-BI/P/2408.

Abb. 17. Porträt von Jean Godefroi Würtz, Lithografie, DBSM, Bö-BI/P/2588.

Abb. 18. Porträt von Jean Georges Kammerer, Lithografie, DBSM, Bö-BI/P/1354.

Abbildungs-, Grafik-, Karten- und Tabellenverzeichnis

Abbildungen

Grafiken

Karten

Tabellen

Abkürzungen

Ad	Archives diplomatiques, Nantes
AdBR	Archives départementales du Bas-Rhin, Straßburg
AdSM	Archives départementales de Seine-et-Marne
AGB	Archiv für Geschichte des Buchwesens
ALZ	Allgemeine Literatur-Zeitung
AN	Archives nationales de France
ANR	Agence nationale de la recherche
AP	Archives de Paris
AS	Archives de Strasbourg
BE	Bibliothèque de l'ENS, Paris
BG	Bibliothèque de Genève
BL	British Library, London
BLO	Bodleian Library Oxford
BNF	Bibliothèque nationale de France
BNF Arsenal	Bibliothèque nationale de France, Bibliothèque de l'Arsenal
BNU	Bibliothèque nationale et universitaire, Straßburg
BPU	Bibliothèque publique et universitaire de Neuchâtel
BSB	Bayerische Staatsbibliothek München
Copac	Consortium of Online Public Access Catalogues
DBSM	Deutsches Buch- und Schriftmuseum der Deutschen Nationalbibliothek Leipzig, Bibliothek des Börsenvereins der deutschen Buchhändler
DEL	Dictionnaire encyclopédique du livre
DFG	Deutsche Forschungsgemeinschaft
DLA CA	Deutsches Literaturarchiv Marbach, Cotta-Archiv
EdN	Enzyklopädie der Neuzeit
ENS	École normale supérieure, Paris
FDH FGM	Freies Deutsches Hochstift Frankfurter Goethemuseum, Frankfurt a. M.

FoB	Forschungsbibliothek Gotha
GH	Gleimhaus, Halberstadt
GNM	Germanisches Nationalmuseum, Nürnberg
GSA	Goethe- und Schiller-Archiv, Weimar
GStA PK	Geheimes Staatsarchiv Preußischer Kulturbesitz, Berlin
HAAB	Herzogin-Anna-Amalia-Bibliothek, Weimar
HCL	Histoire et civilisation du livre
HStAD	Hessisches Staatsarchiv Darmstadt
HStAM	Hessisches Staatsarchiv Marburg
IF	Institut de France
IMEC	Institut Mémoires de l'édition contemporaine, Saint-Germain-la-Blanche-Herbe
KB	Det Kongelige Bibliotek, Kopenhagen
KULB	Kaiserliche Universitäts- und Landesbibliothek Straßburg
LASA	Landesarchiv Sachsen-Anhalt, Dessau
lat.	lateinisch
LGB	Lexikon des gesamten Buchwesens
LMA	London Metropolitan Archives
MC	minutier central
MNHN	Muséum national d'histoire naturelle, Paris
MS-FP	Mediathek André-Malraux, Straßburg – Fonds patrimonial
NDB	Neue Deutsche Biographie
NDBA	Nouveau dictionnaire de biographie alsacienne
o. J.	ohne Jahr
o. O.	ohne Ort
o. S.	ohne Signatur
RAW	Royal Archives, Windsor Castle, Windsor
RFHL	Revue française d'histoire du livre
SSSL	Sächsisches Staatsarchiv, Staatsarchiv Leipzig
SLUB	Sächsische Landesbibliothek – Staats- und Universitätsbibliothek Dresden
StaBi	Staatsbibliothek zu Berlin
STN	Société typographique de Neuchâtel
Sudoc	Système universitaire de documentation
THStW	Thüringisches Hauptstaatsarchiv Weimar
UB	Universitätsbibliothek
ZB	Zentralbibliothek Zürich

Quellen und Nachschlagewerke

Ungedruckte Quellen

Dänemark

Det Kongelige Bibliotek, Kopenhagen (KB)

Archiv der königlichen Bibliothek Kopenhagen
Bucherwerbungen der königlichen Bibliothek Kopenhage

Det Kongelige Biblioteks arkiv F3	Incrementprotokol 1, 1782–1789
Det Kongelige Biblioteks arkiv F4	Lister over indgåede bøger, 1818–1847
Det Kongelige Biblioteks arkiv F9	1834–1850
Det Kongelige Biblioteks arkiv F73	Fransk litteratur 1 Bd. Anm.: Med Chr. Molbechs hånd, 1824–1825

Archiv der Verlagsbuchhandlung Gyldendal

Gyld. Arkiv B.1	Journal 1822–1832
Gyld. Arkiv B.2	Kopibog 1810–1818
Gyld. Arkiv B.2	Kopibog 1819–1820

Deutschland

Deutsches Buch- und Schriftmuseum der Deutschen Nationalbibliothek Leipzig, Bibliothek des Börsenvereins der deutschen Buchhändler (DBSM)

2013/Arch/85	Stammbuch von Johann Hermann Klostermann

17/149	Jahreskontenabschlüsse, Treuttel & Würtz an Montag & Weiß, Straßburg, um 1809
1995/Arch. 294	August Wilhelm Schlegel an Treuttel & Würtz, Bonn, 28.8.1819
Bö-GR/I/388; Bö-GR/I/389; Bö-Gr/B/1181; Bö-GR/B/2345a; Bö-GR/B/83; Bö-GR/B/98; Bö-GR/B/1258; Bö-GR/M/800	Geschäftsrundschreiben

Deutsches Literaturarchiv Marbach, Cotta-Archiv (DLA CA)

Cotta Br. 5	Treuttel & Würtz an Johann Friedrich Cotta/Cotta-Verlag, 5.6.1826
Cotta Br. Oelsner, Nr. 8	Konrad Engelbert Oelsner an Johann Friedrich Cotta, Paris 5.4.1814
Cotta Vertr. 2	Vertrag zwischen Johann Friedrich Cotta und Emmanuel de Las Cases, 8.11.1822

Freies Deutsches Hochstift Frankfurter Goethemuseum, Frankfurt a. M. (FDH FGM)

Hs-15685	Vertrag über die französische Übersetzung von »Hermann und Dorothea«

Forschungsbibliothek Gotha (FoB)

Cart-B-01918-II	Jean-George Treuttel an Herzog Ernst II. Ludwig, Herzog von Sachsen-Gotha und Altenburg, Straßburg, 28.9.1785

Geheimes Staatsarchiv Preußischer Kulturbesitz, Berlin (GStA PK)

III. HA	Ministerium der auswärtigen Angelegenheiten, Nr. 18448

	Acta das Gesuch des Treuttel & Würtz zu Paris wegen Entrichtigung der Kosten der von ihnen anhero zusendenden 3 Exemplare des Werks »Histoire de l'art« par d'Agincourt, durch die königl. Gesandtschaft daselbst bat
VI. HA	Nachlass Friedrich Schöll (1766–1833)

Germanisches Nationalmuseum, Nürnberg (GNM)

Hs. 113062	Amicis atque Fautoribus distinctus consecrat Carolus Fridericus Treuttel Argentinensia, Argentinae d. s. Jan: MDCCLXXXVIII, http://dlib.gnm.de/item/Hs113062/html (27.9.2019)

Goethe- und Schiller-Archiv, Weimar (GSA)

06/87	Bestand Bertuch, Friedrich Justin Bertuch, Eingegangene Briefe Bauer & Treuttel (1775–1779)
6/5286; 6/5315; 6/5444	Briefe zwischen dem Verleger Friedrich Justin Bertuch bzw. dem Landes-Industrie-Comptoir und Treuttel & Würtz (1782–1822)
06/5288	Briefe von Frédéric-Rodolphe Salzmann an Friedrich Justin Bertuch, 1786–1791
108/2829	Briefe von Treuttel & Würtz an Karl Benedikt Hase, 1807–1845
34/V,1,1	Rechnungen von Treuttel & Würtz an Johann Wolfgang Goethe
06/3064; 06/3065	Tagebuch von Karl Bertuch, Reise nach Paris, 1804

Herzogin-Anna-Amalia-Bibliothek Weimar (HAAB)

Loc A: 127.1	Fremdenbuch der herzoglichen Bibliothek in Weimar 1744–1781
Loc A: 31	Verzeichniß der Frembden (Besucherbücher 1781–1920)

Hessisches Staatsarchiv Darmstadt (HStAD)

D 11 Nr. 109/7	Brief von J.-G. Treuttel zu Straßburg 1793

Hessisches Staatsarchiv Marburg (HStAM)

Waldeckisches Kabinett (118 a), 2511	Briefwechsel mit Buchhändlern: Treuttel & Würtz in Straßburg, 1808–1816

Landesarchiv Sachsen-Anhalt, Dessau (LASA)

1810/1811, Z 44, A 10	Korrespondenz des Fürsten und Herzogs Leopold III. Friedrich Franz mit Treuttel & Würtz, http://dfg-viewer.de/show/?tx_dlf[id]=http%3A%2F%2Frecherche.landesarchiv.sachsen-anhalt.de%2Fxslt%2Findex.aspx%3Fxml%3DZ_44__A_10_Nr_239-producer.xml (27.9.2019)

Sächsische Landesbibliothek – Staats- und Universitätsbibliothek Dresden (SLUB)

Mscr.Dresd.e.90, XIX, Bd. 27	Nachlass von August Wilhelm Schlegel Briefe und Verträge zwischen Schlegel, August Wilhelm, und Treuttel & Würtz, http://dfg-viewer.de/show/?tx_dlf[id]=http%3A%2F%2Frecherche.landesarchiv.sachsen-anhalt.de%2Fxslt

%2Findex.aspx%3Fxml%3DZ_44__A_10_Nr_239-producer.xml (27.9.2019)

Sächsisches Staatsarchiv, Staatsarchiv Leipzig (SSSL)

Verlagsarchiv Barth

21101/0863	Kopierbuch J. A. Barth

Staatsbibliothek zu Berlin (StaBi)

Slg. Darmstaedter K 1795: Didot l'ainé, Pierre; 1–2
Pierre Didot an Jean Godefroi Würtz (Treuttel & Würtz), Paris, 26.3.1827

Slg. Darmstaedter 2k 1820: Gérando, Joseph Maria de; 38–39
Joseph-Marie de Gérando an Jean-George Treuttel, o. O., o. J.

Slg. Darmstaedter 2 c 1820: Gueneau de Mussy, Philibert; 4–5
Philibert Gueneau de Mussy an Treuttel & Würtz (Paris), Paris, 7.5.1823

Slg. Darmstaedter 2b 1826: Lassen, Christian; 6–8
Christian Lassen an Treuttel & Würtz, Paris, 14.6.1825–5.7.1825

Slg. Darmstaedter 2b 1837: Panizzi, Antonio; 2
Anthony Panizzi an Treuttel & Würtz (Paris), 29.5.1840

Verlagsarchiv Nicolai: Nachlass Friedrich Nicolai I.

Stadtarchiv Halle

Verlagsarchiv Gebauer-Schwetschke

A 6.2.6. Nr. 9648 (Karton 38)	Johann Gottfried Bauer an Johan Justinus Gebauer, o. O., den 21.9.1768

Stadtarchiv Mainz

60/1336	Munizipalverwaltung bzw. Mairie der Stadt Mainz »Französisches Archiv« 1798–1814, Stadtbibliothek, Akquisition von Büchern betreffend, 1799–1813

Thüringisches Hauptstaatsarchiv Weimar (THStW)

500b	Auswärtige Angelegenheiten D

Archiv der Herzogin-Anna-Amalia-Bibliothek

A 11 653–A 11 692	Rechnungen über Einnahmen und Ausgaben der Herzogin-Anna-Amalia-Bibliothek, 1773–1811

Universitätsbibliothek Freiburg (UB Freiburg)

Nachlass Ring	NL 10/IV B 29, NL 10/IV B 593

Frankreich

Archives de Paris, Paris (AP)

État civil reconstitué (XVIe siècle–1859)
V3E/M 1023

Archives de Strasbourg (AS)

Imprimerie et librairie	AA2352, AA2357, AA2358, AA2360, AA2425, VI 686B, VI 693/8, 269MW94, 269MW105
Libraires et imprimeurs étant affiliés à la tribu ou corporation de l'Échasse	XI 104, 112
Fonds des jacobins	205MW7, 205MW8/115, 205MW9

Archives départementales de Seine-et-Marne, Dammarie-les-Lys (AdSM)

6E358/5 1812–1835 — État civil, registres paroissiaux, état civil et tables décennales, Nonville (Seine-et-Marne, 77), après 1830 et avant 1840

Archives départementales du Bas-Rhin, Straßburg (AdBR)

Paroisse protestante (Temple-Neuf et Cathédrale) bis 1789
Registre des mariages 1722–1764
Registre des enterrements 1778–1785
Registre des baptêmes 1784–1788, 1790–1792

Brevets d'imprimeurs et de libraires, 1812–1870
TP18/1

Minutier central
6-E-41/894, 7E57.4/13

Archives diplomatiques, Nantes (Ad)

206PO/1/22 — Archives de la légation de France à Dresde

Archives nationales de France, Paris/Pierrefitte-sur-Seine (AN)

F7 (Police), F/7/4443, F/7/6699, F18 (Imprimerie, librairie, presse, censure), F/18/38, F/18/175/B, F/18/194, F/18/567, F/18/1834

Archives de personnes, de familles et d'associations

251AP/6 — Fonds Beauharnais
43AP321 — Fonds Guizot
T 297–T 29 — Fonds Montmorency Luxembourg

Minutier central
MC/ET/I/746, MC/ET/I/782, MC/ET/I/828, MC/ET/I/833, MC/ET/I/836, MC/ET/I/953

Légion d'honneur, base Léonore

LH/301/13	Bossange [Martin]
LH/404/51	Cahen, Samuel
LH/624/61	Crapelet, Georges Adrien
LH/773/50	Didot, Ambroise Firmin
LH/773/51	Didot, Firmin
LH/1058/69	Galignani, Jean-Antoine
LH/1628/63	Levrault, François Laurent Xavier
LH/1628/64	Levrault, François Xavier
LH/2042/10	Panckoucke, Charles Louis Fleury
LH/2763/45	Wurtz, Jean Geoffroi

Bibliothèque de l'ENS, Paris (BE)

Archiv der Bibliothek der ENS	Inventaire, par ordre d'acquisition, du nouveau fonds de la bibliothèque de l'École normale, à partir de l'année 1829 [jusqu'en 1846]

Bibliothèque nationale de France, Paris (BNF)

Archiv der BNF
Ancien Régime 72 (Bibliothèque royale. Acquisitions étrangères I. Allemagne), 1753–1791
Manuscrits

NAF 22434, f. 204–208	Briefe von Bauer & Treuttel und Jean-George Treuttel an Barthélemy Mercier Saint-Léger, Straßburg, 1779–1783
NAF 22434, f. 209–219	Briefe von Treuttel & Würtz an Gabriel Peignot, Paris, 1800/01–1813
Ms fr 21992	Archives de la chambre syndicale de la librairie et imprimerie de Paris, aux XVIIe et XVIIIe siècles, Registres des livres d'impression étrangère présentés pour la permission de débiter, 1718–1774

Bibliothèque de l'Arsenal (BNF Arsenal)

5279, 6167, 6408	Recueil de pièces concernant la formation de la bibliothèque du marquis de Paulmy, 1772–1786

Institut de France, Paris (IF)

Ms 8110/Feuillets 3–4	Buchbestellung von Jacques-Étienne Gay an Treuttel & Würtz, Paris, 17.3.1822
Ms 916	Contrat entre Bitaubé et Dentu sur ses »Œuvres complètes«
Ms 2374/3, n°s 169–192, Ms 2374/5, n°s 335–338	Correspondance de Claude Fauriel avec des libraires, ca. 1817–1840
Ms 5.579/4	Sylvain Meinrad Xavier Golbéry an Treuttel & Würtz
Ms 2984/pièces 189 f.	Rechnung von Treuttel & Würtz an Jules Mohl, Paris, 14.3.1826
Ms 2606/F.2–187/F. 149	Pierre-Paul Royer-Collard à Jean-George Treuttel
Ms 7916	Paulin Paris an Treuttel & Würtz, Paris, 19.8.1839–9.12.1843

Institut Mémoires de l'édition contemporaine, Saint-Germain-la-Blanche-Herbe (IMEC)

KLN2.25.02	Fonds Klincksieck

Médiathèque de Strasbourg – Fonds patrimonial (MS-FP)

Nachlass Jean Georges Kammerer

Ms 722	J. G. Kammerer, Correspondance avec Treuttel-Würtz (an III–1842).
Ms 724	J. G. Kammerer, Papiers de famille de J. G. Kammerer, libraire à Strasbourg

Muséum national d'histoire naturelle, Paris (MNHN)

Ms 2522/9785–9834	Correspondance du docteur Jean-Baptiste Mougeot avec Treuttel & Würtz (1832–1860)

Privatbesitz (Paris)

Vertrag zwischen Aimé André, Bachelier, Bossange, Didot père et fils, Galignani, Janet, Levrault, Renourad, Sautelet & Cie. und Treuttel & Würtz vom 12.11.1827. Exemplar in Buch mit Verträgen von Levrault, 1827

Großbritannien

Bodleian Library, Oxford (BLO)

Western Manuscripts	Ms French c.31
Archiv der Bodleian Library	Library Records c. 929: 1815–1822, Library Records b. 228: 1822–1836

British Library, London (BL)

Archiv der Bibliothek des British Museum, Department of Printed Books

DH5/1	Acquisitions Invoices [British Museum] Undated–November 1833
DH5/2	Acquisitions Invoices [British Museum] July 1837–August 1838
Add Ms 88942/4/1/14	Quittungen über Rechnungen von William Henry Fox Talbot bei Treuttel & Würtz, 1823–1825
Add Ms 23889, f. 2	Jean-George Treuttel an Jean-Baptiste-Gaspard d'Ansse de Villoison, Straßburg, 29.12.1788
Add Ms 88942/2/141	Treuttel & Würtz (Paris) an William Henry Fox Talbot, Paris, 20.5.1823

London Metropolitan Archives (LMA)

Sun Insurance Office — 1816 (Ms 11936/467/922055), 1822 (Ms 11936/490/995689), 1825 (Ms 11936/506/1039738), 1826 (Ms 11936/510/1053413), 1827 (Ms 11936/516/1069311), 1829 (Ms 11936/527/1099411)

Royal Archives, Windsor Castle, Windsor (RAW)

RA GEO/MAIN/28665, RA GEO/MAIN/28728–9, RA GEO/MAIN/28756, RA GEO/MAIN/28774, RA GEO/MAIN/28791 — Treuttel & Würtz, Treuttel jun., and Richter adressiert an His Majesty [George IV.], The King's Library, London, 1820–1823

Schweiz

Fonds Staël Archives de la famille d'Haussonville

IV.4.1., Nr. 149 — Œuvres de Mme de Stäel. Contrats avec les éditeurs

Bibliothèque de Genève, Genf (BG)

Registres des assemblées des directeurs de la bibliothèque. — Arch BPU Ac 2 (1734–1802), Arch BPU Ac 3 (1702–1818), Arch BPU Ac 4 (1825–1849)

Bibliothèque publique et universitaire de Neuchâtel (BPU)

Fonds de la STN — Ms 1098, Ms 1119, Ms 1171

Zentralbibliothek Zürich (ZB)

Ms Z II 517	Briefe von Suzanne Marie Treuttel an Johann Gottfried Ebel, 1826–1828

Gedruckte Quellen

Periodika und Monografien

Allgemeines Verzeichniß derer Bücher, welche in der Frankfurter und Leipziger Ostermesse des 1784 Jahres entweder ganz neu gedruckt, oder sonst verbessert, wieder aufgeleget worden sind, auch inskünftige noch herauskommen sollen, Leipzig, bey M. G. Weidmanns Erben und Reich.

Almanach d'Alsace pour l'année 1787, Strasbourg, Lorenz & Schouler, 1786.

Almanach d'Alsace pour l'année bissextile 1788, Strasbourg, Lorenz & Schouler, 1787.

L'Alsace en 1782 vue par un inconnu, Colmar, Imprimerie Alsatia, 1934.

Ankündigungen neuer Bücher. Bey Amand König Buchhändler in Paris, Rue Saint-André-des-Arts n° 73, und dessen Buchhandlung zu Strasburg ist zu haben, in: Intelligenzblatt der ALZ 19 (1797), S. 166.

Annuaire de la librairie. Première année, Paris, Levrault frères, 1802.

Anti-Machiavel, ou Essai de critique sur le prince de Machiavel, publié par Mr. de Voltaire, La Haye, Aux dépens de l'éditeur, 1740.

Armailhacq, Armand d', La culture des vignes, la vinification et les vins dans le Médoc. Avec un état des vignobles d'après leur réputation, Bordeaux, P. Chaumas, 1855.

Avis. Autres livres nouveaux qui se trouvent chez Treuttel [Buchhandelskatalog um 1785], BNF, Q 9308.

Balzac, Honoré de, La Comédie humaine, IV. Études de mœurs: scènes de la vie de province, II. La muse du département, hg. von Marcel Bouteron, Paris 1952.

–, La Comédie humaine, V. Études de mœurs: scènes de la vie de province scènes de la vie parisienne. Illusions perdues, hg. von Pierre-Georges Castex u. a., Paris 1997.

Bauer, Jean Geoffroy, Vorbericht des Verlegers, in: Sammlung auserlesener Wahrnehmungen aus der Arzney-Wissenschaft, der Wund-Arzney- und der Apothecker-Kunst, aus dem Französischen übersetzet, Bd. 1, Frankfurt, Leipzig, Johann Gottfried Bauer, 1757, unpaginiert.

–, Treuttel, Jean-George, Vorbericht der Verleger, in: Herrn Friedrich Osterwalds historische Erdbeschreibung zum Nutzen deutscher Jugend eingerichtet. Derselben sind beygefüget Anfangsgründe dieser Wissenschaft für junge Kinder, eine Einleitung in die Sphärenlehre und die Erdbeschreibung der Aeltern Zeiten, neue verbesserte Ausgabe, Straßburg, Bauer und Treuttel, 1778.

[Bekanntmachung von Jung-Treuttel], in: Journal général de l'imprimerie et de la librairie, 2. Serie, 3/1, Feuilleton commercial 14 (1857), S. 172.

La Bible, traduction nouvelle, avec l'hébreu en regard, accompagné des points-voyelles et des accens toniques […], avec des notes philologiques, géographiques et littéraires, et les principales variantes de la version des septante et du texte samaritaine:

dédiée à S. M. Louis-Philippe 1er, roi des Français, par S. Cahen, directeur de l'école israélite de Paris; membre de plusieurs sociétés savantes, 18 Bde., Paris, Strasbourg, Londres, chez l'auteur, T. Barrois, Treuttel et Würtz, 1831–1851.

Art. »Bibliographe«, in: Denis DIDEROT, Jean le Rond d'ALEMBERT (Hg.), Encyclopédie ou Dictionnaire raisonné des sciences, des arts et des métiers, Bd. 2, Paris, Briasson u. a., 1752, S. 227f.; ARTFL Encyclopédie Project (Autumn 2017 Edition), hg. von Robert MORRISSEY, Glenn ROE, https://artflsrv04.uchicago.edu/philologic4.7/encyclopedie0922/navigate/2/1904?byte=3029701 (28.3.2023).

BITAUBÉ, Paul-Jérémie, Œuvres complètes, 9 Bde., Paris, Dentu, 1804.

BOISSARD, Georges-David-Frédéric, Histoire de la Bible, ou Récits tirés des Saintes-Écritures à l'usage de la jeunesse chrétienne, Paris, Treuttel et Würtz, 1813.

–, Discours prononcé à Groslai, in: Obsèques de M. Jean-George Treuttel, décédé à Paris le 14 décembre 1826, à l'âge de 82 ans 57 jours, et inhumé à sa campagne de Groslai, près Montmorency, au lieu de repos de sa famille, le 17 décembre 1826, Paris, Imprimerie Crapelet [um 1826], S. 17–22.

BOPP, Franz, Nalus, carmen sanscritum e Mahabharato, Londini, Parisiis et Argentorati, Treuttel et Würtz, 1819.

BREITKOPF, Johann Gottlob Immanuel, Ueber Bibliographie und Bibliophilie, Leipzig, Johann Gottlob Immanuel Breitkopf und Compagnie, 1793.

BRIQUET, Fortunée, Dictionnaire historique des Françaises connues par leurs écrits, hg. von Nicole PELLEGRIN, Straßburg 2016.

BRUNCK, Richard François Philippe, Analecta veterum poetarum graecorum, 3 Bde., Argentorati, apud Io. Gothofr. Bauer & socium. bibliopolas, 1772–1776.

–, Aristophanis comoediae, In latinum sermonsem conversae, 3 Bde., Argentorati, apud socios bibliopolas Bauer & Treuttel, 1781.

BRUNET, Jacques-Charles, L'art de classer les livres d'une bibliothèque, in: Dictionnaire bibliographique, historique et critique, des livres rares, précieux, singuliers, curieux, estimés et recherchés, Bd. 3, Paris, Cailleau et fils, 1790, S. 511–544.

–, Manuel du libraire et de l'amateur des livres, contenant 1°. Un nouveau dictionnaire bibliographique, dans lequel sont indiqués les livres les plus précieux et les ouvrages les plus utiles, tant anciens que modernes, avec des notes sur les différentes éditions qui en ont été faites, et des renseignemens nécessaires pour reconnaître les contrefaçons, et collationner les livres anciens et les principaux ouvrages à estampes, on y a joint la concordance des prix auxquels les éditions les plus rares ont été portées dans les ventes publiques faites depuis quarante ans, et l'évaluation approximative des livres anciens qui se rencontrent fréquemment dans le commerce de la librairie, 2°. Une table en forme de catalogue raisonné, où sont classés méthodiquement tous les ouvrages indiqués dans le dictionnaire, et un grand nombre d'autres ouvrages utiles, mais d'un prix ordinaire, qui n'ont pas dûêtre placés au rang des livres précieux. Seconde édition, augmentée de plus de quatre mille articles, et d'un grand nombre de notes, 4 Bde., Paris, Brunet, 1814.

[Buchhandelsanzeige Cussac Paris], AS, AA2358.

CAPPERONNIER, Claude, Antiqui rhetores latini, Argentorati, Bauer, 1756.

Catalogue de cartes géographiques des meilleurs auteurs qui se trouvent à vendre chez Bauer & Compagnie, libraires à Strasbourg rue dite Fladergasse, 1776. Avec permission, BNF, Q8573.

Catalogue d'une belle collection de livres françois anciens et modernes, pour la pluspart choisis en toutes sortes de sciences, qui se trouvent pour à présent à vendre chez Amand König, libraire à Strasbourg, 1776. Les prix sont en argent de France livres & sols. Ce catalogue coûte 12. sols, qui seront cependant rendus à celui qui achète pour un louis d'or à la fois. Avec approbation. Straßburg, MS-FP, A54.339.

Catalogue d'une jolie collection de lettres autographes comprenant une belle série de maréchaux de l'Empire et la correspondance de MM. Treuttel et Wurtz. La vente aura lieu le lundi 2 mai 1870, à 7 heures du soir rue des Bons-Enfants, 28, salle n°2. Par le ministère de Me Baudry, commissaire-priseur, rue Neuve-des-Petits-Champs, 50, assisté de M. Étienne Charavay, archiviste-paléographe, expert en autographes, rue des Grands-Augustins, 26. Paris, Librairie J. Charavay aîné, rue des Grands-Augustins, 26. Londres, Ch. Labussière, correspondant spécial de la maison J. Charavay aîné, 196, Piccadilly, W., 1870, BNF, CV 2092.

Catalogue of Books in the German, Greek, and Latin Languages, Published in Germany, From January to June, 1828, for which Orders are Received by Treuttel and Würtz, Treuttel, Jun. and Richter, Foreign Booksellers to the King, No. 30, Soho Square, London, BNF, 8Q10B.

Catalogue of New Publications Just Imported from France by N. L Pannier, French Bookseller to H. R. H. the Duke of Kent, 15 Leicester-Place, Leicester-Square. London, printed by R. Juigné, 14 Margret-Street, Cavendish-Square, BL, 11901.bb.31.

A Catalogue of the Entire Library of an Amateur of Distinction [Treuttel & Würtz Booksellers] Comprising a Grand Assemblage of Works, Both Rare and Curious, Collected from the Distinguished Libraries of the Duc de la Vallière, Gaignant, Brienne, Noailles, Pinelli, Crevenna, Brunck, Caillard, Firm. Didot, Lamberti, D'Ourches, Bast, Chardin, Larcher, &c. &c. This Collection, the Fruit of many Years Assiduous Research is abundantly rich in Choice Specimens of the Earliest Typography; including Works of Fust, Schoyffer, Mentelin, Koan de Spira, Ulr. Zell, Sweydnheim and Pannartz, Videlin de Spira, Arn, Therhoernen, Eggesteyn, Jenson, Ratdolt, &c. &c. It is likewise rich in The Aldus' both Folio and Octavo, Junta's, Plantin's, Stephen's, Elzevirs, The Delphin and Variorum Classics, many of the latter on large Paper, Early French and Italian Romances, Poetry and Facetiae. It contains also a selection of the more modern Classics, many with Manuscript Collations from the Public Libraries at Paris, Vienna, and the Vatican; also several with MS. Notes by Brunck, Bast and other learned Editors. Many expensive Works in Natural History, Antiquities and the Fine Arts, together with several fine Misals; also some Fac-Simile Manuscripts, by Leschanbart, from extremly rare and curious French Romances. Among the Manuscripts, are a large Collection on the History of France, in ohne hundred and fifty volumes. N. B. The Books are in the finest condition, and the Early Editions are generally most pure and perfect copies. Which will be sold by auction, by Mr. Sotheby, Bookseller, at his House, 145, Strand, opposite Cathrine Street, On Thursday, June 12, 1817, and Ten following Days (Sundays excepted), at 12 o'Clock. [...] Wright and Murphy, Printers, 31, Little Queen Street, Holborn, London. BL, 272.k.16.

Catalogue raisonné de la Librairie académique à Strasbourg. Contenant le titre, le prix, & un extrait des livres qui paraoissent en Allemagne, en Suisse, en Prusse & dans le Nord, sur la physique, la chymie, l'histoire naturelle, l'économie, les mathématiques, la médecine, la chirurgie, la philosophie ancienne & moderne, les arts utiles &

agréables, les belles-lettres, l'histoire, la géographie, les voyages, l'art militaire, &c. &c. &c., MDCCLXXXVI [1786], BNF, Q 5347 (Nr. 1–2).

Catalogus librorum latinorum, germanicorum &c. recentiorum æque ac veterum, ad diversum genus scientiarum spectantium ex Nundinis vernalibus Francofurtensibus & Lipsiensibus, aliundeque hoc anno M DCC XLIX. advectorum, quos bibliopolium Joh. Gothofredi Baueri, Argentorati, in Platea, vulgo Schlauch-Gass dicta. prope Collegium Wilhelmitanum situm, Æquo pretio venales exhibet, 1749, BNF, Q8568.

Chaho, Auguste, Histoire primitive des Euskariens-Basques. Langue, poésie, moeurs et caractère de ce peuple, introduction à son histoire ancienne et moderne, 3 Bde., Madrid, Bayonne, Jamebon, 1847.

Choix de tableaux et statues des plus célèbres musées et cabinets étrangers. Recueil de gravures au trait, d'après les tableaux des grands-maîtres de toutes les écoles, et les monumens de sculpture ancienne et moderne les plus remarquables sous le rapport de l'art, conservés dans les divers musées étrangers, et les plus célèbres collections particulières, avec des notices historiques et critiques. Par une société d'artistes et d'amateurs. Ouvrage classique destiné à servir de suite et de complément aux Annales du musée de France, publiées par C. P. Landon, 6 Bde., Paris, chez Treuttel et Würtz, libraires, rue de Bourbon, n° 17, à Strasbourg et à Londres, même maison de commerce, 1819, BNF, NUMM-6282831, http://gallica.bnf.fr/ark:/12148/bpt6k6282831t (9.8.2021).

Codex nundinarius germaniae literatae bisecularis. Meß-Jahrbücher des Deutschen Buchhandels von dem Erscheinen des ersten Meß-Kataloges im Jahr 1364 bis zu der Begründung des ersten Buchhändler-Vereins im Jahre 1765. Mit einer Einleitung von Gustav Schwetschke, Halle 1850.

Codex nundinarius germaniae literatae continuatus. Der Meß-Jahrbücher des Deutschen Buchhandels Fortsetzung die Jahre 1766 bis einschließlich 1846 umfassend. Mit einem Vorwort von Gustav Schwetschke, Halle 1877.

Conrad, Timothy Abbot, New Fresh Water Shells of the United States, with Colored Illustrations, and a Monograph of the Genus Anculotus of Say; also a Synopsis of the American Naiades. By T. A. Conrad, Member of the Acad. of Natural Sciences of Philadelphia. Philadelphia, Judah Dobson, 108 Chesnut Street, E. G. Dorsey, Printer, 1834.

La Constitution françoise, proclamée le 18 septembre 1791 & jours suivans. Avec un récit de ce qui s'est passé à l'occasion de cet acte solennel. Französisch und Deutsch. Réimprimé, Strasbourg, J.-G. Treuttel, 1792. BSB, 1014236 Gall.rev 1025 r, http://reader.digitale-sammlungen.de/de/fs1/object/display/bsb10425448_00007.html (4.10.2019).

Description de Paris et de ses édifices, avec un précis historique et des observations sur le caractère de leur architecture, et sur les principaux objets d'art et de curiosité qu'ils renferment, par J. G. Legrand, architecte des monuments publics, membre et secrétaire du conseil des bâtiments du département de la Seine, de plusieurs sociétés savantes et littéraires, et par C. P. Landon, peintre, correspondant de l'Institut, auteur des Annales du musée. Ouvrage enrichi de cent vingt planches, gravées et ombrées en taille-douce, avec un plan exact de Paris et de ses embellissements. Seconde édition, corrigée avec soin dans toutes ses parties, et considérablement augmentée, avec dix-huit planches nouvelles, 2 Bde., à Paris, chez Treuttel et

Würtz, libraires, rue de Bourbon, n° 17, à Strasbourg et à Londres, même maison de commerce, 1818.

Dibdin, Thomas Frognall, Voyage bibliographique, archéologique et pittoresque en France, par le rév. Th. Frognall Dibdin. Traduit de l'anglais, avec des notes, par G. A. Crapelet, imprimeur, Bd. 4, Paris, Crapelet, 1825.

Dietrich, Philippe-Frédéric de, Préface du traducteur, in: Lettres sur la minéralogie et sur divers autres objets de l'Histoire naturelle de l'Italie, écrites par Mr. Ferber à Mr. le chev. de Born. Ouvrage traduit de l'allemand, enrichi de notes & d'observations faites sur les lieux, par M. le B. de Dietrich, correspondant de l'Académie royale des sciences, secrétaire interprète de l'ordre militaire du Mérite, membre du corps de la noblesse immédiate de la basse Alsace & conseiller noble au magistrat de Strasbourg, Strasbourg, Bauer & Treuttel 1776, unpaginiert.

Dieu d'Olivier, Jean de, Essai sur la dernière révolution de l'ordre civil en France, 3 Bde., London 1780.

Durand, Jean-Nicolas-Louis, Choix des projets d'édifices publics et particuliers composés par des élèves de l'École royale polytechnique dans les concours d'architecture qui ont lieu chaque année, se trouve à Paris, chez les éditeurs Durand, à l'École royale polytechnique, gauche, rue du Battoir, n° 10, Rey et Gravier, quai des Augustins, n° 55, Treuttel et Wurtz, rue de Bourbon, n° 17, 1816.

Ebert, Friedrich Adolph, Ueber einige Mängel der neuern deutschen Bibliographie und über ihr Verhältniß zur französischen, nebst Anzeige von Jacq. Charl. Brunet Manuel du libraire et de l'amateur de livres. Ed. III. Paris, chez l'auteur, 1820, 8. 4 vol., in: Hermes oder kritisches Jahrbuch der Literatur 10/2 (1821), S. 104–120.

Ehrmann, Friedrich Ludwig, Essai d'un art de fusion à l'aide de l'air du feu, ou air vital, par Mr. Ehrmann, licencié en droit, démonstrateur de physique expérimentale à Strasbourg, membre de l'Académie royale des sciences & belles lettres de Gothenbourg, & de la Société des curieux de la nature à Berlin. Traduit de l'allemand par M. de Fontallard & revu par l'auteur. Suivi des mémoires de Mr. Lavoisier de l'Académie royale des sciences, sur le même sujet. Avec approbation & privilège du roi, Strasbourg, Paris, Jean-George Treuttel, Cuchet, 1787.

Eichhoff, Frédéric Gustave, Préface, in: Études grecques sur Virgile, ou Recueil de tous les passages des poètes grecs imités dans les Bucoliques, les Géorgiques et l'Énéide, avec le texte latin et des rapprochemens littéraires, par F. G. Eichhoff, professeur de belles-lettres, répétiteur à l'institution Massin. Ouvrage adopté par l'université, Paris, Delalain, Treuttel & Würtz, 1825, ix–xii.

Eintrag zur Auflösung von Treuttel, Wurtz and Richter, in: London Gazette, 7. Jan. 1834, Nr. 19117, S. 46, https://www.thegazette.co.uk/London/issue/19117/page/46 (8.2.2019).

Le triple épithalame. Chanté pour les noces de monsieur le conseiller J.-G. Treuttel, citoyen protestant de Strasbourg avec mademoiselle S. M. Würtz par les deux orphelines dotées de leurs bienfaits, une catholique et une protestante, chacune de six cents livres, à Strasbourg le 29 novembre, 1785, BNF, YE-34132.

Extrait des minutes de la secrétairerie d'État. Au palais d'Amsterdam, le 14 octobre 1811, in: Bibliographie de l'Empire français, ou Journal de l'imprimerie et de la librairie 1 (1811), S. [1]–4.

Extrait du catalogue de livres allemands, grecs et latins, de la librairie de Treuttel et Würtz, à Paris et à Strasbourg, S. [1]–6. Buchhandelsanzeige gebunden an: Herman et Dorothée, en IX chants. Poëme allemand de Gœthe, traduit par Bitaubé, membre de l'Institut national de France, et de l'Académie royale des sciences et belles-lettres de Prusse, Paris et Strasbourg, chez Treuttel et Wurtz, libraires, quai Voltaire, n° 2, De l'imprimerie de Didot le jeune, an IX [1800].

Fleischer, Guillaume, Sur les services rendus par les Allemands à la bibliographie, in: Annuaire de la librairie. Première année, Paris, Levrault frères, 1802, S. 1–81.

Franck, William, Traité sur les vins du Médoc et les autres vins rouges et blancs du département de la Gironde, deuxième édition, revue, augmentée et accompagnée d'une carte et de tableaux, Bordeaux, Chaumas, libraire-éditeur, fossés du Chapeau-Rouge, 34, 1845.

Galignani's Messenger, or the Spirit of the English Journals 1 (1814), Paris, printed by M. Nouszou, 9, rue Clery, for M. Galignani, and the French and English Library, 18, rue Vivienne, Price of Subscriptions, 13 fr. 40 cent, for three months; 25 fr. for six month; and 48 fr. for a year, postage free, http://gallica.bnf.fr/ark:/12148/cb32779538j/date&rk=42918;4 (1.10.2019).

G., D. [Joseph-Marie de Gérando], Rezension »Hermann et Dorothée, Poëme allemand de Gœthe, traduit par Bitaubé, chez Treuttel et Wurtz, quai Voltaire, n° 2«, in: La Décade philosophique, littéraire et politique, par une société des gens de lettres, 1er trimestre, an IX [1800], S. 69–77, 161–168.

Goepp, Jean-Jacques, Service funèbre célébré à l'église consistoire de la confession d'Augsbourg à Paris, in: Obsèques de M. Jean-George Treuttel, décédé à Paris le 14 décembre 1826, à l'âge de 82 ans 57 jours, et inhumé à sa campagne de Groslai, près Montmorency, au lieu de repos de sa famille, le 17 décembre 1826, Paris, Imprimerie Crapelet [um 1826], S. 7–17.

Goethe, Johann Wolfgang, Aus meinem Leben. Dichtung und Wahrheit, hg. von Klaus-Detlef Müller, Frankfurt a. M. 1986 [1809/1833].

Goethes Werke herausgegeben im Auftrage der Großherzogin Sophie von Sachsen, II. Abtheilung, 42. Bd., Weimar 1890.

Goethes Werke herausgegeben im Auftrage der Großherzogin Sophie von Sachsen, IV. Abtheilung, 15. Bd.: 1800–1801, Weimar 1894.

Gottsched, Johann Christoph, Beobachtungen über den Gebrauch und Missbrauch vieler deutscher Wörter und Redensarten, Straßburg, Leipzig, Johann Amandus Königen, 1758.

Grégoire, Henri, Rapport sur la bibliographie par Grégoire. Séance du 22 germinal l'an II de la République, une et indivisible, suivi du Décret de la Convention nationale. De l'imprimerie de Quiber-Pallissaux, [1793–1794].

Horaz, Quinti Horatii Flacci Carmina curavit Jeremias Jacobus Oberlinus, Argentorati, typ. et sumtu Rollandi et Jacobi nunc prostant apud G. Treuttel, 1788.

Art. »Johann Gottfried Würtz«, in: Neuer Nekrolog der Deutschen 1841 (1843), S. 480–484.

John Tallis's London Street Views, 1838–1840. Together with the Revised and Enlarged Views of 1847, hg. von Peter Jackson, London 1969.

Journal général de la littérature de France, Paris, Strasbourg, Londres, Treuttel & Würtz, 1798–1841.

Journal général de la littérature étrangère [Prospectus um 1800] eingebunden mit Journal général de la littérature de France, 1798, München, BSB, 6633030 H.lit.p. 188–1.

Journal général de la littérature étrangère [Annonces. Livres nouveaux], in: La Décade philosophique, littéraire et politique 1 (an X [1801]), S. 506–507.

Journal général de la littérature étrangère, ou Annonce périodique des ouvrages nouveaux, cartes géographiques, gravures, objets d'arts, inventions et découvertes nouvelles qui paraissent en Allemagne, dans les pays du Nord, en Batavie, en Angleterre, en Espagne, en Italie, en Helvétie, etc., classée par ordre méthodique, et accompagnée d'extraits et de remarques analytiques, Paris, Straßburg, Treuttel et Würtz, Nr. 1, 1801.

Journal général de la littérature étrangère, ou Indicateur bibliographique et raisonné des livres nouveaux en tous genres, cartes géographiques, gravures et œuvres de musique qui paraissent dans les divers pays étrangers à la France, classés par ordre de matière, avec la notice des objets traités par les sociétés savantes et des prix qui y ont été proposés, les nouvelles découvertes et inventions, la nécrologie des écrivains et artistes célèbres de l'Europe, des nouvelles littéraires et bibliographiques, etc. etc. Première année. Première partie, Comprenant les mois de vendémiaire à ventôse an IX. À Paris, chez Treuttel et Würtz, quai Voltaire, n° 2. À Strasbourg, chez les mêmes libraires, Grand'Rue, n° 15. An IX de la République Française. 1801, BNF, Q-4093 (1).

Journal général de la littérature de France, ou Répertoire méthodique des livres nouveaux, cartes géographiques, estampes & œuvres de musique qui paroissent successivement en France, accompagné de notes littéraires, in: Journal des Luxus und der Moden. Intelligenzblatt 13/4 (1798), S. LXXVIII–LXXIX.

Journal hebdomadaire de la librairie étrangère dédié à monsieur de Lamoignon de Malesherbes. Seconde année 1 (1787), BNF, Q 5348.

Kéralio, M. de [Louis-Félix Guinement de Kéralio], Rezension von »Quinti Horatii Flacci carmina curavit Jeremias Jacobus Oberlinus«, in: Journal des sçavans (1789), S. 158f.

Koch, Christophe-Guillaume, Tableau des révolutions de l'Europe, depuis le bouleversement de l'Empire d'Occident jusqu'à nos jours, À Lausanne, et se trouve à Strasbourg, chez Bauer et Compagnie, 1771. Avec approbation.

–, Tableau des révolutions de l'Europe dans le Moyen Âge, enrichi de tablettes chronologiques et généalogiques par M. Koch, Bd. 1, Strasbourg, Paris, J.-G. Treuttel, Onfroy, 1790.

Lamothe, Léonce de, Nouveau guide de l'étranger à Bordeaux et dans le département de la Gironde, Bordeaux, P. Chaumas, 1856.

La Roche, Sophie von, Journal einer Reise durch Frankreich von der Verfasserin von Rosaliens Briefen, Altenburg 1787.

Laveaux, Jean-Charles Thibault de, Vie de Frédéric II, roi de Prusse. Accompagnée de remarques, pièces justificatives et d'un grand nombre d'anecdotes dont la plupart n'ont point encore été publiées, Bd. 1: Années 1712 à 1756, à Strasbourg chez J. G. Treuttel, librairie & à Paris chez les principaux libraires. Avec approbation et privilège du roi, 1788.

LAVOISIER, Antoine Laurent, Des Hrn. Lavoisier Abhandlungen über die Wirkung des durch die Lebensluft verstärkten Feuers aus dem Französischen übersetzt und mit Zusätzen vermehrt von F. L. Ehrmann, als ein Anhang zu seinem Versuch einer Schmelzkunst mit Beyhülfe der Feuerluft, Straßburg, Treuttel, 1787.

La législation civile, commerciale et criminelle de la France, ou Commentaire et complément des codes français, tirés, savoir: le commentaire, de la conférence avec le texte des codes, et, entre eux, des procès-verbaux, en partie inédits, du Conseil d'État qui contiennent la discussion du code civil, des procès-verbaux, entièrement inédits, de la discussion du code de commerce, du code de procédure, du code d'instruction criminelle et du code pénal, des observations, également inédites, de la section de législation du tribunat sur les projets des trois premiers codes, et de celles des commission du corps législatif, le complément, des lois antérieures auxquelles les codes se réfèrent, des lois postérieures qui les étendent, les modifient, des discussions dont ces lois sont le résultat, des ordonnances, décrets, avis du conseil, et autres actes du pouvoir exécutif et réglementaire destinés à en procurer l'exécution. Le tout précédé de prolégomènes, où l'on expose, dans une première partie, le mode de porter la loi qui était en usage lors de la confection des codes, et quels travaux préparatoires il a produits, où, dans une seconde, on trace l'histoire générale de chaque code, par M. le baron Locré, secrétaire général du Conseil d'État sous le Consulat et l'Empire, officier de l'ordre national de la Légion d'honneur, auteur de l'Esprit du code civil, de l'Esprit du code de commerce, de l'Esprit du code de procédure civile, etc. etc., 31 Bde., Paris, Strasbourg, Londres, Treuttel & Würtz, 1827–1832.

LEGRAND, Jacques-Guillaume, Monumens de la Grèce, ou Collection des chefs-d'œuvre d'architecture, de sculpture et de peinture antiques, gravés d'après les meilleurs auteurs, comparés entre eux, et accompagnés d'un texte historique, analytique et descriptive, Paris, Treuttel et Würtz, 1808.

LEVESQUE, Pierre, Histoire de Russie. Tirée des chroniques originales, de pièces authentiques, & des meilleurs historiens de la nation, 6 Bde., Yverdon 1783.

LICHTWEHR, Magnus Gottfried, Fables nouvelles, divisées en quatre livres. Traduction libre de l'allemand de M. Lichtwehr, Strasbourg, Paris, J.-G. Bauer, Langlois, 1763.

Livres françois du fonds de J. G. Treuttel, libraire à Strasbourg, 1787, BNF, Q-9310.

Livres françois, latins, et grecs, de fond ou en nombre à la Librairie académique à Strasbourg, 1791, BNF, 4-Z-LE SENNE – 2825 (74).

LOCRÉ, Jean-Guillaume, Éclaircissemens. Sur ma contestation avec M. Würtz au sujet de mon livre de »La législation civile, commerciale et criminelle de la France«, dont il est l'éditeur, Paris, Imprimerie Duverger, 1832, BNF, 4-FM-19693.

–, Histoire de mes relations et de mon procès avec le libraire Wurtz, suivant lui propriétaire, et suivant la vérité, simple éditeur de mon livre »De la législation civile, commerciale et criminelle de la France«, pour servir d'éclaircissemens dans la cause actuellement pendante devant la première chambre de la cour royale de Paris, et d'instruction aux savans et aux hommes de lettre qui ne veulent pas se laisser escamoter leur propriété par leur libraire, ni se réduire à recevoir de lui un honteux salaire, qu'il ne leur paie que quand il veut et qu'autant qu'il lui plaît. Par le baron Locré, secrétaire-général du Conseil d'État sous le Consulat et sous l'Empire, officier de l'ordre royal de la Légion d'honneur, Paris, Prosper Dondey-Dupré, imprimeur-libraire, rue Richelieu, n° 47 bis. 1834, BNU, M. 100.726.

London Gazette Nr. 19117 (1834).

Marionneau, Charles, Description des œuvres d'art qui décorent les édifices publics de la ville de Bordeaux, Paris, Bordeaux, A. Aubry, Chaumas-Gayet 1861.

Medjnoun et Leila, poème traduit du persan de Djamy, par A. L. Chézy. Paris, de l'imprimerie Valade, se trouve chez Treuttel et Wurtz, libraires, rue de Lille, n° 17. et à Strasbourg, même maison de commerce, 1807.

Mémoire pour Jean George Treuttel, citoyen françois à Strasbourg, concernant une imprimerie à établir dans sa maison pour l'exécution de des deux gazettes, Strasbourg, le 30 juin 1790, BNF, Q-1551.

Mémoires et notes de M. Auguste Le Prévost pour servir à l'histoire du département de l'Eure. Recueillis et publiés sous les auspices du conseil général et de la Société libre d'agriculture, sciences, arts et belles-lettres de l'Eure par MM. Léopold Delisle et Louis Passy, Bd. 1, Évreux, imprimerie d'Auguste Hérissey, 1862.

Aus Metternich's nachgelassenen Papieren. Herausgegeben von dem Sohne des Staatskanzlers Fürsten Richard Metternich-Winneburg, geordnet und zusammengestellt von Alfons v. Klinkowström, autorisierte deutsche Original-Ausgabe, Erster Theil: Von der Geburt Metternich's bis zum Wiener Congress 1773–1815, Wien 1880.

Miel, Art. »Concert«, in: Encyclopédie des gens du monde. Répertoire universel des sciences, des lettres et des arts; avec des notices sur les principales familles historiques et sur les personnages célèbres, morts et viavans; par une société de savans, de littérateurs et d'artistes, rançais et étrangers, 2/6, Paris, librairie Treuttel et Würtz, rue de Lille, n° 17; Strasbourg, Grand'Rue, n° 15, Londres, 30, Soho Square, 1836, S. 488–495.

Neuigkeiten, in: Das Neueste aus der anmuthigen Gelehrsamkeit 1 (1762), S. 800.

Notice sur J.-G. Würtz, libraire-éditeur, chevalier de la Légion d'honneur, né à Strasbourg le 8 décembre 1768, mort à Paris le 28 avril 1841, imprimerie d'E. Duverger (Sonderdruck aus Encyclopédie des gens du monde).

Œuvres de Frédéric II, roi de Prusse, publiées du vivant de l'auteur, 4 Bde., À Berlin, chez Voss et fils, et Decker et fils, et chez Treuttel, 1789, https://archive.org/details/oeuvresdefrd01fred.

Œuvres posthumes de Frédéric II., roi de Prusse. Seconde édition originale, 16 Bde., Strasbourg, Treuttel, 1788.

Onlineedition des Verlagsarchivs von Gebauer & Schwetschke, hg. von Daniel Fulda u. a., http://www.gebauer-schwetschke.halle.de/gs/home/ (11.11.2021).

Paris und Strassburg bey Treuttel und Würtz: 1) Journal général de la littérature de France, in: Intelligenzblatt der ALZ (1798), S. 332f.

Peignot, Gabriel, Dictionnaire raisonné de bibliologie, contenant, 1.° L'explication des principaux termes relatifs à la bibliographie, à l'art typographique, à la diplomatique, aux langues, aux archives, aux manuscrits, aux médailles, aux antiquités, etc., 2.° des notices historiques détaillées sur les principales bibliothèques anciennes et modernes, sur les différentes sectes philosophiques; sur les plus célèbres imprimeurs, avec une indication des meilleures éditions sorties de leurs presses, et sur les bibliographes, avec la liste de leurs ouvrages, 3.° Enfin, l'exposition des différens systèmes bibliographiques, etc., 2 Bde., Paris, Villier, 1802.

Perthes, Friedrich Christoph, Der deutsche Buchhandel als Bedingung des Daseyns einer deutschen Literatur, o. O., 1816.

Prospectus. Journal général de la littérature de France, ou Répertoire méthodique des livres nouveaux, cartes géographiques, estampes et œuvres de musique qui paroissent successivement en France, accompagné de notes littéraires [Treuttel & Würtz], in: Allgemeiner litterarischer Anzeiger, Beilage zu Nr. XLVI (1798), S. 474–475.
Prospectus. Journal général de la littérature de France [um 1811], AN, F/18/12.

Reden gehalten beim Begräbniß des Hrn. J. G. Kammerer, ehemaligen Buchhändlers, gestorben den 2. Juli 1845, im Alter von 71 Jahren, Straßburg, gedruckt bei G. Silbermann, Thomasplatz, 3. 1845, MS-FP, EPI T6 N4.
Rehfues, Philip Joseph von, L'Espagne en mil huit cent huit, ou Recherches sur l'état de l'administration, des sciences, des lettres, des arts, du commerce et des manufactures, de l'instruction publique, de la force militaire, de la marine, de la population de l'Espagne, et sur le caractère de ses habitants, faites dans un voyage à Madrid en l'année 1808 par J. F. Rehfues, bibliothécaire de S. M. le roi de Würtemberg. Ouvrage traduit en français sur le manuscrit en langue allemande, suivi d'un fragment historique, intitulé: Les espagnols du xive siècle, traduit de l'allemand, Paris, Strasbourg, Treuttel et Würtz, 1808.
Reichard, Heinrich August Ottokar, Handbuch für Reisende aus allen Ständen. Nebst zwey Postkarten, zur großen Reise durch Europa, von Frankreich nach England und einer Karte von der Schweiz und den Gletschern von Faucigny, Leipzig, Weygand, 1784.
Rezension von »Des Herrn Lavoisier Abhandlung über die Wirkung des durch die Lebensluft verstärkten Feuers, aus dem Französischen übersetzt, und mit Zusätzen vermehrt von F. L. Ehrmann, als ein Anhang zu seinem Versuche einer Schmelzkunst mit Beyhülfe der Feuerluft«, in: ALZ 305/4 (1787), S. 756–758, http://zs.thulb.uni-jena.de/receive/jportal_jparticle_00027289?hl=Treuttel (2.10.2019).
Rezension von Friedrich Ludwig Ehrmann, »Versuch einer Schmelzkunst mit Beyhülfe der Feuerluft«, in: ALZ 214 (1786), S. 472f., http://zs.thulb.uni-jena.de/receive/jportal_jparticle_00024065?hl=Treuttel (2.10.2019).
Rezension von »Herman et Dorothée, en IX chants. Poème allemand de Gœthe, traduit par Bitaubé […]«, in: Magasin encyclopédique 4/3 (1800), S. 284f.
Rezension von »Histoire des langues romanes et de leur littérature depuis leur origine jusqu'au xive siècle. Par M. A. Bruce-Whyte«, in: Foreign Quarterly Review 28 (1841), S. 173–205.

Say, Jean-Baptiste, Olbie ou Essai sur les moyens de réformer les mœurs d'une nation, Paris, Deterville, Treuttel et Würtz, an VIII [1800].
Schaeffer, Jacob Christian, Description d'une machine inventée en Angleterre et perfectionnée en Allemagne pour blanchir le linge. Traduit de l'allemand de Mr. Schaeffer, Strasbourg, J. G. Bauer, 1767.
Schlegel, August Wilhelm, Rezension von »Herrmann und Dorothea«, in: ALZ 393/4 (1797), S. 641–648.
Schoell, Frédéric, Répertoire de littérature ancienne, ou Choix d'auteurs classiques grecs et latins, d'ouvrages de critiques, d'archéologie, d'antiquités, de mythologie, d'histoire et de géographie anciennes, imprimés en France et en Allemagne. Nomenclature de livres latins françois et allemands sur diverses parties de la littérature. Notice sur la stéréotypie, 2 Bde., Paris, Schoell, 1808.

SCHOEPFLIN, Jean Daniel, Vindiciae typographicae. Documenta typographicarum originum ex argentinensibus tabulis, Strasbourg, J. G. Bauer, 1760.

S... [Johann Gottfried SCHWEIGHÄUSER], Rezension von »Hermann und Dorothea, poëme de M. Goethe. Imprimé à Berlin, chez Vieweg, sous forme d'almanac, pour l'année 1798«, in: Magasin encyclopédique 5/3 (1797), S. 216–228.

SCROFANI, Saverio, Voyages en Grèce de Xavier Scrofani, Sicilien, fait en 1794 et 1795. Traduit de l'italien, par J. F. C. BLANVILLAIN, traducteur de »Paul et Virginie«. Avec une carte générale de la Grèce ancienne et moderne, et dix tableaux du commerce des îles dites vénitiennes, de la Morée, et de la Romélie méridionale, Paris, Strasbourg, chez Treuttel et Würtz, libraires, quai Voltaire, n° 2, 1801.

SÉROUX D'AGINCOURT, Jean-Baptiste-Louis-Georges, Histoire de l'art par les monumens, depuis sa décadence au IVe siècle jusqu'à son renouvellement au XVIe, par J. B. L. G. Séroux d'Agincourt, ouvrage enrichi de 325 planches, 6 Bde., Paris, Treuttel et Würtz, libraires, rue de Bourbon, n° 17, Strasbourg, Londres, même maison de commerce, 1823.

SPIELMANN, Jac. Reinboldi, Phil. et Med. D. Chemiæ Botanic. reliquæque Mater. Med. P. P. O. Capit. Thomani Canon. Acad. Cæsar. N. C. Regiæ Berolin. Elect. Mogunt. Sodalis, colleg. regii med. nancejan., Honor. Membri Institutiones chemiæ prælectionibus academicis adcommodatæ, Argentorati 1763.

STAËL, Madame de, Œuvres, hg. von Catriona SETH, Valérie COSSY, Paris 2017.

Der Teutsche Merkur 39/3 (1782).

TREUTTEL, Jean-George, Tyrannie exercée à Strasbourg, par Saint-Just et Lebas, Versailles, M. D. Cosson, an II.

Treuttel & Würtz, Geschäftsrundschreiben, 1.2.1817, BNF, 8° Q10B.

[TREUTTEL & WÜRTZ], Journal général de la littérature de France, ou Répertoire méthodique des livres nouveaux, cartes géographiques, estampes et œuvres de musique qui paroissent successivement en France, accompagné de notes littéraires [Anzeige], in: Oberdeutsche allgemeine Litteraturzeitung (1798), S. 623–624.

–, Prospectus. Journal général de la littérature de France, ou Répertoire méthodique des livres nouveaux, cartes géographiques, estampes et œuvres de musique qui paroissent successivement en France, accompagné de notes littéraires [Anzeige], in: Kaiserlich privilegirter Reichs-Anzeiger (1798), S. 725–726.

THUNMANN, Johann Erich, Description de la Crimée. Par M. Thounmann, professeur à Halle, traduite de l'allemand, Strasbourg, J. G. Treuttel, 1786. Avec permission.

Vorrede [der Übersetzer], in: Codex Napoléon. Uebersetzt nach der neuen officiellen Ausgabe von einer Gesellschaft Rechtsgelehrter und durch Noten erläutert von L. Spielmann, Kaiserlicher Procurator bey dem Civil-Gerichte zu Straßburg, und außerordentlichem Professor an der Rechts-Schule daselbst, Strasbourg, Paris, Treuttel & Würtz, 1808, S. [III]–VI.

WERDET, Edmond, De la librairie française. Son passé – son présent – son avenir. Avec des notices biographiques sur les libraires-éditeurs les plus distingués depuis 1789, Paris, E. Dentu, 1860.

WIRGMAN, Thomas, Principles of the Kantesian or Transcendental Philosophy/Principes de la philosophie kantésienne ou transcendentale, London, Treuttel and Würtz,

Treuttel Jun. and Richter, Booksellers to His Royal Highness Prince Leopold of Saxe-Coburg, Soho Square, Paris, Strasbourg, Treuttel and Würtz 1824.

Würtz, Georges Christophe, Prospectus d'un nouveau cours théorique et pratique du magnétisme animal, réduit à des principes simples de physique, de chymie; et de médecine. Dans le quel on démontrera le systême de M. Mesmer, et ses procédés; on rectifiera quelques unes de ses erreurs; on analysera la cause et le mécanisme par le quel les différens effets magnétiques sont produits; on prouvera enfin l'analogie qu'ils ont avec beaucoup d'autres effets naturels, et pourquoi ils ne présentent rien d'extraordinaire ni de merveilleux, dès qu'on en connaît les véritables principes. Par M. Würtz, docteur en médecine de la Faculté de Strasbourg, élève immédiat de M. Mesmer, membre de la société de l'harmonie de France &c. &c., Strasbourg, l'auteur, J. G. Treuttel, 1787.

Würtz, Jean-Geoffroy, Treuttel, Jean-George, Sur les inconvéniens qui résultent des taxes imposées sur les livres étrangers à leur entrée en France. Mémoire présenté aux deux Chambres, en décembre 1816, [Paris] imprimerie de Crapelet, 1816. BNU, G.114.985.

Würtz, Jean Godefroi, Dupin, Philippe, Hamelin, Précis sur délibéré pour M. Würtz, intimé, contre M. le baron Locré, appelant. Cour royale. 1re chambre, audience samedi 31 mai 1834, Paris, Imprimerie Duverger, 1834, BNF, 4-FM-33121.

Briefeditionen

Victor Cousin. Sa vie et sa correspondance, Bd. 3, hg. von J. Barthélemy-Saint-Hilaire, Paris 1895.

Johann Gottfried Herder, Briefe, Bd. 5: September 1783–August 1788, hg. von Wilhelm Dobbeck und Günter Arnold, Weimar 1979.

Therese Huber, Briefe. Bd. 7: Oktober 1818–1820, Bd. 7.1, hg. von Magdalene Heuser, Petra Wulbusch, Jessica Stegemann, Berlin, Boston 2013.

Julius Klaproth (1783–1835). Briefe und Dokumente, hg. von Hartmut Walravens, Wiesbaden 1999.

Germaine de Staël, Correspondance générale, hg. von Béatrice Jasinski u. a., 11 Bde., Paris 1960–2017.

Wielands Briefwechsel

–, Bd. 8 (Juli 1782–Juni 1785), hg. von Siegfried Scheibe, Annerose Schneider, Berlin 1992.

–, Bd. 9 (Juli 1785–März 1788), hg. von Siegfried Scheibe, Uta Motschmann, Berlin 1996–1997.

–, Bd. 11 (Jan. 1791–Juni 1793), hg. von Siegfried Scheibe, Uta Motschmann, Berlin 2001.

Nachschlagewerke

Allgemeine Deutsche Biographie (ADB), Bde. 3, 13, 28, 30, 33, 36, 43, Leipzig 1876–1898.

Allgemeines Künstlerlexikon – Internationale Künstlerdatenbank, hg. v. Andreas Beyer u. a., https://www.degruyter.com/databasecontent?dbid=akl&dbsource=%2Fdb%2Fakl (8.2.2019, kostenpflichtig).

Dictionnaire des journaux 1600–1789, 1991–, hg. von Jean Sgard, http://dictionnaire-journaux.gazettes18e.fr/ (30.9.2019).

Dictionnaire encyclopédique du livre (DEL), hg. von Pascal Fouché u. a., 3 Bde., Paris 2002–2011.

Duden. Das große Fremdwörterbuch. Herkunft und Bedeutung der Fremdwörter, Mannheim [3]2003.

Enzyklopädie der Neuzeit (EdN), hg. von Friedrich Jaeger, Bde. 2, 8, 10, 12, 14, Stuttgart, Weimar 2005–2011.

Geschichtliche Grundbegriffe. Historisches Lexikon zur politisch-sozialen Sprache in Deutschland, hg. von Otto Brunner u. a., Bde. 1, 3, Stuttgart 1972, 1982.

Lexikon des gesamten Buchwesens (LGB), hg. von Severin Corsten u. a., Bde. 1–2, Stuttgart [2]1987–[2]1989.

Neue Deutsche Biographie (NDB), Bde. 3, 4, 6, 10, 13, 14, 23, Berlin 1957–2007.

Nouveau dictionnaire de biographie alsacienne (NDBA), Bde. 23, 29, 32, 37, Straßburg 1994–2001.

Forschungsliteratur

Ackerknecht, Erwin H., Art. »Gall, Franz Joseph«, in: NDB, Bd. 6 (1964), S. 42.

Die alten Matrikeln der Universität Straßburg 1621 bis 1793, hg. von Gustav C. Knod, 3 Bde., Straßburg 1902.

Andress, Reinhard, Ein unveröffentlichter Brief Alexander von Humboldts an den Buchhändler Jean-Georges Treuttel, in: Internationale Zeitschrift für Humboldt-Studien 17/33 (2016), S. 4–9.

Apcher, Louis, Une vie de notables auvergnats au cours de trois siècles d'histoire (1570 à nos jours). Les Dupuy de la Grandrive, leurs papeteries de la Grandrive et Barot, leur parent, l'intendant du Canada Claude-Thomas Dupuy, Clermont-Ferrand 1937.

Archives biographiques françaises. Fusion dans un ordre alphabétique unique de 180 des plus importants ouvrages de référence biographique français publiés du xviie au xxe siècle, hg. von Susan Bradley, London 1989–1996.

Aust, Martin, Schönpflug, Daniel, Vom Gegner lernen. Einführende Überlegungen zu einer Interpretationsfigur der Geschichte Europas im 19. und 20. Jahrhundert, in: dies. (Hg.), Vom Gegner lernen. Feindschaften und Kulturtransfers im Europa des 19. und 20. Jahrhunderts, Frankfurt a. M. 2007, S. 9–35.

Bachleitner, Norbert, »Übersetzungsfabriken«. Das deutsche Übersetzungswesen in der ersten Hälfte des 19. Jahrhunderts, in: Archiv für Sozialgeschichte der deutschen Literatur 1/14 (1989), S. 1–49.

Barber, Giles, Galignani and the Publication of English Books in France from 1800 to 1852, in: The Library 5/16 (1961), S. 267–286.

–, An Incident in the French Book Trade in 1813, in: The Library 1/19 (1964), S. 242–245.

–, The Financial History of the Kehl Voltaire, in: William H. Barber u. a. (Hg.), The Age of the Enlightenment. Studies Presented to Theodore Besterman, Edinburgh, London 1967, S. 152–170.

–, Treuttel and Würtz: Some Aspects of the Importation of Books from France, c. 1825, in: The Library 2/23 (1968), S. 118–144.

–, Book Imports and Exports in the Eighteenth Century, in: Robin Myers, Michael Harris (Hg.), Sale and Distribution of Books, Oxford 1982, S. 77–105.

Barbier, Antoine-Alexandre, Dictionnaire des ouvrages anonymes et pseudonymes composés, traduits ou publiés en français et en latin avec les noms des auteurs, traducteurs et éditeurs, Paris 1823 [1820].

Barbier, Frédéric, L'imprimerie strasbourgeoise au siècle des Lumières (1681–1789), in: Revue d'histoire moderne et contemporaine 24 (1977), S. 161–188.
–, Trois cents ans de librairie et d'imprimerie Berger-Levrault 1676–1830, Genf 1979.
–, Une librairie »internationale«. Treuttel et Würtz à Strasbourg, Paris et Londres, in: Revue d'Alsace 111 (1985), S. 111–125.
–, Les marchés étrangers de la librairie française, in: Martin, Chartier (Hg.), Histoire de l'édition française, S. 269–281.
–, Entre la France et l'Allemagne. Les pratiques bibliographiques au xixe siècle, in: Revue de synthèse 1–2/4 (1992), S. 41–53.
–, Martin Bossange, Paris und Deutschland, in: Mark Lehmstedt (Hg.), Beiträge zur Geschichte des Buchwesens im frühem 19. Jahrhundert, Wiesbaden 1993, S. 95–113.
–, Entre Montesquieu et Adam Smith. Leipzig et la »société des libraires«, in: RFHL 112–113 (2001), S. 149–170.
– (Hg.), Les trois révolutions du livre, in: RFHL 106–109 (2001).
–, Art. »Commission«, in: DEL, Bd. 1 (2002), S. 592–593.
–, Jean-Baptiste Baillière et l'édition médicale, in: Danielle Gourevitch, Jean-François Vincent (Hg.), J.-B. Baillière et fils, éditeurs de médecine, Paris 2006, S. 13–33.
–, L'Europe de Gutenberg. Le livre et l'invention de la modernité occidentale, Paris 2006.
–, Histoire du livre, Paris ^{2}2009 [2000].
–, Pour une anthropologie culturelle des libraires. Note sur la librairie savante à Paris au xixe siècle, in: HCL 5 (2009), S. 101–120.
–, Art. »Treuttel et Würtz«, in: DEL, Bd. 3 (2011), S. 891 f.
–, De la France, de l'Allemagne. Les relations transnationales de librairie à Strasbourg dans la première moitié du xixe siècle, in: HCL 9 (2014), S. 279–307.
– u. a. (Hg.), De l'argile au nuage. Une archéologie des catalogues (IIe millénaire av. J.-C.–xxie siècle), Paris, Genf 2015.
–, La bibliothèque à l'époque allemande (I: 1870–1889), in: ders. (Hg.), Bibliothèques, Strasbourg, origines–xxie siècle, Paris, Straßburg 2015, S. 179–199.
–, Histoire des bibliothèques. D'Alexandrie aux bibliothèques virtuelles, Paris ^{2}2016 [2013].
–, Collection et sociabilité à l'aube des nationalités. Les débuts du cabinet Vieusseux à Florence (années 1820–1830), in: Hélène Berlan u. a. (Hg.), Érudits, collectionneurs et amateurs. France méridionale et Italie, xvie–xixe siècles, Aix, Marseille 2017, S. 199–220.
Bastos P. das Neves, Lúcia Maria, Livreiros franceses no Rio de Janeiro, 1799–1824, http://www.portcom.intercom.org.br/pdfs/bb3aea30006796253008218e5bdda0c1.pdf (30.9.2019).
Art. »Buchhandlung Behr«, in: Sammlung der buchhändlerischen Geschäftsrundschreiben, DBSM, https://d-nb.info/gnd/1072946416 (18.11.2021).
Beiträge zur Geschichte der Firma Carl Cnobloch in Leipzig 1810–1910. Als Handschrift für Freunde, Leipzig 1910.
Belhoste, Jean-François, Du papier pour les livres. Tentatives de bilan pour le xviiie siècle, in: HCL 11 (2011), S. 11–31.
Bennholdt-Thomsen, Anke, Guzzoni, Alfredo, Die Privatbibliothek einer »der ausgebildetsten Damen«, der Landgräfin Caroline von Hessen-Homburg, in: Sabine Koloch (Hg.), Frauen, Philosophie und Bildung im Zeitalter der Aufklärung, Berlin 2010, S. 295–314.

BENNICH-BJÖRKMAN, Bo, Sweden and the German Booktrade in the End of the 18th and Beginning of the 19th Century, in: Mark LEHMSTEDT (Hg.), Beiträge zur Geschichte des Buchwesens im frühen 19. Jahrhundert, Wiesbaden 1993, S. 53–94.

BERSTEIN, Aline, Art. »Permission tacite«, in: DEL, Bd. 3 (2011), S. 193–195.

BETZINGER, Claude, Art. »Laveaux, Jean Charles«, in: NDBA, Bd. 23 (1994), S. 2250–2252.

BEYER, Andreas, Das Porträt in der Malerei, München 2002.

–, Cotta posiert in bonapartischer Geste, in: Helmuth MOJEM, Barbara POTTHAST (Hg.), Johann Friedrich Cotta. Verleger, Unternehmer, Technikpionier, Heidelberg 2017, S. 51–59.

BICKENDORF, Gabriele, Die ersten Überblickswerke zur »Kunstgeschichte«. Jean-Baptiste-Louis-Georges Séroux d'Agincourt (1730–1814), Luigi Lanzi (1732–1810), Johann Domenico Fiorillo (1748–1821) und Leopoldo Cicognara (1767–1834), in: Ulrich PFISTER (Hg.), Klassiker der Kunstgeschichte, Bd. 1. Von Winckelmann bis Warburg, München 2007, S. 29–45.

BIRUS, Hendrik, Auf dem Wege zur »Weltliteratur« und »littérature comparée«. Goethes »West-östlicher Divan«, in: Jean-Marie VALENTIN (Hg.), Akten des XI. internationalen Germanistenkongresses Paris 2005 »Germanistik im Konflikt der Kulturen«, Bern 2007, S. 61–81.

BLASCHKE, Karlheinz, Art. »Lindenau, Bernhard von«, in: NDB, Bd. 14 (1985), S. 592 f.

BLUM, Rudolf, Nationalbibliographie und Nationalbibliothek. Die Verzeichnung und Sammlung der nationalen Buchproduktion, besonders der deutschen, von den Anfängen bis zum Zweiten Weltkrieg, in: AGB 35 (1990), S. 1–294.

BOJANOWSKI, Paul von, Herzog Carl August und der Pariser Buchhändler Pougens. Ein Beitrag zur Geschichte der internationalen Beziehungen Weimars, Weimar 1903.

BORM, Wolfgang, Einleitung, in: Catalogi Nundinales 1571–1852. Die Frankfurter und Leipziger Meßkataloge der Herzog August Bibliothek Wolfenbüttel, hg. von DEMS., Wolfenbüttel 1982, S. 7–20.

BOSCHMA, Cornelis, Les voyages pittoresques d'Antoine-Ignace Melling et les éditeurs Treuttel & Würtz, in: RFHL 116–117 (2002), S. 51–77.

BOUQUIN, Corinne, Art. »Lithographie«, in: DEL, Bd. 2 (2005), S. 780–783.

BOXBERGER, Robert, Art. »Salzmann, Friedrich Rudolf«, in: ADB, Bd. 30 (1890), S. 299.

BRAEUNER, Gabriel, Pfeffel, l'Européen. Esprit français et culture allemande en Alsace au siècle des Lumières, Straßburg 1994.

–, GALL, Jean-Marie, Art. »Pfeffel, Théophile Conrad«, in: NDBA, Bd. 29 (1997), S. 2984 f.

BRAUDEL, Fernand, Histoire et sciences sociales. La longue durée, in: Annales. Économies, sociétés, civilisations 4/13 (1958), S. 725–753.

BRAUN, Guido, Deutsch-französische Geschichte, Bd. 4: Von der politischen zur kulturellen Hegemonie Frankreichs 1648–1789, Darmstadt 2008.

BRIESEMEISTER, Dietrich, Bertuchs Bedeutung für die Aufnahme der spanischen und portugiesischen Literatur in Deutschland, in: KAISER, SEIFERT (Hg.), Friedrich Justin Bertuch, S. 145–156.

BRIGGS, Asa, A History of Longmans and Their Books, 1724–1990. Longevity in Publishing, London 2008.

BROWN, Philip A. H., London. Publishers and Printers, c. 1800–1870, London 1982.

BRUCKER, Jean Charles, Urkunden über die Verhältnisse des Buchhandels und der Presse in Straßburg im 18. Jahrhundert, in: Archiv für Geschichte des deutschen Buchhandels 8 (1883), S. 123–163.

BRUCKMÜLLER, Ernst, HARTMANN, Peter Claus (Hg.), Putzger. Historischer Weltatlas, Berlin [103]2006.

BRÜMMER, Franz, Art. »Seckendorff, Karl Sigmund Freiherr von«, in: ADB, Bd. 33 (1891), S. 518.

BRUENDEL, Steffen, Negativer Kulturtransfer. Die »Ideen von 1914« als Aufhebung der »Ideen von 1789«, in: Marc SCHALENBERG (Hg.), Kulturtransfer im 19. Jahrhundert, Berlin 1998, S. 153–172.

CAHEN, Raphaël, Friedrich Gentz, 1764–1832. Penseur post-Lumières et acteur du nouvel ordre européen, Berlin, Boston 2017.

CÉNAC, Nadine, CÉNAC, Patrice, Notes pour servir à une biographie de Jean-George Treuttel (1744–1826), in: Bulletin de la Société de l'histoire du protestantisme français 4/159 (2000), S. 731–742.

–, Art. »Wurtz, George Christophe«, in: NDBA, Bd. 40 (2002), S. 4326f.

CERNUSCHI, Alain, »Notre grande entreprise des arts«. Aspects encyclopédiques de l'édition neuchâteloise de la »Description des arts et métiers«, in: Robert DARNTON, Michel SCHLUP (Hg.), Le rayonnement d'une maison d'édition dans l'Europe des Lumières. La Société typographique de Neuchâtel, 1769–1789, Neuchâtel, Hauterive 2005, S. 185–218.

CHARLE, Christophe u. a. (Hg.), Transkulturalität nationaler Räume in Europa (18. bis 19. Jahrhundert). Übersetzungen, Kulturtransfer und Vermittlungsinstanzen/La transculturalité des espaces nationaux en Europe (XVIIIe–XIXe siècles). Traductions, transferts culturels et instances de médiations, Göttingen 2017.

CHEVREL, Yves u. a. (Hg.), Histoire des traductions en langue française. XIXe siècle (1815–1914), Lagrasse 2012.

– u. a. (Hg.), Histoire des traductions en langue française. XVIIe et XVIIIe siècles (1610–1815), Lagrasse 2014.

CLAUS, Philippe, Un centre de diffusion des »Lumières« à Strasbourg. La Librairie académique (1783–1799), in: Revue d'Alsace 108 (1982), S. 81–102.

COOPER-RICHET, Diana, La librairie étrangère à Paris au XIXe siècle. Un milieu perméable aux innovations et aux transferts, in: Actes de la recherche en sciences sociales 126–127 (1999), S. 60–69.

–, Galignani, Paris 1999.

–, L'imprimé en langues étrangères à Paris au XIXe siècle. Lecteurs, éditeurs, supports, in: RFHL 116–117 (2003), S. 203–335.

CORSTEN, Severin, Art. »Dibdin, Thomas Frognall«, in: LGB, Bd. 2 ([2]1989), S. 297.

DADELSEN, Georg von, Art. »Anna Amalia, Herzogin von Sachsen-Weimar-Eisenach«, in: NDB, Bd. 1 (1953), S. 302f.

DEMEL, Walter, Art. »Reformabsolutismus«, in: EdN, Bd. 10 (2009), S. 785–794.

–, Vom aufgeklärten Reformstaat zum bürokratischen Staatsabsolutismus, München [2]2010 [1992].

DENKER-BERCOFF, Brigitte, POIRIER, Jacques (Hg.), Le gai savoir de Gabriel Peignot (1767–1849). Érudition et fantaisie, Dijon 2016.

DEVREUX, Lise, Comment appréhender les fonds allemands de la Bibliothèque nationale de France? Sources et méthodologie, in: Hans-Erich BÖDEKER, Anne SAADA (Hg.), Bibliothek als Archiv, Göttingen 2007, S. 171–182.

Dierse, Ulrich, Art. »Ideologie«, in: Geschichtliche Grundbegriffe, Bd. 3 (1982), S. 131–169.

Dubois, Thierry, »Comme des tuteurs à l'égard de leur pupille«. Les fonds d'imprimés anciens, in: Danielle Buyssens Roth-Lochner u. a. (Hg.), Patrimoines de la bibliothèque de Genève. Un état des lieux au début du xxie siècle, Genf 2006, S. 29–73.

Elloy, Martine, Le livre à Strasbourg au xviiie siècle, in: Société académique du Bas-Rhin pour le progrès des sciences, des lettres, des arts et de la vie économique 94–95 (1973–1974), S. 1–71.

Elwert, W. Theodor, Art. »Diez, Friedrich«, in: NDB, Bd. 3 (1957), S. 712.

L'Encyclopédie méthodique (1782–1832). Des Lumières au positivisme, hg. von Claude Blanckaert u. a., Genf 2006.

Erben, Dietrich, Art. »Mäzen«, in: EdN, Bd. 8 (2008), S. 181–184.

Espagne, Michel, Bordeaux-Baltique. La présence culturelle allemande à Bordeaux aux xviiie et xixe siècles, Paris 1991.

–, Claude Fauriel en quête d'une méthode, ou l'Idéologie à l'écoute de l'Allemagne, in: Romantisme 73 (1991), S. 7–18.

–, Genetische Textanalyse. Edition – Archiv – Anthropologie, in: Christoph König, Siegfried Seifert (Hg.), Literaturarchiv und Literaturforschung. Aspekte neuer Zusammenarbeit, München 1996, S. 83–103.

–, Les transferts culturels franco-allemands, Paris 1999.

–, Humboldt à Paris, lecteur de Goethe, in: Revue germanique internationale 12 (1999), S. 195–209.

–, Von der Philologie zur Naturphilosophie. Victor Cousins deutscher Bekanntenkreis, in: Gerhard Höhn, Bernd Füllner (Hg.), Deutsch-französischer Ideentransfer im Vormärz, Bielefeld 2002, S. 287–310.

–, Jenseits der Komparatistik. Zur Methode der Erforschung des Kulturtransfers, in: Ulrich Mölk (Hg.), Europäische Kulturzeitschriften um 1900 als Medien transnationaler und transdisziplinärer Wahrnehmung, Göttingen 2006, S. 13–32.

–, Art. »Édition critique«, in: Élisabeth Décultot u. a. (Hg.), Dictionnaire du monde germanique, Paris 2007, S. 293 f.

–, Silvestre de Sacy et les orientalistes allemands, in: Revue germanique internationale 7 (2008), S. 79–91.

–, Silvestre de Sacy et la naissance de l'orientalisme russe, in: ders. u. a. (Hg.), Silvestre de Sacy. Le projet européen d'une science orientaliste, Paris 2014, S. 295–312.

–, Werner, Michael, Présentation, in: Revue de synthèse 2 (1988), S. 187–194.

–, (Hg.), Transferts. Relations interculturelles dans l'espace franco-allemand (xviiie–xixe siècle), Paris 1988.

Estermann, Monika, Art. »Ausgabe«, in: LGB, Bd. 1 (²1987), S. 183.

Estivals, Robert, Art. »Bibliologie«, in: DEL, Bd. 1 (2002), S. 278 f.

Fabian, Bernhard, Selecta Anglicana. Buchgeschichtliche Studien zur Aufnahme der englischen Literatur in Deutschland im achtzehnten Jahrhundert, Wiesbaden 1994.

Fahrmeir, Andreas, Die Deutschen und ihre Nation. Geschichte einer Idee, Ditzingen 2017.

Fenet, Annick, Silvestre de Sacy, premier président de la Société asiatique (1822–1829 et 1832–1834), in: Michel Espagne u. a. (Hg.), Silvestre de Sacy. Le projet européen d'une science orientaliste, Paris 2014, S. 153–187.

FISCHER, Bernhard, Der Verleger Johann Friedrich Cotta. Chronologische Verlagsbibliographie, 1787–1832. Aus den Quellen bearbeitet, 3 Bde., München 2003.
–, Zur Verlagsgeschichte 1787–1832, ibid., Bd. 1: 1787–1814, S. 15–64.
–, Johann Friedrich Cotta. Verleger, Entrepreneur, Politiker, Göttingen 2014.
FOISELLE, Marie, Gabriel Peignot, écrivain et bibliophile, 1767–1849, Paris 2003.
FOUCAULT, Michel, Les mots et les choses. Une archéologie des sciences humaines, Paris 2016 [1966].
FREEDMAN, Jeffrey, Books without Borders in Enlightenment Europe. French Cosmopolitanism and German Literary Markets, Philadelphia 2012.
FREIBERG, Michael, HASS, Annika, Kulturtransfer und journalistische Korrespondenznetzwerke. Ein quantitativer Vergleich des »Neuen Teutschen Merkur« mit dem »Magasin encyclopédique«, in: CHARLE u. a. (Hg.), Transkulturalität nationaler Räume in Europa, S. 87–112.
FRESVIG, Kristine, Art. »Görbitz, Johan«, in: Allgemeines Künstlerlexikon.
FROITZHEIM, Johann, Zu Strassburgs Sturm- und Drangperiode, 1770–1776. Urkundliche Forschungen nebst einem ungedruckten Briefwechsel der Strassburgerin Luise König mit Karoline Herder aus dem Herder- und Röderer-Nachlass, Straßburg 1888.
FROMM, Hans, Bibliographie deutscher Übersetzungen aus dem Französischen, 1700–1945, 6 Bde., Baden-Baden 1950–1953.
FÜSSEL, Stephan, Art. »Bibliographie«, in: EdN, Bd. 2 (2005), S. 157–159.

GANTET, Claire, Amitiés, topographies et réseaux savants. Les »Strasburgische gelehrte Nachrichten« (1782–1785) et la république des lettres, in: HCL 12 (2016), S. 417–438.
GERTEIS, Klaus, Art. »Baden, Karl Friedrich von«, in: NDB, Bd. 11 (1977), S. 221–223.
GLAUBRECHT, Martin, Art. »Jung, Franz Wilhelm«, in: NDB, Bd. 10 (1974), S. 672–674.
GÖHRING, Martin, Rabaut Saint-Étienne. Ein Kämpfer an der Wende zweier Epochen, Berlin 1935.
Goethes Leben von Tag zu Tag. Eine dokumentarische Chronik von Robert STEIGNER, Bd. 2: 1776–1788, Zürich, München 1983.
GOLDFRIEDRICH, Johann, Geschichte des deutschen Buchhandels. Vom Beginn der klassischen Litteraturperiode bis zum Beginn der Fremdherrschaft, Bd. 3, Leipzig 1909.
GOUGH, Hugh, La presse et la guerre. Le »Courrier de Strasbourg« (1791–1793), in: Michel BIARD u. a. (Hg.), La plume et le sabre. Volume d'hommages offerts à Jean-Paul Bertaud, Paris 2002, S. 111–123.
GOURDIN, Pierre, Art. »Pommereul, François-René-Jean de«, in: Jean TULARD (Hg.), Dictionnaire Napoléon, Paris 1987, S. 1358.
GRANASTÓI, Olga, »Éloge du roi de Prusse«. Les connotations politiques d'un succès de librairie. La Hongrie et la Prusse entre 1787–1790, in: Claire MADL, István MONOK (Hg.), Ex oriente amicitia. Mélanges offerts à Frédéric Barbier à l'occasion de son 65e anniversaire, Budapest 2017, S. 267–288.
GREBE, Wolfgang, Art. »Bibliographie«, in: LGB, Bd. 1 (²1987), S. 367 f.
–, Art. »Bibliographie raisonnée«, ibid., S. 369.
GREEN, James N., The Rise of Book Publishing, in: Robert A. GROSS, Mary KELLEY (Hg.), A History of the Book in America, Bd. 2: An Extensive Republic. Print, Culture, and Society in the New Nation, 1790–1840, Chapel Hill 2010, S. 75–127.
GRINEVALD, Paul-Marie, Art. »Crapelet, famille«, in: DEL, Bd. 1 (2002), S. 684.
GRØNBÆK, Jakob H., Art. »Det Kongelige Bibliotek/Königliche Bibliothek«, in: Bernhard FABIAN (Hg.), Handbuch der historischen Buchbestände in Deutschland, Hildes-

heim 2003, http://fabian.sub.uni-goettingen.de/cgi-bin/wiki.pl/wiki.pl?Koenigliche_Bibliothek(Kopenhagen) (30.7.2021)

Grosser, Thomas, Reiseziel Frankreich. Deutsche Reiseliteratur vom Barock bis zur Französischen Revolution, Opladen 1989.

Gymnase Jean-Sturm. Matricula scholae Argentoratensis, Bd. 2: 1721–1732, 1738–1827. Établie par le professeur Werner Westphal et munie d'un index pour les tomes I et II. Présentation par le doyen Georges Livet, scolarque. Le gymnase protestant entre 1721 et 1827. Matricules scolaires et histoire sociale, Straßburg 1976.

Habermas, Jürgen, Strukturwandel der Öffentlichkeit. Untersuchungen zu einer Kategorie der bürgerlichen Gesellschaft, Frankfurt a. M. 1990 [1962].

Häfen, Wiebke von, Ludwig Friedrich von Froriep (1779–1847). Ein Weimarer Verleger zwischen Ämtern, Geschäften und Politik, Köln u. a. 2007.

Häntzschel, Günter, Art. »La Roche, Sophie von«, in: NDB, Bd. 13 (1982), S. 640 f.

Hahn, Peter-Michael, Friedrich II. von Preußen. Feldherr, Autokrat und Selbstdarsteller, Stuttgart 2013.

Halm, Karl Ritter von, Art. »Brunck, Richard Franz Philipp«, in: ADB, Bd. 3 (1876), S. 440 f.

Die Handschriften des Germanischen Nationalmuseums Nürnberg, Bd. 5: Die Stammbücher, Teil 2: Die 1751–1790 begonnenen Stammbücher, beschrieben von Lotte Kurras, Wiesbaden 1994.

Hardesty Doig, Kathleen, Marinai, Fabio, Art. »Bibliothèque universelle des romans (1775–1789)«, in: Dictionnaire des journaux, http://dictionnaire-journaux.gazettes18e.fr/journal/0172-bibliotheque-universelle-des-romans (30.9.2019).

Harris, P. R., A History of the British Museum Library, 1753–1973, London 1998.

Hass, Annika, Der Verleger Johann Friedrich Cotta (1764–1832) als Kulturvermittler zwischen Deutschland und Frankreich. Frankreichbezüge, Koeditionen und Übersetzungen, Frankfurt a. M. 2015.

–, Un fournisseur de grandes bibliothèques européennes. Treuttel et Würtz, in: HCL 11 (2015), S. 161–173.

–, Treuttel et Würtz et la Bibliothèque nationale et universitaire de Strasbourg, in: Frédéric Barbier (Hg.), Bibliothèques, Strasbourg, origines–xxie siècle, Paris, Straßburg 2015, S. 233 f.

–, Johann Friedrich Cotta als Kulturvermittler zwischen Deutschland und Frankreich. Französische Übersetzungen und Übersetzer, in: Helmuth Mojem, Barbara Potthast (Hg.), Johann Friedrich Cotta. Verleger – Unternehmer – Technikpionier, Heidelberg 2017, S. 153–166.

Hatt, Jean-Jacques, Argentorate – Strasbourg romain, in: Livet, Rapp (Hg.), Histoire de Strasbourg, Bd. 1 (1980), S. 77–273.

Henning, Herzeleide, Henning, Eckart, Bibliographie Friedrich der Große, 1786–1986. Das Schrifttum des deutschen Sprachraums und der Übersetzungen aus Fremdsprachen, Berlin, New York 1988.

Hess, Gilbert, Art. »Stammbuch«, in: EdN, Bd. 12 (2010), S. 820–824.

Heymann, Jochen, Friedrich Justin Bertuch und die »Allgemeine Literatur-Zeitung« als Drehscheibe hispanistischer Vermittlung in Deutschland, in: Kaiser, Seifert (Hg.), Friedrich Justin Bertuch, S. 157–168.

Hummel, Pascale, Paul-Jérémie Bitaubé, un philologue binational au xviiie siècle, in: International Journal of the Classical Tradition 4/2 (1996), S. 510–535.

Jackson, Peter, Introduction, in: John Tallis's London Street Views, 1838–1840, S. 9–13.

Jacobs, Eduard, Art. »Stolberg-Wernigerode, Henrich Graf zu/nicht Heinrich«, in: ADB, Bd. 36 (1893), S. 396–399.

Jeanblanc, Helga, Des Allemands dans l'industrie et le commerce du livre à Paris (1811–1870), Paris 1995.

Jefcoate, Graham, Deutsche Drucker und Buchhändler in London, 1680–1811. Strukturen und Bedeutung des deutschen Anteils am englischen Buchhandel, Berlin u. a. 2015.

–, An Ocean of Literature. John Henry Bohte and the Anglo-German Book Trade in the Early Nineteenth Century, Hildesheim u. a. 2020.

John, Johannes, Art. »Schlegel, August Wilhelm von«, in: NDB, Bd. 23 (2007), S. 38–40.

Juratic, Sabine, Introduction, in: Frédéric Barbier u. a. (Hg.), Dictionnaire des imprimeurs, libraires et gens du livre à Paris, Genf 2007, S. 1–37.

Kaiser, Gerhard R., Friedrich Justin Bertuch – Versuch eines Porträts, in: ders., Seifert (Hg.), Friedrich Justin Bertuch, S. 15–39.

–, Seifert, Siegfried (Hg.), Friedrich Justin Bertuch (1747–1822). Verleger, Schriftsteller und Unternehmer im klassischen Weimar, Tübingen 2000.

Kaucher, Greta, Les Jombert. Une famille de libraires parisiens dans l'Europe des Lumières (1680–1824), Genf 2015.

Keiderling, Thomas, Der deutsch-englische Kommissionsbuchhandel über Leipzig von 1800 bis 1875, in: Leipziger Jahrbuch für Buchgeschichte 6 (1996), S. 211–282.

Keller, Jules, Le théosophe alsacien Frédéric-Rodolphe Saltzmann et les milieux spirituels de son temps. Contribution à l'étude de l'illuminisme et du mysticisme à la fin du xviiie et au début du xixe siècle, Bern u. a 1985.

–, Art. »Salzmann, Frédéric-Rodolphe«, in: NDBA, Bd. 32 (1998), S. 3361–3363.

Kingsford, Charles Lethbridge, The Early History of Piccadilly, Leicester Square, Soho & their Neighbourhood. Based on a Plan Drawn in 1585 and Published by the London Topographical Society in 1925, Cambridge 1925.

Kintz, Jean-Pierre, xviie siècle. Du Saint-Empire au royaume de France, in: Livet, Rapp (Hg.), Histoire de Strasbourg, Bd. 3 (1981), S. 5–111.

–, Art. »Treuttel, Jean-George«, in: NDBA, Bd. 37 (2001), S. 3905 f.

Knödler, Stefan, Zum Briefwechsel zwischen August Wilhelm Schlegel und Madame de Staël, in: Jochen Strobel (Hg.), August Wilhelm Schlegel im Dialog. Epistolarität und Interkulturalität, Paderborn 2016, S. 191–207.

Köster, Roman, Art. »Protestantische Ethik«, in: EdN, Bd. 10 (2009), S. 489–493.

Kohler, Pierre, Madame de Staël et la Suisse. Étude biographique et littéraire avec de nombreux documents inédits, Lausanne, Paris 1916.

Kortländer, Bernd, Heinrich Heine – Schriftsteller mit »europäischer Reputazion«, in: Charle u. a. (Hg.), Transkulturalität nationaler Räume in Europa, S. 405–420.

Koselleck, Reinhart, Einleitung, in: Geschichtliche Grundbegriffe, Bd. 1 (1972), S. XIII–XXVIII.

Kratz, Isabelle, Libraires et éditeurs allemands installés à Paris 1840–1914, in: Revue de synthèse 1–2/4 (1992), S. 99–108.

LACHENICHT, Susanne, Information und Propaganda. Die Presse deutscher Jakobiner im Elsaß (1791–1800), München 2004.

LAMPING, Dieter, Die Idee der Weltliteratur. Ein Konzept Goethes und seine Karriere, Stuttgart 2010.

LE BLANC, Claudine, CHEVREL, Yves u. a., Une Antiquité nouvelle, in: CHEVREL u. a. (Hg.), Histoire des traductions (1815–1914), S. 189–254.

LEFÈVRE, Martine, MUZERELLE, Danielle, La bibiothèque du marquis Paulmy, in: Claude JOLLY (Hg.), Histoire des bibliothèques françaises. Les bibliothèques sous l'Ancien Régime, 1530–1789, Paris 1988, S. 302–315.

LEFIS-BOSCQ, Marie-Claire, Imprimeurs et libraires parisiens sous surveillance (1814–1848), Paris 2018.

LEHMSTEDT, Mark, Die Herausbildung des Kommissionsbuchhandels in Deutschland im 18. Jahrhundert, in: Frédéric BARBIER (Hg.), L'Europe et le livre. Réseaux et pratiques du négoce de librairie, XVIe–XIXe siècles, Paris 1996, S. 451–483.

–, »Ein nothwendiges Übel«. Die Leipziger Buchhändlermesse im 18. Jahrhundert, in: Volker RODEKAMP (Hg.), Leipzig – Stadt der wa(h)ren Wunder. 500 Jahre Reichsmesseprivileg, Leipzig 1997, S. 65–76.

LEPPER, Marcel, Philologie zur Einführung, Hamburg 2012.

LEISTNER, Maria-Verena, Der Bibliothekar Wilhelm Müller, in: Wilhelm HAEFS (Hg.), Bücherwelten im Gartenreich Dessau-Wörlitz, Hannover 2009, S. 77–89.

LENTZ, Thierry, 1815. Der Wiener Kongress und die Neugründung Europas. Aus dem Französischen von Frank SIEVERS, München 2014 [2013].

LESAGE, Claire u. a. (Hg.), Catalogue de libraires, 1473–1810, Paris 2006.

–, Introduction, ibid., S. 9–28.

LÉVI-STRAUSS, Claude, Anthropologie structurale, Paris 2014 [1958].

LIESEN, Bruno, Bibliothèques populaires et bibliothèques publiques en Belgique (1860–1914). L'action de la Ligue de l'enseignement et le réseau de la ville de Bruxelles, Lüttich 1990.

LIVET, Georges, RAPP, Francis (Hg.), Histoire de Strasbourg des origines à nos jours, 3 Bde., Straßburg 1980–1981.

LÖHR, Isabella, Die Globalisierung geistiger Eigentumsrechte. Neue Strukturen internationaler Zusammenarbeit, 1886–1952, Göttingen 2010.

LONCHAMP, Frédéric-Charles, L'Œuvre imprimée de madame Germaine de Staël. Description bibliographique raisonnée et annotée de tous les ouvrages publiés par ses soins ou ceux de ses héritiers (1786–1721), Genf 1949.

LOVELAND, Jeff, Two French Konversationslexika of the 1830s and 1840s. The »Dictionnaire de la conversation et de la lecture« and the »Encyclopédie des gens du monde«, in: Clorinda DONATO, Hans-Jürgen LÜSEBRINK (Hg.), Translation and Transfer of Knowledge in Encyclopedic Compilations, 1680–1830, Toronto 2021, S. 201–234.

LÜLFING, Hans, Art. »Ebert, Friedrich Adolf«, in: NDB, Bd. 4 (1959), S. 253 f.

LÜSEBRINK, Hans-Jürgen, »Hommage à l'écriture« et »Éloge de l'imprimerie«. Trace de la perception sociale du livre, de l'écriture et de l'imprimerie à l'époque révolutionnaire, in: Frédéric BARBIER u. a. (Hg.), Livre et Révolution, Paris 1989, S. 133–144.

–, Ein Nationalist französischer Inspiration. Ernst Moritz Arndt (1769–1860), in: Michel ESPAGNE, Werner GREILING (Hg.), Frankreichfreunde. Mittler des französisch-deutschen Kulturtransfers (1750–1850), Leipzig 1996, S. 221–241.

– u. a., Kulturtransfer im Epochenumbruch. Entwicklung und Inhalte der französisch-deutschen Übersetzungsbibliothek 1770–1815 im Überblick, in: LÜSEBRINK, REICHARDT (Hg.), Kulturtransfer, Bd. 1, S. 29–86.
–, Interkulturelle Kommunikation. Interaktion, Fremdwahrnehmung, Kulturtransfer, Stuttgart ²2008 [2005].
–, Art. »Weltliteratur«, in: EdN, Bd. 14 (2011), S. 864–869.
–, Der Kulturtransferansatz, in: Christiane SOLTE-GRESSER u. a. (Hg.), Zwischen Transfer und Vergleich. Theorien und Methoden der Literatur- und Kulturbeziehungen aus deutsch-französischer Perspektive, Stuttgart 2013, S. 37–50.
–, Œuvres de Valentin Jamerey-Duval. Une édition strasbourgeoise à la croisée des cultures, in: HCL 11 (2015), S. 147–160.
–, La revue »Le Globe« – discours médiateurs et transferts culturels, in: Charle u. a. (Hg.), Transkulturalität nationaler Räume in Europa, S. 113–132.
–, HASS, Annika, »L'Almanach des dames« als Medium weiblicher Geschmacksbildung und Forum »feministischer« Debatten, in: LÜSEBRINK u. a. (Hg.), Französische Almanachkultur, S. 279–307.
– u. a. (Hg.), Französische Almanachkultur im deutschen Sprachraum (1700–1815). Gattungsstrukturen, komparatistische Aspekte, Diskursformen, Göttingen 2013.
– u. a. (Hg.), Kulturtransfer im Epochenumbruch. Frankreich-Deutschland, 1770–1815, 2 Bde., Leipzig 1997.
LYONS, Martyn, MOLLIER, Jean-Yves, L'histoire du livre dans une perspective transnationale, in: HCL 8 (2012), S. 9–20.

MAAZ, Bernhard, Alexander Trippels Bildnisbüsten im Arolser Schloss. Immortalisierung und Deifikation, in: Hartmut BROSZINSKI u. a. (Hg.), Antikes Leben. Ideal und Wirklichkeit in Hofbibliothek und Kunstsammlungen der Fürsten von Waldeck und Pyrmont, Petersberg 2009, S. 199–209.
MACRAY, John, List of Writers in »Foreign Quarterly Review«, vols. I–XIV. A Contribution to Literary History, in: Notes and Queries 8 (1859), S. 124–127.
MALCLÈS, Louise-Noëlle, La bibliographie, in: Bibliographie de la France, 2e partie: Chronique, 1960, S. 1–114.
MARQUANT, Robert, Thiers et le baron Cotta. Étude sur la collaboration de Thiers à la »Gazette d'Augsbourg«, Paris 1959.
MARTIN, Henri-Jean, CHARTIER, Roger (Hg.), Histoire de l'édition française, Bd. 3: Le temps des éditeurs. Du romantisme à la Belle Époque, Paris 1985.
MARTIN, Henry, Histoire de la bibliothèque de l'Arsenal, Paris 1900.
MARTIN, Odile, MARTIN, Henri-Jean, Le monde des éditeurs, in: MARTIN, CHARTIER (Hg.), Histoire de l'édition française, S. 159–215.
MARTINO, Alberto, Die deutsche Leihbibliothek. Geschichte einer literarischen Institution (1756–1914). Mit einem zusammen mit Georg JÄGER erstellten Verzeichnis der erhaltenen Leihbibliothekskataloge, Wiesbaden 1990.
MARWINSKI, Felicitas, HEILMANN, Anke, Art. »Kunstbibliothek im Lindenau-Museum«, in: Bernhard FABIAN (Hg.), Handbuch der historischen Buchbestände in Deutschland, Hildesheim 2003, http://fabian.sub.uni-goettingen.de/fabian?Lindenau-Museum (30.7.2021).
MAUFROY, Sandrine, Le philhellénisme franco-allemand (1815–1848), Paris 2011.
MEIER, Rudolf, Art. »Karl I.«, in: NDB, Bd. 11 (1977), S. 223f.
MEIER, Uwe, Art. »Oelsner, Konrad Engelbert«, ibid., Bd. 19 (1999), S. 442f.

Mellot, Jean-Dominique, Art. »Librairie, direction de la«, in: DEL, Bd. 2 (2005), S. 753–756.

–, Art. »Privilège«, ibid., Bd. 3 (2011), S. 378–387.

–, Queval,Élisabeth, Répertoire d'imprimeurs/libraires xvie–xviiie siècle. État en 1995, Paris 1997.

– u. a. (Hg.), Répertoire d'imprimeurs/libraires (vers 1500–vers 1810). Nouvelle édition mise à jour et augmentée (5200 notices), Paris 2004.

Mendheim, Max, Art. »Witzleben, August von«, in: ADB, Bd. 43 (1898), S. 665 f.

Messling, Markus, Champollions Hieroglyphen. Philologie und Weltaneignung, Berlin 2012.

–, Gebeugter Geist. Rassismus und Erkenntnis in der modernen europäischen Philologie, Göttingen 2016.

Mézin, Anne, Rjéoutski, Vladislav, Les Français en Russie au siècle des Lumières. Dictionnaire des Français, Suisses, Wallons et autres francophones en Russie de Pierre le Grand à Paul Ier, Bd. 2, Paris 2011.

Michaelis, Adolf, Art. »Schweighäuser, Gottfried«, in: ADB, Bd. 33 (1891), S. 351–357.

Michel, Wilhelm, Art. »Büsching, Anton Friedrich«, in: NDB, Bd. 3 (1957), S. 3 f.

Middell, Katharina, »Die Bertuchs müssen doch in dieser Welt überall Glück haben«. Der Verleger Friedrich Justin Bertuch und sein Landes-Industrie-Comptoir um 1800, Leipzig 2002.

Migon, Krzysztof, Art. »Bibliologie«, in: LGB, Bd. 1 (^{2}1987), S. 373 f.

Miscellaneen zur Geschichte König Friedrichs des Großen, hg. von der Königlich Preußischen Archivverwaltung. Verzeichniss sämtlicher Ausgaben und Übersetzungen der Werke Friedrichs des Grossen, Berlin 1878.

Mix, York-Gothart, Der Zauberlehrling und die Weltliteratur. Die Zeitschriften »Le Globe« und »Ueber Kunst und Alterthum« im transkulturellen Dialog, in: Charle u. a. (Hg.), Transkulturalität nationaler Räume in Europa, S. 133–147.

Mojem, Helmuth, Als Cottascher Musquetir [sic!]. Zu einem neu aufgefundenen Brief an Heinrich Heine, in: Jahrbuch der Deutschen Schillergesellschaft (1998), S. 5–20.

Molbech, Christian, Jacob Deichmann. En biographisk Skildring, Kopenhagen 1853.

Moldenhauer, Dirk, Geschichte als Ware. Der Verleger Friedrich Christoph Perthes (1772–1843) als Wegbereiter der modernen Geschichtsschreibung, Köln u. a. 2008.

Mollier, Jean-Yves, Jean-Baptiste Baillière, un éditeur homme d'affaires, in: Danielle Gourevitch, Jean-François Vincent (Hg.), J.-B. Baillière et fils, éditeurs de médecine, Paris 2006, S. 49–62.

Mondini, Daniela, Mittelalter im Bild. Séroux d'Agincourt und die Kunsthistoriographie um 1800, Zürich 2005.

Morel, Louis, »Hermann et Dorothée« en France, in: Revue d'histoire littéraire de la France (1905), S. 627–662.

Moretti, Franco, Atlas des europäischen Romans. Wo die Literatur spielte, Köln 1999 [1997].

Moureau, François, Friedrich Dominicus Ring, éditeur de Diderot, in: Recherches sur Diderot et sur l'Encyclopédie 16 (1994), S. 113–123.

Müller, Susanne, Die Welt des Baedeker. Eine Medienkulturgeschichte des Reiseführers 1830–1945, Frankfurt a. M. 2012.

Mueller-Vollmer, Kurt, Cultural Mediation as Innovation. The Incongruous Presences of Germaine de Staël in the United States (1805–1880), in: Udo Schöning, Frank

SEEMANN (Hg.), Madame de Staël und die Internationalität der europäischen Romantik. Fallstudien zur interkulturellen Vernetzung, Göttingen 2003, S. 111–134.

MUZERELLE, Danielle, Le maquis de Paulmy, ses ambassades, ses idées, ses voyages, in: Marie VIALLON (Hg.), Voyages de bibliothèques, Saint-Étienne 1999, S. 183–211.

NARR, Gunter, A. W. Schlegel – ein Wegbereiter der Romanischen Philologie, in: August Wilhelm von SCHLEGEL, Observations sur la langue et la littérature provençales, Tübingen 1971 [Paris 1818], S. I–XIV.

NAUNDORF, Gert, Art. »Klaproth, Heinrich Julius«, in: NDB, Bd. 11 (1977), S. 706f.

NAVE, Alain, Art. »Stéréotypie«, in: DEL, Bd. 3 (2011), S. 762–764.

NESTLER, Friedrich, Friedrich Adolf Ebert und seine Stellung im nationalen Erbe der Bibliothekswissenschaft, Leipzig 1969.

NIES, Fritz, Bahn und Bett und Blütenduft. Eine Reise durch die Welt der Leserbilder, Darmstadt 1991.

OBERMEIER, Franz, Übersetzen und vermitteln. Carl Friedrich Cramer und der deutsch-französische Kulturaustausch, in: SCHÜTT (Hg.), »Ein Mann von Feuer und Talenten«, S. 177–208.

OSTER, Sandra, Repräsentation und Erinnerung – Funktionen des Verlegerporträts im Kaiserreich, in: AGB 68 (2013), S. 155–171.

PARISET, Georges, Le lieutenant Napoléon Bonaparte. Étudiant à Strasbourg, Paris, Nogent-le-Rotrou 1917 (Sonderdruck aus Revue historique 125 [1917]).

PATEL, Kiran Klaus, Transnationale Gesichte, in: Johannes PAULMANN (Hg.), Europäische Geschichte Online, 2010, http://ieg-ego.eu/de/threads/theorien-und-methoden/transnationale-geschichte (30.9.2019).

PAULIN, Roger, August Wilhelm Schlegel. Biographie. Autorisierte Übersetzung aus dem Englischen von Philipp MULTHAUPT, Paderborn 2017 [2016].

PAUNEL, Eugen, Die Staatsbibliothek zu Berlin. Ihre Geschichte und Organisation während der ersten zwei Jahrhunderte seit ihrer Eröffnung, 1661–1871, Berlin 1965.

PAYE, Claudie, »Der französischen Sprache mächtig«. Kommunikation im Spannungsfeld von Sprachen und Kulturen im Königreich Westphalen (1807–1813), München 2013.

PÉCHOIN, Daniel, Art. »Souscription«, in: DEL, Bd. 3 (2011), S. 745.

PESTEL, Friedemann, Kosmopoliten wider Willen. Die »monarchiens« als Revolutionsemigranten, Berlin, Boston 2015.

PETITMENGIN, Pierre, La bibliothèque de l'École normale supérieure face à l'érudition allemande au XIXe siècle, in: Revue de synthèse 1–2/4 (1992), S. 55–68.

PLACK, Iris, Indirekte Übersetzungen. Frankreich als Vermittler deutscher Literatur in Italien, Tübingen 2015.

POPKIN, Jeremy D., POPKIN, Richard H. (Hg.), The Abbé Grégoire and his World, Dordrecht u. a. 2000.

QUILITZSCH, Uwe, Die Bibliothek im Wörlitzer Schloss, in: Wilhelm HAEFS (Hg.), Bücherwelten im Gartenreich Dessau-Wörlitz, Hannover 2009, S. 53–75.

RABAULT(-FEUERHAHN), Pascale, Réseaux internationaux de l'orientalisme naissant. Le Magasin encyclopédique comme relais du savoir sur l'Orient, in: Geneviève ESPAGNE, Bénédicte SAVOY (Hg.), Aubin-Louis Millin et l'Allemagne. Le Magasin encyclopédique – Les lettres à Karl August Böttiger, Hildesheim u. a. 2005, S. 161–189.

–, L'archive des origines. Sanskrit, philologie, anthropologie dans l'Allemagne du XIXe siècle, Paris 2008.

RASCHKE, Bärbel, Die Bibliothek der Herzogin Anna Amalia, in: Michael KNOCHE (Hg.), Zentrum des Weimarer Musenhofes. Die Herzogliche Bibliothek 1758–1832, Weimar 2013 [1999], S. 83–86.

RAUTENBERG, Ursula, L'imprimerie et le commerce du livre à Strasbourg de Johann Mentelin au XVIe siècle. Quelques-unes de leurs caractéristiques, suivi de Considérations sur l'utilité des »Digital Humanities« pour les recherches sur le livre, in: HCL 11 (2015), S. 11–28.

RATZEL, Friedrich, Art. »Hüttner, Johann Christian«, in: ADB, Bd. 13 (1881), S. 480.

RAVEN, James, Le commerce de librairie »en gros« à Londres au XVIIIe siècle, in: Frédéric BARBIER (Hg.), L'Europe et le livre. Réseaux et pratiques du négoce de librairie, XVIe–XIXe siècles, Paris 1996, S. 157–172.

–, Art. »Londres«, in: DEL, Bd. 2 (2005), S. 803–807.

–, The Business of Books. Booksellers and the English Book Trade, 1450–1850, New Haven, London 2007.

REBENICH, Stefan, C. H. Beck 1763–2013. Der kulturwissenschaftliche Verlag und seine Geschichte, München 2013.

REBOLLEDO-DHUIN, Viera, Du livre à la finance. Crédit et discrédit de la librairie parisienne au 19e siècle. Paris 2019.

REINCKE, Heinrich, Art. »Fabricius, Johann Albert«, in: NDB, Bd. 4 (1959), S. 732 f.

REY, Roselyne, Art. »Recueil périodique d'observations de médecins (1754–1793)«, in: Dictionnaire des journaux (1600–1789), http://dictionnaire-journaux.gazettes18e.fr/journal/1178-recueil-periodique-dobservations-de-medecine (30.9.2019).

RIBARD, Dinah, La discipline, la doctrine et les livres. L'écriture de l'histoire littéraire de la France par les bénédictins de Saint-Maur, in: Geneviève ESPAGNE (Hg.), Histoires de littératures en France et en Allemagne autour de 1800, Paris 2009, S. 25–46.

RICHARD, Michel, Les membres laïques du consistoire luthérien de Paris de 1808 à 1848, in: Bulletin de la Société de l'histoire du protestantisme français 127 (1981), S. 617–647.

RITTER, François, La police de l'imprimerie et de la librairie à Strasbourg. Depuis les origines jusqu'à la Révolution française, Paris 1922 (Sonderdruck aus Revue des bibliothèques 32 [1922]).

RJÉOUTSKI, Vladislav, De Strasbourg à la Russie. Histoire d'une émigration (XVIIIe–début du XIXe siècle), in: La Revue russe 35 (2011), S. 59–77.

–, Les libraires français en Russie au siècle des Lumières, in: HCL 8 (2012), S. 161–183.

ROBERT, Adolphe, COUGNY, Gaston, Dictionnaire des parlementaires français comprenant tous les membres des Assemblées françaises et tous les ministres français depuis le 1er mai 1789 jusqu'au 1er mai 1889. Avec leurs noms, état civil, états de services, actes politques, votes parlementaires, etc., Bd. 2, Paris 1890.

ROCHE, Daniel, Humeurs vagabondes. De la circulation des hommes et de l'utilité des voyages, Paris 2003.

ROSANVALLON, Pierre, Le moment Guizot, Paris 1985.

RYCHNER, Jacques, SCHLUP, Michel, Frédéric-Samuel Ostervald. Homme politique et éditeur (1713–1795), in: Biographies neuchâteloises, Bd. 1: De saint Guillaume à la fin des Lumières, hg. von Michel SCHLUP, Hauterive 1996, S. 197–201.

SAADA, Anne, Französische Bücher in der Universitätsbibliothek Göttingen. Der Bestand unter Christian Gottlob Heyne (1763–1789), in: Michael KNOCHE u. a. (Hg.), Bibliothek und Wissenschaft. Forschungsbibliothek im Aufbruch. Göttingen und die Bibliotheksentwicklung in Deutschland, Europa und den Vereinigten Staaten im 18. und 19. Jahrhundert, Wiesbaden 2008, S. 67–78.

SAPIRO, Gisèle (Hg.), Translatio. Le marché de la traduction en France à l'heure de la mondialisation, Paris 2008.

SCHLIEBEN-LANGE, Brigitte, Idéologie. Zur Rolle von Kategorisierungen im Wissenschaftsprozeß, Heidelberg 2000.

SCHLUP, Michel, La Société typographique de Neuchâtel (1769–1789). Points de repère, in: DERS. (Hg.), L'édition neuchâteloise au siècle des Lumières. La Société typographique de Neuchâtel (1769–1789), Neuchâtel 2002, S. 61–105.

–, La Société typographique de Neuchâtel et ses auteurs. Rapports de force et affaires de dupes, in: Robert DARNTON, Michel SCHLUP (Hg.), Le rayonnement d'une maison d'édition dans l'Europe des Lumières. La Société typographique de Neuchâtel 1769–1789, Hauterive 2005, S. 139–160.

SCHMID, Alois, Die Rolle der bayrischen Klosterbibliotheken im wissenschaftlichen Leben des 17. und 18. Jahrhunderts, in: Paul RAABE (Hg.), Öffentliche und private Bibliotheken im 17. und 18. Jahrhundert. Raritätenkammern, Forschungsinstrumente oder Bildungsstätten?, Bremen, Wolfenbüttel 1977, S. 143–186.

SCHMIDT, Erich, Art. »Ring, Friedrich Dominicus«, in: ADB, Bd. 28 (1889), S. 629f.

SCHMIDT, Rudolf, Deutsche Buchhändler, deutsche Buchdrucker. Beiträge zu einer Firmengeschichte des deutschen Buchgewerbes, Hildesheim 1902 [1879].

SCHNEIDER, Georg, NESTLER, Friedrich, Handbuch der Bibliographie, Stuttgart [6]1999 [1923].

SCHNEIDER, Ute, Art. »Mäzen. Literatur«, in: EdN, Bd. 8 (2008), S. 184–186.

SCHÖNDORF, Johannes, Zweibrücker Buchdruck zur Fürstenzeit. Das Buch- und Zeitungswesen einer Wittelsbacher Residenz, 1488–1794, Zweibrücken 1995.

SCHÜTT, Rüdiger (Hg.), »Ein Mann von Feuer und Talenten«. Leben und Werk von Carl Friedrich Cramer, Göttingen 2005.

SCHÜTTERLE, Michael, Bemerkungen zur Editionsgeschichte einer bibliophilen Kostbarkeit, in: DERS. (Hg.), »Untadeliche Schönheit«. Kommentarband zum Rudolstädter Faksimile von Johann Wolfgang von Goethe: »Das Römische Carneval«, Rudolstadt 1993, S. 9–30.

SCHULZ, Matthias, Normen und Praxis. Das Europäische Konzert der Großmächte als Sicherheitsrat, 1815–1860, München 2009.

SERRAI, Alfredo, Bibliothekarische Kataloge als Spiegel und Instrumente von Wissensordnungen in der Frühen Neuzeit, in: AGB 59 (2005), S. 105–113.

SGARD, Jean, Art. »Frédéric Saltzmann (1749–1821)«, in: Dictionnaire des journaux (1600–1789), http://dictionnaire-journalistes.gazettes18e.fr/journaliste/737-frederic-saltzmann (30.9.2019).

SHIELDS, David S., The Learned World, in: Robert A. GROSS, Mary KELLEY (Hg.), A History of the Book in America, Bd. 2: An Extensive Republic. Print, Culture, and Society in the New Nation, 1790–1840, Chapel Hill 2010, S. 247–265.

SIEMANN, Wolfram, Metternich. Stratege und Visionär. Eine Biografie, München 2016.

SIRGES, Thomas, Die Bedeutung der Leihbibliothek für die Lesekultur in Hessen-Kassel 1753–1866, Tübingen 1994.

SORDET, Yann, Art. »Bibliophilie«, in: DEL, Bd. 1 (2002), S. 281–286.

STEIERWALD, Ulrike, Zentrum des Weimarer Musenhofes. Die herzogliche Bibliothek 1758–1832, in: Michael KNOCHE (Hg.), Herzogin-Anna-Amalia-Bibliothek. Kulturgeschichte einer Sammlung, Weimar 2013 [1999], S. 62–107.

SUTHERLAND, John, The British Book Trade and the Crash of 1826, in: The Library 9/6 (1987), S. 148–161.

H. R. T. [Henry Richard TEDDER], Art. »Cochrane, John George«, in: Dictionary of National Biography, Bd. 4, London 1949–1950 [1917], S. 619.

TEYSSEIRE, Daniel, Les idéologues et l'idéologie dans l'Encyclopédie méthodique. Premier inventaire, in: Brigitte SCHLIEBEN-LANGE u. a. (Hg.), Europäische Sprachwissenschaft um 1800. Methodologische und historiographische Beiträge im Umkreis der »idéologie«, Bd. 3, Münster 1992, S. 165–179.

TRACHSLER, Richard, L'histoire littéraire de la France. Des bénédictins à l'Institut de France (1773–1850), in: Vox Romanica 56 (1997), S. 83–108.

TRAUTMANN-WALLER, Céline, Philologie allemande et tradition juive. Le parcours intellectuel de Leopold Zunz, Paris 1998.

TRIBOUILLARD, Stéphanie, Le tombeau de madame de Staël. Les discours de la postérité staëlienne en France (1817–1850), Genf 2007.

TSCHAECHE, E., Johann Georg Treuttel's Stammbuch, in: Die Vogesen. Illustrierte Zeitschrift 23 (1910), S. 395–397.

TÜMMLER, Hans, Art. »Karl August«, in: NDB, Bd. 11 (1977), S. 262–264.

UTARD, Jean-Claude, Art. »Bibliographie«, in: DEL, Bd. 1 (2002), S. 273–275.

–, Art. »Brunet, Jacques-Charles«, ibid., S. 396.

VAUTHIER, G., Villemain. Essai sur sa vie, son rôle et ses ouvrages, Paris 1913.

VERDIER, Norbert, Théodore Bailleul (1797–1875) ou le prote devenu directeur de l'imprimerie mathématique de (Mallet)-Bachelier (1812–1864), in: HCL 9 (2013), S. 259–277.

VOGT, Henri, L'emprise de la géographie. Possibilités et contraintes offertes par le milieu naturel, in: LIVET, RAPP (Hg.), Histoire de Strasbourg, Bd. 1 (1980), S. 3–30.

VOLMER, Annett, Presse und Frankophonie im 18. Jahrhundert. Studien zur französischsprachigen Presse in Thüringen, Kursachsen und Rußland, Leipzig 2000.

VOSS, Jürgen, Ein Zentrum des französischen Buchhandels im Deutschland des 18. Jahrhunderts. Die Librairie Fontaine in Mannheim, in: DERS. (Hg.), Deutsch-französische Beziehungen im Spannungsfeld von Absolutismus, Aufklärung und Revolution, Bonn, Berlin 1992, S. 139–152.

–, L'école diplomatique de Strasbourg. L'ENA de l'Ancien Régime?, in: Bernhard VOGLER, Jürgen VOSS (Hg.), Strasbourg, Schoepflin et l'Europe au XVIIIe siècle, Bonn 1996, S. 205–214.

VOUILLOT, Bernard, Art. »Herhan, Louis-Étienne«, in: DEL, Bd. 2 (2005), S. 466–468.

WAGNER, Carl, Alois Senefelder. Sein Leben und Wirken. Ein Beitrag zur Geschichte der Lithographie, Leipzig 1914.
WAQUET, Françoise, Art. »Mercier, Louis-Sébastien«, in: DEL, Bd. 2 (2005), S. 931f.
WEBER, Max, Die protestantische Ethik und der Geist des Kapitalismus, hg. von Dirk KAESLER, München 2013 [1904/05].
WICKE, Klaus u. a., Johann Ambrosius Barth Leipzig 1780–1980, Leipzig 1980.
WILLENBERG, Jennifer, Distribution und Übersetzung englischen Schrifttums im Deutschland des 18. Jahrhunderts, München 2008.
WINOCK, Michel, Nationalisme, antisémitisme et fascisme en France, Paris 1990 [1982].
WITTMANN, Reinhard, Geschichte des deutschen Buchhandels, München [2]1999 [1991].
WÖLFEL, Kurt, Art. »Gellert, Christian Fürchtegott«, in: NDB, Bd. 6 (1964), S. 174f.
WYHE, John van, Art. »Spurzheim, Johann Gaspar«, ibid., Bd. 24 (2010), S. 770f.

Personen- und Ortsregister

Druck und Bindung
Books on Demand GmbH
In de Tarpen 42, 22848 Norderstedt